谨以此书献给内子文仙，
有她相伴逐梦，此生已足！

黄一农　著

两头蛇

明末清初的
第一代天主教徒

（修订本）

中华书局

图书在版编目(CIP)数据

两头蛇:明末清初的第一代天主教徒/黄一农著.—修订本. —
北京:中华书局,2025.7.—(中华学术·有道).—ISBN 978-7-
101-17157-0

Ⅰ.B979.2

中国国家版本馆 CIP 数据核字第 20258YF515 号

书　　名	两头蛇:明末清初的第一代天主教徒(修订本)
著　　者	黄一农
丛 书 名	中华学术·有道
责任编辑	王传龙
装帧设计	刘　丽
责任印制	管　斌
出版发行	中华书局
	(北京市丰台区太平桥西里38号　100073)
	http://www.zhbc.com.cn
	E-mail:zhbc@zhbc.com.cn
印　　刷	北京盛通印刷股份有限公司
版　　次	2025 年 7 月第 1 版
	2025 年 7 月第 1 次印刷
规　　格	开本/920×1250 毫米　1/32
	印张 21　插页 2　字数 550 千字
印　　数	1-5000 册
国际书号	ISBN 978-7-101-17157-0
定　　价	118.00 元

小心的求證

大胆的推論

雅俗咸宜的文字

一讀一養別出蹊徑的

「兩頭蛇」

沈君山

目 次

附录目次

图表目次

凡　例

1.本书中共有43个附录，其目的在理出相关的历史背景或研究方法，以提供读者参考，而又避免影响到行文的流畅。

2.各章中出现之年号视情加附对照之公历年份；中历之年月用中文数字，公历之年月则用阿拉伯数字。

3.本书中之年龄乃用中国传统算法，出生即算一岁；但在将中历转成公历时，尽可能依实际的月日换算，亦即，中历之十一或十二月有可能跨到公历下一年的年初。

4.本书中所出现的天主教传教士，其中文姓名以及生卒年份，均可在书末的传教士姓名对照表中查得，亦可从名词索引中之汉名回查其西名；惟原无汉名者，并不强作音译。

5.文中除与笔者有直接互动之学者外，大多径用其名，而未加称谓或头衔，敬请见谅。

6.各章中的注释采用简式，详细之参考文献则整理在书末。

7.本书中共提供15幅世系图。如无特别说明的话，图中乃以矩形代表男性，以圆角矩形代表女性；无箭头之连线代表夫妇关系，实线箭头用来连接母子关系，实线空心箭头为过继关系，虚线则代表不确定；元配和继妻称氏，侧室则以姜名之。

8.书中所提及之入华耶稣会士的生平事迹，如未特别加注，均请参阅 Dehergne, *Répertoire des Jésuites de Chine de 1552 à 1800* 及 Pfister, *Notices Biographiques et Bibliographiques sur les Jésuites de*

L'Ancienne Mission de Chine 1552—1773。此二书亦有中译本，参见荣振华著，耿昇译，《在华耶稣会士列传及书目补编》；费赖之著，冯承钧译，《在华耶稣会士列传及书目》。

自 序

1987年，当我决定从一位无线电天文学家转行进入史学领域时，只想到要钻研天文学史，故曾有一段时期努力爬梳并分析中国古代一些特殊的天象纪录。我的研究成果还算丰硕，文章也曾刊登在《科学》（*Science*）及《自然》（*Nature*）等权威的学术期刊上。

1990年，专治秦汉制度史的劳榦（1907–2003）院士来新竹清华访问，演讲内容论及历史研究中相当重要但却受人忽视的四大支柱：官制、历法、避讳、音韵。十五年之后，我重新省思这些支柱，虽然自己的功力仍有所不逮，但体会却益深。当时劳先生曾应大家的要求留下墨宝，他也写了一幅字给我，内容是："历史是不是科学，一直在争论中。不过，不论是历史或者科学，都是循着严肃的道路，寻求正确的结论。"对照自己的学习历程，当时还颇觉贴切，此因史学与科学的研究方法均同样强调客观理性与逻辑分析。

天文和历史这两学科的本质尤其接近，都期盼能还原异时空之下已经发生的事情，只不过尺度和对象不同而已。由于天文学家不太可能完整获知星空中各种或大或小的环境参数，而历史学家也不可能具体掌握包括个人、社会和大自然在内的种种因素，再加上时间永不可能回溯，此故，每件宇宙的天象或人类的史事，原则上都是独一无二的。虽然天文学家和历史学家都努力去追索事件发生的因果关系，并探寻其规律，但也都得要面对许多的"特例"或"巧合"。

笔者在转行之初所关心的古代天象纪录，主要是处理物质世界中的课题。但自1990年研究清初钦天监（由西洋耶稣会士和中国天主教徒主导）中所发生的"历狱"起，开始接触到异文明碰撞所产生的糅合（hybridity）与冲突（conflict）等议题①。自此，个人的研究领域逐渐从内史取向的天文学史，步入所谓的"社会天文学史"②。接着，又进入天主教史的范畴，也日益感受到史学与科学的分际：虽然两者均强调客观理性的推论过程，但史学研究有时还得要追索人的内心世界，并尝试融入更多的人文关怀，甚至也容许撰写者个人情感的适当抒发。

过去十多年间，笔者针对中国天主教史业已发表约四十篇论文。虽然对奉教、友教或反教人士的生平事迹以及相关史事的研究，常力求能言人所未言，但因受限于论文的篇幅，常觉得自己的研究是割裂的，较缺乏整体性。由于自我期许接下来能从先前治中国天主教史所积累的基础出发，向外开展至明清史、亚洲史甚至世界史的范畴，故借此书的编纂强迫自己对先前的研究进行一整理和小结，作为个人学术生涯中一块小小的四等三角点③。

本书中所收纳的课题，虽然有近四分之三属于自己先前的研究范畴④，但笔者在此不止于就原先发表的论文略加编次或删改字句，亦尝试根据学界最新的研究以及新过眼的重要原始文献，进行大程度的增订或重写。又因天主教入华只是近代欧洲海权扩张的一支插曲，故在编写此书时，亦努力将触角延伸到中国以外的世界，希望

---

① 笔者针对"历狱"所发表的论文已近二十篇，因受限于本书的篇幅，故将另行结集出版。

② 此一新领域主要在探索天文与政治、社会、宗教等之互动关系，参见黄一农，《社会天文学史十讲》。

③ 台湾许多山岳均设有三角点，作为测量的基准点，其位置通常在山巅，且可透视其他两个三角点。三角点共分成四等，一等的展望度最辽阔。

④ 有兴趣阅览原作的读者，欢迎至笔者的个人网站（http://ylhuang_tw.bokee.com/507545179.html），先前本人所有已发表的论文，均可在线上阅读或全文下载。

能提供读者一个较为宽广的历史视野。

　　本书第一章尝试勾勒在大航海时代中，欧洲天主教国家往外拓殖和传教的历史背景；第二章介绍深刻影响在华天主教"补儒易佛"策略的瞿汝夔；第三章则铺陈利玛窦等早期耶稣会士与士绅之间的对话；接下来的三章，分别以奉教的王徵、魏学濂和韩霖为个案，探索异文化间的冲突与融合；第七章析究韩霖所撰写的一本裹上浓厚天主教色彩的乡约：《铎书》；第八章则以韩霖的家乡绛州为个案，尝试揣摩两百多年来天主教在中国的发展及其所引发的反弹；第九章和第十章从南明重臣和皇族对天主教的态度，追索耶稣会士如何争取统治阶级的认同；第十一章和第十二章则将焦点放在"中国礼仪之争"，探讨双方争论的原委和各自的心态，以及中国奉教人士所承受的冲击和后续的影响；最后一章则反省在近代这次中西文明的"第三类接触"（Close Encounters of the Third Kind）[1]中，我们究竟学习到何种历史经验。

　　在明末奉天主教的士大夫中，以被称作"三大柱石"的徐光启、李之藻和杨廷筠最出名，相关的研究也因此较多[2]，故本书乃选择十七世纪另一些奉教士人（成启元、瞿汝夔、许乐善、张赓、王徵、魏学濂、孙元化、韩霖、严谟、夏大常、鲍英齐等）和皇亲内臣（如永历朝中之两宫太后、皇后、皇子慈炫、太监庞天寿等）作为主轴，尝试探索这一代天主教徒奉教的因缘、心态与历程，并析究他们如何运用其人际网络以扩张西学和西教的影响力，及其在面对天、儒矛盾时如何自处。此外，亦旁涉明清之际一般士大夫与教会中人的

---

[1] 此处借用斯蒂芬·斯皮尔伯格（Steven Spielberg）于1977年所导演之著名电影《第三类接触》的片名。"第三类接触"一词乃美国国家航空航天局（NASA）所使用的专业术语，指的是与外星生命进行的实际接触与交流。
[2] 如梁家勉，《徐光启年谱》；罗光，《徐光启传》；方豪，《李之藻研究》；Standaert, *Yang Tingyun*。后者有中译本，参见钟鸣旦，《杨廷筠》。

交往情形，希望能对西学、西教在中国社会的影响层面有所掌握。

近代中国第一批信奉天主教的人士，先前均长期浸淫在中国的儒家传统和生活礼俗当中，故在接受一个外来的新宗教之后，因无前例可循，其所受到的文化冲击很有可能远较后人强烈。本书的书名就以中国传说中的两头蛇作为譬喻，来形容这些夹在中西两大传统之间的奉教人士。

明末知名的天主教徒孙元化（历官至登莱巡抚），曾在家中见到一条两头蛇。孙元化为此口占一诗曰：

> 吾闻两头蛇，其怪不可弭。昔贤对之泣，而我翻独喜。喜者意云何？以我行藏似。蜿蜒不留停，奔赴孰驱使？当南更之北，欲进掣而止。首鼠两端乎，犹豫一身尔。蛇也两而一，相牵无穷已。混心腹肾肠，各口颊唇齿。毕生难并趋，终朝不离咫。伸屈匪自甘，左右何能以。岂不各努力，努力徒萦牵。杀一诚便一，一杀一亦死。两存终奈何，听之造物理。[1]

中国自古相传见到两头蛇者必死，春秋楚人孙叔敖幼时即尝见而杀埋之，以免他人再见，并奔向其母泣别，惟未死。诗中所形容两头蛇在决定行止时"首鼠两端"的矛盾与挣扎，很可以作为当时许多奉教士人徘徊在天、儒之间的适切写照。孙氏稍后在吴桥之变被叛军俘虏时，即曾违反教规，企图自刎以守节[2]。

明清许多奉教士人或许就像前述的两头蛇，虽然身具多样的强势基因，甚至学会西方传来之先进天算或火炮知识，但在糅合的过程中，自体却也很容易出现严重的矛盾与冲突（如违反"十诫"的

---

[1] 朱彝尊编，《明诗综》，卷65页29。
[2] 此段参见黄一农，《天主教徒孙元化与明末传华的西洋火炮》。

规定，娶妾以传宗或自杀以殉国），有些人的后代甚至不再入教，而选择回归中国士大夫的传统生活方式。其中涉及瞿汝夔和王徵的两章，即围绕在此两家族相当特殊的婚姻状况，以探索中、欧两文明间的异同。而这两个十分突出的个案研究，应也可对现今颇受学界关注的性别议题，提供一些深具意义的切入点。

本书以最多篇幅讨论山西绛州韩霖家族奉教、扬教的过程，及其在后世所引发的反弹。此不仅因为先前相关的研究不多，且因韩氏的生平事迹很可以勾勒出天主教近代在中国的发展脉络。韩霖因年轻时随经商的父亲四处游历，而得以成为徐光启和何乔远的门生，并结交东林和复社等名士。他凭借家族的经济能力和人脉关系，协助耶稣会士在山西开教，甚至利用地方官宣讲圣谕的良机，刊传融入天主教义理的《铎书》，并巧妙地将这本融合天、儒的书裹上官方色彩，试图达到当代天主教人士所追求之"合儒"和"补儒"的目标。韩霖的努力令绛州得以在明清之际成为全中国最蓬勃的天主教教区之一，但同时也引发反教人士积极且长期的对抗。笔者因此尝试拉长时间的纵深，探索两个多世纪间天主教在绛州生根、没落与再起的过程，并析究其如何受到外在大环境的牵动。

除了天主教与教外人士间的正反面互动外，教中之人对"礼仪问题"的争执，也是影响明末清初天主教在华发展极其深远的事件。但先前的研究焦点多集中于不同传教会之间的冲突，而较少着墨中国教徒的反应，故书中也以两章的篇幅尝试对这些"被忽略的声音"进行初步的介绍与探讨[①]。

笔者同时希望透过此书能对史学界的学风提出一些逆耳的反省。我们在今日的许多史学出版物中，屡屡可见一些学者不从先前的研

---

① 李天纲的《中国礼仪之争》一书，为此课题最新且最完整的中文著述，惟李氏并未得见笔者先前已发表之相关论文。

究出发，而只是径自摘抄原典，却又不曾积极扩充新材料，或尝试较深入地疏理史料，以提出更合理且具创见的新结论[1]。这些作者有意避谈己文与前人研究间的异同，而某些编辑和审稿者对此一现象的漠视与容忍，更已到了令人难以想象的程度。亦即，在史学期刊中许多后出的论述常不能显现该课题最高的研究水平，此与科学界的情形大相径庭。

如以永历朝派遣耶稣会士卜弥格赴欧一事为例，百余年来对其所携去之数件官式文书的介绍，不断出现在天主教史的论著当中，但待解之处并不明显减少，甚至在摘引文句时都还一直无法做到字字正确，遑论具体提升相关研究的层次！

现今从事中国史研究的学者，若考量地域的限制以及社群互动的情形，大致可分成中国大陆、中国台湾、美加、欧洲和日本等五大区块。由于各区块均已建立各自的学术传承体系与论文发表渠道，且分别使用简/繁体中文、英文、法文和日文等不同语文，以致严重缺乏互动。亦即，许多中国史的研究者仍处于或安于闭关自守的状态。我们常可在某些公私场合听到有学者抱怨其研究结果遭到同行忽视，也许有人会将其归咎于信息的隔阂或语文的障碍，但即使没有此类困难，这一颇令人难堪的现象或许仍旧明显存在。先前学界极少公开讨论或承认这个事实，但我们实在需要寻求更多的共识并投入更大的努力[2]，以导正目前的学风。

此外，先前许多学者对中文文献的处理，往往仅加以摘引、陈

---

[1] 复旦大学的周振鹤亦曾在《谁是黄嘉略?》一文中，直率地批评一些中西文化交流史的著述："集中在大人物与大事件上的偏向，就像近代思想史大都聚集在康、梁、章、严身上一样，对来华传教士的研究也多偏向于耶稣会士罗、利、汤、南等人。对于这些人物，谁都可以说上两句，但有时说了跟没说一样！"

[2] 钟鸣旦已替中国天主教史编纂出一本厚近千页的研究回顾工具书 Handbook of Christianity in China, vol. 1: 635–1800，相信应是此领域学者案头所不可或缺的，惟此书的定价高达US\$ 265，恐将大减其普及性。

述和编排，对资料本身常缺乏深入的析探，以致多只能解读文字的表面意义，而无法萃取出掩覆在表层之下的丰富讯息。且当不同文献中的说法出现矛盾时，也常不能"传信存疑，以别史料"，并透过严整的逻辑推理法则去觅求较合理的解释。事实上，现今许多中国史的论著仍不脱"剪刀加浆糊再裱褙"的平面展示模式，而未能呈现人、地、时、物所交错出之多度空间的纵深。

七十多年前，学贯中西、兼通文理的傅斯年（1896-1950）先生创立中央研究院历史语言研究所，他大力提倡以科学方法治史，并揭举"史学便是史料学"的大旗①。然而，以傅氏为代表的史料学派（又名新考据学派或科学史学派），无可否认地尚未能令中国史学界的治学方法普遍发生质变，此因新史料的开拓及其内涵的精炼往往门坎颇高，故该学派很难以具体的案例持续且强有力地进行面的开展，并与其他的研究传统明显区隔开来。

但随着出版业的蓬勃以及图书馆的现代化，再加上网络和电子资料库的普及，新一代的史学工作者拥有博闻强识的前辈学者们梦寐以求的环境。我们有机会在很短时间内就掌握前人未曾寓目的材料，并填补探索历史细节时的许多隙缝，或透过逻辑推理的布局，迅速论断先前待考的疑惑或矛盾。事实上，一个有机会孕育"e考据学派"的时代或已出现！

此故，本书所提及的许多与天主教入华史事相关的人物，虽然大多被收入叶德禄主编、陈垣等撰的《民元以来天主教史论丛》（1943），或方豪的《中国天主教史人物传》（1967-1973）中，但我们现在对这些人生平事迹的了解，应已可自数十年前的水平，跃升至一新的层次，甚至亦能发掘出如成启元和许乐善等先前不被学界

① 岳玉玺等，《傅斯年》，页132-162；徐晓旭、朱丹彤，《论傅斯年的"史学便是史料学"》。

熟知的奉教官绅。然而，如果我们无法在扎实的传统史学基础上，进一步运用信息工具以强化梳理和钻研史料的能力，而仍旧安于文献的摘引、复述与排比，或将愧对科技进展所赋予这一代史学工作者的特殊条件。

此外，海峡两岸史学界的研究范畴，往往自我设限，未能积极摆脱人为的政治国界，并尝试跨越知识分科的藩篱。故在课题恰当或材料允许的情形下，我们或许也应该多尝试将视野拉出传统中国史的格局，并积极在国际史学的主流中争取该有的发言权[1]。语多逾格，情则剀切，知我、罪我，开创史学新局应是我们共同的责任。

最后，我要感谢"中央研究院"的李亦园院士、何丙郁院士、邢义田教授、杨翠华教授，新竹清华大学的陈良佐教授、徐光台教授，台湾大学的古伟瀛教授，香港中文大学的朱鸿林教授，北京清华大学的葛兆光教授、张国刚教授，法国国家科研中心（CNRS）的林力娜（Karine Chemla）教授，澳洲麦考瑞（Macquarie）大学的叶晓青教授，以及许多无法在此一一列名的前辈和友人，他们在我转行进入史学的过程中，适时给予许多鼓励和启发。尤其，清大的沈前校长君山教授是我初学天文时的启蒙师，多年来他对我在治学和做人各方面的教导，是我一直感怀在心的；他在二度中风的前一日帮我题了书首的字，希望自己未来能努力不负沈师的期勉。此外，我也要对新竹清华大学图书馆、台北傅斯年图书馆、"国家图书馆"以及荷兰莱顿（Leiden）大学汉学院图书馆表达诚挚的谢意，它们的丰富馆藏和馆员们所提供的专业服务，让我得以顺利完成此一研究。当然，本书中所有可能的错误，仍将是由我自负文责。

　　　　　　　　　　　　　　　　　书于新竹风城脉望斋寓所

---

[1] 参见许倬云，《中国历史在世界史中的地位》。

　　附：本书繁体字版在2005年、2007年和2014年共刊行三版，中
有读者熊熊先生在2008年发文指出北京国家图书馆藏有《五渠瞿氏
家谱》，谱中明确记称汝夔的生母乃支氏（而非笔者原本认定的谭
氏），他遂因此批评e考据是很"脆弱"的。由于笔者先前所过眼的
大量文献，均只提及汝夔之父景淳的妻妾有李氏、谭氏和殷氏，从
不曾出现支氏其人其事，故在有限的条件下，笔者依据逻辑推理所
得出之结论遂与事实不合。至于为何众多相关文献中，竟然完全不
见支氏的蛛丝马迹，则或因书写均知瞿家对此叔嫂通问之奸所产
生的"家难"十分敏感，故在文字上动了手脚，蓄意抹煞支氏的存
在①。值此书因绝版重印的机会，本版遂根据《五渠瞿氏家谱》修改
了第二章中的相关内容；而第三章第三节郭子章的相关论述，据肖
清和《明末士大夫郭子章与天主教关系新证》(2015)一文，已略加
修正；至于本书第十章第三节对天主教专用术语的解读，亦据读者
"吴下阿蒙"于2022年在网上发布的《读书笔记：〈两头蛇〉之误》
一文作些订正。但其他各章的文字基本未变，只有对网页的链接以
及一些不合时宜或讹误的图文做了适当的校改。最后，还要特别感
谢新竹清华大学"科技考古与文物鉴定研究中心"给予笔者的支持。

　　　　　　　　　　　2024年11月书于苗栗南庄二寄轩

_____

① 黄一农，《明末至澳门募葡兵的姜云龙小考：兼答熊熊先生对"e考据"的批评》。

第一章　大航海时代中的十字架

明末，在耶稣会士的先导之下，天主教传教士持续入华，开启了近代中、欧两文明第一次较大规模的接触。本章即尝试从世界史的脉络，综览当时天主教东传的大时代背景。

一、大航海时代与天主教的东传

罗卡角（Cabo da Roca）是葡萄牙境内一个毗邻大西洋的海岬，也是整个欧亚大陆的最西点，该地现竖有一座石碑，上面刻写着葡萄牙著名诗人贾梅士（Luis Vaz de Camões, c.1524–1580）的名句："陆止于此，海始于斯。"（Onde a terra se acaba e o mar começa）[1] 十五世纪以来，由天主教国家葡萄牙与西班牙所掀起的"大航海时代"（或称"大探险时代"），就是从这处"欧洲尽头"的海岬放眼世界。

依据生态学的理论，两相邻生态体系的交会带（ecotone）往往有机会出现混交的强势新物种，前提是此两体系必须渗透力相当，且需要一定的时间孕育。从历史学的角度来看，文明之间的接触也有类似的情形发生[2]。如果我们将环地中海地区相互冲突达数世纪的天主教与伊斯兰教文明，视作两大对等的生态体系，则伊比利亚半岛上的西班牙和葡萄牙（直至1492年，伊斯兰政权在此一地区近八

---

[1] 传说贾梅士（或译作卡蒙斯）曾在澳门居留，参见洛瑞罗，《史学家之谜》。
[2] 陈良佐，《从生态学的交会带（ecotone）、边缘效应（edge effect）试论史前中原核心文明的形成》。

个世纪的统治始完全告终），或许就是在这环境下所产生的优越混交"物种"之一。他们不满足于只是扼住地中海的出口，更积极往外跨越大洋，探索甚至征服美洲、非洲和亚洲等未知世界。

大约从1418年起，葡萄牙人即在亨利王子（Prince Henry the Navigator, 1394—1460）以及国王若望二世（John II, r.1481—1495）等的大力支持下，不断找寻绕经非洲以到达印度的航路，此一目标直到1498年始由达伽马（Vasco da Gama, c.1469—1524）达成。1492年，哥伦布（Christopher Columbus, c.1451—1506）也应西班牙国王费迪南德（Ferdinand, 1452—1516）和伊萨贝拉（Isabella, 1451—1504）夫妇之命，横越大西洋寻找到印度的新航路，结果却"发现"了美洲新大陆。

为避免西、葡这两个天主教国家爆发严重的利益冲突，教廷于是积极介入，给予两国保教权（对葡萄牙称作 *Padroado*，对西班牙称作 *Patronato Real*）：西、葡的国王有义务提供传教经费和交通等支援，但教廷在任命主教或成立新教区时，须经当事国同意，且双方都誓言要在各自新发现的土地上宣扬基督教义。在1494年和1529年分别签署的托德西利亚斯（Tordesillas）和萨拉戈萨（Zaragoza）两条约中（见附录1.1），遂确认葡萄牙的势力范围为亚洲大陆、东印度群岛、巴西和非洲，西班牙则为美洲、太平洋诸岛和菲律宾等地[1]。

① Boxer, "The Portuguese *Padroado* in East Asia and the Problem of the Chinese Rites, 1576—1773"; Sebes, "The Precursors of Ricci."

附录 1.1

影响深远的托德西利亚斯和萨拉戈萨条约

1493年6月，教皇亚历山大六世（Alexander VI, r. 1492–1503）裁定西班牙和葡萄牙的势力范围，以通过大西洋佛得角（Cape Verde）群岛西边100里格（约合480公里）的子午线为界，以东的疆域归葡萄牙人征服，以西则交由西班牙人拓展。但葡人对此安排不太满意，两国遂于1494年6月在西班牙的托德西利亚斯镇重新缔约，将分界改成为通过佛得角群岛西方370里格（约合1,770公里）之子午线（西经约46.5度）。

1521年，在西班牙国王赞助下，麦哲伦（Ferdinand Magellan, 1480–1521）船队成功航越太平洋，并在盛产香料的摩鹿加（Moluccas）群岛接触到葡萄牙的势力范围，于是托德西利亚斯条约开始出现模糊地带。1529年4月，西、葡两国遂又签订了萨拉戈萨条约，以通过摩鹿加群岛东方297.5里格的子午线（东经约133度）为分界，以东属西班牙，以西属葡萄牙。此一虚拟的经线，恰好穿越日本，并位于琉球、台湾、菲律宾、摩鹿加等岛屿之东不远。也就是说，在此新条约之下，整个非洲以及大部分的亚洲都属于葡萄牙的活动范畴，但美洲除巴西之外则多属西班牙。

在萨拉戈萨条约中，葡萄牙给予西班牙酬金350,000达克特（相当于42,000盎司的纯金），西班牙则答应放弃对香料群岛的主张。然因香料群岛的地理定义并不明确，狭义上虽指摩鹿加群岛中的安汶（Amboina）、班达（Bandas）、特尔纳特（Ternate）、提多列（Tidore）诸岛，但亦可广义地指西里伯岛（Celebes）和新几内亚（New Guinea）之间所有的岛屿。尤其，当时还未发展出准确测量经度的方法，更使得双方存在各说各话的空间。1543年，西班牙探险家比利亚洛沃斯（Ruy Lopez de Villalobos，？–1546）抵达今菲律宾，并依菲力普王子（此即后来登基的菲力普二世）之名称呼其为Philippines，此举虽引发葡萄牙的强烈抗议，但西班牙仍于1571年在菲律宾群岛上开始其殖民统治，更于1626年进占台湾北部①。

　　萨拉戈萨条约虽划出一条分界的虚拟子午线，但却不能自此将西、葡两国错综复杂的商业和政治纠葛清楚区隔开来。讽刺的是，即使两国都视宣扬天主教为天职，但葡萄牙所支持的耶稣会与西班牙所撑腰的托钵修会（见附录1.2），却因对传教策略、教义解释以及教区划分等事的看法不同，而在日本和中国等地引发严重冲突。

　　再者，西、葡两国虽自认托德西里亚斯和萨拉戈萨条约是具有法律约束力的，但因其乃私自处分原不属于他们的土地，故英、法、荷等新兴的海上霸权坚不承认，并四处劫掠其船只，且成立东印度公司等组织以争夺其资源和殖民地，欧洲各个海权国家遂在亚洲的近代史中扮演着不可忽略的角色。

　　当西、葡两国的势力分别经由太平洋和印度洋到达亚洲大陆和其周边的岛屿时，一个属于"亚洲地中海"的时代开始成形。地理上这是由中国大陆、朝鲜、日本、琉球、台湾、菲律宾、印度尼西亚、马来半岛和中南半岛所圈出的广袤"内海"，也有学者将之纳入广义

_____

① 参见科尔特桑，《葡萄牙的发现》，卷4页937–985；Kamen, *Empire: How Spain Became a World Power 1492–1763*, pp. 197–202.

的印度洋①。其中与中国大陆接壤或相邻的地区，主要受到中华文化的熏陶；至于南半部的岛屿带，则是由深受印度教、佛教和伊斯兰教（源自附近的印度和阿拉伯世界）影响的南岛语族（Austronesian）所主导。在十六至十九世纪欧亚两大文明种种接触、冲撞或融合的过程中，"亚洲地中海"似乎尚未能明显孕育出许多混交的强势新物种，但过去四十年来，不仅日本及亚洲"四小龙"已从这个区域冒出头来，以沿海地区为发展主轴的中国，也扮演日益重要的角色。

作为十六世纪最主要的海权国家，葡萄牙和西班牙以其坚船利炮为后盾，乘风破浪到达东方的印度洋及"亚洲地中海"，并登上一个个在战略或经济上具重要意义的海岸。接着，不仅点状地在四处建造商港和堡垒，更进行面状的殖民扩张。1580年起，西班牙国王菲力普二世（Philip Ⅱ, r.1556–1598）因继承顺位而兼领葡萄牙王位，形成一个表面上无与匹敌的超级帝国。但随着1588年西班牙无敌舰队（Armada）征英的惨败，西、葡两国在亚洲所拥有的优势，开始遭到欧洲新教国家的挑战：英国东印度公司于1600年成立，并在爪哇岛上的万丹（Banten）建立据点，往来欧洲、东南亚和日本进行贸易；1581年脱离西班牙而独立的荷兰，也于1600年航抵日本，两年之后，更成立荷兰东印度公司。

追随着英、荷两国的脚步，在此后的两三个世纪，西方各个海权国家也开始将其触角强有力地伸入亚洲。它们不仅展开殖民掠夺，彼此之间也不断发生激烈冲突，而亚洲只不过是其全球权力斗争的环节之一②。随着欧洲海权扩张进入亚洲的基督教，也持续与在地的印度教、佛教、伊斯兰教和所谓的儒教，产生剧烈的对话与冲突。在面对这一波波由欧洲强势文明所掀起之海啸般的冲击时，几乎所

① 凌纯声，《中国古代海洋文化与亚洲地中海》；Chaudhuri, *Trade and Civilisation in the Indian Ocean*, pp. 2–4.
② 张国刚，《从中西初识到礼仪之争》，页64–79。

有与大洋接邻的亚洲国家都不可能再自我封闭，而此一地区过去四五百年的历史，遂与欧洲的历史紧密关联。下文即尝试将近代天主教传入亚洲的历史做一概略的铺陈。

5

附录1.2

明末清初入华的天主教传教会[①]

十三世纪，天主教出现方济会（Order of Friars Minor，缩写为OFM；又名方济各会）、道明会（Order of Preachers，缩写为OP；又名多明我会）、奥斯定会（Order of St. Augustine，缩写为OSA；又名奥思定会）等托钵修会（Mendicant Orders；或称行乞修会），强调神贫[②]，并重视献身传道、杜绝异端。这些修会在当时教会内掀起一阵革新风潮，并逐渐成为深具传统与势力的传教会。

十六世纪初，被逐出天主教的马丁·路德（Martin Luther, 1483–1546）提出"《圣经》至上"论，主张"因信称义"，并挑战罗马教廷的权威。自此，宗教改革运动风起云涌，天主教在欧洲的影响力日减。为护持教皇的威权，依纳爵·罗耀拉于是在1540年正式成立耶稣会（Society of Jesus，缩写为SJ），并成为教廷对抗宗教改革最主要的力量之一。

耶稣会士沙勿略虽积极尝试入华开教，但却一直未能如愿，1552年12月病卒于广东外海的上川岛，他的去世引发了天主教会对入华开教的重视；在此后的三十年间，耶稣会、方济会、奥斯定会和道明会相继派出会士，但却都无法在中

---

① 参见 *New Catholic Encyclopedia* 中介绍各传教会的条目。
② 神贫乃希腊文 *ptochoi* 之翻译，"贫"指有所欠缺，神贫乃指极需要天主，并把一切希望交托于天主手中。

国立足①。

1583年，耶稣会士罗明坚与利玛窦首度成功地在广东肇庆建立教堂；此后，该会许多会士陆续入华，并发展成明末清初在华影响力最大的天主教团体，至1773年教皇下令解散该会为止，共有多达472位的耶稣会士先后抵华。在该会入华的半个世纪后，道明会、方济会和奥斯定会也接踵派人至中国。1783年，教廷命遣使会（Congregatio Missionis，缩写为CM；又名圣味增爵会）接替耶稣会在华的一切事业与财产；至1814年，始又恢复耶稣会。

明季，正当耶稣会士努力在中土布教时，欧洲的政教局势出现重大变革。教廷于1622年成立传信部（Sacred Congregation for the Propagation of the Faith），希冀能直接掌控所有的传教工作，该机构拥有至高权力处理世界各地与传教相关的事务，并可取消先前赋予其他组织的特权。此故，到十七世纪末叶时，在中国的传教士，除耶稣会士和西班牙籍的道明会、方济会、奥斯定会会士之外，都是由传信部直接派来的。

为突破由西、葡两国所拥有的保教特权，十七世纪兴起的另一个海上强权法国，亦亟于扩张其在远东的影响力，巴黎外方传教会（Société des Missions Etrangères de Paris，缩写为MEP）遂在法王路易十四世（Louis XIV, r.1643–1715）的支持下成立，并于1664年获得教皇亚历山大七世（Alexander VII, r.1655–1667）的批准。此一传教会在十七世纪的最后四十年间，总共透过传信部派出约一百名的传教士至亚洲，影响亦颇深远。

---

① 崔维孝，《1579年进入中国的方济各会传教士》。

　　1510年，葡萄牙占领印度西岸的卧亚（Goa；今译果阿），并迅速沿着海岸向南发展。次年，攫获马来半岛上的满剌加（Malacca；今译马六甲），且将其势力范围伸入今印度尼西亚的香料群岛（Spice Islands）[1]。随着葡萄牙帝国在亚洲的快速膨胀，天主教的传教士们也积极前往此区域开教。

　　1517年，一批方济会士（Franciscans）首先到达印度，在殖民当局的大力推动之下，教徒人数急遽增加。1534年，教廷遂在卧亚成立主教区（Bishopric Suffragan）。然而，此一蓬勃的表象之下却有许多隐忧，因为在卧亚以及Fishery Coast（位于南印度）等地皈依的大量教徒们，对天主教教义常不甚了了，且往往不愿放弃一些不太能被教会接受的传统礼俗[2]。

　　1542年，耶稣会士（Jesuit）沙勿略航抵卧亚发展；道明会士（Dominicans）和奥斯定会士（Augustinians）亦分别于1548和1572年到来；1557年，卧亚升为大主教区（Archdiocese）；1576年，归卧亚大主教区管辖的澳门（葡人于1573年开始缴纳地租并大力经营[3]），也成立主教区，兼领中国、安南和日本（葡人于1542年因船难而首次登陆）等地。1588年，日本更析置为一独立主教区[4]。

　　西班牙在亚洲的传教活动，则是以菲律宾为根据地，5名奥斯定会士于1565年首先抵达此一地区，但开教颇不顺利；至1570年为止，仅仅领洗了100人左右，其间甚至曾有意放弃菲律宾而改入华发展。1578–1606年间，方济会、耶稣会、道明会和奥斯定重整会（Augustinian Recollects；十六世纪自奥斯定会分出的新传教组织）亦先后到达。1581年，菲律宾成为主教区；至1591年，奉教人口已达65万，

---

①O'Brien, *Atlas of World History*, pp. 118–119.
②Lach, *Asia in the Making of Europe,* vol. Ⅰ, pp. 230–238.
③黄启臣，《澳门历史》，页50–53。
④*New Catholic Encyclopedia,* vol. 6, p. 533.

主要多为托钵修会的贡献；1595年，菲力普二世更获教皇授权设立大主教①。但当时许多传教士常将目光放在北方的中华帝国，其中一些人甚至放弃其在原传教区的事务，私自设法搭船入华，因此西班牙国王尝两度下令：如无总督和主教的授权，任何传教士均不得擅自赴华②。

1585年，成立未久的耶稣会显示出异常壮盛的企图心，私下与教皇格列高利十三世（Gregory XIII, r.1572–1585）订约，将中、日两国划为其传教专属特区。该秘约的存在，直到数年之后始为兼领葡萄牙王位的西班牙国王菲力普二世得知，他对耶稣会（与葡萄牙较接近）此举极为不满，认为严重侵害其作为葡萄牙王位继承者的保教权，于是允许西班牙籍的托钵修士们由菲律宾进入日本③。1593年，4位身负使节身份的方济会士，首先获准在京都定居传教④。据统计，1606年时，全日本共有约75万教徒，且还以每年五六千人的数量增加⑤。1614年，在日本的传教士除140名耶稣会士之外，还有26名方济会士、9名道明会士和4名奥斯定会士⑥。

在其他传教会的压力之下，教皇保罗五世（Paul V, r.1605–1621）和乌尔班八世（Urban Ⅷ, r.1623–1644）先后削减耶稣会在远东的特权。1632–1633年间，由西班牙所派遣的道明会士和方济会士，相继成功地由菲律宾经台湾转往福建传教。1680年，第一位奥斯定会士抵华。1684年，巴黎外方传教会亦派人来华。原由耶稣会和葡萄牙政府独占的在华传教特权，在十七世纪下半叶已明显遭到

① Bireley, *The Refashioning of Catholicism*, p. 160; Cushner, *Spain in the Philippines*, pp. 75–76；特谢拉，《16–17世纪从菲律宾前往东南亚占领地的传教团》。

② Blair & Robertson, *The Philippine Islands*, vol. 28, pp. 68–77.

③ Boxer, "The Portuguese *Padroado* in East Asia and the Problem of the Chinese Rites, 1576–1773."

④ Boxer, *The Christian Century in Japan*, pp. 154–162.

⑤ Boxer, *The Christian Century in Japan*, p. 187.

⑥ *New Catholic Encyclopedia*, vol. 7, pp. 828–832.

分割：如福建地区成为道明会的大本营；方济会进入福建、广东、江西、山东、江南和陕西等地活动；奥斯定会分散于南方各省；巴黎外方传教会则活跃于四川以及华南和西南地区①。然而，在十七世纪以前入华的传教士中，仍以葡萄牙籍居多②，耶稣会仍在当代中西文明的接触中扮演举足轻重的角色。

　　为求直接掌控所有的传教工作，教廷于1622年成立传信部，并取消先前给予一些传教会的特权③，因而对耶稣会在远东的活动产生相当影响。惟因初期它仅派遣教士至保教权尚未涵盖的地区，故尚能与西班牙相协调。但到1640年葡萄牙脱离西班牙独立之后，此一方式就产生严重冲突，因西班牙当时不仅不承认葡萄牙政府，且促使教廷亦采取同样态度。此故，每遇葡萄牙籍的主教过世，其遗缺即无从填补，这种尴尬的状况，直到教廷和西班牙于1668年给予葡国外交承认之后，始见改善④。

　　教廷为摆脱保教权的干预，更从1659年起在亚洲广泛采行代牧制（Vicar Apostolic）⑤，于原澳门主教区内成立了东京（Tonkin；下辖云南、贵州、湖广、四川、广西和老挝等地）和交趾（Cochinchina；下辖浙江、福建、广东、江西和海南等地）两代牧区。而这些由教皇直接任命的宗座代牧，其权责即视同主教。1680年，福建独立成代牧区。1687年，又先后析置出浙江、江西、两广和云南等代牧区。1690年，为安抚并尊重葡萄牙的势力范围，又成立了北京主教区（下辖直隶、山东、山西、陕西、河南、辽东、朝鲜等地）和南京主教区，但仍与澳门同属卧亚大主教区。1696年，教皇重新议定

---

① 此段内容请参见汤开建，《明清之际方济各会在中国的传教》；*New Catholic Encyclopedia*, vol. 3, p. 594.
② 张国刚，《从中西初识到礼仪之争》，页213–247。
③ Song, *The Sacred Congregation for the Propagation of the Faith*, pp. 17–30.
④ *New Catholic Encyclopedia*, vol. 10, p. 1114.
⑤ *New Catholic Encyclopedia*, vol. 14, pp. 638–639.

中国境内各传教区的界线，其中北京主教区仅限于管辖直隶、山东
和辽东，南京主教区仅管辖江南和河南，澳门主教区管辖广东、广
西和海南，至于福建、浙江、江西、四川、云南、湖广、贵州、山
西、陕西等地则分设代牧区[①]。

　　为方便转达教皇的命令和分发经费，教廷使节多罗亦于1705年
在广州设立传信部在华办事处，并委派主任一名，管理由传信部直
接遣派来华的传教士，但各教士在传教区内，仍须听命于该区的主
教或代牧。

　　各传教会之间因对解释教义的松紧以及传教方法的运用常有不
同，以致屡生摩擦，再加上其与各天主教国家间错综复杂的政教关
系、彼此对传教势力范围所抱持的本位主义以及保教权所引发的权
益冲突，均令天主教在亚洲的传教努力出现严重内耗。

二、耶稣会在海外的开教活动

　　耶稣会是1540年由罗耀拉创立的天主教修会[②]。早年当过军人的
罗耀拉，其教团是依照军队的榜样建立，要求绝对效忠教皇和服从
总会长，并须立"三绝"（绝财、绝色、绝意）誓愿。

　　虽然耶稣会的传统不若托钵修会久远，但他们很快就与欧洲各
国的权力核心建立良好关系，并成为许多统治者的告解师[③]。此举虽

---

① 此段内容，请参见"The Church in China," in The Catholic Encyclopedia；赵庆源，
《中国天主教教区划分及其首长接替年表》，页16—18。前者全文收录于http://www.
newadvent.org/cathen/03669a.htm.

② 此章中有关耶稣会的介绍，均请参见New Catholic Encyclopedia, vol. 7, pp. 898—909.

③ 其中包括波兰与葡萄牙的大多数国王、亨利三世（Henry Ⅲ, r.1574—1589）以迄路
易十五世（Louis ⅩⅤ, r.1715—1774）的每一个法国国王、十七世纪初期以后所有的
日耳曼皇帝、1579年以后所有的巴伐利亚（Bavaria）大公、十八世纪的西班牙国王、
英王詹姆士二世（James Ⅱ, r.1685—1688）等。

10 让该会的影响力增大，但也常让其卷入政治斗争的漩涡。自1759年起，葡萄牙、法国、西班牙等国陆续将该会会士驱逐出境；教皇克雷芒十四世（Clement XIV, r.1769–1774）更在教内外的压力之下，于1773年宣布解散耶稣会；直到1814年，耶稣会才被允许重新恢复。

耶稣会成立后不久，即积极向亚洲、美洲、非洲派遣传教士。该会因传教工作的需要，往往依国界而将其组织成若干会省（province），若一会省的疆界过大或教友过多，以致无法有效管理时，就再分出副会省（vice-province）。副会省在初期多隶属于原会省之下，但稍后大多独立，或进一步发展成会省。耶稣会的葡萄牙会省设立于1546年；1547年，西班牙会省成立；1549年，印度的卧亚会省成立；1553年，巴西会省成立；1581年，日本副会省成立，1611年，升格为会省；1601年，印度的马拉巴（Malabar）副会省成立，1605年，独立成会省；中国大陆的耶稣会传教区，则是在1623年始正式被析置为一独立的副会省，但其中两广、海南岛和澳门仍划归日本会省①。下文则尝试勾勒耶稣会早期在中国以外各地传教的情形，以作为本书的背景介绍。

（一）亚洲

1.印度

在葡王若望三世（John III, r.1521–1557）的大力支持之下，耶稣会于1541年4月派出三十多岁的沙勿略启程赴亚洲，次年5月到达卧亚，立即展开在东方宣教的拓荒工作。在此后的七年当中，沙勿略的足迹遍及印度、马来半岛和新几内亚等地，他不鼓励强迫性的皈依，而是致力于教育年轻人与奴隶，并培训印度人用当地语言

---

① 荣振华，《在华耶稣会士列传及书目补编》，页378；Witek, *Controversial Ideas in China and in Europe*, pp. 19–20、54–55；张国刚，《从中西初识到礼仪之争》，页223–227。

宣扬教义。经沙勿略领洗者虽然数以千计，但许多人并不真正了解天主教的真谛；作为一位传教的拓荒者，他也没有机会在一处久待，每归化一区，他便委托其他会士接续当地的传教工作，自己则前往新的地方开教[①]。

1580年，耶稣会士 Rudolfo Aquaviva（1550–1583）应北印度莫卧儿（Mughal）王国阿克巴（Jalal-ud-din Muhammad Akbar, r.1556–1605）大帝之邀，赴该国首都宣扬天主教。阿克巴允许传教士自由行动，且教导皇子葡萄牙文，但此次努力在一年后即告失败。直至1595年，始由 Jerónimo Xavier（1549–1617）于阿格拉（Agra）及拉合尔（Lahore）建立据点，并在之后的一个半世纪持续经营[②]。

2. 日本

1549年，沙勿略毅然转往日本发展，在短短两年间领洗了千名教徒。由于他深深体会到作为远东各国文化中心的中国，对天主教在东方弘教工作的重要性，尝曰："如谋发展吾主耶稣基督的真教，中国是最有效的基地。一旦中国人信奉真教，必能使日本唾弃现行所有各教学说和派别。"故决定转进中国。但因当时明廷正施行海禁，始终不得其门而入，并在1552年12月卒于广东外海的上川岛[③]，此岛距离他殷盼开教的中国大陆仅约十公里之遥！

沙勿略离开日本之后，其继承者 Cosme de Torres 的传教活动发展趋缓，直到一名富商 Luis d'Almeida 于1556年加入日本耶稣会后，情形才大为改观。d'Almeida 以其雄厚的私人财力建立弃婴收

①下文中有关沙勿略的生平事迹，均请参见 Moraes, "St. Francis Xavier, Apostolic Nuncio, 1542–1552"；Schurhammer, *Francis Xavier, His Life, His Times*；戚印平，《东亚近世耶稣会史论集》，页1–52。
②Alden, *The Making of an Enterprise*, pp. 51–52.
③位于今台山市西南方的海域，是广东省沿海最大的岛屿。

图表1.1：沙勿略的骸骨（位于梅花形花瓣之中央）。此为笔者自网络拍卖所得，并附有耶稣会的证明文件。

容所、医院①，传教工作因此伸入日本南部的大村（Omura）、岛原（Shimabara）半岛、天草（Amakusa）诸岛、五岛（Gotō）列岛以及长崎（Nagasaki）等地，当 Torres 过世时，全日本已有三万名教徒。而 Francisco Cabral（1533–1609）继任期间（1570–1581），下九州地区的教徒已达十万人，其中亦包含一些大名。Cabral 后因不认同耶稣会视察员（Visitor 或 Visitator）范礼安所标举的文化调适（accommodation）策略而遭免职②；当范礼安于1582年离日时，教徒数目已增加至15万人③。

范礼安的文化调适政策源出沙勿略，其主要的背景因素有二：

① 由于在日本的传教活动发展颇快，而教皇和葡王的拨款不足，更常不能及时到位，d'Almeida 所捐之庞大私产就被日本的耶稣会用来进行商业投资，并在中日的生丝贸易当中获得厚利。类似的行为虽引发教内外的许多批评，但现实环境却仍相当程度地容许此一现象存在，突显出耶稣会在传教策略上的自由度，这或许也让我们对其与托钵修会在"中国礼仪问题"上的争论有一较深的体会。参见戚印平，《东亚近世耶稣会史论集》，页127–193。
② 视察员乃总会长所派的全权代表，其任务在定期查考各教区所属教士和教会团体是否遵守教义，且考核教会财产的管理是否完善，必要时，并设法予以纠正。
③ 本节中有关日本天主教史的介绍，均请参见 *New Catholic Encyclopedia*, vol. 8, pp. 828–835.

一是对欧洲传教士在美洲大陆所推行之武力传教路线的经验总结和反思，二是考虑亚洲国家的具体国情和社会发展程度与美洲和非洲大不相同。在殖民者与传教士的搭配之下，美洲有数以万计的印第安人被迫在形式上放弃原有的生活方式、文化传统和宗教信仰，但他们大多数并不真正皈依天主教，甚至有学者认为其偶像崇拜的程度较之归化前更甚。耶稣会的创始人罗耀拉深以此一失败为鉴，遂强调应尊重当地的语言和文化，并适应当地习俗。从沙勿略以至范礼安等耶稣会士，即在此一思想纲领下，努力在东方开教[1]。

1587年，丰臣秀吉（Toyotomi Hideyoshi, *r.*1582-1598）颁布禁教令[2]，原本应被驱逐出境的传教士们，在奉教大名的掩护下大多潜藏各地。1590年，范礼安以葡属印度总督之特使的身份重返日本，虽然他无法说服丰臣秀吉取消禁令，但他本人获准在日本自由旅行，且将10名传教士安置于长崎。1592年，有4名方济会士自菲律宾出使至日本，他们在完成使命后，也获允留下传教。然而，丰臣秀吉并未改变他的反教态度，他于1597年将一艘搁浅之西班牙船上的26名天主教徒全部处死，其中包含6名方济会士和3名耶稣会士。

德川家康（Tokugawa Ieyasu, 1543-1616）在掌权初期对天主教还算相当友善，但稍后则因受近臣的影响而于1614年开始禁教，当时全日本已有140名耶稣会士、26名方济会士、9名道明会士、4名奥斯定会士以及超过75万的教徒。此后，在德川秀忠（Tokugawa Hidetada, *r.*1616-1623）和德川家光（Tokugawa Iemitsu, *r.*1623-1651）统治时期，教禁愈来愈严厉，有四千名以上的天主教徒殉教，此一

13

---

[1] 张铠，《庞迪我与中国》，页81-109。
[2] 丰臣秀吉原对天主教颇有好感，因在日本耶稣会1586年的年报中，称他尝表示如无不准拥有姬妾的诚规，他也可能会考虑受洗入教。参见戚印平，《日本早期耶稣会史研究》，页92。

数目还不包括在岛原之变中死亡的35,000位教徒[①]。直到美国海军将领佩里（Matthew Perry, 1794–1858）于1853年打开日本门户之后，天主教才在巴黎外方传教会的努力下重新进入日本。

附录1.3

日本的教禁与隐藏的天主教徒[②]

日本天主教自1549年沙勿略开教之后即蓬勃发展，但从1587年丰臣秀吉颁布《伴天连追放令》开始，官方首次明确地把天主教视为邪教，命伴天连（Padre，此乃神父之音译）离境归国，惟并未禁止日欧间的商业往来。

日本的背教者对反教风潮颇起推波助澜之效，其中最著名者乃不干斋·巴鼻庵（Fucan Fabian, 1565–1621；本名已无法查考）。他于1586年入耶稣会，曾撰写过重要的护教书籍《妙贞问答》，该书以利玛窦九年前在华出版的《天主实义》为蓝本，大力批驳佛教、儒教和神道教；1605年，巴鼻庵更与江户名儒林罗山辩论；稍后，巴鼻庵自言因不满传教士歧视日籍修士而叛教，并著《破提宇子》攻击天主教，其中提宇子就是天主教唯一尊神 *Deus* 的音译[③]。

自1614年起，江户幕府的前三代将军均明令禁教并驱逐

14

[①] 岛原之变发生在1637–1638年间，起因是当地的百姓（许多均为天主教徒）受不了高税的剥削，结果却演变成一场宗教战争；由于葡萄牙人曾协助当地叛变的天主教徒，故在事件平定之后，日葡间的贸易往来遂被切断，而葡萄牙的势力也被信奉新教的荷兰人所取代。

[②] 此一附录参见 *New Catholic Encyclopedia,* vol. 8, pp. 828–845.

[③] 西田長男，《天理図書館所藏吉田文庫本〈妙貞問答〉》；井手勝美，《ハビアンと〈妙貞問答〉》；戚印平，《日本早期耶稣会史研究》，页270–271、322–329、343–356。

传教士；1626年，长崎奉行水野守信制定"踏绘"制度，在通衢要道广设刻有耶稣或玛利亚像的木板或金属板，要求人民必须踩踏以分辨其为教徒与否；1633-1639年间，德川家光屡次发布锁国令和禁教令；1638年，并在全国各地大张告示，以优渥赏金鼓励密告捉拿传教士和教徒；1640年，幕府还设立宗门奉行，专司禁教与其他宗教事务；1671年，并制成《宗门人别改帐》，确实掌握改宗之原天主教徒的名册，当时幕府规定每个人都要与寺院结成固定的"寺请"关系，每村每年都要造册以进行此一宗教信仰的户口普查，并用踏绘的方式加以确认；1687年，更发布《基督徒类族令》，施行连坐法以禁教①。

　　幕府为禁教所采行的手段和所施用的酷刑（如穴吊和火刑等），令日本天主教会几乎根绝，迄十七世纪末的殉教者也超过四千人（不含岛原之变的死难者），其中26位被封为圣人（包含20位日本人），205位被列为殉道真福（beautified martyrs）。

　　一些坚贞的教徒于是潜入地下，他们以五家为一组（称作 goningumi），透过聚会来延续信仰，并由变装的传教士乘夜间至各地施行仪礼。资深的教长（称作 chōkata）负责维持教内的记录并颁布教历，而洗礼、传道和告解等工作，也各有专人担任。他们往往会以各种图腾秘密呈现其宗教信仰，如会在刀剑的护手上或日常用具的背面刻上十字，并发展出被称作"玛利亚观音"（Maria Kannon）的圣像。此乃以佛教的子安观音（即送子观音，为安产和小孩子的守护神）为幌

---

① 戚印平，《日本早期耶稣会史研究》，页90-125、471-478。

子，利用该白衣观音手抱婴儿与圣母玛利亚手抱耶稣两图腾之间的相似性，来进行圣母崇拜，但在"玛利亚观音"的不明显处，常可见到十字架的标识。

十九世纪下半叶，西方强权打开日本门户，并强迫日本政府取消教禁，有超过三万名的"隐藏天主教徒"（日人称之为 *kakure kirishitan*）从各地走出；虽然教廷肯定其所施行的部分教会礼仪仍相当纯正，但这支已多少受到佛教和神道教影响的教派，却有许多人选择不再回归罗马教廷的怀抱[1]。

3. 中南半岛

耶稣会在中南半岛也曾尝试发展，但最后也和在日本一样功亏一篑[2]。如安南自十六世纪下半叶起即有托钵修士进入，然其活动范围仅限于居住在当地的日本和葡萄牙社群，此一情形直到三名耶稣会士于1615年抵达今岘港（Danang）一带后始改观。随后进入的会士当中以 Alexandre de Rhodes（1591–1660）的成就最大[3]，他从1624年起，数度进出交趾、东京（Tonkin）和暹罗（Siam）等地，虽曾领洗了阮潢（Nguyen Hoang, r.1600–1613）的嫔妃 Minh Duc，但亦于1645年被永久驱逐出境。据其于1650年呈送给传信部的报告，他声称安南已有约300,000名天主教徒，故建议教廷应避开葡萄牙的保教权，直接派遣宗座代牧，并建立当地的教会组织。1659年，不顾葡萄牙的恫吓，传信部任命了两名法国籍的宗座代牧（均为巴黎外方传教会士），从此开启了法国在亚洲发展的新纪元（见附录1.4），

---

[1] Turnbull, *Kakure Kirishitan of Japan*.
[2] 陈文源，《明清时期澳门耶稣会士在安南的传教活动》。
[3] 有近代学者将其名音译作罗历山，然此与另一位耶稣会士 Alessandro Cicero（1639–1703）当时所用的汉名相同，故本书径用其西名。

但其初期的关怀重点还包含中国的西部和南部各省[1]。

附录1.4

十八、十九世纪天主教在越南的发展

1771年，阮惠（Nguyen Hue, 1752–1792）率农民军起事，史称"西山政权"，经十余年的争战终于推翻黎氏王朝。黎王外孙阮福映（Nguyen Anh, r.1802–1820）为谋求复仇，遂请法国籍的宗座代牧百多禄携其长子阮景（Nguyen Canh, 1780–1801）至欧洲求助，百多禄于1787年代表阮福映与法王路易十六世（Louis XVI , r.1774–1792）签订条约，同意割让两处贸易港，交换条件是法国必须提供军援。但由于当时法国恰发生大革命，皇室被废，而新政府亦无暇他顾，因此并不曾履约。百多禄于是以私人身份在印度招募了约520名佣兵助战，他获授"达命、调制战艦、水步援兵、监牧上师"头衔，其中"监牧上师"或即是对其代牧主教一职的认可。而其所带领的佣兵当中有嫚槐、耶妠悲、麻怒哝等军官在战争中丧命，至于多突、吧呢哝、黎文棱、乌离为等人则因功获授官职。1802年，阮福映终于灭了西山政权而称帝，但奉天主教的阮景虽于1793年被立为东宫，却不幸因出天花而于1801年薨逝，令传教士在亚洲扶持一位天主教君主的努力再度破碎[2]。

嘉隆帝阮福映在位期间，天主教因受百多禄复国勋功的

16

---

① Phan, *Mission and Catechesis*, pp. 8–13、38–68.

② 参见郭振铎、张笑海，《越南通史》，页500–536；张登桂等，《大南实录》，正编列传初集，卷2页5–19、卷28页7–9；吴甲豆，《皇越龙兴志》，页65–67、139；潘叔直，《国史遗编》，陈荆和前序，页13–14；Lamb, *The Mandarin Road to Old Hué*, pp. 139–156.

护持而蓬勃发展，至1819年，已拥有4名主教、25名欧洲传教士、180名本土传教士、1000名传教员以及1500名修女。然而，继嘉隆帝在位的明命帝阮晈（r.1820–1841；阮景之异母弟），却于1833年开始禁教，并实施锁国政策，不论是西洋人或本国人，凡为"爷稣道长"者，皆加以捕治。1838年前后，更有大批传教士和教徒因此殉教。其后的绍治帝（r.1841–1847）或眼见中国在欧洲强权攻击下的不堪一击，遂在法国的威吓下暂缓教禁。但嗣德帝（r.1848–1883）登基之后，却立即再掀起全国性的大教难。1858年，法国和西班牙合组联军，希望能替为数约60万的天主教徒撑腰。1862年，双方签订和约，嗣德帝割地赔款并保证信仰自由。据保守估计，在此四年动乱期间遭到放逐的30万教徒当中，有4万人因各种原因死亡。1886年，越南沦为法国的保护国之后，取得合法地位的天主教发展更加迅速，终令其成为现今亚洲地区天主教徒占全国人口比例第二高的国家，仅次于菲律宾。1988年，教皇将117名于十八、十九世纪遭到越南政府处死的该国天主教徒及欧洲传教士封圣①。

17   暹罗虽早有道明会士进驻，但传教范围始终局限在一小撮的葡裔族群。第一位入暹的耶稣会士为葡萄牙籍的Balthasar Sequeira（？–1609），他于1607年抵达大城府（Ayutthaya；位于今曼谷市郊），旋即病逝；此后耶稣会虽曾两度再派人进入，但一直未能有所突破。1655年，该会决定重返暹罗，此因日本在岛原之变以及接续的教禁之后，有许多教徒流亡至该地，故急需一名神父。次年，耶稣会士

---

① 参见 "Indo-China," in *The Catholic Encyclopedia*.

Tomaso Valguarnera（？−1677）在大城府建立了正式的传教所，但因他大部分时间都在协助国王那莱（Narai，r.1657−1688）监督城工，故引发其他传教士的严辞批评。

天主教在暹罗的真正开展，应归功于由传信部指派的宗座代牧，他们于1662年起进入暹罗。国王那莱对西人、西学相当友善，不仅允许这些法国的传教士们兴建教堂并自由传教，甚至还任命一名亲法的希腊人 Constantine Phaulkon（1647−1688）为重臣，并引进法国军队进驻。但这些举动引发激烈反弹，在拉梅萱二世（Phra Petracha Ramesuen II，r.1688−1703）成功夺权之后，西人立遭驱逐，也因此中断了天主教在暹罗的发展[①]。

（二）美洲

1.巴西

随着西、葡两国在南美洲的探险与殖民活动，方济会士于1503年和1515年两度进入巴西；1543年，并在奥林达（Olinda）建立女修道院；但直到耶稣会抵达此一地区，天主教的传教事业才算真正蓬勃展开[②]。

在沙勿略进入日本开教的五个多月前，32岁的Manuel da Nóbrega（1517−1570）率领5名耶稣会士到达巴西，他们不仅带着葡王若望三世欲将萨尔瓦多（Salvador）建设成像卧亚一般繁荣的期望，并沿着海岸迅速开展传教事业。1550年，Nóbrega更大胆翻越海岸山脉，在今日南美最大城市圣保罗（São Paulo）所在地建立了传教据点[③]。

18

---

① 有关天主教在暹罗的发展史，参见 Smithies & Bressan, *Siam and the Vatican in the Seventeenth Century*, pp. 23−31; Sitsayamkan, *The Greek Favourite of the King of Siam*, pp. 142−173.

② Hemming, *Red Gold*, pp. 97−98.

③ 下文中有关耶稣会在巴西的传教活动，均请参见 Alden, *The Making of an Enterprise*, pp. 71−75、474−501.

当时巴西共有一两百万的印第安人，分成三百多族散居各地，其信仰远比伊斯兰教、佛教、印度教或所谓的儒教来得单纯原始，物质文明也远不若中国、日本和印度等东方诸国先进。由于印第安人崇信巫师、不遵守一夫一妻制且酗酒，传教工作遭到许多挫折，加上殖民者因种植甘蔗需要所采取的奴役手段，更使得印第安人对传教士敬而远之。

有些耶稣会士因此认为要对这些异教徒传教，没有比刀剑和铁棍更有效的方法，他们遂协助殖民当局管理坐落在白人屯垦区附近的印第安社区（称之为 aldeias），一方面提供各农场劳力，另一方面也对这些顺从的印第安人灌输天主教信仰。至1600年前后，耶稣会神父的数目已达到169人，牧养分居在150个社区的约五万名印第安人。

耶稣会士既是神职人员却又身兼社区管理者的身份，因此引发许多争论。他们提供给各农场的印第安工人，常被殖民者当动物一般看待，但也有许多会士将社区转变成庇护所，避免居民被非法捉去当奴隶。此后，耶稣会即因替印第安人争取权利而与殖民者不断发生严重冲突，终在1760年被逐出巴西；但巴西迄今仍有约85%的人口信奉天主教，是世界上奉天主教人数最多的国家。

2. 巴拉圭

1588年，有3位耶稣会士成功地从巴西翻山越岭抵达西班牙的属地亚松森（Asunción；今巴拉圭的首府），开始其在南美内陆的传教事业[1]。由于先前西班牙国王已谕旨不准奴役奉教的印第安人，并宣称印第安人应与西班牙人拥有同样的自由，故从1609年起，耶稣会士在巴拉圭创设转化区（reducción）[2]，以对抗殖民主义者的压迫与

---

① 本节中有关耶稣会在巴拉圭的传教史，请参见 "Reductions of Paraguay," in *The Catholic Encyclopedia*.

② 中国在十八世纪的教禁时期亦尝出现类似的天主教社区（见附录13.1）。

剥削。在不违反印第安人意愿的情况下，传教士将其集结于村落中，一方面施以保护，另一方面进行传教。各转化区中均设有印第安人的自治组织，惟须接受一至二位耶稣会士的领导与监督。

19

转化区的成功之处，在于有效地结合宗教生活、经济结构以及社会秩序。转化区除了财产公有、集体参与农业生产及手工艺制作、生活用品统一配给之外，还设置医院、学校、养老院、孤儿院和寡妇院等社会福利机构。在种种制度的配合下，转化区成为南美经济最发达的地区。而为了抵抗频频入侵的游牧民族及奴隶贩子，转化区在西班牙国王的支持之下，亦拥有自卫的军事组织和火器。至1768年止，耶稣会总共在巴拉圭设立了约100个转化区，光是使用瓜拉尼语的印第安部落，就有约70万人皈依。

转化区虽让耶稣会有机会在南美洲实现其打造天主教伊甸园的理想，但却也多少牺牲了印第安人原有的生活方式与文化传统，又因其与殖民者的利益发生严重冲突，随着耶稣会于1767年被驱逐出西班牙帝国，此一在传教史上极为特殊的运作机制，终究难逃被解体的命运[1]。

3. 墨西哥

耶稣会的墨西哥会省成立于1571年，当时乃西班牙的殖民地，此是该会在欧洲以外最大的传教区；1600年前后，共有272名会士在当地活动。耶稣会士对西属美洲印第安人的传教工作起自1591年，虽迟于托钵修会，但却快速成为最主要的传教组织，其重心也次第推进至现今墨西哥之西北以及南加州一带；至耶稣会解散止，该地区已有约两百万人皈依天主教[2]。

---

① 有关转化区历史、社会与经济的讨论，可参见Caraman, *The Lost Paradise: The Jesuit Republic in South America*；至于该社区现存的遗址和艺术表现，可参见 McNaspy, *Lost Cities of Paraguay*.

② *New Catholic Encyclopedia*, vol. 7, pp. 905—906.

与在远东的葡萄牙籍耶稣会士相同，在西属美洲工作的耶稣会士，也欢迎同会的他国会士进入，如在1572–1619年间，即有74名非西班牙籍的耶稣会士在墨西哥服务，其中包括37名意大利人、17名葡萄牙人、7名法国人等，他们都规避马德里当局不许非西班牙人进入西属美洲的规定[①]。知当时的传教会在保教权的影响之下，虽不能免于世俗国王的牵制，但其自主性以及内部的凝聚力仍颇强。

（三）非洲

1. 刚果

相对于在巴西的成功经验，耶稣会在非洲的表现就相形失色[②]。1480年代，葡萄牙的航海家首次行经位于非洲中西部的刚果和安哥拉两王国。1491年，刚果国王恩津加（Nzinga）成为欧洲以外第一位信奉天主教的君主，其孙恩里克（Henrique）不仅曾至葡萄牙学习神学，甚至晋升成第一位黑人非洲主教；但恩里克不幸猝死，且葡萄牙人对贸易和贩奴的兴趣远超过传教，遂使得天主教未能蓬勃发展。耶稣会虽于1547年起两度派出会士至刚果，均无功而返。

2. 安哥拉

至于在刚果南方的安哥拉，其国王恩格拉（Ngola）亦曾于1560年要求葡萄牙派遣传教士，以Francisco de Gouveia为首的4名耶稣会士，遂在冒险家Paulo Dias de Novais的陪同下于当年抵达，但旋遭恩格拉的继任者监禁；Francisco de Gouveia在狱中曾秘密致函葡王，建议以武力征服此一国家；五年之后，Paulo Dias de Novais被释放，他在葡王的支持下率领一支舰队建立了卢旺达城（São Paulo

---

① Sebes, "Philippine Jesuits in the Middle Kingdom in the 17th Century"; Bangert, *A History of the Society of Jesus*, pp. 164–167.
② 下文中有关耶稣会在刚果和安哥拉的传教活动，均请参见 Alden, *The Making of an Enterprise*, pp. 75–76.

de Luanda；今安哥拉的首都，亦是十七世纪输出黑奴至巴西农场的
最大转运站）。但耶稣会的传教活动却进展缓慢，且耗损率极高，如
在1560—1593年间，26名先后到达此处的会士当中，有11名病卒；
1602年，共有12名耶稣会士在殖民地服务，但五年之后即全部死
亡。今安哥拉的官方语言为葡萄牙语，近半人口信奉天主教。

3.埃塞俄比亚

至于位于非洲东部的埃塞俄比亚（Ethiopia），是拥有三千多年
历史的文明古国，早在第四世纪就已接触基督教。当时有两名教徒
弗鲁门提乌斯（Frumentius）及艾德修斯（Aedesius）因船难被冲上岸，
随后均在国王艾米达（Ella Amida）的宫廷中服务，且甚受礼遇和重
视。国王过世后，弗鲁门提乌斯被任命为幼王艾扎纳（Ezana）的摄
政，稍后接受埃及亚历山大（Alexandria）主教的祝圣，成为埃塞俄
比亚正教（Ethiopian Orthodox Church）的首任主教，并使埃塞俄比
亚变成一信奉基督宗教的国家[①]。

451年，教会召开迦克墩大公会议（Council of Chalcedon），谴
责一性派（Monophysites；此教派流行于叙利亚、埃及等地，主张基
督的神性与人性在祂降生时就已融合为一性）为异端。第五世纪末
叶，有9名此派的僧侣到达埃塞俄比亚，经由他们的努力，一性派遂
变成埃塞俄比亚教会的主流。第七世纪时，信奉伊斯兰教的征服者
虽切断了埃塞俄比亚与基督教世界的联系，但埃及的一性派教会仍
持续派遣神职人员至埃塞俄比亚。

1531年，伊斯兰军队在艾哈迈德·格莱恩（Ahmad Grāñ，
c.1506—1543）的率领下大举入侵，纵横埃塞俄比亚全境，希望能
借此圣战将基督教连根拔起。这时有位名为John Bermudez的葡籍

---

① 此处有关埃塞俄比亚与基督教的关系，如未特别加注，即请参见Atiya, *History of
Eastern Christianity*, pp. 146–166; Hastings, *The Church in Africa*, chapters 1, 4, 6;
Alden, *The Making of an Enterprise*, pp. 154–157.

传教员（catechist），宣称埃塞俄比亚宗主教（patriarch）在临终前
祝圣他继承其位（此事颇为可疑），他并以此名义至里斯本请求救
兵；葡萄牙于是在1541年派遣一支舰队抵达埃塞俄比亚，经埃塞俄
比亚皇帝的恳求，450名葡籍火枪手被派往协助抵抗伊斯兰军队。此
一联军虽于初期遭击溃，但稍后即又重整战力，而艾哈迈德·格莱
恩也在1543年的一场战役中被葡萄牙人的火绳枪击毙，入侵的伊斯
兰势力于是瓦解。Bermudez 遂倚功对埃塞俄比亚皇帝加拉德沃斯
（Gelawdewos, r.1540–1559）施压，要他改宗罗马天主教，但遭拒绝，
最后 Bermudez 只得在争执中被迫离开该国①。

　　1589年，耶稣会士 Pero Pais（1563–1622）奉卧亚大主教之命
赴埃塞俄比亚传教，途中不幸被土耳其人俘虏，直到1595年始获释。
1603年，他假扮成商人终于抵达埃塞俄比亚；未几，即因其精通多
种语言的才华，而受到统治者扎·丹加尔（Za Dengel）赏赐，Za
Dengel 并因受其影响而致函菲力普二世，寻求通婚结盟和军事援助
的可能性，以对付政敌，但旋遭叛军杀害而未果。

　　历经数年动乱之后，苏斯尼约斯（Susinyos，r.1607–1632）成
为埃塞俄比亚的新皇帝，他对 Pais 多方面的才能亦十分欣赏，并请
他设计建造皇宫，也允许耶稣会士（当时共有5位）在其国内自由传
教。耶稣会士秉承其一贯策略，以皈依上层社会人士为初期的主要
目标。1612年，皇帝的兄弟克里斯托斯（Si'la Christos）受洗入教，
在其大力协助之下，1620年代初期，埃塞俄比亚全国可能已有多达
十万的信徒。皇帝苏斯尼约斯本人更于1621年正式改奉罗马天主教，
且要求臣民亦遵循，此举引发许多人的强烈不满。

　　Pais 还未及见到天主教后续的发展，就于1622年谢世。他的继
承人 Alfonso Mendes（c.1570–1656）至1625年才抵达埃塞俄比亚

---

① 参考 *Encyclopaedia Britannica Ultimate Reference Suite 2004 DVD.*

的首都。Mendes 以自己是教皇的代表，坚持皇帝必须在他面前下跪且宣誓效忠，他还要求全民应重新受洗、一性派的教士必须重行培训并整建原有的教堂，以因应罗马教会的规矩。此一大刀阔斧的改革，对固有的文化传统和社会价值产生严重冲击，且直接影响及一性派的权益（包含产业），遂引发一连串的叛变。在迟迟得不到西班牙的奥援下，且为了弥合社会的裂痕，苏斯尼约斯决定改宗原有的信仰，并于1632年传位其子法西利德斯（Basilides，或名 Facilides）。Mendes 在此一严峻的情势下，派遣4名教士至印度请求救兵；法西利德斯在得知此事后，遂于1634年下令驱逐所有的传教士，而最后几名滞留的耶稣会士也于1641年遭吊死。迄今，除了近45% 人口信奉伊斯兰教外，该国仍有 40% 之人信奉埃塞俄比亚正教（即基督教的一性派）。

在葡萄牙保教权下积极发展的耶稣会，于各地陆续设置独立的会省或副会省以推动教务。据图表1.2的统计，在1549–1760年间由葡萄牙所支持各地区耶稣会士的人数分布[①]，其总数自1600年起即大致维持在1200–1800名之间；最多的葡萄牙会省约占其半，其人数大致缓慢增加；至于印度的卧亚、马拉巴以及日本，均在十七世纪上半叶时达到高峰，接着就持续大幅萎缩，日本于1614年禁教之后，该会省的会士就改在东南亚一带活动；至于巴西和马拉尼昂（Maranhão，曾短暂被法国和荷兰占领，现为巴西北部之一州），则在耶稣会解散之前均快速成长，此亦可反映出巴西为何变成现今世界上最大天主教国家的历史脉络。

至于中国副会省，大概是拥有耶稣会士最少的地区，平均在二

23

---

① 此表之资料依据 Alden, *The Making of an Enterprise*, pp. 674–676.

三十名之间，1751年人数最多时，亦不过47名[1]，可知该会的传教士活动能力极高；且雍、乾以来的禁教并未令其断绝在华的努力，他们仍透过各种技艺服务于宫廷，一方面秘密护持其他潜入的传教士，另一方面则以其劳绩寻求东山再起的可能。

图表1.2：葡萄牙保教权内耶稣会士的人数分布。其中各地区均在括号内列出其初设独立会省或副会省之年份；由于各地区有数据存世的年份并不一致且颇为零星，故在表中是将1549年至1760年分成四个时段，并分别计算各时段现存数目的平均值，此应可大致反映平均每年在该区活动的会士规模。

	葡萄牙 (1546)	卧亚 (1549)	巴西 (1553)	日本 (1581)	马拉巴 (1601)	中国 (1623)	马拉尼昂 (1727)	每年总人数 (平均值)
1549– 1599	513	214	58	60	0	8	0	500
1600– 1649	650	262	169	135	150	27	0	1280
1650– 1699	673	235	228	45	49	28	29	1340
1700– 1760	765	158	413	56	51	38	114	1571
最多人数 (年份)	855 (1749)	321 (1599)	476 (1757)	233 (1609)	180 (1632)	47 (1751)	155 (1760)	1760 (1754)

---

[1] 此指葡萄牙所支持的耶稣会士，而不包括1688年之后来华的法国耶稣会士（他们乃自立传教区，不归葡萄牙保教权的管辖）。参见Standaert, *Handbook of Christianity in China*, vol. 1, pp. 313–316.

三、天主教在中国的传教策略

24

由于葡萄牙于1511年时以千人左右的兵力即攻占拥有十万外籍佣兵的满剌加[1]，而西班牙在1532年更只以不到200人的兵力，打败印加（Inca）帝国的四万大军[2]，此故，在亚洲的天主教会中，初期颇有人主张以武力征服中国。如1569、1573和1574年，即均有好大喜功者上书建议西班牙的菲力普二世侵华，甚至狂妄地宣称只需数十名兵士即可攻占城池；此外，也有神父向西班牙驻墨西哥总督提出类似主张[3]。

即使在耶稣会进入肇庆建立教堂之后，仍可见类似的建议。如曾任耶稣会日本教区长上（Superior；又称院长、区长）的Francisco Cabral，即曾于1584年上书已兼领葡萄牙王位的菲力普二世，认为只要集结一支一万人以内的舰队，即可控制华南沿海省份；他提议可从葡属印度、美洲或菲律宾调兵遣将，并称："陛下还有日本，在那里的耶稣会神甫可易如反掌地派来两三千日本基督徒。"且指出澳门的葡国居民及其奴隶加上当地的华人教徒，亦有三千人之谱[4]。Cabral 还提到七个月前入居肇庆的罗明坚与利玛窦，亦可帮大忙，因"届时他们已掌握说写，可以提供必要的通报"[5]，而他自己亦将"尽量搜集更多的情报，暗中观察、了解一切与本大业有关的情况"。

---

[1] Teixeira, *The Portuguese Missions in Malacca and Singapore,* vol. I, pp. 39–47.

[2] Means, *Fall of the Inca Empire and the Spanish Rule in Peru,* pp. 24–37.

[3] 陈台民，《中菲关系与菲律宾华侨》，页88–90。

[4] 无怪乎反教人士常怀疑耶稣会士的动机不仅于传教。参见杨光先，《不得已》，页1098–1100、1133–1134。

[5] 利玛窦就曾向西班牙国王的财政代理商罗曼（Juan Baptista Román）简报中国的情况，并附上所搜集的中国地图《古今形胜之图》，而Román亦对征服中国之说提出过具体建议。参见金国平，《西力东渐》，页135、138–139、316。

同年，满剌加的主教 João Ribeiro Gaio，也曾建议菲力普二世在征服东南亚后对中国下手①。

　　西班牙籍的耶稣会士 Alonso Sánchez（1547–1593）亦尝于1584年在澳门发表自己的见解，称："我和罗明坚的意见完全相反，我以为劝化中国，只有一个好办法，就是借重武力。"他的想法得到菲律宾殖民当局的赞同，并于1586年向菲力普二世呈送了一份名为《论征服中国》（Sur la Conquête de la Chine）的备忘录，其中有云：

> 　　应当立即作出决定，使中国人防备不及……只消有一万至一万二千名西班牙、意大利或其他国家的士兵已够……特别需要有一位手持王上和耶稣会总会长手谕的先行官，使日本的耶稣会士们为之慑服，全力给予帮助……在适宜的时机，应让那些进入中国传教的耶稣会士露面，他们懂得当地的语言，可在军队和中国人间充当翻译。

但因菲力普二世视之为奇谈怪论，且他当时正倾全力建立无敌舰队，亦无暇顾及此②。

　　这种以武力为后盾的想法，直到耶稣会视察员范礼安对中国有了较全面的了解之后，始出现较大转变。他意识到即使有可能达到军事征服，但治理庞大的中华帝国却是其力所远远不逮的③，此与西班牙在菲律宾的殖民统治，层级全然不同；故他主张传教士应采行调适政策，先学习中文，尽量熟习当地社会的礼俗民情，而不宜采

---

① 此段参见金国平，《耶稣会对华传教政策演变基因初探》。
② 此段参见裴化行，《明代闭关政策与西班牙天主教传教士》。
③ 此见金国平，《西力东渐》，页157。又，范礼安于1582年致函菲律宾总督迪亚戈·龙基略（Diego Ronquillo）时，则称："作为一位务实之人，你不应去想该如何攻打中国，直到你对它有更多的了解。"参见 de la Costa, The Jesuits in the Philippines 1581–1768, p. 50.

用在其他地区所使用的直接或武力传教法；自此，中国的天主教事业才出现生机[①]。

当耶稣会士初入亚洲各地发展时，他们所选择的身份定位和服饰穿着，对其布教工作往往产生相当程度的影响。如印度自沙勿略开教之后，一直未能走出卧亚地区，且传教始终局限在下层社会，此因印度社会的阶级分明，而传教士衣着简陋，且完全不在乎交往之人的身份地位，加上葡萄牙人食牛肉、饮酒的习俗，均属印度教的禁忌，与其通婚的印度人又多为较低贱的种姓，印度社会遂将佛郎机人（指葡萄牙人或在印度出生的葡裔）归类为低贱的种姓[②]。

沙勿略于1549年初入日本传教时亦不顺利，当他发现一般人常以外表和服装来评价不熟悉的外来者之后，遂在拜望大名大内义隆时，改穿主祭时才穿着的华美服饰，使得访问相当成功。此后，日本耶稣会士在传教布道以及与上层人士交往时，均穿着丝绸华服。但当新任的耶稣会日本教区长上 Francisco Cabral 于1570年抵日之后，却批评当地的会士过于奢侈，违反甘守清贫的誓言，并宣布禁穿丝绸衣服，此举引发教会内部激烈的争论。Cabral 对日本的文化和社会抱持贬视的心态，他将耶稣会中的日本人视作二等公民，并禁止日本教徒学习拉丁文或葡萄牙文，同时也不鼓励欧洲来的会士

①Malatesta, "Alessandro Valignano, Fan Li-An（1539−1606）."
②佛郎机为 *Firinghee* 之音译，原指法兰克人（Franks，曾于第五世纪入侵西罗马帝国，占据今法国北部、比利时和德国西部等地，建立中世纪早期西欧最强大的基督教王国），但在亚洲常被狭义地指葡萄牙人，亦被较广义地指欧洲人或被欧人同化的印度人。此词波斯人作*farangi*或*firingi*，阿拉伯人作*al-faranj, ifranji, firanji*，南印度之人作*p'arangi*，锡兰人作*parangi*。印度莫卧儿（Mughal，或译作蒙兀儿）王国的第一位皇帝巴布尔（Zahiruddin Muhammad Babur）在叙述巴尼伯德（Panipat）之役（1526）时，尝称其所用的火炮为*firingíhá*，此或因该炮乃由佛郎机人传入而得名，而土耳其人亦称后膛填装的旋转炮为*prangi*，明代中国所用的佛郎机炮或即为*firingíhá*或*prangi*之类名词的音译。参见戴裔煊，《〈明史·佛郎机传〉笺正》，页1；Maclagan, "On Early Asiatic Fire Weapons"；Yule, *Hobson-Jobson*, pp. 352−353; Guilmartin, *Gunpowder and Galleys*, p. 161.

们学习日文，此一状况直到视察员范礼安于1580年到达之后，才发生改变。1581年，Cabral 被解职，耶稣会士则在范氏的默许下，可于适当场合重披丝绸服装。稍后，耶稣会在中国所大力推行的文化调适政策，即深受范礼安日本经验的影响[①]。

　　由于沙勿略初入日本传教时，曾借用佛教真言宗的"大日"（如来）一词来翻译天主（Deus；详见第十二章），以致有日人将天主教与佛教相混，如山口大名大友义长于1552年同意耶稣会士入驻大道寺传教之时，即在汉字的《裁许状》上，称这些西士乃"从西域来朝之僧"，并指其东来的目的是"佛法绍隆"[②]。

　　类似的情形亦见于中国，明季初入中国内地的耶稣会士，即曾以佛教语词翻译天主教经典[③]。而天主教与佛教的教义和仪规当中，也的确出现一些相似性：如两教均强调天堂和地狱的存在，且均使用念珠；僧尼亦不婚配；佛教中有佛、法、僧三宝，名虽有三，但体性为一，颇似天主教的"三位一体"；佛教中亦有与天主教"十诫"相似的五戒（不杀生、不偷盗、不邪淫、不妄语、不饮酒），再加上耶稣会士误以和尚的政治和社会地位近乎欧洲教会的僧侣，遂接受中国官员将天主教划入和尚和道士一类的做法，并剃发、着僧衣[④]。肇庆知府王泮也因误认其为佛教的一支，而为教堂题有"仙花寺"和"西来净土"两匾[⑤]。首位获准在华居留的耶稣会士罗明坚，更因

---

① 此段参见戚印平，《远东耶稣会士关于易服问题的争议及其文化意义》；Song, "Apologetics of Matteo Ricci: Lessons from the Past."

② 松田毅一、東光博英，《日本の南蛮文化》，頁38；戚印平，《日本早期耶穌會史研究》，頁47–48、214–222。

③ 张西平，《中国与欧洲早期宗教和哲学交流史》，页152–157。

④ 天启五年，李之藻在《读景教碑后》一文中即有云："所疑天学儒行曷以僧名，则缘彼国分立道俗，男子皆髡，华人强指为僧，渠辈无能自异云尔。即利氏之初入五羊也，亦复数年混迹。"参见刘凝，《天学集解》，卷2页52–55；计翔翔，《关于利玛窦衣儒服的研究》。

⑤ 利玛窦、金尼阁，《利玛窦中国札记》，页172–173。

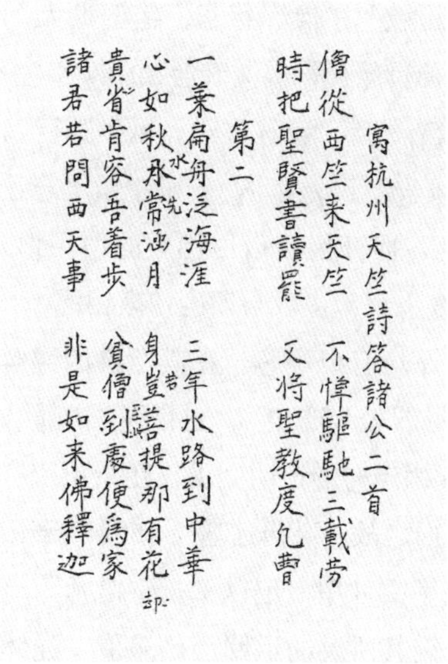

寓杭州天竺詩答諸公二首

僧從西竺來天竺 不憚驅馳三載勞
時把聖賢書讀罷 又將聖教度凡曹

第二

一葉扁舟泛海涯 三年水路到中華
心如秋水常涵月 身豈菩提那有花
貴省肯容吾着步 貧僧到處便為家
諸君若問西天事 非是如來佛釋迦

图表1.3：罗明坚所赋之中国诗[①]。诗中既以僧自称，却又努力与佛教区隔。

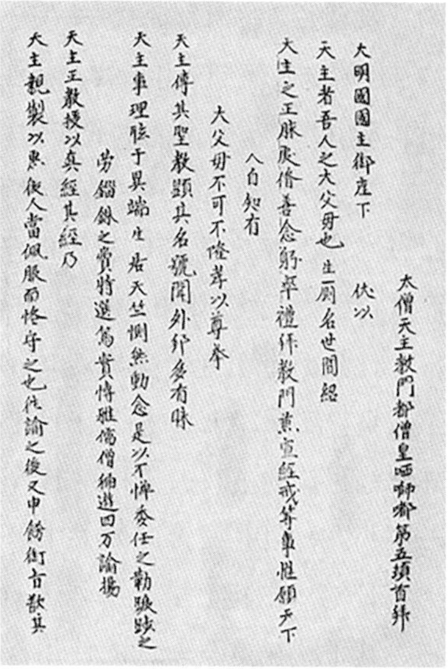

大僧天主教門都僧皇哂[illegible]嘟第五頓首拜

大明國國主御座下 伏以
天主者吾人之大父母也 生厥名世間絕
大主之王朕忝僧善念躬率禮作教門兼宣經戒等事但願天下
人自知有
大父母不可不隆崇以尊奉
天主傳其聖教顯其名號閫外亦多有脉
天主事理昧于異端 生居天竺惻然動念是以不憚委任之勤驗跋之
勞錙銖之費特選篤貴恃碓儒僧細進四万論揚
天主正教授以真經其經乃
天主親製以惠後人當佩服而恪守之也伏諭之後又申飭衙吉款其

图表1.4：教皇西师都五世致万历皇帝信札的书影。法国国家图书馆藏。

此自称为“天竺国僧”[②]。

1590年，罗明坚奉范礼安之命起草一封以教皇名义致大明皇帝的信札（见图表1.4）[③]，其中亦称教皇西师都（原文中三字均在左边加口字旁，代表译音）五世（Sixtus V, *r.*1585–1590）乃居住在“天竺国” 28

① 原藏耶稣会罗马档案馆Jap-Sin II, 159；翻摄自Chan, “Michele Ruggieri, S.J.（1543–1607）and His Chinese Poems.”

② 此见罗氏初刊于1584年之《（新编）天主（圣教）实录》（罗马耶稣会档案馆藏，编号为ARSI, Jap-Sin I, 189, 189a & 190），惟在稍后的重刻本（见《天主教东传文献续编》）中，他则改称己为“耶稣会后学”或“远西罗明坚”。参见张西平，《中国与欧洲早期宗教和哲学交流史》，页242–246。

③ 此信常被误系为利玛窦所为，但从现存的拉丁文草稿，知应为罗明坚所拟。由于此一使华的建议并未得到教皇的同意，故现藏法国国家图书馆的此信中文本，并不曾呈送万历皇帝。参见Courant, *Catalogue des Livres Chinois, Corérns, Japonais, etc.*, no. 1320；林金水，《利玛窦与中国》，页24；平川祐弘，《利玛窦传》，页158–161；罗渔译，《利玛窦书信集》，页549–550。

的"都僧皇"，因期盼能传"天主正教"，"推广慈悲，普济世人"，
特遣"博雅儒僧"四出扬教，并派"德行颇优，儒文宏博"的四名"上
僧"入华，希望明帝能对此四僧"给有札牒，沿途迎送，以华其行"，
并提及当时已有孟三德、利玛窦和麦安东三人在华[①]。函中虽不忘适
时以"儒"字来形容传教士的学问，但亦屡屡借用佛教的惯用语，
而其自称为天竺国僧的做法，更易令人将天主教与印度佛教相混。

　　此外，道明会士高母羡（译名原均有口字旁）在其所撰的《辩
正教真传实录》（1593 年刊于吕宋；见图表 1.5）中[②]，也自称"僧师"，
并称马尼拉的主教为"和尚王"，此因当时的道明会士仅在头顶留有
一圈头发，且其服饰亦颇类中国僧侣之故。高母羡曾于 1592 年奉命
出使日本，在其上呈丰臣秀吉的汉字文件中，也以"托重僧师"自
称，其中"托重"一词的使用，乃因其所属的道明会是采取"托钵
乞食"的修道方式所致[③]。

　　1592 年初春，利玛窦前往南雄拜访其门生瞿汝夔，瞿氏即力劝
利氏蓄须留发，且脱去僧服改穿儒服，瞿氏更透过其人脉网络，努
力将利玛窦引介入士大夫的交游圈中（见第二章）。这年年底，利
玛窦与从日本返回澳门的范礼安谈及易服以改变身份标识的想法时，
获得范氏的支持，并应允上报总会长，此举或亦受到前述日本教会
所发生类似事件的影响[④]。

　　1594 年 7 月，教廷终于正式同意利玛窦改穿儒服的主张。然明
人对各社会阶层所着服饰的规定相当谨严，一般民众如冒穿儒生的

---

① 此信全文收录于王重民的《海外希见录》，但因原件误书作"旧住三僧二德、玛窦、
　安东"，以致王氏难解其意，此句实应作"旧住三僧：三德、玛窦、安东"。参见
　王重民，《冷庐文薮》，页 752—756。

② Cobo, *Pien Cheng-Chiao Chen-Ch'uan Shih-Lu(Manila, 1593)*；张铠，《中国与西班牙
　关系史》，页 203—207。

③ 方豪，《中国天主教史人物传》，上册页 83—88。

④ 戚印平，《远东耶稣会士关于易服问题的争议及其文化意义》。

29

30

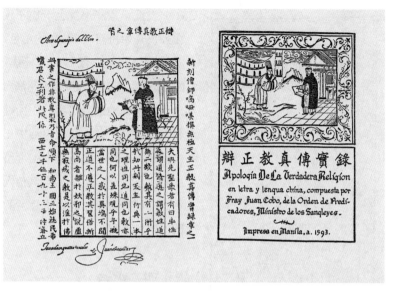

图表1.5：高母羡《辩正教真传实录》（1593）书影。

襕衫和方巾，往往会被治罪。故伺机而动的利玛窦，直到1595年5月始首次戴儒冠、穿儒服（见图表1.6）[1]，在江西吉安拜望旧识的原曲江知县龙应瑞[2]。利玛窦此举应是经过深思熟虑的，他为避免已习惯其僧服装扮的广东人士感到突兀，乃选择在对他相当陌生的江西改头换面，且因其与该官员本已相识且关系颇佳，纵使易服之举不妥，评估亦不至于遭受苛责。结果，该官员很高兴地接待他，并依秀才之例免他行跪拜礼[3]。

①从利玛窦自己的描述及其所留下的画像判断，他当时头戴的四方平定巾，属于"儒士、生员、监生"的冠制，但他身穿的似紫近黑的长袍，则与生员的玉色襕衫不同。查当时的进士着深蓝罗袍，状元则衣红色的绯罗，知利氏乃以士大夫的服制为参考，但略加改变以彰显自己是与中士有别的西儒。参见《明史》，卷67页1641、1649。

②林金水，《利玛窦与中国》，页40。

③此段参见裴化行，《利玛窦评传》，页145—146、184；计翔翔，《关于利玛窦衣儒服的研究》。

图表1.6：头戴四方平定巾、身穿长袍的"大西儒士"利玛窦。出自罗马梵蒂冈图书馆藏《大西西泰利先生行迹》。

自此，入华耶稣会士们不仅在外表开始扮演"西儒"的角色，亦开始进行"合儒"和"补儒"的努力[1]。当时的耶稣会士还都为自己取了既地道且典雅的中国姓名甚至字号，并在日常生活中正式使用，希望能减少与中国上层社会往来时的隔阂[2]，此与其他入华修会的传教士常无中文姓名的情形迥然不同。

四、小结

利玛窦所施行的调适策略，稍后亦被在印度传教的耶稣会士 Robert de Nobili（1577–1658）采纳；Nobili 于 1606 年入印后，为使天主教获得上层阶级的青睐，于是努力学习当地的语言和文化，并随俗不吃肉、不饮酒，只以鱼和素菜为食，且改着猩红色长袍，尽全力融入最高种姓婆罗门的习惯和仪礼。此举颇获成效，但也在教会内部引起一些激烈反弹。直到 1623 年，教皇格列高利十五世（Gregory XV, r.1621–1623）始认可其传教方针[3]。而为因应教内反对人士的抨击，他还曾运用神学理

---

① 张西平，《论明清间天学的合儒与补儒》。至于非耶稣会的传教士，则并未径采此一模式，如道明会士罗明敖黎尼妈在马尼拉出版的《新刊僚氏正教便览》（1606）中，即仍以僧自称。参见 Chan, *Chinese Books and Documents in the Jesuit Archives in Rome*, pp. 226–229.

② 陈义海，《从利玛窦易僧袍为儒服看跨文化交流的非语言传播》。

③ Correia-Afonso, *The Jesuits in India 1542–1773*, pp. 133–159.

论撰文为调适策略辩护，指称只要是为了拯救灵魂的正当理由，穿着异教徒的服装和标识应是可容忍的[①]。

　　耶稣会在进入亚洲传教的第一个世纪当中，几经摸索终于在日本、中国和印度等地陆续推行层次不一的调适政策，且彼此之间曾相互关联与影响。此外，他们在初入法属北美洲时，同样也是采取尊重印第安人文化、语言与生活方式的策略[②]。该政策对天主教会十七世纪在欧洲以外地区的发展颇具成效，但却也埋下后来发生在中国以及印度马拉巴的两场激烈"礼仪之争"（Rites Controversy）的导火线（详见第十一章）。

32

_____

① 裴化行，《利玛窦评传》，页82—86。
② Moore, *Indian and Jesuit*, pp. 59—76.

33

第二章　天主教徒瞿汝夔及其"家难"*

瞿汝夔是利玛窦最亲近的中国友人之一，太素为其字号，他对明末天主教所采"补儒易佛"的传教策略颇有推动之功。本章将透过电子资料库的协助，厘清瞿汝夔年轻时与长嫂发生"通问之奸"丑闻的始末；也将以瞿氏一家为例，尝试深入了解明代士大夫娶妾的相关法律和社会现实。同时，亦希望能借此案例突显一个有条件孕育"e考据学派"的时代或许已悄然到临。

一、瞿汝夔与利玛窦的交往

瞿汝夔是利玛窦最亲近的中国友人之一，他对天主教在华传教策略的制定与推动甚具贡献①。在利玛窦的札记中，尝对青年时期的汝夔有相当篇幅的描述：称其是苏州人，父亲瞿景淳为尚书，曾举会试第一②，惟汝夔虽十分聪颖，却不求上进，在其父过世后，更交结败类，沾染种种恶习，尤其沉迷于炼金术，以致其所承继的遗产

---

* 笔者于1994年曾撰就《瞿汝夔（太素）家世与生平考》一短文，惟因过去十年间大量史料被重印并加以数字化，本章乃尝试重新研究此一个案。

① 沈定平，《明清之际中西文化交流史》，页631–654。

② 明人张维枢亦尝记："姑苏瞿太素汝夔，宗伯文懿公长子（农按：应为行二，详见后）也！"查瞿景淳于嘉靖二十三年（1544）以会元中进士，历官至礼部左侍郎，卒赠礼部尚书（即所谓的宗伯），谥文懿。参见张维枢，《大西利西泰子传》，页191；王世贞，《弇州山人四部稿》，卷82页7–11。

均遭荡尽，穷困潦倒的汝夔，于是被迫携妻带仆离乡背井，靠着父亲在官场中的旧关系，到处招摇敛财[①]。

瞿汝夔曾自述其与利玛窦交往的经过曰：

> 万历己丑，不佞南游罗浮，因访司马节斋刘公，与利公遇于端州（农按：即肇庆），目击之顷，已洒然异之矣！及司马公徙公于韶，予适过曹溪（农按：在韶州），又与公遇，于是从公讲象数之学，凡两年而别。[②]

万历十七年己丑岁（1589），汝夔南游岭南四大名山之一的罗浮山（位于惠州和广州交界处），当他赴肇庆拜望新任两广总督的旧识刘继文（号节斋）时，初遇正被刘氏强制遣返澳门的利玛窦。在几经交涉之后，利氏终于获允由肇庆迁居到较偏僻的韶州。而受到刘氏冷淡接待的汝夔，此时正好亦抵韶州，遂要求拜利氏为师，私衷原本希望能习得传说中的炼金之术[③]。但在此后的近两年中，汝夔却兴趣盎然地潜心研究西方的科学和神学，他或是第一位习学并翻译西洋笔算法以及欧几里得几何学的中国人，也掌握到了制造各种科学仪器的窍门[④]。

在瞿汝夔的建议与协助之下，利玛窦开始蓄发称儒，一反先前

---

① 此段参见利玛窦、金尼阁，《利玛窦中国札记》，页245-246。

② 此见万历二十七年瞿汝夔为利玛窦刊行《交友论》时所写之序，该书收入李之藻，《天学初函》。

③ 万历三十八年，袁中道从邸报得知利玛窦死讯后，尝记其事曰："所入甚薄，而常以金赠人。置居第，僮仆甚都，人疑其有丹方，若王阳（农按：汉朝儒生，俗传能作黄金）也，然窦实多秘术，惜未究。"即使是到了清初，对传教士仍有类似传说，如谈迁称汤若望有秘册二本，专为炼黄白之术，陈名夏欲学而不得。参见袁中道，《珂雪斋集·游居柿录》，下册页1200-1201；谈迁，《北游录》，页278；应劭，《风俗通义》，卷2页15。

④ 林金水，《利玛窦与中国》，页25-32、184-186。

所受地方百姓的排挤①，广泛地与韶州、南雄、南昌和南京的名士交
结。万历二十三年，利玛窦定居南昌时，汝夔亦曾将其介绍给自己
的儿女亲家建安王朱多𤏳。利氏为自抬身价，还将自己与建安王父
子综论西方交友之道的内容整理成《交友论》一书刊行②。汝夔也不
断在上层社会宣扬利氏的博学，如理学名儒章潢（1527–1608）即因
此获得与世界地图相关的知识③，并尝曰：

> 近接瞿太素，谓曾游广南，睹一僧，自称胡洛巴（农按：
> 即欧罗巴）人，最精历数，行大海中，惟观其日轨〔晷〕，不特
> 知时、知方，且知距东西南北远近几何。④

二十七年，汝夔亦协助利玛窦在南京与佛教高僧三槐辩论。二十八
年，利玛窦与同会的郭居静和庞迪我商量进京之事，汝夔还特地从
镇江赶来参加⑤。

前述之章潢乃汝夔的老师，时任庐山白鹿洞书院的山长，也是
名闻海内的王学大师。他不仅积极安排利玛窦与士大夫交结，并出
大力协助利氏在南昌定居开教。由于江西是王学的重镇，而利玛窦
入华之时恰逢王学全面解禁，并值"东海西海，此心此理同也"一
说盛行之际⑥，故章潢等人遂以来自远西的圣贤视之。利氏在南昌所
撰的《天主实义》，有可能就是他与江西王门学人间的对话，而王门

----

① 如当时广州有耆老控告耶稣会士，而在肇庆也只不过有四十多名教徒，当时全国
　的教徒数更不到百人。参见裴化行，《利玛窦评传》，页115；Standaert, *Handbook of*
　Christianity in China, vol. 1, p. 382.
② 邹振环，《利玛窦〈交友论〉的译刊与传播》。
③ 黄时鉴、龚缨晏，《利玛窦世界地图研究》，页48–50。
④ 章潢，《图书编》，卷16页64。
⑤ 此段参见林金水，《利玛窦与中国》，页27–74。
⑥ 此见冯应京于万历二十九年为利玛窦《交友论》所撰之序。

后学宣扬自由解放的精神和摒弃保守道学的束缚，亦在客观上为天主教的传播营造了良好的文化氛围[①]。

　　汝夔虽与天主教的接触既深且久，惟因其膝下只有几个女儿，遂纳妾，此举颇违"十诫"的教规（见第四章）[②]，他直到四十三岁时始由妾育一子，汝夔相信此子之生乃因利玛窦为其密祷天主所致[③]。万历三十二年，汝夔在南京遇到旧识知己黄明沙修士（澳门生华人），黄氏对其始终未能奉教一事大加责难，汝夔遂将十四岁的长子式谷（1591-？；教名为玛窦，以纪念其与利玛窦的情谊）托付给教会[④]。而因当时汝夔的正室早已过世，他于是将出身寒微但已为其育有二子的妾扶正，并于三十三年由罗儒望领洗，教名依纳爵(Ignatius)[⑤]。汝夔在入教两三年后，曾寄寓南京的耶稣会院，惟因沉迷于长生不老之术，还被徐光启强迫进行一星期的避静神工，并行一次总告解[⑥]。三十八年，利玛窦去世时，汝夔的继室感怀备至，遂"请利子小像为圣牌，且珍藏其手书，以为至宝"[⑦]。四十年，汝夔卒，

36

---

① 此段参见朱维铮，《利玛窦中文著译集·导言》；陈登，《明末王门后学与天主教的传播》。
② 康志杰，《论明清之际来华耶稣会士对中国纳妾婚俗的批评》。
③ 汝夔年四十三岁时，其妻四十二岁，尚未有子，他于是请利玛窦向天主祈求，是年，其妾即生式谷。依照明律，庶人四十岁以上无子始得娶妾，疑汝夔或在逾四十岁时始纳妾。然而，艾儒略在替利玛窦作传时，却语焉不详，让人误以式谷是汝夔之正妻所生。参见艾儒略，《合校本大西西泰利先生行迹》，页5；万历《大明会典》，卷163页18。
④ Hay, *De rebus Iaponicis, Indicis, et Peruanis epistolæ recentiores. A. Ioanne Hayo ...*, p. 918. 作者John Hay（1546-1607）在此书中将耶稣会士于1577-1601年间所写的55封信整理编辑，内容均与该会在亚洲的传教活动攸关。转引自裴化行，《利玛窦评传》，页145。
⑤ 此段参见利玛窦、金尼阁，《利玛窦中国札记》，页506-511；裴化行，《利玛窦评传》，页508-509；Ricci, *China in the Sixteenth Century*, pp. 230-235、467-471.
⑥ 裴化行，《利玛窦司铎和中国当代社会》，第2册页231。
⑦ 艾儒略，《合校本大西西泰利先生行迹》，页24。

享年六十四岁[①]。

汝夔受洗时所朗诵的信仰声明，曾被译成西方文字广泛流传，文中称己生于1549年3月，几年前有幸从耶稣会士利玛窦、郭居静以及他们的华人同伴钟鸣仁修士处得聆天主教之教理，后又从罗儒望及其同伴黄明沙处坚定自己的信仰。但其中只提到自己先前因笃信佛教而未能入教，完全未及他曾违反"十诫"娶有小妾之事，当然也未言及他早年与长嫂徐氏间所发生的"通问之奸"（详见后）[②]。

天启三年（1623），瞿式谷邀请艾儒略赴常熟开教，此时汝夔已过世。式谷曾于是年为艾儒略出版的《职方外纪》作序，或受家学的熏陶，他也尝于崇祯四年（1631）协助艾儒略编成《几何要法》一书刊行，是书之内容要较徐光启所译的《几何要法》简明易学。式谷的宗教信仰可能也对部分家族中人有所影响，如其堂兄式耜即曾序艾儒略的《性学粗述》[③]。在近代教会学者所出版的教史中，亦有将汝说和式耜父子均视为教徒；汝说晚年虽虔诚敬拜圣母玛利亚，但很可能因有妾而未曾受洗；至于式耜，则或于受洗后因纳妾而出教（见第九章）。

二、瞿汝夔的家庭状况

虽说教会中人或为抬高身价，屡强调瞿汝夔是尚书瞿景淳之子，然而，我们在许多涉及瞿氏家族的文献中，却常不见景淳和汝夔父子关系的痕迹：如在《明史》中，仅称景淳有汝稷和汝说二子[④]；明

---

① 裴化行，《利玛窦司铎和中国当代社会》，第2册页231；Dunne, *Generation of Giants*, p. 122；瞿施溥，《五渠瞿氏家谱》（清钞本，康熙十年前后成书），页12。感谢王成义先生于2008年转赠瞿氏家谱。
② 此段参见利玛窦、金尼阁，《利玛窦中国札记》，页506–510。
③ 此段参见徐宗泽，《明清间耶稣会士译著提要》，页210–214、313–317。
④ 《明史》，卷216页5696–5697。

末所编的《皇明三元考》中，记景淳有汝稷、汝益和汝说三子[1]；在光绪《重修常昭合志》所收的景淳小传中，只对汝稷、汝益和汝说三子有所着墨[2]，完全未提及汝夔，且在同一方志中，记景淳墓曰："子太仆少卿汝稷、神枢营佐击将军汝益、江西布政司参议汝说祔"[3]，汝夔亦不在祔葬诸子之列。

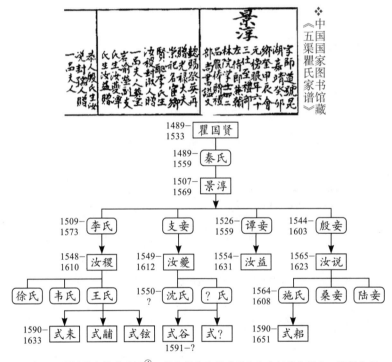

图表2.1：瞿景淳家族世系图[4]。其中部分人的配偶和生卒年代亦标出，惟早殇者和女儿不在表列。

---

① 张弘道、张凝道，《皇明三元考》，卷11页3-4。
② 郑钟祥等修纂，光绪《重修常昭合志》，卷25页21-23。
③ 郑钟祥等修纂，光绪《重修常昭合志》，卷43页17。
④ 此一世系表参见瞿玄锡，《稼轩瞿府君暨邵氏合葬行实》，页415-416；《瞿式耜集》，页286-301；叶向高，《苍霞余草》，卷10页24-30；赵用贤，《松石斋集》，卷16页31-34；瞿汝稷，《瞿冏卿集》，卷6页2-3及卷10页20-27；李春芳，《李文定公贻安堂集》，卷7页58-61。

然因汝夔与其他三人同属"汝"字辈，且稷、夔和益均为帝舜时的名臣，其中稷负责教耕，夔担任典乐，益管理山林，而说则为殷国之贤相[①]，我们均隐约可见汝夔与瞿景淳家的关系。事实上，景淳共有汝稷、汝夔、汝益和汝说四子，其中次子汝夔因与长嫂通奸，以致曾遭家族除名（此即后文所谓的"家变"）[②]。现将汝稷、汝益和汝说三人的生平事迹整理于附录2.1。

38

附录2.1

瞿汝夔兄弟的生平事迹[③]

瞿汝稷，字元立，号洞观。隆庆二年（1568）六月，以父荫为国子生；初补官为詹事府录事（正九品），再任中军都督府都事（从七品），升左府经历（从五品），凡十余年始迁至刑部员外郎（从五品）[④]；后出知湖广黄州府（正四品）、福建邵武府、湖广辰州府；万历三十三年十月，再迁长芦都转运盐使司都转运使（从三品），卒于任内，经叶向高上疏，诏加太仆少卿[⑤]。

查文献中有袁宏道《沧州逢瞿太虚运使问及近事偶题》一诗，以及李日华《答黄州太守瞿太虚》一信，山西五台山般

---

① 《史记》，卷1页38—39、卷3页102。瞿景淳侧室殷氏怀孕时，景淳梦见南斗有一星堕地，遂为其取傅说（南斗旁之一星，亦为殷国之贤相）之名，此见《瞿式耜集》，页286。

② 可另参见瞿果行，《瞿汝夔行实发微》。

③ 此附录主要参考郑钟祥等修纂，光绪《重修常昭合志》；杨振藻等修纂，康熙《常熟县志》。

④ 万历十七年，汝稷仍官京师，并与焦竑和袁宗道相问学，且专注于修禅。袁中道，《珂雪斋近集》，卷7页7—8。

⑤ 此段见沈德符，《万历野获编》，卷11页285；《明穆宗实录》，卷21页7；《明神宗实录》，卷414页6。

若寺中亦刻有"虞山瞿太虚"一诗[1]，从运使和黄州太守两职
衔以及虞山（常熟别称）之地望，知瞿太虚应即瞿汝稷，太
虚或为其另一字号，此与汝夔的字号太素恰呼应[2]。依照道家
的宇宙观，无形无象的太虚（太始）乃出现在混沌不分的太
素之前[3]，此与汝稷与汝夔兄弟的排行先后亦相合。

汝益，字虞卿，号静观[4]，为诸生，喜谈兵，曾"杖策游
辽东"。万历八年，因军功任镇抚（从六品），后荐授平、清
（指湖广和贵州交界的平溪卫和清浪卫[5]）偏镇署指挥佥事（正
四品），调守荆、瞿（指湖广和四川交界的荆州卫和瞿塘卫）；
万历二十五年，升任负责京城防守的神枢五营佐击将军。但
自其弟汝说授官后，汝益即"解任归，悠游林下三十余年"，
知其大约卒于崇祯间[6]。

汝说，字星卿，号达观，万历二十九年进士。三十一年，
丁母忧；三十四年，除授工部营缮清吏司主事（正七品），寻
转都水清吏司员外郎（正六品）；三十八年，擢江西按察使司
佥事（正五品），未一月，改湖广提学佥事（从五品）；四十

[1] 《袁宏道集笺校》，卷46页1357；李日华，《李太仆恬致堂集》，卷31页4；释镇澄，
《清凉山志》，卷2页17。前两则材料乃自《明人文集联合目录及篇目索引资料库》
中检索出，后者则是搜索谷歌（Google）所得。
[2] 明人文集中提及汝夔的资料颇少，笔者仅见《寄吴门瞿太素》一信，参阅丁惟暄，
《管涔集》，卷1页10。
[3] 陈广忠，《汉代道家的宇宙论》。
[4] 郑钟祥等修纂之光绪《重修常昭合志》中，误静观为汝益之字，此从其兄弟取字
号的规律，亦可间接判断。
[5] 《明神宗实录》，卷365页6。
[6] 娄坚《寿海虞瞿静观七十》一诗中有"一门三世五朝名"句，乃指景淳祖孙三代
以及嘉靖、隆庆、万历、泰昌和天启五朝，知此诗乃作于天启朝，汝益应是景淳
诸子中在世最久者，享年七十八岁。参见娄坚，《吴歈小草》，卷10页36；瞿施溥，
《五渠瞿氏家谱》，页12。

一年，升广东布政使司参议（从四品），乞身归；四十八年七月，起江西布政使司右参议，亦不赴；天启三年，卒于家①。

　　查景淳的正室李氏，连生四子皆不育，且在景淳及第（时年三十八）时仍未有嗣。虽然在当时的律文中，要求官民均需四十岁以上且无子者，始可纳侧室，但实际上许多官员常不遵守此一规定（见附录2.2）。独子的景淳或因及第时仍无子，且欲避开明文规定的纳妾律法，故先私下从家中纳一婢以广嗣。然景淳于嘉靖二十五年满四十岁时仍无嗣，故其妻李氏或在社会和家族的压力之下，只好再主动为其置另一妾②（详见后）。

　　景淳之所以未广纳姬媵，很可能是因无法得到其妻的允许，当然也可能出自他对曾共贫贱之妻子的尊重③。在钱谦益所写的瞿汝稷传中，即已清楚显露景淳的好色性格，其文有云：

　　　　文懿公晚犹近女色，公（农按：指汝稷）难于强谏，第持其衣袂而号，文懿笑曰："嘻！我知之矣！"④

严澂在为汝稷所写的《瞿冏卿元立逸事》一文中，亦提及景淳的风流，称：

----

① 另参见《瞿式耜集》，页286—292；《明神宗实录》，卷468页9；《明光宗实录》，卷2页7。
② 此段见李春芳，《李文定公贻安堂集》，卷7页58—61。
③ 赵用贤，《松石斋集》，卷16页31—32。
④ 此见钱谦益，《明长芦都转盐运使司都转运使加太仆寺少卿致仕元立瞿公传》，页10，收入《瞿冏卿集》书末。有趣的是，在钱氏的文集中亦收入此传，但负责编辑的瞿式耜或讳谈其祖父的风流韵事，而将此部分删去，参见钱谦益，《钱牧斋全集·初学集》，页1604—1610。

　　文懿间尝不安，公（农按：指汝稷）虑其衽席弗慎也者，
而难于言，第长跪而泣，文懿笑曰："儿虑我深，我知之矣！"公
于是怡然起，夜辄伴文懿寝，相与商确古今，以消永夜，文懿
亦为之忘倦。[①]

指出景淳尝不安于室，汝稷因担心流连花柳之巷的父亲会出状况，
遂长跪劝谏。

附录2.2

明代社会有关娶妾的规定

　　明律中对何人何时可置侧室，是有具体规定的。如在"妻
妾失序"条中有云："其民年四十以上无子者，方听娶妾，违
者笞四十。"虽然河南按察使范永銮于嘉靖十二年（1533）前
后所刊行的《大明律》中，认为此条应对官员与庶民同样适
用，指称："民未四十无子及已四十有子而娶者问罪，不离。
官员、吏典、生员，俱准民论。"[②]但实际情形恐非如此！又，
宗藩娶妾本无限数，亦不奏闻，但因宗室日蕃，赋禄过多，
嘉靖末年遂规定亲王娶妾不得逾十人，且以奏选一次为限，
其他皇亲亦须在超过某一年龄且嫡配无出之后始得纳妾，可
蓄妾的数目和年龄，则依其地位而异[③]。

41

---

① 此文收入黄宗羲，《明文海》，卷347页4—6。
② 此书记明为"江西等处承宣布政使司左参政今升河南按察使范永銮重刊"，范氏乃
　于嘉靖十二年七月至十三年闰二月任河南按察使。参见《明世宗实录》，卷152页
　1、卷160页1。
③ 此段参见万历《大明会典》，卷160页6—7；刘惟谦等，《大明律》，卷6页4；叶向
　高，《蘧编》，卷5页3—4。

　　许多官员在出仕之后，虽不合乎"四十无子"的条件，亦仍娶妾，如正德十一年（1516），杨慎的正室和妾分别产子，他时年二十九①；嘉靖元年，霍韬之妾为其生一子，其妻亦于五个月前生一子，霍氏时年三十六②；邵经邦因其妻生子皆不育，乃置侧室丁氏和李氏，但至嘉靖九年他四十岁时仍未得男，遂又娶刘氏为妾③；吴鹏于嘉靖十一年纳妾，时年三十三，且其妻已生子④；吴悌于嘉靖二十五年置妾，时年四十五，他二十五岁时其妻已生一子⑤。

　　有些权宦家庭的子弟，甚至未任官即纳妾，如湛若水二十八岁那年（弘治六年，1493），其长子东之过世，但恩荫为太学生的东之当时已娶妾⑥；嘉靖七年，南京吏部尚书吴一鹏之子吴子孝的妾生子，子孝时年三十三，他在次年始中进士，而其妻于三年前即已育一子⑦。

　　有关官员娶妾的规定，稍后已调整到与社会现实相符，如在万历末姚思仁所撰的《大明律附例注解》中，于"妻妾失序"条后即称："言'民'，官员不在此限，生员、吏典、知印、承差，皆以民论。"⑧而浙江巡抚高举于万历三十八年（1610）发刻的《明律集解附例》中，亦称："娶妾直曰'民'，官员当

---

① 简绍芳，《杨文宪升庵先生年谱》。
② 霍韬、霍与瑕，《石头录》。
③ 邵经邦，《弘艺录》，卷20页9-12。
④ 吴惟贞，《吴太宰公年谱》。
⑤ 吴尚志、吴梅，《吴疎山先生年谱》。
⑥ 湛若水，《湛甘泉先生文集》，卷32页7、17。
⑦ 徐堂，《龙峰先生年谱》。
⑧ 此书为"大理寺左少卿姚思仁注解"，姚氏于万历三十六年至四十四年任此职。参见姚思仁注，《大明律附例注解》，卷6页3；《明神宗实录》，卷448页3、卷542页4。

不在此限。"①

终明之世,"妻妾失序"条的律文均不曾更动。虽然范永銮于嘉靖间所刊行的《大明律》中,强调官民应一体适用,但官员和其家人娶妾时,却每多不遵守规定。亦即,此一律文或主要是针对平民②。入清之后,初亦袭明律,至乾隆五年(1740),始因窒碍难行,而将有关官民娶妾的限制条文全部删除③。

42

为清楚理解瞿景淳的妻妾和诸子们的关系,笔者尝试借助由台北汉学研究中心所制作的《明人文集联合目录及篇目索引资料库》(见附录2.3),整理出散见于明人文集中的大量瞿氏家族传记资料(见附录2.4)。下文即依照撰写时间之先后,胪列出瞿氏家人各行状、碑志和像传中的相关记载。

图表2.2:姚思仁《大明律附例注解》"妻妾失序"条之书影。

—————

① 高举等,《明律集解附例》,卷6页10。
② 谢葆华教授认为百姓违反此律而娶妾的情形,从不曾被官府执行定罪;若然,则很难理解范永銮为何还强调此条应对官员一体适用,实际情形待考。参见 Hsieh Bao-Hua(谢葆华),"The Acquisition of Concubines in China, 14–17th Centuries."
③ 马建石、杨育棠,《大清律例通考校注》,页445。

43 | 附录2.3

明史研究的宝库——《明人文集联合目录
及篇目索引资料库》

　　由台北汉学研究中心所制作的《明人文集联合目录及篇目索引资料库》，现已上网提供学界免费使用，网址为 https://ccsndb.ncl.edu.tw/nclalldbc/nclalldbtp?ID=46&SECU=842205760&PAGE=main@@401032761。该资料库整合了台湾地区各主要收藏单位逾2,500种的明人文集，不仅包括台北"故宫博物院"图书馆（含现由该院保管的前北平图书馆善本古籍）、台湾大学图书馆、傅斯年图书馆、台北"国家图书馆"以及汉学研究中心所藏的各种版本，亦涵括许多复印自日本各知名文库的纸烧本。

　　目前汉学研究中心已建置完成联合目录与篇目索引两大功能，可以快速进行书名、篇目和作者的检索，此对文史工作者提供了一个强有力的工具，我们有机会在举手之间搜出深藏于各个文集当中的相关诗文。然因该资料库大多仅提供原书中的篇名，但时人很少在文集中直呼某人之姓名，故如不熟悉古人融合字号、官衔与地望的称谓方式，恐无法充分利用其中的大量材料。

　　以本章所研究的瞿汝稷为例：瞿氏字元立，号洞观，另号太虚，他先以父荫为国子生（太学），后补官至刑部员外郎（比部副郎），再出任黄州、邵武和辰州等地知府（太守），迁长芦都转运盐使司都转运使（运长或运使），诏加太仆少卿（冏卿）致仕。故在该资料库中可以发现其人共有下列十数种称谓：瞿元立、瞿元立先生、瞿太虚、瞿洞观、洞观瞿子、瞿洞观丈、瞿太学汝稷、瞿洞观太守、瞿黄州、黄州瞿太守、黄州太守瞿太虚、瞿辰州元立、辰州守瞿元立、瞿洞观运长、瞿太虚运使、长芦转运使加太仆寺少卿致仕瞿公、瞿冏卿等。亦即，如能掌握搜索要领，我们就可以在很短时间内找到三十几篇与瞿汝稷相关的诗文。

更幸运地，依照笔者的经验，从《明人文集资料库》中找出的篇目，有七八成可见自《文渊阁四库全书》、《文渊阁四库全书补遗》、《续修四库全书》、《四库未收书辑刊》、《四库全书存目丛书》、《四库全书存目丛书补编》、《四库禁毁书丛刊》、《四库禁毁书丛刊补编》、《丛书集成续编》等近年出版的大部头书中。这些文献不再仅见于各图书馆的善本室，亦即，我们有很大机会不致于"望目兴叹"，此一研究条件相信是上一代史学工作者所无法想象的。事实上，史学的研究环境已在世纪之交时低调地迈入新纪元，此一改变的程度与规模很可能超乎大多数学界中人的认知。相应地，新世纪史学的深度与广度也无可逃避地得提升到一更高的层次。

目前的《明人文集资料库》在处理明清之际的材料时，仍十分不完整。甚盼汉学研究中心能秉持前志，继续纳入前述诸新编丛书中尚未收入该资料库的文集（以生卒跨越明清两代者居多），且精进操作界面[1]，则学界幸甚。

（一）瞿景淳去世时（1569）

1.在同里陈瓒所撰的《昆湖瞿文懿公行状》中，称景淳有汝稷、

---

[1] 如纳入明人称谓的习惯，并利用本体知识（ontology）与语意的处理技术，设计出智能型代理人（intelligent agent）；亦即，提供以知识检索知识的机制，将可更发挥此资料库的效用。参见苏丰文等，《汉语诗的本体知识与语意检索》。

汝益、汝说三子[1]。

2.同里严讷所撰的《明赠礼部尚书瞿文懿公神道碑》，是由汝稷持陈瓒所撰的行状请铭，文中只提及"冢嗣汝稷"和"季子"(汝说)，并未指明景淳共有几子[2]。

3.李春芳所撰的《嘉议大夫礼部左侍郎兼翰林院学士赠尚书瞿文懿公墓志铭》，乃由汝稷持陈瓒之行状乞志铭，称景淳有汝稷、汝益、汝说三子，完全未提及汝夔之名。李春芳为景淳所取士[3]。

4.王世贞所撰的《瞿文懿公传》，是由汝稷乞传，文中仅称景淳有子三人，汝稷为长，余则未提及名字[4]。

45 　　**(二) 瞿景淳妻李氏去世时**（1573）

赵用贤在《礼部侍郎瞿文懿公配李淑人行状》中，称李氏临终时将田宅平分给嫡庶诸子，然而，以其对诸子的公允，仍不幸发生"勃蹊而相尤"的家变；惟文中并未指出庶子的人数或名字，亦不曾言及家变的内容。赵用贤为景淳所取士，汝稷长子式耒亦尝娶用贤之孙女为妻[5]。

---

① 陈瓒，嘉靖三十五年进士，历官至刑部左侍郎，该文收入常熟市图书馆所藏之《瞿氏家乘》，转引自瞿果行，《瞿式耜年谱》，页3。

② 严讷，嘉靖二十年进士，历官至吏部尚书兼武英殿大学士；参见严讷，《严文靖公集》，卷10页1-7。

③ 李春芳，嘉靖二十六年进士，历官至吏部尚书兼中极殿大学士；参见李春芳，《李文定公贻安堂集》，卷7页17-21。此文其实是由沈一贯替其师李氏代笔的，其删节本见沈一贯，《喙鸣文集》，卷14页14-17。

④ 王世贞，嘉靖二十六年进士，历官至南京刑部尚书；参见王世贞，《弇州山人四部稿》，卷82页7-11。

⑤ 赵用贤，隆庆五年进士，历官至吏部左侍郎。参见《瞿冏卿集》书末所收叶向高《长芦转运使加太仆寺少卿致仕瞿公墓志铭》(页9-10)；赵用贤，《松石斋集》，卷16页31-34。

（三）瞿景淳妾殷氏去世时（1603）

1.瞿汝稷在所撰的《庶母殷孺人行状》中，称殷氏于嘉靖四十一年（1562）被纳为景淳的侧室，时年十九岁。由于景淳的另一妾谭氏已于三年前过世，正室李氏做此安排的主要目的，或是为照顾宦游中的景淳。殷氏非出身士族，其父不过是"里中善人"，故其在瞿家的地位不高。嘉靖四十四年，殷氏生下汝说，旋即归李氏抚育，殷氏从不敢言己为生母。万历三十一年，殷氏病卒，在外任官的汝稷，翌年春始返家奔丧。三十二年，汝稷复还辰州官署。三十三年，汝说派人将生母的行略送去给汝稷，请其向"当世文章宗匠"乞铭，并准备择日将殷氏祔葬于景淳夫妇墓旁[1]。

2.叶向高在其《殷孺人墓表》一文中，仅提及汝说为季子，并称其伯兄汝稷时任辰州太守[2]。

3.万历三十二年，汝稷将返回辰州任所时，汝益请为其生母谭氏撰一像赞。在汝稷的《庶母谭孺人像赞》中，称谭氏于十九岁被纳为景淳的侧室，十年后始生汝益，再五年卒，并称谭氏侍奉景淳"垂二十年，翼翼如一日，盖笄帏之选也"，汝稷在文中且指己年幼多病，幸赖谭氏翼护，"于庶母中恩最厚"[3]。由于谭氏在被纳为妾十五年后即卒，而汝稷却称其侍奉景淳"垂二十年"，加上"帏"有内室之意，疑谭氏原或为瞿家的婢女，因李氏一直未能育子，而于景淳登第时被收房为妾[4]。汝益在其生母去世四十多年后乞像赞的目的，或是为将谭氏与殷氏同时祔葬。

46

---

① 瞿汝稷，《瞿冏卿集》，卷10页20—27。
② 叶向高，万历十一年进士，历官至首辅；参见叶向高，《苍霞草全集·苍霞草》，卷13页66—68。
③ 瞿汝稷，《瞿冏卿集》，卷6页2—3。
④ 有关明清收房为妾的讨论，参见Hsieh Bao-Hua, "The Acquisition of Concubines in China, 14—17th Centuries."

（四）瞿汝说妻施氏去世时（1608）

叶向高所撰之《明□□〔朝列〕大夫江西布政司右参议达观瞿公偕配施恭人合葬墓志铭》，乃式耜持其父母之行状乞铭，文中仅称汝稷是景淳的伯子，汝说为季子，并称汝说因五岁时丧父，遂以兄汝稷为父师，而不曾提及景淳其他诸子[①]。

（五）瞿汝稷去世时（1610）

1.《瞿冏卿集》书末收录叶向高所撰《明长芦转运使加太仆寺少卿致仕瞿公墓志铭》，此乃汝说乞铭，文中仅称汝稷是景淳的伯子，汝说为其所举士，而不曾提及景淳其他诸子。

2.《瞿冏卿集》书末收录钱谦益所撰《明长芦都转盐运使司都转运使加太仆寺少卿致仕元立瞿公传》，并附像赞。钱氏为汝稷的姻亲，且式耜对钱氏曰："先公（汝稷）于子有国士之知，必子也传先公者。"文中因此直言不讳，述及汝稷之妻徐氏与其仲弟汝夔的奸情，以致"族人群噪之"，但式耜不为所动，坚持曰："吾头可断，此传不可改也！"可知汝稷父子对此事的痛心疾首。钱谦益将汝稷对抗徐家的举动视为"大节"，他且在此传中称汝稷诸弟"独星卿（汝说）贤"，字里行间绝口不提汝夔和汝益[②]。

---

① 叶向高，《苍霞草全集·苍霞余草》，卷10页24–30。文中提及汝说与施氏许婚之后，"文懿与朱淑人相继捐馆，独殷安人在"，此处的"朱"字应为"李"字之形误，因瞿景淳先妻而卒，并不曾继娶，而仅纳妾；且若"朱氏"为妾，亦不可能被封赠为"淑人"。至于此铭标题缺空的两字，应为"朝列"，获授从四品右参议的汝说，按散阶之规定应初授朝列大夫；参见韩日缵，《朝列大夫江西布政使司右参议达观瞿公墓碑》，收入氏著，《韩文恪公文集》，卷18页17–23。
② 此段参见钱谦益，《钱牧斋全集·初学集》，页1690–1691。

(六) 瞿汝说去世时（1623）

47

1.瞿式耜在《显考江西布政使司右参议达观瞿府君行状》中，称景淳有四子，其父汝说为季子，文中除提及长子太仆公（即汝稷）外，还称汝说"事叔兄佐击公（即汝益[①]），抑抑怡怡，老而弥笃"，但并未言及汝夔[②]。

2.成靖之的《明江西布政使司右参议达观瞿公墓表》，乃由式耜提供行状并乞墓表，成氏曾于万历四十四年拔举式耜为进士，该文仅称："按《状》：文懿之子二，长汝稷，官太仆，李淑人出；次即参藩（农按：布政使司左右参议之谓）公，讳汝说，字星卿，别号达观，殷安人出。"[③]

3.韩日缵在所撰之《朝列大夫江西布政使司右参议达观瞿公墓碑》中，仅称汝稷是汝说的伯兄，而不曾提及景淳其他诸子[④]。

(七) 瞿式耜去世时（1651）

瞿玄锡在为其父式耜和其母邵氏合葬所撰的《行实》中，提及景淳有四子，但只称季子为汝说，而未给出另三子的姓名[⑤]。

前述这些文献虽大多是由乡里名人（如陈瓒、严讷、赵用贤）或当事者的亲友师生所撰，但我们可以发现当中对瞿景淳究竟有几

---

① 《瞿式耜集》中误以佐击为人名，此应为官衔，指汝益所担任的神枢五营佐击将军。参见郑钟祥等修纂，光绪《重修常昭合志》，卷25页22。

② 《瞿式耜集》，页286—292。

③ 成靖之，万历三十五年进士，历官至礼部尚书兼东阁大学士；参见成靖之，《云石堂集》，卷22页7—12。

④ 韩日缵，万历三十五年进士，历官至礼部尚书；参见韩日缵，《韩文恪公文集》，卷18页17—23。

⑤ 瞿玄锡，《稼轩瞿府君暨邵氏合葬行实》，页359。

子的叙述竟然颇不一致！且只有在《瞿冏卿集》所收录钱谦益为汝
稷所写的传中，始直指汝夔为汝稷之仲弟。

48

附录2.4

明代私家载述中的传记资料

　　丧葬祭祀是儒家非常重视的"五礼"之一。士大夫在去
世之后，其亲友往往会以行状、祭文、小传、像赞、墓志铭、
神道碑等文体记述其生平事迹，这些文献多会收录在家谱当
中，并常能提供治史者相当重要的传记材料。其中神道碑和
墓志铭均会刻在石上，大小依墓主的身份和家世而定。立于
墓外或墓道的谓碑，或称墓表，长方形；置于墓内的谓志，
近于正方形。

　　通常死者的亲朋、门生或故吏会先整理出行状，将其生
平事迹及家庭状况等基本材料详加表述；然后，延请文名籍
甚或官品显赫之人来撰写墓志铭、神道碑、小传和像赞，期
盼能上慰死者在天之灵、下安孝子追思之心。由于死者家属
均会将行状提供给撰文的名家，故我们偶可见碑、志或传的
文字竟然有大段照抄自行状的情形。又因这些名家与死者或
有朋友、同僚之谊，或有师生、戚里之故，且往往会收受一
笔为数可观的润笔费，故在行文间大多隐恶扬善、谀以美言。

　　墓志铭的撰写大致有一固定书式，前一部分是散文体的
志，先述及撰者与死者的关系以及是由何人来乞文，次综述
死者的名讳字号、姓原族望以及先世的名讳官爵，再述死者
的学行功名、宦游经历及道德事功，末记死者的生卒年日、
葬地、婚姻状况、子孙婚配；后一部分是铭，用韵语概括志
的内容。墓志铭常分见于撰者和死者的文集当中，但前者往

往会将当事人的生卒年日或子孙的婚配内容缺空或删略。一些撰写碑志的名家，在接受委托之后有时也会请人代笔，此故，在代笔者的文集中亦有可能见到同一篇墓志铭。

由于志、传中多已详述死者生平，故神道碑中这类的内容常较简略，撰者有时会述及己所睹闻的与死者相关的轶事，末亦有铭文，多为四字一句。至于祭文，则是死者的亲友、同僚、同学或弟子为悼念死者而撰写的吊唁文字，是在灵前奠祭时当场宣诵的，文体多采用四言韵文或骈文，内容主要在抒发对死者的缅怀与伤感之情，少见涉及生平事迹的具体叙述。像赞乃包含画像、散文体的小叙和韵语体的赞辞三部分，其中小叙多为两三百字的短文，简述其生平，或记其外貌和性情。

虽然行状、碑志和小传多采"为死者讳"的态度，且不免夸大失实，但此乃时人记述当代名贤、缙绅的生平事迹，或本之行状，或验以亲见亲闻，当中不乏足资参考者。尤其，文中所涉及的求学、历官、婚姻和子嗣等记载，往往能提供研究者相当丰富且正确的第一手史料。

利用《明人传记资料索引》以及周骏富主编之《明代传记丛刊索引》等传统工具书，我们可以掌握许多这类的传记资料。此外，透过适当的搜索技巧，我们现亦可借助《明人文集联合目录及篇目索引资料库》，完整且快速地觅得散见在各文集中的这些文献（见附录2.3）。

49

三、瞿汝夔与"家难"

从上节对瞿氏家族相关传记资料的考查，可知汝夔之所以在许多文献中遭除名，应是因其在守父丧时与长嫂徐氏发生了所谓的"通问之奸"①，遂不容于亲长。今在《瞿冏卿集》书末，可以见到钱谦益所写瞿汝稷传中对此事的记载，其文曰：

> 初，文懿公为公娶徐尚书女。文懿公殁，公三年不入内，公仲弟夔与妇徐以奸闻，公叱妇徐，去之。郡邑吏皆尚书门下士，亲知故旧，承望风旨，游说百端，公不为动。尚书养刺客遮道刺公，公仅以身免。公往谒尚书，踞上坐，尚书厉声诘公："生自念亦有所悔乎？"公仰而应曰："悔不能刑于寡妻，至于兄弟。"尚书卒无以加公。

在瞿式耜刊印其师钱谦益的《牧斋初学集》时，虽亦收有此传，惟式耜或欲为其家族以及堂弟式谷存留颜面，乃将相关的细节加以删改（见图表2.3），称：

> 公娶徐尚书之女，文懿公之丧，三年不入内，徐有通问之奸，公叱去之。尚书声势烜赫，郡邑吏承奉风旨，胁持万状，亲知故旧，交关游说，公屹不为动。则养死士遮道刺公，黄金白刃，交错衢路，覆巢毁室，命在漏刻……一日，持平交刺谒尚书，踞客座，尚书厉声诘问："生自念亦有所悔乎？"公仰而应

50

---

① 中国社会自古即有"男女不杂坐，嫂叔不通问"之说；参见郑玄注，《礼记》，卷1页8。

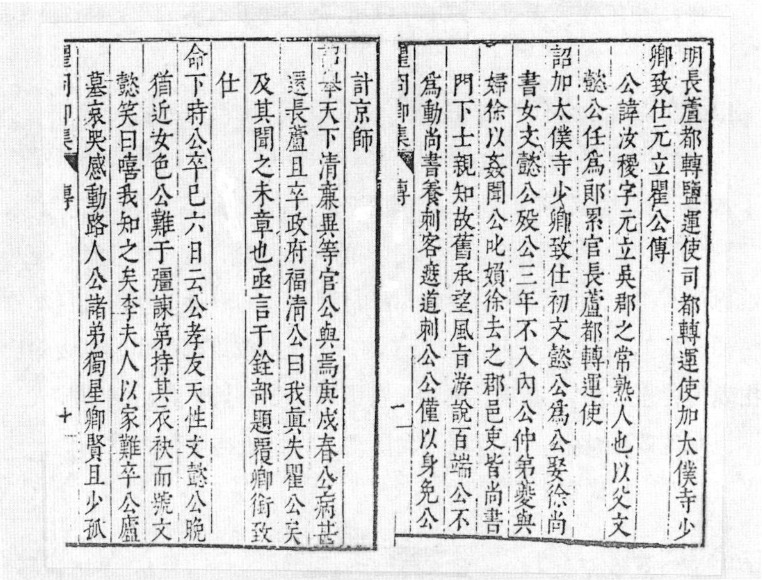

明長蘆都轉鹽運使司都轉運使加太僕寺少
卿致仕元立瞿公傳
公諱汝稷字元立吳郡之常熟人也以父文
懿公任爲郎累官長蘆都轉運使
詔加太僕寺少卿致仕初文懿公爲公娶徐尚
書女文懿公歿公三年不入內公仲弟夔與
婦徐以姦聞公叱婦徐去之郡邑吏皆尚書
門下士親知故舊承望風旨游說百端公不
爲動尚書養刺客遮道刺公公僅以身免公
瞿冏卿集　傳　二

訃京師
詔舉天下清廉異等官公與焉庚戌春公病甚
還長蘆且卒政府福清公曰我眞失瞿公矣
及其聞之未章也亟言于銓部題覆卿銜致
仕
命下時公卒已六日云公孝友天性文懿公晚
猶近女色公難于彊諫第持其衣袂而號文
懿笑曰嘻我知之矣李夫人以家難卒公廬
墓哀哭感動路人公諸弟獨星卿賢且少孤
瞿冏卿集　傳　十一

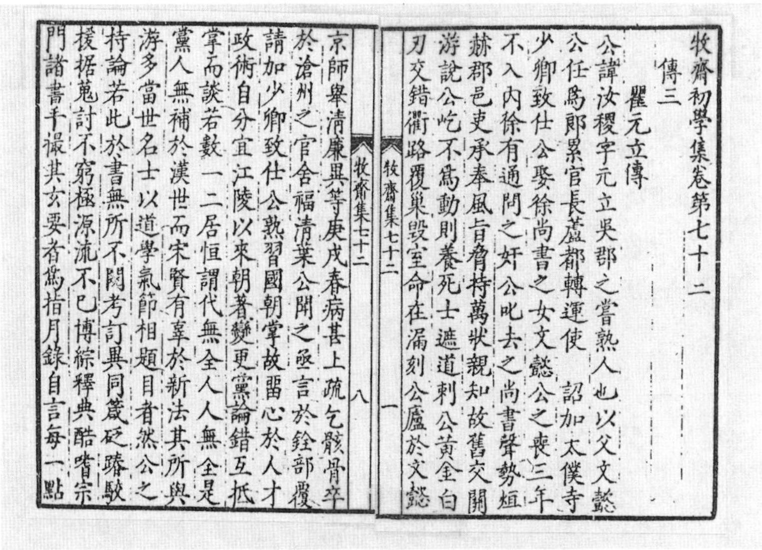

牧齋初學集卷第七十二
傳三
瞿元立傳
公諱汝稷字元立吳郡之常熟人也以父文懿
公任爲郎累官長蘆都轉運使　詔加太僕寺
少卿致仕公娶徐尚書之女文懿公之喪三年
不入內徐有通間之奸公叱去之尚書聲勢烜
赫郡邑吏承奉風旨脅持萬狀親知故舊交鬨
游說公屹不爲動則養死士遮道刺公黃金白
刃交錯衢路覆巢毀室命在漏刻公廬於文懿
牧齋集七十二　一

京師舉清廉異等庚戌春病甚上疏乞骸骨卒
於滄州之官舍福清葉公聞之亟言於銓部覆
請加少卿致仕公熟習國朝掌故留心於人才
政術自分宜江陵以來朝著變更黨論錯互抵
掌而談若數一二居恒謂代無全人人無全是
黨人無補於漢世而宋賢有辜於新法其所與
游多當世名士以道學氣節相題目者然公之
持論若此於書無所不闚考訂異同蒐砭瑧駁
援據蒐討不窮極源流不已博綜釋典酷嗜宗
門諸書手撮其玄要者爲指月錄自言每一點
牧齋集七十二　八

图表2.3：钱谦益为瞿汝稷所写小传之相异处。上出自《瞿冏卿集》，下出自《牧斋初学集》。

51　　　曰："悔不能刑于寡妻，至于兄弟。"尚书默然而止①。

　　文中虽亦指出徐女有"通问之奸"，但却未点出汝夔之名。

　　汝稷所娶乃同乡高官徐栻（1519–1581）之女，徐栻登嘉靖二
十六年进士，拜南京工部尚书，遭罢归②。在景淳殁后，守丧的汝稷，
"三年不入内"③，但他年方二十出头的仲弟汝夔，竟在此段期间与长
嫂徐氏有染。汝稷的性情冷峻，身材奇短（见附录2.5），且自幼常
精神恍惚④，再加上长年不与妻子同房，这些或许都是引发其妻徐氏
出轨的背景原因。"家难"之后，汝稷欲休妻，虽然其岳父曾找人试
图说服他改变此意，但汝稷不为所动，徐栻还尝遣刺客欲杀他，知
当时双方冲突确实十分激烈。

附录2.5

瞿汝稷的外貌

　　在《瞿冏卿集》书末所收录叶向高撰写的墓志铭中，形
容瞿汝稷"弱其貌"，同书中所收钱谦益的像赞，则称他"状
貌短小"，且有"劳人志士蒿目忧世之容"和"儒生衲子秀羸
戍削之色"；汝稷的知交丁此吕指其"长不满六尺而气雄"；
友人高攀龙也称其"身不逾五尺，而胸包六合"；沈德符对他

---

① 钱谦益，《钱牧斋全集·初学集》，页 1604–1610。
② 徐栻的生平，可参见张元忭所撰的《南京工部尚书常熟徐公拭墓志铭》，收入焦竑，
　《焦太史编辑国朝献征录》，卷52页89–93。此铭以其名为"拭"，然查徐氏为张孚
　敬《太师张文忠公集》所作之序，其名应作栻。
③ 明代至少已知有林公黼、蔡毅中、左懋第、程文德、王世贞等名人因亲丧而"不
　入内（寝）"；参见《明史》，卷189页5026、卷216页5715、卷275页7048、卷
　283页7280、卷287页7380。
④ 王应奎在《柳南随笔》中，称其"神常入异境"（卷5页10）。

的描述则是："渺小丈夫，貌类侏儒。"[1]

由于明代一尺约合32cm[2]，六尺则高达192cm，知前引丁此吕之"长不满六尺"，应该用的是古制。中国历代所用度量衡的数值不同，1尺的长度从东周的23.1cm，陆续增至元代的35cm，再减至明清的32cm。此故，以矮短出名的春秋齐相晏子的身长不满六尺，其车夫则长八尺。近世古书中惯以"七尺之躯"形容一般成年男子的身高，查此用语在二十五史中初见于《晋书》，而当时一尺约合24.2cm，七尺近于170cm，"不满六尺"则在121—145cm之间[3]。

至于高攀龙所谓的"身不逾五尺"之说，用的或是明代行用之尺，指其身长四尺多，合128—160cm。亦即，瞿汝稷的身高在130—145cm上下，无怪乎，他会被人形容为"貌类侏儒"。汝稷的外貌和性格，应深受其父的显性遗传，因景淳亦是"长不满六尺"、"貌不能中人，而毅然有三军不可夺之气"[4]！

在钱谦益为瞿汝稷所撰的像赞之末，有赞辞曰："熏然而春，凛然而霜……公之形似，画莫能图，可想象者，山癯泽癯，袭其章服，易以布素，书囊禅版，庶得我故。"或可让我们对其形貌和气质多一些体会。

---

52

① 参见高攀龙，《高子遗书》，卷9上页50—51；沈德符，《万历野获编》，卷12页316。此乃利用香港迪志文化出版公司的"文渊阁四库全书内联网版"以及"中央研究院"的"汉籍全文资料库"进行初步检索，但关键词用"汝稷"而非"瞿汝稷"。
② 明代的常用尺有营造尺（合32cm）、裁衣尺（合34cm）和量地尺（合32.6cm）等三种。参见丘光明等，《中国科学技术史：度量衡卷》，页406—408。
③ 此一调查乃使用"汉籍全文资料库"。参见丘光明等，《中国科学技术史：度量衡卷》，页447；《史记》，卷62页2135；《晋书》，卷51页1416。
④ 冯复京，《明常熟先贤事略》，卷4页3；王世贞，《弇州山人四部稿》，卷82页8。

53

图表2.4：《瞿冏卿集》中所收之"洞观
先生（瞿汝稷）小像"。

在叶向高为瞿汝稷所撰的
《长芦转运使加太仆寺少卿致仕瞿
公墓志铭》中，仅模糊地称其家
在景淳过世后发生"家难"，而未
指出此一叔嫂通奸的丑事，但文
中对汝稷遭刺一事的叙述则较为
详尽，曰："尝有假莲社招公者，
至则阒无人，而道旁有持刃伺者，
赖偕友道澈（农按：道澈为严澂
的字）乃免。盖久之祸始纾，而
文懿公遗产亦尽，萧然四壁矣！"
并指在景淳过世后四年去世的汝
稷之母李氏，即是卒于"家难"
当中[1]。由于徐杬乃严澂之父大学
士严讷的门人，且侍严讷甚谨[2]，故其所遣之刺客于严澂在场时或亦
不敢对汝稷造次。

　　严、瞿两家为儿女亲家，严澂之子枋尝娶汝稷之女为妻，而景
淳亦曾为季子汝说聘严讷长子严治的女儿，然因女殇而未能成婚[3]。
严澂等友人在瞿氏的"家难"中给予汝稷许多支持，严澂于《瞿冏
卿元立逸事》一文中，尝指出当时不仅徐杬的门生、属吏对汝稷百

---

① 叶向高此一墓志铭不仅收入《苍霞草全集·苍霞续草》（卷9页37—42），亦收入
　《瞿冏卿集》书末，惟后者的内容较详，前者且将"赖偕友道澈乃免"一句误作"赖
　僧道澈乃免"。查严澂历官至福建邵武府知府，并不曾出家，其传参见瞿汝稷，《瞿
　冏卿集》，卷9页5—11。
② 杨振藻等修纂，康熙《常熟县志》，卷18页8—9。
③ 参见严讷，《严文靖公集》，卷10页6、卷12页8；叶向高，《长芦转运使加太仆寺少
　卿致仕瞿公墓志铭》（《瞿冏卿集》书末所收之本），页10；瞿汝稷，《瞿冏卿集》，
　卷9页6、卷12页21—23。

方打击，连景淳的门生以及汝稷的母舅都对他极不谅解，而除了计诱其夜行以刺杀的阴谋外，甚至还发生"持梃突入公（指汝稷）室，遽欲格杀公，借救免"，以及"贵人（指徐杶）之族从墙上下巨石压公，幸不中而免"等事件；在冲突的过程中，甚至有人建议干脆让徐氏饮毒酒以杜后患，但汝稷以为"圣有训，国有制，循之而无过不及"，而始终隐忍①。

　　在此一"家难"当中，长房和二房之间的争执十分激烈，且由于"内讧外煽"，景淳的遗产亦因此荡尽；据式耜所称，其大伯汝稷在分家之后，仅有"水田不过三顷，残书不逾数簏"②，汝益也得要靠其父门生顾养谦的协助，才得以成家立业③，而奸情暴露且荡尽家产的汝夔或即在此时离家，避居他乡。至于长房与四房之间的关系，则相当密切，丧父时年仅五岁的汝说，稍后是由长兄汝稷抚养成人，言动且均以兄为师，两人"相从密于形影，和于埙篪"；汝稷死后，汝说亦视其子女如己出，并为其处理婚嫁之事④。

　　由于徐杶曾巡抚江西和浙江，"凡吴之抚按、监司、郡邑长，多在所辖"⑤，且景淳早徐杶十二年卒，瞿家当时的家道已明显中落⑥，以致瞿汝稷初并未能将徐女赶出家门。万历七年前后，甫拜南京工部尚书但未就任即遭罢归的徐杶⑦，还欲与汝稷和解，但不获允，今在《瞿冏卿集》中，即收有当时汝稷所作的《答徐司空书》，其中有

54

---

① 此文收入黄宗羲，《明文海》，卷347页4-6。
② 《瞿式耜集》，页299。
③ 参见达少华，《勋名雅重顾司马》，《江苏地方志》，2000年第4期，页38-40。若无"中国期刊全文数据库"的协助，绝大多数的史学研究者将不可能获见此一非主流刊物，惟该文并未注明该材料的确切出处，此一叙述待考。
④ 瞿汝稷，《瞿冏卿集》，卷10页20-27；《瞿式耜集》，页286-295。
⑤ 瞿汝稷，《瞿冏卿集》，卷9页7。
⑥ 如景淳亡故后，里中即欲分派汝稷兄弟差役。参见瞿汝稷，《瞿冏卿集》，卷10页3-4。
⑦ 王世贞，《弇州山人续稿》，卷77页2。

云："夫人之异于禽兽者，独以其有伦类焉耳！堕夫妇之伦，而莫知非，则禽兽矣！"严斥徐女的丑行，信中并建议徐栻："惟召归此女，于礼为得。若虑其后之难于闲守，则更嫁之，人谁不亮（农按：通"谅"）也！"①

万历九年，徐栻病卒。由于其家再无人出仕②，汝稷在"家难"之后所遭受的煎迫顿减。此故，他在替族兄（字少湖）所撰的行状中，尝称"某（汝稷自称）履多难十有二年，而兄抚之如一日"③，此十二年应即从"通问之奸"的发生（约在隆庆四年，景淳去世翌年）历数至徐栻亡故。汝稷很可能在之后不久即将其妻徐氏出离（见附录2.6），许其再嫁，并继娶韦氏；韦氏无子且早逝，遂又娶王氏④。

又，徐栻尝欲将通奸之事归罪于汝夔⑤，汝稷对此则加以反驳，指称："至谓此事起于稷弟，则尤大可笑。此事先母所发，讼于理、传于乡，久矣！今何遽为此异词耶？"（见《答徐司空书》），然从汝稷在处理丧事时，不论是在其父的行状、神道碑、墓志铭或小传中，汝夔之名均自兄弟排行中被删除一事判断，知汝稷并不真正认为徐女应承担所有的责任。此故，他才会对徐栻称："悔不能刑于寡妻，

---

① 此段参见瞿汝稷，《瞿冏卿集》，卷12页21—23。
② 其子"骄奢渔色"，其孙亦仅为一国学生。参见冯复京，《明常熟先贤事略》，卷8页5—6；郑钟祥等修纂，光绪《重修常昭合志》，卷25页24。
③ 该族兄对他多方呵护，甚至不惜为其对抗"巨公"（应指徐栻）的欺压。参见瞿汝稷，《瞿冏卿集》，卷10页1—5。
④ 汝稷依律可以两家"义绝"或徐氏"犯奸"为理由而出妻，亦可以两相情愿而离异。参见刘惟谦等，《大明律》，卷6页10—11；朱国祯，《涌幢小品》（《四库全书存目丛书》景印天启二年刊本），卷21页19—20。又，韦氏于万历十四年病卒，参见缪希雍，《先醒斋广笔记》（《景印文渊阁四库全书》本，天启二年成书），卷2页63—64。
⑤ 沈定平误以徐栻同情汝夔，他且在无论证的情形下，径指景淳去世之后，以徐栻为首的常熟士绅开始清算瞿家"把持地方舆论、纵容家奴为非作歹"的恶行，并支持汝夔投诉官府，与其兄弟争夺财产继承权。沈氏甚至将此"家难"的背景附会至崇祯十年常熟县民张汉儒控告钱谦益和瞿式耜"居乡不法"一案，惟两事不仅相隔逾六十年，且后者乃权臣温体仁的构陷，张汉儒即因此遭立枷死，温氏亦罢官。参见沈定平，《明清之际中西文化交流史》，页635—636；《明史》，卷308页7936。

至于兄弟。"（见钱谦益所写之瞿汝稷传）

附录2.6

明代封赠官员母妻的规定

封赠是古代中国皇帝用来笼络臣子的一种制度，《大明会典》中规定京官满一考（三年一考），及外官满一考而以"最"闻者，即可封赠祖先与妻室。生曰封，死曰赠。但升职未任者，不准赠官。一品得赠三代，二、三品赠两代，四至七品赠父母、妻室。命妇的封号共有九阶：一品曰一品夫人，二品曰夫人，三品曰淑人，四品曰恭人，五品曰宜人，六品曰安人，七品曰孺人。因其子孙封者，加太字，夫在则否。嫡在不封生母，嫡亡得并封，生母未封不先封其妻。妻之封，止于一嫡一继。文官申请封赠时，须先经"本部行移保勘"，再"依例具本奏闻"，亦即，此事有一定的程序和条件，并不会在升授之初就自动依官品进行相应的改赠①。

本章主角瞿汝稷除了徐氏之外，先后娶韦氏和王氏，由于韦、王二人同赠淑人（三品命妇之封号）②，知两人均为继娶而非侧室，此应据汝稷于万历三十三年至三十八年担任都转运使（从三品）时之品级所推赠。又因继室只得封最后一人③，知韦氏乃被视为嫡妻，王氏为继室，而发生"通问之奸"

56

---

① 万历《大明会典》，卷6页8–26。

② 此见《瞿冏卿集》书末所收录叶向高为瞿汝稷撰写的墓志铭。叶向高《苍霞续草》所收之同一文，则略去王淑人所生三子二女的婚配情形。又，瞿式耒捐官为从七品之州判，故其母妻仅得赠孺人；参见钱谦益，《钱牧斋全集·初学集》，页1690–1691。

③ 查明代之封典，"只及前妻一人与最后一人"；参见孙岱，《归震川先生年谱》，页38。

的徐氏则应被出离，否则，应还轮不到韦氏接受推赠。

再以瞿景淳之妾殷氏为例，叶向高在《达观瞿公偕配施恭人合葬墓志铭》中称其为安人。查景淳虽历官至礼部左侍郎兼翰林院学士，但因殷氏乃侧室，故其封赠仅可能从子孙的官品。殷氏之子汝说最后升授广东布政使司参议（从四品），但并未到任，而其之前所担任的五品佥事，也可能因未满一考或未以"最"闻，故亦未能推赠其生母。殷氏之所以赠安人，应是汝说在都水清吏司员外郎（正六品）考满后所申请。

又，瞿汝稷在为其庶母谭氏所写的像赞中，称呼谭氏为孺人，此应非封赠之号，而是对妇人通用的尊称①。查谭氏之子汝益虽历升至正四品的指挥佥事，其母、妻通常得封赠恭人，但因武官规定："嫡继母在，所生庶母不封……嫡继母已故，所生母见在，合照子职封。嫡继母及所生母俱故，止赠嫡母。"②而汝益于万历八年始因军功出任镇抚（从六品），当时其嫡母李氏和生母谭氏均已卒，故依律谭氏不得受推赠，而李氏早已因其夫景淳而获赠位阶更高的淑人封号。

命妇的封号亦会随丈夫或子孙在官场上的升迁而追加，如瞿式耜（景淳之孙）在南明永历朝历官至大学士，故其妻邵氏、其母施氏、其父汝说的嫡母李氏和生母殷氏、其曾祖母秦氏，均因此加赠一品夫人③。

---

① 时人常以"夫人"和"孺人"作为一般之尊称，因其非命妇之封号，故在其词之前不会加封或赠字。"夫人"通常用于已有封号但位阶在淑人之下者，"孺人"则用于不曾受推封者。
② 万历《大明会典》，卷122页14–16。
③ 瞿玄锡，《稼轩瞿府君暨邵氏合葬行实》，页357–358。

　　前引文中叶向高对汝夔的宽厚以及钱谦益对汝夔的严峻，可能也反映在他们对天主教的态度之上。叶氏与天主教人士接触颇多，尝为艾儒略的《职方外纪》和天主教徒杨廷筠的《西学十诫初解》作序，并曾撰诗赠西士，谓其“言慕中华风，深契吾儒理；著书多格言，结交皆贤士”[1]，向高之孙益蕃后更入天主教，在益蕃所撰的《三山仁会小引》一文中，有云：“先文忠公在纶扉时，雅与杨公友善，谢政归来，复屡接艾先生。闻兹胜事，尝与余小子津津道之。”[2] 即指出叶向高与杨廷筠和艾儒略间的交情。再者，益蕃曾参校由艾儒略口授、瞿式谷笔受的《几何要法》，而式谷亦尝与向高同序《职方外纪》，知叶家父子与瞿家二房应颇有渊源。至于钱谦益，则在致黄宗羲的信中，尝称天主教是世间三大“妖孽”之一，并谓如果不除此三者，则“斯世必有陆沉鱼烂之祸”[3]。

57

　　除了汝夔之外，汝益之名在相关文献中也常不显，如钱谦益应式耒之请为其父汝稷作传时，即称汝稷诸弟中“独星卿（汝说）贤”，完全不及汝益，而在此前，汝益已历官至京营中的佐击将军，虽然时人轻武重文，但汝益的品级实不逊于汝说，不知是否与汝益已“解任归”有关？

　　此外，成靖之在为汝说撰墓表时，更完全忽略汝夔和汝益的存在，称：“按《状》：文懿之子二，长汝稷，官太仆，李淑人出；次即参藩公，讳汝说，字星卿，别号达观，殷安人出。”成氏之文乃应其门生式耜为父亲乞墓表而作，许多文字均照抄或改写自式耜所提供的行状，然查该行状却明白指出：“文懿公生四子，府君其季也！”且行状中提及汝说“事叔兄佐击公（即汝益），抑抑怡怡，老而弥

①Ecke, "Two Ashlar Pagodas at Fu-Ch'ing in Southern Fu-Chien with Some Additional Notes on Prime-Minister Yeh Hsiang-Kao"；钟鸣旦，《杨廷筠》，页231-232。
②刘凝，《天学集解》，卷7页6-7。
③沈善洪，《黄宗羲全集》，第11册页389。

笃”，但此一叙述亦遭成氏略去。

在“家难”的影响之下，汝益虽非犯错的当事者①，但他有可能
58 因较同情汝夔而遭迁怒②，以致在其家长辈的小传和墓表中，常与汝
夔同遭除名或略去。也或因此在众多由瞿氏家人和亲友所撰写的文
献中，唯独不见汝夔和汝益的行状、传略或墓志，且几乎不曾提及
两人的婚姻、子嗣和出处。

再者，汝稷虽于万历三十二年应汝益之请为其生母撰有《庶母谭
孺人像赞》，且在此两百余字的文中称侍奉景淳近二十年的谭氏“于
庶母中恩最厚”，但相对于另一位事景淳仅八年的庶母殷氏而言，两
者在其心目中的地位轻重却是彰然可见。此因万历三十一年汝说的
生母过世时，汝稷曾为其撰有多达两千三百余字的《庶母殷孺人行
状》，相较之下，《庶母谭孺人像赞》的内容，则颇类应酬文字。此
一悬殊的处理态度，不知是否亦受到汝益在“家难”中态度的影响？

综前所述，在景淳三十八岁登第时，其妻李氏大多随侍在侧，
然因李氏先前所生四子皆不育，始同意为独子的景淳置妾以传宗接
代③。景淳先纳家婢谭氏为侧室，后或因谭氏未能育子，而于四十岁
时始纳支氏为妾；没想到约两年之后，四十岁的李氏反而先得子汝
稷，翌年支氏亦生汝夔；而早先所纳之谭氏，至景淳四十八岁时才

① 瞿汝稷在《庶母殷孺人行状》一文中有云：“稷失怙，未几，遂罹多难，外讧内扰，
稷奔应无宁日。两弱弟皆冲年，先夫人既无子妇侍侧，诸姊妹又不得时相往还，
先夫人且夕所倚惟孺人。”知“家难”时景淳的妻妾只有正室李氏和侧室殷氏尚在，
而所谓的“两弱弟”，则指的是汝益和汝说。参见瞿汝稷，《瞿冏卿集》，卷10页
26。
② 在瞿汝稷所作的《答徐司空书》中，提及汝益曾偕同徐栻的弟弟和侄儿与汝稷会
见，欲促成两造和解，但遭严拒。又，杨振藻等修纂之康熙《常熟县志》的瞿汝益
传中（卷20页58），提及他曾经“抗太仆非礼”，其事不明，此太仆很可能指的是
加太仆少卿致仕的汝稷。
③ 赵用贤，《松石斋集》，卷16页32-33。

始生汝益。谭氏与景淳之母秦氏大概同年去世①，或为照顾宦游中的
丈夫，李氏在景淳丁内忧之后又在里中替其择十九岁的庶民之女殷
氏为妾，殷氏于二十二岁时生汝说②。由于李氏亲自抚育诸子，且令
其以己为生母，以致诸庶子皆不自知己非李氏所出③，甚至李氏亡故
后，家族中人亦有很长一段时间不令庶子们得知真相④。

待汝稷过世之后，上一代的恩怨渐淡，而瞿家的重心也转移到
四房汝说和其独子式耜两位进士身上。式耜对天主教与佛教均持好
感（见第九章），在其任官的过程中尝偕长房的堂兄式耒同至京，也
以二房的堂弟式谷参赞机要⑤，汝夔一房因此重被瞿家接受，如在式
耜为其父汝说所撰的《行状》以及玄锡为其父式耜所撰的《行实》中，
即均明指景淳有四子⑥，且在后世的瞿氏家谱中亦列有汝夔之名。

瞿氏的"家难"也可在当地的传说中窥见蛛丝马迹，如在乡人
王应奎的《柳南随笔》一书中，尝称汝稷在年轻时即名列仙籍，诸
仙每诫其勿婚宦，以免"亏损灵根"，但因无法父子同入仙籍，与父
亲十分亲近的汝稷"竟婚宦"⑦。此一传说的形成，或即是对孝子汝稷
所遭受如此"家变"的一种反射。

59

---

① 李春芳，《李文定公贻安堂集》，卷7页58。
② 瞿汝稷，《庶母殷孺人行状》。
③ 此一情形并不罕见，参见 Hsiung Ping-Chen, "Constructed Emotions: Bond between
　Mothers and Sons in Late Imperial China."
④ 赵用贤，《松石斋集》，卷16页31—34；瞿汝稷，《庶母殷孺人行状》。
⑤ 《瞿式耜集》，页299—300；瞿玄锡，《稼轩瞿府君暨邵氏合葬行实》，页370。
⑥ 杨振藻等修纂之康熙《常熟县志》中，指汝说为景淳第五子（卷18页31），而傅
　斯年图书馆所藏《万历二十九年登科录》中，亦称其"行五"（页14），通常此类材
　料乃依照宗族的大排行，如在杨坤等辑之《东林难录》中，即仿序齿录的形式记
　东林诸人，中称魏大中有兄廷相和弟廷荐（页5），但此二人实乃其堂兄弟（见图
　表5.1）。汝说应是在同辈兄弟中排第五，而非景淳的第五子。
⑦ 王应奎，《柳南随笔》，卷5页10。

四、结语

瞿汝稷在其妻与仲弟发生"通问之奸"的丑事之后，益发佞佛，且顿悟禅宗为唯一之"道"。而他所交游之人不乏佛教界重要人士，如尝替其父撰写行状的陈瓒以及在"家难"中多方护持他的好友严澂，就被收入《净土圣贤录》中[①]。他也与位列明末四大高僧的莲池袾宏（1535–1615）、紫柏真可（1543–1603）和憨山德清（1546–1623）往还[②]，更以二十年时间整理历史上六百多位禅师的言行传略，撰成著名的《指月录》一书传世，而协助其刊刻事宜的即是严澂[③]。汝稷尝解释其佞佛的目的曰："吾于释氏以辅吾所求于儒，非以叛吾所从于儒也！"[④]

相对地，与长嫂发生"通问之奸"的汝夔，因不容于家族而被迫离家，遂得以认识利玛窦等西士，并成为明代最早接触西学和西教的士人之一。面对一个伴随着优势物质文明，且主张"无论十恶不善，朝皈依而夕登天堂"的外来宗教[⑤]，犯了大错并遭宗族和乡党唾弃的汝夔，或许因此被深深打动，甚至愿意受洗加入天主教会的群体。也就是说，瞿氏的"家难"竟然意外促成汝稷和汝夔两兄弟在宗教上的特殊因缘，且不仅使汝夔有机缘认识利玛窦，更影响天主教在华的传教策略。

虽然汝稷的岳父徐栻曾经试图和解，汝益亦尝扮演中人，但

---

① 彭希涑，《净土圣贤录》，卷7页20–21。
② 瞿汝稷，《瞿冏卿集》，卷2页1–2、卷6页36–38；释德清，《憨山老人梦游集》，卷8页27–30；范佳玲，《紫柏大师生平及思想研究》，页91–181。
③ 在何高济等所译的《利玛窦中国札记》中（页507），误将《指月录》系为瞿汝夔的作品。
④ 高攀龙，《高子遗书》，卷9上页50–51。
⑤ 《傅山全书》，第1册页375–377。

"解铃还须系铃人"[1]，苦主汝稷终归不愿原谅其妻和其弟汝夔，兄弟二人在宗教和交友方面也从此壁垒分明。如汝稷平生最不喜李贽的言行[2]，而李贽虽然削发出家当了和尚，却与汝夔之师利玛窦惺惺相惜，并协助传抄散发利氏的《交友论》，且利玛窦于万历二十八年以"大西洋陪臣"名义所进呈的《上大明皇帝贡献土物奏》，即是由李贽等人改订的[3]。又，汝稷所交往的祩宏，不遗余力地调和儒、佛[4]，而汝夔所交往的利玛窦，则试图融通天、儒，这两位宗教领袖同样采取向儒家靠拢的策略，两人的文字辩难也曾在明末东南地区引发两派人士激烈的相互抨击[5]。明清鼎革巨变之后，天、释间的冲突虽大致平息，但天、儒间的矛盾随后却又被"礼仪之争"所激化，终使天主教在康熙末年遭到被禁的命运（见第十一章和第十二章）。

　　本章中所提及发生在瞿家的事件，几乎均环绕在婚姻问题之上。由于景淳之妻李氏初不曾育子，迫于家族和社会对承继血脉的压力，她乃在景淳登第后陆续为其置妾，结果不幸后来嫡庶之间发生所谓的"家难"。信佛的汝稷至四十三岁始有子，但他终其生不曾娶妾，此倒与天主教的诫律相合！汝夔的正室亦无子嗣，他或是依明律对庶民的规定，年逾四十才纳妾，四十三岁时妾始生子，然而，此一违反"十诫"的男女关系令他迟迟未能入教，直到其妻过世多年后，才在将该妾扶正后受洗。

61

　　耶稣会自利玛窦起，努力推行"知识传教"的策略，并积极与中国的文化传统进行调适，其宣教的重点乃放在上层社会，然因中

---

① 此一成语的出典，即为瞿汝稷，《指月录》，卷23页44。
② 此见叶向高，《长芦转运使加太仆寺少卿致仕瞿公墓志铭》。
③ 刘月莲，《李卓吾与利西泰》；许苏民，《李贽的真与奇》，页73–80。
④ 王煜，《明末净土宗莲池大师云栖祩宏之佛化儒道及其逼近耶教与反驳天主教》。
⑤ 此可参见徐昌治，《圣朝破邪集》；孙尚扬，《明末天主教与儒学的交流和冲突》，页37–45。

国官绅娶妾的情形相当普遍，此一不容于天主教的婚姻状态，自瞿
汝夔的案例开始，就不断成为耶稣会士在上层社会传教所面临的重
要障碍之一。从明末的徐光启、李之藻、杨廷筠、王徵、韩霖，以
迄清初的魏裔介、佟国器、许缵曾（徐光启的曾外孙）等士大夫，
其奉教的过程中都同样得在"天主"与"妾"之间做一艰难的抉择（详
见第三章和第四章）[1]！

　　亦即，当中、欧两文化板块自明季以来因接触而出现较大规模
碰撞时，娶妾竟然成为两者挤压隆起的焦点之一，再加上"礼仪问
题"的影响，遂促使许多人对入教一事因此打退堂鼓。虽然当时欧
洲王公贵族纳情妇的风气或不逊于中国士大夫的娶妾，但因妾在中
国拥有某种程度的家庭地位，并为法律和社会所公开承认[2]，遂使
传教士在教规的拘束之下无从妥协，相当程度上影响天主教在华的
发展。

　　即使到了民国初年，许多知识分子欲奉基督教时，也仍然得面
对"十诫"中"毋行淫邪"的规条。如尝任广州岭南大学校长的钟
荣光，乃逊清举人，他早年风流倜傥，除常涉足青楼外，且家蓄一
妾，但在受洗为基督徒后，遂将妾遣去[3]。

　　至于从民国十五年起出任北京辅仁大学校长二十余年的陈垣，
曾在民国八、九年间受洗入基督教，然或因其置有二妾，故当方豪
于民国十六年去信相询其宗教信仰时，陈垣在覆信中则称："余数月
前曾演讲回回教入中国历史，人多疑余为回回教徒。近为辅仁大学
校长，人又疑我为天主教徒。不知我实一宗教研究者而已，不配称

62

――――――――――――――

① 在利玛窦的《行迹》中，亦可见到有人因祈求天主得子，而决定入教，其文曰："有
　居官梁姓者，过壮无子，利子命入圣堂，代为祈求，因连举二子，遂并二子奉教
　焉。"参见艾儒略，《合校本大西西泰利先生行迹》，页4。

② 参见 Hsieh Bao-Hua, "Female Hierarchy in Customary Practice."

③ 谢扶雅，《记"岭南人"钟荣光》。谢扶雅（1892–1991）为奉基督教的学者，曾与
　朱谦之等人一同任教于广州的岭南大学，后亦在香港浸会学院服务。

为某某教徒也!"陈垣很可能因娶妾之事严重违反教规,而不好意思承认自己曾入基督教。陈垣在辅大校长任内,天主教会年年为他祈祷,希望他能够入教,但也或因同一缘故,他始终未能入天主教[①]。

我们很少能在古代材料中发现如瞿家这般详尽之叔嫂犯奸的事件,此或是类似个案当中,极少数能逸出士绅家族由颜面名节所筑成之高篱者,而本研究应也进一步印证了明代上层社会对贞操问题的重视[②]。徐家或因此坚不认错,而徐女也被迫得忍辱待在瞿家,反倒是汝夔和汝益均多少因受此事牵连而先后离家,汝稷也在"家难"中到北京发展。

我们无从得知汝夔与徐氏两人所发生"通问之奸"的暧昧程度(理应不止于表面的"通问"而已,否则事情亦不至于闹得如此之大),但父系社会的道德价值体系和权力运作机制,让徐氏在事件发生之后,立即从当事人沦为配角;也或因此,我们从不曾听到任何来自徐氏的声音,她的娘家因担心损及家族声名而不愿将其接回,徐氏只能孤零零地待在瞿家,独自承受周遭闲语和冷眼所加诸的沉重压力。至于夫家的男主角们,虽亦因"家难"而各奔东西,但他们最后却都透过继娶或置妾,在家庭或爱情方面均找到出路!对徐氏而言,这或许只是一次偶发、失控的情奔,但她却终其一生抹不去因违反妇道纲常而被烙上的耻辱,也脱不掉因顺从父权体制而被戴上的枷锁!

---

① 谢扶雅,《陈援庵受洗入教问题》。
② 费丝言,《由典范到规范》,页275–281。

　　附录2.7

"e考据时代"的出现？

　　瞿汝夔在中国天主教史中一直是因其师利玛窦而名显，他对明末入华耶稣会士所制定的"补儒易佛"的传教策略颇有推动之功。笔者于十年前草成《瞿汝夔（太素）家世与生平考》一短文，对其家庭状况提出前人所未知的考证结果。后发现瞿果行同时亦发表《瞿汝夔行实发微》一文，其中对汝夔的排行以及对"家难"的描述，均与笔者不谋而合，惟其资料和论据则较拙文简略。

　　甲申初夏，笔者尝试编辑本书，拟以瞿汝夔这位在明末天主教史中的重要人物，作为第一位深入探讨的"两头蛇族"；但由于先前所撰之文过于单薄，遂决定重新析探此一个案。又因这十年间大量史籍被整理重印①，再加上网络和电子资料库的蓬勃发展②，深感史学研究已进入一前人所无法想象的新局，益发决定要面对这项自我挑战。

　　笔者利用在新竹清华大学开课的机会，带领历史研究所的学生学习该如何在脑海中建构出一个解析度与涵盖面均与时俱进的知识地图（knowledge map），并学习如何以合理的推判和时间，有效地利用此一知识地图从浩瀚的传统史籍和

---

① 尤其是《续修四库全书》、《四库未收书辑刊》、《四库全书存目丛书》、《四库禁毁书丛刊》等大套典籍的出版。

② 已问世的有《汉籍全文电子文献》、《内阁大库档案资料库》、《明实录》、《清实录》（以上四种均由台北"中央研究院"制作）、《文渊阁四库全书》、《古今图书集成》、《四部丛刊》、《（台北汉学研究中心）明人文集联合目录及篇目索引资料库》、《中国期刊网：文史哲专辑》、《中华民国期刊论文索引》等电子版，而较晚出的《中国基本古籍库》、《中国方志库》等，内容更是丰富。

网络内容中找寻所需的材料。在很短的期间，我们就已自大量的明代典籍中发现十多件先前未见的重要文献，从而能对"家难"的许多细节、当事者的外貌和个性、两造的人脉关系等，均可掌握到令人讶异的层次。一个有条件孕育"e考据学派"的时代或许已悄然到临！

而除了增加对瞿氏"家难"的了解之外，研究的过程也使笔者对文本的阅读有了更深的体会，知道必须努力去追索撰写者或编辑者的主观意识或人脉网络，也必须去具体了解古代社会的运作方式，才有机会掌握埋藏在文本表象之下的深层意义。同时，笔者也经由此一个案对明末士大夫阶层妻妾同房的婚姻型态，多了一些更清楚的认知。

由于爬梳和研析的过程务求详尽，故与十年前的拙文相较，此章或稍流于冗长，但笔者很高兴地发现自己的研究功力并未随着发秃齿摇或行政工作而停滞，更希望在此一"知识／信息爆炸"的时代里，能借本个案让新一代的史学工作者体会或分享其所将面临的挑战，他们应责无旁贷地将历史研究深化并提升到新的位阶。

当然，别忘了"e考据学派"的研究方法，不仅得熟悉网络或电子资源，还必须建立在深厚的史学基础之上！而清晰的问题意识与灵活的搜索技巧，亦将是考据功力的深浅所系。

第三章 "泰西儒士"与中国士大夫的对话

> 以利玛窦为主的早期入华耶稣会士，在顺利转型成"泰西儒士"之后，开始受到士大夫阶层的注目，并吸引成启元、李应试、徐光启、李之藻、杨廷筠、孙元化、许乐善、张赓和李天经等官绅入教；然而，当时还有冯琦、张问达、叶向高、冯应京、韩爌、熊明遇和钱士升等对西学和西教均抱持极友善态度的士大夫，却迟迟未受洗；也有沈㴶、王启元和许大受等人大肆抨击天主教，本章将深入析探其人其事。

一、利玛窦"知识传教"策略的展开

利玛窦入华的最初十年，乃以"天竺国僧"的身份在广东活动，受洗者相当有限且社会阶层亦低，直到他接受门生瞿汝夔的建议改着儒服，并透过瞿氏的人脉网络，打入士大夫的交游圈中，才顺利转型成"泰西儒士"，且一路从南昌、南京往北京发展；教徒的数目也才从百人左右急速攀升，并在他去世前达到2,500人[1]。依据林金水的整理，利玛窦曾与至少137位知名的中国士绅晋接[2]，他应是明清入华传教士中最成功的形象经营者。下文先从笔者过眼之部分诗文

---

[1] Standaert, *Handbook of Christianity in China*, vol. 1, p. 382.
[2] 林金水，《利玛窦与中国》，页286–316。

材料，略窥时人心目中的大西畸人利玛窦。

奉教士人徐光启（1562–1633）的友人钱希言①，曾撰文勾勒利玛窦的生平，称：

> 利玛窦，大西国人，游于中华十五年矣！衣服、语言、饮食、礼乐，无不中华，但不娶耳。彼国无佛法，亦不通儒教，第奉天主为尊。其像是一妇人，手中所抱者，即天主也！妇人像若西王母，而绘彩之色，绚烂非常，望若七宝庄严者。然既以其像进圣母，张壁凛凛，便敕收藏于库，其所进自鸣琴、自鸣钟，皆按刻漏而鸣。若吾中华有自鸣、更鼓之属，天子甚异之，赐赍无数，日给饩钱，因养之京师。玛窦他所制自鸣鼓吹，未进上者尤奇，一拨关捩，众乐皆鸣，今京师市中有制成出卖者。所携经籍皆梵字，其印装之巧、纸墨之精，中华所不及也。玛窦慧性绝伦，虽数万亿言，一览而得。人谓其胸有成案，故能然。据云："学识字如造屋然。"疑即吾儒一贯万之义矣！往常刻广舆地图于金陵，用五色以别五方，中华幅员，大如弹丸黑子。庚戌年夏，中疫卧病，服参而死，始知其无他道术，是外夷中一异人也。②

文中所称利玛窦"游于中华十五年"，或仅指其于万历二十三年（1595）初抵南京以迄在北京病卒期间。钱氏对利玛窦携来之自鸣钟、西方绘画、洋装书、舆图均甚感兴趣，对他超凡的记忆力亦大感叹服。惟因受限于知识经验，故钱氏往往以儒、释两家作为对照之参考坐标，如误称欧洲文字即"梵字"，并指圣母玛利亚貌似西王母，

---

① 钱希言尝赋诗送徐光启等友人进京赶考，参见钱希言，《松枢十九山·讨桂编》，卷9页16–17。

② 钱希言，《狯园》，卷4页24。

且有如菩萨般庄严。

　　利玛窦所引进的世界地图，历次在华刊刻时均曾引发广泛兴趣，它打破了中国以自我为中心的世界观，并提供一幅多文明共存的新世界图像①，许多接受此新观念的士绅更因此接触西学和西教，如常胤绪在《两仪玄览图序》中有云：

　　　　其（农按：指利玛窦）奉天主教，忠信为务，则所传皆有所自，实由至理，非荒唐诡诞之说。故吾党以尽性为学者，如都尉侯虞山公及缙绅宪臬冯慕冈、铨衡吴左海、缮部李我存、典客祁念东、驾部杨疑始、都水陈坚白、世胄李省勿、阮余吾诸时贤，皆信之而淑其学，且以其所绘《两仪玄览图》镂诸梓，以为吾党之未闻者闻，未睹者睹，是知理之未尽明者，以物有未尽格也。

67　　柱国（从一品）常胤绪是明朝开国功臣常遇春的后人，万历九年，袭怀远侯②。他在前引文中所提及的诸人，均曾协助刊传并序跋利玛窦的《坤舆万国全图》（1602）和《两仪玄览图》（1603）；其中湖广佥事冯应京（号慕冈）、南京吏部主事吴中明（号左海）、南京工部营缮司员外郎李之藻（字我存）、礼部主客司员外郎祁光宗（字念东）③、兵部车驾司主事杨景淳（字疑始）、南京工部都水司郎中陈民志（字坚白）等人，均为进士出身的五、六品中级文官；李应试（字省勿）为世袭武官；驸马都尉侯拱辰（号虞山，万历九年娶寿阳公主，

---

① 葛兆光，《七世纪至十九世纪中国的知识、思想与信仰》，《中国思想史》（第二卷），页476—498。
② 《明神宗实录》，卷115页2。
③ 祁氏为万历二十六年进士，由工部虞衡司调任精膳司主事，升主客司员外郎；参见俞汝楫，《礼部志稿》，卷44页24。

掌宗人府)为皇亲;李应试和阮泰元(字余吾)当时且已奉教。常胤绪指称他们都有志于讲求格物穷理的"尽性之学",在接触传教士所带来的新知识之后,"皆信之而淑其学"①。

此外,顾起元(与李之藻和祁光宗乃同年进士)尝形容利玛窦所带来以油彩在铜版画上着色的作品曰:"画以铜版为帧,而涂五采于上,其貌如生……脸之凹凸处,正视与生人不殊。"②而工绘事的姜绍书亦称:"利玛窦携来西域天主像,乃女人抱一婴儿,眉目衣纹,如明镜涵影,踽踽欲动,其端严娟秀,中国画工,无由措手。"③言辞之间颇称赏西方人物画的栩栩如生。明末莆田画家曾鲸,即参用此等西洋技法而创造出具有中国特色的"凹凸法"④。

明末许多知名士大夫均留有与利玛窦往还的痕迹,如大思想家李贽有《赠利西泰》一诗曰:"逍遥下北溟,迤逦向南征。刹利标名姓,仙山纪水程。回头十万里,举目九重城。观国之光未?中天日正明。"⑤李日华《赠大西国高士利玛窦》曰:"云海荡朝日,乘风弄紫霞。西来六万里,东泛一孤槎。浮世原如寄,幽栖到处家。那堪作归梦,春色任天涯。"⑥曹学佺亦曾赠诗利氏(称其为"大西洋人利玛瑙"):"骨相存夷故,声音识汉便。已忘回首处,早断向来船。"⑦

万历三十八年四月,利玛窦病逝北京,庞迪我等上疏请恤。经礼部侍郎吴道南等疏请,御赐北京阜城门外的"二里沟佛寺",房屋共四十间,地基十二亩,该地原是一名杨姓太监被籍没的家产;翌

68

---

① 此段参见黄时鉴、龚缨晏,《利玛窦世界地图研究》,页30-37、173。
② 顾起元(1565-1628;历官吏部右侍郎),《客座赘语》,卷6页23-25。
③ 姜绍书(?-1679;官至南京工部郎),《无声诗史》,卷7页24。
④ 莫小也,《17-18世纪传教士与西画东渐》,页139-146。
⑤ 李贽(1527-1602;官至云南姚安府知府),《焚书》,卷6页240。
⑥ 李日华(1565-1635;历官太仆寺少卿),《恬致堂诗话》,卷5页12。
⑦ 曹学佺(1575-1646;南明唐王时晋礼部尚书),《曹学佺集·金陵初稿》,页18-19。

年，利玛窦被隆重安葬于此。在顺天府府尹王应麟所作的《钦敕大西洋国士葬地居舍碑文》中，称誉利玛窦是"彬彬大雅君子"，且"翼我中华，岂云小补"①。

即使在过世之后，利玛窦仍勾起一些士大夫们的怀思，如郑以伟有《挽利玛窦用昔年赠韵》诗，曰："天涯此日泪沾衣，红雨纷纷春色微。海贾传书存实义（农按：指利氏所撰《天主实义》），主恩赐葬近郊畿。从来到处堪观化，何必西方有履归。侍子四门夷乐在，辽东鹤去已人非。"②浙江鄞县之藏书家陆宝亦有《利玛窦坟上观天主像》诗："不传番语但传神，深目拳毛毕肖真。十二学徒长跪后，更持天象示何人。"③而谭元春也尝偕友人过其墓凭吊，并赋诗曰：

> 来从绝域老长安，分得城西土一棺。斫地呼天心自苦，挟山超海事非难。私将礼乐攻人短，别有聪明用物残。行尽松楸中国大，不教奇骨任荒寒。④

当然，明季亦可见拒斥利玛窦其人其说者，如词人薛冈即尝称："利玛窦西方之巧人耳，是其所学言论，既谬于圣人，而撼词吐句，文理亦不尽通……宜蒙显斥，乃至身后，而其徒始被逐，幸矣！"而利氏与佛教界人士的多次论争，也颇为激烈⑤。

由利玛窦首先推动的"知识传教"策略，在士大夫阶层引起颇大反响，此从刘凝在《天学集解》中所收录的284篇文章即可看出（见附录3.1），其中序跋共249篇，相应的书籍凡116本，作者大多

---

① 艾儒略，《合校本大西西泰利先生行迹》，页29–34。
② 郑以伟（历官至礼部尚书、东阁大学士），《灵山藏》，卷4页18。
③ 陆宝，《陆敬身集·避尘集》，随喜卷2页8。
④ 谭元春（1586–1637；竟陵文学派的创始人之一），《新刻谭友夏合集》，卷4页1。
⑤ 林金水，《利玛窦与中国》，页227–239。

是传教士（88名耶稣会士和2名道明会士），最大宗者应是为利玛窦13本著述所写的45篇序跋。图表3.1整理出《天学集解》一书中由进士出身者所写的文字，凡56人、121篇，此一人数加上序跋随书刊传所产生的影响，亦可略窥天主教明清之际在华的传布盛况。

附录3.1

搜集明清天主教序跋的宝典——《天学集解》

圣彼得堡俄国公共图书馆（The Russian Public Library）藏有《天学集解》钞本九卷，凡569叶，半叶九行，行二十字。此书或是现存最厚重的一本与明清天主教传华相关的原典，共收录284篇涉及西学或西教的文字，绝大多数为序跋，另有35篇是单独的短文、告示或碑文，其中更有约33篇文字未见于他处[1]。简言之，这是一本足以勾勒明末清初入华传教士与中国士人之间互动的罕见原典。1993年，笔者应邀担任荷兰莱顿（Leiden）大学首任"胡适汉学访问讲座教授"，始有幸在该校汉学院的图书馆见到此书缩微胶卷。

此书未记编者名，惟据杜鼎克（Adrian Dudink）的研究，在卷九所收李嗣玄《福州重建天主圣堂记》的文末[2]，有一段额外的注记泄露出编者（其名为凝）的身份。此一新堂是顺治十一年（1654）由新任福建巡抚佟国器捐资重建的，该注记先引录一封李嗣玄致编者的信，称是年九月佟国器拜托与李氏同邑的熊解元，在返乡后代请李嗣玄为此堂的新建撰序，由

---

[1] 此附录参见 Dudink, "The Rediscovery of a Seventeenth-century Collection of Chinese Christian Texts: The Manuscript *Tianxue Jijie*."

[2] 刘凝，《天学集解》，卷9页44—47。

于熊解元直到十二月初才回到家，待李氏将文撰妥寄去后[①]，佟氏因不能久等，已另请他人作序，该序名为《建福州天主堂碑记》，系于十二年五月，收入《天主教东传文献续编》。

　　《天学集解》在编纂期间，或曾与相关人士联系，请他们提供材料，李嗣玄很可能在寄送己所撰《西海艾先生行略》、《励修一鉴序》和《与黎茂才辨天学书》等著述时[②]，亦将《福州重建天主圣堂记》附上，并特别附函说明此与另一篇较常见之碑记不同。在李嗣玄的信后，编者有云："凝受而读之，洋洋纚纚，极有关系文字，惜未及勤诸贞珉也！"从"勒"字被误书作形近的"勤"字，知此本应非原稿本，而是后世之钞本。杜鼎克相当漂亮地考出刘凝就是此书的编者，熊解元为登顺治十一年福建乡试榜首的熊臣忠[③]，他与李嗣玄均是福建建宁人。

　　刘凝，字二至，号及斋，教名葆禄，江西建昌府南丰县人。康熙十六年（1677），为岁贡生；二十六年，授江西崇义县训导；四十一年，以年老告归；年九十，无疾终[④]。此书收录刘凝撰于康熙十六年的《交逑合录序》以及撰于康熙十一年的《四末真论序》，至于康熙三十六年他为方济会士石铎琭《本草补》一书所撰之序，则有目无文。

　　《天学集解》一书中绝大多数的文章均撰于1599−1679年，时间最迟的《贺天教碑记》，则系于康熙五十年前后。刘凝临

---

① 杜鼎克在前引文中犯了一个无关结论的小错：因他错读李嗣玄的信，故将熊解元误作此序的作者。
② 刘凝，《天学集解》，卷7页2−3、卷9页36−43。
③ 陈寿祺等撰，同治《福建通志》，卷244页32。
④ 刘凝，《尔斋文集》，卷22页20。

死前或未及完成此书全稿，以致偶会出现有目无文或有文无目的情形。

以利玛窦入京之后所受到的热烈欢迎为例，据王应麟的记述：

> 是时，大宗伯冯公琦讨其所学，则学事天主，俱吾人禔躬缮性，据义精确；因是数数疏议，排击空幻之流，欲彰其教。嗣后李冢宰、曹都谏、徐太史、李都水、龚大参，诸公问答，勒板成书。至于郑官尹、彭都谏、周太史、王中秘、熊给谏、杨学院、彭柱史、冯金宪、崔诠司、陈中宪、刘茂宰，同文甚都，见于序次。

其中李戴、曹于汴、徐光启、李之藻、龚道立等官员与利玛窦在《畸人十篇》中有相当深入的对话[1]，至于郑以伟、彭惟成、周炳谟、王家植、熊明遇、杨廷筠、彭端吾、冯应京、崔浧、陈亮采、刘胤昌等士大夫，则均曾替天主教书籍撰序（见图表3.1）[2]。

71

然而，为何当时入教的士大夫仍屈指可数？下节即先概述最早几位受洗官绅（如成启元、阮泰元、李应试、徐光启、李之藻、杨廷筠、许乐善、许缵曾、孙元化、张赓和李天经等）的入教历程，但为节省篇幅，本书将略人所详，详人所略；接着，笔者将透过郭子章、冯琦、张问达、叶向高、冯应京、韩爌、熊明遇、熊人霖和钱士升等具体个案，尝试深入探究许多对西学和西教抱持极友善态

---

[1] 入华传教士常透过对话的方式，建立与士绅之间的互动，再尝试引人入教；参见侯明，《明朝士大夫与利玛窦的〈畸人十篇〉》；Hsia Po-Chia, "Conversion and Conversation."

[2] 林金水，《利玛窦与中国》，页306–313。

度的士大夫，为何对受洗一事有所犹豫？究竟有哪些他们难以跨越的障碍？最后则以沈㴐、王启元和许大受为例，说明天主教与儒、释两教的冲突。

图表3.1：《天学集解》中由进士出身者所撰之文章

登进士之年	姓名	篇名
嘉靖四十一年	王锡爵	方舆胜略引
隆庆五年	陈长祚	灵性篇序
万历十一年	叶向高	天学十诫初解序、职方外纪序
万历十一年	张问达	刻西儒耳目资序
万历十四年	何乔远	西学凡序
万历十四年	吴中明	题万国坤舆图
万历十七年	杨景淳	题万国坤舆图
万历二十年	杨廷筠	绝徼同文纪序、涤罪正规小引、七克叙、职方外纪序、刻西学凡序、张弥额尔遗迹序、辩学遗牍跋、论释氏之非、格言六则
万历二十年	冯应京	山海舆地全图总序、天主实义序、交友论序、重刻二十五言序
万历二十年	曹于汴	七克叙、泰西水法叙
万历二十年	苏茂相	三山论学纪序
万历二十年	陈民志	跋万国坤舆图
万历廿三年	陈亮采	七克篇序
万历廿三年	张汝霖	西士超言小引
万历廿六年	李之藻	刻天学初函题辞、读景教碑书后、寰有诠序、地舆万国全图总说、题万国坤舆图、刻职方外纪序、天主实义重刻序、刻畸人十篇序、畸人十篇跋、睡画二答引、代疑篇序、辩学遗牍跋、圣水纪言序、同文算指序、表度说序、浑盖通宪图说序、圜容较义序

72

登进士之年	姓名	篇名
万历廿六年	吕图南	读泰西诸书序
万历廿六年	祁光宗	题万国坤舆图
万历廿六年	张维枢	学纪物原二篇序
万历廿九年	彭惟成	圣德来远序
万历廿九年	彭端吾	西圣七编序
万历廿九年	郑以伟	七克序、泰西水法叙
万历廿九年	熊明遇	七克引、表度序
万历廿九年	崔淐	大西洋庞子七克总序、伏傲小序、平妒小序、解贪小序、息忿小序、塞饕小序、坊淫小序、策怠小序
万历卅二年	徐光启	景教堂碑记、十诫铭、八真福铭、十四哀矜铭、七克铭、题万国二圜图序、跋二十五言、刻几何原本序、几何原本杂议、题几何原本再校本、句股义序、句股义、题测量法义、同文算指通编序、刻同文算指、简平仪说序
万历卅二年	刘胤昌	答乡人书、畸人十篇序
万历卅二年	周炳谟	重刻畸人十篇引
万历卅二年	樊良枢	锲浑盖通宪图说跋
万历卅二年	王家植	题畸人十篇小引
万历卅二年	张京元	题万国小图序
万历卅五年	李侳台	天学小序
万历卅八年	陈仪	性学粗述序
万历四十一年	周希令	题天问略
万历四十一年	孔贞时	天问略小序
万历四十一年	王应熊	刻天问略题词
万历四十四年	毕拱辰	斐录答汇序、泰西人身说概序

73

续表

登进士之年	姓名	篇名
万历四十四年	汪秉元	圣记百言叙
万历四十四年	瞿式耜	性学序
万历四十七年	邵捷春	灵性篇序
天启二年	王徵	西儒耳目资序、西儒耳目资释疑、活人丹方、代疑篇序、远西奇器图说录最序、新制诸器图小序、畏天爱人极论记言
天启二年	郑鄤	畏天爱人极论序
天启五年	黄景昉	三山论学纪序
崇祯元年	郑洪猷	几何要法序
崇祯元年	胡世安	超性学要序、修历碑记、贺道未翁汤先生荣荫序、民历铺注解惑序
崇祯元年	梁云构	斐录答汇跋
崇祯元年	诸葛羲	画答序
崇祯元年	吴载鳌	畸人十篇序
崇祯七年	刘侗	帝京景物略二则
崇祯七年	龚鼎孳	寿汤道未七秩文
崇祯十三年	沈光裕	述友论叙、论道术
崇祯十六年	刘肇国	天主新堂记
崇祯十六年	王崇简	贺道未翁汤先生荣荫序
顺治三年	魏裔介	寿汤道未七秩文
顺治四年	张安茂	述友论叙
顺治六年	许缵曾	未来辨论序
顺治十二年	许之渐	天学传概序
康熙十五年	高层云	超性学要叙

二、明末受洗入天主教的官员

通常坊间天主教史的书籍在叙述明末奉教士大夫时，多仅提及被尊为"三大柱石"的徐光启、李之藻和杨廷筠。然而，在他们前后，其实另有一些官员受洗。此节即从《利玛窦中国札记》中的记载出发，略述晚明在耶稣会"知识传教"策略下入教的官员。

（一）成启元

利玛窦在南京领洗的第一个教徒姓 Cin，教名葆琭（Paul），时年七十多岁，世袭武职；其子马丁（Martino）乃由郭居静领洗，曾中武举第一名，但应进士试却屡在孙山之外；万历三十二年，马丁登第，名列榜上第四名，其家人当时约有一半受洗，旋授浙江某要职；半年后，擢升南昌，不久，更平步青云，位列武职的最高阶。万历三十四年，葆琭病卒，享年七十四，其子公开宣布父子两人均入教，并用教会的仪式举行葬礼[1]。

先前学者均将 Cin 译作秦，但对其人其事的掌握尚未能超出《利玛窦中国札记》之外。查相关方志，尚未见有秦姓武官与前述之经历相合者。倒是有一位世袭南京龙江卫指挥的成启元，中万历三十二年武进士；三十三年三月，授浙江总捕守备[2]；历升江西都指挥使、广东惠州游击、西山参将以及福建南路副总兵[3]。

由于成家在南京世袭武职；且成启元登武进士之年份以及历官

---

[1] 利玛窦、金尼阁，《利玛窦中国札记》，页 379–380、464–466；裴化行，《利玛窦评传》，页 454、456、470；Ricci, *China in the Sixteenth Century*, p. 352.

[2] 《明神宗实录》，卷 407 页 7–8；林应翔等修纂，天启《衢州府志》，卷 5 页 4–5。

[3] 于成龙等修纂，康熙《江西通志》，卷 13 页 65–66；《明熹宗实录》，卷 15 页 1、卷 31 页 22、卷 69 页 14。

之过程，均与《利玛窦中国札记》中的记载若合符契；再加上西方文献中，称 Martino 之名为 Zzinchiiüen 或 Chim Kiyuen，此与成启元的读音相当接近[1]：知利玛窦在南京领洗的第一个士绅家庭应就是成启元家族[2]。

（二）阮泰元

在跋利玛窦《两仪玄览图》的诸人当中，阮泰元自题其教名为耒斯，此应为 Aloysius（或作 Luigi、Louis）之音译[3]。阮泰元，字余吾，年轻时曾至南方游历，后在京师得遇利玛窦等传教士，与之请教"性理正学"以及地图、天文、历算等学问。天启元年，时任光禄寺少卿的李之藻因阮泰元"素习西情"，故建议派他至澳门雇请曾有打造火炮经验的工匠二十余人来京，以便铸炮抵抗后金的侵扰，当时李之藻已入教，惟不知阮泰元是否已出仕[4]？

（三）李应试

李应试（1560–1620），字省勿，湖广人，生于北京，世袭锦衣卫武职。万历二十年十二月，应试在朝鲜之役中初任参谋一职；二十五年前后，授为参军[5]。据当时西方文献的叙述，他因与利玛窦和庞迪我论道，而于三十年八月受洗，教名葆禄，为表明决心，他当时公开烧毁珍藏的大量被教会视为"迷信"的术数书籍；不久，全家均入教，且在家中建有私人教堂。三十二年，李应试担任北

76

---

① Ricci, *Fonti Ricciane*, NN. 570, 696; ARSI Jap-Sin 113, f. 247r. 有关当时姓名音译的情形，可参见本书第十章。

② 此据新竹清华大学历史研究所刘耀君同学在笔者指导下完成的学期报告。

③ 原序"□斯阮泰元"的第一字不太清楚，德理贤辨为"耒"字。由于 Aloysius 又译作类斯，故笔者疑该阙字应为与"耒"字形似且与"类"字音近之"耒"。

④ 此段参见黄时鉴、龚缨晏，《利玛窦世界地图研究》，页35—36、172。

⑤ 《明史》，卷238页6193、卷320页8296；洪煨莲，《考利玛窦的世界地图》。

京一个二级衙门的主管,与其母、妻和两子同居。他不仅非常虔诚,且积极劝人入教;当时教会因初建未久,故尚未颁布斋戒和瞻礼等规定,但应试会自行打听时间并确实遵守,且常行忏悔、领圣餐。三十三、三十四年之交,他离京致仕,返回湖广老家奉养老母[1]。

(四)徐光启

"明末天主教三大柱石"登科的顺序为杨廷筠、李之藻和徐光启,但入教的顺序却恰好颠倒,为徐光启、李之藻和杨廷筠。万历二十三年,徐光启在广东韶州教书时,曾至天主堂与郭居静有所接触[2];二十八年,光启在南京会晤利玛窦,略闻天主教之旨;三十一年,徐氏再至南京欲见利玛窦,但因利氏已赴北京,遂与罗儒望论教,并决定受洗,但在提及"十诫"之理时,则稍有迟疑,称:"十诫无难守,独不娶妾一款为难。"因他当时仅有独子而无孙,本拟纳侧室以广嗣,罗儒望因劝之曰:"有子无子,一凭主命,乌可以此犯诫!"遂受洗入教,教名保禄(Paul)[3]。

万历三十二年,也就是光启奉教后的次年,徐氏不仅中进士,且其独子骥亦生下长孙尔觉[4]。据其事后回忆,他相信前两次会试的失利应是"圣神干预",因他如果较早登第,恐会从俗纳妾,那么稍后就不太可能休妾以入教[5]。三十四年春,徐光启迎父亲思诚、妻吴氏以及部分眷属至京;翌年,其父于临终前受洗;徐光启在家守

---

[1] 利玛窦、金尼阁,《利玛窦中国札记》,页472-476、491-492;裴化行,《利玛窦评传》,页401-402、470、511-512、544。惟后书误将李应试译作李应哲,且误以籍隶辽东铁岭卫的东征提督李如松(1549-1598)为其父。

[2] 梁家勉,《徐光启年谱》,页55-58。

[3] 艾儒略,《合校本大西西泰利先生行迹》,页16;柏应理,《徐光启行略》。

[4] 梁家勉,《徐光启年谱》,页73、76。

[5] 裴德生、朱鸿林,《徐光启、李之藻、杨廷筠成为天主教徒试释》。

制期间，邀请郭居静至上海传教，全家先后入教；光启之独子名骥，字安友，号龙与，教名雅克（Jacques），以荫补中书，隐居不仕，并协助潘国光（字用观）在上海传教，在他们的努力之下，当地建有大小教堂135所，数万人奉教。徐光启的男孙五和女孙五皆受洗，长孙媳俞氏与次孙女甘第大（Candida）尤其虔诚①。

崇祯初年，徐光启在京任官时，其妻吴氏居乡②，有同官郑某见其"旅况萧然"，因谓其曰："老先生既不远迎夫人，又不娶一伴侣，似此寂寥，沽名太甚。"光启答曰：

> 昔圣百尔纳曰："人思所从来，甚可愧耻；思今所在，甚可涕哭；思所从往，甚可战栗。"我亦人也，何以异于人，惟思吾罪不足以补，是可畏也。尚敢耽声色之乐，受当世之虚誉耶！③

当时许多官员因长年"羁宦都下"，故在"久客无聊"时，常会买妾"以伴寂寥"④，徐光启的做法的确与时人大不相同。

徐光启曾利用师生或科举的人脉网络宣扬西学和西教，其入室弟子当中有孙元化、韩云和韩霖入教，并承继他在兵学或算学方面的衣钵（见后文及第六章）。再者，徐氏曾任万历四十一年会试的同考官以及四十七年殿试的掌卷官，其主考官分别是对天主教十分友善的叶向高和韩爌；此故，在该两科的同考官以及所取士之中，不

---

① 徐父大概在万历三十四年暮春抵京，三十五年四月卒。柏应理称其"疾革"之时，光启"亟延铎德行圣教大礼"，惟金尼阁以徐父受洗于逝世前一年半，而裴化行则指徐父于三十四年二月之复活节受洗，时间约在其抵京后不久，详待考。参见柏应理，《徐光启行略》；利玛窦、金尼阁，《利玛窦中国札记》，页491、597-603；裴化行，《利玛窦司铎和中国当代社会》，第2册页192；梁家勉，《徐光启年谱》，页81-86；柏应理，《许太夫人传略》，页6。
② 梁家勉，《徐光启年谱》，页96。
③ 柏应理，《徐光启行略》。
④ 如见沈德符，《万历野获编》，卷23页394。

乏认同西学或西教者（见附录7.3）。

至于徐光启的直系亲人，应均奉教，其宗教信仰也透过婚姻关系而向外扩散：如光启的岳父吴小溪即因此进教[1]；光启的长孙女适同邑艾可久之孙中书舍人庭槐[2]，艾氏与徐氏数世姻亲，"其族谨守祖训，确遵教规"[3]；光启的次孙女适许乐善之孙远度，亦导致许家颇多人因此奉教（见后文）。

又，光启的外甥陈于阶也是教徒，于阶曾于崇祯十六年年底因史可法之荐，而以南钦天监博士之衔在南京兵部衙门负责教练火器；《南疆绎史》等文献记其在清军攻破南京时自杀殉国。方豪以《明史》中未言其死状，且时人樊良枢仅称其殉节于天主馆，而陈氏家传中亦仅称其"往铁塔仓北天主堂默祷毕，从容就义于鸡鸣山之观象台"，故怀疑他应未自杀。惟因于阶官品不高，故他应不至于成为当时清兵特意搜捕杀害的对象，且从其至天主堂默祷后再"从容"就义的叙述，亦知他不是被清兵捕杀的。陈垣在为陈于阶作传时，也或因自杀违反"十诫"，故仅略称其"就义"，而未作进一步的讨论[4]。

此外，徐氏也曾在崇祯五、六年间入阁参预机务时，疏请辟释、道以尊天，皇帝因而在宫中大肆撤毁佛像，以致有误疑崇祯帝曾短暂信奉天主教者（见附录3.2）。

---

[1] 《徐光启集》，页492。

[2] 艾可久，字德征，号恒所，嘉靖四十一年（1562）进士，历官至南京通政使；参见唐文献，《唐文恪公文集》，卷6页35–41。

[3] 徐光启，《徐文定公家书墨迹》，页88。

[4] 此段参见《明史》，卷274页7026；方豪，《中国天主教史人物传》，上册页247–252；陈垣，《明末殉国者陈于阶传》。

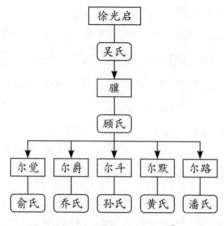

图表3.2：徐光启家族世系图[1]。

附录3.2

崇祯帝撤佛像及其与天主教之关系

由于文秉在《烈皇小识》中，记崇祯皇帝曾"崇奉天主教"，且尝因徐光启的建言而将宫中的铜佛毁碎，故学界不乏疑崇祯帝曾信天主教者[2]。文秉记曰：

> 上初年崇奉天主教；上海（农按：指籍隶上海的徐光启），教中人也；既入政府，力进天主之说，将宫内供养诸铜佛像尽行毁碎。至是，悼灵王病笃，上临视之。王指九莲华娘娘现立空中，历数毁坏三宝之罪，及苛求武清云云，言讫而薨。上大惊惧，极力挽回，亦无及

---

① 梁家勉，《徐光启年谱》，页73、76；柏应理，《徐光启行略》。
② 晁中辰，《崇祯帝与佛教、道教、天主教》。

矣……上既痛悔前事，特颁谕内外，有"但愿佛、天、祖宗知，不愿人知也"等句，几不成皇言矣！①

类似叙述亦见于李逊之的《三朝野纪》②，只是文字稍异，如称："上初年崇尚天主教，徐上海，教中人也。"两者是否出自同源，或何者抄袭，则待考。

前引文中的毁像一事未载于《明史》，但清初王誉昌在《崇祯宫词》中有云：

> 乾清宫梁栱之间遍雕佛像，以累百计。一夜，殿中忽闻乐声锵鸣，自内而出，望西而去。三日后，奉旨撤像，置于外之寺院……内玉皇殿，永乐时建。有旨撤像，内侍启钥而入，大声陡发，震倒像前供桌，飞尘满室，内侍相顾骇愕，莫敢执奏。像重甚，不可摇动，遂用巨絙拽之下座。时内殿诸像并毁斥，盖起于礼部尚书徐光启之疏。光启奉泰西氏之教，以辟佛老，而上听之也。既而，后知撤像时灵异，言于上，上深悔，而宫眷之持斋礼颂，较盛于前矣！

同样认为撤像乃与徐光启的上疏相关。此外，王氏亦记崇祯五年九月尝下旨将宫内隆德、英华等殿所供奉之道教神像移送紫禁城外的朝天等宫③。

---

① 文秉，《烈皇小识》，卷6页8。
② 李逊之，《三朝野纪》，卷6页41–42。
③ 此段参见王誉昌，《崇祯宫词》，卷上页8、9、13；牟润孙，《崇祯帝之撤像及信仰》。

80　　　徐光启于崇祯三年六月拜礼部尚书；五年五月，兼东阁大学士，参预机务；六年十月，卒①。疑徐氏在入阁后不久，或于五年九月前后借尊天之名，上疏请求辟释、道；崇祯四年登进士的陈天工，曾因"庄烈帝虔事上帝，诏群臣名'天'者悉改之"，而改名良谟，可能即受此事影响②；未几，因周皇后以灵异劝谏，信仰摇摆不定的崇祯帝，遂深悔先前的撤像之举。

　　至于《烈皇小识》中所提及的悼灵王，乃指田贵妃于崇祯九年九月所生之皇五子慈焕③；慈焕生四岁而病，十二年二月薨，追赠悼王，谥曰灵。"九莲菩萨"则指万历帝的生母孝定李太后，在她死后，帝仿佛经和道经为其刊印了两部经书，以政治力将其从人间圣母的身份定位成"九莲菩萨"④。十三年十一月，帝念悼灵王灵异，追赠其为"孺孝悼灵王通元显应真君"；十二月，因礼臣劝谏不宜将道号与王号相混，始去"真君"之号⑤。

<hr>

① 谈迁，《国榷》，卷92页5617。
② 《明史》，卷266页6865。
③ 谈迁之《国榷》记崇祯皇帝的前五子为：太子慈烺、怀隐王慈烜、定王慈炯、永王慈炤、悼灵王慈焕，惟在《明史》中，则以悼灵王之名为慈焕；疑入清后因避雍正帝御名胤禛之偏旁，而将慈焕改作慈焕；此与后之史家为避康熙帝玄烨的名讳，而将永历帝之子慈炫改名作慈烜的情形或相同（第十章）。有关崇祯皇子之名的讨论，孟森曾撰有《明烈皇殉国后纪》一长文，惟因其未得见《国榷》此一重要史料，故其结论或颇待商榷。参见谈迁，《国榷》，卷90页5468及5506、卷92页5596、卷95页5759、卷97页5836、卷98页5920；《明史》，卷120页3657。
④ 车锡伦，《泰山"九莲菩萨"和"智上菩萨"考》。
⑤ 此段参见《明史》，卷120页3657-3659；谈迁，《国榷》，卷95页5759、卷97页5836、5879-5880、5883；孙承泽，《春明梦余录》，卷39页67-68；孙承泽，《山书》，卷13页333-334。

　　而《烈皇小识》中所谓的"苛求武清"，乃指崇祯帝因国用不足而向勋戚借助一事。时武清侯李国瑞素与其庶母兄国臣不合，国臣愤而上疏称其父有家产四十万两，愿以其该得之份助饷；帝乃用大学士薛国观之言，欲向李家尽借此四十万两，并勒期严追；国瑞不从，遭夺爵，稍后且悸死；有司追不已，戚畹皆自危，遂买通宦官和宫人，倡言已为九莲菩萨的孝定太后（李国瑞为其兄之孙），现身于罹患重病之皇五子前，怒责帝待外家刻薄，且诅咒诸皇子当尽夭折；未几，皇五子果卒，帝大恐；十四年二月，急封国瑞七岁儿存善为侯，并尽还所纳金银[①]。

　　据《明史》的记载，该显灵之说或是"（戚畹）交通宦官宫妾"、"中人构乳媪，教皇五子言之也"！孙承泽称："皆诸人撰造，节次传报。"谈迁亦称："盖内臣托皇子神其说，上实未尝亲闻也！"且谓："其嚄吃之谵语，中上所讳，或有物焉以凭之；上素强立，亦怵其说。"知崇祯帝颇相信灵异，他并因此于十三年七月起守长斋，直到翌年瀛国公夫人徐氏声言皇太后托梦后，始再食荤[②]。

　　查王誉昌的交游圈中不乏教中人士[③]，但在其《崇祯宫词》中，仅指徐光启曾促成宫中有撤佛像之举，并未直指崇祯帝尝"崇奉天主教"。反倒是文秉在《烈皇小识》中的记

---

① 《明史》，卷253页6540；谈迁，《国榷》，卷97页5887。
② 此段参见谈迁，《国榷》，卷97页5836、5880；《明史》，卷253页6540、卷300页7680；孙承泽，《思陵典礼记》，卷2页5—9。
③ 王誉昌与奉教的孙致弥（元化之孙）和吴历（中国籍耶稣会士）均师事陈瑚。参见王誉昌，《含星集》，前序、卷1页1；陈瑚，《确庵文藁》，书首、卷6—7、卷9页6；吴历，《墨井集》，卷1页1。

事，不乏道听途说的"神迹"，如当时奉天主教之人，须将家中佛像送至天主堂，且将其头及手足撞碎分离，并择期起会，邀集教众鼓火熔化；文秉指称某次当教中人士正进行此一仪式时，忽然雷声大作，将佛像及炉炭尽行摄去，众人于是"合掌西跪，念阿弥陀佛"，且从此不再办此会①。

综前所述，徐光启于崇祯五、六年入阁参预机务时，或曾疏请辟释、道以尊天，但他很可能是以儒家（而非天主教）的立场上言。崇祯帝当时的撤像之举，旋遭反对者以"神迹"推翻，而传言中众佛像自行出走的乾清宫，即恰好是"九莲菩萨"孝定皇太后晚年的居所②。当慈煐病笃时，"九莲菩萨"再被利用为"神迹"的工具，指她先数说皇帝多年前毁坏三宝之罪，再谴责他当时如何刻薄外家。

嫔妃成群的崇祯帝应不可能曾奉天主教，否则，此事必将为当时教中人士大肆发挥，不至于丝毫未见中外教史提及！惟从崇祯帝起用天主教人士治历和铸炮等事，知其对西学应抱持相当友善的态度，蒋德璟和刘宗周即曾因反对引进西人、西学而遭到切责③。

（五）李之藻

李之藻，字振之，又字我存，号存园寄叟、凉庵居士、凉庵逸民、凉庵子、凉叟、东海波臣，浙江仁和人，万历二十六年进士。他虽与利玛窦相交甚密，且对西学、西教十分倾心，甚至曾习学西

---

① 文秉，《烈皇小识》，卷6页8—9。
② 《明史》，卷114页3535。
③ 文秉，《烈皇小识》，卷8页4；《刘宗周全集》，第5册页446—447。

方语文①,惟因有妾的缘故,迟迟未能入教。直到万历三十八年二月
只身在京重病,因利氏亲自照护,并力劝其奉教于生死之际,始幡
然受洗,教名为良(Leo);不久,病且愈。李氏在天主教诫律的
要求下理应出妾,但此事究竟如何处理,未见任何文献提及。李氏
有位教名为路加(Luke)的僚属,则是用金钱与其妾离异后才入教
的②。李之藻的家庭资料颇阙,仅知其子次彪曾任钦天监监生,并积
极劝人信教③。

　　李之藻在受洗之后,并非自此从儒家脱离,他真心相信儒家的
"天"和"上帝"与天主教的"天主"本来为一,且天、儒之间可以
并行不悖、相互补足,西方的科技与儒家的实学亦可参合;中西两
种文化的交会,在李之藻的身上似乎颇成功地融合在一块④。

(六)杨廷筠

　　万历三十九年,李之藻因丁忧回籍,并邀郭居静和金尼阁至
杭州开教。杨廷筠因前往李家致吊而欣然得聆天主教义理,并延金
尼阁至家。廷筠当时虽有意受洗,同样也因有妾而遭拒绝,遂私谓
李之藻曰:"泰西先生乃奇甚,仆以御史而事先生,夫岂不可,而
独不能容吾妾。若僧家者流,必不如是。"李之藻叹曰:"于此知泰
西先生正非僧徒比也……先生思救人而不欲奉己,思挽流俗而不敢
辱教规……君知过而不改,从之何益乎?"廷筠因此猛省,痛悔前
非,并"谕妾异处,躬行教戒",金尼阁于是为其付洗,教名弥格尔

83

---

① 钱文荐,《送南河郎中李振之年兄还朝序》,收入氏著,《丽瞩楼集》,卷9页52-54。
② 利玛窦、金尼阁,《利玛窦中国札记》,页586-588。
③ 此段参见方豪,《中国天主教史人物传》,上册页112-124;方豪,《李之藻研究》,
　 页28-30。
④ 梁元生,《求索东西天地间:李之藻由儒入耶的道路》。

(Michael)，自号弥格子①。

杨廷筠事后尝替天主教的婚姻观辩护，曰：

> 至于夫妇，止一娶一嫁，再无二色，故情专而精聚，无反
> 目之衅，鲜绝胤之殃。即无子者，曰："天不我与也，非我不孝
> 也!"不托名而愿妾媵。②

知"无二色"已成为天主教所标举的特色之一。

杨廷筠是在三十一岁时登第，因其妻吕氏得子均殇，遂在任安
福县令期间纳妾贾氏；该妾先后生约之和籁之两子；五十岁时，廷
筠在"谕妾异处"后受洗，其父兆坊亦于稍后受洗，但其母陈氏因
佞佛而坚持不愿入教；当廷筠年逾六十时，无计可施的他决定"严
守圣斋，冀主默启"，连续十多天"衣不解结，食不加餐"，导致形
衰体虚，其母不忍，遂答应受洗，阖家因此均奉教，廷筠之亲友中
随其入教者以百计；廷筠父母过世时，他不请僧道治丧，有宗亲加
以规劝，即告知己是遵守朱熹的《家礼》，修坟亦是依据天主教礼
节，且不拘堪舆之说③。

---

① 由于杨廷筠先前乃因无嗣而娶侧室贾氏，并育有两子，故在人情世故的考量下，
　 他应是以极优厚的条件休妾，两人自此异室而居，且不再有肌肤之亲。参见艾儒
　 略，《杨淇园先生事迹》，页4–5；钟鸣旦，《杨廷筠》，页67–72；陈继儒，《武林杨
　 母吕恭人传》，收入氏著，《陈眉公先生全集》，卷45页14–16。
② 杨廷筠，《圣水纪言》，页3。
③ 此段参见陈继儒，《武林杨母吕恭人传》，收入氏著，《陈眉公先生全集》，卷45页
　 14–16；艾儒略，《杨淇园先生事迹》，页4–10；钟鸣旦，《杨廷筠》，页35–38、
　 67–69、105–106。

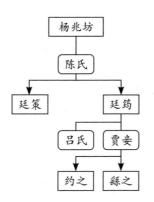

图表3.3：杨廷筠家族世系图[1]。

（七）许乐善

据金尼阁的记载，有位担任通政使的许（Hiu）姓高官于万历三十八年年底在徐光启的介绍下入教，教名若望，是当时改信天主教的显贵中地位最高之人，为其领洗的神父是在南京传教的王丰肃（天启四年后改名高一志）。许氏初对西方科学的兴趣远高于宗教，故王丰肃乃透过天算和地图之学以增进彼此间的互动，再伺机引其进入教理的内容。许氏在受洗之前，尝请求神父给他一幅天主像供奉。由于其母于他皈依后不久过世，故许氏必须还乡守孝，临行前听闻王丰肃欲建教堂缺钱，便捐助巨款，且一反其先前的习惯，出行不择日，更在处理丧事时恪遵教规。近代治天主教史之德理贤（Pasquale M. d'Elia, 1890–?）和裴化行（Henri Bernard, 1889–1975）等学者均将此人考作许胥臣[2]。

查许胥臣为浙江钱塘人，曾序艾儒略的《西学凡》和《职方外纪》二书，他对天文和地理之学颇感兴趣，尝编次《盖载图宪》，

① 钟鸣旦，《杨廷筠》，页38。
② 此段参见利玛窦、金尼阁，《利玛窦中国札记》，页593–597；裴化行，《利玛窦司铎和中国当代社会》，第2册页231–233。

后附十多幅星图，且撰有介绍中国地理的《夏书禹贡广览》，惟因他并未中举也不曾出仕，故不可能担任专司纳言的正三品通政使一职[①]。

85　　　　笔者以为此人应是许乐善（1548-1627），字修之，号惺初，亦号惺所，松江华亭人，隆庆五年进士。初为郏县令，后历升至巡按直隶御史；万历十三年正月，以疾乞归，家居长达十余年；三十一年六月，起补河南道监察御史；三十二年六月，升太仆寺少卿添注；三十五年七月，授南京光禄寺卿；三十六年春，到任，四月，以母疾乞养；三十七年十一月，升授南京通政使；三十八年三月，引疾乞休，不允，十二月底，其生母沈氏过世；三十九年春，回家守制，五月，南京吏科给事中高节等纠拾其"物望不孚，操履多咎"，此后他即致仕[②]。知许乐善约在万历三十二年至三十五年间担任京官，三十六年春迄三十九年春则在南京为官，并以南通政使致仕。

许乐善的官衔和其丁内忧的时间，均与《利玛窦中国札记》中的描述若合符契，且他亦曾捐金给教会[③]，并撰有《天主像赞》，其文曰：

立天地之主宰，肇人物之根宗。

推之于前无始，引之于后无终。

弥六合兮无间，贯庶类兮攸同。

---

① 魏嵋等修纂，康熙《钱塘县志》，卷10页23-28。

② 三十九年八月，陆长庚接任南京通政使；十一月，准原任南京通政使许乐善生母沈氏予祭一坛。参见《明神宗实录》，卷157页6、卷385页3、卷397页5、卷436页7、卷468页13、卷464页8、卷483页9、卷486页3、卷489页1；许乐善，《适志斋稿》，卷3页31、卷5页45、卷9页31-32；杨开第等修，光绪《华亭县志》，卷15页4。

③ 杨廷筠，《圣水纪言》，页7。

　　　　　　显神化以溥爱，昭劝惩以大公。

　　　　　　位至尊而无上，理微妙而难穷。[①]

称天主为无始无终、至尊无上的天地主宰，并突显其博爱众人、赏善惩恶的特质；此文应是为了王丰肃所赠的天主像而作。

　　许乐善与徐光启的交情颇密，尝考订校阅由利玛窦口授、徐光启笔译的《几何原本》前六卷[②]，徐氏是在万历三十四年秋至翌年春译出《几何原本》，这期间两人均在京。天启五年六月，徐氏尝为乐善的《适志斋稿》作序；此外，同书中的《送徐玄扈行聘礼书》一文，则是乐善为其孙远度聘光启的次孙女所作[③]。许乐善除了对数学的兴趣之外，亦尝撰有《交食法与闰异术》一文，显现他亦有心于历法[④]。

　　从前述之讨论，知许乐善应就是《利玛窦中国札记》中所描述的许姓奉教官员，但先前学者大多不知乐善曾受洗[⑤]。万历三十八年冬，服丧期满的徐光启赴京起复，他于圣诞节（十一月）恰好抵达南京，并稍事停留[⑥]，他在教堂居住期间，神父因徐氏的介绍而认识许多官员，时任南通政使的许乐善应就是其中之一；王丰肃在几经努力之后，终于成功地在当年年底劝服他成为教徒。

　　然而，许乐善受洗之际虽为当时奉教士大夫中官品最高者，其

86

---

① 许乐善，《适志斋稿》，卷6页53。

② 此见《天学初函》所收入之《几何原本》，许乐善在五位考订校阅者当中排行第一。

③ 此段参见许乐善，《适志斋稿》，卷9页18—19、24、30—32、39—41。

④ 许乐善，《适志斋稿》，卷10页38—42。

⑤ 如见陈垣，《华亭许缵曾传》；方豪，《中国天主教史人物传》，中册页65—80。仅钟鸣旦提及许乐善入教，但未有进一步的讨论，参见Standaert, *Handbook of Christianity in China*, vol. 1, p. 420.

⑥ 梁家勉，《徐光启年谱》，页95—96；利玛窦、金尼阁，《利玛窦中国札记》，页592。

名却在教史中不显①，此一情形颇令人不解。笔者怀疑其原因有二：
一因他在入教后未久就离开政坛；二因他在致仕归里后，对天主教
的热情或逐渐淡去。乐善家中迭遭变故的际遇，有可能影响到他对
天主教的态度：隆庆元年，其妻吴氏生子不育；四年，生一女；五
年，又生子不育；万历五年，乐善三十岁时始得长子士伟；十年，
再育次子士偶；二十四年，长子士伟病卒；二十七年前后，二儿媳
宋氏亦卒，虽然她先前已育有四子，但为求广嗣，士偶不仅随即继
娶，并纳有二侧室。屡屡以白发送黑发的乐善，很可能亟盼在精神
上得到寄托，此或许是他于万历三十八年决定受洗的原因之一。然
而，厄运并未就此好转：他甫入教，生母沈氏即亡故；四十一年，
仅存之子士偶亦过世；天启二年，出嫁后不久即守寡的独女也先他
而卒②。

87   乐善在入天主教之后，或因受囿于广嗣的传统思想，并不曾依
教规力劝其家人进教③。此故，他在《适志斋稿》中，除叙及士偶曾
娶妾之外，并称士偶死前"犹令侍儿念佛"；又指其独女亦尝持斋
十二年，且平素多行施舍僧众、捐建佛像等"善果"④；其母晚年亦奉
佛，且终身茹素⑤。再者，乐善本人也于万历四十二年序同里林有麟
的《法教佩珠》，是书内容即杂采不少释、道二氏的因果说⑥；其于

---

① 钟鸣旦指出明末清初还有崔廷试、柯士芳、刘宇亮、马呈秀、沈光裕、杨道会、
郑以伟、诸葛羲等进士奉教，其名亦罕见教内外文献提及，这些人的奉教历程均
有待详考。参见 Standaert, *Handbook of Christianity in China*, vol. 1, pp. 399–403.
② 此段参见许乐善，《适志斋稿》，卷7页30。
③ 如见白多玛，《圣教切要》，页22。
④ 许乐善，《适志斋稿》，卷9页30–31、39–41。
⑤ 申时行，《赐闲堂集》，卷32页23。
⑥ 许乐善之所以为该书作序，很可能是因其与作者私交甚笃，且彼此有一些间接的
姻亲关系所致。查在许乐善的《适志斋稿》中，尚存有八首赠林有麟（字仁甫）的
诗（卷1–3）；又，林有麟聘徐阶（1503–1583）之孙女，而徐阶之孙元性则聘乐
善之女。参见王世贞，《弇州山人续稿》，卷138页19–20。

天启五年成书的《适志斋稿》中，亦收录《吕纯阳祖师像赞》、《祷纯阳祖师疏》(万历十七年撰)、《祷城隍求暑疏》(万历四十五年撰)和《祷城隍祈晴疏》(万历四十六年撰)等与其他信仰相关之文字[①]。无怪乎，在耶稣会士柏应理为乐善之孙媳徐甘第大和曾孙许缵曾所作之传中，其内容大多涉及教会中事，而柏应理亦与许家相交颇深，但其文在提及乐善的事迹时，均未指其为教徒[②]。

天启三年，许乐善之孙远度娶徐光启之次孙女(教名甘第大)，徐女幼承家训，奉教虔诚，远度和其父母则未入教，当时因教徒不多，故教皇恩准中国的教徒可与异教徒联姻。徐氏先后生子女八人，均受洗；其夫远度也于崇祯九年前后入教；其原本佞佛的长媳李氏，亦因受甘第大的感召而入教，该媳不仅协助她推动教务，亦劝化两兄和亲族数人奉教[③]。当徐甘第大的长子缵曾(1627–？[④]；教名巴西尔[Basile])调任江西等地时，她也"随赴任所，俾得相机劝教"；缵曾亦秉承母命，尝在南昌、成都、开封等地捐地建堂；徐甘第大对上海、崇明、太仓等地教务的推动或开创，也贡献良多；此故，当被称作"中华教会之母"(Mother of the Mission)或"耶稣会之姊"(Sister of the Company)的甘第大过世后，耶稣会总会长曾通告全球各地的会士，为其行弥撒礼三日[⑤]。

88

许缵曾，字孝修，号鹤沙，顺治六年进士。十二年，在丁父忧后补翰林院检讨；十三年，升右春坊右中允；十五年，补江西驿传

① 许乐善，《适志斋稿》，卷6页53、卷9页45–50。
② 柏应理，《许太夫人传略》，页2、15。
③ 许缵曾之内兄名李充符，因知其妻姓李；参见许缵曾，《宝纶堂稿》，卷3页496–497。
④ 缵曾生于天启七年，康熙三十七年五月还将《宝纶堂稿》的书稿送友人王日藻请序，故其卒年应超过七十二岁。此据许缵曾，《宝纶堂稿》，前序及卷3页497。
⑤ 此段参见柏应理，《许太夫人传略》，页2–14；陈垣，《华亭许缵曾传》；*Bibliotheca Asiatica*, pt. Ⅱ, p. 125; King, "Candida Xu and the Growth of Christianity in China in the Seventeenth Century."

道副使；十七年，升四川布政使司分守上下川东道参政；康熙二年正月，出任河南按察使；三年十月，因被控捐建天主堂，而与佟国器和许之渐同在"历狱"中遭免官；八年八月，"历狱"获平反，奉旨以原官起用；九年十月，授云南按察使；十年五月，以母老为由，获准辞官归养；十一年四月，返抵里门，自此居家数十年①。

　　根据许缵曾在"历狱"中的口供，他自出生后就被外家抚养，一岁时，其外曾祖父徐光启将他抱至天主堂受洗礼；缵曾自十七岁得中生员后，就分出外家居住，并不再供奉天主；且在授官后未久蓄妾，家中还供奉诸神②。惟因其母是当时中华教区的名人，并对宣教工作具有异常强烈的责任感，故事母惟谨的缵曾，其行为或许很快受到甘第大的"纠正"（见后文）③。

　　许缵曾在其母的影响之下与教会中人接触颇多，如他在《宝纶堂稿》中提及的孙致弥④，是明末知名天主教徒孙元化之孙，本身亦奉教（见后文）；至于与他同在"历狱"中遭疏控免官的许之渐（曾受洗，但晚年则皈依佛教），尝在顺治十七年缵曾入蜀任官途中派人远迎⑤；许之渐兄弟的岳父郑鄤，为天主教徒王徵同年中进士的好友，鄤于万历三十六年补常州府学生员时，杨廷筠即为其宗师，鄤也尝

89

────────────

① 许缵曾，《宝纶堂稿》，卷5页568-576；《圣祖仁皇帝实录》，卷8页3。
② 此见北京第一历史档案馆藏满文《密本档》，卷137页296-309，康熙三年十二月十九日题本。笔者感谢安双成先生提供此一资料。西方文献中亦有类似叙述，参见冈本さゑ，《近世中国の比較思想》，页180。
③ 缵曾的信仰与其母不尽相同，如他在康熙四年免官还里，遂以三年时间辑成《劝戒图说》八卷，但因内容旁涉释、道二氏，其母遂命他大幅删改，否则不许他刊刻行世，该书终末出版。参见许缵曾，《宝纶堂稿》，卷5页572。
④ 孙致弥，字恺似，康熙十八年被荐以太学生赐二品服出使朝鲜，二十七年成进士，官至翰林院侍读学士。在《宝纶堂稿》钞本中，将其名误作"恺士"（卷3页518）。参见沈征佺，《江东志》，卷5页9。
⑤ 何世贞，《许嘉禄传》，页2；许缵曾，《宝纶堂稿》，卷1页446；黄一农，《张宸生平及其与杨光先间的冲突》。

与徐光启品评当世人才①。

此外，缵曾亦尝于顺治十六年十二月序潘国光的《未来辨论》，该书大力批评中国社会流行的算命之说，许氏因担心有人以此为西洋书，不适用于中国，故提出："试问孔、孟以前，曾有此命书、星学之习乎？"并屡引孔、孟的言论，以演绎潘国光的说法②。康熙二、三年间，他亦为潘国光《天主圣教十诫劝论圣迹》一书的重刊作序。许氏在序中有云：

> 贤智之过，好谈空玄，不识造物之有一主；愚不肖之不及，喜闻因果，又误认诸佛菩萨及诸邪神皆可为主。夫不识有主与误认为主，二者交病，语以爱慕天主及爱人之理，辄不相入……我中国忠恕之理，违道不远。南海北海，心同理同。讵意异学争鸣，书诚亦晦，用观潘师忧之甚、悯之甚，作《十诫劝论圣迹》，谆谆为世人告之。

承认自己先前犯了两错：一、不识有造物主；二、误认诸佛和众神皆可为造物主。他并指出"南海北海，心同理同"，相信天主教的教义近乎"中国忠恕之理"。

许缵曾在《宝纶堂稿》中连续收录《情诗二首》和《思妇吟》两诗，或可帮助我们了解他的婚姻状况。前者有"君子远行役，空闺中夜起。三月下孟门，春流竹箭驶"、"红颜忆别离，载历三寒暑。游子忽来归，未敢呼尔汝"等句，后者有"少小事夫婿，形影相差池"、"凡物各有匹，而我独单居"、"沉痼日以滋……逝将归黄壤，飞梦托君知"等句③，其中孟门位于黄河壶口瀑布下游三公里处，相传

① 郑鄤，《峚阳草堂文集》，卷6页12-14、卷16页4、附录页15-19。
② 刘凝，《天学集解》，卷7页7-9。
③ 许缵曾，《宝纶堂稿》，卷2页457-458。

大禹治水时，在此凿开山石引黄河通过，此诗或用以为黄河的代名词。

90　　　疑前引二诗乃许氏在担任河南按察使期间为其甫逝之妾所赋，经对照许缵曾在"历狱"中的口供，该妾或纳于许氏在北京初任官时，此故，诗中有"少小事夫婿"一语，康熙二、三年间，该妾病卒[1]。由于娶妾严重违反"十诫"，故笃信天主教的许母，很可能长期将该妾收在自己身边，以拆散此一不被教会祝福的婚姻[2]，两人因聚少离多，故诗中遂有"形影相差池"句；甚至三年不见，竟然"未敢呼尔汝"，不知该如何称呼对方！

康熙十年，缵曾以母老为由，辞官归养。由于他先前任官时，过的是"晓起车马集，日夕笙歌中"的生活，其母恐他"利禄萦心，修省或致有亏"，故命其"恭行教礼，肫肫恳恳"[3]，因知甘第大当时应亦不至于允许他蓄妾。康熙十四年，何世贞在其所撰的《许嘉禄传》中，明指许缵曾奉教（页2）；十九年，许母去世，在柏应理《许太夫人传略》后附的许缵曾小传中，有云：

　　　与南公怀仁等讲求圣学，邮牍往来，殆无虚日。其于历算诸学，亦极潜心参究，务得其精。在任时，凡善举必身先之，

---

[1] 查缵曾于顺治十七年升四川参政时，因虑蜀地未靖，故先将其母由南昌迎养至汉口；康熙二年正月，缵曾升授河南按察使，他于是先至汉口，安排其母返乡后，始于十一月抵达开封莅事；亦即，缵曾与其家人在汉口恰历"三寒暑"始又重逢，此与前诗相合，又，"三月下孟门"，乃指其至黄河边的开封任官一事；再者，《宝纶堂稿》中的诗作大致依时间的先后胪列，而排在《思妇吟》之后的《太华杂咏》，乃缵曾游览靠近河南边界的华山所赋，也就是说，该二诗确应作于他赴河南担任按察使之际。参见许缵曾，《宝纶堂稿》，卷5页569–571。

[2] 康熙二、三年间，许氏曾为潘国光《天主圣教十诫劝论圣迹》一书作序。由于潘氏在前引书中强烈反对纳妾，并对无后可否娶妾一事，亦多所发挥（页87–88），因疑缵曾之妾或已病卒于他撰序之前。

[3] 许缵曾，《宝纶堂稿》，卷2页460；柏应理，《许太夫人传略》，页10–11。

> 而捐廉建堂,以奉天主,尤为其先务。上海城内教堂,为其外
> 曾祖襄筑,先生欲垂示来兹也,浼知县涂赞记其由,以广至道,
> 自是向化者,更群然从风……爰为之传,以示世之同奉圣教者。

亦以许缵曾为教徒的典范。其中上海知县涂赞应缵曾之请所作的《上
洋天主堂记》,撰于顺治十七年二月,内容提及徐光启在其家旁建堂
的始末①。

    然而,在母亲过世之后,缵曾似乎开始过着征歌选色、放任不
羁的生活。康熙二十六年十二月,缵曾因姬人病卒,尝赋《遣葬清
河侍儿》诗五首,词旨哀艳,此应为其母去世后所纳之妾②。三十一
年十二月底,缵曾忽然中风,至翌年新春始能饮食,但仍言语窒碍,
左半身麻痹,遂为子女和侄子十五人析产,并将"房中执巾栉者数
人"陆续遣去,当时其老妻尚在③。缵曾将姬妾遣去的理由,除因自
己的身体突然变坏之外,可能也与其家境的日益败落相关④。亦即,
他虽下定决心戒色,恐非是为了回归天主教的怀抱⑤;无怪乎,他在

91

---

① 《钦定传教约述》,页17-19。
② 陈垣称该姬人姓张,此或因清河张氏是张氏堂姓中的望族,如清河张氏堂联即以
"清河世泽,唐相家声"相标榜。然"清河侍儿"一词,也可能只是说明其人出身
河北清河而已。参见陈垣,《华亭许缵曾传》;许缵曾,《宝纶堂稿》,卷3页502–
503。
③ 缵曾子嗣的详细情形尚待考。他在文集中提及"坣儿"和"季儿";康熙三十六年
时,则称:"十女皆完配,儿曹已丈夫。"参见许缵曾,《宝纶堂稿》,卷2页481、卷
3页516、卷5页560及575。
④ 许缵曾在康熙三十三年为自己营生圹时,即有"家贫那得买山钱"一语;他在三
十四年至三十六年除夕夜所写的诗中,亦有"僮仆久枵腹,儿孙多苦辛"、"踯躅悲
路穷,室人遍交谪"、"亲朋劝药饵,无钱买参术"等句。参见《宝纶堂稿》,卷2
页459–460、卷3页516。
⑤ 方豪认为他将妾侍遣去,即代表其"终前已知悔改";参见方豪,《中国天主教史人
物传》,中册页77。

三十四年还曾为育婴堂之事而焚告城隍[1]，此应属教会无法接受的行为。

92

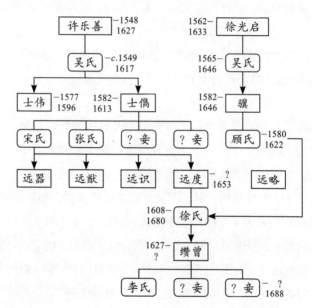

图表3.4：许乐善家族世系图[2]。

　　许缵曾虽自幼受洗，但信仰不坚，一旦脱离母亲的掌握，就常做出违反教规的举动，娶妾之事尤其如此。事实上，他对西学的兴趣可能远高于西教：如他尝引阳玛诺之说详论交食的成因，亦尝向毕方济请教西洋烟草的功用[3]，而他与南怀仁之间，除经常函件往来，"讲求圣学"外，"其于历算诸学，亦极潜心参究，务得其精"[4]。

---

① 缵曾为呼应其母欲他多行善事的期许，乃于康熙十四年在松江府成立育婴堂，迄康熙三十四年，共收救弃婴4,745名；参见许缵曾，《宝纶堂稿》，卷5页574、卷7页613。

② 柏应理，《许太夫人传略》，页2–4；许乐善，《适志斋稿》，卷9；申时行，《赐闲堂集》，卷32页21–24；方豪，《中国天主教史人物传》，中册页65–80。

③ 许缵曾，《宝纶堂稿》，卷8页627–633、卷9页681。

④ 柏应理，《许太夫人传略》，页16。

（八）孙元化

孙元化，字初阳，号火东，江苏嘉定人，万历四十年举人。他曾师事徐光启习火器和算法，除协助徐氏删定《句股义》外，还撰有《经武全编》和《西法神机》等兵学书，以及《西学杂著》、《几何用法》、《几何体论》、《泰西算要》等数学书[1]，并与庞迪我合撰《日晷图法》[2]。

孙元化入天主教的时间不详，方豪以其在天启元年受洗于北京，惟未注明出处。由于孙氏在天启二年年初参加会试，故笔者相当怀疑他前一年人已在北京并受洗。经查毕方济于万历四十八年致罗马耶稣会总会长 Muzio Vitelleschi（1563–1645）的信函，其中提及他在"南京教案"爆发后，曾经避居于松江举人 Sun Ko Yam Ignacio 之家，此应即指孙元化（Ko Yam 或为其字初阳的音译），由于毕方济在此信中已点明孙氏的教名为意纳爵（Ignacio），故知元化受洗的时间必在万历四十八年之前。又，徐光启曾撰文提及孙意诺爵尝于万历四十六年九月二十八日参加在练川（嘉定之别名）所举行的一场弥撒，此一孙意诺爵应亦为孙元化，也就是说孙氏入教的时间可能还在此前。此外，当徐光启于万历三十五年返乡守制期间，曾训练一位"入教有年"的门人意纳爵协助布教，此人不知是否亦为元化[3]？

天启二年，孙元化不幸落第。惟他在兵部尚书兼东阁大学士孙承宗（徐光启同年好友）的协助之下，获授经略衙门赞画军需一职，正式踏入仕途。四年六月，杨涟劾魏忠贤二十四罪，遭切责。元化

----

① 下文中有关孙氏的生平事迹，参见黄一农，《天主教徒孙元化与明末传华的西洋火炮》。
② 冯锦荣，《明末西方日晷的制作及其相关典籍在中国的流播》。
③ 利玛窦、金尼阁，《利玛窦中国札记》，页591。

因与东林党人来往密切，并拒绝阉党的拉拢利诱，遂于七年二月被阉党矫旨控其营谋赞画一职，而施以"冠带闲住"的处分，而徐光启、李之藻、杨廷筠等奉教士人亦均于先前相继罢官。

崇祯帝即位之初，力黜阉党。天启七年十二月，起徐光启为詹事府詹事。崇祯元年，孙元化亦被起为兵部武选司员外郎；三年五月，更被破格荐用为登莱巡抚，成为徐光启入室弟子中历官最高的一位；四年闰十一月，元化之部将孔有德率兵在吴桥叛变；五年正月，登州被叛军攻陷，孙元化自刎不成，与同奉天主教的监军道王徵和副总兵张焘等俱为叛军所掳。元化曾自刎一事，或因违反"十诫"，故在教会中人所撰的著述中，多避而不言。七月，被叛军放还的孙元化与张焘遭弃市，王徵则遭遣戍。吴桥之变令天主教徒在军中发展的美丽远景破灭，并影响及明与后金间的军力消长。

孙元化尝将外甥女王氏嫁与徐光启之孙尔斗为妻，而元化的外甥沈卜琦，在吴桥之变后，也被徐光启延至家中教授子弟，且在光启病卒后，保护其子孙免遭无赖欺侮。在家庭的影响之下，孙元化后人中颇多承继其宗教信仰者，如其孙致弥即确知为天主教徒，他曾于康熙四十年将杨光先所撰批判西学西教的《不得已》一书，送交当时在华耶稣会负责人安多参考。至于致弥之子农祥，字若望，也可能是用教名以代字[1]。天主教在华或主要透过此等联姻和家族的脐带关系往下传承。

（九）张赓

张赓（*c*.1569– ？），福建晋江人，万历二十五年举人。四十一年至四十七年，担任嘉兴府平湖县教谕，因父丧返乡丁忧；天启元年

---

[1] 参见黄一农，《新发现的杨光先〈不得已〉一书康熙间刻本》；沈征伧，《江东志》，卷4页25。

春，居杭州；二年春，补开封府原武县教谕；五年，知广东连山县；崇祯二年，致仕[1]。

天启元年春，张赓至杭州读书，以准备翌年在北京举行的会试[2]，随行的三子张识（字见伯；1605–1623）突然病甚[3]，有业医的奉教亲戚黏懋科前来看视，因劝张识皈依天主，当时床帏中据说忽见二十一个大金字，递现递灭，并有"三年当受予"字样，预示稍后会将其接引；张识先前已过览利玛窦的《天主实义》，且暗自向往，病愈后遂拜艾儒略为师；八月，受洗，教名弥克尔（Michael；或作弥格尔、弥克儿），是"闽士中最虔亦最先"者，杨廷筠更称誉他"省克真修"的工夫是"吾中国一人矣！"；张识天资过人，不仅熟习西方语言，且娴于教仪，故常辅佐神父从事弥撒大祭；二年春，张识随父至河南原武任职；三年七月，果如预言病卒[4]。

张识是其家族中第一位奉教者，时年方十七，杨廷筠在序《张弥格尔遗迹》时，称许他曰：

> 天学严财、色二戒，财不贪非有，室不容二色，于人情最难，于官族子弟尤最难。张子一闻教言，弃去如脱屣也……幼而入教者多由父母之命，穷而来归，张子闻道最早，未尝承令于亲也。

---

[1] 此段参见 Dudink, "Christianity in Late Ming China," pp. 285、293–294.
[2] 张赓当时由福建北上至杭州读书的原因，是"将事南宫"，此处"南宫"乃指会试。参见张赓，《阅〈杨淇园先生事迹〉有感》，收入艾儒略，《杨淇园先生事迹》，书末；熊士旂，《张弥格尔遗迹》，页1。
[3] 张识为张赓的第三子，其两兄是否在世，则不详，参见 Standaert, "Chinese Christian Visits to the Underworld."
[4] 此段参见李九功，《励修一鉴》，卷下页30–32、49–50、53–54；熊士旂，《张弥格尔遗迹》，页1–6。

指出作为官绅子弟的张识，宁愿为奉教而不追求色欲。

95　　　在张识的努力之下，其父母和弟妹于天启元年和二年间先后受洗，其弟张就（1617–1623）五岁时（元年八月）就随兄奉教，教名为悌尼削（Dionysius），三年三月病卒①。张赓在《阅〈杨淇园先生事迹〉有感》一文中②，称己虽知天主教与孔、孟之说相合，且知"若不遵此道者，总归邪道者"，但却稽延多时始决定入教，教名为玛窦，他说明此一过程曰：

> 辛酉之春，读书浙湖上，乃得闻天主正教……奈俗缘难除，坐进此道不果……京兆淇园杨先生爱予、开予、再三提撕予，令予曩所难除者一刀割绝，而日于传教诸先生是侍，日于传教诸先生是听；数年来，遂不甘不自成，并不甘独自成，实皆淇园先生之指吾南也。

此处之"俗缘难除"，疑指娶妾一事，张赓后或在杨廷筠的劝勉之下出妾以入教。

　　张赓之嫡妻为陈氏，即张识之生母。天启二年，张赓至原武就任时，张识和其继母薛氏、母舅薛廷琏均随行，廷琏稍早在杭州时即因张识的开导而入教，教名法兰济（François）③。张识过世前曾梦见天主对他进行最后审判，因宗徒圣玛窦及耶稣会士利玛窦在旁恳祈，遂同意让他成为天神。当时许多教中人士均深信张识在三年之间两获天主之"圣宠"④，以致在他死后仍盛传好些涉及他的神迹，而

---

① 熊士旂，《张弥格尔遗迹》，页5–6；张赓，《悌尼削世纪》，页1–3；Dudink, "Christianity in Late Ming China," p. 288.

② 艾儒略，《杨淇园先生事迹》，书末。

③ 此段参见李九功，《励修一鉴》，卷下页31–32；熊士旂，《张弥格尔遗迹》，页1、5–6。

④ 熊士旂，《张弥格尔遗迹》，页10–11。

在李九功的《励修一鉴》中，更收录几十则类似的故事，此一异于
利玛窦"知识传教"策略的诉求方式，应对艾儒略等人在福建的开
教起了相当大作用，并成功吸引许多中下层社会之人[①]。

根据《天主审判明证》中的记载，颜魁宾于崇祯十三年梦见已
在炼狱中遇到"值日圣人"张识，两人曾言及张家之事：

96

> 张弥格曰："幸君得回，欲附一信家叔处，令之速除三愆：
> 一贪、一傲、一起灭是非，坚定前功，勿自暴弃；舍弟少，淫
> 念须防；举家男女老幼，俱入教中，惜乎二母欠和。"魁宾曰：
> "尊翁何如？"对曰："家父闽省之最，未免循俗耳！"[②]

此处所谓的"二母欠和"，似指张赓除了继妻薛氏之外另有侧室；颜
魁宾于是在梦中问张识，其父究竟怎么回事，张识遂以张赓"未免
循俗"相应[③]。由于张识和张就同于天启三年病逝，故五十多岁时连
丧两子的张赓，虽为当时福建地区历官最高的奉教士人之一，或仍
然从俗娶妾以广嗣传宗。

明末重要反教人士许大受，尝抨击传教士曰："督其徒使出妾，
而他高足之蓄妾者至数人。"[④] 由于许氏之父孚远尝任闽抚（见后文），
知他对福建教会之事或有较多机会耳闻目见，疑其所指就包含了张

----

① 艾儒略著述等身，但除了《几何要法》等少数涉及科技的书籍外，主要偏重在神
　学和哲学的内容；当时在福建的许多教会中人，将圣梦和幻觉当成凝结实力和发展
　教务的重要工具。参见潘凤娟，《西来孔子艾儒略》，页41–49；Standaert，"Chinese
　Christian Visits to the Underworld"；夏伯嘉，《宗教信仰与梦文化》。
② 转引自谢和耐，《中国与基督教》，页77–78。
③ 张赓妻妾不和之说，首见潘凤娟的《西来孔子艾儒略》（页91），但她不能确定"循
　俗"之意。钟鸣旦则认为"二母"乃指张识之母和岳母，然而，通常岳家并不同
　住，似乎较难解释"欠和"的状况；参见Standaert，"Chinese Christian Visits to the
　Underworld."
④ 徐昌治，《圣朝破邪集》，卷4页30。

赓。张赓是艾儒略在福建开教时所收的高徒，他曾参与许多宣教书籍的出版工作（校订、润饰、序跋或编撰）[1]，亦是明清之际福建天主教社群的领袖之一[2]，故他或与王徵相同，应均是在传宗接代的压力之下而秘密纳妾（见第四章）。

张赓的继妻薛氏个性急躁，熊士旂在《张弥格尔遗迹》一书中有言：

> （张识）嘱其继母曰："娘快勉之，娘为人都可，但性太急切，宜改诸。儿今亲睹审判，如是怕人也。"长游之后一年内，但继母每有恚怒，则是夜必梦于母；其来皆从天而下，端立不语，移时乃去，如是者数数；迨期以外，遂不复见。[3]

97

记载张识在梦见天主最后审判并还魂之后，劝其继母改变性情，且于死后一年内，常托梦示意。薛氏焦躁易怒的个性，或很容易与张赓新纳之侧室"欠和"。

（十）李天经

李天经（1579—1659），字仁常，又字性参、长德，河北吴桥人，万历四十一年进士[4]。初授开封府儒学教授（从九品）；天启初，知

---

[1] 在近年重印的几套天主教史原典以及法国国家图书馆的藏目中，张赓之名可见于杨廷筠之《代疑续编》、《天释明辨》和《代疑篇》，艾儒略之《三山论学纪》、《口铎日抄》、《五十言余》和《圣梦歌》，龙华民所译之《圣教源流》、《圣若撒法始末》和《圣若撒法行实》，郭居静所译之《身后编》，孟儒望之《天学略义》，金尼阁之《况义》，李九功之《励修一鉴》；此外，他还自撰有《天学解惑》，并与韩霖合编《圣教信证》。
[2] Zürcher, "The Jesuit Mission in Fujian in Late Ming Times."
[3] 熊士旂，《张弥格尔遗迹》，页9。
[4] 有关李氏的生平事迹，参见方豪，《中国天主教史人物传》，中册页16—23；Chen Min-sun, "Johann Adam Schall, Hsü Kuang-ch'i, and Li T'ien-ching."

济南府（正四品）；三年七月，升山东按察司副使（正四品）、管理
驿传，旋以丁艰服阕；崇祯元年五月，起补为河南分守大梁道副使；
三年四月，转陕西参政（从三品），但可能未到任即改河南参政；四
年五月，升陕西按察使（正三品）；六年十月，因徐光启以病辞历务，
遂以河南右布政使李天经督修历法，徐氏卒于是月；十一年七月，
李天经加光禄寺卿（从三品）职衔、仍支正三品俸、管理历局事①。

闯军攻进北京之后，李天经曾降大顺朝为光禄寺少卿，并劝李
自成登极②；入清后，汤若望奉命掌管钦天监，而天经已于顺治元年
十月获授通政使③；十二月，李天经的友人李建泰遭疏劾，天经遂利
用职权将此事压下，事发后建泰遭革职，而天经则降二级调用④。

费赖之（Louis Pfister）指称入历局工作的李天经为天主教徒，
但未记出处⑤。方豪在其《中国天主教史人物传》中，直以未见汉文
材料提及天经奉教为憾；笔者近在柏应理的《许太夫人传略》中，
新发现李天经进教的记载（页4）；又，方豪误以天经不曾仕清，且
亦不曾提及他降闯之事。

李天经与天主教的接触，至迟在其登第的万历四十一年；该科
会试的考官包含友教的叶向高和奉教的徐光启；至于天经的同年当
中，鹿善继、孔贞时、周希令、王应熊和徐景濂等人，曾序跋天主
教书籍或赠诗耶稣会士，而朱大典和沈㮵，亦曾被徐光启视为修订
历法或仿制西洋大炮的合适人选⑥。李天经之所以被徐光启选定为治

98

---

① 《明熹宗实录》，卷36页25；汪楫等，《崇祯长编》，卷9页28、卷33页6-7、卷46
　　页17；谈迁，《国榷》，卷92页5617；徐光启，《新法算书》，卷7页8。
② 谈迁，《国榷》，卷101页6078。
③ 《清世祖实录》，卷18页2。
④ 《清世祖实录》，卷22页12。
⑤ 费赖之，《在华耶稣会士列传及书目》，页160。
⑥ 林金水，《利玛窦与中国》，页286-316；黄一农，《天主教徒孙元化与明末传华的西
　　洋火炮》。

历的接班人，或亦与其已入教一事有密切关系。

三、明末亲近天主教的士绅

在曾与利玛窦等早期入华耶稣会士晋接的众多中国士绅当中，有一些人对西学和西教相当投入，甚至影响到其后辈，但这些人却未受洗入教，本节即选择较具代表性的郭子章等八位试做探讨。

（一）郭子章

郭子章（1543–1618），字相奎，号青螺，自号蠖衣生，江西吉安府泰和县人，隆庆五年进士。万历三十二年，时任贵州巡抚的郭子章，在辗转获得一份由吴中明于南京所刻的利玛窦《山海舆地全图》后，除加以翻刻外[①]，还撰就序文一篇，介绍西方的地圆说，其文有云：

> 利生之《图说》曰：天有南北二极，地亦有之，天分三百六十度，地亦同之，故有天球、有地球、有经线、有纬线。地之东西南北各一周九万里，地之厚二万八千六百余丈（农按：应为里，此处用3.14为圆周率），上下四旁，皆生齿所居，浑沦一球，原无上下，此则中国千古以来未闻之说者……[②]

且当有人批评"利生外夷人也，其图其说未必一一与天地券合"时，郭子章即举孔子"天子失官，学在四夷"之说加以回应，并称久居中国的利玛窦早已中国化。

---

① 洪煨莲，《考利玛窦的世界地图》。
② 郭子章，《蠖衣生黔草》，卷11页35–36。

康熙三十九年，郭廷裳尝将其高祖子章的《蠋衣生易解》一书 99
补充成九篇论述，并辑入《太平万年书》①，内文不乏对西学的态度，
如在《天文说》的文末有云："夫天文之未易言也，若非今日西士之
专天学，微妙精察，顺天求合者，其孰能与于此哉！"他对浑天和盖
天两种宇宙观的正误，主张："不若两存之，以孔、邵之说穷理，以
盖、浑之形推历，庶几有合天学诸先生之旨云。"字里行间对耶稣会
士所传入之欧洲天文学评价甚高。其在《太极说》中，亦称若要真
知太极为何，必须"求质于今日天学诸先生之高明者"。在《帝出乎
震说》中有云："神妙万物，则无始无终，不生不死，故曰神。"也与
耶稣会士对"天主"的解释相互呼应。然《太平万年书》中究竟有
多少看法源出郭子章，则待考。

郭子章虽对西学和西教采取开放、包容之心态，且不曾娶妾②，
但他另一方面又十分佞佛，故应未入教，否则以他的名望和地位，
应会被教会中人提及才对。其后人一直与教会维持各种关系，如子
章的长子孔建在季试时颇受杨廷筠器重③；其玄孙廷裳更受洗入教，
字窿孙，号宝六，教名保禄。康熙三十九年，廷裳以布衣的身份上
书，提出三十二条建言，如"赐田租之半以遍穷檐"、"添沟洫之法
以备水旱"等，其中亦包含一些与宗教相关的内容，如"汰僧道之
冗以黜异端"、"革神鬼之僭号帝皇者以惩不道"、"毁庵庙之僭名殿阁
者以儆无将"、"禁神戏之费以节民财"等，更主张"崇天学以正人
心"，但江西省内各级官员多以"士庶非奉特旨，不得建言"为由，
将之存查，而不曾上呈御览。郭廷裳与耶稣会士罗历山颇多往来，

① 肖清和，《明末士大夫郭子章与天主教关系新证》。
② 其妻萧氏生孔建、孔延、孔太和孔陵四子，此见郭子章的年谱，收入郭子章，《青
　螺公遗书》，卷首页1-43。
③ 杨廷筠曾知安福县七年，此与郭子章家乡所在的泰和县同属江西吉安府。郭孔建
　或因是府学生，故必须接受当地官员主持的季试。参见郭子章，《青螺公遗书》，卷
　31页3。

故亦曾在罗氏过世后为其撰写神道碑①。

（二）冯琦

冯琦（1558-1603），字用韫，山东临朐人，万历五年进士，历官至礼部尚书，三十一年，卒于官。万历二十九年，利玛窦透过前都察院右副都御史王汝训的引介，认识时任吏部侍郎的冯琦，并结成好友，是年十月，冯琦升授礼部尚书后，更在执掌范围内允许利玛窦搬至四夷馆外居住②。

利玛窦后来在《畸人十篇》中记述了冯琦向其问学的经过③，其篇名为《人于今世惟侨寓耳》，利玛窦从天主教的伦理观出发，与冯琦论及人的生死大事，文末有云：

> 从是日，大宗伯（农按：指礼部尚书冯琦）大有志于天主正道，屡求吾所译圣教要诫，命速译其余，又数上疏排空幻之说，期复事上帝之学于中国诸庠。呜呼伤哉！大宗伯大志将遂，忽感疾而卒，遂孤余之所望也！呜呼，嗣而后大都之中有续成其美意者欤？余日望之。④

指出冯琦本拟入教，但却因病早卒。并提及当时知识界流行以释、道之说解经，导致"传注几废"，故冯琦还屡次上疏请求厘正⑤。查另一位与利玛窦相交亦甚密的礼部侍郎杨道宾，在典万历三十五年会

---

① 郭廷裳所撰之《南京罗主教神道碑记》，收在《太平万年书》书末。
② 《利玛窦全集》，第2册页363-364；《明神宗实录》，卷335页8、卷364页1。
③ 後藤基巳，《馮琦小論》；葛谷登，《容教士人馮琦》。
④ 利玛窦，《畸人十篇》，卷上页9。
⑤ 冯琦，《北海集》，卷46页18。

试时，也尝"痛抑浮诞不经，及诸为异说违戾传注者"[1]，疑他们与当时耶稣会士直尊先秦儒家的做法或互为影响（见附录12.1）。

由于冯琦曾编有《经济类编》百卷，记述储宫、理财、赋役、治河、漕运、货殖等内容[2]，因知他除了对天主教的教理颇为认同之外，对于同样标榜"经世济民"的西学，应亦有相当兴趣。

冯琦是万历二十九年会试的主考官之一，我们在该科进士当中，可发现不少对西学和西教友善者，如黄建衷尝考校利玛窦的《几何原本》，彭惟成序熊三拔的《泰西水法》，崔淐序庞迪我的《七克》，熊明遇序《七克》和熊三拔的《表度说》，郑以伟序《七克》和《泰西水法》，彭端吾序《西圣七编》等（见图表3.1），他们不知是否曾受到座师冯琦的影响。

101

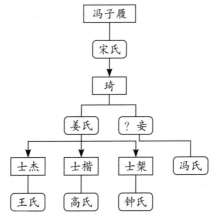

图表3.5：冯琦家族世系图[3]。

---

① 又，杨道宾生平不蓄姬媵，此与天主教"十诫"中的主张相呼应，且其从兄道会亦奉教。参见叶向高，《苍霞草全集·苍霞续草》，卷11页24–28；《利玛窦全集》，第2册页365。

② 丁原基，《冯琦及其〈经济类编〉》。

③ 冯琦，《北海集》，卷46页1–8。

　　虽然利玛窦声称冯琦是因早卒而未能入教，但其真正的原因或别有隐情。查冯琦在万历三十一年正月初三日病情已重，"声咯咯在喉间，病不可为矣"，于是上疏十多次请归，均不获允；三月初，卒于京师[①]。亦即，冯氏从病发至过世约有两个月时间，故他若有意入教，应仍有可能如李之藻一样在病危时受洗，且在京的利玛窦应会很乐意替他领洗。疑冯琦之所以犹豫，或因他当时妻妾俱在。

（三）张问达

　　张问达，字德允，一字诚宇，又字明远，陕西泾阳人，万历十一年进士，历官至左都御史。天启五年，他被魏忠贤诬罪削职，寻卒；崇祯初，赠太保[②]。他曾协助刊刻金尼阁（字四表）的《西儒耳目资》（见图表3.6），此书原本是一部供传教士学习中文用的字典，但因它是以韵分类，故透过拉丁字母也同时建立一套中国官话的拼音系统，并第一次打通字书与韵书的界限，对中国音韵学做出重要贡献[③]。

　　金尼阁先是应韩云之邀至山西传教；天启四年，王徵因母忧返乡守丧，力请耶稣会派一人至陕西开教，并为其家人领洗，金尼阁于是在翌年春受邀至三原[④]。《西儒耳目资》始撰于天启五年六月，成书于翌年三月[⑤]。张问达之子繩芳指称此书是他"再三请之家君，捐资亟刻以传"，问达在六年五月应同里友人王徵之请所作的序中，亦称自己"命儿辈校而梓之，以广其传"。据王徵的叙述，此书创发之处多达五十余款，而参与撰刻者亦颇多：

----

① 冯琦，《北海集》，卷46页20。
② 《明史》，卷241页6260—6263。
③ 金熏镐，《〈西儒耳目资〉的成书及其体制》。
④ 宋伯胤，《明泾阳王徵先生年谱》，页73—77。
⑤ 此书之撰写过程及序跋，请见刘凝，《天学集解》，卷4页1—23；金尼阁，《西儒耳目资》，前序。

图表3.6：金尼阁《西儒耳目资》书影。台北"国家图书馆"藏明末刊本。

　　是书也，创作之者，四表金先生；赞成之者，豫石吕铨部、景伯韩孝廉、子建卫文学；而冢宰诚宇张先生与其季子敬一，则所为捐资刻传之者；余小子徵特周旋终其役耳。至于一字一音、一点一画，细加校雠，而毫不致有差遗者，则金先生之门人鼎卿陈子之功为最。

其中提及的吕维祺，字介孺，号豫石，河南新安人，万历四十一年进士，时任吏部主事，他对音韵之学兴趣极高，尝撰有《音韵日月灯》六十四卷，替该书作序的郑鄤，更为王徵好友①。

　　此外，韩云，字景伯，万历四十年中举，故称孝廉，他在万历

_____

① 郑鄤，《峚阳草堂文集》，卷6页1—2。

四十八年之前已受洗①。卫子建，山西人，拜南昌舒曰敬为师；万历三十八年春，以岁校归里，由于万时华有《送卫子建归河东》一诗，因知卫氏为平阳府附近人士②；子建不知是否即卫斗枢之字？在高一志的《修身西学》和《寰宇始末》两书中，我们均可发现"河东卫斗枢"或"西晋学人卫斗枢"之名，他与韩云或韩霖兄弟一同参校或修润。

　　至于金尼阁的门生"鼎卿陈子"究竟是何人，仍待考。惟因高一志的《天主圣教四末论》、《空际格致》和《励学古言》三书中，分别可见"南绛居士陈所性阅"、"南绛后学陈所性阅"和"南绛后学陈所性仝较"等字，前两书的同阅之人亦包括韩云或韩霖，因疑鼎卿或为所性之字。陈所性，绛县人，崇祯元年恩选贡，顺治间曾负责编纂《绛县志》③；他出身士绅家庭，其父陈让于天启四年由岁贡生任陕西盩厔县训导，后迁静乐教谕，再授大宁都司教授，未任归；其弟所抱，顺治十六年进士，初为长武令，擢淮安同知，卒于官④。

　　谢和耐（Jacques Gernet）指称王徵曾劝服同里的张纁芳（问达之子）入教，但并未提供出处⑤，惠泽霖（H. Vernaeren）提及有位与王徵和金尼阁往来的"张保禄秀才"，是张问达之子，但未给出其中文名字⑥。张问达之子续芳以父荫任太常典籍，联芳荫入监，纁芳荫户部郎中⑦，他们之中有无入教者，仍待考。但协助刊刻《西儒耳目资》的张纁芳在序末钤用"敬一子"印⑧，他很可能是教徒，该字号

---

① Medina, *The Catholic Church in Korea*, p. 273.

② 参见舒曰敬，《舒碣石先生只立轩稿》，卷3页15；万时华，《送卫子建归河东》，收入张豫章等，《御选宋金元明四朝诗》，御选明诗卷65页42。

③ 赵士弘等修纂，顺治《绛县志》，卷下页36。

④ 胡延修纂，光绪《绛县志》，卷8页28、卷9页11、卷19页6。

⑤ 此见谢和耐，《入华耶稣会士与中国明末的政治和文化形势》，页107。

⑥ 惠泽霖，《王徵与所译奇器图说》。

⑦ 刘于义等修纂，《陕西通志》，卷33页101。

⑧ 徐宗泽将纁芳误作纗芳；参见徐宗泽，《明清间耶稣会士译著提要》，页322。

应与王徵"了一道人"之号异曲同工，均为了表明崇敬或明了 *Deus* 为唯一尊神之意。繙芳对西学十分景仰，尝致书王徵曰："西儒他所著书，种种名理，悉皆发此中从来所未发，故一书出而人竞购，业已脍炙人口，其必传于世，可无疑矣!"[①]

天启三年，金尼阁在河南开封传教三四个月；翌年，即应韩云之邀至山西，他或在途经洛阳附近的新安时，曾与居乡的吕维祺论学；至于协助刊刻《西儒耳目资》的韩云、卫子建以及陈鼎卿，均为绛州附近人士；天启四年，王徵因母忧返乡守丧，力请耶稣会派一人至陕西开教，金尼阁于是将教务委付刚抵山西的高一志管理，动身前往西安，因此得识与王徵同里的张问达和张繙芳父子[②]。前述之张繙芳、卫子建以及陈鼎卿，或与韩云和王徵均同样奉教。

万历三十年闰二月，礼科都给事中张问达疏劾"壮岁为官、晚年削发"的李贽，责其胆敢挑战孔圣权威，并以各种"谬说"惑乱人心；先前，甫升湖广佥事的冯应京也曾毁李贽在麻城寓居的龙湖寺，并欲将从游者治罪；三十年三月，李贽在诏狱中自杀[③]。

三十一年，礼部尚书冯琦上言：

> 顷者，皇上纳都给事中张问达之言，正李贽惑世诬民之罪，尽焚其所著书，其崇正辟邪，甚盛举也! 臣窃惟国家以经术取士……而经书传注，又以宋儒所订者为准……今且尊二氏以操戈，背弃孔、孟，非毁朱、程，惟南华、西竺之语是宗；是竟以实为空，以空为实，以名教为桎梏，以纪纲为赘疣，以放言高论为神奇，以荡轶规矩、扫灭是非廉耻为广大；取佛书言心、

---

① 刘凝，《天学集解》，卷4页8。
② 参见费赖之，《在华耶稣会士列传及书目》，页92、120。
③ 有关李贽的生平事迹，参见鄢烈山、朱健国，《中国第一思想犯：李贽传》，页230-318。

105　　言性略相近者，窜入圣言；取圣经有"空"字、"无"字者，强
同于禅教语；道既为踳驳，论文又不成章；世道溃于狂澜，经
学几为榛莽；臣请坊间一切新说曲议，令地方官杂烧之；生员
有引用佛书一句者，廪生停廪一月，增附不许帮补；三句以上，
降黜；中式墨卷引用佛书一句者，勒停一科，不许会试，多者
黜革。伏乞天语申饬，断在必行。[1]

知张问达和冯琦都对士子以释、道解经的风潮极表不满，遂疏请焚
烧此类书籍，并订立科场禁约，严惩在各级考试中引用佛书者。前
述之冯应京、张问达、冯琦和李贽，均与利玛窦维持良好的互动关
系，然而，前三人乃以儒家规范为最高的价值观，李贽则敢于非议
圣贤，打破精神枷锁。此故，彼此间的冲突终无法避免。

　　利玛窦乃因标举天主教是可以合儒和补儒，而获得冯应京等人
的认同；至于思想开放的李贽，则因欲接触西学新知，而乐于与"极
标致人"的利玛窦往来，但他最后仍总结曰："但不知到此何为，我
已经三度相会，毕竟不知到此何干也！意其欲以所学易吾周、孔之
学，则又太愚，恐非是尔！"[2]在已被儒、释、道占据的传统领域中，
我们可以发现初入华的耶稣会士们，很辛苦地找寻可以借力使力的
发展空间。

　　（四）叶向高

　　叶向高（1559—1627），字进卿，又字台山，福建福清人，万历
十一年进士。他尝序杨廷筠的《西学十诫初解》一书，曰：

---

① 顾炎武，《日知录》，卷18页27—29。
② 李贽，《续焚书》，卷1页33。

> 惟谓天主降生其国，近于语怪，然圣贤之生，皆有所自，
> 其小而有功德于人者，犹必以山岳、以列星，则其大而主宰造
> 化、开万世之太平，如尧、舜、孔子，非上帝所降生，安得有
> 许大力量？夫既生于东，又安知其不生于西乎？①

106

叶氏主张天主有可能多次化身为人出现于中国，而尧、舜、孔子或
即为上帝所降生，正如祂曾以耶稣的身份降生于西方一般。但或因
此说严重背离正统的天主教思想，以致叶序似从不曾被收入该书的
刊本中。

　　惟因叶向高历官至大学士，颇为时人尊重，此故，当王丰肃于
天启四年刊行《天主十诫解略》时，即将叶向高的前序收入，但却
将文字改成：

> 唯谓天主降生一节，创开似异，然圣贤之生，皆有所自，
> 其小而有功德于人者，犹必默有简畀，又况大而主宰造化、开
> 万世之太平，若所称天主也者，则其降生救世似异，而实情又
> 奚容疑乎？②

在此，叶氏原先之说已遭到大幅删改。

　　天启四年，叶向高罢归，途经杭州时遇艾儒略，对其学问十分
佩服，遂延艾氏入闽开教。七年初夏，叶氏至省城福州游览，与艾
儒略再度相晤。艾儒略的《三山论学纪》就是当时叶向高、曹学佺
和艾儒略三人讨论天主教义理的对话录，艾氏在书中自述如何折服

---

① 叶向高，《苍霞余草》，卷5页22–23。另参见钟鸣旦，《杨廷筠》，页232。惟中译
本对此序的标点有误。
② 转引自钟鸣旦，《杨廷筠》，页232。中译本在标点此序时有误；日本内阁文库藏有
此书明刊本，笔者未见。

叶向高和曹学佺，书首所收录叶向高之赠诗曰："言慕中华风，深契吾儒理；著书多格言，结交皆名士……拘儒徒管窥，达观自一视；我亦与之游，泠然得深旨。"即表达出叶氏对艾儒略的景仰[1]。至于佞佛的曹学佺，其某一服佾全家均入教[2]，知艾儒略在闽的宣教颇具成效。

叶向高在为艾儒略《职方外纪》一书重梓所撰的序中，尝称：

> 泰西氏之始入中国也，其说谓天地万物皆有造之者，尊之曰："天主。"其敬事在天之上，人甚异之……其言天主则与吾儒畏天之说相类，以故奉其教者颇多。[3]

强调天、儒相合是导致许多人奉教的主因。然而，叶向高的婚姻状况可能使他无法考虑受洗。

叶向高艰于子嗣，万历四十二年十二月，其长子成学病卒，他在圹志中伤痛地称："余举六子，仅儿存而又夭，岂不悲哉！"[4]向高诸子乃由其妻俞氏以及其妾汤氏所生，成学育有益蕃、益苞和益荪三子。天启七年初夏，向高虽与艾儒略深入论道，且认为艾氏之说"如披重雾而睹青天，洞乎无疑矣！"但他仍要求"示我圣经，以便佩服"[5]，惟因向高于三个多月后旋病卒，故他似无机会更进一步了解天主教的义理。再者，向高之妻俞氏虽在他之前过世，惟因其妾汤氏所生之二子均夭折，故他恐无强烈理由将其扶正，亦不可能在成婚四十多年后将其休离（此段见图表3.7）。

---

[1] 此段参见叶向高，《蘧编》，卷20页1；潘凤娟，《西来孔子艾儒略》，页52–53、191–196。

[2] 李九功，《励修一鉴》，卷下页2–4。

[3] 叶向高，《苍霞草全集·苍霞余草》，卷5页24–25。

[4] 叶向高，《苍霞草全集·苍霞续草》，卷13页57。

[5] 艾儒略，《三山论学纪》，页30。

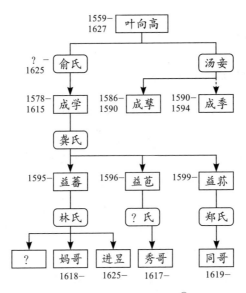

图表3.7：叶向高家族世系图[①]。

108

叶向高对天主教的认同或强烈影响到周遭的晚辈，如其门生黄景昉即曾因向高的介绍，而与艾儒略论交，后并序艾氏的《三山论学纪》一书，且尝评利玛窦曰："今其徒遂遍中外，非苟然者，所传天学、格物学，亦特精辨。"[②]向高的长孙益蕃为天主教徒，字君锡，曾协助艾儒略于天启五、六年间在福州创建"福堂"[③]，他尝校艾儒略《三山论学纪》在闽中天主堂的重刻本，亦参校由艾儒略口授、瞿式谷笔受的《几何要法》。在益蕃所撰的《三山仁会小引》一文中，有云："先文忠公在纶扉时，雅与杨公友善，谢政归来，复屡接艾先生。闻兹胜事，尝与余小子津津道之。"①更指出叶向高与杨廷筠和艾儒略间的深厚交情。

（五）冯应京

冯应京（1555–1606），字可大，号慕冈（或慕岗、茂冈），安徽盱眙（今属江苏）人，万历二十年进士②。他与同出该科春秋房的杨廷筠、韩爌、曹于汴和苏茂相等人，对西学和西教均颇感兴趣（见附录7.3）。二十七年十二月，湖广收税御马监监丞陈奉因施苛政、收重税，而在武昌等地引发民变，时任湖广佥事的冯应京于是上疏参劾。二十九年二月，陈奉以应京阻挠税务为名，陷其入罪，奉旨："冯应京抗违阻挠，凌辱钦使，本当拿解究问，姑且降杂职，调边方用，不许朦胧推升！"稍后，因群臣（包含前文的冯琦）书救，帝怒，再下旨："此畜抗违明旨……冯应京姑且革了者职，为民当差，永不许推用，如有狂吠的，还一并重治不饶。"万历帝痛恨到竟然称呼冯应京为"畜"③！

就在冯应京因得罪陈奉而遭免官之前不久，他因过览利玛窦的《交友论》，而萌生"东海西海，此心此理同"之感，遂于万历二十九年正月将该书重梓④；同月，亦序利玛窦的《天主实义》，强调天主即先秦典籍中的"上帝"，并称许该书"历引吾六经之言，以证其实"的做法。

① 刘凝，《天学集解》，卷7页6–7。
② 王锡元修纂，光绪《盱眙县志稿》，卷9页42–46。
③ 此段参见《明神宗实录》，卷356页5–9；冯琦，《北海集》，卷34页23。
④ 刘凝，《天学集解》，卷6页1。

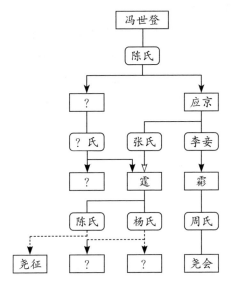

图表3.8：冯应京家族世系图。

二十九年二月朔，历经万难的利玛窦抵京贡方物，当他得知冯氏对其学颇感兴趣，遂赶在应京入狱前与之促膝畅谈，两人自此结为好友；三十一年八月，应京在狱中为利玛窦的《两仪玄览图》作序[①]；三十二年五月，又为利玛窦的《二十五言》酌加润色，并准备付梓[②]；九月，帝以星变（此即天文史上著名的"开普勒超新星"〔Kepler's Supernova〕）修省，而将他释还，系狱三年多期间，应京读书不辍，还撰成《经世实用编》二十八卷；他在出狱两三天后归里，自此"杜门简出，足不涉公府"；三十四年正月，病卒[③]。冯氏虽因早卒而未介入与魏忠贤党羽间的斗争，亦未列名"东林党人榜"，然而，他的师友和门生则多隶属东林，且东林首要人物之一的邹元标

---

① 黄时鉴、龚缨晏，《利玛窦世界地图研究》，页155–158、170–173。
② 刘凝，《天学集解》，卷6页14–15。
③ 冯氏生平事迹可参见山下智彦，《冯应京と天主教》；林东阳，《明末西方宗教文化初传中国的一位重要人物：冯应京》。

亦称许他"宁独有功国家，且有功圣门矣！"①

110　　　　冯应京之所以在诏狱中仍与利玛窦通信往还，并主动为其撰序或出书②，因他不仅认为天主教有助于恢复古圣敬天事天的儒学，更相信西学是可经世致用的实学，此一情形与曾编有《经济类编》百卷的冯琦可能相当接近。或因冯应京与利玛窦的互动甚为密切，萧静山、徐宗泽和方豪等近代教会学者，遂指其曾受洗。惟因《利玛窦中国札记》中称，虽然教会已准备为其皈依，利玛窦且在北京郊外与他晤面，却为了避免皇帝猜疑，决定安排在南京进行洗礼，但因他出狱后几天就病卒，而终未及受洗③，故近来颇有学者据此认为冯氏应未入教，并指出利玛窦的说法或亦有所巧饰，因冯氏是出狱后一年多始过世④！

　　　应京出狱后在京勾留的那两三天，徐光启还曾至其家相晤，但冯氏并未提及在狱中的艰苦，而只是关心农政，他希望光启能介绍"江南农师"，以协助"治江北之田"，徐氏在冯家曾遇到一江西乐安人，谈及当地有纺车可容五缗，光启因此亦托应京代索其器，但未得⑤。

　　　至于冯应京为何在出狱后一直未能入教，前人迄无合理解释。笔者以为此或与其有妾一事相关，他先前因无子，曾过继兄霆，后其妾李氏亦生一子霈（字俭所），冯氏对此子的期望甚高，故或不忍为受洗而休弃其生母，且当时其正妻张氏仍在世，故亦无法将李

① 参见林东阳，《明末西方宗教文化初传中国的一位重要人物：冯应京》；邹元标，《邹子存真集》，卷6页42—47。
② 利玛窦、金尼阁，《利玛窦中国札记》，页428—430。
③ 利玛窦、金尼阁，《利玛窦中国札记》，页431。
④ 冯氏未入教之说，参见林东阳，《明末西方宗教文化初传中国的一位重要人物：冯应京》；朱幼文，《冯应京未经入洗考》。
⑤ 梁家勉，《徐光启年谱》，页72—80；徐光启，《农政全书》，卷3页14、卷35页14。

氏扶正[1]。

虽然应京本人因纳妾一事违反"十诫"而未能受洗，但他或鼓励家人入教[2]，疑冯霦有可能在父亲的影响下成为天主教徒，此因其嫡母张氏去世时，霦特别行用古葬礼[3]，而此是当时部分奉教士绅对外所常宣称的方式，其目的在摒除传统礼俗中一些被天主教视作迷信的临丧出殡仪式[4]，且又避免耸人听闻。如杨廷筠在治亲丧时，即强调用的是"紫阳家法"，其内容或即是根据天主教精神所改订的朱熹《家礼》[5]。

111

（六）韩爌

韩爌，字象云，蒲州人，万历二十年进士，历官至吏部尚书、建极殿大学士。天启三年，继叶向高当国；四年十一月，因得罪魏忠贤而致仕；五年七月，遭纠劾，削籍除名；崇祯元年十二月还朝，复为首辅；三年正月，因遭疏劾，引疾归；十七年春，李自成陷蒲州，执其孙迫爌出见，爌归后即愤郁而卒，年八十[6]。

近代部分教会学者或因受扬教心态的影响，曾误指韩爌和其侄孙承宣为教徒（见第八和第九章）。惟此二人的奉教事迹均不见于十七世纪以欧洲语文或中文撰写的文献，而以韩爌大学士的地位以及

---

[1] 曹于汴，《仰节堂集》，卷5页9-14；郭起元等修纂，乾隆《盱眙县志》，卷22页39。

[2] 参见利玛窦、金尼阁，《利玛窦中国札记》，页430；裴化行，《利玛窦评传》，页448、505。

[3] 郭起元等修纂，乾隆《盱眙县志》，卷22页39。

[4] 方济各的《临丧出殡仪式》、李安当的《丧葬仪式》、南怀仁的《天主教丧礼问答》等，即是现存的几本相关书籍，以提供教徒具体的遵循准绳；参见 Dudink, "The Japonica-Sinica Collections I-IV in the Roman Archives of the Society of Jesus."

[5] 杨廷筠的双亲均入教，参见钟鸣旦，《杨廷筠》，页69-72。

[6] Donald L. Potter, "Han K'uang," in Goodrich and Fang, *Dictionary of Ming Biography, 1368-1644*, pp. 483-485.

韩承宣崇祯七年进士的出身，此一状况殊难理解。又，韩爌性喜学道，其手书的《道德经》还曾被刻于华山的老君洞口[①]；而韩承宣妻妾同堂[②]，也不合"十诫"的规条。

韩爌对天主教相当友善，甚至支助耶稣会士[③]。韩爌及其侄韩埪同序韩霖的《守圉全书》，爌在序中有云："古绛韩氏昆仲与余同宗，雨公孝廉复同余弟止甫荐明经，子侄辈因得与之切磋文行。"埪则称："余家雨公，好学深思。"知两家关系密切，此故，当韩爌过七十大寿时，韩霖兄弟即曾以侄儿的身份向陈继儒征序庆祝[④]。

西方文献称韩爌的兄弟及儿子（其名为 Doctor Peter Han）有入天主教者[⑤]，其中 Doctor 的称谓通常指进士，偶亦被用来称呼举人。查爌的子侄（其名均有"土"字的部件）中，仅奎（万历四十三年举人，刑部主事）和埪（崇祯六年举人，广平知府）有科名，但两人皆为爌的从子[⑥]。由于韩爌的从兄弟烶、其子埴、其侄奎与埪，均曾与韩云、韩霖、王徵、段衮等天主教徒共同校刻高一志的《修身西学》[⑦]，又因段衮、韩埪与韩霖尝同阅高一志的《譬学》[⑧]，疑韩烶、埴、奎与埪均有可能入教，而西方教史或将韩爌的从兄弟和从子均概称为兄弟和儿子。

――――――――――

① 《陈子龙诗集》，页237-238。
② 参见王轩等撰光绪《山西通志》的韩承宣小传（卷125页28），惟其中有多处错误，如传中误称韩承宣为韩爌之孙，并称承宣的妻妾与其一同死节；事实上，在刘棨等修纂之康熙《平阳府志》中，记其妻王氏当时因念"姑老无养"并不曾殉节，后且以节孝为人称颂（卷26页32）。
③ 李祖白，《天学传概》，页6。
④ 陈继儒，《陈眉公先生全集》，卷17页6-8。
⑤ Margiotti, *Il Cattolicismo Nello Shansi Dalle Origini al 1738*, p. 134.
⑥ 周景桂修纂，乾隆《蒲州府志》，卷8-9；刘棨等修纂，康熙《平阳府志》，卷21-23。
⑦ Chan, *Chinese Books and Documents in the Jesuit Archives in Rome*, pp. 117-118.
⑧ 高一志，《譬学》，卷上页1。

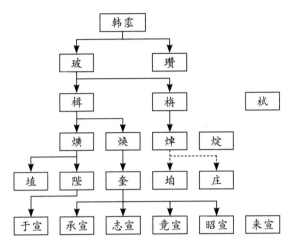

112

图表3.9：韩爌家族世系图。实线箭头用来连接父子关系，虚
线则代表不确定。

（七）熊明遇

熊明遇（1579-1649），字良孺，号坛石，江西进贤人，万历二
十九年进士，官至兵部尚书；万历四十一年，他在丁忧后赴京候选，
积极支持东林党的政治主张，并结识在京的庞迪我、熊三拔、阳玛
诺、毕方济以及徐光启等天主教人士，且获得许多西学方面的知
识[1]；他也尝于四十二年为庞迪我的《七克》以及熊三拔的《表度说》
二书作序。其子人霖（1604-1666），字伯甘，又字鹤台，崇祯十年
进士，历官至工部主事；曾于天启四年撰成介绍世界地理知识的《地
纬》，该书主要参考艾儒略的《职方外纪》和《万国全图》[2]。熊氏父
子对西学和西教的接触既深且广[3]，仰慕之心亦彰然若揭。

113

---

① 如熊明遇在泰昌元年为福宁州新建之宝塔撰写碑铭时，有云："尝从长安中阅西域
  图书，其所画记四夷宫室之制甚备。"熊明遇，《绿雪楼集》，素草上页51。
② 洪健荣，《明清之际中国知识分子对西方地理学的反应》。
③ 此段参见冯锦荣，《明末熊明遇父子与西学》。

熊明遇在《七克》的序中有云：

> 西极之国有畸人来，最先泰西利氏，次顺阳庞氏、友岗熊
> 氏，偕徒友十数，绝海九万里，观光中国……诸公大雅宏达，
> 殚见洽闻，精天官、日历、算数之学，而犹喜言名理，以事天
> 为宗。传华语、学华文字，篝灯攻苦，无异儒生……不意西方
> 之士，亦我素王功臣也！[1]

熊氏对利玛窦、庞迪我、熊三拔等入华耶稣会士应相当熟悉，且对
西学和西教评价亦高，他不仅视这些传教士为儒生，甚至认为他们
是"素王功臣"。

熊明遇亦尝比较佛教与天主教宇宙观的优劣，曰：

> 若夫竺乾佛氏唱为须弥、隐日、大宝、缩川、忉利、天官、
> 金绳、地界，其诞愈甚。语曰："百闻不如一见。"西域欧逻巴国
> 人四泛大海，周遭地轮，上窥玄象，下采风谣，汇合成书，确
> 然理解。仲尼问官于剡子，曰："天子失官，学在四裔。"其语
> 犹信。[2]

熊氏在此以佛典中须弥、忉利等说为荒诞，并引《春秋左传·昭公
十七年》所记孔子向剡子学习古代官制的典故，说明中土之学有时
亦会散失到四夷，所以不必忌讳向外夷学习，但其说仍隐含"西学
中源"之意[3]。

熊明遇于崇祯年间所编纂的《格致草》中，更大量引介西方有

---

[1] 熊明遇，《文直行书》，文选卷5页17。
[2] 熊明遇，《文直行书》，文选卷4页1-2。
[3] 王扬宗，《"西学中源"说在明清之际的由来及其演变》。

关天文和自然之知识，他还透过推究所以然的过程，将格物穷理的源头推向造物主①。如该书有"大造恒论"条，阐明"大造者，天与人之所受造"的道理，熊氏认为虽然"民可使由也"，但儒者却不可不知此理。他在此文中尝作一譬喻以证明"大造之宰"的存在，曰：

> 试观江艎、海舶、越艇、蜀舲，乘风荡汉，渡岸凌波，指使如意，岂舟之能哉？有舵师操之若神者在焉！②

此一说法很可能取材自利玛窦，因《天主实义》在证明天主的存在时，亦称："譬如舟渡江海，上下风涛，而无覆荡之虞，虽未见人，亦知一舟之中必有掌舵智者撑驾持握，乃可安流平渡也！"两者之寓意完全相同③。

在"大造恒论"条后，熊氏另刊有"大造畸说"一条，记"大造"以七日创世的经过，此条完全根据天主教所主张天主为造物主的说法。至于熊明遇在同书"洪荒辩信"条末，更摘录《中庸》、《诗经》、《老子》等书中有关天和上帝之章句，以为"真宰引据"。熊明遇因深受天主教学者的影响，故视汉、唐、宋诸子（尤其是朱熹、邵雍等理学家）所主张"天即理"的说法均为"无稽之谈"，并指天主教"与吾羲、文、周、孔之教大相符合，而又加精切"④，他似乎已认同"天学超儒"的说法！

然而，以熊明遇对西方科学、伦理学和神学的倾心，竟未入

① 冯锦荣，《明末熊明遇〈格致草〉内容探析》；冯锦荣，《熊明遇（1579-1649）的西学观》；徐光台，《明末清初西方"格致学"的冲击与反应》。
② 熊明遇，《格致草》，页166-169。
③ 利玛窦，《天主实义》，卷上页4。
④ 熊明遇，《格致草》，《自序》及页169-172；刘凝，《原本论》，收入氏著，《觉斯录》，页2。

115 教！其原因之一恐亦与其婚姻状况攸关（见图表3.10）①。万历二十四年，熊明遇娶妻朱氏（1579- ?）；二十八年，中举；二十九年，联捷登进士，冯琦为其座师；三十二年，独子人霖生；天启六年，明遇因得罪魏忠贤党而遭谪戍贵州平溪卫；顺治六年六月，病卒，随侍在侧的朱氏除生人霖外，还生一女长英，其妾余氏亦有一女侯英，惟疑明遇或不只置一妾②。

　　此外，熊明遇虽对西学和西教颇为认同，但或并不愿意为此而割舍或断绝一些旧有的价值观。如他颇信被教会斥为迷信的堪舆之学，尝序李琨和李瑜兄弟所撰之《地理人天眼目》，李氏兄弟曾为其父母选择阴宅风水，明遇称许其法"确有所据，不作时师诞语"，并称："若拘儒守经义之反真，斥堪舆为渺漠，举父母体魄，委于水泉、蝼蚁之间……此其不孝之罪，亦上通于天矣！"③再者，熊明遇之母和其妻均持斋、礼佛④。

　　至于熊人霖，因很早就置妾，故亦不可能入教。万历四十七年，人霖因将随父至福建福宁就任，遂娶入早已纳聘的喻氏（1605-1648）；天启元年，生长子孟启；五年，喻氏为独子的人霖纳王氏为妾，以"广胤嗣业"；崇祯二年，王氏生次子孟台；六年，人霖中举，或于稍后又纳妾任氏；九年，任氏生三子孟咸；十年，中进士，另一妾罗氏或即是在登第后所娶。人霖尝有《寄侧室》诗两首，曰："秦楼求得小凰初，十五当年未有余……均平哺子傍鸠居"、"虽是兵家

---

① 下文中有关熊氏家族之世系情形，均请参见熊人霖，《先府君宫保公神道碑》和《诰封喻恭人墓志》，收入氏著，《熊山文选》，文选卷12-13；熊世琮等修，《后方熊氏宗谱》，页36。

② 天启五年，因"诸母中有言仪宾王正泰长女颇淑惠者"，熊人霖之妻喻氏遂为人霖纳妾，从"诸母中有言"一辞的使用，疑明遇似不只一妻一妾，他妾或因未育子女，而未被记在熊明遇的神道碑。

③ 熊明遇，《文直行书》，文选卷5页18。

④ 熊明遇，《绿雪楼集》，素草下卷2页11；熊人霖，《南荣诗文选》，诗选卷11页21。

小木兰，出门辛苦那曾谙……阶前好自护宜男……"①，知他所娶的妾中有两人分别出身青楼以及军籍人家，并均生子或怀孕。

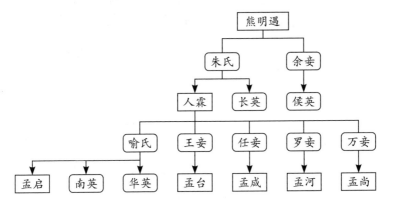

图表3.10：熊明遇家族世系图。

（八）钱士升

钱士升（1575–1652），字抑之，号御冷，晚号塞庵，嘉善人。万历四十四年，殿试第一，初授修撰；天启初，以奉养母亲乞归，在魏大中等人受珰祸时，皆力为营护，破产助之，故为东林所推；崇祯元年，起少詹事；九年，以礼部尚书兼东阁大学士致仕②。钱士升对西学和西教颇为认同，他尝称誉天主教"足为吾儒补亡"③。

民初，商务印书馆附属的上海东方图书馆，原藏有孙元化所撰的《几何用法》，此钞本凡四十八页，前有一序曰：

予〔子?〕先师受几何于利西泰，自丙午（农按：万历三十四年）始也……戊申（农按：万历三十六年），纂辑《用法》，

---

① 熊人霖，《南荣诗文选》，诗选卷11页22。

② 《明史》，卷251页6487。

③ 孟儒望，《天学略义》，页26。

别为一编，以便类考……十余年无有问者。稍示究心，则借钞
《用法》止矣！……庚申（农按：万历四十八年），武水钱御冰
〔冷？〕先生忘年势而下询，当署孜孜，似欲为此书拂尘蠹者。
而余检箧中原草，已乌有。聊复追而志之，然载于《几何》者
固在，若旧纂，则多所推广，竟不能尽忆，尚冀异日者幸遇友
人钞本，借以补之。①

　　其中的"武水钱御冰"，疑为"武水钱御冷"的误读，指的应是钱士
升②。武水即武塘（或武唐），元代画家吴镇所绘的《嘉禾八景图》，
就包括"武水幽澜"一景，其地在嘉善县的魏塘镇③，是钱士升的故
里。从此序的叙述，知士升对几何学颇感兴趣。

　　先前学者多以此文为孙元化的自序④，惟因孙元化先徐光启一年
过世，故他绝不可能称徐氏为"先师"！但若此序为孙元化的门生所
编，则此人在万历四十八年凭记忆复原此书时，元化仍在世，故亦
不应被称作"先师"！因疑前人在辨读钞本之序时，将"子先师"误
作形近的"予先师"，而"子先"乃徐光启的字！

　　在钱士升的人脉网络中，我们屡见西学或西教的痕迹，如被
士升称作"同谱莫逆兄弟"的瞿式耜⑤，曾在天启年间受洗，瞿氏不
仅被天主教名士杨廷筠拔为岁试第一，亦与艾儒略和毕方济等耶稣
会士往来，其二伯汝夔和堂弟式谷且均为天主教徒（见第二章和第
九章）。又，士升之子棻亦与其好友大中之次子学濂（奉天主教，见

----

① 方豪，《中国天主教史人物传》，中册页234-235。东方图书馆的珍贵藏书均已在民
　国二十一年的"一·二八事变"中被日本浪人纵火焚毁，亦即，《几何用法》一书
　现或已不在世间。
② 其弟士晋登万历四十一年进士，字康侯，号昭自，并不曾以御冰为字号。
③ 参见 https://read01.com/zh-tw/DGG4yQ.html.
④ 方豪，《中国天主教史人物传》，中册页235；徐振保，《孙元化研究》。
⑤ 钱士升，《赐余堂集》，卷3页14。

第五章)同年中举[①],棻并与大中长子学泗为"谊同断金"的知己[②]。再者,士升的侄子栴尝与张溥、陈子龙结社往来,其中张溥为天主教徒徐光启所取士,陈子龙除曾向徐氏问学外,后并与徐光启的奉教外甥陈于阶等人共同编印徐氏的《农政全书》。在钱栴所撰的《城守筹略》中,也可见其多次引录天主教徒王徵和徐光启论兵的言论,至于栴之儿女亲家夏允彝,亦尝接触西学,著有《西洋算法》一卷[③]。

118

　　然而,钱士升并不因其对西学和西教友善,即排斥其他宗教,如他尝撰《楞严外解》一书,并在景德寺和放下庵中捐建佛堂,且曾募建精舍,以为隐松上人的驻锡之地,还修葺静真庵,并捐田以奉香火;此外,钱士升也尝捐建属于道教系统的神仙宫和东岳行宫[④]。

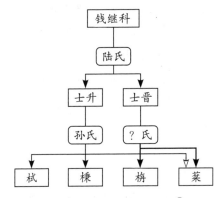

图表3.11:钱士升家族世系图[⑤]。

---

① 钱棻乃过继自士升之弟;参见钱士升,《赐余堂集》,卷7页34。
② 此见钱士升和钱棻替魏学泗《茅檐集》所撰之序,另参见江峰青等修纂,光绪《嘉善县志》,卷22页22。
③ 此段内容参见江峰青等修纂,光绪《嘉善县志》,卷19页31及卷20页8;黄一农,《天主教徒孙元化与明末传华的西洋火炮》。
④ 江峰青等修纂,光绪《嘉善县志》,卷6页6、10、24、37、41及卷30页8。
⑤ 钱士升,《赐余堂集》,年谱页1-8;钱谦益《钱牧斋全集·初学集》,页1518-1521。

四、明末反对天主教的士绅

在利玛窦等耶稣会士以"知识传教"策略成功打入士绅阶层之后，以"三大柱石"为首的奉教士大夫们，更高举"补儒易佛"的旗帜加以配合，遂引发一些强调"华夷之辨"人士的不满，也让天主教与佛教间的紧张程度升高，终于导致正面的冲突。奉教人士在明末曾出版许多真教辩护类书籍，譬如利玛窦之《天主实义》、《辩学遗牍》和《畸人十篇》；王一元之《推源正道论》（或名《推验正道论》）；徐光启等之《咨诹偶编》和《破迷》；杨廷筠之《天释明辨》、《鸮鸾不并鸣说》和《代疑篇》；艾儒略之《三山论学纪》等①。至于反教人士的回应，则以袾宏《竹窗随笔》、《二笔》、《三笔》、沈㴶《南宫署牍》、王启元《清署经谈》、许大受《圣朝佐辟》、徐昌治《圣朝破邪集》、钟始声（即智旭之俗名）《辟邪集》等著述最突出，后两书的作者多达数十人。下文即以沈㴶、王启元和许大受为例，略加申述；其中前两人乃自认护持儒家的"正统"，至于沈㴶和许大受，则亦带有佛教的背景。

（一）沈㴶

万历四十四年，爆发所谓的"南京教案"，这是天主教近代传华史上的第一次重大打击②，中西两大文化间的摩擦与冲撞当然是主因之一，但亦与当时朝中的政治斗争有所牵连。此案乃由浙党的南礼

① 徐宗泽，《明清间耶稣会士译著提要》，页105—186。
② 下文均请参见张维华，《南京教案始末》；万明，《晚明南京教案新探》；Zürcher, "The First Anti-Christian Movement in China（Nanking 1616–1621）"; Dudink, "*Nangong shudu*（1620），*Poxie ji*（1640）and Western Reports on the Nanking Persecution（1616/1617）."

部右侍郎沈漼所发动，打击对象则是与东林较亲近的天主教。沈氏，字仲润，号铭缜、仲雨，亦号觉迟居士①，浙江乌程人，万历二十年进士；历任国子监司业、翰林院侍讲等职；万历四十二年，改南京礼部右侍郎掌部事，是年，东林之首辅叶向高致仕，敌对浙党的方从哲成为内阁首辅②。

　　"南京教案"的主轴是"夷夏之防"，虽然徐光启曾上《辨学章疏》，极力为传教士和西学辩护，但包括耶稣会士王丰肃（后改名高一志）和谢务禄（后改名曾德昭）在内的十几名教徒仍被捕，并在方从哲的主导下定案；万历皇帝于四十四年十二月下旨："王丰肃等立教惑众，蓄谋叵测，可递送广东抚按，督令西归。其庞迪我等，礼部曾言晓知历法，请与各官推演七政，且系向化来，亦令归还本国。"③

　　据谢务禄的说法，沈漼之所以发动教案，乃因他佞佛且受反教僧人之贿，尤其，他希望能借由此一打击"外夷左道"之举，呈现他"正人心、维风俗"的风骨，期盼能在官场上有更进一步的发展。沈氏在教案之后的确青云直上，经方从哲的推荐，获授为礼部尚书兼东阁大学士；但因恰逢神宗、光宗二帝崩逝，故于天启元年六月始就任，旋即成为阁臣附魏忠贤阉党的第一人，晋少保兼太子太保、户部尚书、武英殿大学士；天启元年，徐如珂等劾徐光启、李之藻和杨廷筠为邪教魁首④；沈漼则因与东林党人刑部尚书王纪相互疏劾，而于二年七月在叶向高等人的抨击下以致仕去；四年五月卒，赠太保，谥文定⑤。

　　沈漼虽高举反教的旗帜，然杜鼎克博士据艾儒略口授之《杨淇

120

① 朱长春，《朱太复文集》，卷8页3-4；吴之鲸，《武林梵志》，卷5页34-35；刘沂春等修纂，崇祯《乌程县志》，卷6页23-24。
② 下文中有关沈漼的生平资料，参见《明史》，卷218页5766-5767。
③ 《明神宗实录》，卷552页1-2。
④ 方豪，《李之藻研究》，页204。
⑤ 《明史》，卷22页301、卷218页5766-5767；《明熹宗实录》，卷42页3。

园先生事迹》中的叙述，认为他曾受洗入天主教①，该书有云：

> 初，奉教者有沈公者（原注：名潅，浙人）疏弹西学，公慨然殚力发明正理，不阿权势。而尤虑西士之不安也，则请寓其家……沈公，公乡也，流言之日，公楚宪命下，故止不行。或趋公，公徐曰："某却有一事放不下处。"诘其故，则曰："不有居者，孰与西士？"沈公乃告公曰："西士之事，今置之矣！"公莞然曰："某却要公不置，犹且望于公代某亲之也！"②

若此说成立，对天主教史学界将是一大震撼，且很难理解为何其他中外文献均未提及此事。笔者疑前引文首句之主词应为"奉教者"，指天主教人士遭到"沈公者疏弹西学"之打击；而非以"奉教者有沈公者"为主词；亦即，并非指沈潅为奉教之人！

查原徐家汇藏书楼另有《杨淇园超性事迹》一钞本，其内容与《杨淇园先生事迹》仅有些微文字出入，该书记此事曰：

> 公初奉教时，同乡沈宗伯疏弹西学，公不阿权势，慨然殚力，发明正理。而尤虑西士之不安也，则请寓其家……流言之日，适公楚宪命下，故止不行。或趋公，公徐曰："某却有一事放不下处。"诘其故，则曰："不有居者，孰顾西士？"沈公乃告公曰："西士之事，今置之矣！"公莞然曰："某却要公不置，犹且望于公代某亲之也！"③

121

---

① Dudink, "Christianity in Late Ming China," pp. 99、266.
② 艾儒略，《杨淇园先生事迹》，页 11–12。
③ 艾儒略，《杨淇园超性事迹》，页 7–8。现藏傅斯年图书馆之原书，在首页书名之下模糊可见"耶稣会士艾……"等字，但《徐家汇藏书楼明清天主教文献》在重刊时则将之涂白，仅留"晋江丁志麟笔"等字。

行文间即无误会沈㴶曾入教之虞。杨廷筠是在天启二、三年之交被委任为楚宪（湖广按察司副使），因先前沈㴶再度掀起教案，杨廷筠为保护住在他家的传教士，遂迟迟未赴任，甫致仕返家的沈㴶听到此事后，尝告诉廷筠将不再追究西士，此案稍后即息[1]。

沈㴶之弟演（1566–1638），字叔敷，号何山，兄弟同时联捷进士；沈演之子桦早殇，故过继长兄淙之次子㮮[2]。崇祯帝即位后，积极定逆案，沈演或因此致书徐光启，曰：

> 演莽莽触珰怒，刀俎余生，视息为幸，壮心久冷……然闻诸舍侄（农按：指沈棨），阁下所为，嘘植拥护老朽者，真不遗余力也……先兄（农按：指沈㴶）立朝不一岁而归，归再阅岁而没，没半岁而珰逆始用事，不佞与舍侄皆珰所削籍者也，其于先兄无一毫念及，亦可知矣！先兄不解事，召闹取怒或有之，中实为国无它肠。寡嫂、孤儿仅存一线，情景极惨楚，倘以通家气谊，得借鼎庇……老拙拜赐，更世世无涯也！[3]

沈演在此信中极力撇清家人与阉党的关系，称珰祸乃起于其兄过世之后，而自己遭削籍亦是遭阉党迫害（见后文），并期盼徐光启能看在与沈棨的师生情谊上（沈棨是徐光启于万历四十一年会试时所取之士），帮忙沈㴶脱罪。沈、徐两家本因沈棨而交好，故当沈㴶于万历四十四年掀起"南京教案"时，光启在家信中即惊讶地称："沈宗

122

① 杨廷筠似未就任，参见张仲炘等撰，民国《湖北通志》，卷113页50–60；Dudink, "Christianity in Late Ming China," pp. 266–267.
② 刘沂春等修纂，崇祯《乌程县志》，卷6页23–24；钱谦益，《钱牧斋全集·初学集》，页1515–1518.
③ 沈演，《止止斋集》，卷61页2–3.

伯又平昔通家还往者，一旦反颜，又不知其由也！"①

　　沈潅和沈演两人的官品颇受议论，如陕西监察御史臣高推即尝于天启三年疏劾沈氏兄弟"表里为奸……贪似豺狼，毒如蛇蝎，难兄难弟，人传盖世之奸，无日无天"；四年五月，沈潅卒于家；六月，杨涟、魏大中等人劾魏忠贤，当时家居的沈演曾密通魏忠贤，导致黄尊素等七人遭陷害；五年十二月，阉党将"东林党人榜"颁示天下时，沈演却也名列其中；六年闰六月，演在刑部左侍郎任内被削籍②；崇祯帝即位之后，沈氏兄弟在定逆案时均未遭波及，演且被视为受害者；三年二月，演被起为工部左侍郎管右侍郎事；四年五月，升南京刑部尚书；五年二月，吏科给事中邓英疏告沈演是逆案中的"漏网大奸"；五年七月，演获准回籍调理；十一年，卒③。

　　沈潅虽附阉党，然而，其侄沈荣（字彦威）却并不认同他的政治理念④。天启二年，侯震旸举荐天主教徒孙元化；三月，侯氏因疏参沈潅等人而遭降调外任；稍后，元化在孙承宗的协助下获授经略衙门赞画军需一职；震旸与承宗同为东林要角，沈荣与其上司承宗和同僚元化均合作无间⑤。事实上，在沈荣所登万历四十一年进士当中，考官（如叶向高、徐光启）与进士（如鹿善继、孔贞时、周希令、

①　徐光启与沈潅均于顺天中乡试，但徐氏晚两科，成进士则晚四科，且两家分别籍隶南直隶之松江府和浙江之湖州府，故其通家关系或主要是建立在徐光启与沈荣的师生情谊上。参见《徐光启集》，页59、71—72、492。
②　是月，刑部左侍郎沈演因其所属"司官开报舛错，书役妄供可骇"，而他在处理时，支吾强辩，遂遭削籍，惟此事是否纯属阉党的政治迫害，则待考，参见《明熹宗实录》，卷73页29。
③　李长春，《明熹宗七年都察院实录》，卷6页312；《明史》，卷245页6363；汪楫等，《崇祯长编》，卷6页10、卷17页20—22、卷31页12、卷46页17、卷56页21、卷61页5。
④　沈节甫生淙、潅和演三子，荣为长房长子。参见刘沂春等修纂，崇祯《乌程县志》，卷6页22—24。
⑤　《明熹宗实录》，卷20页10、18；孙元化，《西法神机》，卷下页7。

王应熊、朱大典、李天经、徐景濂、冯铨等）均不乏友教之人①。

天启元年四月，徐光启推举时任工部监督盔甲厂、虞衡司主事
的沈荣制造西洋大炮；稍后，荣转任兵部职方司主事；二年九月，经
略辽东的孙承宗起用不少其同年好友徐光启的门生，如兵部司务孙元
化受命"相度北山南海，设奇兵于高深之间"、兵部职方司主事鹿善
继"按兵马钱粮"、沈荣和孙元化等"按军器火药钱粮"；七年五月，
沈荣因"曾被参论，况居家与至亲（指其叔父沈潅或沈演?）相忤，
居官岂能尽忠"，而被阉党削籍为民；崇祯元年正月，以原官起用为
职方司主事；三年十月，升宣大巡抚；五年八月，因私自与后金议
和被下狱，兵部尚书熊明遇当时亦因曲护沈荣而遭解任候勘②。

沈潅兄弟登第之万历二十年壬辰科进士，对天主教的态度明显
呈现两极，如陈懿典即曾在序沈潅的《南宫署牍》时，呼应其反教
的立场。但该科之中也不乏对西学和西教友善者，除杨廷筠奉天主
教，以及韩爌家族中颇多人入教外，张五典为徐光启中举时的房师；
冯应京晚年几乎入教；孙学易为天主教徒孙学诗之兄；翁正春曾疏
荐徐光启、李之藻、庞迪我和熊三拔进行修历；曹于汴、苏茂相、
陈民志尝序跋或校刻耶稣会士的著作；李日华和袁宏道曾与利玛窦
往还③。

（二）王启元

王启元，广西马平人，万历十三年中举，连上公车十三次，至
天启二年始成进士。是年六月，蒋德璟、郑鄤、倪元璐、黄道周、

① 林金水，《利玛窦与中国》，页286-316；黄一农，《天主教徒孙元化与明末传华的西
　洋火炮》。
② 此段参见《明熹宗实录》，卷9页10、卷84页5；茅元仪，《督师纪略》，卷2页
　8-15；《徐光启集》，页175；《明史》，卷257页6630-6631；汪楫等，《崇祯长编》，
　卷5页6、卷39页20、卷62页5。
③ 此段参见黄一农，《天主教徒孙元化与明末传华的西洋火炮》。

朱之俊、郑之玄、王铎、王启元等三十六人获选为庶吉士；四年正月，启元于散馆后获授为翰林院检讨；不久，即以年老告归[1]。他于天启三年撰成《清署经谈》十六卷，倡言建立孔教，并严斥天主教[2]。

124　　在天启二年的进士当中，除王徵奉教之外，其实不乏对西学和西教相当亲近者，如黄道周、倪元璐、王铎即与徐光启的奉教门生韩霖相善；朱之俊尝称誉王徵"中年翻入西儒社，闭门著书十万言。事天济众号仁者，况乎历政多勋劳"，并曾赠诗韩霖、金尼阁和汤若望[3]；郑鄤与杨廷筠、徐光启均有往来，并序王徵的《畏天爱人极论》；郑之玄尝赠诗耶稣会士，他也是韩霖的友人，且其同社文友黄景昉和何九云等，亦与西学、西人颇多接触（见第六、第七章）。

　　然而，该科进士对西学和西教有意见者，除了王启元外，亦至少有蒋德璟和卢兆龙两人。艾儒略在刊行《西方答问》时，虽以其书为"蒋德璟阅"，但蒋氏稍后认为天主教是"窃吾儒事天之旨，以为天主即吾国所奉上帝"，故他尝序反教的《破邪集》，也曾因反对引进西人、西学，而遭到崇祯帝切责[4]。崇祯三年，徐光启奏准遣人前往澳门置办火器，并聘请善炮的西洋人来京，时任礼科给事中的卢兆龙，即抨击此一引进洋兵的做法，他并将天主教比同白莲等邪教，且夸张地称："京师之人信奉邪教，十家而九。"[5]

　　王启元主张应将儒教神道化，并推孔子为教主[6]，他认为"天与上帝似当有微异，以理推之，则无名无为者宜属天，有主有权者宜

---

① 《明熹宗实录》，卷23页13、卷38页5（梁本）。
② 下文主要参见陈受颐，《三百年前的建立孔教论》。
③ 朱之俊，《峪园近草》，页15-16；朱之俊，《砚庐诗》，页12-13、56-57、71。
④ 陈受颐，《明末清初耶稣会士的儒教观及其反应》，《国学季刊》，第5卷第2期（1935），页147-210；文秉，《烈皇小识》，卷8页4。
⑤ 黄一农，《天主教徒孙元化与明末传华的西洋火炮》。
⑥ 参见王汎森，《明末清初儒学的宗教化》。

属上帝……然实一体而二名"[1]；他与利玛窦等耶稣会士虽然都菲薄近儒，并认同他们各自想象的原始儒家，但王启元却对天主教严厉拒斥，他指称：

> 兹有人焉，从大西之国来，以为上帝降生于民间，别号曰天主，所传有经，所立有教。兹其人欲以天主之教行于中国，尽辟旧时三教之说，而驾其上；其称号甚尊，其理论甚实，且谓天主即中国所称上帝；信如其言，即天子犹将让尊焉！[2]

启元因曾留京二十年，故对西学和西教或有较多机会接触，他承认天主教"理论甚实"，不是二氏和百家可以等量齐观，故将之视为孔教的主要敌人。

125

有人尝问启元为何"宽于佛而严于天主"？他答曰：

> 佛之教虽自以为尊于上帝，然上帝与佛为二，人犹能辨之也！天主自谓上帝矣，与中国者混而为一矣，人将奉中国原有之上帝耶？抑奉彼之天主耶？[3]

强烈批判利玛窦等教中人士将先秦古籍中的"上帝"等同于"天主"（Deus）的说法（见附录12.1），其论点竟然与清初反对"中国礼仪问题"的托钵修士们相呼应！

王启元亦对当时天主教士大夫所大力推动的"合儒补儒"或"补儒易佛"策略相当忧心，他敏感地指出：

---

[1] 王启元，《清署经谈》，卷2页5。
[2] 王启元，《清署经谈》，卷16页1。
[3] 王启元，《清署经谈》，卷15页45–46。

天主之教首先辟佛，然后得入其门；次亦辟老，亦辟后儒；尚未及孔子者，彼方欲交于荐绅，使其教伸于中国，特隐忍而未发耳！愚以为佛氏之说易知，而天主之教难测，有识之士不可不预为之防也！然其旨以天主即中国所谓上帝，则未然矣！①

因此在其书中鼓动有识之士起而反教，称："当今之世，有能尊上帝以辩天主，将功高二子（农按：指董仲舒和韩愈）无不及焉！"② 并自誓曰："臣不胜愤，又不胜惧，乃盟心自誓，专取十三经一意深研，盖数年而后得其大概……兹请为上帝诵之，伏望天慈俯垂鉴焉！"③ 此与稍后白晋和傅圣泽等索隐派（Figurists）耶稣会士，欲在《易经》和《书经》等经典中找寻天主的启示，竟然也如出一辙（见附录 12.1）！

126　　王启元的预言在距其约一个世纪后的"礼仪之争"中果然成真，当时罗马教廷坚持欲将天主凌驾于中国的上帝，遂间接导致"天子犹将让尊"的情形，终于引发康熙皇帝以禁教之举回应，为近代中、欧文明的第一波接触画上休止符（见本书第十一至第十三章）。

（三）许大受

许大受的《圣朝佐辟》或为明末现存最长的单篇反教论述④，此书凡一卷，曾单独刊行⑤，亦被收入《圣朝破邪集》中。大受出身官宦家庭，其父孚远（1535–1604），字孟中，号敬庵，德清人，嘉靖

---

① 王启元，《清署经谈》，卷 16 页 23。
② 王启元，《清署经谈》，卷 15 页 51。
③ 王启元，《清署经谈》，卷 16 页 5。
④ 此节中有关许大受的生平事迹，均请参见 Dudink, "The *Sheng-Ch'ao Tso-P'i* (1623) of Hsu Ta-Shou."
⑤ 此见乾隆《浙江通志·经籍六》，卷 246 页 31；明末黄虞稷的《千顷堂书目》记曰："许大受圣朝佐缺一卷，许孚进子"（卷 12 页 51），有两字讹误。

四十一年进士，曾任广东佥事、福建巡抚、南兵部右侍郎，后征为
兵部左侍郎，因病未到任，乞归，卒赠南京工部尚书，后谥恭简。
孚远有两子、十一女，长子元受早殇；次子大受，字廓如，娶孙氏，
在其父过世后荫入国子监，时年或二十出头，后授刑部郎中，为袾
宏的门人，法名广钺①。

许氏家族与天主教的关系复杂，孚远本人应是持拒斥态度，在
王衡为其所撰的祭文中，称：

> 维学之衰，邪说篁鼓，儒释纷揉，律破文舞，援神称
> 天……幸有真儒，摄衣登坛，如扑燎火，如砥奔澜……文之未
> 丧，论定千古，是为不朽。②

其中所谓"援神称天"之邪说，或即指天主教，而孚远则被誉为力
挽狂澜的真儒。孚远的得意门生刘宗周亦反西学，曾于崇祯十五年
上疏反对御史杨若桥举荐汤若望治理火器，他在疏中并视天主教为
异端邪说（见第五章）。

然而，孚远的亲族当中亦有奉教者，如其侄受节之次子于天启
三年春进教③，教名 Didacus，并令家人亦向化；是年八月，受节至杭
州，由艾儒略领洗，教名依纳爵（Ignatius）；受节十岁大之孙亦入

127

---

① 叶向高，《嘉议大夫兵部左侍郎赠南京工部尚书许敬庵先生墓志铭》，收入氏著，
《苍霞草全集·苍霞草》，卷16页7-15；叶向高，《许母舒老夫人八十寿序》，收入
氏著，《苍霞草全集·苍霞续草》，卷6页14-16；孙鑛，《兵部左侍郎赠南京工部尚
书许公孚远神道碑》，收入焦竑，《焦太史编辑国朝献征录》，卷41页30-37；释袾
宏，《云栖法汇》，遗稿卷2页25。
② 王衡，《缑山先生集》，卷19页20-21。
③ 此一材料出自1623年在华耶稣会的年报，惟潘凤娟在其《西来孔子艾儒略》一书
中，误读作许大受曾受洗（页123）。

教，教名保禄（Paul）^①。

　　前述之沈㴶和许大受，均为明末佛教界反天主教的首要人物，然而，在其家族当中却仍有奉教或友教之人，因知当时的在华教会颇具渗透力，而天、释之间此种近距离的接触或冲撞，可能更激发双方的对立。本书第二章所述及常熟瞿家汝稷和汝夔两兄弟间的冲突，亦属类似的个案。

五、余论

　　利玛窦以其渊博的学识和动人的风采，让天主教成功地打入士大夫阶层。总的来说，在万历朝至天启初年的进士和考官当中，已知对西学、西教抱持友善态度者，要远超过拒斥之人，而他们之中名列东林党的尤多，包含邹元标、叶向高、魏大中、钱士升、鹿善继、孙承宗、曹于汴、曾樱、崔景荣、郑鄤、李邦华、韩爌、朱大典、张问达、熊明遇、马世奇、史可法、张国维、黄淳耀、冯琦、翁正春、侯震旸、侯峒曾、侯岐曾、李之藻、瞿式耜等。至于徐光启，虽反对结党，但仍与东林关系密切^②。

　　被目为东林党魁之一的邹元标，亦曾透过耶稣会士郭居静（字仰凤）而与利玛窦往还，尝曰：

　　　　得接郭仰老，已出望外，又得门下手教，真不啻之海岛而见异人也，喜次于面。门下二三兄弟，欲以天主学行中国，此其意良厚。仆尝窥其奥，与吾国圣人语不异，吾国圣人及诸儒发挥更详尽无余。门下肯信其无异乎？中微有不同者，则习尚

---

① 李九功，《励修一鉴》，卷下页15；Dudink, "The *Sheng-Ch'ao Tso-P'i* (1623) of Hsu Ta-Shou."
② 参见黄一农，《天主教徒孙元化与明末传华的西洋火炮》。

之不同耳。门下取《易经》读之，乾即曰"统天"，敝邦人未始 128
不知天，不知门下以为然否？①

　　虽然邹氏在字里行间仍呈现浓厚的优越感，认为中国的古圣先儒对
相关道理的发挥"更详尽无余"，但他也明确地引传教士为思想盟
友。至于邹氏所称《易经》中的"乾"即"天主"之说，有可能曾
对利玛窦等教中人士所大力推动的"天儒合一"策略有所启发（见
第十二章）。

　　由于先前卜恩礼（Heinrich Busch, 1912–2002）在其1945年的博
士论文中，强调在主要东林学者的著作中，完全看不到天主教的影
响，也很少有东林党人进教②，以致现今学界大多低估了东林学者与
天主教之间的互动。事实上，根据本章所呈现的大量新材料，我们
发现不少东林中人对西学和西教颇感兴趣，他们之所以未考虑受洗，
很可能是因原本有妾，且不愿全然放弃一些不被天主教接受的礼俗
和信仰；然而，其家族中较年轻的分子，则不乏奉教者。

　　东林之所以接纳天主教，不仅因他们都与阉党为敌，更因彼此
在思想上的共性：同对提倡虚无的佛教以及空谈心性的王学末流不
满，且都重视开物成务、经世致用之学；尤其，东林学者和奉教士
人大多相信天主教的思想本质与儒家大同小异，因此加以肯定和认
同③。这些友教的东林人士，在天启年间魏忠贤专权时，相继遭到
罢黜或自行退隐，此对天主教当时在华的发展应曾产生相当负面的
影响。

① 邹元标，《愿学集》，卷3页39。
② Busch, "The Tung-Lin Academy and Its Political and Philosophical Significance,"
　pp. 156–163.
③ 此见何俊，《西学与晚明思想的裂变》，页110–124；李天纲，《早期天主教与明清多
　元社会文化》。惟李氏指称东林党人对西学中的科学技术不感兴趣，仅对其神学中
　所包含的道德伦理热衷，此与事实不符。

崇祯皇帝即位后，阉党被黜，许多先前遭罢斥的东林党人重获起用，他们对西学和西教的态度，遂透过师生、通家子弟和姻亲等关系，而影响及被目为"小东林"的复社成员。该社的领袖张溥，即为徐光启在崇祯四年担任廷试读卷官时所取之士，尝获侍左右，亲见徐氏推究泰公历学。而在该社的名单中，也可见到奉教的魏学濂（大中之子）、韩垍（爌之侄）、韩霖（徐光启门生），以及友教的熊人霖（明遇之子）、侯岐曾（震旸之子）、夏完淳、黄淳耀、徐时勉、许之渐、何刚、陈子龙等人①。

崇祯十一年，陈子龙、徐孚远、宋征璧、李雯等松江同乡，共同编刻《皇明经世文编》，此书的主旨与先前冯琦的《经济类编》和冯应京的《经世实用编》，显然是一脉相传。陈子龙等在序文中有云："明兴二百七十年……盖有三患焉，一曰：朝无良史；二曰：国无世家；三曰：士无实学。"此处所谓的"实学"，就是经世致用之学，该书正文504卷，另补遗4卷，共收录426位明人的相关文字，其中万历中叶以后登科者，几乎全以东林中人为主。李之藻的两卷和徐光启的六卷（为全书篇幅最多者），是仅有的奉教人士的集子，李氏被指："晓畅兵法，亦精于泰西之学也！"徐氏则被誉为："博学多闻，于律历、河渠、屯田、兵法，靡不究心，独得泰西之秘，其言咸裨实用云。"因知明末传华之西学确与当时的实学思潮有所呼应，而东林人士对经世致用之学的兴趣，也清楚反映在他们对西学和西教的友善态度之上。

【后记】

此章是全书中最后撰就的，原本只是为了填补时段上的空白，简述已被许多学者深入研究过的徐光启、李之藻和杨廷筠等晚明最

---

① 参见黄一农，《天主教徒孙元化与明末传华的西洋火炮》。

早奉教的士绅。然而，过程中却对成启元、许乐善、许缵曾、张赓和李天经等曾受洗者的事迹，得到许多前人未知的重要结果；亦头一次比较清楚地了解冯琦、张问达、叶向高、冯应京、韩爌、熊明遇等倾心西学和西教之人，为何均未入教；更学习到明末首要反教人士沈㴶和许大受的家族当中，竟然均有奉教或友教之人……以有涯之生追求无涯之知，或许就是治史的最大乐趣。

尤其在翻检郭子章的文集时，内心颇受感动。本疑他也与其他士大夫一样，因有妾而未考虑入教，但郭氏在《自铭萧夫人墓》一文中①，指出自己于飞黄腾达后就决定不纳妾媵，以答报早年与己共贫贱的妻子萧氏，他在文中真情倾注地述说："予无姬妾，予无侍儿，聊以此谢汝。今翦予之发爪与汝共藏，以明予之义，慰汝于泉土……"感人至深！

130

---

① 郭子章，《青螺公遗书》，卷27页44。

第四章　儒家化的天主教徒：以王徵为例*

> 有妾是明末士大夫考虑受洗入教时最大的障碍之一，此因
> 该行为严重违反"十诫"。本章即以进士王徵（1571-1644）
> 为个案，析究他在奉教之后，如何因无嗣而在家庭的压力
> 下私娶一妾申氏，并尝试追索王徵如何在儒家传统与天主
> 教教义的矛盾中，寻找个人的出处，而无辜的申氏又如何
> 应对此一"天崩地解"时代中的国难与家变，并独自承受
> 中西两大文化冲突的苦果。

一、前言

　　明末，后金的崛起和流寇的猖獗使得许多有识之士大力提倡实
学[1]，希冀能借此富国强兵，以挽救日益衰颓的国势。同时，中、欧
两文明出现近代头一次大规模接触，入华耶稣会士乃在此一思潮下，
积极将西方以地图、历算、火炮和制器之学为主的科技文明传入，
许多士绅对西方的哲学和宗教思想也产生浓厚兴趣，并视西学、西

---

* 本章初稿见于《明末中西文化冲突之析探》（1996），现已据新发现之材料大幅
　改订。
① 努尔哈赤所建之国号为金，或称大金，本书从俗用后金之名，以与完颜氏所建立
　的金朝相区隔。参见陈鼓应、辛冠洁、葛荣晋，《明清实学思潮史》，中卷；蔡美
　彪，《大清国建号前的国号、族名与纪年》。

教为一有助经国济世或有益世道人心的外来学问（见附录4.1）①。

附录4.1

王徵前后三科进士对西学、西教的态度②

本章主角王徵乃于天启二年登进士，若爬梳其前后各三科进士的事迹，我们可发现至少有十九人尝为与西学、西教相关的书籍撰写序跋。此外，在此七科进士当中，有些人曾与耶稣会士有直接的互动：如蒋德璟尝阅艾儒略的《西方答问》一书；冯铨于顺治元年（1644）协助汤若望获得管钦天监事一职；曾樱与艾儒略相熟，并尝在福建护持西教西人；利玛窦常与缙绅往来于袁中道二哥宏道之衙舍；刘宇亮曾提供传教士许多协助；阮大铖、徐景濂、曾楚卿、庄际昌、周廷鑨、郑之玄、郑凤来和周之夔尝赠诗耶稣会士；史可法尝招艾儒略共商赴澳借兵且购求火器之事；瞿式耜和金声曾受洗并短暂奉教（见第九章）；王铎、薛所蕴、胡世安和金之俊均与传教士颇多往来，薛所蕴甚至有入教之想，惟以有妾而未能如愿。

此外，史可法曾荐授徐光启的外甥兼门人陈于阶为南京钦天监博士，以天文官担任造炮之责；方孔炤尝与同官熊明遇畅论西学，其子以智和其孙中通且均曾向传教士问学；孔贞时、周希令、鹿善继、张溥为徐光启的门生；张国维和张溥尝序徐光启的《农政全书》；朱大典和沈棨曾分别被徐光

---

① 裴德生、朱鸿林，《徐光启、李之藻、杨廷筠成为天主教徒试释》；徐光台，《借"格物穷理"之名》。
② 此附录所引各材料之出处，均请参见黄一农，《明末中西文化冲突之析探》。

启推举为适合修历和仿制西洋大炮的人选；李天经则由徐光
启推荐入历局，后受洗入教，并在徐氏死后完成《崇祯历书》
的编纂和进呈工作（见第三章）；钱士升尝誉天主教"足为吾
儒补亡"；来复为王徵的挚友；侯峒曾和李建泰分别为天主教
徒韩霖和孙元化的姻亲；蔡懋德尝聘韩霖以其战守和火攻的
能力协助防守太原；李建泰也曾聘韩霖担任军前赞画；袁崇
焕曾与孙元化共事辽东，并借西洋火器的威力缔造宁远大捷，
且数推荐孙元化出任要职；魏大中之子学濂和佟卜年之子国
器均受洗入教；又，教史中也有谓毕拱辰和丁魁楚为天主教
徒者①。

133　　　　然而，本章的主角王徵，作为其中极少数确知曾受洗入教的
士大夫，却尴尬地发现，他必须面对如何在儒家传统与天主教文化
之间取得调适的难题。王徵，字良甫，号葵心，又号了一道人、了
一子、支离叟，陕西泾阳县鲁桥镇（现已划归三原县）人，天启二
年（1622）进士。清初学者张炳璿（1587–1661）、查继佐（1601–
1676）、屈大均（1630–1696）、万斯同（1638–1702）等人均曾为其
作传②，当中尤以其表弟张炳璿所撰的《明进士奉政大夫山东按察司
佥事奉敕监辽海军务端节先生葵心王公传》一文最翔实，然各文的
焦点多集中在王徵的宦迹和德行两方面。

---

① 毕拱辰与耶稣会士往来密切，曾刊刻利玛窦的《圜容较义》，并润定高一志的《斐
　录答汇》和邓玉函的《泰西人身说概》二书。惟因中国文献中不见两人奉教的片
　纸只字，再加上他们临死时均仍蓄有姬妾，故笔者颇疑此说的正确性。参见方豪，
　《中国天主教史人物传》，上册页218–220及287–288；戴廷栻，《半可集》，卷1页
　19；徐鼒，《小腆纪传》，卷63页716–717。
② 诸传均收入宋伯胤的《明泾阳王徵先生年谱》一书当中。

图表4.1：笔者与王徵十二世孙王可举先生（图右）合影。墙上为其家藏的王徵肖像（放大图见右）。

至于近代学者对王徵的兴趣，则或以黄节为先，他在光绪三十一年（1905）所撰的《王徵传》一文中[①]，用大部分的篇幅表彰王徵在制器之学的贡献，尝曰：

> 泰西近百年来物质之进步，无一不资于重学，吾国则如徵其人者，已不可多得，而当时以为曲艺……今有言徵者，举国将惊而疑之，且不知徵之为何人……使后之人有如徵者，由重学而发明万汇物体物质之变，于此三百年间，吾国实应当不至瘫败若是……设徵不遇国变死，则其所以饷后世者，亦复何限，乃仅仅得此！而后之论之者，又谓其"荒诞恣肆，不足究诘"（《四库全书总目》），诋之惟恐不力。悲夫！

黄节显然因清末国势日弱而心生感慨，并希望能促使国人重视王徵在科学技术方面的成就。

民国二十二年（1933），陈垣（1880–1971）在其北平辅仁大

134

---

① 黄节，《王徵传》。

学校长任内，撰就《泾阳王徵传》一文①，其内容除叙及王徵的宦迹外，着重于表扬其西学的造诣并突显其宗教信仰，因此方豪（1911–1980）尝称该文"洵足光辉基督"②。在民国二三十年间，还有许多学者发表有关王徵的短文，其内容则大多涉及新发现的史料③。相关的研究，在方豪发表《王徵之事迹及其输入西洋学术之贡献》（1964）一文之后④，达到高峰，此文综合了前人积累的成果，并引用了许多罕见的原典。

其后，学术界研究王徵的论著渐少，然而，在资料搜集方面，却成果丰硕，分别有李之勤的《王徵遗著》（1987）以及宋伯胤的《明泾阳王徵先生年谱》（1990）二书问世，将现存几乎所有重要的王徵著述和前人的研究成果均汇集整理出。

王徵早年信佛，但在其母于万历二十三年（1595）过世后，因偶见道书中有"一子成仙，九祖升天"之语，思欲借悟道以报亲恩，乃转而笃信道教达二十余年，并编撰有《周易参同契注》、《百字牌》、《辨道篇》、《元真人传》、《下学》、《了心丹》等道教书籍，但他同时也仍与僧人往来密切⑤。

135　　万历四十二年十月，庞迪我刊行《七克》一书，阐述应如何克制天主所禁的骄傲、嫉妒、悭吝、忿怒、迷饮食、迷色、懒惰于善等七罪，并在解说每罪之后，列举先圣先贤的言论或修德的故事，王徵自友人处获赠一部，阅后认为此乃"不愧不怍之准绳"，深受感动，甚至"日取《七克》置床头展玩"。四十四年，王徵赴京会试落

① 陈垣，《泾阳王徵传》。
② 参见陈智超，《陈垣来往书信集》，页287–288。
③ 李之勤，《解放前后报刊上发表的关于王徵生平事迹及其著作的文章目录》，收入王徵著，李之勤辑，《王徵遗著》，页348–351。
④ 方豪，《王徵之事迹及其输入西洋学术之贡献》。
⑤ 王徵，《畏天爱人极论》（Courant 6868），页1–2；王徵，《两理略序》，收入柏堃，《泾献文存》，卷7页10–11；来复，《来阳伯集》，卷7页7。

第，但却因此亲炙庞氏，并与他时相过从，习学天主教"畏天爱人"之理。天启元年，王徵曾序杨廷筠的《代疑篇》(又名《征信论》)，其中有言：

> 西学向天主三德（农按：指信、望、爱），信为之首……学者欲希圣希天，为安身立命之事，未有不从信入……先是，西学深渺，与人言多不领契。幸儒者善疑，弥格（农按：即杨廷筠的教名弥格尔）善辨，举向来人情最不释然者，似已捃击殆尽，昭揭靡遗……敢并述所闻，以足弥格子之未备。

从王徵在此序中对天主教信仰的掌握，及其敢于补杨廷筠之不足，知他当时应已奉教。惟王徵受洗的确切时间不详，仅知应在万历四十四年会晤庞迪我之后，而又不迟于天启元年，其教名为斐理伯(Philippe)[①]。

　　相对于先前学者偏重于表扬王徵的科技成就或突显其宗教信仰（见附录4.2），本章将尝试探讨王徵如何在奉教之后，因无嗣而私娶一妾，旋又痛自追悔[②]；并讨论王徵在甲申之变后，为何毅然违反"十诫"不许自杀的规条，绝粒七日而死。希望能透过此一角度，帮助我们了解近代头一批的奉教士人，在试图融合中国传统与天主教文化的过程当中，如何处理两者间的冲突，并找寻个人的出处。至于资料方面，除引用李之勤和宋伯胤所辑印的丰富材料之外，笔者还尽可能涉猎国内外现藏明清之际所撰的天主教文献，并详细查考和参阅相关的诗文别集、王徵故里的方志以及王氏后人所辑录的《宝田堂王氏家乘》。

———————————

① 此段内容均请参见宋伯胤，《明泾阳王徵先生年谱》，页40—47。
② 或为贤者讳，在宋伯胤所撰征引翔实且长达一百七十余页的王徵年谱中，竟然对此事无只字纪述！

136

图表4.2：王介所辑录《宝田堂王氏家乘》之书影。
西安李之勤教授现藏。

附录4.2

王徵与西学、西教

　　王徵在母舅张鉴的影响之下，对制器之学的兴趣一直颇浓，他为秀才时，每天只是"眠思坐想"，"专一好作古今所不经见、奇巧之器具"①；中进士后，曾在北京成功试制一具用齿轮带动木人以摇鼓撞钟并准确报时之轮壶；在户部观政时，亦曾制作省力的代耕；任官广平时，也制成鹤饮、龙尾、恒升、活杓和活机水闸诸器以治水。天启六年冬，王徵在服满继母丧之后抵京，偶自龙华民、邓玉函、汤若望三位耶稣会士处

① 王徵，《析箸文簿自叙琐言》，收入《王徵遗著》，页226–229。

得见大量西方机械工程方面的书籍，因此兴奋不已，遂在邓玉函的协助下，译刊《远西奇器图说录最》（或名《奇器图说》），在该书的前序中，王徵称有友人质疑其从事"末流之学"，他答辩曰："学原不问精粗，总期有济于世人；亦不问中西，总期不违于天。兹所录者，虽属技艺末务，而实有益于民生日用、国家兴作甚急也！"①

王徵或是最早习学拉丁文的中国士大夫之一，并曾协助金尼阁刊行拉汉字典《西儒耳目资》。王徵与西学、西教相关的著述，现存者尚有《新制诸器图说》、《畏天爱人极论》、《仁会》等，已佚者则包括《额辣济亚牖造诸器图说》一部、《诸器图说小稿》一卷、《藏器图说小稿》一卷、《西洋音诀》一卷、《西书》十册十五卷、《西书释译》一部、《西儒书（西儒缥缃要略?)》一部、《圣经要略汇集》一部、《圣经直解》一部、《崇正述略》一卷、《事天实学》一卷、《真福直指》一卷等。他且协助翻译方德望的《杜奥定先生东来渡海苦迹》、汤若望的《崇一堂日记随笔》以及《方言问答》、《松江方言教理问答》等书②。因此许多近代学者往往将王徵和徐光启等奉教名士相提并论，视他为会通中西科技与文化的一代耆英。

《宝田堂王氏家乘》卷八中收有不少时人为王徵所赋之挽诗，当中即屡提及其与西学和西教的关系，如朱之俊称其"中年翻入西儒社，闭门著书十万言。事天济众号仁者，况乎历

137

---

① 此段参见宋伯胤，《明泾阳王徵先生年谱》，页58—94；张柏春，《王徵〈新制诸器图说〉辨析》；张柏春，《王徵与邓玉函〈远西奇器图说录最〉新探》。
② 存叟，《读明末泾阳王徵所著〈额辣济亚牖造诸器图说〉自记手稿录后》；《王徵遗著》，页1—11；李天纲，《徐家汇藏书楼与明清天主教史研究》，页524。其中《额辣济亚牖造诸器图说》一书原藏天水县图书馆，但今似已佚。

政多勋劳"，温自知曰"谈天卑碣石，畸器擅西洋"，师克成称"仰面参天归一主，传心入室破群疑"，张重龄曰"朝窥脉望神仙字，夜礼耶苏圣主堂"，张德龄称"追思公生平，事天勤奥诣"，周亮工曰"箧书天闳传西国"，李楷称"博综小道耳目资，万方重译不聱悚……。更有水法利无强，巽水上水云飞涌。它时未解天学事，垂老异粮徒皇恐"。从这些诗文的出现，亦知明清之际西学和西教在知识界的影响层面。

二、入华天主教对纳妾的态度

虽然明律中对娶妾的限制颇严（见附录2.2），惟在明末社会，此一规定已形同具文，富贵人家置妾的情形相当普遍[①]。当时扬州地方即有许多人家将女儿养大供人做妾，这些女子被称为"瘦马"，当地专靠买卖"瘦马"吃饭的就有数百人[②]。许多读书人在中了进士之后，也往往会在自我的意愿或亲朋的怂恿之下娶妾，以符合新的社会地位。如在李渔（1611–1680）《风筝误》一剧的对白中，即有云："你做状元的人，三妻四妾，任凭再娶，谁人敢来阻当。"[③]

一些儒者更透过妇德的大帽子，劝诫正室不仅不应敌视或欺负小妾，且在绝嗣时更应主动劝夫纳妾，如吕坤（1536–1618）在其《女小儿语》中，即有云："久不生长，劝夫娶妾。妾若生子，你也不绝……"当时的女学著作中，亦往往将"宽容婢妾"视为二十四条

---

① 有关中国古代社会中妾的研究，参见徐泓，《明代的婚姻制度》；Hsieh Bao-Hua (Sheieh Bau Hwa)，"Concubines in Chinese Society from the Fourteenth to the Seventeenth Centuries."

② 张岱，《陶庵梦忆》，卷5页12–14。

③ 李渔，《李渔全集》，卷4页188。

女德之一，并把"莫嫉妒婢妾"当作八十条女戒之一①。

然而，明清之际也有一些知识分子开始注重妇女意识②，不太赞同纳妾的行为。以李贽（1527–1602）为例，他在二十九岁那年丧长子，其余三子也相继病故，依照通常的伦理观念，他理应纳妾以延续香火，但伉俪情深的李贽却不愿如此，而是选择招赘，视婿如子③。

明清之际的大儒顾炎武（1613–1682），五十三岁丧子，无继嗣，年近六十时，遇精通岐黄的好友傅山为他诊脉，称其尚可得子，且力劝他置妾，后遂买一妾。惟因恃筋力尚壮，亟于求子，不一二年即众疾交侵，始瞿然自悔，而立侄为嗣，并出妾嫁之。顾炎武后尝与友人论及傅山的为人，赞其为"大雅君子"，友人则对曰："岂有劝六十老人娶妾，而可为君子者乎？"炎武无以为辩④。

康熙十九年（1680），顾炎武尝作书规劝挚友王弘撰（1622–1702）不应纳妾，他除以自己的经验相告外，还举友人杨子常为例，称其素有目疾，且年逾六十，却仍买妾二人，以致三五年间遂失明，而其原已成童之子，或亦因其娶妾之事有违天理而不幸夭折。又称一西安府人士，有子有孙，甚且有曾孙，但仍复买妾，结果遭天谴，顾炎武于是以"足下之年五十九同于弟，有目疾同于子常，有曾孙同于西安之'好人'"等理由相劝⑤。

传宗接代在中国社会一直被视为对孝道的重要体现，故即使李贽和顾炎武等人反对蓄妾，但他们仍无法完全摆脱传统对继嗣的价值观，而必须采取过继族子或招赘女婿等权宜方式以解决此一问题。

当耶稣会士沙勿略初入卧亚传教时，对当地葡萄牙社群中普遍

139

---

① 陈宏谋，《教女遗规》，页59–64。
② 郑培凯，《晚明士大夫对妇女意识的注意》。
③ 孙官生，《姚安知府李贽思想研究》，页84。
④ 顾炎武，《顾亭林诗文集》，页136–137。
⑤ 顾炎武，《顾亭林诗文集》，页137–138。

的蓄妾行为就十分在意（由于葡籍女性绝少航海至东方，故葡人多娶异族女子为妾），因此事有违"十诫"中"毋行邪淫"的规条，遂努力劝其扶为正妻，或割爱驱逐，终令此一陋俗改易一新[1]。

天主教于明末入华之后，传教士们对此类行为也特别重视[2]，首位获准居留的罗明坚即尝质曰：

> 一女不得有二男，一男独得有二女乎？夫妇以相信故相结，信失而结解矣！况夫妇乖，妻妾嫡庶争，无一可者，此所以有罪也。[3]

由于在当时传教士中人数居多的耶稣会士，一直以上层社会为传教重点，而该阶层中的蓄妾现象相当普遍，以致颇影响天主教在士大夫间的发展。

古圣虞舜和周文王两人均多妻之事实，更意外成为传教士常需面对的难题。艾儒略在中国文士的逼问下，尝称"文王怕也入地狱去"。奉教士人张赓则质疑古史所记此事的真实性，并称："诚真也，余又未敢许其是也。"另一教徒颜维圣则认为"尧以二女妻舜"，或指的是第二女，而娥皇女英有可能是一人之名。利玛窦以"古者民未众，当充扩之；今人已众，宜姑停焉"，归因于上古人烟稀少之特殊环境。庞迪我也以西国为例，辩称古圣娶妾乃为奉天主之意所采行的权宜之计，其言曰：

140   我西国上古圣人娶二妻者，亦有二三辈，缘尔时人少，天

---

① 俞惟几等译，《圣方济各沙勿略传》，页33—34。
② 参见矢泽利彦，《西洋人の見た十六～十八世紀の中国女性》，页48—56；许敏，《西方传教士对明清之际中国婚姻的论述》。
③ 罗明坚，《天主圣教实录》，页35。

主欲兴其家，蕃衍其子孙，以广传圣教于世，又知其德清且坚甚，必不因多而淫，故宽娶一之经，使得娶二耳。是古圣配多，非经也，权也！其所以然之故，亦至重不轻矣！且非己私意，乃奉天主命焉！①

安文思则更加宽容地指称舜和文王应均获得天主的"特恩"②。

孙元化在天启六年为高一志的《则圣十篇》作序时，亦尝指出天主教在华传教最难令人接受者，乃为"戒色"一事，其言曰：

> 夫色于今人为最溺，故最难；亦最习，故最骇。曲证力推，要不过取征于舜降二、文娶九而已；夫娶二、娶九，则殷殷记之，谆谆道之，不得忘；而亦有中古中士，不弃丑、不再娶、不御嬖、不易糟糠者，独秘而讳之，莫或及焉。③

孙元化抨击众人往往以古圣虞舜和周文王两人均多妻之事，以印证纳妾的正当性，但对历史上那些夫妻始终从一的可敬事迹，却有意忽视。李九功有云："圣贤固有娶妾者，而非其所以为圣贤也！"④耶稣会士冯秉正也称："舜、文之行，《礼记》之言，原在天主降生前。自天主降生后，一言一行必遵天主之定命而后可。"⑤

再者，由于中国传统社会一向以孟子所言"不孝有三，无后为大"为依归⑥，李九功则称此言原本在解释"舜不告而娶"，并非真以

---

① 庞迪我，《七克》，卷6页26。
② 计翔翔，《十七世纪中期汉学著作研究》，页256–258。
③ 高一志，《则圣十篇》，孙元化前序。
④ 李九功，《问答汇抄》，页412。
⑤ 冯秉正，《盛世刍荛》，异端篇页60。
⑥ 又，孟子主张性善，与天主教声称人生来即有原罪相抵触，导致传教士一开始就对其著作采取谨慎回避的态度。参见计翔翔，《十七世纪中期汉学著作研究》，页25。

141

无后为不孝，并指《孝经》中亦不曾"鸣无后之罪"①。艾儒略即尝在黄姓友人以无嗣娶妾相询时加以细辩，其对话如下：

> 文学（农按：指黄氏）曰："承教十诫，大道炳如矣！然第六诫禁人娶妾，人当中年无子，不娶妾则恐陷不孝之名，将奈何？"先生（农按：指艾儒略）诘曰："若娶妾而复无子，将奈何？"文学曰："至此则亦听其自然耳！"先生曰："若娶妾而无子，亦听其自然，何如不娶妾而听其自然之为愈也。夫娶妻，正道也；娶妾，枉道也。无论娶妾而未必有子，即偶得子，所损实多矣！大都人之艰厥嗣者，虽多病在妇，亦有病在夫者。如病在妇，而夫必借孝名，另娶一妇，设若病在夫，而妇亦借孝名，以另嫁一夫，可乎？不可乎？……且人之孝不孝，正不系子之有无耳！"②

艾儒略在此乃以男女对等的立场，说明娶妾的不合理。

即便是被天主教会尊为"明末三大柱石"的徐光启、李之藻和杨廷筠三人，在奉教之初也均遭逢此一困窘。至于与利玛窦相交甚笃的冯应京，虽对西学和西教十分景仰，但因有妾，以致临死前均未能入教。瞿汝夔和魏裔介二人，则均待晚年其妾因正室过世而扶正后才受洗（见附录4.3）。此外，韩霖尝为入教而将姬妾遣去③；佟国器则是在晚年休妾后，始率正室和三百余家人一同受洗④。

---

① 李九功，《问答汇抄》，页413–414。
② 艾儒略、卢安德，《口铎日抄》，卷2页28–29。
③ 韩霖好友黄景昉尝赋诗称韩霖："筹边屡询废将，学道特遭瑶姬，似此肝肠铁石，谁知韵宇兰芝。"参见黄景昉，《鹿鸠咏》，卷2页8。
④ 柏应理，《一位中国奉教太太》，页74。

附录4.3

魏裔介与天主教①

《碑记赠言合刻》中收录顺治十八年魏裔介为汤若望寿辰所撰的贺文，笔者先前在阅读时，即深感魏氏与教会间的关系或非泛泛，因同书诸文的内容多偏重于褒扬若望在历算或政事的贡献，唯此文却以阐发教义为主，如其中有云：

> 夫先生之教，以天主为名原……主教尊天，儒教亦尊天；主教穷理，儒教亦穷理……古圣贤凛凛于事天之学者如此，而后之儒者，乃以隔膜之见，妄为注释，如所谓天为理也，含糊不明……先生之论岂不开发群蒙，而使天下之人各识其大父，而知所归命哉！

文中依循当时流行的天主教义，主张天即天主，此与中国儒家以天即理的传统说法大异其趣。再者，同书中亦收录一首裔介赠若望的诗，其文曰：

> 大道先从沕漠开，羲文妙义一中裁。异端久溺虚无内，圣教还由敬慎来。凛凛心源思奉事，昭昭帝鉴在胚胎。堪怜愦愦多时辈，谁向洪钟叩几回？

其中的"异端"、"圣教"以及"奉事"等辞，亦多属教会中的常用语。

---

① 此一附录参见黄一农，《张宸生平及其与杨光先间的冲突》。

查刘声木的《苌楚斋随笔》(1929) 中，有一则关于魏裔介（谥号文毅）的叙事：

> 其生平夙奉天主教，列名氏于上海徐家汇天主堂中。当时致天主教神甫书札甚多，皆藏于天主堂藏书楼中，备言奉天主教原委，实为文毅极大羞辱，此事当时竟未有知之者，直到光绪年间始发现此事……文毅内怀奸宄，外昭理学，真小人之尤，罪不容诛者也。

143　虽然徐家汇天主堂中所藏的书札以及教友名册，笔者均未得见，但由于刘氏在前引文中对西教并不友善，知他应不至于故意裁诬理学名臣魏裔介为教徒，无怪乎，在前引的魏氏诗文中，天主教的色彩如此浓厚。

　　魏裔介虽在顺治十八年为汤若望所作的寿文中，已显露出浓厚的天主教信仰，惟因其自顺治三年起，一直都置有侧室①，以致迟迟未能入教。此一情形或在其继妻蔡氏于康熙二十三年卒后，始发生改变，因其三子荔彤的生母王氏在嫁入魏家为妾三十年后，至此始被扶正，而年近七十的裔介当时或已无其他的侧室，亦即，裔介直到他在世的最后两三年始有可能被允许受洗。

　　由于魏裔介为倡导程朱之学的理学大家，且曾官拜保和殿大学士，晋太子太傅，以他如此崇高的身份地位，其奉教

① 魏裔介24岁时娶妻韩氏；29岁，韩氏卒，继娶袁氏；31岁，登第并纳妾蔡氏；34岁，袁氏卒，因无子乃过继其侄勳；稍后，又娶傅氏；40岁，蔡氏生次子嘉孚，再纳妾王氏；蔡氏稍后被扶正；55岁，王氏生三子荔彤；69岁，蔡氏卒，侧室王氏被扶正；71岁卒。

之事竟然不曾为教会所宣扬，委实令人不解。据笔者臆度，其受洗很可能乃临终时所为，欲"立志奉教于生死之际"（此与李之藻奉教之情形或同），而其家人和门生亦或不愿张扬。此故，在荔彤（应未信教①）主笔或请人编选的魏裔介年谱和文集中，均丝毫未见裔介奉教的蛛丝马迹，甚至亦不曾收入其为汤若望所写的寿序！

　　明末知名的反教人士许大受对奉教人士出妾的行为抨击颇力，他举友人周国祥为例②，称其老而无子，在买一妾后举一子，才两岁，然周氏因听传教士劝曰："吾国以不妾为贤，不以无后为大。"遂逐其子之母，许氏于是质称："今不知此子活否？"从人道的立场表达他对此类出妾行为的批判。

　　天主教的"十诫"规条在三宫六院的内廷中，更是尴尬难行。利类思和安文思曾在四川付洗张献忠某一侧室娘家的三十二口人，该侧室虽笃信天主，惟因其婚姻有违"十诫"的教规，即未获允入教③。隆武元年（1645），受命赴澳门求援的"宣谕使"毕方济，曾利用皇帝对他的倚重及其与皇帝的私交，而上呈《修齐治平颂》，劝皇帝无邪思、无二妇、勤仁政、敬上帝，隆武帝在代答的诗中，有"借旐安世后，太昊委来真"句，应允在借兵成就大业之后，将许西士在华传天主（太昊）之教，但对毕方济所提行一夫一妻制的劝告，

144

---

① 魏荔彤尝娶妾王氏，十年均无所出，故欲将其别嫁，但王氏哭泣不从，后守节逾三十多年。
② 收入徐昌治，《圣朝破邪集》，卷4页18。
③ 古洛东，《圣教入川记》，页20—36。

则无任何回应[1]。

　　至于瞿纱微（又名瞿安德），虽然成功地在永历内廷中付洗了王太后、马太后、王皇后以及太子慈炫等皇族（见第十章），但他也得很谨慎地去面对皇族特殊的婚姻制度。其中王太后和马太后因配偶已过世，应不再违反一夫一妻制，而王皇后则因本身为正室，故被允许入教。瞿纱微在替慈炫领洗时，即曾要求永历帝同意此子将来不得违反一夫一妻的规矩[2]。

　　然而，部分传教士或为了教务的发展，有时会对一些社会地位较高的奉教人士另眼相待。此故，许大受即尝抨击教士曰："督其徒使出妾，而他高足之蓄妾者至数人。"[3] 又，入华耶稣会士李明在写给同会 François d'Aix de la Chaise（法国国王路易十四世的告解师；1624–1709）的信件中，称当时传教士允许从教之人在其正妻拒绝成为教徒时，改娶其妾之一（仍须遵守一夫一妻制），但由于中国法律禁止在无正当理由的情形下以妾为妻，传教士所容许的妥协方式，显然并不行得通[4]。

---

① 毕方济的《修齐治平颂》以及隆武帝的赠诗，均收入《皇帝御制诗》。西方资料中有称隆武帝当时欲授毕方济封疆王号，并命其为军事大员，甚至愿与他共治国家，惟毕氏坚不受命，仅求隆武帝颁布保教敕书。参见沙不列，《明末奉使罗马教廷耶稣会士卜弥格传》，页31–32；Chan, "A European Document on the Fall of the Ming Dynasty（1644–1649）."

② 此见其以意大利文所撰的皈依纪事，转引自 Dunne, *Generation of Giants*, pp. 345、355.

③ 收入徐昌治，《圣朝破邪集》，卷4页30。

④ 参见 Le Comte, *Memoirs and Observations Made in a Late Journey through the Empire of China*, pp. 408–409; Gernet, *China and the Christian Impact*, pp. 189–190.

三、王徵娶妾和殉国事迹考

万历十三年，年方十五的王徵娶舅母尚氏的侄女为妻[①]。王徵自幼即与外家的关系相当密切，其舅父张鉴乃关中理学名儒，而王徵从七岁起，就住读在外家，此故，其晚年尝称："衣我、食我、教诲我，则惟我舅师督运使君暨宜人是依。"[②]万历二十二年，王徵中举，但在"十上公车"之后，始于天启二年登三甲进士，时年五十二。由于其时王徵已受洗奉教，故他在中进士之后，随即致书家人，诫勿为其娶妾，称："今日登第，皆天主之赐，敢以天主所赐者而反获罪于天主乎？"[③]由于他参加会试十次始博得一第，且登科又恰发生在其受洗之后，故王徵深信此乃天主的默佑。

天启二年六月，王徵授直隶广平府推官。稍后，举家均同往。其妻尚氏虽曾育有多男，却均以出痘殇，仅二女存[④]，王徵在"妻女跽恳，弟侄环泣，父命严谕"的情形下，心意松动，遂在不公开的情形下，于天启三年娶入年仅十五的申氏（1609-1678）为妾，希望

[①] 后文中所涉及之王徵和其妻妾的生平事迹，如未另加说明，即请参阅张炳璿，《端节先生葵心王公传》，收入王介辑录，《宝田堂王氏家乘》，卷5；王介，道光《泾阳鲁桥镇志》，节烈志页1-2及贤孝志页1；王徵，《祈请解罪启稿》，收入汤若望译述，王徵笔记，《崇一堂日记随笔》，页35-37。王介乃王徵的六世孙，其所辑之《宝田堂王氏家乘》八卷（笔者未见卷一），部分为钞本，部分为刊本，且各卷页码常不连续。

[②] 王徵，《祭河东运副张贞惠公元配舅母尚宜人文》，收入《王徵遗著》，页253-254。

[③] 艾儒略、卢安德，《口铎日抄》，卷2页4。

[④] 王徵，《析箸文簿自叙琐言》。

能生子以延续香火①。年应已逾五十的尚氏②，在妇德的教育和要求之下，鼓动丈夫娶入一比自己女儿年纪都要来得小的女子为偏房，其内心想必有些怨苦。讽刺的是，令王徵深受感动且每日置于床头把读的《七克》，却有大量篇幅批判纳妾制度以及"为孝而多娶"的行为③。

天启四年三月，王徵的继母过世。五年春，丁忧归里的王徵邀金尼阁至三原一带开教，居留近半载，并为其家人付洗④。由于娶妾一直是被在华天主教视为重罪，王徵自觉罪孽深重，乃数请金氏等神父为其解罪，但均不获允，且谓其曰："非去犯罪之端，罪难解也！"王徵于是痛自追悔，立意嫁妾以赎罪⑤，但尚氏则力加挽留，而申氏也痛哭几殒，声言愿进教守贞（见附录4.4），誓死不肯改嫁⑥。王徵无法，只得因循苟且下去。

146

---

① 王徵乃于广平任内（天启二年六月至四年三月）娶妾，由于申氏是在康熙十七年过七十大寿时绝食而死，故回推她十五岁娶人王家时应在天启三年。参见王徵，《祈请解罪启稿》；宋伯胤，《明泾阳王徵先生年谱》，页53-71；王承烈、王锡绶，《皇清待赠孺人显妣王太君行述》，收入《宝田堂王氏家乘》，卷6。
② 六十九岁的王徵在崇祯十二年所写的《析箸文簿自叙琐言》中，称其夫妇俩"年将七十老矣"，知尚氏年纪应与王徵相若。
③ 参见林中泽，《晚明中西性伦理的相遇》，页220-320。此书是迄今唯一探讨天主教对娶妾一事态度的专书，但作者并未得见笔者先前之研究，以致内容多聚焦在理念的层面，未能扩及其所产生的具体影响。
④ 宋伯胤，《明泾阳王徵先生年谱》，页71-73。
⑤ 艾儒略的门徒陈衎亦曾嫁妾以入教，参见李九功，《励修一鉴》，卷上页11-12。
⑥ 参见王徵《祈请解罪启稿》一文，惟文中并未指出他请求解罪的时间以及告解的诸神父之名，然因广平当时并无神父住堂，故笔者姑且将其欲解罪一事系于金尼阁至关中之后。

附录4.4

天主教与妇女守贞

　　当王徵因违反"十诫"中"毋行邪淫"的规条而立意嫁妾时，其侧室申氏声言愿进教守贞，誓死不肯改嫁，申氏究竟是否因此而入天主教[①]，尚未见文献提及，但天主教妇女守贞之举，曾在明末的闽东区域引发一些冲突。

　　此事涉及出身福建福安的刘中藻[②]，刘氏为崇祯十三年进士，南明时先后事唐王和鲁王。他与西学、西教颇有接触，如耶稣会士卫匡国即曾以"火药大臣"之衔替其铸炮[③]，其妻缪氏在福安的家族中更不乏奉天主者。1646年，刘中藻有一姓 Vuang（王?）之妾因在穆洋（今名穆阳）受到当地奉教妇女的影响，决定请道明会士施若翰替其领洗[④]，同时入教的还包括王氏的近亲和她的一名女仆。

　　1647年10月，刘中藻以鲁监国兵部尚书兼东阁大学士的身份出兵；翌年3月，收复福安。为充分利用天主教所建立的社会网络，他遂命里中奉教的士人领袖郭邦雍和缪士珦担任将领（见附录11.1）。

　　刘中藻旋即安排家人全部移住福宁，但当其妾王氏抵达

[①] 依照耶稣会士李明的说法，一妾欲入天主教的前提，是必须与其夫分居以解罪，亦即，申氏如愿进教，应是被教会允许的，参见 Le Comte, *Memoirs and Observations Made in a Late Journey through the Empire of China*, p. 411.

[②] 下文中之刘中藻事迹均请见 Eugenio Menegon（梅欧金），"Christian Loyalists, Spanish Friars, and Holy Virgins in Fujian during the Ming-Qing Transition."

[③] Melis, *Martino Martini, Geografo, Cartografo, Storico, Teologo*, pp. 429–430.

[④] 施若翰在明末时常往来闽台两地传教，参见 Borao, "The Catholic Dominican Missionaries in Taiwan, 1626–1642."

147　居所时，刘氏发现她头罩面纱，服饰与平常大不相同，王氏也不愿与他同房，理由是妾媵制度违反"十诫"；此外，她还拒绝参加刘家祭祖的仪式。刘中藻于是鞭打王氏，并用轿子将她送至施若翰在顶头的教堂①，只让她随身携带少量的米粮而已②。刘氏接着发布公告，谴责守贞的天主教妇女，并命各个家庭将坚持守贞者放逐至顶头。刘中藻与天主教之间的蜜月关系因此破裂，郭邦雍于是致函刘氏抗议，刘中藻则语带愤怒地答称，在自己先前与耶稣会士艾儒略、卫匡国的交往中，以及所过览的教会著述中，从不曾见及托钵教会所推动之妇女守贞和禁止祭祖的说法！此事后续的发展不详，但刘中藻不久就于1649年5月清兵攻陷福安时自杀身亡。

　　明清鼎革之际，连年战乱大幅削弱了许多原有之社会或宗族组织的影响力，道明会于是在闽东大力发展，其对妇女的宣教工作尤其积极，女性开始与传教士有所接触，突破"男女授受不亲"的传统禁忌，虽然当时在教堂做礼拜时，仍是男女有别，但已有远地而来的妇女会居停数天，只是为了聆听教义，而守贞女（beatas）的团体也开始出现。妇女从这些宗教活动当中，获得了一些前所未有的自主权，而教会也透

---

① 秦溪镇的顶头村是福安地区最早信奉天主教的地区，也是"中国礼仪之争"的爆发地。

② 由于在清人吴瑞焉所写的墓志铭中，并无王氏之名，故 Eugenio Menegon 疑她当时或遭休离。惟因该文中乃称："公元配夫人缪氏，晋封一品；次万氏；次林氏，晋封恭人。"明显只记及正妻和继妻（因明代之封赠制度止于正妻和最后一位继室，妾不得封，此见附录2.6)，加上王氏或罪不至此，且刘中藻或亦不愿她另嫁他人，故笔者认为王氏只是被异地另处，否则，刘氏应不至于还安排轿子将她送至顶头的教堂！参见刘中藻，《葛衣集》，页17—18。

过女性教徒深入家庭，并巩固其宗教社群①。

虽然金尼阁等神父知道王徵犯了违反"十诫"的重罪，且不同意替其解罪，但或因王徵是奉教国人中的知名人士，且其未几即痛自追悔，并不再与申氏同房，故很可能并不曾遭到教会的重惩。由于王徵对自己曾娶妾一事极端保密，许多教会中人还因此对其在中进士之后公开拒绝置妾的行为称誉备至②，而王徵本人也还在崇祯元年（1628）刊行的《畏天爱人极论》一书中，以相当篇幅阐述"十诫"的规条③。

崇祯元年九月，王徵之父病卒。翌年，王徵乞同年好友郑鄤为其父母撰墓志铭，他在《为父求墓志状稿》一文中，称已过继大弟徽之次子永春为嗣，王徵或以此法摆脱绝嗣的压力④。王徵稍后又过继季弟彻之三子永顺为嗣，此故，他在崇祯十二年为分家所写之《析箸文簿自叙琐言》一文中，即称已写有嗣书两纸，要二子各自珍藏⑤。

崇祯四年二月，丁忧服满的王徵在登莱巡抚孙元化的荐举下获授辽海监军道，协助同为天主教徒的孙氏练兵；是年，孔有德率部

148

149

---

① Wills, "From Manila to Fuan"; Menegon, "Ancestors, Virgins, and Friars," pp. 107–109、270–286; Menegon, "Child Bodies, Blessed Bodies."

② 萧静山尝称王徵因纳妾而遭神父弃绝（excommunication；今名绝罚，乃教会给予教徒的最严厉处罚，旧称开除教籍、逐出教会、出通功或破门律，受绝罚者禁止举行或接受圣事，也不得担任教会任何职务），其说并无根据；查艾儒略等所撰之《口铎日抄》乃记崇祯三年至八年之事，如王徵当时已遭绝罚，在此书中实不应还将他视作教徒的样板（卷2页4）；而在崇祯九年王徵公开《祈请解罪启稿》一文后，因他已断绝与申氏的夫妇关系（详见后），故更不应遭绝罚。参见萧静山，《天主教传行中国考》，页209。

③ 王徵，《畏天爱人极论》，页43。

④ 王徵，《为父求墓志状稿》，收入《王徵遗著》，页254–258。王徵过继侄子的时间不详，但其举动应非因其妾不孕所致，此因申氏当时年仅二十出头，且新婚未久，故应还无法确定不能生育。

⑤ 此文收入《王徵遗著》，页226–229。

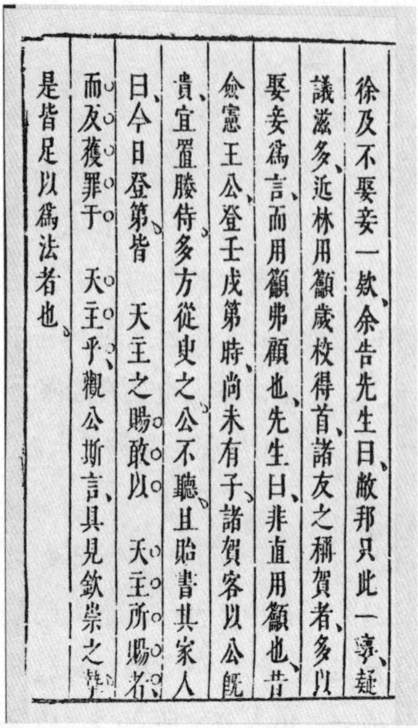

徐及不娶妾一欵。余告先生曰。敝邦只此一事。誼
议滋多。近林用额岁校得首诸友之称贺者多以
娶妾为言。而用额弗顾也。先生曰。非直用额也节
愈宪王公登壬戌第时尚未有子诸贺客以公既
贵宜置媵侍多方从史之公不听且贻书其家人
曰今日登第皆　天主之赐敢以　天主所赐者
而及获罪于　天主乎观公斯言具见钦崇之笃
是皆足以为法者也

图表4.3：《口铎日抄》中记王徵宣称不娶妾一页。

在吴桥叛变；五年正月，登州城陷，孙元化在自刎未遂后，与王徵等官同遭叛军所掳；二月，孔有德用耿仲明之计，尽放孙元化和王徵等人还朝，希冀能获得被招安的机会；七月，孙元化遭弃市，王徵则很幸运地因友人刑部山东司员外郎来于廷在审理过程中加意为其昭雪，而仅发送附近卫所充军；稍后，遇赦还家①。

王徵赦归之后，因流寇猖獗，乃在地方募乡兵以自卫，据《鲁桥镇志》中申氏小传的记载，他当时"忧深国事，克意图贼，夙夜匪懈，终身不入内室"②，其实，他"不入内室"的主因，应为避免加重违反教规之罪。或由于申氏与王徵仅有过相当短的正常婚姻生活，以致她一直不曾生育。而王徵此时对天主教的信仰益发虔诚，并四处募款营建景天阁（应即教堂），他尝自述心境曰："家事一毫不理，而心心念念，时时刻刻，只向此事着力。即妻女之簪珥、囊箧之余物、交际之馈遗，一一捐之此中甘心焉。"③

崇祯八年，王徵在泾阳城南郊买山，作为归隐之所，并为文称

---

① 来于廷与王徵同于万历二十二年的陕西乡试中式，天启四年，于廷补广平府照磨，王徵时任司理，两人"相得甚欢"，自此深交。参见王徵，《五云太守来公墓志铭》，收入《王徵遗著》，页259-265；汪楫等，《崇祯长编》，卷61页24。
② 王介，道光《泾阳鲁桥镇志》，节烈志页1-2。
③ 王徵，《析箸文簿自叙琐言》。

已终于可以"渐扫三仇浊累，潜伏洞壑，永遵十诫清修"，且称："此余素怀，而今计可幸惬耳。暂尔行游，暂寄余心之乐；终焉安止，终成自在之乡。"[①]　其中"三仇"乃天主教术语，指肉身、风俗和魔鬼等三个修德的大敌[②]。至于"终焉安止"一辞，则为教会追悼亡人的祝辞，语出拉丁文，或译为"息止安所"[③]。因知王徵希望能在此清修至死，以弥补先前所犯的娶妾等罪。

150

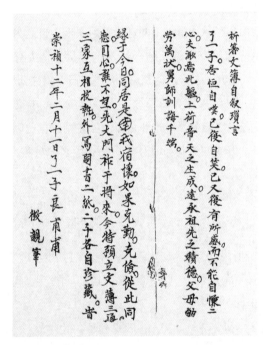

图表4.4：王徵为分家所写《析箸文簿自叙琐言》一文之首尾。西安李之勤教授现藏。

① 王徵，《简而文自记》，收入《王徵遗著》，页194–195。
② 韩霖，《铎书》，页64。
③ 方豪，《了一道人〈山居咏〉笺证》，转引自《王徵遗著》，页301–302。

王徵在隐居期间，仍日与亲朋往复唱和，尝赋有乐府词曲三阕，其中有云："守枯禅单寻智果，恋凡情双扯仙裾。三仇五浊谁能去？防淫紧似防奔马，策怠忙如策蹇驴。"① 颇能反映娶妾一事对他所产生的冲击，曲中所称的"防淫"和"策怠"，应即针对教理中所指的"迷色"和"怠惰"两恶（五浊其中之二？）而言②。此词的内容显示王徵亟欲静修以谋求一解决之道；然而，俗缘难解，以致防淫必须如同阻止奔马般紧握缰绳，而策怠亦如鞭策跛驴般迟缓。

王徵在崇祯九年秋所撰的《两理略》前序末，自题为"支离叟"。此因他先前从一朱姓友人处获赠一怪木，其状"有头有角，若目若口，四足虎踞，一尾后拄"，返家后即洗净供于案上把玩，有感此木因非金玉鼎彝，以致人皆弃而不取，遂以《庄子》中寓言人物支离叟名此怪木，并以之自号③。此号表面上虽在调侃自己因无用不才而得以在家安养，但或亦为其当时衰疲纷乱心境之一写照。

附录4.5

王徵所撰的《活人丹方》宣教传单

在刘凝所辑的《天学集解》（见附录3.1）中，收有王徵的《活人丹方》一文，内容颇有意思，且是先前学者所未见，故略加介绍于此。

王徵此文原应是以传单的形式刊传，由"晋中韩云景伯

---

① 《王徵遗著》，页198。
② 方豪在其《了一道人〈山居咏〉笺证》一文中，以为此处"五浊"应为"七浊"之误，乃指庞迪我在《七克》中所称七罪。然因王徵在《活人丹方》一文（收入刘凝，《天学集解》，卷4页37-38）中，亦有"三仇五浊"一词，因知"五浊"应无误，不知是否即庞迪我所谓七罪当中之五？又，"五浊"一词，原为佛教用语，指的是劫浊、烦恼浊、众生浊、见浊和命浊，佛教徒相信诸佛将在此等恶世出现。
③ 王徵，《怪木供赞》，收入《泾献文存》，卷12页6-7。

甫"跋，"馆甥孙正宗"梓行。韩云乃山西绛州人，历官至知州，全家多奉天主教，他与王徵共同协助耶稣会士金尼阁编写著名的拉丁文、汉文对照字典《西儒耳目资》（见第三章），知王、韩二人应颇有往来。至于庠生孙正宗，乃王徵的赘婿，故曰"馆甥"，但正宗似未能为王家承嗣，其女后则嫁王徵同年好友来于廷之孙瑄①。

《活人丹方》的内容模仿济世秘方，声称此方专治"七情六欲，三仇五浊，贪淫妒傲，种种毒害身心、损坏性命一切病证"，炮制时需准备"敬天真心一副、爱人热肠一片、孝顺十分、忠肝一段、大肚皮一具、劲骨一大节、信实根梢俱用、本来面目要全、阴骘不拘多少，神异奇料，临时酌取"，服药之后，可百病不侵，一生安乐。

韩云在跋中，指此方"从海上来"，亦即来自西洋，并称若欲"常生不死"者，可向王徵问询如何服用一味"拔弟斯摩水"，此应即拉丁文 *baptisma*（洗礼）的音译。

九年十二月，年已六十六岁的王徵，下定决心要将其婚姻问题 ¹⁵² 彻底解决，他公开发表《祈请解罪启稿》一文，称：

> （重罪人）数请解罪于诸铎德，咸曰："非去犯罪之端，罪难解也！"不之许。于是痛自追悔，已曾立意嫁妾以赎我罪，乃室人哭恳勉留之，几至反目，而妾因痛哭几殒厥生，愿言进教守贞，誓死不肯改适。不得已，悠悠忽忽，因循至今……夫既不能绝人，抑岂不能自绝？况年已垂白，犹然不自决绝，甘犯

① 《王徵遗著》，页258、264。

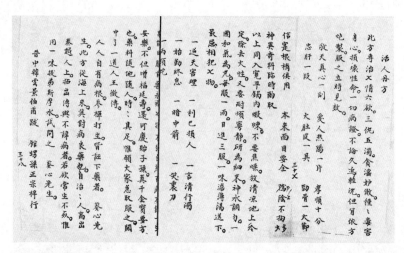

图表4.5：王徵的《活人丹方》传单。

上主不赦之条，空系进教之名，奚益耶！……今立誓天主台前，从今而后，视彼妾妇，一如宾友，自矢断色，以断此邪淫之罪，倘有再犯，天神诸若，立赐诛殛。伏望铎德垂怜，解我从前积罪，代求天主之洪赦，罪某不胜恳祈之至。[1]

承认自己曾严重违反"十诚"的教规，并称日前偶读及《弥格尔张子灵应奇迹》和《口铎日抄》中有关自己曾宣称不愿娶妾一事，更觉羞愧悔恨，故立誓从今而后，视申氏一如宾友，且断色以求解罪。但王徵或与杨廷筠一样，仅将申氏"异处"，而非休弃；此故，申氏于王徵死后仍被要求为王家掌理家务（见后文）。

王徵在了断他与申氏之间的夫妇关系后，更加清修寡欲，埋首书堆，"日日手自抄录楷书细字"，并于崇祯十一年将其先前听闻自汤若望的西贤苦修事迹，整理成《崇一堂日记随笔》一书，每则后

[1] 汤若望，《崇一堂日记随笔》，页35-37。

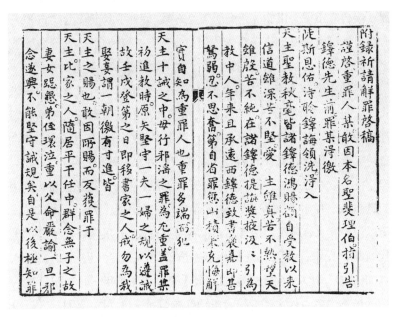

图表4.6：王徵《祈请解罪启稿》之书影。他在该文中承认自己曾因娶妾而违反"十诫"。

附评赞，其中尝论一贤者曰：

> 一乡党自好之人，劝善赈贫诸美行，人犹可及，至生子后，辄能力绝房帏之私，三十年如一日，难矣哉！难矣哉！一旦赤身飘然，从圣人入山苦修，略无一毫顾盼留连意，则其素所蓄积绝色一念基之也！如此之人，真是入道如箭。①

王徵或希冀能以其人为标竿，绝欲以赎前罪。十三年，他在写给表弟张炳璿的信中，有云："迩来百无一事于心，三碗饱饭后，一枕黑

154

---

① 汤若望，《崇一堂日记随笔》，页1—5。

甜，余自立工课，汇辑《西儒缥缃要略》，每日手录五、七叶。"① 其
心情显然已大为开朗。王徵家中当时新建有"家神堂"，是全族奉教
之人的"公共祈福之所"，他自称："我欲焚修昭事，终老其中。"②

崇祯十六年十月，李自成陷西安，王徵听闻李自成欲其出来做
官，于是先自题墓石曰"有明进士奉政大夫山东按察司佥事奉敕监
辽海军务了一道人良甫王徵之墓"，又书"精白一心事上帝，全忠全
孝更无疑"等字付其子永春，更引佩刀坐卧家中的天主堂准备自尽，
声言欲"以颈血谢吾主"。后李自成的使者果至，王徵遂拔所佩高丽
刀欲自杀，使者上前夺刀，拉扯间使者伤手出血，大怒，本欲执王
徵以行，经永春哀求，使者乃系永春回见自成③，王徵谓其子曰："儿
代我死，死孝；我矢自死，死忠。虽不能不痛惜，儿愿以忠孝死，
甘如饴也！"遂从此绝粒不复食，凡七日，于十七年三月初四日卒④。

虽然许多当代文献均提及王徵绝粒而死一事（详见后），但方豪
则主张王徵未必自尽，方氏声称在张炳璿为王徵所作的传中，有云：

> 先生属纩之际，犹紧握张炳璿手，诵所谓："忧国每含双眼
> 泪，思君独抱满腔愁"之句，绝无一语及他。

① 宋伯胤，《明泾阳王徵先生年谱》，页168—169。
② 王徵，《析箸文簿自叙琐言》。
③ 据屈大均撰《赠王永春序》中所述，王永春在见李自成时，曾抗声曰："吾父，国
之方面，义不可屈，若欲杀之，则有吾永春之首在。"自成因此壮而释之；参见《屈
大均全集》，第3册页288—299。至于王介所编之道光《泾阳鲁桥镇志》中，则称
乡人李文傑率乡勇数千赴贼营，而永春力慷慨骂贼，贼以其皆义士，尽释还（城功
志页2）。
④ 此段中有关王徵殉节事迹，主要根据张炳璿，《端节先生葵心王公传》；屈大均，
《赠王永春序》；屈大均，《三原泾阳死节二臣传》，收入《屈大均全集》，第3册页
644—645；王介，道光《泾阳鲁桥镇志》，乡贤志页6。又，部分文献中往往误指王
徵是在听闻崇祯皇帝死后始自尽的，其实，王徵卒于三月初四，北京城破则在
是月十九日。

其中并未言及王徵是自杀的，且在《明史·祝万龄传》中，亦记王
徵是"抗节死"①。其实，张炳璿并未明指王徵是被杀，且"抗节"仅
泛指坚持节操，故方豪所提及的两则资料并不与王徵自杀身亡的叙
述必然矛盾。

　　张炳璿在前引文中所称的"属纩"一词，原指人之将死，于其
口鼻上放丝绵，以观察其仍否呼吸的举动。若王徵确不曾因绝食
逐渐虚弱致死，而是被闯军处死，则他理应死得相当干脆；亦即，
张炳璿或不会使用"属纩之际"一词，并在王徵临死前还有机会
紧握其手，且静听其遗言，故笔者以为方豪的说法或有曲解史实
之嫌。

　　方豪之所以为王徵辩白，乃因自杀违反"十诫"中的第五诫"毋
杀人"，对一天主教徒而言，其生命只可由天主决定，而不得自行选
择结束。故在《教要解略》中，即有称："投身水火，自经沟渎……
皆逆天主之诫，而罪大莫逭者也！"②利玛窦亦尝指自杀要比中国社
会溺死女婴的习俗更加野蛮③；郭纳爵也称自杀是"弃公然之伦"，因
"我生命乃天主所与、所养"，故"损与存之公权，在天主而已"，且
因"人子之躯与父母归一体"，故"凡中土孝子，保全本体以当保全
父母之体"④。

　　再者，《宝田堂王氏家乘》卷八中收有近五十首时人为王徵所赋
之挽诗，大部分亦言及其绝食之事。而明清之际学者邹漪所撰的《启
祯野乘》、查继佐的《罪惟录》、张岱（1597–1684）的《石匮书后
集》、吴伟业（1609–1672）的《绥寇纪略》和陈济生的《天启崇祯

① 方豪，《中国天主教史人物传》，上册页232。
② 王丰肃（后改名高一志），《教要解略》，卷上页19–20。
③ 利玛窦、金尼阁，《利玛窦中国札记》，页92–93。
④ 郭纳爵，《烛俗迷篇》，页49–50。

两朝遗诗小传》等书中，也均称王徵是绝粒而死①。此外，屈大均在
《三原泾阳死节二臣传》中，亦持相同的说法；屈大均所述王徵的生
平乃出其家属所提供的一手资料，屈氏曾于康熙五年赴泾阳凭吊
王徵，当听永春言及其父事迹时，悲之泪下，他甚至还起意欲"携
156　家以就永春"，一同隐居。综前所述，现存文献应均支持王徵绝粒自
杀之说。由于先前在李自成陷西安时，王徵的好友焦源溥与袁养和
也都因不从而死节②，故王徵的殉国或亦受其朋侪的影响。

　　王徵死后，申氏也欲绝食以殉夫。是时，永春方代父系于贼
所③，尚氏闻变亦忧愤成疾，奄奄在床，尚氏因而要求申氏"留一线
命"，以处理王徵与尚氏的后事，并照顾王家后人。申氏在不得已的
情形下，乃勉强进食，但却毅然断发毁容，王徵表弟张炳璿因此称
扬她"青年贞静，矢志靡他，小星中尤难多得"④。

　　由于王家当时已家道中落，申氏于是躬亲纺纫以供家用，备尝
艰苦；不数年，尚氏过世；永春也卒于康熙七年，育有子女各一⑤；
申氏自此独力抚养两孙，当其七十大寿时，孙男王瑱延请乡里名宦
为文祝贺，并奉觞加羹以进，申氏见此却悲从中来，曰：

① 邹漪，《启祯野乘》，卷11页1—2；查继佐，《罪惟录》，列传卷12中页1880—1881；
张岱，《石匮书后集》，页218—219；吴伟业，《绥寇纪略》，页446，陈济生，《天启
崇祯两朝遗诗小传》，页221—222。
② 参见屈大均，《三原泾阳死节二臣传》。
③ 屈大均在《赠王永春序》中，称永春获释返家时，王徵已过世，但屈氏在《三原
泾阳死节二臣传》中，则又称永春释归时，其父尚绝粒未死。两说显然矛盾，今据
王介所编之道光《泾阳鲁桥镇志》中的申氏小传，姑从前说。
④ 张炳璿，《明贤良文学仁甫王次公暨配马孺人合葬墓志铭》，收入《宝田堂王氏家
乘》，卷5。
⑤ 王承烈，《鲁也府君行述》，收入《泾献文存》，卷12页31—36。鲁也为王瑱之号，
承烈则为瑱之长子。

> 我为前朝臣子之妾，尝食前朝禄养之德，先臣既不食以
> 殉国，独不能死前朝君臣之难，苟延残喘，死有余辱，尚复何
> 心忍啖酒肉耶？所以偷生人世，以至今日者，不敢违夫人命
> 故耳！

她声称自己先前之所以忍辱偷生，乃因主母托孤，而今责任已了，竟不食而死[①]。明清之际的朝代鼎革和西学东渐对王徵一家的命运和人生造成重大影响，而申氏的自杀更将此一事件的悲剧色彩推向了极点。

四、王家后代与天主教

明末许多士大夫（如徐光启、杨廷筠、孙元化等人）在虔诚奉教之后，往往影响其家人亦受洗。在王徵的促成之下，其弟徽和彻或均于天启五年由金尼阁领洗[②]。依据张炳璹为其表兄王徽（1580–1629）及表嫂马氏合葬所撰写的墓志铭中所记[③]，王徽"生平无妾媵"，而马氏先后为其育有永年、永春和永龄三子；在撰志之时，徽共有孙男三，瑛为永年出，若翰为永春出，西满为永龄出；徽且已有曾孙男一，名安当，瑛所出。

由于若翰、西满和安当是当时在华天主教徒所常用的洗名，因知此三人应均奉教。查王徵家族的谱系（见图表4.7），知瑱（1649–1711）为永春的独子，在家族同辈中行三；瑛仅生显谟一子，行长；永龄的长子为璘，行五。故前述之若翰、西满和安当，或即瑱、璘和显谟三人。

---

① 王介，道光《泾阳鲁桥镇志》，节烈志页1–2。
② 宋伯胤，《明泾阳王徵先生年谱》，页73。
③ 张炳璹，《明贤良文学仁甫王次公暨配马孺人合葬墓志铭》。

张炳璿撰写前述墓志铭的时间不详，惟因马氏卒于顺治二年年底，而文中所提及的王瓆生于顺治五年年底，故知该文最可能成于顺治中期，亦即张炳璿在撰前志时，瓆、璘和显谟三人应均年幼，他们或仍遵依祖辈的宗教信仰，在出生时接受洗礼，甚至以洗名为名。

附录4.6

王徵的父母和兄弟[①]

王徵之父应选，号浒北，生于嘉靖二十九年（1550），其弟早卒，遂为独子。应选虽出身农家，但喜读书。年轻时常涉猎《太上感应篇》等道教经典，也通晓地理和星命诸家，且精于算数，尝自编《算数歌款》一卷以教人[②]。应选居平乐于助人，惟"苦家素寒塞，无能尽惬其乐施之意"，直到王徵授官之后，因"禄养足给"，遂常行施茶汤、救困病等善事。王徵于天启七年担任扬州府推官时，曾迎父至官邸居住，然数月之后，应选即因思念乡里而返回泾阳老家。未几，因里中干旱成灾，应选"日日步行数里，诣岳庙祷雨"，终积劳成疾，卒于崇祯元年。从其死前不久仍赴庙中祷雨一事，知应选或不曾入天主教。

王徵之母张氏，生于嘉靖三十年，及笄（约十六岁）时归王家，因夫家经济拮据，故初期的生活颇为清苦。王徵七岁起即就食外家，从母舅张鉴（1545-1606）读书，甚至游宦。张鉴历任赵城、定兴和迁安之县令、山西岢岚州知州、太原

158

[①] 此处有关王徵父母和兄弟的材料，主要参考王秬所撰的《泾阳县盈村里尖担堡王氏族内一支记世系并记坟茔册》，以及该书末附之王徵为其父求墓志铭所撰之行状（亦收入《王徵遗著》，页254–258、305–310）。

[②] 王介，《泾阳鲁桥镇志》，经籍志页6。

府同知、河东运盐使司运同；王徵除儒学之外，亦旁及"方
伎、图谶诸外家之说"，且精于制造弩机和战车等器械①。

张氏于隆庆五年（1571）生徵，万历八年生徵。王徵，
字仁甫，号葵心，增广生，中万历四十三年副榜，娶马氏
（1580–1646），无妾媵，崇祯二年卒，生永年、永春、永龄三
男，其中永春过继给王徵。

应选之元配张氏于万历二十三年过世，继娶亦为张氏，
二十五年生季子彻，甫弥月即弃世。王彻，号蕙心，邑庠
生，康熙四年卒，元配雷氏（1598–1633），继娶申氏，共
有永祚、永禧、永顺、永孝、永祜五子，其中永顺（1628–
1704）过继给王徵。惟据王徵在崇祯二年为其父所撰之行状，
彻娶雷氏，生永祚、永禧、永德三男，当中并无永顺，然在
《泾阳县盈村里尖担堡王氏族内一支记世系并记坟墓册》中，
永字辈共八人，并无永德，因疑永德或于稍后改名为永顺。

查王徵在为其父所撰之行状草稿中，仅提及其父娶有元
配张氏及继妻张氏，三人且合葬，但在王氏的世系表中，则
称另有程氏和苏氏两祖妣未与应选合葬，程、苏二人究竟是
继妻或侧室，记载并不详。惟在王徵同年好友郑鄤所撰之王
应选墓志铭中，则明指两人乃继妻，其文曰："张孺人殁后，
君继室三，继孺人者亦张也……张氏蚤卒，继张者为程，继
程者为苏，俱无出。"由于该铭乃应王徵之邀所撰，知王徵在
行状的定稿中或补及此②。

① 柏堂，《泾献文存》，外编卷5页14–18；《王徵遗著》，页253–254；宋伯胤，《明泾
　阳王徵先生年谱》，页9–10。
② 此段参见《宝田堂王氏家乘》，卷5–6。

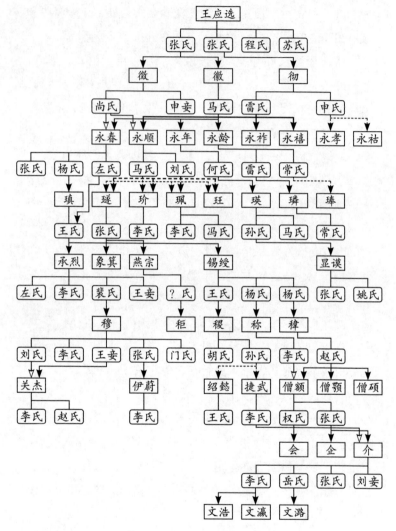

图表4.7：王徵家族世系图。其中彻和永顺之孙辈，以及永祚、永禧、永孝、永祜之子辈等资料从略。

---

① 此见《泾阳县盈村里尖担堡王氏族内一支记世系并记坟墓册》及《宝田堂王氏家乘》各卷。

王瑱，字瑶席，号桐肄，又号鲁也，教名为若翰，邑诸生。在庶祖母申氏艰辛抚养下长成的瑱，其宗教信仰稍后即或因家庭因素和外在环境而有所动摇。据现存的传记资料中所载，瑱本身虽不喜释老之书，但当其长子承烈（1666–1730）涉猎这方面书籍时，他不仅不责备，且语带鼓励，认为各式书籍"皆可以拓心胸、长识趣"。至于瑱妻王氏（1651–1713；其家世见图表4.8）[1]，应亦非天主教徒[2]，因初不识字的王氏，尝命承烈与锡绶（1674–1749）两子为其读释、道之书，遂"尽通二氏家言"，王氏平日且屡持斋[3]。王瑱夫妇对天主教的态度或深刻影响到其子嗣。

王承烈，字逊功，号复庵，康熙四十八年进士，历官至工、刑两部之右侍郎，他是王徵家族中的第二位进士，也是历官最高者。承烈先后娶左氏、李氏（?–1716）、裴氏（1681–1748）和王氏（见图表4.7）。裴氏，陕西临潼人，其父为一处士，她于康熙三十九年嫁入王家为妾，其时，在华天主教正因"礼仪之争"的冲击而日益萎缩，陕西境内甚至已有多年罕见传教士活动[4]。次年，裴氏生子穆（1701–1770）。康熙五十四年，承烈携李氏、裴氏赴京任官，其时裴氏仍为侧室。翌年，李氏去世，承烈或因家中人丁单薄等因素，

---

① 此虽属同姓联姻，但两家或无亲近的血缘关系，而时人对此颇注意，如在《泾阳县盈村里尖担堡王氏族内一支记世系并记坟墓册》中，即称王应选有一不知名之幼弟，"此祖相传于孩提时出痘而殁，置于城外复生，为淡马堡马氏抱去，养以为子，遂姓马氏。今其后在汉中黄沙驿，今若归家，凡遇婚嫁宜慎……今记此祖者，为以后婚嫁者计，惟望观者勿以此为不当而去之。"

② 天主教会虽承认教徒与异教者之间的婚姻，然当事人将因此不能得"圣宠"，故希望此类夫妻能于稍后"相化而入教"。参见利类思译，《圣事礼典》，页51–52。

③ 王承烈，《鲁也府君行述》，收入《泾献（诗）文存》，文存卷12页31–36；王承烈，《王太君行述》，收入《泾献（诗）文存》，文存卷12页36–39；王云锦，《清文学赠翰林院庶吉士伯父文清公元配王孺人墓志铭》，收入《宝田堂王氏家乘》，卷5。

④ 据耶稣会的资料，1691年前后尚有张安当和何大经在陕西活动，但接下来有近十年无耶稣会士在陕，直到1703年，孟正气始又至西安府；至于其他传教会的情形，则待考。参见 Dehergne, *Répertoire des Jésuites de Chine de 1552 à 1800*.

所以在将裴氏扶正后，又纳妾王氏，但王氏并无所出①。

161　　　　承烈显然选择了其社会阶层所通常拥有的妻妾同室的婚姻方式②，而他和配偶们也因此应均非天主教徒，反而可能较亲近当时民间流行的佛教信仰，此故，当裴氏随子宦游京师时，她即曾将早卒之幼女暂时"浮厝僧舍"，期盼行有余力时再归葬乡里③，而承烈虽然秉持儒家的正统，尝力辟佛家的寂灭之学，但他对部分佛理仍持正面态度，尝称："释氏以贪、嗔、痴三字，概世人之情，明而确，简而尽。"④

　　承烈的独子穆，字侍瞻，号熙园，雍正元年（1723）举人，因其父任官的劳绩，而于雍正七年蒙恩补授内阁中书舍人，后改南阳府军捕水利同知。据王氏家族世系等资料所记⑤，穆的元配为刘氏（1704–1744），继配有李氏（1730–1746）和张氏（1726–1759）。穆晚年革职家居，五十九岁再鳏，续娶门氏。有子三，其中长子关杰为庶出，被刘氏取为己子，因知刘氏在世时，穆即已娶妾。乾隆十三年（1748），穆母裴氏过世，他在自撰的《行略》中，称己除先后娶刘氏、李氏和张氏外，还纳有侧室王氏，此或即关杰的生母。

---

① 王承烈，《鲁也府君行述》；王穆，《皇清特授通议大夫刑部右侍郎显考复庵府君行述》，收入《宝田堂王氏家乘》，卷6。
② 此一情形亦见于天主教徒魏裔介的家庭，其子荔彤后亦娶妾；参见黄一农，《张宸生平及其与杨光先间的冲突》。
③ 王穆，《皇清晋封太夫人显妣裴太君行略》，收入《宝田堂王氏家乘》，卷6。
④ 王承烈，《日省要语》，收入《泾献（诗）文存》，文存卷10页13；王介，《读先司寇文正公纪恩诗并行状事实……》，收入《泾献（诗）文存》，诗存卷3页16–18。
⑤ 参见周道隆，《清乡进士特授奉政大夫河南南阳府同知熙园王公暨配刘李张宜人合葬墓志铭》，收入《宝田堂王氏家乘》，卷5；王穆，《皇清晋封太夫人显妣裴太君行略》，收入《宝田堂王氏家乘》，卷6。又，王氏家族世系表中，仅记王穆之元配和继妻，而无其侧室的资料。

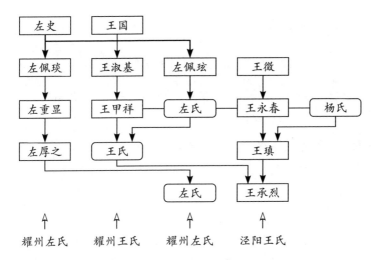

图表4.8：耀州王氏、左氏与泾阳王氏间错综复杂的婚姻关系。无箭头之连
线代表夫妻关系，实线箭头则用来连接父母与子女。

　　承烈之弟锡绥的曾孙介（1785- ？），以邑庠优生分发广西，试
用府经历（正八品），其元配李氏（1789–1824）卒于三十六岁，年
二十嫁入王家，育有二男三女，道光十二年（1832），介之继妻岳氏
卒，十八年，又丧继配张氏，此外，介还有侧室刘氏（大同人），惟
其纳此妾的确切时间不详。由于王介于道光二十年曾为自己撰寿言
一篇，而当时他身在"云中（大同之古名）官舍"，因疑刘氏或为王
介游幕至大同时（1835–1846）所纳[1]。

――――――――――

[1] 此段参见《宝田堂王氏家乘》，卷2。

附录4.7

没落仕宦家庭间奇特的联姻关系①

王徵乃泾阳王家头一位中进士者，但因他"历官三任，不及四载"，加上"饥荒杂乱"且"倡筑鲁桥镇城"，以致"囊橐萧然"。其子永春虽有外家之奥援，惟因轻财重义，且尝集三房之子姓十余人开塾延师，所费浩繁，导致他在康熙七年过世时，也是"室如悬磬"。

永春在元配张氏和继妻杨氏先后过世后，又娶耀州左佩玹之三女为妻。左氏原嫁同郡廪膳生王甲祥，无子，仅育两女②。崇祯末，耀州惨遭闯军蹂躏，甲祥以一孱弱书生，外受强族所逼，内受悍仆所制，不到三十岁就忧悸病卒，其妻遂携次女（1650–1713）倚养于外家，但未几佩玹亦逝。顺治十五年，在族人的强迫之下，左氏再嫁王永春为妻③。

康熙四年，永春和左氏将两人前次婚姻各自所生之一子（琪，十八岁）和一女（王氏，十六岁）结成连理；翌年，王氏生承烈。在王琪夫妇的墓志铭中，此一复杂婚姻被美化为："伯父（琪）事左孺人，既以外姑而母；伯母（王氏）事儒学公（永春），又以继父而舅。"虽然王琪夫妇并无血缘关系，但古人多视此等婚姻为乱伦，因其"兄妹男女之别不明"且

163

---

① 此附录之相关资料均请参见《宝田堂王氏家乘》，卷5–6。

② 下文中有关耀州左家和王家之事迹，均请参见汪灏等修纂，乾隆《续耀州志》，卷6–7。

③ 据承烈为母亲所撰之行述称："于是强族夺先外祖母之志，改归于先王父。"由于永春是在康熙七年病卒于耀州，知其或多在邻近泾阳的耀州发展。

"父母舅姑之名不正"①。

　　王瑱与其继母妹的婚姻，有可能与王家经济的衰败相关，此一送作堆的方式应可节省颇多花费。康熙十五、十六年之交，瑱之继母左氏久疾卧床，十七年，左氏与瑱之庶祖母申氏（王徵之妾，永春之庶母）同月而殁，因事起仓卒，而家计窘急，当时还需靠瑱妻典卖首饰和衣裳才得以处理后事。

　　耀州王氏和左氏原均为官宦世家，王国和王图两兄弟均为进士，是东林党要角，分别历官至保定巡抚和礼部尚书②；国有淑璟（荫知府）和淑基（候选主簿）二子；图有淑抃（进士，户部郎中）一子。至于左思明（河南通判）之子史任扶沟县令，史的堂兄弟熙（进士）为四川按察司佥事、煦为褒城训导，史的次子佩玹和三子佩琰，则分别历官至山东按察使和通江知县；此外，另有佩瑾知新蔡县、佩瑛任巡检，堂兄弟永图任广西巡按。

　　但王淑璟、王淑基、左佩玹、左佩琰和王徵的后代，在明末官场少有表现，家境或亦拮据，遂出现两单亲家庭两代双重联姻的特殊状况，且相互扶持③。王瑱和王氏所生之承烈，甚至又娶瑱继母的从侄孙女（左厚之次女④）为妻。透过此一安排，三个家族的血缘关系紧密地融合在一块（见图表4.8），而承烈也不负厚望，登康熙四十八年进士，并历官至刑部右

____

① 明英宗时即曾谕旨将此类婚姻，"依娶同母异父姊妹律，减等科断"；参见余继登，《皇明典故纪闻》，卷11页36。
② 陈鼎，《东林列传》，卷16页1—4。
③ 如承烈的外舅耀州左静庵过世后，王瑱怜其遗孤失教，遂命受业于承烈，并赞助其读书。又，王甲祥无后，王瑱亦加意照顾其族中之弟侄。
④ 此见李之勤教授藏《康熙乙酉科陕西乡试朱卷》中的王承烈履历。

164

侍郎，成功地重振家业。承烈还保举其弟锡绶以举人任官，历升至庆阳府教授，锡绶子稑亦由太学生授云南沾益尉，迁东川府经历，稑子僧额也以举人出仕，官至漳州府同知[1]。

由前述的讨论，知王徵以下两代的直系后裔或均仍受洗入教，然其妾申氏痛苦的遭遇，很可能动摇了家人对天主教的虔诚。而其曾孙承烈的高中进士，更令天主教就此淡出长房。在承烈的帮助和影响之下，长房几乎人人业儒，其子穆、其弟锡绶以及锡绶之子暨孙，更均先后出仕[2]。由于当时中国的天主教事业正笼罩在"礼仪之争"的阴影之下（见第十一、第十二章），教中人士被禁止敬天、敬孔子或供祖先牌位，许多人（尤其是业儒者）因此出教，无怪乎出身天主教世家的承烈、穆和介，亦选择了"十诫"所不允许的纳妾婚姻方式。

从王氏的世系表，我们亦可发现长房自王徵（含）以下的六代世系当中，男丁除两人早夭外，其余十四人合计娶有三十名妻妾（除妻亡之后再娶的继室外，另含三名侧室），亦即嫁入王家的女性，平均寿命要远低于其男性配偶。此外，长房也或因经济条件较佳，以致娶妻的平均数亦高于明清时期一般家庭[3]。

由于一妇女生子与否往往攸关其在传统家庭中的地位，而明清时期相对低落的医疗水准，也使生产过程对妇人的健康甚至生命形

[1] 王介，道光《泾阳鲁桥镇志》，仕宦志页10—11。
[2] 周道隆，《清敕授征仕郎例赠文林郎云南东川府巧家营经历月山王公墓志》，收入《宝田堂王氏家乘》，卷5；张秉鲁，《敕授文林郎福建海澄县知县乡进士酉峰王公墓表》，收入《宝田堂王氏家乘》，卷5；王穆，《皇清特授通议大夫刑部右侍郎显考复庵府君行述》，收入《宝田堂王氏家乘》，卷6。
[3] 依据一项对明清四万余家庭所做的分析显示，当时每位丈夫的平均配偶数为1.22人，而社会地位较高的家族，通常平均数亦较高。参见刘翠溶，《明清时期家族人口与社会经济变迁》，页36—70。

成重大威胁[1]。如王穆的元配刘氏一直未生子，在取庶出的关杰为己子之后，仍汲汲于生育，终在乾隆九年产下一女，但旋以中风而卒[2]。类似情形或可合理解释前述男女配偶平均寿命差异颇大的事实。

传统中国社会对传宗接代一事的重视，也使过继族子成为解决无嗣窘境的常见方式。在王家的世系表中，即屡见此一情形：如长房锡绶因元配王氏屡举不育，遂以三房堂兄弟推恩之次子稷为嗣；稷的长子绍懿也无子，则过继胞弟捷武的长男；捷武又以堂弟僧额的三子介为嗣。

相对地，二房璘或服膺天主教不娶妾的教规，仅娶常氏一人，最后无子，乃选择以堂侄显谟之三子奏为嗣孙；由于显谟亦曾受洗，故宗教考量很可能是璘决定过继奏的重要原因之一。据1996年春笔者在王徵家乡（鲁桥镇王家村）调查时之听闻，该村现仍有奉天主教者，并称二房直至清末民初均仍有人奉教，此或因其不曾遭逢类似长房所受的重大冲击和改变所致。

从前述对王氏家族的析探，我们可发觉清代以士绅阶级为主的家庭，因受其社会阶层某些特性（如必须参与被教会所禁的祭祖祀孔等仪礼；又因较重视子嗣的兴旺且经济条件较佳，而多有娶妾之举）的影响，似乎较不易维持天主教信仰的传承。

五、结语

在明清之际中、欧两文明头一次的大规模接触中，西学成为流行的新思潮，许多知识分子也连带对西教十分友善。如以王徵为例，在他往来的师友中，除徐光启、李之藻、孙元化等奉教士人外，更

---

[1] Hsiung Ping-Chen, "Sons and Mothers: Demographic Realities and the Chinese Culture of Hsiao."

[2] 王穆，《皇清晋封太夫人显妣裴太君行略》。

包括相国何宗彦、朱国祚、冢宰孙丕扬、张问达、大司马张缙彦、魏学曾、大司寇李世达、韩继思等六十多位名士[1]。

当时一些传教士和受洗的士大夫，往往憧憬借天主教的教理以合儒、补儒、附儒甚至超儒[2]；然而，儒家传统和天主教教义间的部分冲突，却令许多奉教者陷入尴尬的抉择。王徵的生平事迹，即为其中最突出的案例之一，对其娶妾和自杀此两件违反"十诫"的行事，先前学者或一笔略过、或避而不谈、或叙述有误，前文即综合各文献中的记载，做了详细的厘清；下文则将从文化融合与摩擦的角度，尝试做更进一步的析探。

王徵自幼深受儒家传统的熏陶，此故，"天儒合一"一直是其奉教之后的重要中心思想，如他在天启六年序金尼阁的《西儒耳目资》一书时，即表举金氏"学本事天，与吾儒知天畏天、在帝左右之旨无二"，而其在初授扬州推官时，更撰有带祈祷性质的《告神文》，曰："惟上帝垂佑我下民，肆神用宠，绥乎兹土，凡官兹土者，实式凭之……兹将受事之初，爰告衷言，祈神明贶……迄无令徵得罪于百姓，得罪于朝廷，得罪于垂佑下民之上帝。"稍后，他也曾因淫雨不断而撰《祈晴文》，并于放晴后作《谢神文》[3]。王徵祭谢神明的做法，显然具有浓厚的传统色彩，只不过将通常所祭拜的城隍和龙王等神，改成了"上帝"，而在其心目中，中国先秦典籍中所提及的"上帝"，即等同于泰西所称的"天主"（见第十二章）。

崇祯元年，王徵曾捐募约一千两银在扬州城西北盖建景天阁，奉十一位名宦乡贤，并安放昊天上帝的神位；王徵自称："阁名景天，

---

① 王介，《读明史甲申之变先端节公殉国略述梗概百韵》，收入柏堂，《泾献诗存》，卷3页13–16。
② 如见陈受颐，《明末清初耶稣会士的儒教观及其反应》；方豪，《明末清初天主教比附儒家学说之研究》；陈卫平，《明清之际西方传教士的天主教儒学化》；汤一介，《论利玛窦汇合东西文化的尝试》。
③ 《王徵遗著》，页108–110。

盖取士希贤、贤希圣、圣希天之意。且因崇贤之举，而旌余凤昔畏天之一念。"[1] 知其或为避免骇人视听，并未直接呈现个人的宗教信仰，而是以古书中的"昊天上帝"为天主的代名。王徵此一杂糅儒家与天主教思想的做法，应承袭自杨廷筠等奉教前辈，也成为后来"中国礼仪问题"的争论焦点之一（见第十一章和第十二章）。

　　天主教的教理在王徵的心目中，初期或许主要停留在形而上的思想层次。此故，他会在崇祯元年与好友郑鄤相偕去算命[2]，然此种行为被天主教视作迷信[3]。又，当其年过半百且乏嗣时，他也会屈服于周遭的压力，私下娶妾。无怪乎，王徵在晚年所撰的《祈请解罪启稿》一文中，尝自我批评曰：

> 顾自受教以来，信道虽深，苦不坚；爱主虽真，苦不热；望天虽殷，苦不纯。

由于娶妾一事严重违反"十诫"，并不属于可淡然视之的"小节"，故王徵在屏妾异处之后，尝有一对联称：

> 空洞中三仇尽扫，十诫恒遵，乃思乃言乃行，念念恪守圣经，敬跻光明圣域；层台上方虑都清，一诚独注，所信所望所爱，心心钦崇天主，欣登乐福天乡。[4]

明白显示出他在痛自追悔后欲恪遵"十诫"的意愿。

167

---

[1] 《王徵遗著》，页72–74。
[2] 郑鄤，《峚阳草堂文集》，卷12页1。
[3] 如教会中人在万历末年所撰的《醒迷篇》中，即分别有专章批判风水地理和命理等事。
[4] 《王徵遗著》，页280。

王徵在《和靖节先生归去来辞》中，也曾清楚表明他痛悔前非的心境：

> 痛已往之迷误，可仍蹈乎前非？爰洗身于圣水，更被濯其裳衣。寻上达之正路，莫显见乎隐微。乃溯天原，望道而奔。首畏天命，归依孔门。知天事天，日养日存。钦崇一主，惟上帝尊。①

但我们从其中"首畏天命，归依孔门"句，也可知道儒家思想在其内心中不可动摇的地位。

王徵在处理传宗接代的问题上，虽出现天、儒之间的重大矛盾，惟因娶妾并非唯一的解决方式，故他得以改用过继侄子的途径回避冲突。然而，当他面对国亡的残酷事实时，王徵不再有任何可以回避的空间，他必须在"大节"和"十诫"之间立做判断，而深浸于儒家传统的王徵，毅然选择了自杀尽节。王徵在面对无嗣与国破的压力和冲击时，很无奈地失落在中国传统和天主教文化之间，黯然承受作为一个"两头蛇族"在会通天、儒的尝试中所产生的尴尬。

查继佐尝在其所撰的《王徵传》中，论曰："其奉天主教严，临命犹喃喃二语，以此事天，儒教哉！"其中所谓的"二语"，即前文中所提及的"忧国每含双眼泪，思君独抱满腔愁"两句②；而张炳璿也曾在替王徵作传时，称其"孜孜乎畏天爱人，虽似癖耶稣之学，此生平好奇则然。然中之所存，壹以忠孝为基，一线到底，八风弗移"，他们显然均认为王徵最后仍证明自己实为一儒家信徒。的确，我们从王徵在违反"十诫"而绝粒时，还自许平生所为是"精白一

---

① 《王徵遗著》，页275—276。
② 查继佐，《罪惟录》，列传卷12中页1880—1881。惟此传中将"思君独抱满腔愁"句作"思君独抱百年愁"。

心事上帝，全忠全孝更无疑"一事，即可发现他或许已经在中西的道德矛盾中，找到了自我定位；而其所崇奉的天主教信仰，显然已因儒家化而渐与教会的正统有所出入。

王徵在皈依天主教后所遭逢的道德矛盾，也出现于其他方面，如"十诫"中劝勉信徒"毋杀人"，但当时较知名的教中人士（如徐光启、李之藻、孙元化、韩霖、韩云以及王徵等）却多致力于"讲求火器"，以致遭人讥为"制造杀人毒器"，王徵尝辩此曰：

> 以杀止杀，从古已然。夫敌加于己，不得已而用之……况我人不伤，而船与车自伤、自战，用力最捷，而炮与梯可击、可登，其所默救于众者，不既多耶？又况偶而出奇，足以破敌人之胆而耸其神虑，无不倒戈而归命，其所全活于敌人者，或亦多多矣！[1]

其中"以杀止杀"的说辞虽为教规所允许[2]，但对许多教外之人而言仍显得相当牵强。

儒家化的天主教信仰或是明清之际第一代奉教士大夫们不得不然的选择，此因他们很难一朝尽弃深植在内心数十年的儒家传统。我们因此屡可见有教徒因尽节而违反"十诫"，如徐光启的外甥陈于阶即于清兵攻陷南京时自杀殉国（见第三章）；至于登莱巡抚孙

169

---

[1] 王徵，《〈额辣济亚牖造诸器图说〉自记》，收入《王徵遗著》，页229-232。王徵在《额辣济亚牖造诸器图说》一书中介绍了火船、火雷、云梯、自行兵车、神威炮等武器的规制和用法。额辣济亚乃拉丁文"gratia"之音译，为恩赐之意。

[2] 如在王丰肃的《教要解略》中有云："世有残酷不仁者，君公官府、主持世道者，以国法治之，无赦。凡以体天主生人之心，而安全善类，所谓杀以止杀者是已！"（卷上页19-20）

元化，亦曾在登州城遭孔有德叛兵攻陷时试图自刎[1]。

虽然利玛窦对中国士大夫在国破时杀身成仁的行为颇为称许[2]，但由于殉节之事与"十诫"发生严重冲突，此故，在当时教会所出版的书籍中，多不愿面对此事，也少有抨击此类行为者。后世的教会学者在编写教史时，更往往有意不言他们自杀之事，或径自改称为遇害[3]。此类出自扬教心态的做法，偶亦可见于先前其他天主教史的研究中（见第九章）。

在遭逢天、儒冲突以及亡国之痛时，王徵的应对其实是相当自我的。他选择娶妾以延续家族的香火，选择绝粒以突显自己的忠烈。然而，没有任何选择权的申氏，却因嫁入一天主教家庭，而得独自默然承受因中、欧两大文明接触所产生的冲突，悲惨地在王家虚度宝贵的青春。王徵为了自身的罪赎，牺牲了申氏的幸福。在前二十年里，申氏可以说没有丝毫的家庭地位和名分，也几乎不曾有过正常的婚姻生活，在食指浩繁（逾五百口）的王家中[4]，她只是一位与大家长王徵关系暧昧的女子，僻居在鲁桥镇上王家大院里的一间小屋。

申氏很不幸又生逢明末朝代嬗替的变局，当王徵绝食殉国之后，她在王家的名分第一次被正式确认，但代价却是此后三十五年的含辛茹苦，主母尚氏要求她负起遭逢国难和家变之后的家庭重担。王徵求死虽难，然而，绝粒之苦仅七日，而申氏却得独自去承受事后漫长的苦痛。王家为回报她的付出，在后世所编的族谱中将其视作王

---

[1] 虽然颇多明清之际的著述中，均提及孙元化自刎一事，但方豪在其《中国天主教史人物传》的孙元化小传中（上册页234–239），对此事却全然避而不谈。详细的讨论，请参见黄一农，《天主教徒孙元化与明末华洋的西洋火炮》。

[2] Ricci, *China in the Sixteenth Century*, p. 43.

[3] 除前引方豪的著述外，另亦见萧静山，《天主教传行中国考》，页206–209。

[4] 王徵，《祈箸文簿自叙琐言》。

徵的继妻（见图表4.9）[①]，当王徵六世孙王介于嘉庆二十四年在鲁桥镇捐资倡建"节烈祠"时，申氏也是入祀的第一人[②]。

个性刚毅但命运多舛的申氏，在嫁入王家五十五年之后，为自己做了一个重要的抉择——仿效王徵绝食而死；申氏集烈女与节妇的行为于一身，这远远超出传统礼教对她或任何一位女性的要求。王徵和永春父子两人的忠孝节操，或亦曾对申氏的抉择产生关键的影响或压力。我们无法知道申氏的自杀究竟有多少出自对王

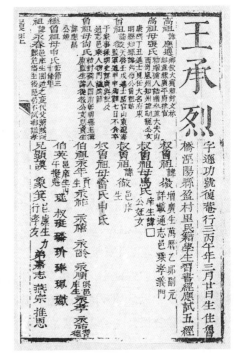

图表4.9：《康熙乙酉科陕西乡试朱卷》中的王承烈履历。上栏左数第二行即记明申氏为其继曾祖母；西安李之勤教授现藏。

徵的慕念（从某个角度来看，王徵是既寡情且又太自我，但申氏对他的情怀可能较近乎对英雄的景仰），她很可能是在骤卸抚孙的重担之后，惊觉自己的一生竟然是如此无奈、如此凄苦，以致顿然萌发轻

---

① 如在《康熙乙酉科陕西乡试朱卷》的王承烈履历中，即指申氏为其"继曾祖母"。此外，在乾隆五十一年所编的《泾阳县盈村里尖担堡王氏族内一支记世系并记坟墓册》中，似乎惯例不列侧室（不论其生子与否，尤其各子均未记载生母），如王承烈和王穆父子所纳之妾，即均未厕名其间，但在王徵元配尚氏之后，则有一行记："申氏，苦节三十余年。"有关当时婚姻制度的一般性讨论，可参见郭松义，《清代的纳妾制度》。

② 王介，道光《泾阳鲁桥镇志》，节烈志页1–2。

生之念。在文化冲突和鼎革世变的双重冲击下，王徵显然要较其他同时代之人经历更多的煎熬，并承担更深的苦痛，而申氏则又更有以过之！

【后记】

1996年，当笔者至陕西调查王徵的事迹时，经友人协助在西安西北大学得见先前曾辑录《王徵遗著》的李之勤教授。一老一壮在昏黄的灯光下畅谈三百多年前的故人旧事，李教授很高兴地拿出他收藏的大量与王家相关的罕见史料，据他指称，这些均是在"文革"前借自泾阳的王氏后人，但"文革"后则归还无门，他并慨然将这批文献借览。谨以此章献给李教授，并记此因缘。

笔者先前曾以此书之初稿奉呈沈师君山先生，2005年8月，沈师突然二度中风，导致语言神经受损，但他在病榻上竟然数度很费力地主动和我谈及王徵和申氏之事，力赞他们求死之难，闻之令人动容。

第五章　忠孝牌坊与十字架：魏学濂其人
其事考[*]

东林要角魏大中与其长子学洢，乃明季赫赫有名的忠臣和
孝子。大中的次子学濂信奉天主教，他在李自成攻陷北京
后投降，有谓他诌媚事贼，也有谓他隐忍图谋，至于他在
李自成登极之日自杀（违反"十诫"教规）以明志的说法，
当时亦不乏质疑者。由于学濂身负忠孝世家的盛名，社会
上对其节操的期许，远超乎寻常的标准。本章将尝试析探
学濂的出处及其内心的转折，希望能较深入体会明季党争
在鼎革世变中所扮演的角色；同时，亦兼论及西学、西教
在明末士大夫阶层中影响的深度与广度。

一、前言

康熙十八年（1679）重阳夜，明末四大公子之一的冒襄（1611–
1693）与友人在家一同观赏李玉新作的传奇《清忠谱》，该剧的内
容乃叙述东林党人周顺昌（1583–1626）遭珰祸一事：天启六年
（1626），东厂奉阉党之命派缇骑至吴县逮捕周氏，当时士民闻讯而
集者数万人，咸执香为其乞命，缇骑狐假虎威，行凶打人，终于激
起民变，一名缇骑遭击毙，余负重伤，顺昌恐株累里中的父老子弟，

---

* 本章初稿见于《忠孝牌坊与十字架》（1997），现已做了大幅的补充与修订。

乃自行谒官就逮；后追究此变，有颜佩韦等五位义士挺身认罪，延颈就刃①。冒襄观戏毕，慨叹万千，对众人曰：“诸君见此，视为前朝古人，惟余历历在心目间。”次日，即出《往昔行》一长诗，记其于崇祯九年（1636）在南京协助魏学濂（1608-?）大会东林同难诸孤儿的往事②。

176　　　　魏学濂，字子一③，别号内斋，浙江嘉兴府嘉善县人。其父大中（1575-1625）为东林要角，字孔时，号廓园，万历四十四年（1616）进士。天启四年春，史科都给事中出缺，东林左光斗招同邑的阮大铖（1587-1646）来京争取此一职位，大铖与大中为同科进士，原任右给事中，稍早以丁忧居家。惟赵南星、高攀龙、杨涟等其他东林中人以大铖“轻躁不可任”，欲用资历排名紧接其后的魏大中，左光斗见众心如此，也更改前意。大铖心恨，乃附魏忠贤（1568-1627）阉党，并获授该职；旋又畏东林之人攻己，未一月即遽请归里，大中遂接掌史科，大铖因此视大中等人如仇④。

177　　　　在魏忠贤、阮大铖等的设计之下，魏大中于天启五年被诬坐赃银三千余两，矫旨逮下诏狱（此指由锦衣卫掌理的监狱，主要处理重大政治案件），成为第一批身受珰祸的东林中人，邑中士民泣送者盈道，百姓甚至有提议由全县摊赔者。舟过吴县，周顺昌独不忌嫌，出城慰问，留连三日，周、魏二人本非深交，但临别时因大中挂念长孙允枻，顺昌还将爱女许配给允枻。大中后因家贫无从应付追比，遂与杨涟、左光斗等东林诸君子同受酷刑拷讯，惨死狱中。而周顺昌也因缔婚一事遭弹劾削籍，次年，更被矫旨系狱，与黄尊素等东

① 岸本美绪，《“五人”像の成立》。
② 冒襄，《同人集》，卷9页1-7；《明史》，卷245页6353-6355。
③ 魏学濂之兄学洢，字子敬；弟学浃，字子闻，堂弟学渠，字子存，均从“子”字。参见吴山嘉，《复社姓氏传略》，卷5页23、25。
④ 《明史》，卷244页6331及卷308页7937；黄尊素，《说略》，页37-38。

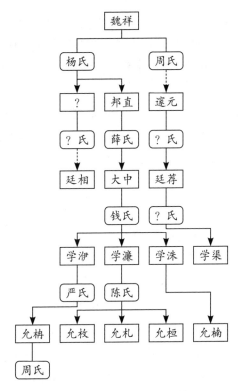

图表5.1：魏大中家族世系图[1]。

林中人先后被害[2]。

魏大中的长子学洢（1596–1625）曾致书友人诉父冤，其文有云：

---

① 参见杨坤等，《东林同难录》，页5；黄宗羲，《翰林院庶吉士子一魏先生墓志铭》，收入沈善洪，《黄宗羲全集》，第10册页401–404；姚希孟，《敕赠修职郎行人司行人继川魏公行状》，收入《姚孟长全集·棘门集》，卷5页33–43；高攀龙，《高子遗书》，卷11页31–34；稽曾筠等修纂，乾隆《浙江通志》，卷205页27。

② 此段参见《明史》，卷244页6333–6336；魏学洢，《魏子敬遗集》，卷6页34–35；徐开任，《明名臣言行录》，卷82页1–4。

> 权阉之杀忠良也，以什佰计……未有若先君子之备尝惨酷，
> 未死而蛆蚋生肌，既死六七日，犹故缓其旨，俾尸腐牢穴中，
> 不使一寸肌肤获粘残骨入木者。[①]

次子学濂也称其父在严刑之下，"指断胫裂，股大于腰，叠棍所中，结为黑丁，澌为深坎不一，再宿复棍，棍击赤肉，肉败蛆生"，并称大中的尸体在运出牢狱时，"骸涨而黑，面与鼻平，几不成殓"[②]，知阉党恨极大中。

当魏大中被捕送京师时，学洢微服先槛车而行，向住在定兴（今河北定兴县）的长辈鹿正谋救，因魏大中与鹿正之子善继以及容城（今河北容城县）孙奇逢（1584–1675）三人为知交，且鹿善继其时方佐督师孙承宗幕，鹿正和孙奇逢于是分别急遣家人走官门，求救于孙承宗。承宗因此欲觐见皇帝，请贷东林诸君子，但为魏忠贤所阻。学洢则在孙奇逢仲弟奇遇的伴随之下入京伺探消息，由于逻卒四布，学洢当时还变姓名匿于兵部职方司主事孙元化的邸舍。元化先前曾受孙承宗拔举，并为鹿善继在辽东的同僚，当大中死后，元化之子和斗且"尽斥衣物"佐其归装。学洢在其父惨死之后，因晨夕号泣，数月即病卒[③]。

由于前述诸人当中有许多与天主教关系密切，如徐光启的门生孙元化以及左光斗之弟光先均受洗进教（见后文），鹿善继为徐光启所取士，孙承宗与徐光启是同年中进士的挚友[④]，而在彭孙贻和谈迁等时人的著述中，尝称魏学濂与徐光启的另一位入室弟子韩霖同事

---

① 汪有典，《史外》，卷4页73。
② 刘肃之等修纂，《启祯条款》，卷4下页33–36。
③ 此段请参见《孙奇逢集》，中册页571–577；孙致弥，《杕左堂集》，诗卷3页14；周顺昌，《忠介烬余集》，卷2页20–21。
④ 黄一农，《天主教徒孙元化与明末传华的西洋火炮》。

天主教[①]，故本章希望能透过学濂其人其事，较具体了解西学、西教在明末士大夫中影响的深度与广度。又因学濂晚年降闯之事曾引起颇多非议，而文献中亦不乏质疑其所谓自杀殉难一事者，故笔者也将尝试析究事实的真相，并探索其内心的转折；同时，亦期盼能较深入体会明季党争在鼎革世变中所扮演的角色。

二、在珰祸下成长的魏学濂

天启年间的珰祸对魏大中家造成残酷打击，不仅令其死无全尸，更让其毁家破室。当时魏家为应付追比，"服物遍鬻，细及匕箸"，但仍远不足数，幸赖亲朋和里人的相助，始得完纳[②]。年仅十八岁的学濂，在父兄同一年过世的情形下，被迫开始撑持残败的家园。

崇祯帝即位后，旋罢斥阉党；元年三月，并赠荫各珰祸的受害者，其中魏大中获赠为太常寺卿，谥忠节，且赐以祭葬。其时，已自缢的魏忠贤虽被戮尸，但兴大狱的阮大铖等其他主谋仍逍遥法外，大铖且曾授意同年杨维垣上疏，将天启四年之前和之后的乱政分别归罪于东林中人与魏忠贤，东林诸君因此对大铖痛恨切齿；学濂更于十月"行乞入都"，刺血上书，称己"家难较诸臣倍惨"，并申复仇大义；结果，学濂奉旨得祔父祠，且诏旌为孝子。而在朝中一片声讨"逆案"的情势下，阮大铖也终于翌年被削籍为民。殉难诸臣之子乃共推学濂为首，设祭于诏狱中门，然读祭文未毕，众受难家

179

---

① 方豪虽提及学濂曾参与校订耶稣会士孟儒望所著之《天学略义》，但并不知其是天主教徒。参见谈迁，《国榷》，卷100页6060；彭孙贻，《流寇志》，卷10页170；方豪，《中国天主教史人物传》，中册页95—96。
② 刘肃之等修纂，《启祯条款》，卷4下页35。

属莫不狂哭，旁观者亦哭[1]。

才气纵横的魏学濂一直与东林受难诸君子的后人保持密切交往，这些人当中许多且同入被目为"小东林"的复社[2]。黄宗羲尤其是魏学濂的通家之好，其父尊素在京任官时，与大中对门而居，魏宅时仅一仆，大中每寒夜过尊素宅饮乳酒两盂而去，年少的宗羲即常陪侍在侧；此故，在珰祸之后，同为殉难家属的学濂更视宗羲犹弟，"过相规、善相劝，盖不异同胞也"[3]。

崇祯八年冬，魏学濂与黄宗羲同以拔贡入南京国子监，时阮大铖亦因避寇而寓居南京，且气焰颇盛，风传他颇欲一雪学濂的血书之仇，学濂只得避居友人住所，惟冒襄等"太学党人"则劝其不应退缩。九年八月，在冒襄和吴应箕的协助之下，学濂乃借冒襄在南京的桃叶寓馆，大会于珰祸中同难的东林诸孤子，学濂在会中示己以鲜血所写的《孝经》，众人并齐声痛骂阮大铖。十二年，以复社同志（如顾杲、黄宗羲、冒襄、吴应箕、陈贞慧、侯方域、方以智、魏学濂及其弟学洙等）为主的百余位士人更联名刊传《留都防乱公揭》，誓驱逐以阮大铖为首的"逆党"。大铖畏清议，遂奔窜逃匿，几无处容身，他虽曾遣心腹四处收买檄文，然却"愈收而布愈广"，只得专注于戏曲的创作，仅与同遭罢黜的好友马士英等少数人往来[4]。

十五年中秋夜，复社陈梁约同人为冒襄的爱姬董白（字小宛）

---

① 谈迁，《国榷》，页5427、5436、5458；刘肃之等修纂，《启祯条款》，卷4下页33–39；钱秉镫，《藏山阁集》，文存卷6页4–5；黄宗羲，《翰林院庶吉士子一魏先生墓志铭》；胡金望，《人生喜剧与喜剧人生》。

② 谢国桢，《明清之际党社运动考》，页119–152。

③ 黄宗羲更尝称："天启忠臣之家，其后人多有贤者，而两浙之黄、魏为最著。"参见《黄宗羲全集》，第1册页346、第10册页291、第11册页28。

④ 此段请参见吴应箕，《楼山堂集》，首卷页18–20及42–45；冒襄，《同人集》，卷1页28及卷9页1–7；戴有田，《弘光朝伪东宫、伪后及党祸纪略》，页7；扈耕田，《侯方域反阉党阮大铖事迹考实》。

洗尘，由于当时"金陵歌舞诸部甲天下，而怀宁歌者为冠"，乃以重金雇请怀宁（指阮大铖，因其乃怀宁人）所训练的戏班上演其新剧《燕子笺》。学濂自父兄卒后，衣食俭朴，素不观剧，惟因友人李雯在甫考完的乡试中，本于策中有误，幸获考官特意周全，两人喜甚，不觉亦前来赴宴。当日，阮家戏班临时以有家宴为辞不来，众人乃令仆人至其门前鼓噪，阮大铖为求纾解积怨，遂撤家宴，不仅命戏班出演时须竭力奏技，且吩咐不得领赏，并欲亲来致意，但众人毫不领情。由于该剧妙绝，故观戏之人每折之后往往极赞歌者，同时却又与学濂交口同声丑诋作者，众人"悲壮激昂，奋迅愤懑，或击案、或拊膺、或浮大白，且饮且诟詈"，伶人归泣，阮、魏之间的仇恨遂不可解①。

附录5.1

才气纵横、允文允武的魏学濂

　　魏大中与学洢父子是明季赫赫有名的忠臣孝子，学濂因痛父兄惨死，益加刻苦潜修，且因其父兄的事迹深受时人敬仰与同情，故在里中甚至有王屋、顾艾和沈蔚等师友，陪伴并督促其读书②。崇祯七年，大中入土安葬，会葬者千人，学濂特迎名儒刘宗周在木主上题名，宗周还应邀在灵柩停放之处讲学。学濂除师事执长辈刘宗周外，还尝学兵法于王氏（字君重，其事迹待考），并从薄珏务"佐王之学"，且与张歧然和薄珏取竹尝试定黄钟之音③，此外，随其伴读的沈蔚也精

---

① 此段请参见冒襄，《同人集》，卷2页2、卷3页7及卷9页5—6。
② 许瑶光等修纂，光绪《嘉兴府志》，卷55页81。
③ 古人认为以竹管候气可定音律，参见黄一农、张志诚，《中国传统候气说的演进与衰颓》。

于兵法和历算，学濂因此对兵书、战策、农政、天官、治河、城守、律吕、盐铁等学问，"无不讲求"，更访求剑客奇侠，"与之习射角艺，不尽其能不止"[1]。

魏学濂的外表英俊潇洒，邑令李陈玉曾形容其"俊而艳"，冒襄也赞其"秀挺清奇，不可一世"[2]，而他除了制艺之外，于各种经世致用的实学也尽心钻研，如他精于西方的筑城之术，尝称："敌台宜筑三角附城，如菱叶，两腋皆有小门可出，而外炮不能攻也。城址砌石，上即以土筑之，炮子入土，便陷不出。"[3]学濂之所以入天主教，或亦源自他对西学的兴趣。

此外，他更旁通书法、绘画和篆刻等艺事，"书画精妙，直逼唐宋"，以致"一时盛名，无出其右"[4]。崇祯十二年二月，魏学濂曾为曹尔堪图扇[5]，在扇页上作画即是学濂一绝。方以智在论及绘画中的"写影法"时，亦盛赞其曰："画家皆以纸版对临，以草灰纸隔而砑其纹，乃以笔分之。愚见魏子一于扇上水墨为人写真，一一逼肖，故是神颖。"[6]

黄宗羲尝称在其所交和所见的天下士中，才分"为余之所畏者"，仅方以智、沈士柱、魏学濂以及其弟黄宗会等四

---

① 此段参见《黄宗羲全集》，第1册页346、第10册页402、444。
② 江峰青等修纂，光绪《嘉善县志》，卷32页28；冒襄，《同人集》，卷9页3。
③ 方以智，《物理小识》，卷8页32。
④ 方以智尝引其画论曰："画法斡与埃耳！古人读万卷行万里，乃有此奇俊拔俗之胸，山林溪石，云气变宕，日在天地间，吾自师之，而遍征诸家，法与之俱化矣！"学濂也尝仿秦印作厚边细篆朱文；其临摹之宋拓《争座位帖》，与米芾等名家的临本并称；所仿的颜真卿字，亦被时人视为至宝。参见方以智，《通雅》，卷32页10及页31；方以智，《浮山此藏轩别集》，卷1页2。
⑤ 孙默，《十五家词》，卷8页5。
⑥ 方以智，《物理小识》，卷8页10。

人①。而时人高宇泰也称颂学濂："席先人之誉，禀通越之姿，娴文博艺，海内人望归之。"②

图表 5.2：黄宗羲之画像③。

崇祯十六年，学濂在父执与朋侪的期盼之下④，联捷登进士，旋 182
授庶吉士，该职主要是为了培养未来的高级文官⑤。十七年二月，闯
军陷太原，学濂乃疏请由皇太子或定王、永王往镇南京，并建议派
"晓畅兵事，且习于山左、右豪杰"的编修陈名夏，出都号召义士
勤王；据说他还遣人与孙奇逢联络，希望他能率义军赴难，但事未
定而闯军已薄城下。是年三月十九日，李自成攻陷京城，学濂于乱

① 黄宗羲，《翰林院庶吉士子一魏先生墓志铭》。
② 高宇泰，《雪交亭正气录》，页30。
③ 黄炳垕，《黄梨洲先生年谱》，书首。
④ 据黄宗羲所称，当时两浙之考官，皆欲得魏大中和黄尊素（宗羲之父）两家的后
　人为门生。参见《黄宗羲全集》，第10册页292。
⑤ 关文发、颜广文，《明代政治制度研究》，页295-311。

中遇同僚陈名夏、吴尔埙、方以智于金水桥，众称应图一死以报帝恩，学濂曰："死易尔，顾事有可为者，我不以有用之身轻一掷也！"并称东宫和定、永二王均仍在，而义旅"旦暮且至"，故劝众人少忍以待①。

然而，北京城破后不久，魏学濂却率先投款，并获授官。时人对其降闯的行为颇不谅解，但也有人认为学濂此举乃另有图谋。下节即将文献中所记魏学濂在大顺朝中的事迹试作整理与析探。

三、魏学濂降闯事迹析辨

明亡之后，民间出现许多记甲申前后诸事的著述，其中对魏学濂降闯之事，详略差异颇大，由魏家亲友在顺治间递刻的《忠孝实纪》以及苏渊于顺治末年或稍晚所撰的《恸斋见闻录》二书②，可说是目前已知尚存的文献中，叙学濂出处最丰富者，惟两书的评价却迥异。

苏渊，字眉函，嘉定人，明诸生，除《恸斋见闻录》一书外，尝仿元好问于金亡后不仕而著《中州集》之意，编撰《续练音集》，阐扬遗逸，以致有称其为"史氏之功臣"者③。他在《恸斋见闻录》一书中，对降闯诸臣的批判不遗余力，对降清贰臣，亦不太留情面，但对殉节的侯峒曾、黄淳耀、夏云蛟、唐培等东林或复社人士，则褒扬有加，行文中并视在弘光朝秉政的马士英和阮大铖为"小人"之流，知其应不致对复社之人特别怀有偏见。再者，孙致弥（元化

183

---

① 刘肃之等修纂，《启祯条款》，卷3下页10–14。虽然许多人认为殉国乃士大夫的义务或责任，但也有人持不同意见，相关的讨论，可参见何冠彪，《明清之际士大夫对应否殉国之论说》。
② 苏渊，《恸斋见闻录》，页13–16。成书时间乃据文中所提及曹胤昌于"改革后十余年"又回到嘉定一事推得。
③ 闻在上等修纂，康熙《嘉定县续志》，卷2页31。

之孙）与吴历（以绘画知名的中国籍耶稣会士）两位天主教徒的老师陈瑚，亦为苏泓的好友，故他可能也不会因反西教而对魏学濂持较严的标准①。

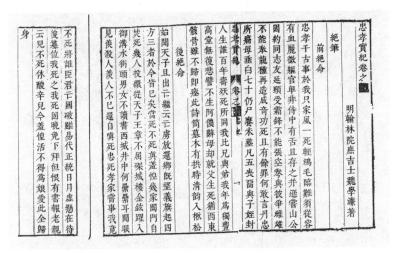

图表5.3：魏学濂等所撰《忠孝实纪》书影。日本东京内阁文库藏本。

附录5.2

魏学濂等所撰之《忠孝实纪》

　　由于魏学濂的出处在明亡之际引发极大争议，魏家亲友为辩解学濂的忠节，乃将相关诗文整理成《忠孝实纪》一书，并在重印魏学洢的《茅檐集》时附刊于后。此一加印《忠孝实纪》的《茅檐集》，目前似乎仅见于日本东京的内阁文库，

184

① 陈瑚与同里好友陆世仪均对西学颇有兴趣，吴历少时曾向陈瑚问学，两人且留下许多唱和的诗作。参见陈瑚，《确庵文藁》，书首、卷6—7、卷9页6；吴历，《墨井集》，卷1页1；李天纲，《早期天主教与明清多元社会文化》；黄一农，《新发现的杨光先〈不得已〉一书康熙间刻本》。

凡三十七叶，半叶九行，行二十字，四周单边，单鱼尾①。

《忠孝实纪》前有王崇简之序②，由于文中有："忆三月之望，余遇绷宜于长安道上"句，其事未系年份，而孟章明（字绷宜）乃于崇祯十七年三月北京城陷时殉国③，知王崇简之文很可能撰于该年。也就是说，《忠孝实纪》应亦初刊于该年。惟因内阁文库本中亦记有顺治九年（1652）事，知此应为递刻本，又因其版心上分别出现"卷之□忠纪"、"卷之□□□"、"卷之□附录"等文字，有些页码亦因内容改动而被涂黑，疑此书原或不只一卷。

内阁文库本正文之首为《前绝命》、《后绝命》、《与友人书》、《示内》、《遗令》与《示诸奴》等魏学濂的绝笔诗文，接着，则是曹尔坊的《邑乘小传》、甲申八月陶履卓写的《记略》、顺治十年前后的《嘉兴府嘉善县公移》、甲申九月曹尔坊的《表殉难之苦心、白忠臣之后死呈》、甲申六月"合邑居民"俞汝谋等的《孤臣殉节已明，珉庶公心未泯，恳察舆情，扶持直道，详申各宪，显白忠魂呈》、祝渊的《与陈几亭先生书》、陈龙正（号几亭）的《与刘念台先生书》、刘宗周（号念台）的《答陈几亭书》及《与允枚书》、甲申八月朱曾省的《与马培原掌科书》以及甲申九月朱国望的《上徐虞求冢宰书》。

其中曹尔坊《邑乘小传》的内容，亦收在顺治七年成书

---

① 此书简介初见于岸本美绪，《崇祯十七年の"従逆"問題と江南社會》。笔者感谢岸本教授提供《忠孝实纪》之复印件。
② 其内容即王崇简，《读魏子一〈忠孝实纪〉书后》，收入氏著，《青箱堂文集》，卷10页1–4。
③ 唐执玉等修纂，雍正《畿辅通志》，卷76页33–34。

的《启祯条款》中，而曹氏即该书主要的编纂者之一[1]。康熙
十六年重修《嘉善县志》时，凡涉及天启四年至崇祯十七年
的纪事，即以《启祯条款》为据[2]。此传也与崇祯十七年冬邹
漪所撰的《启祯野乘·魏庶常传》大致相同，仅末附之《论》
各抒己见[3]。由于曹尔坊与其父曹勋乃魏家的通家之好，曹勋
并事大中如兄[4]，尔坊之兄尔堪年轻时且与魏学濂、其弟学
洙、其堂弟学渠以及郁之章、吴亮中、钱继振、蒋玉立等人
为文字交，每月于邑中的柳洲亭会文，时称"柳洲八子"，
而其中除吴亮中不详外，余七人还同入复社[5]，且邹漪在《论》
中亦引述尔坊之评价，故笔者疑《启祯野乘》的传文原或为
替学濂辩护最力的尔坊所主笔，此故，文中连篇称颂学濂，
将其形容成"行隆忠孝"之人，而邹漪不过受托替学濂装演
罢了（详见正文）。

　　陶履卓与魏学濂同为崇祯十六年进士，陶氏与祝渊在离
京南逃时曾与学濂话别，而《记略》乃为甲申八月陶氏在江
西章江听闻学濂自杀时所撰，他以"夫死岂为群口计"为辞，
回应"子一既能死，胡不蚤之旬月，以塞群口"之类的批评。

　　此外，该书中还收有题为祝渊、陈龙正和刘宗周所撰的
信札。由于前述祝渊、陈龙正、陶履卓和魏学濂诸人同对刘
宗周执弟子礼，而刘、祝、陈三人均于弘光元年（1645）闰

185

---

① 刘肃之等修纂，《启祯条款》，卷3下页10—14。
② 金恩辉、胡述兆，《中国地方志总目提要》，卷11页50。
③ 邹漪，《启祯野乘》，卷12页15—16。
④ 江峰青等修纂，光绪《嘉善县志》，卷19页11—12。
⑤ 井上进，《復社姓氏校録附復社紀略》，页574；江峰青等修纂，光绪《嘉善县志》，
　　卷3页30—31及卷24页15。下文中有关复社之名录，均请参阅井上进之文。

六月南京政权覆亡之后未久自杀尽节①，知编者乃企图以刘宗周一门名重士林的地位为学濂背书，此举对一般民众而言应颇具说服力。

　　祝渊在前信中对陈龙正称已从盛顺伯处听闻学濂已于四月二十九日自尽②，陈龙正（魏家之姻亲③）则将"中翰顾心宇手报"转知刘宗周，并指："允枚欲专谒奉禀，因初茹荼，恳某一言为之先。"而在题为刘宗周致陈龙正和魏允枚的信函中，则痛悲学濂之死节。由于三人均是间接得知学濂之死，恐无从确认真相。又，前述诸信虽无一收入祝渊、陈龙正和刘宗周的文集当中，但刘氏在崇祯十七年八月疏纠降闯诸臣时，并未列入学濂之名④，知刘氏一门应大多相信或不愿深究学濂死节一事。

　　至于，书末所附朱曾省（崇祯九年举人，秀水人⑤）致吏科给事中马嘉植（字培原，平湖人）以及朱国望（万历四十三年举人，嘉善人⑥）上吏部尚书徐石麒（号虞求，嘉兴人）的两信，均是希望动以嘉兴同乡之情，乞求参预审定从逆诸臣罪状的弘光朝吏科和吏部主管官员能对学濂高抬贵手。查徐氏处理逆案的奏疏，他并不曾将学濂视为罪臣，但也不视其为死节之人⑦。

　　再者，《嘉兴府嘉善县公移》收录地方士绅为学濂具申的

186

① 祝渊，《月隐先生遗集》，外编卷上页4—5；陈龙正，《几亭全书》，附录卷2页8—9。
② 顺伯乃明末丹阳诸生盛顺之字，参见民国《丹阳县续志》，卷15页1—2。
③ 黄宗羲，《翰林院庶吉士子一魏先生墓志铭》。
④ 《刘宗周全集》，第5册页504。
⑤ 嵇曾筠等修纂，乾隆《浙江通志》，卷141页13。
⑥ 嵇曾筠等修纂，乾隆《浙江通志》，卷140页26。
⑦ 徐石麒，《可经堂集》，卷3页25—36。

呈文，此乃因应清廷于顺治九年十一月下令访查李自成攻陷北京时死难的前明官员一事[①]。其中署名者包括魏学濂之子举人允枚，生员曹尔坊、蒋玉立等五人，乡绅曹勋、曹尔堪、郁之章、吴亮中、钱继登等七人，举人钱继章、钱棻等十三人，他们或是学濂年轻时所结"柳洲八子"的文友，或是魏家的通家之好。

此外，为此书作序的王崇简亦与魏学濂同年登进士，他在闯军攻陷北京时，因母丧而在河北宛平家居。顺治三年，降清获授国史院庶吉士；十年，时任翰林院侍读学士的崇简，疏请褒旌范景文等二十八位明季殉难之臣，六月，内有十五人获清廷表彰，但当中均未包括魏学濂。王氏在前疏中除提及二十八位殉难者外，称尚有"隐忍一时，终于尽命者"，此或即魏学濂[②]。王崇简对西学、西教应颇友善，如他曾以"通家侍生"的自称，撰文祝贺汤若望荫孙入监[③]。

虽然当时还有《降臣异态》一书，专记学濂投降丑事，惜该书或已佚[④]。下文即以《愓斋见闻录》和《忠孝实纪》为主（如未加注，即请参见此二书），并参酌其他文献中的叙述，尝试厘清学濂降闯诸事，其中苏瀜的记述主要根据《嘉善士绅讨逆贼魏学濂公揭》（篇名乃笔者代拟）。

崇祯十七年三月十九日，闯军攻破北京。魏学濂原本欲微服南归，但据说他在夜观天象后，整夜绕床而行，忽然悟曰："一统定

① 《清世祖实录》，卷70页6。
② 《清世祖实录》，卷76页3–4；王崇简，《青箱堂文集》，卷1页1–3。
③ 《碑记赠言合刻》，《赠言》，页12–14。
④ 苏瀜，《愓斋见闻录》，页11。

187　矣！"明晨即邀周钟、史可程、朱积、吴尔埙等同年庶吉士，共商应如何投效新朝。学濂与其以崇祯十六年新科进士为主的朋侪，似乎很快就接受了明亡的既成事实。或为博取注意，魏学濂与复社领袖周钟，于二十三日合奏请葬已自缢身亡的崇祯帝，但此举遭大顺朝文谕院大学士顾君恩讥为"好名之事"，并将其疏牍撕碎①。

由于与魏学濂邻寓的同科进士赵颖②，乃大顺朝丞相牛金星的乡试同年，有称学濂于是透过赵颖的引荐而得以谒见金星，金星对其曰："汝是忠孝之家，正要借重。"加上学濂的同教相知韩霖（c.1598–c.1649；为徐光启门生，精火器之学），亦在李自成面前替其扬誉，遂于二十四日被特授为户政府（相当于明之户部）司务，掌理草场军需。

明代的户部司务虽仅为从九品，然因大顺朝的官制初改，各机构精简甚多，该职位在户政府中仅次于尚书、侍郎和从事（大顺朝改明之主事为从事），亦即应已较其原在翰林院学习的庶吉士高出许多，尤其重要的是，还可使其免于遭到拷掠逼索的命运。此故，传闻当学濂叩谢时，曾谄媚地对李自成曰："小臣何能，不过早知天命有归耳。"是日，数千位前明文武官员在隐匿不出将遭罪的威胁下，俱自出投牒，李自成从这些降官中选出九十二名授职，其中学濂的同官友人周钟任弘文馆编修，史可程和朱积留任庶吉士，吴尔埙获授县令，余未录用者，则押出严刑拷讯，追赃充饷③。

前文所提及的韩霖，曾于崇祯十七年正月获明大学士李建泰聘为军前赞画，两人除有姻亲之谊外，且为同年在山西中举的好友。

---

① 谈迁，《国榷》，卷100页6059。
② 《悒斋见闻录》铅印本中作赵频（页14），此据刘镕等修纂，宣统《项城县志》，卷4页9–10。
③ 此段另参见谈迁，《国榷》，卷100页6056；彭孙贻，《流寇志》，卷10页167–170；陈济生，《再生记略》，页10–16。

但韩霖还未应聘，李自成军即席卷各地，韩霖和建泰也先后降闯。
韩霖随李自成入京后，获授礼政府从事；降官当中还有光禄寺少卿
李天经奉教（见第三章）。当时在大顺朝中任官的刘肇国、龚鼎孳、
薛所蕴、方以智、陈名夏等，对西教和西人的态度亦多十分友善。
至于李建泰，初虽遭拷追一万金，但旋获李自成特赦，并命加礼；
而汤若望也未遭拷掠，且与大顺官员往还，这些或许都是受到新贵
韩霖的关照所致①。

188

　　魏学濂在就任户政府司务后，据部分文献中所记，其表现相当
积极，当日即连上三疏：一、因李自成之父名务，故请改司务的职
称以避讳；二、建议攒粮；三、针对自己的家乡献《平两浙策》；学
濂并与何瑞征、韩四维、杨廷鉴、周钟等人领班劝进②。他在降闯诸
人中相当突出，如陈名夏等降臣或为报荐举之恩而邀宴韩霖等人时，
学濂即"藏钩觞政，警绝无伦"，令"伪党骇服"③。

　　在魏学濂授官的次日，前明庶吉士张家玉曾上书李自成，建议
应表忠彰孝，如赠恤殉明的范景文和周凤翔，隆礼刘宗周和黄道周，
并尊显魏学濂和史可程等人，指称唯有如此才可使大顺朝中人知有
君父④；其中史可程被提及，或为笼络他在南京担任兵部尚书的兄长
可法，而魏学濂则或因其父兄的事迹蜚声士林，而具有相当高的利
用价值所致。

　　四月初十日，李自成出告示宣布将于十七日登极；十二日，百

① 此段参见本书第六及第七章；谈迁，《国榷》，卷100页6062、卷101页6078。
② 顾炎武，《明季实录》，页13-14。
③ 谈迁，《国榷》，卷100页6060；彭孙贻，《平寇志》，卷9页220。《平寇志》乃他人
　据彭孙贻的《流寇志》稍加增删，书中还改易了一些涉及民族大义的用语和叙述。
　至于"藏钩觞政"，乃指在酒席间玩"藏钩"之戏，玩者分两边，一边之人不断传
　递掌中所藏之小物品，并让对方猜度此物最后落在何人手中。其中"藏钩"，乃用
　汉昭帝之母钩弋夫人的典故，她少时入宫，手即拳曲不开。
④ 谈迁，《国榷》，卷100页6061。亦有称张家玉上此书，乃故作烟幕，未几，他即乘
　间南逃，张氏后抗清殉节；参见张家玉，《张文烈遗集》，附录页13。

官群集在午门外习大典之仪，是日下午，都城内哄传吴三桂合各路
明兵以及清军数十万，大败闯军，且即将入京，人心因而鼎沸，降
臣亦多有悔意；十三日，李自成领军挟太子和永、定二王出城攻吴
三桂，登极之事因此暂缓；十四日，吴氏派间谍在京张贴告示，称
官兵大集，即日将起兵勤王，并拥戴新天子恢复都城，城内因此戒
备森严；十五、十六日，城中谣传吴军两败闯军，并已奉定王在永
平府监军；十七日，又谣传闯军在血战后，伤亡过半，至是，京城
出现逃亡潮；二十二日，吴三桂联合清军在山海关附近的一片石大
败闯军；二十五日，礼政府下令速备登极仪物；二十六日，李自成
回京；二十九日，登极称帝；翌日，闯军放火焚烧宫殿并西奔①。魏
学濂等降官在闯军入京的一个多月期间，心境想必起伏动荡。

　　据苏瀜指称："闯贼自四月十六、十七败后，京城降官俱散。"如
徐敬时、程兆科和方尔仙等人均于四月十四日出都，其中方氏且曾
向学濂辞行；翁元益的家人于十六日出京时，也亲见学濂正整理行
装；嘉兴谭贞良亦于十六日离京。至于魏学濂，苏瀜则称他是在十
九日与会稽王自超和云间盛国芳分途离京的，当时并有"武林顾中
翰"（中翰乃内阁中书的别称，其名不详，或字心宇；见附录5.2）与
其"连镳南还"②。苏瀜谓前述有关学濂降闯后的事迹，即是由这些降
官在南归后向人叙及的。

　　根据苏瀜的说法，学濂在授伪官之初即遣家仆张顺返家报信③，

——————————

① 陈济生，《再生记略》，页20–23；聋道人（徐应芬），《燕都识余》，页8–14；计六
　　奇，《明季北略》，卷20页485–491。前两书作者当时均在京，所记乃其闻见之事。
② 由于李自成入京时降闯诸官当中有中书舍人顾大成，其人稍后南逃至弘光朝中任
　　官，不知是否即此"顾中翰"？参见岸本美绪，《明清交替と江南社會》，页183–
　　184；《明史》，卷275页7045；顾公燮，《丹午笔记》，页24–25。
③ 除苏瀜在《惕斋见闻录》中记学濂遣仆返家报信外，冯梦龙亦有相似的记载，惟
　　未记该仆之名；参见《冯梦龙全集·甲申纪事》，第17册页33–34。此外，计六奇
　　在《明季北略》中所引述的《忠逆史》，叙述也略同（卷22页611）。

张顺于五月初一日还抵嘉善，学濂长子允枚在得知其父的现况后，为避免乡人物议，乃佯替学濂发丧，称其已于四月初九日自缢，另一方面，则遣二仆入都联络。但由于自京师南归之人渐多，学濂任官大顺朝一事终为乡人所周知，遂有欲毁其家所悬"忠孝世家"之匾额者，惟因有谓："逆止一人，无与父兄事。"乃止。稍后，亦有欲焚学濂之家者，赖其母出对曰："吾子必当死难，若等姑待之。"众人始退[1]。

苏瀜并称允枚所遣的二仆，北行至淮上即遇到学濂和其亲随张登[2]，遂于五月十九日一同返家，而潜返故里的学濂，因听闻福王朱由崧已于五月十五日在南京监国，心惧国法难逃，乃令张登假装扶榇初归，并授意允枚拟具一番说辞，称他曾因"拒贼伪命"，而于四月初五日被闯兵砍折一臂[3]，又因希望能翼辅皇嗣，遂忍辱偷生，且谓他曾联络孙奇逢率义兵勤王，并指海宁祝渊于四月十三日起行离京时[4]，学濂即因此对其泣曰："真、保（农按：指真定和保定两府）间消息杳然，万一不济，当以死继之。"据允枚的说法，至四月二十日前后，因义军毫无踪影，且太子和二王俱已为闯军所得，学濂知事已不可为，乃决意一死，并于四月二十九日李自成登极之日投缳自尽[5]。

190

---

① 计六奇，《明季北略》，卷22页612–613。

② 魏大中在《临危遗书》中，即评家仆张登"有赤心、有劳"；江峰青等修纂，光绪《嘉善县志》，卷32页16–19。

③ 除苏瀜的《惕斋见闻录》外，陈济生的《再生记略》页11中亦记此事曰："魏学濂偶为贼兵损一臂，诉之。伪将军叱云：'如此小事，何必饶舌。'"

④ 此亦见祝渊，《月隐先生遗集》，外编卷下页7。而陈济生于四月十九日在通州附近搭船时，尝遇邻舟的祝渊，亦知祝渊在十三日离京之说应颇合实情。参见陈济生，《再生记略》，页23。

⑤ 惟谈迁在《国榷》中，则指学濂是选在李自成登极的次日（四月三十日）以死明志（卷101页6080）。又，《泣鼎传》中则称学濂自缢于四月二十五日，转引自（西吴）懒道人，《李闯小史》，页163。

　　允枚还称其父在张顺于五月初一日携回的家信中，有"留其身以有为，将来必能自拔"等语，且死前更有《绝命词》曰："忠孝千古事，于我只家风……不能张空弮，与彼争雌雄。不能奉龙种，再造成奇功。死且有余罪，何敢言丹忠……"并称盛国芳、祝渊、顾心宇和吴江沈元龙等人，均在自北京还家后致函告知其父自缢的死讯。

　　魏允枚所提出的这些说辞并无法得到大家的认同，当时嘉兴府和嘉善县即出现声讨魏学濂的公檄，全文均尚存，后出的《嘉善士绅讨逆贼魏学濂公揭》一文，凡两千余字，收在苏灏的《惕斋见闻录》中。至于《嘉兴府绅衿公讨伪户政府司务檄》，亦极力丑诋其降闯的行为，称：

> 反逆伪官魏学濂者……挟牛耳之要盟，广招丑类……趋跻于晋贼韩霖之闳，鸣吠于伪相金星之阶，与吴尔埙等聚议，敢言一统无疑。偕陈名夏等授官，私喜独膺优擢。疏衔为闯父避讳，受牛贼叱嗤，拜爵颂天命攸归，作同官领袖。持钦授户正名刺，通谒狐群……合周钟、朱积之辈，庆复社之同心……[1]

虽然后文主要是攻讦魏学濂以大明之官却改事"流贼"的举动，但我们从其中"挟牛耳之要盟，广招丑类"和"合周钟、朱积之辈，庆复社之同心"等句，亦知作者对复社之人似乎颇不友善。

　　苏灏对允枚的说辞也强烈驳斥，他指出允枚在五月初为其父发丧一事纯属蓄意造伪；此故，他在得到家信后，抵死不肯借人一观，即使是宗族亲戚亦然，且当邑人探询时，竟然嘻笑迎客，毫无悲痛

---

[1] 全文可见于《冯梦龙全集·甲申纪事》，第17册页159-160。由于文中有"中兴伊始……"句，知其或撰于崇祯十七年五月十五日福王在南京监国之后不久。又，嘉善钱栋（钱士升之子）于六月十七日访晤祁彪佳时，曾向其出示此檄，知该文之作应在此之前；参见《祁彪佳文稿》，《甲申日历》页58。

图表5.4：极力丑诋魏学濂降闯行为的《嘉兴府绅衿公讨伪户政府司务檄》。

之情。而所谓学濂于四月初五日遭闯兵砍折一臂之事，苏瀜亦存疑，称如其事属实，为何南还的方尔仙和谭贞良均不曾对人提及，苏瀜并讥学濂难道有神胶之助，而得以在旬日之内即续臂如初！

　　由于祝渊出京之时，城中已遍传吴三桂正举兵复仇，故苏瀜又进一步指斥学濂，称其如真有心，何不私奔关外，助举义旗，反倒寄望于一布衣之身的孙奇逢！此一说法或有相当道理，此因大顺朝的县令冯氏，在四月间曾奉李自成之命征聘避入易州（今河北易县）五公山中的孙奇逢入京授官；孙氏虽不赴，但可知大顺的势力范围已伸至当地，而孙氏的行动亦深受注意，在此一状况下，他应颇不易号召义军；事实上，孙奇逢当时乃欲南徙避难①。

192

---

① 汤斌，《清孙夏峰先生奇逢年谱》，卷上页23。

　　此外，四月二十日前后，京城中已哄传闯军大败于通州，故苏瀜又质疑学濂为何反谓事无可为，难道是"惜闯贼之事无可为"？苏瀜还指顾心宇与沈元龙等均为降闯之人，他们与学濂有"狐兔之谊"，因此其言并不足信，且谓传闻学濂曾派死友二人，走恳祝渊作书为其圆谎，而"义甚高，名震天下"的祝氏，也以同为刘宗周弟子的师门之谊不忍推辞[1]。此外，曹尔坊还称祝渊曾与闻魏学濂约请孙奇逢起义兵之事，并尝向其详言，惟因祝渊已于弘光元年自杀殉国，故此事的真相颇难对质[2]。

　　在苏瀜和魏允枚两人各执一辞的情形下，或许我们可根据情理和其他文献试作辨析。魏允枚或因乡里中人甚在意其父的出处，如公开实情，必犯众怒，遂于家仆张顺还家后不久就替其父发丧，指称学濂已于四月初九日自缢。稍后，又改称学濂乃在四月二十九日自缢，且谓家仆张登于五月十九日扶榇归里，并称盛国芳等人先前均曾遣人报知此事。

　　衡诸当时兵荒马乱下的交通状况，此说似乎与情理不合。如崇祯皇帝自缢之事乃于三月二十一日前后为北京城中人所周知，此一噩耗南传的速度理应远快过其他任何讯息，然而，帝崩的确讯也一直要到四月十七日始传抵南京[3]，费时二十五天，而从南京至嘉善还有三百多公里的路程！事实上，紧邻嘉善的松江要到五月初一日才得知国亡之事[4]。再以四月十五日离京的陈济生为例，他仅携带轻便行李，且沿途兼程赶路，但直到六月初二日始还抵长洲[5]，而张登护送笨重的棺木，何能后发先至，并以不到三周的时间即回抵尚在长

① 陈鼎，《东林列传》，卷12页21–23。
② 刘肃之等修纂，《启祯条款》，卷3下页14。
③ 计六奇，《明季北略》，卷20页464；陈贞慧，《书事七则》，页5。
④ 宋征舆有《野哭》一诗，标题下注称："五月初一日，始闻三月十九事……"，参见陈子龙、李雯、宋征舆，《云间三子新诗合稿》，卷6页115。
⑤ 陈济生，《再生记略》，页39。

洲之南约一百公里路程的嘉善^①！

又，苏瀜在其《愓斋见闻录》一书中，提及好几位自北京南归之人的事迹和说辞，以支持其论辩，当中许多虽已难觅对证，但亦有部分可在其他文献中获得旁证，如苏瀜指称盛国芳于四月十九日离京，其事即可见于冯梦龙的著述中^②，而陈济生于四月十八日南逃至通州附近时，也提及谭贞良已抵达当地^③，此与苏瀜所称谭氏于十六日离京的说法颇合。亦即，盛国芳和谭贞良等人均不可能在北京亲见魏学濂于四月二十九日"自杀"。

此外，在魏家亲友所编辑之《忠孝实纪》中，不断强调学濂乃于四月二十九日投缳自尽，并以其前后两首绝命诗营造殉难的形象，其中《后绝命》有云：

> 始闻天子且出亡，继云亡虏放还乡，既望义旗起四方，三者于今皆已矣。当死不死真羞惶，几家阖门自焚死？几人投缳从天子？……君亡国破虽易代，正统日月虚悬在，待彼篡位吾死之，吾死固晚免下拜。但恨有书报老亲，云儿不死休酸辛，儿今羞惶活不得，为娘爱此全归身。

解释学濂因有所期待，故不曾死于城破之初。然而，在前述绝命诗中所称"待彼篡位吾死之，吾死固晚免下拜"的理由，委实令人奇怪，因学濂在出任大顺朝户政府司务一职时，肯定已向李闯下拜。况且，如他真欲以死明志，何不选在获知登极消息之初，甚至大典进行的当中，始更突显悲壮之情，反而选在闯军溃散离城且风传吴

① 此段参见岸本美绪，《崇祯十七年の江南社会と北京情报》。
② 《冯梦龙全集·甲申纪事》，第17册页5。
③ 陈济生，《再生记略》，页23。

三桂即将拥太子入京之际①，无怪乎，苏濬等人质疑类此的死法岂真
为国。

194　　　再者，前诗中的"但恨有书报老亲，云儿不死休酸辛"句，亦
画蛇添足地露出破绽，因若魏学濂真于四月二十九日在北京自杀，
则他在写此绝命诗时，国变的讯息顶多才刚传抵嘉善，在京的学濂
应绝无可能得知乡里中人对其未死一事的看法。亦即，《忠孝实纪》
中所收的《后绝命》一诗明显有造假的嫌疑。

　　此外，《忠孝实纪》所收魏学濂的《遗令》中有言："子孙非甲申
以后生者，虽令读书，但期精通理义，不得仕宦。"此一"遗书"系
于四月二十八日，乃李自成称帝之前一日。当时闯军已于二十二日
在山海关附近遭吴三桂和清朝联军大败，相关讯息正在京城到处流
传；而吴三桂也于二十六日移檄降闯诸臣，许其反正立功自赎；二
十七日，吴氏更传示北京士民为崇祯帝服丧，且迎立东宫，闯军高
层当时应也已决定于三十日撤出北京②。亦即，大顺朝中此时必已感
受到风雨欲来的沉重气氛，而清廷一统江山之势则尚不十分明显，
故学濂即使确因羞愧而选择在李自成登基之日自缢以表心志，他应
不至于认定明朝已复兴无望，而要求子孙在甲申以前出生者皆不得
仕宦。事实上，此一"遗书"的口气颇像是出自清朝入主中原且政
权日益稳定后的明遗民③！

　　再者，苏濬还抨击魏学濂当时曾贿嘱邹漪在著作中装演其事，
经查邹漪的《启祯野乘》一书，确可见邹氏特意护持学濂的痕迹，
如在其《魏庶常传》中，竟无一言提及他降闯之事，且连篇引录学
濂的各种说辞，文末的议论也极力为其辩护，称：

① 刘尚友，《定思小纪》，页74。
② 谢承仁，《李自成新传》，页504–534；戴笠、吴乔，《流寇长编》，卷18页11–12。
③ 何冠彪，《明遗民子弟出试问题平议》。

论人于死生之际亦难矣哉！甲申之难，有欲死而即死者，范文贞、倪文正数先生，名垂日月，节炳丹青，允矣！……若夫迟死而竟死，后先无间、忠孝同揆，惟公一人而已。乃好事者犹以后死为口实……余故特表之，为能死者劝，而并以见吴儿好诋，舌剑唇枪，不顾人祸、天刑之随其后也！①

认为学濂不过是较范景文和倪元璐等殉国之臣迟死，但其行为仍可称得上是"后先无间、忠孝同揆"，并责好事者不应以其后死为口实。王崇简在《读魏子一〈忠孝实纪〉书后》一文中，亦持类似态度。

尤有甚者，邹漪在《明季遗闻》中，也以超乎寻常的分量褒扬学濂的"死节"，如该书共以九百余字的篇幅，逐一叙述四十多位官员和勋戚在京殉国的事迹，但对学濂一人，却足足用了两百余字纪述，且同样无一字言及学濂任官大顺朝之事②。姑不论邹漪曾否受贿，他在评述学濂事迹时，似有过情之嫌。

综前所述，魏家的亲友一致指称学濂乃于李自成登极之日自杀死节，惟其整套说辞似乎流露许多破绽。据苏灏的说法，学濂最后并未自杀，而是于四月十九日假借领"泛海平浙"之敕离京南返。在当时散传的《嘉兴府绅衿公讨伪户政府司务檄》中，亦持此说，且斥学濂："潜柬逆儿，播流言以招众叛；密领伪敕，持片檄而胁东南。"指其先以密函命子允枚四播流言，稍后，更亲领李自成的密令回江南策反。

195

① 邹漪，《启祯野乘》，卷12页15—16。
② 邹漪，《明季遗闻》，卷1页36—42。

附录5.3

魏学濂的婚姻与家庭

依照黄宗羲的《翰林院庶吉士子一魏先生墓志铭》，魏学濂的元配为解元陈山毓之女，生允枚、允札、允桓三子。学濂的好友李雯尝称："（濂）自成进士，官翰林，布衣徒步，孤处而不媵，客或靳之者，魏子曰：'余奉忠节公之教，惟恐或坠焉！且国是旦夕亟，我又何贵人容也，而媵何为？一朝有变，从〔徒?〕乱人意耳！'"①指出学濂在仕宦之后仍坚持不娶妾，此或亦受其天主教戒律影响。

从《忠孝实纪》中所收录魏学濂的诸"绝笔"，亦可对其家庭状况多些了解。在《示内》一文中有云：

> 奶奶真是薄福人，进我门便遭惨祸，今又如此，亦命矣夫！然徒苦切无益，代我奉养太太、俯育诸男女是要紧事。正恐奶奶多病之身不堪愁苦，相见地下亦不远耳。我负奶奶者颇多，怨我可也！幸勿相念。夫濂再拜，奶奶览入。

据其语气判断，所谓的"奶奶"以及"太太"，当时应均不在北京。

查明清的称谓用语，"奶奶"通常乃指祖母，也有称母者，亦可为佣妇对主妇的称呼，而"太太"原本是对中丞以上官

---

① 李雯，《蓼斋后集》，卷5页14。

员之妻的尊称，但明中叶以后此一称呼已愈来愈浮滥①。由于
学濂的祖母薛氏（1541–1600）早已亡故②，故笔者疑前引文中
的"奶奶"即学濂之妻陈氏，此应是随家中孙辈的称呼③，而
学濂希望其妻代为奉养的"太太"，则指其母钱氏。此外，"奶
奶真是薄福人，进我门便遭惨祸"句，应指的是大中于天启
五年遭阉党陷害致死一事，而大中死前十个月陈氏甫嫁入魏
家④，亦与"奶奶"即陈氏之说若合符节。

又，魏大中在《临危遗书》的开头称："我不负国，然负
家：大爹未曾改葬，亲娘未曾合葬，大姊、二姊未葬，三姊
未曾照顾得他，奶奶害了他一生，沨儿害了尔半世，又要害
尔后半世，汝母、汝弟俱累汝……"⑤他从父母、姊姊（大中
为独子），循辈分一直点名到儿子学沨、学濂、学洙，长孙允
柟，媳妇学沨妻和学濂妻，以及长孙女等家人，中间的"奶
奶"理应指的是大中之妻钱氏，此与《示内》一文中的称谓
用法亦相类。

在学濂的《前绝命》中有"所痛母垂白，七十仍尸饔"
句（农按：指负担炊食劳作之事），而《后绝命》亦有"但
恨有书报老亲，云儿不死休酸辛"句，知其母钱氏时年七十，

---

① 参见孙锦标，《通俗常言疏证》，第1册页35、第2册页12；李鉴堂，《俗语考原》，
　 页8、16。此二书均收入长泽规矩也，《明清俗语辞书集成》。
② 姚希孟，《敕赠修职郎行人司行人继川魏公行状》（尤其见卷5页41）。
③ 魏家当时并未分家，学沨约于万历四十四年娶妻严氏；四十八年，生一女；未几，
　 又生允柟；而崇祯十七年时，学濂之妻陈氏已嫁入魏家二十年，故陈氏在家族中或
　 已晋升祖母辈。参见姚希孟，《敕赠修职郎行人司行人继川魏公行状》；魏大中，《临
　 危遗书》。
④ 江峰青等修纂，光绪《嘉善县志》，卷32页17。
⑤ 江峰青等修纂，光绪《嘉善县志》，卷32页16–17。

197

人应在嘉善老家。又，在《示诸奴》一文中，学濂交代仆从该如何处理自己的身后事，声称如水路通就扶榇归里，否则，就在京郊赁地暂厝，文末有云："汝辈忠勤，前已有家书说明，汝辈归，恐我力薄耳！苟可以厚，知我妻子不吝也！"亦间接指出其妻陈氏当时应也在嘉善老家，此与李雯所描述学濂在京任翰林时的生活景况颇为一致。

　　魏学濂借口南还的可能性应不小，此因他在降闯之后不久，或已对自己在大顺朝中的前途由殷盼转成失望。学濂虽任闯官，但因属新降之臣，故并不受尊重，如大顺旧臣在京可乘轿或骑马，但作为一新臣，却只许骑驴。且吏政府大堂宋企郊，尝对候选的诸降官实说："前日考选，安人心耳！岂可以为实事。为诸公计，不如早归。"[1] 又，学濂在草场督刍时，众兵亦哗不听命。在李自成率军亲征且战报不利之后，降官的悔意更加普遍。此故，陈济生于四月十八日自北京逃抵通州附近的官河口时，就发现当地已群集了四百余位在十七日以前出都的文武大小明官，而如项煜、陈名夏等已授职而私逃者亦在其中[2]。

　　清初相信学濂并不曾自杀死节的人或不在少数，如陆应旸撰于顺治间的《樵史通俗演义》一书中，尝叙及弘光朝时复出的阮大铖欲整肃魏学濂（书中将其名误作学廉）之事，马士英称学濂当时乃居嘉善家中，阮氏即谓可利用他曾任流寇伪官一事为题，拿他至南京处置[3]。而从此书论明季与南明诸事的态度，近人孟森在重刊之序

① 戴笠、吴乔，《流寇长编》，卷18页4。
② 陈济生，《再生记略》，页23。
③ 花朝樵子（陆应旸），《樵史通俗演义》，页202-203；王春瑜，《明初二高僧、清初二遗民史迹考析》。

中，判断其作者"盖东林之传派，而与复社臭味甚密"，目的在"吐东林之气"，因知即使是同情东林或复社者，也颇有人相信学濂不曾死节。

虽然南京刑部尚书解学龙等人于崇祯十七年八月奏拟从逆诸臣之罪时，曾建议对"已故"的魏学濂免议，且同月巡按浙江御史任天成在奏劾该省士大夫从闯一事时，亦指魏学濂"惭愤自缢"①，但在弘光元年定降闯诸臣罪案时，学濂则被列入"有报已故，未确行察者"②；亦即，南明政府一直无法获得学濂死亡与否的确证；此故，在黄宗羲的《留书》中，即记马士英曾下令追捕魏学濂和陈名夏③。

除了魏学濂曾否自杀一事仍众说纷纭外，他在大顺朝中任官究竟是发自诚心抑或怀有贰心，亦不易辨明。对其抱持友善态度者，传称学濂在初受命担任户政府司务时，一仆曾劝他不应有辱先人，学濂哭对曰："汝言我心痛，然我岂真为贼官，久当见尔！"并谓他当时还特意结纳降闯的前明副将黄相等人，图谋起事，但在李自成于山海关遭吴三桂军和清兵击溃之后，学濂很失望地发现黄相等人竟然均未随闯军败还京师，而孙奇逢先前所"应允"的义军，也了无踪影，加上原来共商起义的好友唐通，亦犹豫不前，且东宫与二王又为闯军所得，希望完全破灭的魏学濂始决定以自杀结束一生④。

前文所提及的唐通，字达轩，陕西泾阳人，明季尝任密云总兵官；崇祯十七年三月，守居庸关时降闯，旋奉李自成之命赴山海关招降吴三桂，后在一片石遭清军大败；唐通于闯军败离北京时，率

---

① 彭孙贻，《流寇志》，卷13页205及210。
② 顾炎武，《明季实录》，页43。东林名士史可法曾建议应先将学濂定罪后再查察；参见史可法，《史忠正公集》，卷1页25—26。
③ 《黄宗羲全集》，第2册页63、第11册页10。又，本在南逃途中的陈名夏，因听闻被缉拿，遂转而降清；参见林时对，《留补堂文集选》，卷3页14。
④ 李长祥，《天问阁集》，卷上页31—32；汪有典，《史外》，卷4页73—77；《黄宗羲全集》，第10册页420。

部下千余人退取山西和陕西交界的保德、府谷等州县，并杀李自
成的长子。九月，李自成派李过引十余万大军攻通，通乃向清朝
靠拢①。

　　虽然清将高勋在顺治元年九月向唐通招降时，尝称其"一意雪
先帝之仇为念"，且十月唐通上奏清廷解释自己为何仍沿用崇祯年
号时，称："意欲灭贼之后，再改年号，再交印信。胜，则皇上自是
重用，倘战殁疆场，乃明朝之鬼，此臣之本心也。"然而，唐通实为
一骑墙派的两面人物，因他如真的忠于明朝，就不至于未战即降闯，
且也不会因清帝稍怀疑他有贰心，旋即更改前意，下令所属改用顺
治年号，并在乞请清廷颁给各官印信的同时，又作态具一祭文叩奠
崇祯皇帝②。此故，后人全祖望（1705–1755）即尝评学濂曰："欲以
唐通为应，则无知人之明矣，唐通岂可恃耶！"③

　　至于孙奇逢，则因避入五公山中，而未能募兵勤王，以致"坐
负卖友之名"④。黄宗羲更称学濂之所以迟死，乃因："牵挽于密约，
不得自由。"⑤ 由于魏大中一直以"国士"相待孙奇逢，丝毫不因其
为布衣而稍存轻视，此故，孙奇逢对魏大中感念异常，尝曰："吾家
兄若弟受（大中）恩最深，而余之辱知不浅。"⑥ 如其中"辱知不浅"
一语并非泛泛的谦词，则可能是指其惭愧未能力挽学濂败坏家声的
作为。

　　孙奇逢与魏学濂的交情或不特别深，在新编逾三百万字的《孙

──────────

① 《明史》，卷24页334–335；赵尔巽等撰，《清史稿》，卷4页85及88；刘懋官等修
　纂，宣统《泾阳县志》，卷12页46；袁良义，《明末农民战争》，页360–379。
② 张伟仁，《明清档案》，B335及B453–455。
③ 全祖望，《鲒埼亭集外编》，卷33页18。
④ 黄嗣艾，《南雷学案》，卷5页282。
⑤ 黄宗羲，《翰林院庶吉士子一魏先生墓志铭》。
⑥ 《孙奇逢集》，中册页690、666。

奇逢集》中，仅见崇祯初年和十六年两人各有一函往来[①]，且孙氏对西学、西教并无特别的好感，尝称：

> 西学非杨、非墨、非禅、非元（农按：避康熙帝名中的玄字），儒绅、学士亦有归之者。侬究其说，曰："一本于天，是谓天主。"其说固不谬于圣人，侬曰："既不谬于圣人，则亦谨守吾圣人之教而已矣！"[②]

奇逢在此虽未直接抨击天主教，但其思想仍是以儒家正统为依归。

　　由于无人逆料闯兵进军如此之速，故前述的"辱知"之慨，或指奇逢痛悔自己未能及时领兵勤王，且与故人之子共赴国难。惟在学濂降闯之初，学濂很可能因受同僚和同教朋侪的影响，转而接受朝代嬗替的现实，对联络义军的原议或已不再感兴趣。至于奇逢，也因见大局无法挽回而意气消沉，并避难山中。稍后，在社会普遍不齿学濂降闯行为的情形下，学濂的亲朋遂用奇逢失约等说辞加以辩解，而奇逢则可能为了报答大中的知遇之情，隐忍不置一言，或希望其个人的受冤，能有助魏家维系其忠孝世家的虚誉（见附录5.4）。否则，以当时江南社会对降闯诸臣深恶痛绝的气氛[③]，他的任何辩解（不论真实与否，尤其大多无从验证）均将为众人所接受并加以发挥。

200

---

① 《孙奇逢集》，中册页690、709。
② 《孙奇逢集》，下册页293、313。
③ 当时江南诸降臣的家乡，多有人散传讨逆的公檄，如见《冯梦龙全集·甲申纪事》，第17册页143－160。

附录5.4

孙奇逢对魏学濂死事的态度

魏学濂的生死在明亡之初曾引发社会各界颇多争议，而孙奇逢乃魏学濂亲友在铺陈其死事时最重要的关系人之一，但他却对此一攸关学濂名节之事长期保持缄默，令人颇疑内情应不简单。

顺治十六年五月初七日，孙奇逢首度在《日谱》中记载他读邹漪《明季遗闻》中所录魏学濂《绝命词》的感想，曰：

> 读此未尝不浩叹而痛惜之也。当仓卒生死之际，为从容暇豫之谋，一瞬失之，千古莫赎矣！伊时，孙绳甫父子以乞人装过访予山中，详念尼、子一谋所以就予者，予曰："万一不能出，当置此身何地耶？"后晤念尼，曾以此言诘问，念尼亦悔无追；子一此段心事，予知之而不能明言之，故不敢入吾《甲申大难录》，然不能感流绮之为此言也！①

其中绳甫和念尼分别为孙嗣烈和王尔禄的字号②，从前引文中孙氏所言之"万一不能出，当置此身何地耶"句，知当孙嗣烈应王尔禄和学濂之托向奇逢请援时，北京应已沦陷。亦即，此与许多文献中所称，魏学濂是在京师被围之前即与孙奇逢

---

① 《孙奇逢集》，下册页411–412。
② 孙奇逢尝称"清苑王念尼官至侍郎"，查清苑县明清之际任侍郎之王姓人士仅王尔禄一人，且他曾于崇祯八年率弟向奇逢问学。参见《孙奇逢集》，下册页1156；吴山嘉，《复社姓氏传略》，卷1页4；金良骥等修纂，民国《清苑县志》，卷4页2；徐世昌，《大清畿辅先哲传》，师儒传，卷2页22。

相约的说法明显不合①。学濂在城陷之前最近一次与奇逢的联系应是在崇祯十六年，但其函的内容只是"叙两家家世存亡生死之谊"②！

至于《甲申大难录》一书（又名《表忠录》），乃记在闯变中殉国者的事迹，已佚。此书初稿完成于顺治十六年四月二十九日，但直到康熙三年前后始付梓，惟因当时清廷新颁禁私刻史书之令，故刻书的济宁知州李顺昌旋遭逮捕，由于孙氏辩称此书乃据顺治九年详察确访明末死难之人的谕旨（见附录5.2）所编，故李氏未几即被释归③。然而，以孙、魏两家的密切关系，该书却未将学濂收入，亦知奇逢对学濂在生死之际的处理方式颇不能认同。

魏家子弟或得知孙奇逢正撰写《甲申大难录》，故积极建立沟通的渠道。顺治十六年闰三月，冀渭公或以杨继盛（因上疏弹劾严嵩十大罪而入狱）临死前题赠其祖父的一幅系有长歌的古梅画作为引子，招饮孙奇逢，并请其题跋，席中肯定曾提及魏家之事，因孙氏在赋诗记此事时，有"绩著西吴推第一，故人有子可披襟"句，并自注曰："故人谓嘉善魏忠节也。"由于魏大中之子当时均已不在世间，故"有子"或泛称大中的子孙，指的是冀渭公与大中的从子学渠或其孙允枏结为知音（所谓的"披襟"）④。

----

① 此见李长祥的《天问阁集》（卷上页31）、计六奇的《明季北略》（卷22页609-610）、刘肃之等修纂的《启祯条款》（卷3下页11）、邹漪的《启祯野乘》（卷12页15）等文献，仅黄宗羲在替魏学濂所撰的墓志铭中，称其与孙奇逢订约在北京城破之后。

② 《孙奇逢集》，中册页709。

③ 《孙奇逢集》，中册页806-808、下册页409、895-896。

④ 《孙奇逢集》，下册页405、1251。

　　顺治十七年二月，魏允柟和允枚直接致函孙奇逢，除叙其祖父大中的往事外，更以一阕悲愤缠绵的长歌，追忆其父学濂"殉义"时的情况；奇逢在《日谱》中称："此事海内既有人知之，昨见《明代遗闻》，亦曾及此，清议渐明，悠悠之口，想当渐熄矣！总之，庶常不死，心终难白。迟几日而死者，苦绪难以告人，只可以告无罪于先王！"[1]他虽以学濂无罪，但仍惋惜其迟死。大中的孙辈在此后仍持续与奇逢有书信往来，奇逢亦曾函请嘉兴知府王鑨对魏家就近照顾[2]。

　　顺治十八年闰七月，孙奇逢也曾以两百余字的篇幅记魏学濂事（见图表5.5）[3]，他先引陈龙正致刘宗周（顺治二年绝食死）之信，曰：

　　　　歙邑魏子一因其后死，匝月以来，疑谤无穷。今得中翰顾心宇手报，乃知的状，于四月二十九日伏节死矣！众南独留，众生独死，交友、僮仆感其世传，洞其心事，投缳气涌，熟视不救。呜呼！亦足明其舍生取义之梗概矣！[4]

202

---

① 《孙奇逢集》，下册页495。
② 《孙奇逢集》，下册页721、739、889、1250–1251。
③ 孙奇逢，《孙夏峰先生笔记》，页88。此书乃作者之手稿残本，现藏台北"国家图书馆"，原无书名，内容依月日编次，由于书中记七月置闰，秋分在八月初一日，查清初历谱，知此书乃顺治十八年七月至十月事；参见张培瑜，《三千五百年历日天象》，页372。疑此应为《日谱》散失的一部分，在张显清主编的《孙奇逢集》中，此数月恰缺。
④ 《孙夏峰先生笔记》原稿漫漶不全，因陈龙正之信亦全文收录于《忠孝实纪》中，今据后者补全。

次称：

> （闯贼）择二十九日登极受朝贺，庶吉士魏学濂死之……先是，濂遣间使走容城，联络义旅，冀得一当，翼辅皇嗣。既而，太子、二王俱为贼得，知事不可为，遂就缢，其《绝命词》悲壮激烈。迟死一月之故，其心事当更苦耳，特表而出之。

此一评述再次认定魏学濂虽为后死但仍属死节。惟因孙奇逢直到事发之后十六年才打破沉默，且不曾具体回应自己在学濂联络义军的努力中所扮演的角色，颇令人怀疑其真正的态度。

事实上，孙奇逢对未能在北京城破时死节的明臣批评颇严，尝称："三月，先帝身殉社稷；死难者屈指数人，视建文之时何如哉？"[1]且谓："甲申以前，大有学力之人；甲申以后，少一失足，从前之学问皆虚，可惜也！"[2]并指："丈夫之持节，要在当下立断，遂完其杀身成仁、舍生取义之事。稍一迟回，则爱生畏死而包羞忍耻者，将无所不至矣！"[3]他很可能为了报答魏大中的知遇之情，而对学濂网开一面。

康熙六年九月，奇逢为避免子孙不识自己的师友，故为文逐一介绍彼此的关系，其中共提及鹿善继和茅元仪等五十余人，但竟然独不见魏大中家族中人[4]！处理学濂一事的尴尬，或让两家的情谊自此归于平淡。

---

① 《孙奇逢集》，下册页311。
② 《孙奇逢集》，下册页1124。
③ 《孙奇逢集》，下册页864。
④ 《孙奇逢集》，下册页1155–1156。

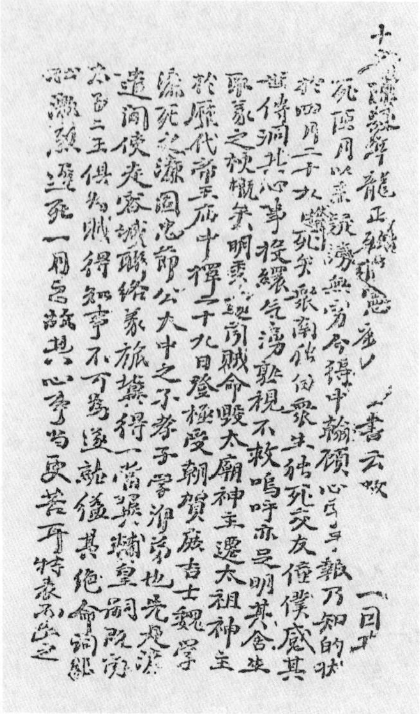

203

图表5.5：孙奇逢于顺治十八年记魏学濂死事之手迹。原件现藏台北"国家图书馆"。

此故，与孙奇逢之子及外孙相交的王弘撰，即称己从不曾自孙氏后人与闻孙、魏之间有密约一说，并称："钟元先生（农按：即孙奇逢），以老孝廉，所居逼近都城，何从结义旅乎？……作者盖以钟元先生有盛名，故借以为重耳！"对唐通之事，王弘撰亦质疑曰："至云贼愿内应，事变仓皇，亦何遽得与贼密契！"且谓在黄宗羲替魏学濂所撰的墓志铭中，居然丝毫未提及唐通之事，类此"为说不一"的现象，显示这些说辞或多为魏学濂友人的"回护之词"，以致"粉饰太过，反滋人疑"①！

虽然我们还未能掌握魏学濂最后出处的确凿证据，但因魏家亲友们在为其弥缝时留下许多破绽，遂令人对学濂自缢于李自成登极之日的说法产生严重怀疑。相衡之下，苏濬《愒斋见闻录》中诸叙

204 事的可信度似较高；亦即，学濂很可能南还（不论其是否"密领伪敕"或借机脱归）后诈死②。

---

① 王弘撰，《山志》，二集，卷2页21–23。
② 时人还有其他一些说法，如查继佐指称："贼李自成破都城，（学濂）不及洁去，寻病卒。"参见查继佐，《罪惟录》，列传卷13下页2103–2104。

四、后世对魏学濂的评价

明官投降大顺朝并出仕者颇多，但很少有像魏学濂一样在社会上引发如此激烈的反弹以及如此两极的评价，此或有多重原因：一、因魏大中和学濂父子乃当时忠孝节操的表率，深受时人敬重；二、大中个性孤傲，即使与同在朝中为官的一些嘉善同乡亦不合[①]，而学濂亦恃才傲物，颇遭部分人士所忌；三、东林和复社中人与阉党之间的斗争牵扯其间。

原任龙安知府的林有麟，在其上呈弘光帝的《感时触事疏》中，曾论及当时朝中对降闯诸人评价混淆的情形，其文有云：

> 在廷之臣所喜，则誉之、庇之；所恶，则毁之、抑之。犹是死节也，而出于同声相附之人，出于科甲高臃之列，则相与为赞扬；不则，共造为疑案。甚至四、五月之间，犹觍颜食息于长安者，皆诬以为死难矣。犹是降贼也，而非其门生故吏，非其合类同郡，则相与为吐骂；不则，曲为之解饰。甚至已降之人，亦随声附和，以自解于大逆者矣。如此，则必有以忠而蒙蔽，以罪而幸免者。[②]

知南明政坛往往将"顺案"（因涉案之人皆投降大顺而得名）当作政治角力的筹码与借口。

由于阮大铖在获马士英推荐起用时，举朝皆以其为逆案中人而攻之，阮大铖乃上《孤忠被陷之由疏》，辩称诸臣皆以魏学濂等人于

[①] 如叶向高即尝批评魏大中"议论与乡人左，乡人皆恶之"，此处"乡人"乃指出任京官的嘉善同乡。参见叶向高，《蘧编》，卷16页12。

[②]《冯梦龙全集·甲申纪事》，第17册页167。

205

崇祯初年所上之奏疏为辞，指责其为逆党，"乃欲以受贼伪命乱臣贼子之仇口，为铖孤臣孽子之定案，岂尚有人心者乎"？并极力撇清自己与魏忠贤的关系，称两人之间如"冰炭水火之不相容"。阮氏稍后授兵部添注右侍郎，未几，更晋兵部尚书，为报先前的排挤之仇，即倡言："彼攻逆案，吾作顺案与之对！"借机大举逮杀东林和复社中人①。

时人对魏学濂的评价，除了牵涉党争之外，也屡渗入私人的感情因素。如黄宗羲在其所撰的《弘光实录钞》中，胪列了降闯诸臣的名单，但其中却不见学濂之名②。而在黄宗羲于康熙二十一年应魏允札之请为乃父学濂所撰写的墓志铭中，更将有关学濂失节的传闻，归因于同邑忌嫉之人以及阮大铖阉党的造伪，尝曰："同邑忌之者，造作飞条，言其倾侧荒朝，不持士节。阮大铖时方得志，附益增张，以报血书之役，君子亦多信之。"其中"飞条"即前文提及的讨逆公檄，而"血书之役"则指的是崇祯元年学濂为报父仇而刺血疏控阮大铖一事。

黄宗羲虽然颇相信学濂的气节，但他也对学濂的个性有所批评，指出学濂之所以遭忌，有部分乃肇因于他"矜贵自喜，不知盛名之难居也"。此言或一语中的，因学濂甚为自负，即使对复社的许多同志亦不太看得起，甚至对名震当代的古文大家钱谦益，他也"未尝以一代作手归之"，终致"天生此才，仅供丧乱之摧剥"③。时人钱饮

---

① 此段参见《明史》，卷308页7941；李清，《甲申日记》，卷1页17-21；赵令扬，《论南明弘光朝之党祸》；Struve, *The Southern Ming*, pp. 29-34；南炳文，《南明史》，页10-20。

② 《黄宗羲全集》，第2册页78-79。《弘光实录钞》中的"从逆"名单，与顾炎武《明季实录》中所记即略有出入（页42-43）。

③ 学濂与谦益之间或存有某种芥蒂或过节，此因魏允札在康熙年间覆函冒襄论其父"受冤"一事时，尝谓："至所云钱□者，南渡时改头换面，显附怀宁，与寒家为难，即是此人。"由于钱谦益曾在弘光朝以附阮大铖（即所谓的怀宁）和马士英，而得授礼部尚书，故此一被姑隐其名的钱某，应即指钱谦益。佞佛的（转下页）

光的看法亦相近，称："子一只是性气刚，不能容物，故忌之者众，遂诬谤者多。"①

　　与魏学濂有通家之谊的曹尔坊，亦极力为其辩解，如在邹漪的《启祯野乘·魏庶常传》中，即曾转引其议论，称学濂是因谋求翼护皇嗣才隐忍不死，其言曰：

　　　　结连豪杰，意在报韩。隐忍图存，冀翼皇嗣。至必死而未死，可归而不归，人臣处此，亦极难耳！卒以立孤勿克，感愤自经，虽不成程婴存赵之功，庶无忝姜维复汉之节。

其中所谓的"程婴存赵之功"，乃指春秋时程婴佯降以存赵氏孤儿一事，而"姜维复汉之节"，则指的是三国时蜀国被灭，姜维伪降魏将钟会，欲杀之以复蜀土之事。今查稍后曹尔坊所参与编纂的《启祯条款》一书，其中的魏学濂传末亦收录此一论述，惟将文字略加修饰，以更彰显其节操，如改"意在报韩"为"义在报韩"，强调其联络孙奇逢之事，乃"义"的表现，并改"隐忍图存"作"隐忍局地"，辩称其忍辱投降以图谋之举，实令其内心窘迫惶惧，避免被人认为其隐忍乃是"图己命之存"。

　　除了前述的黄宗羲和曹尔坊两人之外，冒襄和顾瑞征等人亦尝为学濂"雪冤"②，其中冒襄不仅为学濂挚友，也是复社名士。然而，冒襄对学濂降闯之事初或无法释怀，直到他在康熙二十一年新出版的《嘉兴府志》中，读到魏学濂小传所录的绝命词后，"始知其降贼

206

（接上页）钱谦益且对天主教极为不满，他尝在致黄宗羲的信中，称天主教是世间三大"妖孽"之一，并称如果不除此三者，则"斯世必有陆沉鱼烂之祸"。参见黄宗羲，《翰林院庶吉士子一魏先生墓志铭》；《黄宗羲全集》，第11册页389；冒襄，《同人集》，卷4页87；《明史》，卷279页7143及卷308页7941。

① 汪有典，《史外》，卷4页77。

② 《国变难臣钞》，页3。

苦心"①，再加上东林受难子弟们的加意辩解，其态度才发生转变。如遭天启珰祸的顾大章，其子麟生尝致函冒襄替学濂伸冤，称："子一一段报汉热肠，为邪党抹杀……此千古之恨事也！"他在信中强调学濂是忍辱图谋，并在唐通未能依约举事之后投缳②。至于魏允札，也尝去函冒襄，告知其父的学侣门徒已私谥其为贞惠（其中"贞"字乃褒扬他的"死节"），并恳请冒襄为学濂撰墓表或谥议，允札还附寄黄宗羲的《撰杖集》一帙给冒襄参考，该书中即收录有黄氏所撰的《翰林院庶吉士子一魏先生墓志铭》一文③。

207

附录5.5

李雯与魏学濂间的"狐兔之谊"

李雯（字舒章，1608-1647）、陈子龙（1608-1647）和宋征舆（1618-1667）齐名，人称云间三子，他们虽为多年相交的密友，但在明亡之际则选择了不同的出处：李雯之父为明工部主事李逢甲，在崇祯十七年北京城破之后遭闯兵刑辱而死，雯稍后因金之俊的举荐，在清廷担任中书舍人，顺治元年六月，雯还曾代多尔衮作檄谕史可法④；陈子龙出仕较早，崇祯十年即登进士，明亡后坚持抗清，事败投水而死；李雯和陈子龙同于顺治四年过世，是年，宋征舆中进士，官至都察院副都御史。

---

① 冒襄，《同人集》，卷9页7。
② 冒襄，《同人集》，卷4页94-95。顾麟生一直到死前也仍以未能替学濂辩白为憾，参见《黄宗羲全集》，第10册页420。
③ 冒襄，《同人集》，卷4页87。
④ 彭孙贻，《流寇志》，卷13页202-203；魏斐德，《洪业：清朝开国史》，页384-385。

李雯与同为复社的魏学濂为好友，学濂在崇祯十五年联捷成进士，雯则名落孙山。李雯尝撰《记魏子死事本末》长文，替魏学濂降闯一事辩解，其文有云：

> 魏子泣曰："自先忠节以来至于今日，先皇之遇我也，与他人殊，死不足以谢，必得一当而死。"以故，先为《绝命词》制衣领中，乃出而受贼小官，司刍蕘之役，微察贼较（农按：避天启帝朱由校之名讳）之少有心者，与之饮酒、歌呼，结其欢心，觇得其中豪，与图大事。当是时，虽厮养、贱隶，无不嗤诮魏子，笑其脂韦者，而魏子独向余泣曰："知我赤心者，惟舒章、密之（农按：指方以智）、介子（农按：指吴尔埙）也。"居无何，贼首御东师于关，时先君（农按：指李逢甲）在难，余匍匐之余，恒就魏子宿……魏子曰："……且闻吴大将军（农按：指吴三桂）辅太子来，余缓死而无成，其又何以见中兴耶？"遂缢而死。卒之晨，距先君一日，盖甲申四月廿九日也。雯于廿八日遭先君之变，既殡于城南三日，而贼尽逃，乃于五月朔哭魏子之枢于玉河桥，见其《先绝命》与《后绝命》辞……（死之日，命家人曰）："尔归我尸，不得上先人冢沟。"而绝之，题曰："大明不忠不孝庶常魏某之墓。"①

当闯军攻破北京时，李雯之父逢甲遭到拷掠，雯于是避居在学濂家，故他对学濂的出处理应最清楚，但他在前文中仍百

---

① 李雯，《蓼斋后集》，卷5页12—15。

般护持学濂编造的说辞，并谓："天下几见畏死而能死者哉！"
且辩称："志死而卒死，或死于一月之内，或死于一年之外，
其死一也！"

千古艰难惟一死，明末众臣殉国者绝少，但忠孝世家的
魏学濂却背负众人期许他"以死绝志"的十字架，故只得伪
死逃世，且亦未能祔葬在其父亲和兄弟的墓园中①。李雯因不
曾出仕，原本较不受人注意，却也意外因其所代拟《多尔衮
致史可法书》传颂一时，还是得背负身后的骂名。李雯在《风
流子》一词中有"谁叫春去也？人间恨，何处问斜阳"句②，
借伤春以表亡国丧父之痛，词意凄婉悠长，但只不过多苟活
三年的李雯，临死前恐会羡慕选择抗运致命的挚友陈子龙！

此外，在复社要角方以智的文集中，不仅收录有《血书〈孝经〉
题辞》一文③，记学濂为父伸冤事，亦有《跋魏子一仿颜字后》一
文，称：

> 甲申封刀时，子一策蹇慰我，指其段成公区区血泪之言，
> 犹在耳也。已余得潜窜，后乃闻子一不得当而自到死，此志与
> 成公何异。④

以智初亦被迫降闯，虽侥幸于四月十二日逃出京城，但仍被弘光朝
列入"五等应徒议赎"之人⑤。至于前引文中的段成公乃指唐人段秀

---

① 许瑶光等修纂，光绪《嘉兴府志》，卷17页24-25。
② 南京大学中国语言文学系全清词编纂研究室，《全清词》，第1册页353。
③ 方以智，《浮山文集前编》，卷2页34。
④ 方以智，《浮山此藏轩别集》，卷1页2。
⑤ 方以智，《浮山文集前编》，卷7页1；《黄宗羲全集》，第2册页79。

实，成公为其字，德宗建中四年（783），泾原士兵在京哗变，德宗
仓皇出奔，叛军遂拥戴原卢龙节度使朱泚为帝，秀实初诈降，并阴
结友人欲杀泚，惟因故不果，遂在朝中以笏击打朱泚，因而被害，
德宗还朝后追赠太尉①。故方氏基本上乃主张学濂投降是有所图谋，
在事不行之后始自杀以明志。

　　当时，也有一些非复社或东林的学者对学濂等降臣的遭遇相
当同情，如冯梦龙在其《中兴实录》一书中，胪列了京师城陷时死
节的忠臣以及遭刑辱或潜藏的臣子，但对投降者，则认为"未便开
列"，其理由是：

> 　　降虽降者，原逆贼之所迫耳，既以容生，亦难容死。生死
> 交会之际，存亡纸隔之间，降臣虽降矣，予思之，未必真心事
> 逆，奈何势迫于此矣……有降而后缢者，间有逃而隐者，诸臣
> 虽未尽忠死节，亦未有代贼奇功败国者，非降臣也。②

他认为这些在丧乱之际隐忍偷生之人，多为情势所迫，故只要未做
"代贼奇功败国"之事，即不应苛责。由于当时"降而后缢"者似仅
魏学濂一人，知冯梦龙并不视其为真正的降臣。

　　清初许多学者在批判学濂失节的同时，对其所谓的自杀之举多
仍给予正面评价。如彭孙贻虽不满其未能追随同年好友孟章明于城
陷之初即从容殉国③，然而，他对学濂"至于贼势衰落，而后悔而殁
身"的行为，则认为又贤于许多明知福王已于南京监国，但却臣事

---

① 《旧唐书》，卷128页3583—3588。
② 《冯梦龙全集·中兴实录》，第14册页188。
③ 刘宗周尝嘉许孟章明之殉节，称："癸未榜四百人，惟章明空谷一人耳。"参见《刘
　宗周全集》，第3册下页1383。

清政权之人①。至于王弘撰，虽对冒襄和顾麟生等人所提魏学濂未于城陷之初殉节的理由，尚不敢遽定真确与否，但仍称许其稍后自杀一事，曰："其克己之力，勇于徙义，亦不谓之贤者不可。"且称钱谦益和王铎之辈"当愧汗浃背矣"②！

210　　　此外，在计六奇的《明季北略》一书中，虽摘录了《嘉兴府绅衿公讨伪户政府司务檄》一文，但其中的魏学濂小传则全文抄自《启祯野乘》，并在公檄之后另加了一段按语，曰：

> 称人可过也，毁人不可过，此等文字，后生家不看也罢。然予录之者，不取其尖利，取其胸中有少许古书耳。所惜者，止欲自逞其笔锋，全不顾他人之死活也；善读者知之。③

亦即计氏认为此檄的用词相当尖酸刻薄，希望读者善自判断。当时士论对"不即死"之人的批判，的确常常颇苛④。

由于魏学濂长子允枚在《嘉兴府绅衿公讨伪户政府司务檄》一文出现之后，随即亦出一辨揭，宣称其父乃为殉难，评价趋于两极，计六奇因而论曰：

> 甚矣！论人之难也。以身当其时者，而犹忠邪莫辨，贤逆难分！况传于千百世之下，而谓有信史乎？要之，誉之者多溢辞，而毁之者亦属过诋，惟《甲乙史》所载，实为学濂定论也！

---

① 谈迁在《国榷》中所转引彭孙贻的文句为："犹贤于丧君有君相从左衽者焉！"（卷101页6080）惟在今本彭氏的《流寇志》中，或因稍有避忌，而删去其中"相从左衽"等字（卷12页192），语意因此不明。

② 王弘撰，《山志》，二集，卷2页21-22。

③ 计六奇，《明季北略》，卷22页613。

④ 赵园，《明清之际士大夫研究》，页35-39。

指称论人即使在当代都极难。对于魏学濂的忠逆，他则认为或以江上外史（笪重光）在《甲乙史》中所持"学濂素负志节，一时堕误，知愧而死，亦愈于靦颜求生者矣"之说，较为公允[①]。

至于强烈不满学濂气节者，也并非均属阉党中人。如杨士聪在其《甲申核真略》中批评魏学濂曰：

> 不知自古有不受伪官而生为节士者矣，未有既受伪官而死为忠臣者也。户部司务业已经月为之，李贼纵不即帝位，此司务果谁氏之官耶？欲盖弥彰，徒资笑柄而已。

杨氏认为学濂即使最后自杀，但因其稍早时已出任闯官，故仍不得被视为忠节之士，并指出其自杀的主因，乃由于城中哄传太子旦夕且至，深恐自己降闯之举将遭到究治[②]。此外，许多曾与学濂往来密切的复社同志，在他们于清初出版的诗文别集中，均罕见收录与学濂交游的文字，也多少反映出他们对此事的态度。

清初著名史家谈迁对魏学濂的评价亦颇差[③]，他认为学濂本为一"啖名逐利"之徒，并论其人曰：

> 学濂自负忠孝门第，议论慷慨，时谓学濂必殉难，而惑于象纬，谓自成英雄，必有天下，思佐命功，至是（农按：指李自成焚毁官殿出走之际）愧恨……京师漆工包某，望官殿纵火，恸哭，北向拜，自经。其视魏学濂辈，狗彘勿若矣！

将学濂降闯的行为视同猪狗不如，且以漆工包某的节操与之对映。

211

---

① 此段参见计六奇，《明季北略》，卷22页612。
② 杨士聪等，《甲申核真略（外二种）》，页51。
③ 谈迁，《国榷》，卷101页6072—6073、6079—6080。

　　谈迁虽不齿学濂其人其事，然而，他在书中仍指称学濂是"以失望自经"，还录有其《绝命词》；亦即，他与杨士聪相同，均不曾接受苏濬或《嘉兴府绅衿公讨伪户政府司务檄》一文中有关学濂最后出处的说法①。有趣的是，在评价魏学濂一事与谈迁南辕北辙的黄宗羲，对谈迁治史的态度，却是相当敬佩，在黄氏为谈迁所撰的墓表中有云："君乃按实编年，不徇文彩，未尝以作者自居。异日有正明世之事者，知在此而不在彼也。"②

　　或因魏家忠臣孝子的清誉过高，以致同情和不齿魏学濂的双方，往往均过于情绪化，甚而虚构出一些不实的叙事。如有谓学濂求死的过程颇为艰难，先是自缢不死，饮药又不死，乃执利刃自击咽喉，"血出有声"，诸仆皆掩面痛哭，但昏厥后仍未死，最后再勉力奋起投缳，乃死③。此一过程实在太过戏剧性，极有可能是后人为强化学濂殉节的印象，而刻意捏造出的。

　　另一方面，有谓学濂获授户政府司务一职时，一仆以他堕坏忠孝家声，遂自刎而死④，由于文献中提及其仆的事迹既多且异（见前文），因此也颇令人怀疑其真实性。又，有称学濂在受大顺朝官后，曾负责发放军粮，但有一卒不愿受，曰："小人，明朝卫士，乌可别领军食耶！"学濂因此"投笔而起，入内，愧恨自杀"⑤，此一故事的可信度亦应不高，因该卒如真有不食异朝之心，就不致混迹于领饷的闯军之中。

　　此外，在诸降官向李自成所上的劝进文中，曾斥崇祯皇帝为

---

① 谈迁于其所撰的《孝廉祝开美传》中，对在南京陷落后自缢的祝渊，评价甚高，故他或有可能接受祝氏对魏学濂出处的说法。参见祝渊，《月隐先生遗集》，外编卷上页4–5。
② 《黄宗羲全集》，第10册页261–262。
③ 李长祥，《天问阁集》，卷上页32。
④ 顾炎武，《明季实录》，页55；高宇泰，《雪交亭正气录》，页19–20。
⑤ 高宇泰，《雪交亭正气录》，页20。

"独夫"，并称颂李自成"比尧舜而多武功，迈汤武而无惭德"，相传这些皆周钟（字介生）之笔[①]；然而，该文中还有"行义行仁，存杞存宋"一句，用周武王伐纣后，封夏禹之裔于杞、封商纣之兄为宋公的典故，将崇祯皇帝比作暴虐无道的纣王，并将为收人心而分封明太子和二王的李自成[②]，比喻成仁义双全的武王；文献中有称魏学濂尝对人曰："此语出吾手，周介生想不到此！"然而，我们亦见有将该语一字不变系于龚鼎孳者[③]。时人为讥刺降官的失节，往往多有编造小故事流传以丑化其人的情形[④]。

陈确在顺治十五年所写的《柳柳州论》一文中，批评魏学濂等明末之辈，乃与唐代的柳宗元和刘禹锡两人（曾因参与王叔文所推动的政治改革失败而遭贬官）相类，"不过文彩嚣浮之士，高自标置，平时妄以功业相期，急难则以节义自负，胸气激昂，目无流辈，故流辈亦深嫉之"，一旦"从贼如骛"，则"百口奚解"。弘光间，因士大夫对降闯一事深恶痛绝，故对学濂等人"尝恨不食其肉"！但陈确主张"士大夫何可以一节概其平生"，对于"悔恨而死"的魏学濂，他认为还是挽回一些晚节，实不能因其曾投降李自成而全盘否定[⑤]！

明亡之初，社会对魏学濂的褒贬虽颇不一致，但在其乡里中，当亡国的激情不再且清朝的统治日益稳固后，对他的评价则渐趋正面。尤其，与魏家为通家之好的士绅们在鼎革之后仍掌握主流声音；此故，当清廷于顺治九年下令表彰在李自成攻陷北京时死节的

213

---

① 吴伟业称周钟虽"才不足以副其名"，但"为人乃友悌笃厚"，他认为周钟之所以被下重狱，主要乃因得罪了弘光朝中的两大权臣（他本人曾拒绝刘泽清的延聘，而其弟周铖则曾当面痛斥阮大铖），言下之意，当时许多有关周钟在大顺朝中的丑事，或有可能遭人污蔑。参见吴伟业，《绥寇纪略》，页466。

② 谈迁，《国榷》，卷100页6058。

③ 《冯梦龙全集·甲申纪事》，第17册页11；计六奇，《明季北略》，卷22页606。

④ 如在苏濉的《惕斋见闻录》中，即收录有一些小故事，鲜明地讥刺金之俊、洪承畴、钱谦益、吴伟业等贰臣的嘴脸，惟其可信度待考（页18–19）。

⑤ 《陈确集》，页165；赵世瑜，《试论陈确的忠节观》。

前明官员时，地方上即有二十几位举人、生员和乡绅出面为其呈请①。而嘉善在清初所修的第一本方志，更将魏学濂小传列入《行谊》之流，此书乃为知县杨廉延乡宦郁之章、曹尔堪、柯耸、魏学渠等人于康熙十六年所纂②。其中郁、曹和魏三人，明季曾与魏学濂等共结文会，学渠且为其堂弟，在满人入主中原后不久，他们即经由科举入仕新朝③，在气节一事上，并不强逾学濂。

　　康熙《嘉善县志》中并为学濂装演，称其在年轻时即"自分以身死国"，故于北京城陷后自杀多次，但均为仆人所救，且将学濂晚死之故，归因于其仆劝他"伺间得一当以报"。而在其子允枚的传中，更为塑造魏氏忠孝传家的形象，指称允枚在学濂"殉难"之后，曾"匍匐迎榇"④。或因其亲朋在乡里中的深厚影响力，当嘉善知县张铺于雍正四年（1726）报准将九十四位明清两代的乡贤入祀新建的忠义孝悌祠时，魏学濂就得以厕身其间⑤。

　　然而，官方对魏学濂的态度则有所不同。查雍正十三年定稿、乾隆四年（1739）刊行的《明史》中，评其曰："京师陷，不能死，受贼户部司务职，陨其家声。既而自惭，赋绝命词二章，缢死。"⑥知清政府并不承认学濂之死乃为殉节。此故，在乾隆四十一年钦定

214

---

① 此见《忠孝实纪》所收顺治九年十一月的《嘉兴府嘉善县公移》，但该文并未呈现清政府最后的判定结果，疑其所请或未准。

② 杨廉等修纂，康熙《嘉善县志》，卷8页55-56。

③ 魏学渠，字子存，号青城，顺治五年举人，历任成都府推官、刑部主事、湖广提学副使、江西分守湖西道。随着清政权的巩固，大多数的知识分子开始面对现实，故国之思遂逐渐消退，此一现象也同样见于宋元之际。参见江峰青等修纂，光绪《嘉善县志》，卷19页35-37、卷22页16-17；萧启庆，《宋元之际的遗民与贰臣》。

④ 杨廉等修纂，康熙《嘉善县志》，卷9页12。

⑤ 江峰青等修纂，光绪《嘉善县志》，卷7页4-6。同样的情形，也发生在学濂的好友韩霖身上，由于韩家在地方上甚其影响力，在"为亲者讳"的心态下，方志中遂称韩霖"遭闯变不出，隐避遇难，君子惜焉"，而韩霖也或因其降闯一事被隐讳而得以入祀乡贤；参见本书第六章《鼎革世变中的天主教徒韩霖》。

⑥ 《明史》，卷244页6337。

的明季殉节名录中，所收者近乎四千人，学濂就不在其内①。且四库馆臣在为学洢的《茅檐集》撰写提要时，亦称："学濂颓其家声，论者不能以大中之故，曲为宽假。"

由于清初士大夫对学濂的评价，往往亦与他们对西学、西教的态度有相当程度的互动关系，故笔者在下节中将以学濂所接触之人为主轴略加申论，并顺便析究西学、西教在明末士大夫阶层中影响的深度与广度。

五、明清之际士大夫对西学、西教的态度

天启间的珰祸，不仅对东林党人造成残酷的打击，同时也使得朝中亲天主教的势力明显削弱，如五年五月，称病在籍家居的徐光启，即以"招练无功"的借口遭阉党疏罢，并被革礼部右侍郎衔；同年十月，孙承宗也因忤魏忠贤，而以"虽娴于兵，而方略疏焉"的理由去职；七年二月，孙元化亦因遭阉党疏控营谋官职，被施以"冠带闲住"的处分；至于李之藻、杨廷筠等奉教士大夫，也均于稍早相继罢官②。

魏学濂奉天主教的经过与时间均不详，其奉教之事仅略见于时人彭孙贻和谈迁的著述中，而尚未见其同教中人提及（可能的原因见后文）。惟因彭、谈二人对天主教的态度都相当持平，且有不少接触，故应不至于信口开河。如彭氏对在康熙初年"历狱"中获罪的天主教天文家，即主张不应以其人废其言，此一态度有可能受其朋侪的影响，因他曾多次自友人范光文处听闻有关西洋的珍闻奇事，而范氏则与汤若望过从甚密，并尝与汤氏共饮葡萄酒后大醉③。至于

① 舒赫德、于敏中等，《钦定胜朝殉节诸臣录》。
② 黄一农，《天主教徒孙元化与明末传华的西洋火炮》。
③ 黄一农，《康熙朝汉人士大夫对"历狱"的态度及其所衍生的传说》。

215

谈迁，亦曾于顺治十一年入京时，造访汤若望的住所，而谈迁在京的东道主朱之锡也与汤若望颇有往来，并曾获其馈赠西洋饼①。

　　学濂曾与朱宗元共同校正耶稣会士孟儒望所述的《天学略义》②，此书前还有"昭事生"张赓所撰之序。其中朱宗元和张赓均为著述等身的天主教徒，朱氏尝著《天主圣教豁疑论》、《拯世略说》、《郊社之礼所以事上帝也》、《答客问》、《破迷论》等宣扬教义之书籍，张赓亦著有《天学解惑》、《悌尼削世纪》等书，两人且均参与校阅或润饰许多耶稣会士编译的书籍③。由于当时耶稣会对中文书籍的刊行相当谨严，除需三名教士"仝订"外，还必须获得在华教区值会会长的准许，而文字的校正和润饰工作，对教理类的书籍而言，尤其兹事体大，应不太可能让一位教外人士参与，故学濂很可能在《天学略义》于崇祯十五年刊行之前即已入教④。

　　学濂的亲友们对西学、西教大多十分友善，如其堂弟学渠即曾于康熙三年为方济会士利安当（又名栗安党⑤）所撰的《天儒印》一书作序⑥，此书非属教理类，而是阐释四书中的内容，称"止于至善"、"天命之谓性"、"获罪于天"等句中的"至善"和"天"字均指天主，学渠并在序中指西教乃与"孔孟之指相表里"，且谓："孔、孟复生，断必以正学崇之。"

　　学濂和学渠两家的关系相当密切，大中尝随学渠的祖父邃元读经书，学渠之父廷荐幼孤，大中复授经且代理其家，当大中罹珰祸

① 谈迁，《北游录》，《纪邮上》，页45–46、67。
② 此书原本藏罗马梵蒂冈图书馆，收入《天主教东传文献续编》中。
③ 参见徐宗泽《明清间耶稣会士译著提要》一书中相关著述之介绍。有关朱宗元的事迹，另见方豪，《中国天主教史人物传》，中册页91–98。张赓的事迹，则见Dudink, "Christianity in Late Ming China," pp. 272–313.
④ 徐宗泽，《明清间耶稣会士译著提要》，页384。
⑤ 中国第一历史档案馆等，《明清时期澳门问题档案文献汇编》，第1册页49–51。
⑥ 利安当诠义、尚祜卿参阅，《天儒印》。

时，廷荐即曾与学洢暗中同行照顾①。学渠且和学濂、学洙兄弟同属
"柳洲八子"，并同入复社。虽然魏学渠尝以唐僧贯休所绘的罗汉图
十六轴购赠景德寺②，并曾在上海青浦颐浩寺的观音殿题一楹联③，但
此不知是否在其序《天儒印》之前；亦即，学渠曾否奉天主教仍待考。

216

魏学渠在序《天儒印》一书时有云："余发未燥时，窃见先庶尝
从诸西先生游，谈理测数，殚精极微。"方豪将其中的"先庶常"（原
文因避泰昌帝朱常洛之名讳而改用"尝"字）误系作魏大中，其理
由是大中曾任庶吉士④。然经查魏大中自订的年谱⑤，他从不曾出任此
职，且因大中于天启四年升授吏科都给事中（正七品，简称都谏或
科都），同年，虽降级调外，但卒后则赠太常寺卿（正三品），谥忠
节，故学渠最应称其为"先都谏"、"先科都"或"先忠节"⑥，而非
"先庶常"。此处所指实应为魏学濂，他在中进士后旋擢庶吉士，未
几，明朝即亡，故时人遂有称其为"魏庶常"者⑦。

方豪因错解前引文中的"先庶常"句，故进一步引申曰："学濂
父大中曾与西教士善。"方氏此一论据虽与原文不合，然从魏大中的
人脉网络，知其确有可能与传教士相交。如与其同受珰祸的东林同
志左光斗，其弟光先很可能在天启五年时即受洗，光先曾于崇祯十
四年在福建建宁县令任内发布公告，指称天主教"立教甚正、修己
甚严、爱人甚切"，并谓："吾儒之事上帝也，知尊而不知亲，闻公
教乃知上帝之真为吾人大父母也！"故他倡率士民捐建"尊亲堂"，

① 江峰青等修纂，光绪《嘉善县志》，卷22页16—17。
② 江峰青等修纂，光绪《嘉善县志》，卷3页42。
③ 其文曰："山名天竺，西方即在眼前，百千里接踵朝山，海内更无香火比；佛号观
　音，南摩时闻耳畔，亿万众同声念佛，世间毕竟善人多。"摘引自 http://www.wcai.
　net/couplet/lianji5/039.htm.
④ 方豪，《中国天主教史人物传》，中册页110。
⑤ 魏大中，《藏密斋集》，卷1页1—39。
⑥ 如见徐开任，《明名臣言行录》，卷81页14；《孙奇逢集》，中册页571。
⑦ 如见邹漪，《启祯野乘》，卷12页15。

并希望民众能将西儒所刻诸书深加体会研读①；而东林士人当中更至少已知有二十多人对西学和西教相当友善（见第三章）。

此外，我们从大中挚友鹿善继和瞿式耜等人的交游状况②，也可看出蛛丝马迹。鹿善继为徐光启所取士，鹿氏尝称己所受的师恩在"风尘格套"之外；而与鹿氏同科的进士（如孔贞时、周希令、王应熊和徐景濂等）当中，也不乏序跋天主教书籍或赠诗耶稣会士者；又，鹿氏同年朱大典、沈荣和李天经等人，亦曾被徐光启推举为修订历法或仿制西洋大炮的人选③。

至于与魏大中同登万历四十四年进士的瞿式耜，尝被出任督学御史的天主教名士杨廷筠拔为岁试第一，而孙承宗又是他万历四十三年中应天乡试时的主考官，瞿氏并曾与艾儒略和毕方济等耶稣会士往来，亦与永历朝中权倾一时的奉教内官庞天寿为通家之好，式耜的二伯汝夔和堂弟式谷且均为天主教徒。又，在其同科进士当中，佟卜年之子国器亦受洗入教，而毕拱辰、朱大典、方孔炤（及其子以智、其孙中通）、曾樱、袁中道、阮大铖、李政修、汪秉元、来复等人，也与奉教人士有所往来（见第四章）。故魏大中与传教士相交的可能性应颇高。

魏学濂所师事的薄珏④，其与西学的渊源亦应不浅。薄氏，字子珏，江苏吴县人，尝游寓嘉善。崇祯四年，他曾受应天巡抚张国维

217

---

① 刘凝，《天学集解》，卷9页55–56；李嗣玄，《泰西思及艾先生行述》，无页码；钟鸣旦，《杨廷筠》，页114、119。

② 魏大中，《藏密斋集》，卷10页8及页12。

③ 有关万历四十一年癸丑科进士对西学、西教的态度，可参见黄一农，《天主教徒孙元化与明末传华的西洋火炮》。

④ 此段中有关薄珏的事迹，请参见邹漪，《启祯野乘》，卷6页15–16；吴秀之等修纂，民国《吴县志》，卷75下页40；江峰青等修纂，光绪《嘉善县志》，卷25页14。惟其中提及薄珏所制火炮的射程以及望远镜的效力，均有夸大之嫌；参见刘旭，《中国古代火炮射程初探》。

之聘造铜炮以御流寇[1]，射程号称可达三十里。薄珏亦精于制造望远镜，宣称可见四十里之外，且用以协助校准火炮，他也尝自制浑天仪。薄珏还以制造机械的能力闻世，风传他曾制成一"灵动如生"的"木童"，可开闭门户、端茶奉客。虽然在邹漪《启祯野乘·薄文学传》中，对薄珏的学术传承毫无所悉，惟因当时望远镜以及大型火炮的制造法，多掌握在与天主教关系密切的人士手中，且薄珏又撰有许多论西方测天仪器或天文学的著作，故他与教会中人或有所交往，无怪乎，有称其在天算方面的能力，"海外亦重其名"。

　　在魏学濂的同乡当中，许多人对西学、西教也颇有好感。如崇祯中累官至礼部尚书兼东阁大学士的钱士升，即尝指天主教"足为吾儒补亡"。钱、魏两家为世交，士升不仅与大中为好友，其子钱棻且与学濂同年中举，亦为学洴"谊同断金"的知己。又，士升侄子钱栴所撰的《城守筹略》中，屡见天主教徒王徵和徐光启论兵的言论，栴之儿女亲家夏允彝，亦尝著有《西洋算法》（参见第三章）。

　　西学、西教在明季士大夫间的影响力，更常随奉教人士的人际网络而扩大，如与魏学濂为通家之好的曹尔堪，在入清后与王士禛、王士禄、宋琬、施闰章、沈荃、汪琬、程可则诸人合称"海内八家"，而这群士大夫对天主教的态度即多相当友善，其中王士禛也与魏学渠相唱和[2]。

　　在魏学濂的师友中，虽不乏对西学、西教均抱持正面态度者，但也有人持不同的观点。如其通家挚友黄宗羲，虽尝自耶稣会士获赠日晷[3]，并致力会通中公历算[4]，但在其晚年所著的《破邪论》中，

---

① 张国维曾于崇祯十二年序徐光启的《农政全书》，知其对西学或奉教之人亦应十分友善。
② 江峰青等修纂，光绪《嘉善县志》，卷19页36；秦瀛，《己未词科录》，卷6页31–32；黄一农，《康熙朝汉人士大夫对"历狱"的态度及其所衍生的传说》。
③ 全祖望，《鲒埼亭诗集》，卷2页2–3。
④ 吴光，《黄宗羲著作汇考》，页133–145；曹国庆，《论黄宗羲的天文历学成就》。

则大肆抨击天主教的信仰，曰：

> 释氏益肆其无忌惮，缘"天上地下，唯我独尊"之言，因
> 创为诸天之说，佛坐其中，使诸天侍立于侧，以至尊者处之于
> 至卑……为天主之教者，抑佛而崇天是已，乃立天主之像记其
> 事，实则以人鬼当之，并上帝而抹杀之矣！此等邪说，虽止于
> 君子，然其所由来者，未尝非儒者开其端也。[①]

黄氏一方面指责佛家妄将唯一之天（昊天上帝）分成"诸天"等不
同层次，且不应将佛置于诸天之上，另一方面，他也讥斥天主教虽
反对佛家的"诸天"，惟其所宣扬的上帝创世、耶稣救世等事迹，则
是以"人鬼"之说抹杀"昊天上帝"。黄氏并将天主教所主张的"邪
说"，归罪于少数儒者的倡导。

219   此外，魏学濂在学问上最佩服的师长刘宗周[②]，亦反对西学、西
教。崇祯十五年闰十一月，御史杨若桥因汤若望善用火器而加以举
荐，时任左都御史的刘宗周即疏驳曰：

> 臣闻用兵之道，太上汤、武之仁义，其次桓、文之节制，
> 下此非所论矣！迩来边臣于安攘御侮之策、战守屯戍之法，概
> 置不讲，专恃火器为司命。我用之以制人，人得之亦可以制
> 我……则将来火器必为中国之大害矣……至汤若望，向倡邪说，
> 以乱大道，已不容于尧舜之世，今又作为技巧以惑君心，其罪

---

① 《黄宗羲全集》，第1册页194—195。王慕民在《明清之际浙东学人与耶稣会士》一
文中论及黄宗羲对西学的兴趣，但却未提及他对西教的态度，该文收入陈祖武，
《明清浙东学术文化研究》，页128—143。
② 如黄宗羲在《翰林院庶吉士子一魏先生墓志铭》中，即尝称魏学濂"所奉手抠衣者，
蕺山一人而已"。

愈无可逭。乞皇上放还本国，以永绝异端之根。①

虽然被刘宗周不幸言中，传华的西洋火器终因孙元化部将孔有德的叛变而转为满清所用，并成为其入主中原时攻城略地的利器②，但刘氏将天主教视为异端邪说的态度，显然过于偏激。

再者，坚信学濂死节并努力替其"平反"的陈龙正，尝曰：

> 万历间，利道人玛窦者，自大西国来，欲播其天主教。观其大旨，即上帝也。然画像而拜，以崇礼形象为事，而不知存心养性之义，远不及佛，然最辟佛……士之好奇者多奉之。寻上其奇器于朝，神宗命所司收贮，而无他爵赏。道人寻卒，其徒以千计。或能传习其器算，而颖慧莫之逮也，然士夫间服习之者不衰……觉氏（农按：指佛教）来于东汉，此教（农按：指天主教）又猝入于今。呜呼！无亦乘运而至者乎。③

他认为西教主要在崇拜天主之像，无法与讲求"存心养性"的佛教相比拟；并称："佛，西方圣人；天主教之精者，不过西方之巧人耳！"④将佛祖与天主分别比拟作圣人与巧人，尊卑立见。

220

大致说来，在明季以进士为主的士大夫当中，对西学、西教抱持友善态度者，要远超过坚决排拒之人，而前者乃以东林及复社的成员居多（见第三章）。但我们也必须理解，明清之际士大夫对西学、西教的好恶，仍大多采取持平的态度，即使是较友善之人，也

---

① 《刘宗周全集》，第5册页446–447。
② 黄一农，《天主教徒孙元化与明末传华的西洋火炮》。
③ 陈龙正，《几亭全书》，卷20页22–23。
④ 陈龙正，《几亭全书》，卷20页23。

还多以儒家本位的心态来看待西学[1]，如东林要角邹元标尝在答耶稣会士利玛窦的信中强调，天主教的意旨仍不出儒理，且不若中国古圣先贤所言详尽，邹氏还肤浅地以《易经》中的天即等同于天主教所尊崇的天主（见第三和第十二章）。也就因这种心态，许多士大夫虽认为天主教有益于世态人心，而西学亦有助于经世致用，但仍多仅停留在欣赏或利用的层次，进一步受洗入教者并不多。

明清之际，接触西学（尤其是科技文明）似已成为当时知识界的时尚之一[2]，且不受限于政治立场（不论其人是东林、复社或阉党）。以阮大铖为例，即使在天启珰祸之后，他所交往之人也不乏与天主教会有直接或间接关系者：如他曾于崇祯九年赋诗相赠耶稣会士毕方济[3]；而与阮大铖一直有往来的同科进士毕拱辰，亦尝刊刻利玛窦的《圜容较义》，并润定高一志的《斐录答汇》和邓玉函的《泰西人身说概》[4]；至于余望之，也与韩霖和阮大铖均屡有诗文酬赠[5]。

而这些对西学或西教友善的士大夫，往往也对佛家或道家同感兴趣，如前文中提及的钱士升就是如此（见第三章）。即使是魏学濂的宗教信仰，也不曾为其后人所完全遵循，如其次子允札晚年即"衣道士服，萧然高寄"[6]。

事实上，儒学、政治或传统伦理在大多数中国士大夫心中所占

---

① 参见黄一农，《天主教徒孙元化与明末传华的西洋火炮》；黄一农，《张宸生平及其与杨光先间的冲突》；本书第九章《南明重臣对天主教的态度》；黄一农，《王铎书赠汤若望诗翰研究》。

② 黄一农，《天主教徒孙元化与明末传华的西洋火炮》。

③ 阮大铖，《咏怀堂诗·丙子诗》，卷上页13。

④ 阮大铖，《咏怀堂诗·辛巳诗》，卷上页12及16；本书第六章《鼎革世变中的天主教徒韩霖》。

⑤ 阮大铖，《咏怀堂诗·辛巳诗》，卷下页14–16；张成德等修纂，乾隆《直隶绛州志》，卷18页15。

⑥ 戈鸣岐等修纂，雍正《续修嘉善县志》，卷9页5。

的比重，常远超乎宗教之上[1]，此一情形即使对许多奉教人士亦然。我们因此可以发现如孙元化、王徵、陈于阶和焦琏等明季的奉教士大夫，在国亡或城破之际，均曾选择以自杀的方式结束一生，而王徵亦曾为尽孝而于无嗣的情形下奉父命娶妾，此两事均严重违反了"十诫"的规条。当面临天、儒之间的重大矛盾时，这些奉天主教的士大夫往往很痛苦地又选择回归中国的文化传统[2]。

六、结论

历史真相的追索，往往囿于直接史料的欠缺以及真伪辨定的困难，而无法克竟全功；然而，真相本身或许并不是历史研究所追求的唯一目的。魏学濂其人其事几乎不见近代史家着墨[3]，但他在明亡之际的行为与出处，却引起当时社会瞩目，各种说法与评价不仅散见于典籍，且往往呈现两极化的情形。本章偏重于爬梳学濂的生平事迹与恩怨情仇，试图去揭开真相的最后一层面纱。此一个案也提供我们极佳机会去揣摩一渺小个体在世变中的无奈心境，并反思许多历史评价背后所蕴含的复杂因素，且对朋党之争在鼎革中所造成的影响能有一较深刻的体会。

当魏学濂面临城破国亡的关键点时，他发现其父兄以血泪换得的忠孝牌坊沉重地压在他身上，社会期许他能守此大节。然而，自杀（即使是为殉国）却是天主教所不允许的行为，何况蝼蚁尚且偷生，他于是选择了苟活图存。

我们现在已很难确切判断学濂降闯的真正动机，及其心态曾否

---

① 参见第九章及黄一农，《王铎书赠汤若望诗翰研究》。
② 参见黄一农，《天主教徒孙元化与明末传华的西洋火炮》以及本书第四章。
③ 即使是在克劳福德（Robert Crawford）为阮大铖所作的长传中，亦通篇未提及其与魏学濂间的仇隙。参见 Crawford, "The Biography of Juan Ta-ch'eng."

有过重大转折，但从他于崇祯初年行乞入都，并在血书上称自己"家难较诸臣倍惨"的悲愤；从其兄学洊对友人所称"足下读书万卷，见古忠臣之死，有惨毒如先子者哉"的冤气[1]；从学濂次子允札祭拜祖父之坟时，所赋"摧岳填冤终不尽，倾河泻憾浩难收"句中的怨怼[2]，我们或可明显读出深受明季腐败政治之害的魏家子弟，其内心浓稠的愤世之情。

　　再者，当时魏学濂的许多朋侪也对大顺朝充满憧憬，这些人当中还包括了韩霖、李天经和汤若望等天主教人士。虽然教会在经过六十多年的努力之后，促使许多中国士大夫对西学或西教抱持较友善的态度，但仍无法大规模地开展其在华的活动，其间甚至还因"南京教案"和"福建教案"而遭逢禁教的严重打击[3]，这些奉教人士或因此更迫切地企盼能把握此一骤变的政治环境，为天主教的传教事业开创新局。

　　当时天主教徒对其他各分立的政权亦拥有相同的寄望，如毕方济即尝奉弘光帝之命赴广州"通南洋舶"，他也在隆武朝时以"宣谕使"的身份受命赴澳门求援；至于奉教的司礼太监庞天寿以及瞿纱微（又名瞿安德）、卜弥格等耶稣会士，亦活跃于永历朝中，并成功劝服王太后、马太后、王皇后以及皇子慈炫等皇族入教（见第四和第十章）。

　　此外，耶稣会士利类思和安文思，也在张献忠的大西朝中获赐"天学国师"的尊衔，受命制作天文仪器与翻译历书，张献忠且应允在政权巩固后，为其修盖大教堂一所[4]；而汤若望亦率领许多奉教的

---

① 汪有典，《史外》，卷4页73。
② 江峰青等修纂，光绪《嘉善县志》，卷4页24。
③ 何俊，《西学与晚明思想的裂变》，页215–242；冈本さえ，《近世中国の比較思想》，页122–138。
④ Väth, *Johann Adam Schall von Bell S. J.*, p. 151，或见杨丙辰译，《汤若望传》，页227–228。

天文官生成功地获得清朝钦天监的掌控权①。

　　魏学濂作为近代最早奉天主教的士大夫之一，他很可能也和徐光启等许多同教之人一样，背负着传递福音的十字架。亦即，他在城破之初如真心投降李自成，其决定虽主要是顺应时势，但也可能有一部分是受其本身和同教友人宗教热情的影响。

　　有关魏学濂最后的出处，笔者在以情理判读史料之后，较倾向于他不曾自杀。学濂或在闯军败离北京之前就南还，但他不见得就是衔李自成之命回江南策反，很可能只是借机脱离北京混乱且令其失望的局面。他之后可能选择以假死的方式隐姓埋名，最初应是畏惧南明朝廷治罪；在清朝一统江南之后，此一顾忌虽然消失，替代的则是担心舆论无形但却更严苛的审判。

223

　　学濂之所以成为许多人唾弃的对象，当然有相当原因是阮大铖等阉党借机煽动报复；另一方面，则或因复社成员平素自诩清流，但国亡之际，其整体表现却颇失众人热望②。而身为东林诸孤的领袖以及复社重要分子的学濂，尤其肩负忠孝世家的盛名，以致社会对其节操的期许，更远乎寻常标准。崇祯十年，刘宗周在致学濂的一封信中，曾批评时人无法做到"体用一原"，称：

　　　　今世不知有圣贤之学久矣，病在治经者，徒以资口耳而忽身心之印证；治事者，徒以博功利而忘干济之成绩。是以学愈讲，而叛道乃愈甚；才愈高，而惑世诬民之祸亦愈深……足下

---

① 黄一农，《汤若望与清初公历之正统化》。
② 虽然在北京城陷死国的二十一位文臣当中，马世奇和王章即为复社中人，然而在降闯众臣中，也不乏复社名士。此外，如以吴山嘉所辑录的《复社姓氏传略》为样本加以分析，该书收录复社中人共二千二百四十位，其中有约一千人事迹已佚，仅存姓名和字号，而在略有生平纪述的约一千人当中，降清出任官职者即逾一百六十人，此外，还有不少人于入清后中举，惟尚无缘步入宦途，至于因抗清而死者，有六十余人，因抗闯而死者，则仅二十人左右。

> 以忠孝立身，以名节道义砥俗，自不至蹈此流弊。然业已具载
> 道之器，尤不可不猛寻向上一路，以规进步。总之，眼界愈旷，
> 则托足愈有竿头，故学者诚不可以所见自封也！①

当中即借机对学濂多所勉励，期盼他能超脱流俗并提升境界，但学濂显然辜负了刘氏的期许。

学濂身上忠孝世家的鲜明烙印，令清初以来许多人对其未能于城破之初殉国一事大肆抨击，他很不幸地或因此成为当时一般人不齿"清流"失节的主要发泄对象。至于黄宗羲等支持者，则多因执着于同志之情而替魏学濂力辩，强调他是在李自成登极之日自杀以赎罪。但不论他的出处为何，其一忍辱偷生，另一也违反"十诫"，故学濂虽在崇祯十六年因登科而声名大噪，教会中人却不愿突显甚至提及他为教徒。

224　　其实，李自成当时如能一统天下，魏学濂恐怕亦将如同明初的刘基和宋濂等人成为开国名臣，后人或时人对他的评价很可能就大不相同。况且，即使从朱明正统的角度来思考问题，不论学濂曾否自杀②，其节操也应较那些降闯之后随即又转而降清的贰臣们为佳，且亦应与那些虽不曾投降大顺但却臣事清朝的万千明臣同一位阶。

崇祯十七年秋，阮大铖在马士英的护持之下，成为弘光朝中的新贵，他于是遣其伶人教师陈遇所对避乱至南京的冒襄曰："若辈为魏学濂仇我，今学濂降贼授官，忠孝安在？吾虽恨若，实爱其才，肯执贽吾门，仍特荐为纂修词林。"愿有条件地泯除前仇，但双方嫌隙已深，冒襄因此回称："祸福在天，吾辈实众。余已自来南京，任

---

① 《刘宗周全集》，第3册上，页397–398。
② 有趣的是，魏学濂死后亦有人坚不相信，钱栴在序《魏子敬遗书》（台北"国家图书馆"藏崇祯元年刊本）时，即称："向使子敬未死，隐于江湖间，今日出而取奸人血，浇先生墓上，岂不烈男子！"

彼荼毒，'执贽'二字唾还之！"冒氏后幸获朝中友人周全得免。至于其他的复社或东林名士，当时亦均成为阮氏报复的对象，有因此入狱者，有弃家僧隐者，有托庇于左良玉军中或史可法幕中者[①]。

弘光政权瓦解之后，有关阮大铖的出处众说纷纭，钱秉镫和沈士柱等复社人士，指其初投奔在金华的同年朱大典，旋遭士绅以公檄声讨其罪而斥逐，乃改投方国安，但他不仅未痛定思痛，积极复国，还潜通清人为间谍，暗输江东虚实，长达近一年。顺治三年六月，清军渡江，阮氏独至江头迎降，获授为军前内院，随即自请攻金华，以报先前的讨檄之恨；城陷后，焚戮甚惨。阮氏稍后在随清军入闽时，死于仙霞岭，有称其中风堕马，有称其突然自挞己面而堕马，亦有称其被士卒挤坠下岩，并谓当时因干戈遍野，以致数日后始得一棺，入殓时，尸虫四出，仅存腐骨[②]。

但徐鼒（1810-1862）和邓之诚（1887-1960）等学者，则怀疑阮大铖因当时"众恶所归"，故传闻往往极力丑诋其人，当中或多未审之言，并指阮氏在降清后，还曾会同马士英等降臣与南明政权暗中联络，此事后遭查获，马士英被斩于市，而阮大铖方游山，闻讯自投崖死[③]。我们在涉及阮大铖出处的各种说法中，依稀见到魏学濂的翻版，文本撰写者的主观因素明显夹杂其间，史料判读的艰难又再度呈现。

225

本章中所提及的魏大中、黄尊素、方孔炤、钱士升以及阮大铖、朱大典、杨维垣等两派人，均同登万历四十四年丙辰科进士，然而，朋党之争却令这些同年势如水火。魏学濂因报父仇，而与阮大铖间

---

① 冒襄，《同人集》，卷9页6-7；汪有典，《史外》，卷6页49-50。
② 此段参见《明史》，卷308页7944-7945；钱秉镫，《藏山阁文存》，卷6页5-6；凌雪，《南天痕》，卷26页439-443；温睿临，《南疆绎史》，页712-719；张岱，《石匮书后集》，页395-398。
③ 徐鼒，《小腆纪年附考》，卷13页7-11；邓之诚，《清诗纪事初编》，页123。

衍生长达约二十载的仇隙，具体地勾勒出明季党争的惨烈轮廓。复社夏允彝在《幸存录》一书中，尝平心论曰："二党之于国事，皆不可谓无罪……东林中亦多败类，攻东林者亦间有清惨〔操〕独立之人。"其子完淳在《续幸存录》中，亦对阮大铖稍宽，称其非不愿为君子，但东林中人持论太苛，遂酿成奇祸①。黄宗羲对党争之于南明的覆灭亦颇有所感，尝曰："未有本朝国统中绝，而朋党尚一胜一负，浸淫而不已，直可为一笑者也！"惟其门户之见仍重，以致还特撰《汰存录》一卷，指斥夏允彝之说，并讥谓其书应改作"不幸存录"②。

魏学濂和阮大铖间的争斗，瓜蔓甚广，如冒襄尝在其《往昔行》一诗之后，详细记述他与阮氏间的多次严重冲突，而这些即皆因学濂而起。在满人入主中原的前三十年间，冒襄以奉母为名，足不出里，亲授十数童子以声歌之技，放情于乐府酒色；每与客谈及启祯遗事以及在南京冶游的往事时，"虽酒阑灯炧，坐客头触屏欲睡，尚娓娓不肯少休"，而当间及门户之争时，更常变色改容，"须髯倒张，目眦怒裂"③。

冒襄也一直与复社同志的后人保持十分亲密的情谊，如顺治十七年冒襄过五十岁诞辰，陈贞慧之子维崧即曾率同魏允柟等众晚辈为其祝寿，在由陈维崧主笔的寿序中④，我们可以发现与阮大铖间的冤仇，依然是维系两代人感情的重要触媒，在这些人的记忆深处，亡国的惨痛或许远不若私仇的悲情来得清晰！

226　康熙十六年，冒襄至吴县过访周顺昌之子茂藻和茂兰，应门的老仆见到他后，兴奋地飞奔通报，该仆年轻时曾伴随茂藻和茂兰赴

---

① 夏允彝，《幸存录》，卷上页23；《夏完淳集笺校》，页464–467。
② 《黄宗羲全集》，第1册页327–337、第11册页8–9。
③ 冒襄，《同人集》，卷2页19、25、41–42及卷3页7、70及卷9页7。
④ 冒襄，《同人集》，卷2页1–4。

魏学濂在冒襄桃叶寓馆所举行的大会[1]。好友重逢，把臂谈旧，然而，世事却早已全非。明季时，"饰车骑、鲜衣裳、珠树琼枝，光动左右"的冒襄，由于其家业在变乱之际深受折损，以致需仰赖家伶所组成的戏班出演赚钱，以"谋食款客"[2]，此景与崇祯间避居南京的阮大铖颇为相像。又，冒襄本人虽力持晚节，但其亲友们却大多接受现实，不仅认同清朝，甚至还积极出仕[3]。

冒襄虽不齿阮大铖的行事为人，但另一方面却又极为佩服其在戏曲创作上的才华[4]。康熙二十四年，冒襄在自宅招待友人观赏阮大铖的杰作《燕子笺》一剧，前事忽然尽涌心头，遂慨赋一诗曰："《燕子笺》成极曼殊，当年看骂动南都。非关旧恨销亡尽，细数同声一个无。"并自注称崇祯间联名刊传《留都防乱公揭》的一百多人以及合请董姬听戏时痛骂阮氏的三十余人，竟皆已作古，仅其一人尚存，文辞间真是百感交加[5]。

世事变幻莫测，阮大铖所训练的家伶，后居然辗转归冒襄，并在其家班中担纲主唱[6]。明清鼎革之变对中国社会的冲击，虽有形容为"天崩地解"者，但戏台依旧伫立。戏梦人生，真真幻幻。这些伶人在演唱《燕子笺》或《清忠谱》等剧的同时，或也冷眼看尽政坛险恶以及戏台下众士大夫的百态！

---

① 冒襄，《同人集》，卷9页7。
② 冒襄，《同人集》，卷3页6、70。
③ 如冒襄的两弟、两儿和长孙即皆于稍后参加乡试，其孙冒浑更曾因征台有功，获授左都督，后且升授参将。参见冒襄，《同人集》，卷8页38；杨受廷等修纂，嘉庆《如皋县志》，卷17页72-73。
④ 阮氏在戏曲上的成就，可参见林鹤宜，《阮大铖石巢四种》。
⑤ 冒襄，《同人集》，卷10页35。
⑥ 冒襄，《同人集》，卷9页7。

【后记】

　　许多年前，当笔者决定改行从事历史研究时，第一本完读的书就是余英时先生的《方以智晚节考》，并首度领略到历史考据的独特魅力。方以智与魏学濂乃复社同志，彼此交情颇深，又曾同降大顺朝。方氏在入清后不久，选择出家避世，有人以其在康熙十年病卒于道；然据余先生博稽广搜且抽丝剥茧的考证，发现他其实是受南宋爱国诗人文天祥名句"惶恐滩头说惶恐，零丁洋里叹零丁；人生自古谁无死，留取丹心照汗青"的感动，而在舟经赣水的惶恐滩时自沉，选择替自己"完名全节"。因缘巧合，本章即是一篇效颦之作，试图厘清以智好友学濂在鼎革世变时的出处，并揣摩其内心世界的痛苦煎熬。

第六章　鼎革世变中的天主教徒韩霖

> 天主教徒韩霖尝从徐光启学兵法，并向耶稣会士高一志学
> 炮术，因而得以兵学名闻当世。崇祯十七年年初，李自成
> 的农民军席卷晋、陕一带，文献中颇有称韩霖当时曾降闯，
> 但近代许多治天主教史的学者，却对此说存疑。笔者在爬
> 梳相关史料后，阐明屡困于科场的韩霖确曾投降闯军，并
> 获授礼政府从事一职。

一、明末绛州之韩霖家族

韩霖，山西平阳府绛州（今新绛县）人，字雨公，号寓庵居士，是促成明末天主教在山西蓬勃发展的首要人物之一。韩霖的六世叔祖韩重（1442–1510）曾任南京工部尚书，但其家道至晚明时已中落。霖父名傑，字汉卿，幼贫而废学，在江南、山东、山西、河北间四处经商，十余年后，"徒手致千金"，家始富饶；平生好行善，修学舒困，不落人后；尝纳资捐贡，并先后捐官获鸿胪寺序班（从九品）和署丞（正九品）衔，万历末年卒，年五十二[1]。

韩傑有云、霖和霞三子，据韩云自称，他因父亲的缘故，"避祸

---

① 此段参见韩霖，《二老清风》，页3及26–30；张成德等修纂，乾隆《直隶绛州志》，卷11页4–5、卷12页6；陈继儒，《旌忠韩太君传》，收入氏著，《陈眉公先生全集》，卷44页1–3；黄廷鹄，《贺东雍韩母冯太君六帙序》，收入氏著，《希声馆藏稿》，卷2页33–34。

走四方"，惟其事不详。万历三十五、三十六年（1607–1608）间，霖也离开家乡随父居松江府，并与兄同入青浦县学读书。万历四十年和天启元年（1621），韩云和韩霖两兄弟先后在山西乡试中举。天启年间，韩傑之妻冯氏（1561–*c*.1623）曾将其夫生前在静海县（天津附近）所辟垦的万亩田产捐出，以助辽饷，冯氏于天启三年前后卒后，韩家还曾因该义举而获赐"旌忠"之匾①。

230　　　康熙《绛州志》中有韩云小传，曰：

> 韩云，字景伯，万历壬子科中第七名。仕徐州知州，改汉中府推官，再起葭州知州。藏书数万卷，法帖数千卷；与徐玄扈相国、董思白宗伯诸先生称文字交，与西士讲音韵之学；辑《耳目资》，星、历、兵、农，无不究心。诗工七言律，字摹苏、王。所著有《武德内外编》、《劳人草农书》。其自赞像云："交游海内海外，家住江北江南；学参天上天下，品不人后人先。"性虽好奇特，亦矫俗不群者。与于州城议筑铳台，作铳数千（农按：或应为"十"，否则炮数将过于庞大，不合情理）门置台上。六年之变，轰雷震撼，守围增壮，实伙赖焉。②

知韩云除与徐光启、董其昌等名士相交外，亦协助耶稣会士金尼阁编写著名的拉丁文、汉文对照字典《西儒耳目资》（见第三章）。至于前引文中的"六年之变"，乃指顺治六年（1649）前明大同总兵姜瓖的叛清（见后文）。韩云在州城之上"议筑铳台"一事，也与方志

---

① 此段参见陈继儒，《旌忠韩太君传》；张成德等修纂，乾隆《直隶绛州志》，卷8页28、卷11页13–14及卷15页32；韩霖，《守围全书》，韩云序；宋如林等修纂，嘉庆《松江府志》，卷45页51。
② 刘显第等修纂，康熙《绛州志》，卷2页56。

中所记知州孙顺于崇祯末年增筑炮台
的叙事相合①。

　　韩云对火器之学也颇有造诣，尝
从传教士习学并翻译造城之法②，因自
少即受业于徐光启，故"颇闻兵家绪
余"；天启二年，云会试落第后，曾与
好友孙元化相期出关投效军中，但因
故未果③。韩云与孙元化年轻时分别读
书于相邻的青浦和上海县学，两人不
仅同师事徐光启，且均受洗为天主教

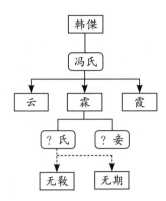

231

图表6.1：韩霖家族世系图。

徒，孙元化于天启二年下第后，在同乡前辈侯震旸的举荐，以及徐
光启知交孙承宗的帮助之下，以举人的身份步入宦途，官至登莱巡
抚，曾积极将西洋火炮的铸造和操作技术引进军中④。

　　天启五年前后，韩云丁母忧期满，当时魏忠贤党的气势正盛，
包含其师徐光启在内的许多长辈和友人多遭罢黜。天启皇帝驾崩后，
屡试不第的韩云放弃从甲榜出身的希望，于崇祯元年（1628）经由
考选获授徐州知州（从五品）。查明末举人不第而为监生者，若"文
学可观，年力精壮"，五年后得考选授官，"或授小京职，或授府佐
及州县正官，或授教职"，但通常分发至较偏远的地方，且往往从
知县做起（如见图表7.3）⑤。韩云所获授的徐州知州，应属优缺之一，
因嘉靖朝有举人潘鸿业欲授知州，还得以二千二百金贿赂大学士严

① 张成德等修纂，乾隆《直隶绛州志》，卷3页1。
② 韩霖，《守圉全书》，书首凡例。
③ 韩霖，《守圉全书》，卷3之1页83–85。
④ 参见黄一农，《天主教徒孙元化与明末传华的西洋火炮》；黄一农，《红夷大炮与明
　 清战争》。
⑤ 《明史》，卷70页1695；李东阳等纂修，万历《大明会典》，卷5页13–14。

嵩之子世蕃①！韩云得以出知徐州，或与当时魏党甫遭罢斥的政治环
境有关，因其师徐光启已于数月前复礼部右侍郎原职兼詹事府詹事，
而与徐氏交好的一些东林党人亦陆续起复，故韩云的任官有可能曾
受到师门的帮忙。先前被阉党排挤致遭"冠带闲住"处分的同门好
友孙元化（原任辽东军前赞画），也于此时重被起为兵部武选司员
外郎②。

　　韩云于崇祯元年至四年任徐州知州，由于黄景昉在其《次韵赠
韩雨公先辈》一诗中有"往就彭城（农按：此为徐州古名）太守兄，
弄月吹箫黄楼下"句③，知韩霖当时亦随兄在任。稍后，韩云因故降
改陕西汉中府（今南郑）推官（正七品）④，虽然康熙《绛州志》中以
韩云后再起陕西葭州知州，惟在《葭州志》的职官部分，并未见其
人，倒是在历任知州的名单中见有其曾叔祖韩科之名⑤。

　　此外，韩云在崇祯九年序韩霖的《守圉全书》和高一志的《达
道纪言》时，均自称"书于莲勺官舍"，并钤用"彭城太守"之章⑥，
且称己当时"会中遄归，鸡肋一官，恐将以老农终其身"。莲勺为
今陕西渭南的别名，然而，在当地的方志中，亦不见韩云任官事迹。
韩云在崇祯九年时或已罢官，故钤用己先前所历官衔中最高的"彭
城太守"私印，其详细的宦游情形，仍待考。

　　韩霖之弟霞，字九光，受教于两兄，于弱冠即请缨，历官至金
吾后卫指挥佥事（正四品）；崇祯六年十二月，绛州发生兵变，韩霞

---

① 《明史》，卷210页5569。
② 此段参见黄一农，《天主教徒孙元化与明末传华的西洋火炮》。
③ 黄景昉，《瓯安馆诗集》，卷5页11。
④ 李雯当时即赋有《送韩景伯司理汉中》一诗送别，参见陈子龙、李雯、宋征舆，《云
　 间三子新诗合稿》，卷8页152。
⑤ 朱忻等修纂，同治《徐州府志》，卷6中页19；严如熤等修纂，嘉庆《汉中续修府
　 志》，卷9页19；高珣等修纂，民国《葭州志》，卷1页39。
⑥ 高一志，《达道纪言》。

当时适饮于一宗侯家，闻变急还家，并与将军薛敏忠合力平变，共毙贼百余，且成功排解了外来驻兵与当地百姓间的猜忌①。从韩霞与皇亲贵族间的往来，亦知韩家在当地的社会地位颇高。

康熙《绛州志》中有一篇幅颇长的韩霖小传，其文曰：

> 韩霖，字雨公，号寓庵居士。年舞象，从兄游云间，得娄东之学。为傅东渤、文太青两先生所知，膺泰昌元年恩选。明年辛酉，乡举第七。其先赠京兆公英，与兄云皆中第七，亦奇觏也。性嗜积书，购数万卷、法书数千卷。喜交天下名士，若姚公希孟、马公世奇、刘公余祐、张公明弼、倪公元璐、黄公道周、王公汉海内诸大明公，及毗陵陈、夏之流，远近声气，投契无间。由是南游金陵，登凤凰台，历燕子矶；东览虎丘、震泽之盛，泛舟南下至武林西湖，访六桥、三竺；西南探匡庐，游乌龙潭，观瀑布。庚午（农按：崇祯三年），客淮南间，北上，道由邹鲁，谒孔林，观手植桧。归里谈道著书，教授后学，及门者数十人，一时人文丕变，风雅翩翩，常语人曰："吾州从此科甲当填咽间巷矣！"其后科甲差胜，八九皆出其门。所著书有《守圉全书》、《救荒全书》、《铎书》、《二老清风》、《士范》、《俎谈》、《群言》、《祖绛帖考》、《炮台图说》、《神器统谱》、《山西添设兵马议》、《燕市和歌》、《维风说》、《寓庵集》四十卷，书札二十卷。书兼苏、米，尝学兵法于徐光启，学铳法于高则圣，每与人谈兵，以火攻为上策，火攻之法自负，鉴裁独精。遭闯变不出，隐避遇难，君子惜焉。②

233

---

① 段衮，《癸酉绛城定变志》，收入张成德等修纂，乾隆《直隶绛州志》，卷16页23—25。
② 刘显第等修纂，康熙《绛州志》，卷2页56—57。

知韩霖在十五岁（即所谓的"舞象"之年）前后，曾随兄游历松江府一带，后获傅淑训和文翔凤的青睐[1]，并结交姚希孟等众多名士；他在泰昌元年（1620）举"恩选"为监生[2]；此外，因韩霖的门生中颇多获功名者，知其在乡里中的影响力亦颇大。

虽然文献中对韩霖的生年并无直接叙述，但由于韩云在崇祯九年序韩霖的《守圉全书》时，尝谓其弟霖当时乃"强仕之年"，亦即四十岁前后，且其姻亲段衮在序同书时[3]，亦称韩霖在崇祯八年自重病康复后，尝"恐四十之无闻"，也就是说，他时年应为三十多岁，故担心自己至四十仍无大作为。又，韩霖尝称己"弱冠而登贤良之籍"[4]，其中"弱冠"为二十岁前后，而登贤良之籍即指的是中举[5]。综合这些纪述，可以粗估韩霖生于万历二十六年前后两三年。

234

韩云兄弟三人均颇重学术，韩霖尝自称："伯若季皆妮古，癖文史。"黄景昉在《次韵赠韩雨公先辈》一诗中，也有"晋人往往夸三韩，仆婢都教读《尔雅》"的誉辞。韩霖对书籍和字画的收藏尤其着迷，其家原已有藏书万余卷，但韩霖将这些家藏悉归于兄，自己则重新四处购求或抄录。他尝数度至江南和山东一带搜求，前后共购

---

① 傅淑训（字东渤）于万历四十三年任平阳知府，四十七年升山西督学，而文翔凤（字太青）则于天启间任山西提学佥事。参见刘榖等修纂，康熙《平阳府志》，卷20页30、151及卷23中页4。

② 明代自弘治中以后，每三、五年命提学行选贡之法，考选学行兼优、年富力强、累试优等之生员入国子监。泰昌元年，因恰逢皇帝登基，故或特别举行选贡，而称之为恩选。参见《明史》，卷69页1681。

③ 黄廷鹄在《贺东雍韩母冯太君六帙序》一文中，称段衮（字九章）为韩云兄弟的"密戚"，且与韩氏为"金石交"，当韩母于万历四十八年过六十大寿时，段衮还请人远赴扬州的兴化（古名昭阳）请黄氏撰序。

④ 转引自陈继儒，《韩氏卅乘藏书楼记》，收入氏著，《陈眉公先生全集》，卷23页20—22。

⑤ 如孙承宗在替王徵六十大寿所写的序中，亦称王徵"弱冠登贤书"，而其中举时年二十四岁；参见王介，《宝田堂王氏家乘》，卷2页11。

书数万卷、法书数千卷，归家后即筑"卅乘藏书楼"以贮之①。

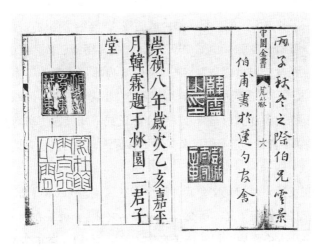

图表6.2：《守圉全书》中韩云和韩霖两兄弟的钤印。台北傅斯年图
书馆藏本。

在康熙《平阳府志》中，收有题为董其昌所撰的《韩氏卅乘藏
书楼记》一文②，记韩霖所建的藏书楼，然该文亦收入陈继儒（1558–
1639）的文集中，两者的文字仅有些许出入，如陈文末有"陈子曰"
的识语，而董文中则称"余曰"。董其昌与陈继儒二人乃同学好友，
且均与韩霖折节相交③。由于董氏宦途亨通，历官至南京礼部尚书，
而陈氏则屡荐不赴，以布衣终老，故笔者怀疑此文很可能原为董氏
托陈氏代笔的，但当陈继儒之子在整理编辑《陈眉公先生全集》时，
或为突显其父是原作者，乃特意将末附的识语改为"陈子曰"。

韩霖"卅乘藏书楼"之名，在许多文献中常被误书成"州乘楼"

---

① 此段参见陈继儒，《韩氏卅乘藏书楼记》。
② 刘棨等修纂，康熙《平阳府志》，卷36页69。
③ 姚希孟，《姚孟长全集·响玉集》，卷8页10–12。

235　或"卉乘楼"①，事实上，其名乃用西晋藏书家张华（232—300）之典，张氏家无余财，迁居时用三十余车，皆载图书。韩霖的收藏涵盖经史子集各方面，但"不喜佛、道两藏"，陈继儒因而在前引的藏书记中，勉励他将来亦可收二氏之书，以便"得摄三教之大总"，并为"人生经世、出世之资"。陈继儒还尝为韩霖之母作《旌忠韩太君传》，其中称誉冯氏居平甚俭，并将其"不喜佞浮屠"的原因，单纯归之于她认为拜佛乃无益之花费。陈氏或不知韩霖一家均奉天主教②，韩霖不喜释、道典籍以及其母不喜拜佛，均为其宗教信仰的自然反映。

　　韩霖及其兄弟均允文允武，陈继儒在《旌忠韩太君传》中，即称三人皆"好任侠"且"所交皆天下知名之士"。韩霖在读书之暇，也尝学兵法于徐光启，习铳法于高一志（字则圣），他的外貌高挺，文献中有形容其"长身辣肩，音如洪钟"、"翩然七尺鬈有须"、"骨瘦神清七尺顾"、"长七尺，议论英伟"或"形顾而长，骨瘤而强"者，并称他是"所谓豪士，如玉山，千人亦见，万人亦见"③。韩霖关于军事方面的著述颇多，有《守圉全书》十四卷、《慎守要录》二卷、《神器统谱》、《炮台图说》等④，其中前两书深入介绍了西洋筑炮台之法以及用望远镜观察敌营等事，并引录了天主教学者徐光启、孙元化和王徵等人的兵学见解或相关奏疏，后两书则已佚。

　　又，崇祯年间成书的《金汤借箸十二筹》十二卷⑤，题为李盘、

---

① 如见王轩等撰，光绪《山西通志》，卷140页24；徐昭俭等修纂，民国《新绛县志》，卷5《文儒传》页3及卷8《箸述考》页3。

② 在李政修为韩霖《铎书》所撰的序中，称韩霖"修身事天，家无异教"。

③ 王轩等撰，光绪《山西通志》，卷140页24；刘榮等修纂，康熙《平阳府志》，卷36页69；熊人霖，《南荣诗文选》，诗选卷4页9；郑之玄，《克薪堂诗文集》，诗集卷8页29、32。

④ 王重民因未见《守圉全书》，故误以该书即《慎守要录》；王重民，《冷庐文薮》，页447—448。

⑤ 李盘等，《金汤借箸十二筹》，作者自序。

周鉴、韩霖合撰。李盘原名长科，字小有，他曾以"淮南后学李长科"和"小弟李长科"的自称，跋韩霖于崇祯九年所汇刻的《二老清风》一书，并称呼韩氏为"雨公仁社盟兄"，两人且尝诗酒唱和①。李盘虽自称其所编辑的《金汤借箸十二筹》是取材自《守圉全书》，惟"删其繁、增其缺"，然因《守圉全书》中颇多篇幅介绍新传华的西洋大炮，而《金汤借箸十二筹》中却丝毫未叙及此等火器，知李盘对西学的评价或不高，以致视之为应被删削的繁琐内容。由于韩霖以兵学名闻当世，李盘和周鉴很可能擅挂其名以提高身价。

236

　　韩云和韩霖兄弟可能也从徐光启处获授农政之学，云因此有《劳人草农书》行世，霖亦尝撰《救荒全书》十二卷，其中除论及荒政外，谈农圃水利也甚详②，惜此二书似均已佚。

　　拥有文物收藏癖且书法造诣亦相当出色的韩霖，也结交许多艺术界的名士③。韩霖除与当时书画界的祭酒董其昌为忘年交外，亦与知名书家黄道周、倪元璐、王铎相善。他在明末的印坛中也十分活跃，曾协助朱简编辑其传世的篆刻代表作《菌阁藏印》，并督促他编订《印经》；此外，校补《天下金石志》的孙国敉（字伯观）④，也是韩霖的友人，他并介绍韩霖结识王铎⑤；韩霖亦曾协助王应遴校订其所编的金石目录《墨华通考》十六卷，而王氏尝于崇祯二年奉旨与

---

① 李盘，《李小有诗纪》，页5—7。
② 此见韩霖《铎书》书首佚名之序。
③ 此段参见白谦慎，《傅山的友人韩霖事迹补遗》；白谦慎，《傅山研究札记》。
④ 于奕正，《天下金石志》。
⑤ 王铎在序韩霖的《兵食书》时有言："十年前从伯观交雨公，后复数相晤，知其好学。迨予读礼（农按：指守丧，王铎乃于崇祯十三年冬丁父忧），雨公遣人来吊唁，因得观其守圉、农田、水利、救荒书。恍孙、吴、晁、贾入吾室上坐，惊而与之相议论也！"《兵食书》乃指《守圉全书》和《救荒全书》之合编。参见黄一农，《王铎书赠汤若望诗翰研究》；王铎，《拟山园选集》，卷28页9—11；李雯，《蓼斋集》，卷34页1—2。

徐光启等编纂《崇祯历书》①。

　　韩霖屡困于科场，虽尝获山西巡抚宋统殷的荐举②，却一直未能踏上宦途。崇祯十四年，他借绛州知州孙顺命其演绎明太祖《圣谕六言》之便撰成《铎书》一卷，不着痕迹地融入西学、西教的观念以为宣教之用。十六年四月，山西巡抚蔡懋德礼聘韩霖至太原的三立书院，主讲战守和火攻之事（见第七章）。

　　崇祯十七年正月，大学士李建泰自请提兵攻打李自成，并聘好友韩霖担任军前赞画，但韩霖留太原未赴，后投降闯军，且在北京的大顺朝中出任礼政府从事（相当于明之礼部主事）一职。李自成兵败后，韩霖隐居稷山县，与两子同遭乱兵所杀（详见本章第四节）。

　　韩霖因父亲在商场上的成功，物质生活一直十分优渥，不仅得以游历四方，搜求书画，并捐建教堂，赞助教会，且在乡还筑有绿影轩、听秋斋、广漠亭、寓庵、二君子堂、宛阁等多处庭园胜景，甚至拥有画舫一艘③。但到鼎革之际，其家道已然中落，甚至负债在身④；而韩霖先前所收藏的字画也流散，如其出远门时必随身携带赏玩的管道升（元赵孟頫妻，其画笔意清绝）小画以及一方用之有年的紫端砚，即易手为他人所藏⑤；韩霖死时，其妻甚至需仰赖里人孙锡龄的捐助始得安葬⑥。

① 王应遴，《墨华通考》；《明史》，卷98页2440—2441。
② 韩霖，《守圉全书》，书首；吴廷燮，《明督抚年表》，页196。
③ 张成德等修纂，乾隆《直隶绛州志》，卷18页23及页13。
④ 韩霖尝向涿州知州王者佐贷五百金，霖死后，王氏义焚其借据；葛晨修纂，乾隆《泾阳县志》，卷8页3。
⑤ 白谦慎，《傅山的友人韩霖事迹补遗》。
⑥ 张成德等修纂，乾隆《直隶绛州志》，卷11页18。

二、韩霖兄弟的人脉网络

韩霖在明代虽然只是一位不曾出仕的举人，但其交游却甚广，如在《铎书》前序中，尝称其"博极群书，周游万里，凡海内外之老师巨儒，靡不与之上下其议论"，而平阳府（绛州所属）下更有五知州、十三知县列名校刻此书，他也有办法请托甫掌翰林院的李建泰以及时任山西分守河东道的李政修为其书撰序（见第七章）。

此外，在韩霖的《守圉全书》中，除收有其同里段衮、王大武、王懋官的序文外，亦可见山西蒲州韩爌和韩坫、曲沃李建泰、高梁屈必伸、长治张克俭、陕西郃阳雷翀、河南裕州吴阿衡、北直顺天梁以樟、江西临川陈际泰、南直句容张明弼、浙江嘉善夏允彝诸人之序。再者，乾隆《直隶绛州志》中，也收录陈继儒、郑毅、张克俭、倪光荐、姚希孟、余望之、司马尧夫、陆启宏、孙锡龄、傅淑训、张凤羽、王复初等十余人与韩霖往还的诗文。

韩云和韩霖兄弟的学识、家境和人脉，亦令地方官乐与结交，如万历三十四年，韩云和好友李向荣即有感于知州张继东的相知，而于其上计时，远送至数十公里外的平阳府治始回①。崇祯六年迁绛州知州的雷翀，亦尝于翌年兵荒时，造访韩霖请教，霖遂就封疆大计与民间疾苦等事，对其侃侃敷陈；九年，雷翀还为韩霖的《守圉全书》撰序。雷翀甚至曾在任内出一告示，抨击释、道两教"惑乱人心，使人不尊天而尊己"，但却尊礼耶稣会士高一志，对其所传"修身事天，爱人如己，以教忠教孝为第一事"的天主教，倍加称许②。崇祯十四年起知绛州的孙顺，也曾于履新之初要求韩霖演绎

238

———————————

① 张成德等修纂，乾隆《直隶绛州志》，卷15页33。大计是对京城以外官员的考察，又称为"外察"，通常是三年举行一次。

② 席奉乾等修纂，乾隆《郃阳县全志》，卷3页15–16；《钦定传教约述》，页41–42。

《圣谕六言》，以为宣讲之用，韩霖遂因此著成《铎书》，孙氏还领衔校刻此书（见第七章）。又，韩云亦尝协助孙顺增筑绛州城上的炮台。

韩云尝在其自赞像上有云："交游海内海外，家住江北江南，学参天上天下，品不人后人先。"他与其弟韩霖所得识的许多前辈学者，也与天主教颇有渊源。如马世奇的座师周延儒，即与孙元化同年举江南乡试，后且屡次护持元化，还曾推荐韩霖之师徐光启入阁为大学士[①]。而董其昌尝绘有一西方式的圣画，上有四位女神，分持镜、箫、书卷、圆规、地球仪和地图等物[②]，知其应与耶稣会士有所往来。董其昌对徐光启亦相当友善，如徐光启于万历四十七年奉旨管理练兵事务时，曾请军费二百万两，户、兵两部均错愕不能应，董其昌即尝发言支持其曰："自军兴来，不啻糜数千万，何独靳于徐?"[③]

韩霖中举时的座师何乔远[④]，亦对天主教相当友善，曾于天启三年至耶稣会士龙华民在北京的住所拜访，得见天球仪、望远镜、西洋琴等物以及数百卷西洋书，并尝为此作《真奇图序》，且主张应开洋贸易；四年正月，他曾为在北京操演红夷大炮时膛炸丧生的葡国炮手哥里亚（João Correa）撰写墓志铭[⑤]。六年，亦曾序艾儒略的《西学凡》，并赠诗艾儒略[⑥]。

韩家兄弟也与复社的梁以樟、张明弼、夏允彝、韩坰、陈际泰、马世奇、何刚、李雯、陈子龙、钱栴、魏学濂、何刚等人相交（韩

---

① 《明史》，卷266页6855—6856；黄一农，《天主教徒孙元化与明末传华的西洋火炮》。
② 转引自 Needham, *Science and Civilisation in China*, vol. 4, pt. 2, p. 437.
③ 黄景昉，《国史唯疑》，卷11页179。
④ 姚希孟，《姚孟长全集·响玉集》，卷8页10—12。
⑤ 何乔远，《镜山全集》，卷17页34—35、卷24页13—17、卷34页20、卷37页35—36；黄一农，《欧洲沉船与明末传华的西洋大炮》。
⑥ 晋江天主堂，《熙朝崇正集》，页1—2。

云未入该社）①，韩霖或因曾寓居松江且性嗜游历，故有机会活跃于此一以江南士绅为主体的社群②：该社要角李雯尝赋有《送韩景伯司理汉中》一诗，对韩云颇多期许③；陈子龙曾向韩霖之师徐光启问学，当子龙殉国之后，照顾其遗孤的责任即是由孙元化之子和斗担起④；与陈子龙和夏允彝同为好友的何刚，也尝于崇祯十七年正月上书举荐韩霖⑤。且很可能因其名望颇高，以致当清初陈鼎在录写《东林党人榜》时，竟将其中的韩琳（陕西泾阳县人）误书作韩霖⑥！

三、韩霖家族与西学、西教

韩氏一家最早奉教的或为韩云⑦，惟其受洗的确切时间不详。由于毕方济于万历四十八年致罗马耶稣会总会长 Muzio Vitelleschi 的信函中，曾提及他有可能接受奉教举人 Han Kin Pe 的建议，赴山西开教⑧，此一人名或即韩景伯的音译，因知韩云受洗的时间应在万历四十八年之前。

泰昌元年年底，艾儒略应韩云之邀到绛州，随即为韩云之母和其二子二女付洗，韩霖应也是此时由艾儒略付洗的，教名多默

① 参见吴山嘉，《复社姓氏传略》。又，替天主教徒李九标所撰《枕书》（1640）校梓之人，亦同样颇多复社中人，参见 Dudink, "Giulio Aleni and Li Jiubiao."
② 白谦慎，《傅山的友人韩霖事迹补遗》。
③ 陈子龙、李雯、宋征舆，《云间三子新诗合稿》，卷8页152。
④ 梁蒲贵等修纂，光绪《宝山县志》，卷10页66。
⑤ 此段参见黄一农，《天主教徒孙元化与明末传华的西洋火炮》。
⑥ 《东林党人榜》是魏忠贤于天启五年矫旨所颁，而韩霖于四年前始中举，年约三十的他，无论名望或辈分均尚不足以被阉党列名在此榜。韩霖其实是加入有"小东林"之称的复社，他在社中所交往的韩堉和魏学濂等人，即均为东林后辈。参见陈鼎，《东林列传》，卷首；李楈，《东林党籍考》，页127。
⑦ Margiotti, Il Cattolicismo Nello Shansi Dalle Origini al 1738, p. 83.
⑧ Medina, The Catholic Church in Korea, p. 273.

240　(Thomas)，韩霖当时还曾为入教而休妾[1]。天启四年前后，金尼阁也曾至绛州为韩氏家人付洗[2]。

韩云和韩霖兄弟信教颇虔且家道甚殷，故尝于天启七年十一月在绛州城之东南，购置两栋房屋，并改建成天主堂，其师徐光启曾为此撰有《景教堂碑记》，文中有云：

> 顷年，一二耆宿，周行秦、晋，所在名公，延留居止。于晋绛，则有两韩孝廉，信向尤为笃挚，爰始爰谋，图惟卜筑，将以崇严像设，奠安道侣。乃择于城之东南，捐资创建，为室若干楹，因驰书数千里，属余记之……若孝廉之万里将迎，捐资营造，可谓崇矣！肇立景门，独有钦赐一区；至于郡邑，则晋绛为始，可谓倡矣！[3]

据徐光启所称，当时在北京的宣武门附近虽建有天主堂，且其旁还有钦赐之地，但由中国教徒在地方上捐建的教堂，则以绛州为始。

韩云也曾于崇祯元年在绛州教堂旁另建一专供妇女礼拜用的圣堂；十二年，韩霖亦尝捐资协助高一志在平阳府城购屋建堂；十五年，并帮助金弥格在太原建立教堂。韩霖亦曾资助罗雅谷于天启五、

---

[1] 黄景昉在《鹿鸠咏》中，收录有为韩霖所赋的《韩雨公幽香谷咏》诗两首，其一称："筹边屡询废将，学道特遭瑶姬，似此肝肠铁石，谁知韵宇兰芝。"（卷2页8）以韩霖十分关心边事，且曾为入天主教而将姬妾遣去。

[2] 此段之内容，参见 Margiotti, *Il Cattolicismo Nello Shansi Dalle Origini al 1738*, pp. 83、86、310.

[3] 该文收入《徐光启集》，卷12页531–533。惟文中并未记明撰写的时间，今据 Margiotti 在其 *Il Cattolicismo Nello Shansi Dalle Origini al 1738* 一书所载，知此一教堂乃于天启七年十一月十一日揭幕（页100），故徐光启或是在之前不久应邀撰此文的。

六年之交从绛州同赴上海，罗氏且从韩霖习中文①。

　　韩云和韩霖兄弟除与耶稣会士往来外，还曾与当时运送西洋大铳来华的葡萄牙军事顾问有过接触。崇祯二年，公沙的西劳（Gonçalo Teixeira Correa, ？–1632）等三十余名澳门军士，在耶稣会士陆若汉的伴同和都司孙学诗（教名保禄，李之藻的门生）的督护 241之下，携大铳十门来华效命，由于铳体重大难行，故行程稽迟，以致过徐州时，资斧已竭，陆若汉乃请孙学诗代向时任徐州知州的韩云求助，韩云不仅慨借二百金，且赠送陆若汉"佳绒佩服"，陆氏在谢函中称徐光启随后定会将此款支销，而公沙也回赠了火绳铳一门答谢②。

　　韩云当时也尝为西洋火器上书当事③，强调孙学诗所押解的西铳若入徐光启之手，将可保京师万全，故祈请宪台调拨官兵保护，并协助该炮队兼程前进，且提供铳架、火药和铁弹等必要之物，韩云还建议稍后也可在徐州配置十数门大铳，他在文末呈称：

　　　　卑职有怀，不敢不吐，又不能于纸上尽吐。十数年来，同卑职与此器精神相流通者，除徐、孙与太仆寺李少卿（农按：指徐光启、孙元化和李之藻）外，江南尚有同志，忘情富贵，忠赤与智巧相兼之人，可以延致讲求此事。

韩云在此文中除强调"战守惟西洋火器第一"外，更积极推荐精通西洋火器的同志，但当事者不察其言有利于社稷，加上韩云"人微

---

① 此段之内容，参见 Margiotti, *Il Cattolicismo Nello Shansi Dalle Origini al 1738*, pp. 92、110、115、582.
② 韩霖，《守圉全书》，卷1页94–95及卷3之1页83–95。
③ 韩霖，《守圉全书》，卷3之1页83–85。

言轻"，此揭遂被束诸高阁①。

　　韩霖于崇祯四年入京赶考时，也曾在北京见到公沙的西劳，并赠以诗曰：

　　　　鲲鹏居北溟，海运则南徙。蜩与鷽鸠笑，安以九万里？何谓漆园生，凭虚谈厥理。今亲见其人，西方之彼美……②

韩霖对西人、西学景慕有加，后且将公沙携带大铳入华的始末写成《购募西铳源流》一书③，此书似已失传，惟其主要内容或均收入韩霖的《守圉全书》④。

　　在韩家雄厚财力和丰沛人际关系的协助之下，天主教因此得242 以迅速开展在山西各地的教务。而许多曾在山西出任省级要职的官员⑤，亦乐于接触西学、西教。如分守河东道李政修曾序韩霖的《铎书》；宁武兵备道吴阿衡即尝在序《守圉全书》时，称誉韩霖"拳拳于西洋大炮，是通中国之长技，而掺必胜之策"；佥事毕拱辰曾协助刊刻利玛窦的《圜容较义》、高一志的《斐录答汇》以及邓玉函的《泰西人身说概》⑥；按察使郭子章曾重刻利玛窦所绘之地图，并撰有《山海舆地全图序》，其孙廷裳且奉教（见第三章）；右参议来复为天主教徒王徵的挚友（见第四章）；按察司副使高捷尝从利玛窦受日晷及星历图，后并延致庞迪我入钦天监⑦；巡抚山西都御史许鼎臣之子

────────────

① 韩霖，《守圉全书》，卷3之1页105-111。
② 韩霖，《守圉全书》，卷1页95。
③ 韩霖，《守圉全书》，书首。
④ 汤开建《委黎多〈报效始末疏〉笺正》，页203-219。
⑤ 王轩等撰，光绪《山西通志》，卷79页39-44。
⑥ 方豪，《中国天主教史人物传》，上册页218-220。
⑦ 毕自严，《明中宪大夫遵化兵备道山西按察司副使中白高公墓志铭》，收入氏著，《石隐斋藏稿》，无页码。

许之渐曾受洗，后因替教会书籍作序而于康熙初年遭免官（见第三章）；巡按宣大御史梁云构尝序高一志的《斐录答汇》；右参议、副使、按察使、巡抚大同都御史焦源溥尝序王徵的《两理略》；总督都御史张宗衡为徐光启所取士[①]；副使傅淑训尝赋诗赠韩霖；等等。

韩霖同里的"密戚"段家，其中衮、衮和袭三兄弟均为教徒，他们亦尝在绛州捐建教堂，且均师事高一志[②]。绛州当时因教务发达，尝发展成明季天主教书籍的重要出版地之一，其中由韩、段两家中人序跋、校刻、重刻或修润的书籍，即有艾儒略的《三山论学纪》、金尼阁的《西儒耳目资》、罗雅谷的《天主经解》和《斋克》，以及高一志的《童幼教育》、《西学齐家》、《修身西学》、《圣母行实》、《譬式警语》、《空际格致》、《神鬼正纪》、《譬学》、《天主圣教四末论》、《达道纪言》、《寰宇始末》等书[③]，此外，序利玛窦《西国记法》的朱鼎瀚（崇祯十四年乡贡）[④]、重梓高一志《斐录答汇》的杨文章以及撰《十二位宗徒像赞》的冯文昌，均为绛州人，且他们奉教的可能性亦颇高，如朱鼎瀚即题称其序是撰于景教堂，而冯文昌也自称是撰于绛州天主堂。事实上，在当时的士大夫社群中，接触西学、西教似已成为风尚之一。

综前所论，知中、欧两文明在明末出现近代头一次大规模接触时，因国势日颓且社会动荡，以致耶稣会士所传入以历算、火炮和制器之学为主的西方科技文明，吸引了知识界的广泛注意，许多士大夫更因此对西方的哲学和宗教思想产生浓厚兴趣。这种透过人脉网络将西学、西教影响力往外扩散的风潮，令韩霖得以成功协助天

243

---

① 梁家勉，《徐光启年谱》，页104。
② 方豪，《中国天主教史人物传》，上册页271–273。
③ 参见徐宗泽，《明清间耶稣会士译著提要》，页473–475；方豪，《中国天主教史人物传》，上册页147–155。
④ 张成德等修纂，乾隆《直隶绛州志》，卷8页29。

主教在绛州经营出全国最蓬勃的教区之一（见第八章）。

四、韩霖投降李自成考辨

崇祯十七年年初，李自成的农民军席卷晋、陕一带，文献中有称韩霖当时曾降闯为参谋，但近代许多治天主教史的学者，却对此说存疑。笔者在此节中即尝试爬梳相关史料以厘清韩霖最后的出处。

由于清初的文献中，对降闯韩霖的籍贯，出现有绛州和永平府等不同说法，因此近人叶德禄怀疑当时有两韩霖，其中奉天主教者并不曾投降大顺军，且因乾隆《直隶绛州志》中以其"避寇山堡，遇难死"，故叶氏认为奉教之韩霖很可能是死于崇祯十七年李自成军攻陷绛州时[1]。叶德禄的说法并不十分令人信服，因乾隆志中虽称韩霖乃因避寇而死，但却未明指此寇即李自成军，且奉教韩霖在《圣教信证》一书的前序中，末题有"顺治丁亥阳月"字样，知其卒年应在顺治四年十月之后，此亦与叶氏的说法颇差。

由于清初文献中对韩霖的家世及其投降李自成的时地常莫衷一是，甚至对降闯韩霖的籍贯，也曾出现不只两种说法，笔者因此在下文中先尝试整理出各家的纪述，再析探其中可能的疑点。

计六奇在成书于康熙十年（1671）的《明季北略》中，尝记投降李自成的韩霖曰：

> 韩霖，北直永平府人，举人。大同陷，降，伪参谋。此故长洲尹韩原善子也，向以御清自负，今乃为贼用耳！[2]

---

[1] 叶德禄，《乾隆绛州志之韩霖》；Paul Yap Teh-Lu and J. C. Yang, "Han Lin," in Hummel, *Eminent Chinese of the Ch'ing Period (1644–1912)*, pp. 274–275.
[2] 计六奇，《明季北略》，卷22页644。

其中所提及的韩原善，字继之，别号鹏南，永平府卢龙县（今河北卢龙县）人，万历三十五年进士，历任青浦、长洲县令，后迁户部郎中、辽东开原道兵备，崇祯元年卒[1]。由于韩霖之父名傑[2]，故知计六奇的叙述明显有误。

至于顾炎武在其《明季实录》中，则两次提及韩霖曾任大顺政权的"参谋"一职，并称其尝从李自成破北京，惟书中初指韩霖为绛州人，后则作永平人[3]。当时应不太可能用两同名同姓之人担任此一高阶职务，亦即顾炎武书中有关韩霖的叙述显然前后矛盾。

附录6.1

韩霖等编辑之《圣教信证》

《天主教东传文献三编》中收录有《圣教信证》一书，该本题称："后学晋绛韩霖、闽漳张赓暨同志公述。"后并附《耶稣会西来诸位先生姓氏》，前则有韩霖系于顺治四年十月之序。

近代学者叶德禄疑韩霖乃死于崇祯十七年李自成军攻陷绛州时，方豪亦因袭叶氏之说[4]，遂对《圣教信证》前序之系年强作解释，认为该年号很可能是"后人所加，或后人所改"，且以该书中出现康熙年间传教士的行略作为旁证。

查该书末附的《耶稣会西来诸位先生姓氏》，系年最晚者乃穆格我于康熙十七年移葬武昌一事（页25）；再者，书中尝称圣方济各·沙勿略的遗体"现在小西卧亚府，历一百二

---

① 游智开等修纂，光绪《永平府志》，卷56页39–41。

② 张成德等修纂，乾隆《直隶绛州志》，卷9页40。

③ 顾炎武，《明季实录》，页15及页23。

④ 方豪，《中国天主教史人物传》，上册页257–258。

十余年并未朽坏"（页10），查沙勿略乃卒于1552年，距康熙十七年恰为"一百二十余年"，知此本应完成于康熙十七年或稍后不久。又因韩霖和张赓在书首即明白希望"后之同学者，续辑以志"，知此应为递修本。

由于韩霖与在山西传教的高一志相熟，而张赓亦师事在福建传教的艾儒略，但书中却不详高一志的确切卒年，且将艾儒略的卒年误系成顺治二年（应为六年五月），知此书或由韩霖起意并作序，但主要的编辑工作很可能乃其他"同志"所为。

方豪等学者或因深信奉教之韩霖应不会投降李自成，以致曲解文献以求相合；事实上，如韩霖真的是死于闯变，教会中人应无任何动机去窜改韩霖撰序的时间。

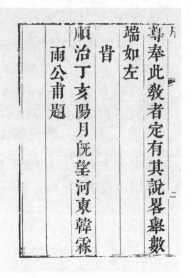

图表6.3：《圣教信证》之书影。收入《天主教东传文献三编》。

《明史·何刚传》中曾语涉韩霖，称上海举人何刚尝于崇祯十七年正月疏荐"绛州举人"韩霖等数人，并谓韩霖当时已"为贼用"，但何刚犹不知①。谈迁在清初成书的《国榷》中，叙事略同，惟称韩霖是"山西贡士"②。

彭孙贻和陈济生等人对韩霖降闯的时间，则另持一说，他们均指山西"乡绅"（或"乡宦"）韩霖是在崇祯十七年三月初大同城陷时，与总兵姜瓖、知府董复等一同迎降的③。虽然现存各文献多以韩霖乃随李自成军入京，但清初的戴笠、吴乔以及吴伟业，则称李自成是在崇祯十七年七月败还山西韩城时，"得蒲州人韩霖，爱其才，以为参谋"，并称韩霖为知名之士，因久不第而降闯谋求发展④。

综前所述，可知有关韩霖的家世与生平，早在十七世纪后半叶即已众说纷纭，但我们或有可能从其交游的网络厘清他在鼎革之际的活动情形。前述曾疏荐绛州韩霖的何刚，乃与徐光启同里，其好友陈子龙亦曾向徐氏问学。何刚在上疏后旋即获授兵部职方司主事，奉命往浙江的东阳、义乌一带募兵。何氏稍后佐史可法军，而史可法对西学、西教亦颇友善，曾于崇祯十六年约请负责耶稣会中华副会省事务的艾儒略，至南京商量赴澳借兵或购求火器之事，惟事不果⑤。至于奉教的陈于阶，也曾于十六年年底因史可法之荐，而以南钦天监博士之衔在南京兵部衙门负责教练火器之事（见第三章）。因知何刚及其友侪与天主教中人的往来应颇多，这或许是他熟知韩霖之才而加以举荐的主要原因。

崇祯十七年二月，太原城陷，山西提学黎志陞等被俘，甫被夺

---

① 本文中有关何刚的生平事迹，均请参见《明史》，卷274页7025—7026。
② 谈迁，《国榷》，卷100页6014。
③ 彭孙贻，《流寇志》，卷9页153；陈济生，《再生记略》，页1；东邨八十一老人，《明季甲乙汇编》，卷1页23。
④ 戴笠、吴乔，《流寇长编》，卷18页20；吴伟业，《绥寇纪略》，页262。
⑤ 李嗣玄，《泰西思及艾先生行述》，页6。

官候勘的山西巡抚蔡懋德和冀宁道佥事毕拱辰等人死难；在时人戴
廷栻所撰的《蔡忠襄公传略》文末有云："桑拱阳不食死；傅山出家
为道士；韩霖从贼为中书，后数月，仇杀于家。"[1] 查桑拱阳于六月
绝食而死；傅山则是留居于距太原约一百公里外的平定，并于八月
出家为道士[2]，因知戴廷栻此一叙述乃用以点明蔡懋德先前所举用诸
人的后事，并不能用以引申韩霖降闯的地点就在蔡氏殉难的太原。

247
　　据文献中所记，李自成军在俘虏黎志陞时，韩霖曾在众闯将之
前替他吹嘘，称其乃"天下文章士也"，后遂被录用授官[3]。由于黎志
陞被俘是发生在太原城陷之际，故若此说真确，则韩霖降闯应不晚
于此。韩霖后随李自成陷大同，彭孙贻和陈济生或因此误以其是在
大同投降的。

　　韩霖的好友李建泰也于稍后降闯。崇祯十七年三月五日，李建
泰兵溃于真定；十九日，李自成攻陷北京，崇祯帝于煤山自缢；次
日，保定被围，因城守甚坚，闯军乃暂引却，李建泰于是率残卒数
百入城，未几，复遭围攻，建泰乃倡言议降，知府何复不从，遂自
发西洋巨炮，不幸遭火药焚伤，后建泰的亲军为内应，城遂破，何
复和金毓峒等均殉国，建泰则出降[4]。

　　韩霖在投降后颇获重用，他先是以参谋之衔充当李自成的记室，
掌理文书，入京后，获授礼政府从事（相当于明之礼部主事）一职，
并力荐魏学濂、陈名夏、周钟等人任官，其中魏学濂为东林要角魏

---

① 戴廷栻，《半可集》，卷1页11。

② 刘棨等修纂，康熙《平阳府志》，卷23中页4-5；《傅山全书》，第7册页5261-
　5266。

③ 李培谦等修纂，民国《阳曲县志》，卷16页21。此一资料获见自顾诚，《明末农民
　战争史》，页214-215。

④ 此段中有关李建泰的事迹，各文献所记的细节略有出入，参见《明史》，卷295页
　7553-7558；戴笠、吴乔，《流寇长编》，卷17页14、19及卷18页1；彭孙贻，《流
　寇志》，卷9页143-154；计六奇，《明季北略》，卷20页420-422。

大中之子，与韩霖同入天主教（详见第五章），陈名夏亦与汤若望相熟[1]，周钟则于稍后替李自成撰登极诏。十七年四月二十九日，李自成行登极礼，韩霖也与百官入朝行贺，大顺军旋即撤离北京，韩霖或亦随行[2]。由于文献中对韩霖随李自成入京后的活动，有相当多且具体的叙述（另见第五章），因知《绥寇纪略》和《流寇长编》中以韩霖乃在李自成从北京败归后始投降一说应误。

韩霖在明末以知兵闻世，尤其精通西洋火器，虽曾获蔡懋德和李建泰的青睐，但因不是从正途出身，故发展颇受局限。崇祯十七年正月，李自成在西安正式定国号为大顺，改元永昌，自称顺王，不仅对在当地传教的耶稣会士郭纳爵和梅高礼遇独隆，且加强军纪、宣导政策，所过各郡县多开城迎降，山西全省在一个月之内即完全底定[3]。由于李自成当时的声势十分浩大，且他积极起用晋、陕一带未仕的举人[4]，屡困于科场的韩霖，或因此选择投降。对从不曾在明朝出仕的韩霖而言，发挥个人用世的长才或拓展教会传布的势力，其意义可能均超过对腐败朱明政权的忠诚。

由于李自成不喜用原明朝的高官，故韩霖极力拉拢崇祯十六年的新科进士，勠力在大顺朝中布建自己的人脉网络。获其力荐的魏学濂、陈名夏和周钟三人，即均为此科的同年。该科仅孟章明一人殉节，而投降李自成者则颇多[5]，除魏学濂获授户政府司务外，状元

248

---

① 黄一农，《王铎书赠汤若望诗翰研究》。

② 此段之内容，可参见谈迁，《国榷》，卷100页6060；彭孙贻，《流寇志》，卷10页170；彭孙贻，《平寇志》，卷9页205–206；懒道人等，《李闯小史》，页141、147–148及154。惟在《国榷》以及南明初期成书的《李闯小史》中，均误韩霖为"辛酉解元"，其实韩霖虽于天启元年辛酉岁中举，然该科的山西解元应是王国维。

③ Pfister, *Notices Biographiques et Bibliographiques sur les Jésuites de L'Ancienne Mission de Chine*, p. 218；柳义南，《李自成纪年附考》，页225–236。

④ 魏象枢，《寒松堂全集》，页909。

⑤ 如刘宗周尝称："癸未榜四百人，惟章明空谷一人耳！"参见《刘宗周全集》，第3册下页1383；柳义南，《李自成纪年附考》，页347–367。

杨廷鉴、探花陈名夏以及周钟三人任弘文馆编修，史可程（史可法弟）、梁清标、刘徐谟、成克巩、胡统虞、鲁榇、赵颖和李化麟任弘文馆庶吉士，姚文然任密云县令，魏天赏任淮扬盐运使，武愫任徐淮防御使，王道成任青州防御使，杨瑓任扬州府尹，等等。韩霖也曾推荐谊属同门的此科进士史夏隆，称："年兄之才，新主自当大用。"但史氏则微服南逃，不愿臣事大顺政权①。

至于李自成之所以重用韩霖，则可能主要有两点原因：一、希冀能借用其在西学方面的学养，掌握红夷大炮的铸造和操作技术；二、利用其与李建泰和汤若望的私交，伺机策反明朝攻闯的主力军②。

李自成率兵攻陷北京时，汤若望等耶稣会士仍留京城，以照顾教友和教会产业。大顺军入京后，对故明官吏，除部分录用外，余则加以拷掠，勒索金银，但对曾协助明廷治历、铸炮的汤若望，则尚称宽厚，若望且与大顺官员相往还，此或许是因受到韩霖、魏学濂和陈名夏等新贵的关照所致③。当时降闯诸官当中，还有李天经奉教，获授光禄寺少卿（见第三章）。

由前述的讨论，可知奉天主教的绛州韩霖确曾投降李自成，至于其籍贯为何会出现永平和蒲州两错误的说法，则或受韩霖的同宗长辈所混淆。由于韩云、韩霖兄弟曾于万历三十五、三十六年间随父住居云间，韩云当时且入青浦县学读书④，而韩原善恰于万历三十六至三十八年间出任青浦县令⑤，韩云后虽回山西应考，但韩氏兄弟

249

① 懒道人等，《李闯小史》，页132–133。
② 参见师道刚，《明末韩霖史迹钩沉》。
③ 参见黄一农，《汤若望与清初公历之正统化》。
④ 韩霖，《守圉全书》，韩云序；宋如林等修纂，嘉庆《松江府志》，卷45页51。
⑤ 陈其元等修纂，光绪《青浦县志》，卷13页3。

很可能与青浦的父母官韩原善相熟，加上韩原善的原籍也是山西[1]，且与韩霖同姓，以致遭人误会为霖父。此外，蒲州大学士韩爌因是韩霖的远房伯父，这也很可能引发另一种张冠李戴。

崇祯十七年十一月，平阳陷，山西全省尽入清军之手；翌年五月，李自成被杀[2]。韩霖随自成退归晋、陕之后的事迹不详[3]。乾隆《直隶绛州志》中记韩霖及其二子的出处曰：

> 韩无致，庠生。崇祯末，举家避稷山后洞头堡内。夜半，贼入堡，执其父，人皆逾堡以去，无致曰："父被执，焉去之！"遂与弟无期偕死难。[4]

此传中并未明指该兵灾为何，经查《稷山县志》中明末清初的记事，知闯军直到崇祯十七年冬始至稷山抢掠；顺治二年正月，有白、李两将率闯兵屯驻县城，并劫掠十余日，八月，更屠城，造成"横尸丘积，城市为墟"的惨况；六年，则有"土贼"白璋据城焚掠月余，人皆逃避山中，直至十一月始告恢复[5]。由于韩霖在顺治四年还曾为《圣教信证》撰序，故举家避居稷山的韩霖父子，其死因应最可能与姜瓖部众白璋之乱有关。

250

顺治五年十二月，姜瓖叛清复明，改用永历年号，未几，山西全省除平阳府治、翼城和绛州之外均易帜。姜瓖原为明大同总兵，

---

① 此因山西的进士和举人名录中，亦收入韩原善之名，称其为赵城县人；参见王轩等撰，光绪《山西通志》，卷69页27—28。

② 柳义南，《李自成纪年附考》，页252及287。

③ 当李自成撤离北京时，旧官均由闯军护走，新降诸官则否，韩霖因早在之前即于山西降闯，故应属旧官之流；参谈迁，《国榷》，卷101页6079。在王世德的《逆贼奸臣录》中，称："贼败逃回，为义兵诛其全家。"（页1—2）其说或误。

④ 张成德等修纂，乾隆《直隶绛州志》，卷12页8。

⑤ 沈凤翔修纂，同治《稷山县志》，卷2页65—66。

崇祯十七年三月降闯，同年五月李自成弃京西归时，姜氏则杀害大顺的守将而归附清朝，并协助征剿陕西的闯军余部[1]。顺治六年六月前后，姜瓖派白璋占领稷山；七月，韩爌之侄孙昭宣（承宣弟）起兵响应姜瓖[2]，与虞胤等人攻陷蒲州；八月，清军克蒲州，且在荣河附近阵斩白璋，死守大同的姜瓖旋亦被部下所杀，先前被姜瓖召为相的李建泰，则在曲沃"练备火炮"；九月，"晋阳伯、总督"韩昭宣战死于运城，李建泰则写信策动翼城的乡绅起义，但遭知县何斯美举发；十一月，清廷派张拱端知稷山，城内据险不退的反抗军始遭肃清；七年二月，建泰在太平被清军围困二十余日，势迫出降，全家被杀[3]。

韩霖当时之所以避居紧邻绛州之稷山，或与降闯一事有关。此因绛州在闯变中惨遭蹂躏，仅方志中所载自杀死节的有姓妇女即近百人[4]，且当地以学行出名的乡绅亦多视闯军为流寇，故在大顺朝中位居高官的韩霖，或无颜返回故里；随着李自成的突然溃败，韩霖赔尽了家产与声名；而闯军后期的涣散军纪，或也令其梦碎而选择归隐，却仍死于乱兵之手[5]。

韩霖死后，竟然家贫至无力归葬故里，其妻得靠里人孙锡龄的捐助始得安葬[6]。孙锡龄有《追赠韩雨公》一诗缅怀其人其事，曰：

---

① 何龄修、张捷夫，《清代人物传稿》，上编第四卷页183–190。
② 韩昭宣于崇祯时荫官至青州兵备道，入清后，官原职，后以"受贿释叛贼"，坐夺官。参见赵尔巽等撰，《清史稿》，卷264页9924；赵吉士纂，卢宜汇辑，《续表忠记》，卷2页21。
③ 此段参见《世祖章皇帝实录》，卷45页12、卷46页1–2、卷47页8–9；李天根，《爝火录》，卷19页820–821；赵尔巽等撰，《清史稿》，卷237页9479；刘棨等修纂，康熙《平阳府志》，卷34页104–105；沈凤翔修纂，同治《稷山县志》，卷2页66；孟乔芳，《孟忠毅公奏议》，卷上页70–82；朱彝尊，《曝书亭集》，卷70页9。
④ 张成德等修纂，乾隆《直隶绛州志》，卷13页6–9。
⑤ 有称："韩霖从贼为中书，后数月，仇杀于家。"参见戴廷栻，《半可集》，卷1页11。
⑥ 张成德等修纂，乾隆《直隶绛州志》，卷11页18。

> 一时酬唱沸都城，谁氏阳秋是定评？
>
> 诗卷两牛悲溷劫，园池三径听哇鸣。
>
> 侯芭负土坟初起，宋玉招魂赋未成，
>
> 怅望九原如可作，肯将蜋志羡余生？[①]

其中"一时酬唱沸都城"句，乃称颂韩霖在京时的交游广阔；而"谁氏阳秋是定评"句，则慨叹不知该从何种立场，来评断韩霖历经大明、大顺和大清三朝的一生。至于末两句则谓韩霖如能复生，亦应不肯庸庸虚度一生，似乎隐指避居稷山的韩霖当时仍有所图，但他曾否参预有亲朋关系之韩昭宣或李建泰的反清行动，则或已不再能考。

五、结论

韩霖降闯一事之所以在方志中被隐讳不言，或与韩家在当地的崇高声望有关。韩霖一家对乡里的贡献颇多[②]，如其父傑，曾参与修建绛州儒学，且"宗族贫者，建义宅以处之，生养死葬，悉赡焉。戚友称乏，多方赈助。捐金修学，为诸生倡。生平所积，以仗义散尽"。韩云也曾出面募款煮粥以供深冬守城的乡兵御寒，并协助在州城上修筑炮台。崇祯年间，绛州大饥，韩云、霖、霞三兄弟且均输

---

① 张成德等修纂，乾隆《直隶绛州志》，卷19页6。其中"阳秋"即"春秋"，乃因避东晋简文帝之母郑太后阿春而改。侯芭为西汉巨鹿人，其师扬雄过世后，他亲自负土作坟。宋玉为战国楚人，精于辞赋、音律，有著名的《招魂》存世。"九原可作"则是用《国语·晋语八》中赵文子与叔向对话之典，意谓人死再生。"蜋志"乃用《世说新语·品藻》之典，因晋人庾道季有云："廉颇、蔺相如虽千载上死人，懔懔恒如有生气，曹蜍、李志虽见在，厌厌如九泉下人。"故"蜋志"被拿来指称庸碌之人（感谢余英时先生提示此一出典）。

② 此段内容分见张成德等修纂，乾隆《直隶绛州志》，卷3页33—34、卷12页6、卷15页23、卷16页18—19及23—25、卷17页16—17。

财举赈。此故，韩家两代中竟有傑、云、霖三人同入祀乡贤，此一情形可说极为特出。

绛州在清末以前共历修方志六次，韩云即曾参预其中万历三十七年之本，而在接下来的康熙九年本中，纂修的孙锡龄和王复初，也与韩家关系密切：如韩云尝和复初之父曰善共同结社，而霖也为曰善撰墓志铭，复初且有诗记韩霖的藏书室；至于孙锡龄，除在其所撰的《救荒协义传》中，褒扬韩云昆仲捐款赈灾的义行外，还曾捐资为韩霖治葬，并赋诗追赠韩霖①。

今从康熙《绛州志》中韩霖之名出现多达数十次的事实，亦可略知韩家在地方上的影响力，在"为贤者讳"的心态下，无怪乎，该志对韩霖有"遭闯变不出，隐避遇难，君子惜焉"的评述②；而韩霖也或因其降闯一事被隐讳不谈，而得以入祀乡贤；其后绛州增修的方志，更由于编修者均不曾深入爬梳史料，以致多仅因袭旧说。

再者，士大夫在明亡之际的反应，亦值得我们深究。如李建泰、李政修与韩霖等人，都曾将闯军视为寇盗，甚至积极参与平乱的工作，但眼见局势已无可挽回，他们之中许多人立即投降或投效李自成（见第五章），而当李自成失败之后，更多人旋又附清为贰臣。对这些以科第仕宦为人生主要奋斗目标的知识分子而言，朝代的更替只不过迫使其必须去重新安排个人的出处，他们很快就调整出新的价值观，而清廷则以相近于原品级的官位大量笼络这些汲汲于仕途的士大夫，这或许是清朝得以快速在中国奠定其统治基础的最重要原因之一。也就是说，明清鼎革并非满汉之间单纯的民族战争，而更似两利益团体之间的争战③。

———————————

① 徐昭俭等修纂，民国《新绛县志》，卷首页6—11；张成德等修纂，乾隆《直隶绛州志》，卷11页17—18、卷16页10、卷17页16、卷19页9。
② 刘显第等修纂，康熙《绛州志》，卷2页56—57。
③ 另见黄一农，《红夷大炮与皇太极创立的八旗汉军》。

　　至于近代一些与天主教会关系密切的学者，则或因身处对日战争的大环境，导致过分在意奉教人士的气节，而曲解或误判文献（见第九章）。事实上，明清之际，在华天主教会为避免因政治立场的判断错误而危及传教大业，乃决定不表态支持特定的对象；此故，我们在南明的隆武或永历朝、李自成的大顺朝、张献忠的大西朝以及清朝当中，均可见到耶稣会士或奉教官绅的身影（见第十章）。他们有的是考量自身的理念与发展，有些则或许是希望替天主教在华的传教事业开创新的局面。在此一鼎革世变的冲击之下，韩霖降闯的行为，不论在教内或教外，其实都并不十分特出。

第七章 《铎书》：裹上官方色彩的天主教乡约

天主教徒韩霖所撰之《铎书》，是一本融合天、儒的乡约，他巧妙利用绛州知州命其宣讲明太祖《圣谕六言》的良机，将此书裹上官方色彩，书中虽无一字直接提及"天主"，但实际上却蕴含天主教的义理。该透过官僚体系和儒家传统渗入地方教化的宣教方式，迥异于其他教中人士。本章将尝试探讨他究竟透过何种人脉网络和编写策略，以遂行此一目的。

一、明太祖的《圣谕六言》

崇祯十四年（1641），甫知绛州的孙顺，在每月朔望的次日举行乡约，参与的绅民以千计。其方式乃以演绎明太祖的《圣谕六言》为主，该教条又名《圣谕六条》或《教民六事》[①]，内容或源出南宋朱熹知漳州时为教化民众所揭示之劝谕榜[②]，实指"孝顺父母、尊敬长上、和睦乡里、教训子孙、各安生理、毋作非为"等二十四字。惟因"诸家之解，意义肤浅，多学究常谈"，故孙顺延请韩霖"宣衍其义"，韩霖称颂此六谕乃"孔孟真传"，诚属"万世治安之本"，并

---

① Chu Hung-lam, "The Community Compact in Late Imperial China"；常建华，《乡约的推行与明朝对基层社会的治理》；朱鸿林，《二十世纪的明清乡约研究》。
② 此说见于木村英一，《ジシテと朱子の學》。

声言己虽多创解，但"皆本眶闻，或录群言"，因恐"宣讲难遍"，故编撰《铎书》一书刊行，"俾高皇帝敬天爱人之旨家传户诵焉"。书中虽绝无一字直接提及"天主"，却是一本扎扎实实以天主教义理出发所写成的乡约①。

查朱元璋在即吴王位之后不久，对儒家价值观以及崇德报功思想的诚敬与时俱增②，尝征儒士编书以便化民成俗，但恐"穷乡下邑不能人人见之，见亦不能人人读之"，遂于洪武三十年（1397）又仿《夏书·胤征》之制，命各乡里选木铎老人，每月数次"以木铎徇于道路，高唱圣训以警众"，其唱词即前述之《圣谕六言》；民如有违犯教令者，则听老人呈报有司；此外，在各城乡所广设的"申明亭"中，亦置有圣谕牌和木铎词等③。这应就是韩霖将其著作命名为"铎书"的本意。

早期的乡约乃以陕西蓝田吕氏于宋神宗熙宁九年（1076）所立者最出名，明太祖于洪武三十一年将基层社会教化的各种措施加以归纳，颁行《教民榜文》四十一条，此应可被视为明代乡约制度的初立，其中第十二条的"宣讲《圣谕六言》"，更是榜文的精髓所在。有明一代在洪武之后，尝于嘉靖八年（1529）、隆庆元年（1567）和万历十五年（1587）分别在全国推行乡约，其主要的内容与法源均建立在六谕的基础之上。一些地方官在履新之初常将乡约作为新政推行，更有将其与保甲制度相结合者，许多宗族也会透过族规试图

① 此段参见韩霖，《铎书》，作者自序。后文所用之本原藏上海徐家汇藏书楼，1949年之后，该书随同相当数量的徐家汇藏书被耶稣会移至菲律宾，后再转运至台北辅仁大学神学院，近年始交傅斯年图书馆代为保管。此本现已被影印收入钟鸣旦等编《徐家汇藏书楼明清天主教文献》第二册。经查欧洲各图书馆的藏书目录，该书至少仍有三本存留，惟版本不详；参见 Walravens, *Preliminary Checklist of Christian and Western Material in Chinese in Three Major Collections*, p. 46.
② 朱鸿林，《明太祖的孔子崇拜》。
③ 《明太祖实录》，卷255页1；朱鸿林，《明代中期地方社区治安重建理想之展现》。

贯彻六谕，但仍不免屡屡出现"未几懈涣"或"法久渐玩，习为具文"的情形[①]。

以安徽休宁县为例，在地方官的大力倡导之下，从隆庆元年起即组织讲乡约会，议订乡约条规，最盛时全县共有一百八十余处，期盼能借此淳风厚俗、惩恶压邪。各村里通常会推举德高望重者一人为约正，选才猷练达者一人为约副，里人皆要服从约正和约副的劝导和约束。还规定每月的朔望日，全体均须聚集在乡约所，轮流由各族宣读六谕以及泰州学派著名学者罗汝芳（1515–1588）的《太祖圣谕演训》[②]。

有些乡里更订有一些衍生的规矩，如隆庆六年所刊的安徽祁门《文堂乡约家法》中[③]，有一半以上的内容是演绎圣谕，其中第一条"孝顺父母"下即规定："为子孙有忤犯其父母、祖父母者，有缺其奉养者，有怨骂者，本家约正会同诸约正、副言谕之。不悛，即书于纪恶簿，生则不许入会，死则不许入祠。"甚至编成诗歌曰："父母生来有此身，一身吃尽二亲辛；昊天罔极难为报，何事尔曹不顺亲。"以便教化民众。在第二条"尊敬长上"下规定："子弟凡遇长上，必整肃衣冠，接遇以礼。毋得苟简土揖而已！"在第三条"和睦乡里"下规定："各户或有争竞事故，先须投明本户约正、副理论。如不听，然后具投众约正、副秉公和释。不得辄讼公庭，伤和破家。若其恃其才力，强梗不遵理者，本户长转呈究治。"等等。

《文堂乡约家法》中还详细订出讲约时的礼仪[④]，其大要如下：先

<hr>

① 朱鸿林，《明代嘉靖年间的增城沙堤乡约》；常建华，《乡约的推行与明朝对基层社会的治理》；常建华，《明代徽州的宗族乡约化》；廖腾煃修纂，康熙《休宁县志》，卷2页17。

② 廖腾煃修纂，康熙《休宁县志》，卷2页17–21。

③ 转引自罗昶、瑞溪，《中国村落习惯法内容初探》；卞利，《明清时期徽州的乡约简论》。

④ 常建华，《明代徽州的宗族乡约化》。

将圣谕牌设在会场的北方中央，当人聚齐时，拱手班坐，年长者坐前排，壮者次之，年少者在末。随后，升堂起立，司讲出位，南面朗声宣读明太祖的《圣谕六言》，宣毕，行五拜、三叩头礼，依序就坐。鸣讲鼓，司讲者出位，北面揖拜毕，宣讲圣谕，或随演一二条，或读乡约十余款。接着，乡人如有公私事故，本人可出班陈说。最后，进茶，礼毕。开会时，轮值之家还要选定两名纠仪，"司察威仪动静，以成礼节"。此外，并设有纪恶和纪善簿，专门登记众人的善恶行为（见

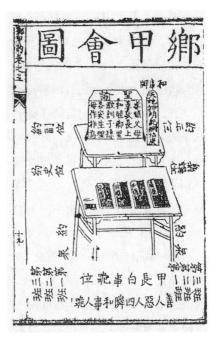

图表7.1：明代吕坤所绘的乡甲会图。除了敬竖上书有《圣谕六言》内容的牌位外，桌上还放置善、和、改、恶四簿[1]。

图表7.1），如有不遵约束者，即视同"辱慢圣谕"。此种庄严肃穆的氛围与制度[2]，应大有助于乡约的推行。

　　在明代中后期阳明学者的讲学活动中，我们亦屡可见到《圣谕六言》的踪影，如罗汝芳就经常在讲会时引用以开示诸生、教育民众，他甚至在临终的遗言中，亦指六谕可以"直接尧舜之统，发明孔孟之蕴"。汝芳的弟子杨起元（1547–1599）同样认为明太祖是继承儒家的道统，而起元的门人佘永宁亦尝曰："孔子千五百年而有高

① 吕坤，《吕公实政录》，卷2页19。
② 大村兴道，《明末清初の宣講図式について》。

皇，其间治乱相寻，道统相继，历数有在，非偶然者。而斡旋宇宙之命脉，果系六谕之天言。"罗汝芳等人之所以宣讲《圣谕六言》，表面上虽属由上而下"移风易俗"的行为，但其背后亦有可能掺杂些许传统儒家由下而上"得君行道"的心理愿望①。

256　　在万历三十八年出版的《皇明圣谕训解》中，更曾将六谕的宣讲从民间上推到皇族的层级。此因河南地区的宗室繁衍甚多，每有"恣从非为"者，故巡抚李思孝等即以《圣谕六言》为主体编成一书，且"略采历朝宗室奖戒事实，及宗藩要例、大明律例，复缀于后"，于朔望之日点集各王府中人讲解书中内容，无故未到者，则"量加罚治"②。

《铎书》前序中有云："道术不明，家自为学，人苦无教，圣主（农按：指在位的崇祯帝）忧之，屡诏郡国宣讲高皇帝《圣谕六言》，独绛州孙使君蒨溪奉行为先。"知当时官方对此或多已是虚应故事，仅极少数如孙顺的官员郑重其事，无怪乎，工科左给事中傅朝佑于崇祯中奏陈当务十二事时，其最末一条即为"讲《圣谕六条》"③。

鼎革之后，中国虽沦为满族统治，但清廷为巩固其对基层社
257　会的掌控，仍于顺治九年（1652）将明太祖的《圣谕六言》颁行八旗及各省；十六年，且严行设立乡约制度，讲解六谕；康熙九年（1670），更进一步发挥成《上谕十六条》，向全国颁布；雍正帝即位之初，并逐条解释成《圣谕广训》一书，二年（1724），颁行天下，七年，严令全国普设讲约所；当时甚至在秀才考试中还得默写一段，连清末出洋留学的幼童，每逢周日也得群集宣讲《圣谕广训》，形成清廷重要的政治思想纲领之一④。

---

① 彭国翔，《王龙溪的〈中鉴录〉及其思想史意义》。
② 《皇明圣谕训解》，页1–4。
③ 《明史》，卷258页6663。
④ Mair, "Language and Ideology in the Written Popularizations of the Sacred Edict"；常建华，《论〈圣谕广训〉与清代孝治》。

有意思的是，近代中国即使历经剧变，宣讲明太祖圣谕的传统，仍未完全自民间消失。如云南地区迄今还存在一个融合儒、释、道三教的宗教组织——洞经会，该会以谈经为主要活动内容，所谓谈经即是用不同的节奏念经文，使之与弹奏的音乐合拍，而《圣谕六言》似乎是所有洞经会共同的会规，每逢孔子、关羽、岳飞以及道教真武大帝的诞辰，都要聚会三天，虔诚斋戒，立坛设醮，谈演经文，并在街头搭台，宣讲圣谕。民国《姚安县志》中即有云："滇省经会，各县皆有。姚邑自明季即立社崇奉文昌，歌讽洞经、皇经等，以祈升平。间亦设坛，宣讲圣谕，化导愚蒙。"[1] 该透过音乐将单调的宣谕过程加以软化的方式，或就是其得以长久流传的重要因素之一。

相对于明代众多宣讲圣谕的书籍以及现存大量与明清天主教相关的原典，《铎书》的内容可说是仅见，而韩霖此一传布教义的方式，亦与其他教中人士迥异，然学界对此书仍较少注意[2]；笔者因此在本章中，尝试探讨韩霖究竟透过何种人脉网络和编写策略以遂行其宣教的目的。

二、《铎书》前序小考

傅斯年图书馆现藏之《铎书》刊本，收有韩霖撰于崇祯十四年十一月的自序，其中指出此书乃应绛州知州孙顺的要求而作，以供乡约中宣讲之用。由于孙顺是在崇祯十四年始到任[3]，十五年十一月，已升任户部浙江司员外郎的孙氏，因贿赂都察院左都御史刘宗周遭

258

① 卢汉等修纂，民国《姚安县志》，卷55页283。
② 先前有关《铎书》的初步研究，可参见 Zürcher, "Un 'Contrat Communal' Chrétien de la fin des Ming"；Zürcher, "A Complement to Confucianism."
③ 张成德等修纂，乾隆《直隶绛州志》，卷7页24。

革职①，知孙顺宣讲圣谕一事持续未久，而《铎书》应起撰并成书于
崇祯十四、十五年。此书书首另有两序，分别题为："赐进士出身、
嘉议大夫、詹事府詹事、兼翰林院侍读学士掌院事、前国子监祭酒、
南京总裁、知制诰、日讲官□□□"和"赐进士第、山西按察司副
使、兼布政司右参议、分守河东道李政修"，但首篇作序者的姓名遭
涂抹②。

　　明代在各省均设有承宣布政使司（简称布政司）和提刑按察使
司（简称按察司），由左、右布政使（从二品）和按察使（正三品）
分别掌理行政和司法之事，由于幅员广大且业务繁重，布政司和按
察司分别在全省设置有分守道和分巡道，负责料理和督察当地相关
事宜。李政修当时乃担任山西按察司副使（正四品），同时以布政司
右参议（从四品）之衔，奉派分守河东道（驻蒲州），其在军政相
关方面的职掌，涉及兵备、清军、监军、粮储、屯田、招练和抚民
等事③。

　　由于当时闯军正活跃于黄河对岸的河南境内，李政修或因此奉
命参与防御或围剿的行动，韩霖在得知他的行止后，即亲自拿书赶
至黄河边请他撰序。该序的文字指出时在元旦④，而因李自成大力经
略河南的时间，乃从崇祯十三年冬至十五年冬，其间曾五覆明军，
并杀死或纳降不下十余万人⑤，知李政修撰序最可能在十五年的正月，

259

---

① 《刘宗周全集》，第5册页444–447。
② 原刊本上是以填黑的长方形来呈现阙名的部分（见图表7.2），但在《徐家汇藏书
　楼明清天主教文献》景印此本时，或因制版人员追求版面的"洁净"，该黑框竟被
　整个涂白。
③ 《明史》，卷75页1838–1843。
④ 此序中有云："正月之吉，实惟其时，南山群盗，饮屠苏而寿春酒……时盘酌五
　辛……谨以数言，弁之简端。"由于屠苏酒（药酒名）与五辛盘（指用葱、蒜、韭、
　蓼蒿和芥五种辛物做成的菜肴）均为唐代以来元旦应节之物，知此序乃撰于元旦。
　参见庞元英，《文昌杂录》，卷3页5。
⑤ 李文治，《晚明流寇》，页125–131。

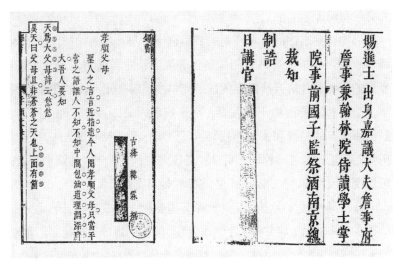

图表7.2：韩霖《铎书》前序及正文之首被涂抹的墨钉。台北傅斯年图书馆藏本。

而另一阙名前序撰写的上、下限，或亦可合理且保险地定为崇祯十
四年和十五年。下文即尝试先考订该阙名序的作者及其遭涂抹的
原因。

　　依照明代之例，廷试分一、二、三甲，第一甲仅三人，曰状元、
榜眼和探花，赐进士及第；第二甲若干人，赐进士出身；第三甲若
干人，赐同进士出身。又，各直省的主考官通称为总裁[①]。至于日讲
官，乃由内阁从翰林院和詹事府官员中，具名题请。而翰林院专司
制诰、文册、文翰等事，詹事府以侍从、辅导太子为职，国子监为
国家最高学府，职司风化和教育人才。知制诰官则常由翰林中选拔，
乃诰敕房和制敕房最高的职位，制、诰二房本身不是权力部门，而
是附属于内阁的秘书性机构，主要在协助处理内阁所经手机密文书

————————

[①] 梁章钜，《称谓录》，卷24页3及17—18。

的誊录和保管等工作①。

因知该阙名序的作者应是第二甲进士出身，考入翰林院或升入詹事府后，曾担任日讲官和知制诰等职务，并奉派为应天（南京）乡试的主考官，历升从四品的国子监祭酒，时任正三品的詹事府詹事，兼翰林院侍读学士掌院事。至于嘉议大夫，乃文官的散阶名，是随职事官的品级和表现而授与，其中正三品初授嘉议大夫，通常历俸三年后，若考核称职，可升授通议大夫，又三年，功绩卓著者，可加授正议大夫，知此人晋升正三品的时间或尚不久②。

徐宗泽在其《明清耶稣会士译著提要》一书中，曾引录此两序全文，但并未尝试探究阙名序的作者③。陈垣在1919年据徐家汇本校刊重印《铎书》时，附撰一序，考证被涂抹之人曰："考其年代爵里，当为李建泰著。建泰，曲沃人，与韩霖乡榜同岁，天启五年（1625）进士，历官国子监祭酒。"并进一步称："顺治六年姜瓖反大同，建泰遥应之，兵败被禽伏诛。见《明史》本传。其所以阙名者，则是书刻于崇祯十五年，而是本则印于建泰被诛以后，削去其名，避清人之忌也！"④

陈垣或仅参考《明史》中的纪述："李建泰，曲沃人。天启五年进士。历官国子祭酒，颇著声望。崇祯十六年五月擢吏部右侍郎……"⑤而他认定李建泰即阙名序作者的理由，主要乃因其曾担任祭酒的事实恰合该作者的经历，且建泰与韩霖又有乡试同年之谊。然而，此一论据的逻辑推理实不够说服力，因日讲官、知制诰、国子监祭酒、翰林院掌院事或詹事府詹事等职衔，是许多担任过六部

① 李东阳等纂修，万历《大明会典》，卷216页1-2、卷220页1、卷221页1-2；谭天星，《明代内阁政治》，页20-28。
② 杨树藩，《中国文官制度史》，下册页340-343。
③ 徐宗泽，《明清间耶稣会士译著提要》，页138-140。
④ 陈垣，《重刊〈铎书〉序》，收入氏著，《陈垣学术论文集》，第1集页57-59。
⑤《明史》，卷253页6549。

侍郎和尚书以上官员们的共同经历（见附录7.1），而在这些人当中，李建泰不见得与韩霖的交情最深，且相识与否应仅可算作间接证据而已。

查现存史料中有关李建泰的历官过程，虽符合阙名序中的"赐进士出身"、"前国子监祭酒"、"知制诰"等经历，但他在崇祯十四、十五年间曾否出任詹事府詹事兼翰林院侍读学士掌院事，则无任何资料（见附录7.1）。亦即，在未做详细考证之前，我们实不应以李建泰为唯一人选，而径自排除其他可能。

附录7.1

261

李建泰历官过程小考

明代官员的升迁资料常散见于《明实录》，然因鼎革战乱的影响，由官方编纂的崇祯朝实录已佚。傅斯年图书馆虽藏有嘉业堂旧钞本之《崇祯实录》，但其内容远较他朝实录简略；至于同馆所藏之《崇祯长编》旧钞本，内容虽颇详尽，但仅存崇祯前五年。另，北平商务印书馆于1914年刊行的《痛史》中，虽亦收有《崇祯长编》两卷，惟只略记十六年十月至十七年三月事。整体言之，清初由谈迁所撰编年体的《国榷》，或为现存查索崇祯朝官员历官职衔最重要的参考文献之一；但因《国榷》一书乃以记事为主，故不见得可以涵括到某人完整的历官过程。

经查明末的进士题名录[①]，李建泰乃天启五年第二甲进士。是年六月，建泰等十八名新科进士考入翰林院为庶吉

① 此文中有关进士之科第资料，均参考李周望，《国朝历科题名碑录初集》。

士（无品级），并该科一甲进士三人送翰林院读书①。庶吉士
的选拔称作馆选，其对象仅限二、三甲进士，因状元已径授
翰林院修撰（从六品），而榜眼和探花亦授编修（正七品）。
天启朝，庶吉士乃每科一选，由吏、礼二部侍郎两人担任教
席，目的在培养国家未来的高级文官，故有"始进之时，已
群目为储相"之说。庶吉士通常三年学成，优者留翰林院，
二甲为编修，三甲为检讨（从七品），次者则为给事中、御
史，或出为州、县官，谓之散馆②。李建泰于崇祯元年五月散
馆后，获授编修，知其在翰林院学习的表现甚佳③。

　　据《国榷》中的记载，李建泰于崇祯二年十一月已以詹
事府左中允（正六品）的职衔指授京营训练；六年二月，管
理文官诰敕；八年正月，升詹事府左谕德（从五品）；十二年
五月，任国子监祭酒（从四品）；十三年四月，升少詹事（正
四品）兼侍讲学士（从五品）；十六年五月，任吏部右侍郎（正
三品）；十一月，兼东阁大学士（正五品）。

262

　　明代进士在获选入翰林院后，从日讲官、知制诰以迄国
子监官和詹事府官的经历，乃为当时高级文官常见的升迁过
程，其中詹事府和国子监的官职更是翰林院官迁转之阶，而
六部的侍郎和尚书亦泰半由此途径出身。至于阁臣的选取，

---

① 《明熹宗实录》，卷60页35—36。
② 《明史》，卷73页1788；谈迁，《国榷》，卷85页5208及卷87页5305；邹长清，《明
　代庶吉士制度探微》；吴仁安，《明清庶吉士制度述论》。
③ 在汪楫等所辑之《崇祯长编》中，仅记李建泰个人获授编修（卷9页29），知他或
　为散馆考试表现最优异者。

也特重詹、翰①。但在崇祯朝中，同时间出任（包含以他职协理或兼署）祭酒或詹事者，往往超过编制所规定的一人②。

　　事实上，与李建泰同登天启五年进士第二甲且曾数度同事的黄景昉，即为另一条件相当优越的可能人选。黄景昉曾于崇祯元年任翰林院编修（正七品）、知起居注；六年二月，管理文官诰敕；七年，升詹事府左中允（正六品）、充日讲官；八年正月，进詹事府左谕德（从五品）、值日讲；十一年正月，任詹事府右庶子（正五品）；十一年二月，任经筵之讲官；十三年四月，升少詹事（正四品）兼侍讲学士（从五品）；十四年，任詹事（正三品）兼掌翰林院；十五年六月，拜礼部尚书（正二品）兼东阁大学士③。此与阙名序中"赐进士出身"、"詹事府詹事兼翰林院侍读学士掌院事"、"知制诰"、"日讲官"等经历均合，但他在升少詹事之前曾否出任过国子监祭酒，则尚缺资料④。

　　再者，黄景昉亦与韩霖熟识，他尝赋有《次韵赠韩雨公先辈》和《韩雨公幽香谷咏》等诗，韩云且曾住在景昉兄子知章的别墅中⑤。黄氏对天主教相当友善，早年曾因其师叶向高的介绍，而与耶稣会士艾儒略论交，后并序艾氏所著的《三山论学纪》一书，且对

① 参见《明史》，卷73页1785及1790-1791；谈迁，《国榷》，卷98页5927；关文发、颜广文，《明代政治制度研究》，页95-127。

② 笔者先前在《明末韩霖〈铎书〉阙名前序小考》一文中，曾整理出崇祯十至十五年间担任国子监祭酒、少詹事和詹事的官员名单和任官期间，即可清楚见到此一现象。参见《明史》，卷73页1783及1789。

③ 除《国榷》外，另参见《明史》，卷251页6503、卷255页6595。

④ 文庆等所撰之《钦定国子监志》中，有一崇祯朝实授祭酒的名单，但其中年份有考者仅崇祯九年（1636）的张四知，其后只记李建泰一人，且不曾注明其出任祭酒的期间（卷47页22-23）。

⑤ 黄景昉，《鹿鸠咏》，卷2页8；黄景昉，《瓯安馆诗集》，卷4页4、卷5页11。

利玛窦的评价亦甚高[①]。

　　景昉亦尝与何乔远之子九云以及郑之玄（天启二年进士）结文社为友[②]，其中何乔远为韩霖中举人时的座师，他与西学西人颇多接触（见第六章），而郑之玄也是韩霖的友人，曾赠诗曰："四上长安不见投，分当披发逃荒野。学书不成去学剑，此道于君未宜舍。"其中提及霖从天启二年至崇祯四年四次会试均不第，并鼓励他不要就此弃文从武[③]。

　　由于黄景昉在南明隆武元年（1645）至二年间曾出任唐王之大学士，故若此本是在清人统治区内重新刷印，亦与前述陈垣为李建泰所提出的理由相似，可用避忌之说合理解释其名为何遭涂抹。

　　综前所论，单靠官衔的比对，似乎无法彻底解开阙名之谜。但因其人曾任应天乡试的主考官，此一临时职务每三年才选派两人，经筛选比对后，或可大幅缩小可能人选的范围。虽然《明实录》在乡试当年的五至八月间多会分批记载选派赴各省之主考官名，但该书中有关明季诸科的记事常不全，而存世的朱卷亦颇零星。

　　很幸运地，应天乡试的主考姓名倒是相当完整地保存在《南国贤书》中。经查此书中的记载，南京通常选用翰林官或詹事府的庶子（正五品）、谕德（从五品）典试。为避免遗漏，我们姑且将考虑的期间稍稍放宽，得天启元年的主考官为黄儒炳和黄立极，四年为李标和姜逢元，七年为陈具庆和张士范，崇祯三年为姜曰广和陈演，六年为丁进和蒋德璟，九年为王锡衮和李建泰，十二年为张维机和杨观光，十五年为何瑞征和朱统鉌[④]。此一阙名者应不出这几位"南京总裁"。

---

① 黄景昉，《国史唯疑》，卷9页153。
② 李清馥，《闽中理学渊源考》，卷75页15。
③ 郑之玄，《克薪堂诗文集》，诗集卷8页29、32。
④ 张朝瑞等，《南国贤书》，无页码。

查黄立极、李标、姜逢元、张士范、丁进、王锡衮、杨观光和朱统鉓分别中万历三十二年至崇祯元年各科的第三甲进士，故应属"赐同进士出身"，而何瑞征为崇祯元年榜眼，属"赐进士及第"，均与阙名序作者的"赐进士出身"不符。又因《铎书》应成书于崇祯十四、十五年前后，经比较陈具庆、姜曰广、张维机、黄儒炳、陈演、蒋德璟等人的历官情形，发现其职衔均较阙名者过高或过低[①]。事实上，天启年间或之前的应天主考官，其资历情理上均应高于阙名序者。亦即，李建泰就成为诸"南京总裁"中唯一符合的候选人了！

李建泰于崇祯十三年四月与李绍贤和黄景昉同时出任少詹事兼翰林院侍讲学士，在此三人当中，天启二年进士的李绍贤于七月即升授詹事兼翰林院侍读学士，十一月，拜户部右侍郎，而黄景昉亦于十四年接续李绍贤的职位，进詹事兼掌翰林院，并于十五年六月拜礼部尚书兼东阁大学士，故李建泰在十三年四月任少詹事与十六年五月升吏部右侍郎之间，应还经历至少一次迁官。黄景昉与李建泰是天启五年乙丑科进士当中表现最佳者，他们于崇祯元年散馆后，同以最优异的成绩获授翰林院编修，并先后入阁为宰辅，黄景昉的升迁稍快，李建泰很可能是接任其职，后被内擢为詹事兼掌翰林院。

_____

[①] 陈具庆于清世祖时被征召，他在崇祯十年至十五年间并不曾担任过国子监祭酒和詹事等职务；参见吴大镛等修纂，同治《元城县志》，卷5页30。姜曰广乃万历四十七年进士，资历虽深，但天启七年（1627）因得罪阉党而被削籍，崇祯初，起右中允，崇祯九年，积官至吏部右侍郎，坐事左迁南京太常卿，遂引疾去，十五年，起詹事，掌南京翰林院；参见《明史》，卷274页7029。张维机则是在十五年四月始从詹事府的右庶子（正五品）升授少詹事兼翰林院侍读学士。黄儒炳则早于天启间即担任南吏部左侍郎摄尚书事；参见郭汝诚等修纂，咸丰《顺德县志》，卷24页34—36。陈演早于崇祯十三年闰正月，由翰林院侍读学士升授礼部右侍郎；参见陈盟，《崇祯阁臣行略》，页33。蒋德璟于十三年十一月已进礼部右侍郎兼翰林院侍读学士；参见《国榷》和《明史》，卷251页6500—6503。此外，各人曾否担任国子监祭酒、少詹事和詹事等情形，均请参见黄一农，《明末韩霖〈铎书〉阙名前序小考》。

264

至于兼翰林院官的缘故，乃因明代詹事府的官员，视其品级必带翰林院衔①。

　　韩霖与李建泰的关系不仅仅是陈垣所提及的"乡榜同岁"而已，两人除同于天启元年中山西乡试外，或还有姻亲之谊②。崇祯二年十一月，后金大兵入侵关内，京师戒严，李建泰奉派随同徐光启负责京营的"指挥训练"③，即有可能是韩霖向老师徐光启引荐的。但韩霖属意李建泰为《铎书》作序的理由，主要着眼在他曾担任主管全国最高学府的国子监祭酒，而该职务对以教化为诉求的《铎书》颇具特别意义④。

　　崇祯十七年正月，大学士李建泰自请提兵攻打李自成，他当时除推荐因事免官的李政修以待罪之身随军效用外，并礼聘正在三立书院讲学的韩霖担任军前赞画，但韩霖留太原未赴⑤。三月五日，李建泰兵溃于真定，后在保定降闯。李建泰被俘入京后，李自成特赦之，命加礼，讹传同姓的李自成除尊称他为叔外，并拜相⑥。在闯军兵败后，李建泰又于顺治二年三月降清，且于五月获授为弘文院大学士，寻充纂修《明史》总裁官，并赐二品顶戴；十二月，因祁州知州孙率礼欲劾前任知州张宏发侵盗钱粮，建泰得贿后，致书率礼代为求免，不听，率礼反以建泰之信为佐证，直揭通政使司，建泰

---

① 《明史》，卷73页1787–1788。
② 李氏为平阳府曲沃县人，他曾于崇祯九年以"眷年弟"的自称序韩霖的《守圉全书》，其中有言："余与雨公氏居止则一河望宇，升名则同籍契衿……往者贼薄绛沃，余从雨公之后，小试受戎，保全庐墓。"参见王轩等撰，光绪《山西通志》，卷70页1–2。
③ 《崇祯实录》，卷2页14。
④ 李建泰在序《铎书》时，尝称韩霖找他作序的原因是："以余从司成之后，职教人者也！"而司成即祭酒之别称。
⑤ 参见戴廷栻，《半可集》，卷1页9–10；彭孙贻，《流寇志》，卷9页143。
⑥ 计六奇，《明季北略》，卷20页422、卷24页725。

遂谋请通政使李天经将此事压下①，率礼久候不得旨，乃具告刑部，建泰因此遭革职，天经则降二级调用；五年十二月，大同总兵官姜瓖叛；六年，建泰据太平应之，被清军围困，势迫请降；七年，建泰全家被杀②。

　　从文字的避讳判断，傅斯年图书馆现所保管的《铎书》，应是刷自崇祯年间之板（见附录7.2）③，由于《铎书》初刊之雕版理应藏于绛州④，而山西全省自顺治元年十一月起即被清人统治⑤，故傅图之后印本最可能刷于李建泰叛清（顺治六年）之后，当时或为避清人之忌，乃削去其姓名⑥。又因此本文字相当清晰，且未见因岁月沧桑所造成的断板现象，故其重刷的时间应距初版不久。

266

---

① 李天经为天主教徒，徐光启于崇祯六年推荐其入历局协助汤若望等治历；入清后，汤若望奉命掌管钦天监，而天经已于顺治元年十月获授通政使（见第三章）。李建泰可能即利用私人交情，促使李天经违例扣压孙率礼的章疏。

② 《清世祖实录》，卷15页5、卷16页7、卷20页11、卷22页12、卷47页8–9；清国史馆，《逆臣传》，卷4页4–5。

③ 此本屡避明末三帝光宗常洛、熹宗由校和思宗由检之讳，如改"洛"为"雒"（页38）、改"校"为"较"（前及页75）、改"检"为"简"（页75、109），但未避"常"字（页72），对"由"字，则有作"繇"者（页64），亦有不避者（页68、96），此因明讳之严，起于天启、崇祯之世，虽有将御名两字皆避者，但法令止规定避下一字，规矩并未统一。此本对谍讳之事偶亦可见脱漏，如书中提及孟子兴学一事时，即未避"学校"之"校"字，因而被人以墨笔更正为"较"字（页23）。此外，文中有将"豪傑"书作"豪杰"者（页93），应属韩霖为避其父傑之名所用的家讳，然而，书中亦仍有一疏忽未避（页99）。综合前述证据，知此本乃刷自崇祯年间之板，无怪乎书中并不避清帝名讳中之"玄"（页26、79）、"弘"（页15）、"宁"（页4、8、14、50）和"淳"（页18）等字。

④ 此因《铎书》的"较刻"者，有相当多人时任太原府各级官员，且绛州当时因教务的发达，曾在奉天主教之韩霖和段衮两家族的支持下，发展成明季天主教书籍的重要出版地之一。参见本书第八章《明清天主教在山西绛州的发展及其反弹》。

⑤ 《清世祖实录》，卷11页5。

⑥ 后印本避名的理由应不可能与李建泰降闯一事相关，否则，《铎书》应不会被重印，此因韩霖在李自成大顺政权中的地位远较李建泰重要。

附录7.2

明末清初的避讳

明讳初期颇宽，仅要求御名两字相连者须回避。天启元年正月，始下旨避光宗常洛和熹宗由校的御名，改"洛"为"雒"、改"校"为"较"，虽亦有将御名上一字"常"改作"尝"，"由"改作"繇"者，但法令止规定避下一字。崇祯三年，更令臣民避太祖、成祖以及孝、武、世、穆、神、光、熹七宗之庙讳。至于崇祯帝由检的下一字，则用"简"替代[1]。

清初讳法不严，顺治朝连"福临"两字连用时均无须敬避。康熙帝玄烨即位后，虽有因避帝讳而主动改己名者[2]，但笔者在康熙各年的《月、五星凌犯历》或《时宪历》中，发现各本大多不避改"玄枵宫"和"玄鸟至"一辞中的"玄"字。学界中人常有不解此一情形者，遂误以不避"玄"字的断代必在康熙帝即位之前[3]。

其实，清代自雍正帝胤禛始严讳例；他在登基后不久（康熙六十一年十二月），即强迫其兄弟将名中的"胤"字改成"允"[4]；雍正元年十一月，更下谕：

---

① 王建，《中国古代避讳史》，页237–248。此书用力甚勤，但仍出现一些常见的错误，如以秦人因避始皇帝嬴政之名讳而改"正月"为"端月"。其实，秦人讳正之说或出自后人的附会，秦二世在历日中起用"端月"一词的原因，很可能与避讳的关系不大，而仅是透过改月名以突显"新历、新政权"的政治象征意义；参见黄一农，《秦汉之际（前220–前202年）朔闰考》。

② 如清初回回天文家吴明炫即自行改名为明烜，《清史稿》中因此误明烜、明炫为两兄弟；参见黄一农，《吴明炫与吴明烜：清初与西法相抗争的一对回回天文家兄弟?》。

③ 王建的《中国古代避讳史》亦未能见及此。

④ 《世宗宪皇帝实录》，卷2页34。

> 古制凡遇庙讳字样，于本字内但缺一笔，恐未足以伸敬心，昨朕偶阅《时宪历》二月月令内，见圣祖仁皇帝圣讳上一字，不觉感痛。嗣后中外奏章文移，遇圣讳上一字，则写元字，遇圣讳下一字，则写煜字。①

清人对"胤"字的避讳，也有采缺笔的方式（大多敬缺右旁之钩笔，然偶亦见缺左侧之撇画者），对"禛"字则改用"正"、"祯"等字②；在清代的方志中，亦屡可见将无需避讳的"崇祯"，因形近御名而改成"崇正"；而文学大家王士禛之名，在其死后更曾被两度改成士正和士祯③；史籍中也因避康熙帝和雍正帝之名讳，而将崇祯帝第五子慈焕之名改作慈焕（见第三章），将永历帝第三子慈炫改名作慈烜（见第十章）。

又，清初每避"胡"、"虏"、"夷"、"狄"等字，如红夷炮即常被改作"红衣炮"，或将"夷"字书作"彝"或"尸"（"夷"之古字）。经查现存之汉字沈阳旧档，发现清入关前并无此一避忌。雍正十一年和乾隆四十二年（1777），清廷曾两度严旨禁止蓄意改避，认为该做法反倒是"背理犯义，不敬之甚"④。

除了第一篇序的作者姓名李建泰遭涂抹之外，在《铎书》正文首叶的"古绛 韩霖撰"一句左侧，另有一行可填入最多八个字的墨钉（见图表7.2），通常此乃记校订或批注者之名，或亦是因避忌而被涂黑。查《铎书》在天头处屡可见批语，因中有"雨公，号寓

① 《世宗宪皇帝实录》，卷13页7-8。
② 黄一农，《红夷大炮与皇太极创立的八旗汉军》。
③ 参见黄一农，《康熙朝汉人士大夫对"历狱"的态度及其所衍生的传说》。
④ 黄一农，《红夷大炮与皇太极创立的八旗汉军》。

268

庵居士，即此意"（页71）、"登峰造极之论"（页112）等句，语气均
不似韩霖，且其中另有"余奉先中议遗训置宗田……"句（页10），
依明代文官的散阶制度，正四品始可加授至中议大夫，惟因韩霖家
族中以其六世祖韩重（1442–1510）的官衔最高，历官至正二品的南
京工部尚书，此后百余年，子孙式微，至韩云始历升从五品的知州，
其父韩傑遂赠奉直大夫，因知韩家先祖或无人获赠中议大夫①。亦即，
此书批语的作者应非韩家之人。

　　笔者怀疑前述正文首叶的墨钉乃记该眉批者，而其人或亦同为
李建泰②。查李建泰在序末的官衔中称己为朝议大夫，此乃其初任正
三品詹事时所应授之散官，由于他在撰序之时甫任此职③，故其父李
备或仅推赠他先前担任正四品少詹事考满时所加授的中议大夫衔④。
事实上，终明之世李备均只获赠中议大夫⑤。亦即，前述墨钉原为

---

① 参见《明史》，卷72页1736；韩霖，《二老清风》，页21；刘荣等修纂，康熙《平
　阳府志》，卷22页29。笔者先前误以韩傑曾获赠中议大夫。
② 陈垣曾于民国七年自马相伯获得徐家汇藏书楼所藏《铎书》之钞本乙份，旋于当
　年刊行活字版；翌年，陈氏在重刊此书时有云："原刻眉端标题外，本尚有评语，
　词旨警策，疑亦李建泰所为。"惟他并未提出较具体的论证。笔者所见之民国八年
　重刊本，乃藏于东京大学东洋文化研究所。
③ 崇祯十三年四月，李绍贤（天启二年进士）、李建泰（天启五年进士）、黄景昉（天
　启五年进士）三人同获授少詹事兼翰林院侍讲学士，建泰应是三人当中升迁最慢
　者。七月，李绍贤出任詹事兼翰林院侍读学士，十一月，拜户部右侍郎，旋由钱受
　益继任詹事兼翰林院侍读学士，十四年五月，钱氏卒；未几，黄景昉升授詹事兼掌
　翰林院；李建泰或是在十四、十五年之交继景昉为詹事兼掌翰林院，知其担任少詹
　事一年多，而其为《铎书》撰序时应甫接詹事未久。
④ 通常京官在授职后，即授相应之散官，并在三年考称后始得封赠，但詹事府六品
　以上官员依例不考，翰林院正官的诰敕亦取自上裁。由于文官申请封赠，须先经
　"本部行移保勘"，再"依例具本奏闻，吏科给事中置立文簿，附各该封赠爵职，
　钦用敕符御宝，本部抄录，具印信手本，送中书舍人书写诰敕"，亦即，推赠父母
　之事有一定的程序和条件，并不会在李建泰升授之初就进行相应的改赠。相关制
　度请参见万历《大明会典》，卷6页8–26、卷12页2。
⑤ 李备，万历二十二年举人，历官至常德知府，方志中记其乃赠中议大夫。参见范
　印心等修纂，康熙《沃史》，卷7页8。

"曲沃李建泰批"的可能性颇高。

至于第二篇序的作者李政修，中万历四十四年第三甲进士，他虽较李建泰早三科登第，但因未能考取庶吉士，故于观政实习后被直接外放为地方官[①]。万历四十六年，授山西介休令，旋丁内艰；天启元年，起复，补山东淄川令；三年，调山东滋阳令；六年，擢礼部郎中（正五品）；崇祯年间，迁山东按察司佥事（正五品）、分巡济南道，继迁浙江布政司左参议（从四品）、分守嘉湖道，再迁山西之冀南道和河东道[②]。由于李政修的历官过程乃经由外选，以致升迁较李建泰稍慢，官品略低，故其序的排列亦在后。

也或因李政修未有如李建泰曾任"国子监祭酒、知制诰、日讲官"的傲人京官或御前办事的资历，此故，他在名衔中仅列现职。又，李氏之所以在序末不称己为"赐同进士出身"，而改称"赐进士第"，乃因当时凡中进士者，多在家门悬一块上书"进士"或"进士第"的匾额[③]，而"赐进士第"一词，与一甲的"赐进士及第"仅差一字，给人的感觉或较尊崇所致。由于李政修在满人入关后未曾参与抗清的活动，故于顺治二年被荐补为天津道，三年，升淮海道参议，卒于官[④]，故其名在此一清初的后印本中并未被涂抹。

韩霖请李政修撰序的原因，一方面以其为绛州所属河东道的最高政府官员，另一方面则或与分守河东道衙门所在的蒲州有地缘关

---

① 新科进士因未更事，故除状元和庶吉士之外，余均先分在六部、都察院、通政使司、大理寺等衙门观政实习。明末，二甲进士通常选主事、知州，三甲则大多选外任，为推官、知县，小部分选京职，为评事、博士、中书、行人。参见钱茂伟，《国家、科举与社会》，页113-128。

② 袁通修纂，道光《河内县志》，卷26页22；徐品山等修纂，嘉庆《介休县志》，卷5页5；王赠芳等修纂，道光《济南府志》，卷26页22及卷27页38；黄恩彤等纂，光绪《滋阳县志》，卷2页33，嵇曾筠等修纂，乾隆《浙江通志》，卷118页21。

③ 齐如山，《中国的科名》，页131-132。

④ 黄之隽等撰，乾隆《江南通志》，卷106页12；沈家本等修纂，光绪《天津府志》，卷12页27。

系。耶稣会士当时在山西开教的范围，除了绛州和平阳府城外，蒲州是另一重要据点。而明季蒲州最具影响力的人物，是曾任大学士的韩爌；韩爌乃韩霖的远房伯父，他不仅对天主教相当友善，其家族中也不乏奉教者（见第三章）；霖师徐光启与韩爌间亦颇多因科举所形成之交错绵密的人际网络（见附录7.3）；故游宦于蒲州的李政修，可能也多少看在韩爌的情面上，愿意赶在军事倥偬之际替韩霖这本颇带天主教色彩的《铎书》撰序。

270

附录7.3

科举所形成的人脉网络

明季，每科会试除钦点的两名主考官（称为座师）外，还有十五至二十名不等的同考官（称作房师），依《易》、《诗》、《书》、《礼记》和《春秋》等五经分房进行初步的拣选，每房约取士二十人①。同科登第者互称同年，他们往往在官场上互相援引，而同房进士的交情通常又要比同年来得更亲近，考官对门生的未来发展也常扮演十分重要的角色。此种因科举所衍生的人际关系，对研究明末清初天主教在中国社会的影响层面颇为重要，被称作明末天主教三大柱石的杨廷筠、李之藻和徐光启，即曾充分利用此一人脉网络②。

万历二十年登第的杨廷筠于三十九年受洗入天主教，而在杨氏春秋房的二十三名同房进士当中：韩爌家族内不乏奉教者；冯应京晚年几乎入教（见第三章）；曹于汴曾考订校刻熊三拔的《泰西水法》，并序庞迪我的《七克》；苏茂相曾序艾

① 顾炎武著，黄汝诚释，《日知录集释》，卷16页9–11。
② 此附录参见黄一农，《天主教徒孙元化与明末传华的西洋火炮》。

儒略的《三山论学纪》。此外，在其不同房的同年中，翁正春曾疏荐徐光启、李之藻、庞迪我和熊三拔进行修历；陈民志尝跋利玛窦的《万国坤舆图》；李日华、袁宏道曾与利玛窦往来；至于孙学易，则为天主教徒孙学诗之兄。

在李之藻万历二十六年的同年当中，祁光宗尝跋利玛窦的《万国坤舆图》；姚永济曾考校《泰西水法》；吕图南尝撰《读泰西诸书序》，后亦与在闽传教的艾儒略深交；张维枢有《学纪、物原二篇序》，并称己与利玛窦和艾儒略均相交，后更撰《利玛窦行实》，记利氏的生平事迹。

在万历三十二年与徐光启同科的进士当中，樊良枢尝序李之藻的《浑盖通宪图说》；万崇德、刘廷元、张瓐、李养志、李凌云、杨如皋、张键均曾考订校刻《泰西水法》；黄鸣乔为李之藻于万历三十一年担任福建乡试主考官时所取之士，尝撰《天学传概》一书简述天主教传华之历史；刘胤昌、周炳谟和王家植均序利玛窦的《畸人十篇》；周炳谟和姚士慎且曾参与考校利玛窦口授的《几何原本》；王家植在徐光启的引介下得识利玛窦，并序《畸人十篇》。

万历四十一年会试，徐光启任春秋房的同考官，该科的鹿善继（韩爌是其祖父久征于万历十六年在山西乡试所举之士）、孔贞时、周希令、王应熊和徐景濂等人，即曾序跋天主教书籍或赠诗耶稣会士，而朱大典、沈榷和李天经等人，亦曾被徐光启推举为修订历法或仿制西洋大炮的人选。

万历四十七年，韩爌担任会试的主考官之一，该科同考官包含王应熊、冯铨、曾楚卿、樊良枢等，而徐光启则任殿试的掌卷官。其中王应熊曾序阳玛诺的《天问略》；冯铨于顺

271

治元年协助汤若望获得管钦天监事的职务；曾楚卿尝赠诗耶稣会士；樊良枢曾跋李之藻的《浑盖通宪图说》。至于该科登第的吴阿衡、庄际昌、金之俊、袁崇焕、刘宇亮、邵捷春等人，亦对西学、西教有所接触，甚至相当欣赏。

　　笔者曾浏览明万历至崇祯朝共25科的进士题名碑录，并对照以过去十多年治天主教史所过眼的资料，初步发现至少有180名进士对西学、西教抱持友善的态度，此数字应仅为一相当保守的下限。而只有追索这些士大夫所延伸出的人脉网络（透过如师生、同寅、同社、同乡和姻亲等关系），我们才可能较清楚掌握西学、西教在中国影响层面的深度与广度。

三、《铎书》的官方色彩

　　韩霖为拉抬《铎书》的声势，乃请与己有乡试同年之谊的李建泰作序并眉批。由于李氏先前曾任国子监祭酒，其时又甫掌翰林院，故可说是望重士林，实为序此一阐释《圣谕六言》之书的最佳人选。至于第二篇序，韩霖则请绛州所属河东道最高行政长官的李政修撰写。此两序的主要作用明显是为妆点《铎书》的官方色彩，并增添此书在读者（尤其是明末平阳地区）心目中的分量。

　　此书在正文之前另列有十八名"较刻"者（见图表7.3）[1]，其中孙顺、潘同春和刘达为崇祯十年进士[2]。在该科进士当中，熊人霖曾

---

① 此乃避天启帝朱由校之名而改"校刻"为"较刻"，陈纶绪在其书中将此误作避崇祯帝的名讳；参见 Chan, *Chinese Books and Documents in the Jesuit Archives in Rome*, p. 190.

② 在李周望的《国朝历科题名碑录初集》中，刘达作"直隶大名府滑县民籍"，《铎书》中则将其籍贯误成同府之浚县。

于天启四年撰成《地纬》，该书主要参考艾儒略的《职方外纪》和《万国全图》，其父明遇亦尝与庞迪我、阳玛诺和毕方济等耶稣会士游，而熊氏父子的著述中也屡可见西学之内容（第三章）。此外，夏允彝和陈子龙均尝接触西学，张明弼亦曾以"金坛社弟"之自称序韩霖的《守圉全书》。孙顺等人虽不见得对西学、西教有深刻认识，但却有可能经由这些同年而萌生较友善的态度。

再者，参与校刻的尹任、李用贞、王廷抡、石莹玉乃为崇祯十三年进士。在该科的进士中，方以智与耶稣会士汤若望"交最善"，若望且曾为其讲解有关"浓水"的化学知识，其次子中通，除受业于穆尼阁外，亦屡向汤若望请教[1]，方以智在其著述中也留下与韩霖论学的记载[2]；沈光裕曾于顺治间序卫匡国的《述友篇》，称己"得数从先生游息，讲课有间"，他并于顺治九年住在福建延平和浙江杭州的天主堂各三日，向耶稣会士问学，并在论明太祖的治民之术时，称："使帝又闻天教，亦必信其直截了当，而叹其莫载莫破也！"[3]且曾作诗记其在北京听汤若望讲道一事[4]；梁以樟因与韩霖同入复社，故尝以"都门社弟"的自称替韩霖序《守圉全书》；周亮工于顺治十二年福州天主堂建成时，亦曾题赠石碑纪念[5]。

明末的平阳府领蒲、解、绛、霍、吉、隰六州，凡二十八县。经查，图表7.3中诸校刻者，当时或全是在任的平阳府官员[6]，并依职衔高低排列，最前面五名均为知州（缺解州），绛州知州孙顺或因主导宣讲圣谕之事而领衔；其次，则胪列平阳府直属之临汾、襄

---

① 张永堂，《明末方氏学派研究初编》，页109–138。

② 方以智，《通雅》，卷44页13；方以智，《物理小识》，卷9页7。

③ 刘凝，《天学集解》，卷6页4–6、卷8页65–73。

④ 《碑记赠言合刻》，页17。

⑤ 佟国器，《建福建天主堂碑记》，页8。

⑥ 虽然有部分人士任州县官的时间无法确定，但因其均为明末最后一任或倒数第二任，故笔者有此推论。

陵、洪洞、浮山、曲沃、翼城等知县；再列蒲州所属之河津知县；
解州所属之闻喜、平陆、芮城知县；绛州所属之稷山、绛县知县，
以及吉州所属之乡宁知县。各县令的先后顺序，恰与《明史·地理
志》中平阳府所属各县的排序（此或与各县政务的繁简相关）完全
一致①。

　　亦即，平阳府下的六州、二十八县中，共有五知州、十三知县
列名校刻《铎书》，他们不仅出名，很可能也赞助部分经费，以出
版这本与教化百姓相关的书籍。其中刘达在崇祯十五年分任河津和
临汾两知县，因临汾为平阳府最大的属县，故他很可能是在接任河
津后，旋又以甲榜出身的资格调任甫出缺的临汾②，因疑韩霖《铎书》
的自序虽撰成于十四年十一月，但其邀请诸官员校刻以及刷印成书
或均已在十五年，此故，刘达方得以册名其间。

　　至于作为孙顺顶头上司的平阳知府以及平行单位的解州知州为
何不在校刻名单中，则或纯属时机不巧。查李灿于崇祯十二年起知
平阳；十五年，程世昌继任；李氏为陕西韩城人，天启五年进士，
致仕后因追饷被解回平阳，羞惭自杀，此不知是否为乾隆《平阳府
志》中职官部分仅存其姓但却阙名的原因③？而解州知州亦于十五年
起由房之屏接任，程世昌和房之屏有可能均因恰逢交接的空窗期而
未及挂名。由于图表7.3中有大半官员迄崇祯末均仍在平阳府任官，
故韩霖在《铎书》中胪列地方官员为校刻者之举，应至少可令此书
在当地的影响力延续至明亡。

①《明史》，卷41页961–965。
②梁方仲，《中国历代户口、田地、田赋统计》，页217；关文发、颜广文，《明代政治
　制度研究》，页176–194。
③刘棨等修纂，乾隆《平阳府志》，卷19页5、卷20页26；傅应荃修纂，乾隆《韩城
　县志》，卷6页22。

图表7.3：校刻《铎书》诸人之资料①。

姓名	籍贯	出身	崇祯十四年前后之历官情形
孙　顺	四川绵州	崇祯十年进士	崇祯十四年知绛州②
潘同春	浙江余姚	崇祯十年进士	崇祯间知蒲州（明末倒数第二任）③
丁时学	浙江山阴	辟举	崇祯间知霍州（明代末任）
黄光炜	河南罗山	举人④	崇祯五年知吉州（明代末任）⑤
戈用忠	浙江嘉善	崇祯十三年恩榜举贡⑥	崇祯十四年知隰州（明代末任）⑦
尹　任	山东临清	崇祯十三年进士	崇祯十三年知临汾，十五年刘达继任
李用质	山东济宁	崇祯十三年进士	崇祯十四年知襄陵（明代末任）
王廷抡	北直长垣	崇祯十三年进士	崇祯十三年至十六年知洪洞
刘永庆	南直睢宁	天启七年举人⑧	崇祯间知浮山（明末倒数第二任）⑨
石莹玉	陕西甘泉	崇祯十三年进士	崇祯十四年知曲沃（明代末任），历升明末最后一任绛州知州⑩
程　沉	河南郏县	天启四年举人⑪	崇祯十二年至十五年知翼城

---

① 本表中如未加注，即请参见章廷珪等修纂，乾隆《平阳府志》，卷19–20。
② 李焕扬等修纂，光绪《直隶绛州志》，卷6页10。
③ 周景柱修纂，乾隆《蒲州府志》，卷6页22。
④ 阎兴邦等修纂，康熙《罗山县志》，卷6页6。
⑤ 吴蔅之等修纂，光绪《吉州全志》，卷3页4、卷4页6。
⑥ 戈用忠原为岁贡生，崇祯十三年，恩赐二百六十三名岁贡为"特用出身"，戈氏因此授隰州知州，《国朝历科题名碑录初集》中误将此恩科系于崇祯十五年（页49）。参见谈迁，《国榷》，卷97页5862。
⑦ 钱以垲修纂，康熙《隰州志》，卷16页5。
⑧ 葛之莫等修纂，民国《睢宁县旧志》，卷6页3。
⑨ 任耀先等修纂，民国《浮山县志》，卷21页11。
⑩ 李焕扬等修纂，光绪《直隶绛州志》，卷6页10。
⑪ 姜篪等修纂，民国《郏县志》，卷21页6。

续表

姓名	籍贯	出身	崇祯十四年前后之历官情形
刘 达	北直浚县	崇祯十年进士	崇祯十五年知河津，刘芳久继任[①]；同年，继尹任知临汾
刘芳久	贵州平溪	天启七年举人[②]	崇祯间知闻喜（明末倒数第二任）[③]
赵凤雏	陕西三水	崇祯九年举人[④]	崇祯间知平陆（明末倒数第二任）[⑤]
倪光荐	北直天津	天津卫贡生	崇祯十年知芮城，在任五年[⑥]
白足长	陕西清涧	拔贡[⑦]	崇祯十三年知稷山，十五年仍任[⑧]
王 敏	陕西郃阳	贡士	崇祯十四年知绛县（明代末任）[⑨]
杨家龙	北直曲周	选贡[⑩]	崇祯十年知乡宁，凡七年[⑪]

275   ## 四、《铎书》的文本结构

此书概依《圣谕六言》的条目分成六篇，其中在《教训子孙》一篇之后，韩霖还附录己所撰的《维风说》全文，该文的目的在正风俗、别男女，指出造物主创造天神、人和禽兽三品，其差别在人能制欲、禽兽为欲制，而天神则无欲。全书的页码连续，内文有圈

---

① 茅丕熙等修纂，光绪《河津县志》，卷5页5。
② 鄂尔泰等修纂，《贵州通志》，卷26页70。
③ 李遵唐修纂，乾隆《闻喜县志》，卷3页19。
④ 刘于义等修纂，《陕西通志》，卷31下页152。
⑤ 言如泗等修纂，乾隆《平陆县志》，卷5页6。
⑥ 言如泗等修纂，乾隆《芮城县志》，卷5页30。
⑦ 廖元发等修纂，顺治《清涧县志》，卷6页9。
⑧ 张应辰等修纂，嘉庆《稷山县志》，卷3页8；王轩等撰，光绪《山西通志》，卷36页37。
⑨ 胡延修纂，光绪《绛县志》，卷7页9。
⑩ 葛清等修纂，乾隆《乡宁县志》，卷6页6。
⑪ 王轩等撰，光绪《山西通志》，卷100页24；《明史》，卷263页6805。

点，人名则加画直线。

　　《铎书》在首篇《孝顺父母》中，先揭举"天为大父母"的概念，接着，则标举"皇上为大父母"，其中"天"较"皇上"的抬头高一格，虽然两者同尊，但仍有位阶高低。文中并提醒为民者，应"恪遵《圣谕六言》，做好人，存好心，早输租税均徭，勿抗官府"，且"凡遇年节、冬至、圣寿，或于府、州、县随班拜贺，或在家恭设香案，向阙五拜三叩头"，最后，才步入正题，申论该如何孝顺父母。类此以官方立场教化百姓的言辞，在书中屡屡可见，这应属乡约的共同特色。

　　韩霖在演绎"天为大父母"之意时，指出该"天"并非"苍苍之天"，他强调"上面有个主宰，生天、生地、生神、生人、生物，即唐、虞、三代之时，五经相传之上帝"，亦即，韩霖所谓的"天"和"上帝"均隐指"天主"。他并称：

　　　　今指苍苍而言天，犹以朝廷称天子也。中有至尊居之，岂官阙可以当天子乎！（页1）

认为"苍苍"与"天"或"上帝"间的差别，就好比"宫阙"并不等同于"天子"。韩霖对中国先秦典籍中"天"和"上帝"等名词的认知，应是得自其师徐光启和高一志，此乃当时耶稣会士所推动天主教儒家化的重要诉求（见第十二章）。

　　此书中随处可见以天、帝、主、昊天、上天、上帝、主宰、大主宰、造物主等字词代表天主教唯一尊神的 Deus，并将首字抬头以示尊崇。韩霖指称"至尊不可有二上"，故不得将神、佛加于"天"之上，且谓：

　　　　学者要务，第一须知天帝惟一。自形体而言，谓之天；自

276

主宰而言，谓之帝。至尊无二，全知全能，为万善万福之原本。人间善恶祸福，皆天主之，无有在其上者，亦无与之齐者。（页106—107）

他还进一步称：

> 或曰：天者，理而已矣！或曰：天在吾心，或以天地并尊，或以五帝相混，以至玉皇上帝、玄天上帝为仙、为佛、为神，种种不一，皆邪说之惑人耳。（页107）

强烈抨击中国传统社会对"天"之认知。由于此段的天头之上有"此平心之言，非惊世骇俗之论也"等字，显见作眉批者判断该说或对一般民众冲击颇大。

韩霖以敬"天"的言论贯穿全书，如在《尊敬长上》一篇中，他即先指出："人生第一当尊敬者，天也"（页9），其次，才提及君、亲、师；在《和睦乡里》一篇中，称："斯人同是天之所生，同是天之所爱，所以敬天爱人者，要爱人如己"（页21）；在《教训子孙》一篇中，则标举朱元璋"君道以事天爱民为重，其本在敬耳"之言（页41）；在《各安生理》一篇中，谓："人若存敬天爱人之心，一意为善，吉祥自至。任意习四民之业，不愁养生之资不从天上落下来，凡费力费心、聪明智巧，都用不着，此是各安生理第一妙法。"（页68）

他在末篇《毋作非为》中更总结曰：

> 敬天之学，"信"之一字，功之首也，万善之根也。必信天上有大主宰，为吾人大父母，细想吾身从何而生？吾性从何而赋？今日宜作何昭事？他日作何归复？真真实实，及时勉图。

（页112）

此段天头则书有"《铎书》大意尽此数语"等字，再度点出全书的主旨就在教人要信天主。但因唯恐言犹不尽，韩霖在全书的最末一段，宣称已另撰有"详言天学"的《敬天解》一篇，愿就正于"海内魁梧长者"（页113），此文已佚，其内容或在阐明天主教所尊崇的天主即先秦古籍中所谓的天或上帝。

　　此书在严肃的论理当中，作者每会穿插故事以便于教化[①]，除了一些耳熟能详者外，他也常引述当代名人的事迹作为印证，而其所选之人大多是对西学、西教抱持友善态度者，或根本就是韩霖的师友、亲朋。如在《孝顺父母》一篇中，韩霖即举杨廷筠为例，曰：

> 杭州杨京兆廷筠父兆坊，负其所学，未归正教。京兆委曲开喻，不得，则致斋默祷于天，每日一饭，久而臞甚，父怪之，问得其故，洗心于事天之学，夫妇大耋考终，此尤超世之大孝也。（页6）

文中并未直指杨廷筠为天主教徒，但称其使父亲"洗心于事天之学"（即崇信天主）之举为"大孝"。

　　在《尊敬长上》一篇中，他则引大学士韩爌之例曰：

> 蒲州少师韩公所得恩例，兄之子孙受之独多，己乃贷粟而食、贷钱而用，未尝有几微德色见于颜面、形于语言，受之者亦以为当然。人谓弟于乃兄是固然矣，不知此老胸中以为皆是

278

[①] 在前引的《皇明圣谕训解》中亦是以古今事实为宣讲的主轴，并特别附加宗室事迹作为正、反面教材，次引《大明律例》和《宗藩要例》之条文，以说明违反六谕的罪罚，末则记载相关之报应故事。

祖父子孙，视己子孙无异也。(页11)

韩爌对天主教相当友善，其家族当中的烶、埥、奎与珀均有可能入教，其家与绛州奉教之韩霖兄弟间亦关系密切（见第三章）。

在《和睦乡里》一篇中，韩霖称许茅元仪以诸生的身份赈粟二万石，"是为大贤豪杰"之一（页25）。茅元仪与西学西人接触颇多，他少时随父国缙在京期间，即喜向利玛窦"闻所未闻"，且与时任翰林院庶吉士的徐光启相识，茅元仪对徐氏兵学方面的造诣和主张十分佩服。天启三年，有来自澳门的铳师独命峨等解运西洋大炮来京，且奉旨在京营教习，茅元仪即曾派人向教炮的澳人偷习操作之法，并"亲叩夷，得其法"。但未奉教的他，并不曾入其堂奥，故韩霖尝批评其所编纂的《武备志》中"兼收不择，滥恶之器，不可枚举"，且不知"有西洋炮而诸器皆失其利"[1]。

在《各安生理》一篇中，他则引用"吾友李小有长科"的《纪训存实》（页75）[2]。同篇中又举对天主教相当友善的何乔远为例，称其"每罢官之日，囊中不满一金；盖棺之日，家有白金二分而已"，但二子并不曾因此而饥贫困厄（页76—77）。

或为比较自然地带入西学、西教的概念，韩霖很可能有意地从中国的典籍中选择一些涉及外国人的故事，如他就曾举《魏书》中所载吐谷浑阿豺之例，以解释兄弟之爱，称："有子廿人，命诸子献箭，取一则折之，取十九不能折。谕之曰：孤则易折，众则难摧，同心可以宁家保国。"（页16—17）

韩霖并举汉武帝时"夷狄"金日磾因不窃视陪伴皇帝一同赏马

[1] 此段参见黄一农，《欧洲沉船与明末传华的西洋大炮》；韩霖，《守圉全书》，卷3之2页85—86。
[2] 李长科，字小有，后改名为盘，是韩霖仁社的盟友，此见本书第六章《鼎革世变中的天主教徒韩霖》。

的后宫佳丽，而拜官封侯一事，以说明男女之别（页64–65）。由于
金日磾深受武帝信爱，以致贵戚多窃怨，尝曰："陛下妄得一胡儿，
反贵重之！"武帝临终前欲安排辅佐少主之事，霍光承让曰："臣不如
金日磾。"日磾则曰："臣外国人，不如光。"武帝遂以光为大司马大
将军，日磾为车骑将军①。金日磾因此在历史上树立了一个"外国人"
的典范，南朝宋文帝即尝慨叹曰："金日磾忠孝淳深，汉朝莫及，恨
今世无复此辈人。"②

　　韩霖在阐述金日磾的事迹之后，紧接着再举西方一例曰：

　　　　西国王德默有两臣，未知其心，令传语其后宫，其一还，
王问曰："尔视后何若？"对曰："倾城倾国，绝世独立。"其一还，
王问如何，对曰："王命臣传语，弗命视也，但闻其言温惠耳！"
王大喜，厚赏任用之，谓先一臣曰："汝目不贞，汝心亦尔。"遽
遣之。（页65）

他以东西方两个近似的故事相互呼应，目的或是让西方的内容不至
于太过突兀。

　　韩霖在书中他处亦采用类似的模式。如他先举明代张元忭救徐
渭出狱，而徐渭待元忭卒后始出面抚棺恸哭的故事，以宣扬"受人
之恩不可忘，施恩于人当忘之"的观念（页25–26）。接着，则举西
方一例：

　　　　西方一圣，家颇丰赡；邻一长者，三女未嫁，心甚忧之。
圣人度其装奁资若干，乘夜潜掷其家，长者得之，嫁其长女，

① 《汉书》，卷68页2932、2960。
② 《南史》，卷70页1699。

其嫁次女也复然，至嫁三女，密伺之，得掷金者，跪而谢之，
圣人曰：尔勿颂我即报我矣！

用来演绎"阴德如耳鸣，惟己闻之"的说法（页26），惟韩霖并未指
出此西圣事迹乃出自高一志的《圣人行实》[1]。

280　　　韩霖在《铎书》的字里行间，除提及自己所撰的《救荒书》外
（页24），还曾多次直引高一志的《齐家西学》、《修身西学》、《童幼
教育》、《达道纪言》、《神鬼正纪》，以及庞迪我的《七克》、艾儒略
的《涤罪正规》、罗雅谷的《哀矜行诠》等耶稣会士的著述，但他多
未标明作者，仅有一处称"西儒高则圣先生"（页42）[2]。其姑隐众耶
稣会士身份的动机，应是刻意低调处理，以避免不必要的反弹。韩
霖在《铎书》中所引天主教书籍的作者多与其有交情，如艾儒略曾
为其付洗；而天启五、六年之交，罗雅谷从绛州赴上海时，则是由
韩霖资助并陪同的，罗氏且从韩霖习中文[3]。

　　至于书中之所以出现高一志（字则圣）的全名，则或因其在山
西地区已颇负盛名。高一志于天启四年前往绛州，经韩云和韩霖兄
弟的大力协助，第一年即劝服两百人入教；天启七年，还在当地筹
建了全中国第一座由教徒捐建的天主堂；他也曾至蒲州建立教区，
并在平阳府城购屋建堂。高一志卒于崇祯十三年，其时山西全省已
有教徒八千，大小教堂一百零二座，此多为其传教之功。高一志与
山西中上层官员间亦颇多交情，除了前引的绛州知州雷翀外，如在

---

① Chan, *Chinese Books and Documents in the Jesuit Archives in Rome*, p. 190.
② 笔者先前以为"西极文先生"（页33）乃"西极艾先生"之误书，指的是艾儒略，
　　但此很可能指文翔凤，文氏曾于天启间任山西提学佥事，颇欣赏韩霖之才气，著
　　有《西极篇》、《东极篇》、《南极篇》、《皇极篇》等书。在朱之俊的《峪园近草》的《黄
　　白吟》一诗中，亦曾提及"西极文夫子"（页16-17），而文氏在替左懋第父母的行
　　状填讳时，也被称作"西极文翔凤"；参见左懋第，《萝石山房文钞》，卷4页1。
③ Margiotti, *Il Cattolicismo Nello Shansi Dalle Origini al 1738*, pp. 83、92、310.

《守圉全书》所收录山西宁武兵备道吴阿衡致韩霖的一封手札中，亦有"高先生怀甚"句，此一高先生应指的是韩霖在教中的老师高一志。吴氏登万历四十七年进士，该科的主考官之一即为友教的韩爌，而徐光启更是殿试时的掌卷官（见附录7.3）。

　　高一志病逝于韩霖撰成《铎书》之前不久，有约两千名教徒为其送葬，而前首辅韩爌除撰写祭文外，还遣派两位家族成员代表致意[1]，其坟现仍高卧在今新绛县郊段家庄外的小丘之上。《铎书》所引用的西人著作中，高一志之所以居多，一方面因其在绛州地区拥有高知名度，另一方面则因这几本书的校刻或修润，韩云或韩霖均曾参预，故它们应俱可在绛州一带方便获得。当时绛州因教务的发达，已发展成明季天主教书籍最重要的出版地之一[2]。

　　韩霖在其书中亦借机对天主教会在华传教所遭遇的几个大问题有所着墨。由于中国社会的蓄妾行为，有违"十诫"中"毋行邪淫"的规条，而当时在入华传教士中人数居多的耶稣会士，一直是以士大夫为传教重点，而此一阶层中的蓄妾现象相当普遍，颇引起一些困扰（见第二至第四章）。韩霖因此在其《毋作非为》一篇中有云：

　　　　淫字不只桑间濮上、狎邪青楼，凡正配之外皆是苟合，盖一女不得有二男，一男独得有二女乎？（页85）

强调一夫一妻制，韩氏本人即曾为入天主教而将姬妾遣去[3]。

　　此外，韩霖还进一步灌输天主教对民间俗信的看法，称：

---

① Dunne, "Alfonso Vagnoni."

② 绛州所属的平阳府一带印刷业原本就十分发达，金朝政府尝在此设立经籍所，管理民间的出版、印刷和发行事务，在蒙古统一中国之前，这里也成为其最主要的印刷基地，至明代始渐衰微。参见张秀民，《中国印刷史》，页247、285、399。

③ 黄景昉尝为韩霖赋《韩雨公幽香谷咏》诗两首，其一称："筹边屡询废将，学道特遭瑶姬，似此肝肠铁石，谁知韵宇兰芝。"参见黄景昉，《鹿鸠咏》，卷2页8。

281

> 若父母天年告终，尽哀尽力，以礼殡葬。勿火化，以习羌
> 胡之俗；勿招僧，以从浮屠之教；勿焚楮钱，以受鬼魔之欺；
> 勿惑堪舆，以信葬师之说。(页6)

大力抨击中国社会火化遗体、焚烧纸钱以及选择风水等做法。他并
严斥佛、道两教和传统术数，直指："玄释二氏、星相、堪舆，俱是
悖天惑人之事。"劝人"切勿习之"(页79)；并称："爱惜物命，亦是
恻隐之心，但未免为佛门所惑耳！"以禽兽有知觉而无灵性，不同意
佛家所提倡的轮回之说以及禁杀生的主张 (页100、108、110)；且谓：
"异端邪术，神佛经咒，自谓至妙之方，不知是至毒之药；修斋设醮，
媚神祈福，自谓极大之功，不知乃莫大之罪也！"(页104)；还称民
间所尊崇之玉皇上帝和玄天上帝，亦均属惑人邪说 (页107)。

282   简言之，韩霖此书乃充分体现由其师徐光启等明末奉教士大夫
所提倡的宣教策略："合儒补儒"、"补儒易佛"或"破迷辟妄"[1]。

五、结论

明代乡约虽以宣讲《圣谕六言》为主要内容，但朝廷并未强制
全面推行，亦无统一的宣讲材料，而是由地方官斟酌行事，韩霖遂
利用绛州知州孙顺命其宣讲的良机，在平阳地区刊行半官方性质的
《铎书》，将天主教的义理融入代表正统意识形态的六谕之中，形成
明清两代各种乡约出版物中最特殊的变体。他并请掌翰林院事的李
建泰和分守河东道的李政修，为这本带有浓厚天主教色彩的乡约书
撰序，且动员平阳府过半的州县父母官列名校刻，以营造此书受官

---

[1] 参见李天纲，《"补儒易佛"》；陈卫平，《第一页与胚胎》，页181–201；张西平，《论
明清间天学的合儒与补儒》。

方认同的形象。此书对明清之际天主教在平阳地区的盛行，应产生相当程度的作用。

韩霖这种类似现代"置入式行销"的宣教方式，引发当地一些士绅的反感和反弹，虽然明末清初韩家在官场的人脉与在社会的影响力仍颇大，但反教人士积极且长期的对抗（见第八章），终于间接使得《铎书》掩没在历史的大浪之中，只有极少数经由教会内部保存迄今，让我们能有幸一窥早期天主教透过官僚体系和儒家传统渗入地方教化的努力①。

韩霖虽在《铎书》中指称："十年以来，流寇几遍天下，那一个不就诛戮，虽然迟速不同，到底难免。"（页83）但在鼎革之际，韩霖和率兵攻闯的李建泰却都投降李自成为官，李建泰和李政修更先后事清为贰臣②，建泰且又于数年之后反正，此段反覆的生平，不仅导致清人在重刷《铎书》时因避忌而涂去建泰之名，就连各种曲沃方志，竟然也未替此一在明清两朝均曾任大学士的重要人物立传③。清初计六奇在撰《明季北略》时，除抨击韩霖"向以御清自负，今乃为贼用耳"外，还特以两事讥讽"生平颇负重望"的李建泰，称其有妾五十人，但在叛清兵败之后，却无一肯从死；崇祯九年九月九日，南京官绅在雨花台宴送主试江南的建泰，建泰离去时在轿中叹曰："不觉又重阳矣！"此言原本或只是单纯地感慨日月之易迁，但亦被拿来指他"贪生之念重"④。

283

───────────────

① 王徵在崇祯九年所撰写的《仁会》，亦是试图借用传统的乡约形式，以建立一践履信爱天主且爱人如己的天主教社区。参见孙尚扬，《王徵圣爱观中的儒耶融合》。

② 李政修在明亡之后立向清输诚，并于顺治二年荐补为天津道，三年，升淮海道参议，卒于官。参见黄之雋等撰，乾隆《江南通志》，卷106页12；沈家本等修纂，光绪《天津府志》，卷12页27。

③ 笔者曾查阅东洋文库所藏康熙五年的《沃史》以及康熙、乾隆、嘉庆、光绪的《曲沃县志》，发现均无李建泰的小传，顶多只在乙丑科进士名下有简单的历官经历。巧合的是，反教的阎廷玠乃乾隆《曲沃县志》的主要校阅者之一（见第八章）。

④ 计六奇，《明季北略》，卷20页422、卷22页644、卷24页725。

　　本章之讨论，也帮助我们对明末进士们升迁和培训的不同历程有所认识，亦对古代士大夫因科举所形成的特殊人际关系多一层了解。先前学界虽颇不乏专研明末清初奉天主教之士大夫者，但透过此章以及本书其他章节，笔者尝试更进一步呈显西学、西教如何经由知识阶层间的人际网络（如师生、同年、同社、同乡和同寅等关系），力图扩散其在社会上的影响力。类此涉及"关系学"的深入探讨，或可掀揭我们在分析史事时常遭忽视的重要背景因素。而韩霖的生平与交游，正可提供我们一具体的研究案例。

附录7.4

地方志——爬梳史料的超大型跳蚤市场

　　在20世纪以来海峡两岸景印古籍风潮的带动之下，台湾华文书局的《中国省志汇编》、成文出版社的《中国方志丛书》、学生书局的《新修方志丛刊》以及上海书店等单位出版的《中国地方志集成》、中国书店的《稀见中国地方志汇刊》、书目文献出版社的《日本藏中国罕见地方志丛刊》、北京图书馆出版社的《地方志人物传记资料丛刊》陆续问世。其中除省志、府志、州志和县志之外，《中国地方志集成》还收录了228种乡镇志。亦即，有相当比例收在中国科学院北京天文台主编之《中国地方志联合目录》当中的方志，现均已被重印出来。

　　当我们欲从方志中爬梳某人的相关资料时，首先需要知道其籍贯和全名。但有时文献中并未注明该人籍隶何处，且有时是用古名或别称记其地望，或仅知字号而不知其名，这时就得先查阅周骏富《明代传记丛刊索引》、王德毅《明人别名字号索引》、谢正光《明遗民传记索引》、周骏富《清代传记丛刊索引》、杨廷福及杨同甫《清人室名别称字号索引》等工具书。此外，网络上的《汉籍全文资料库》、《文渊阁四库全书》、《古今图书集成》、《四部丛刊》等资料库，甚至谷歌搜索引擎，都可在很短时间内提供所需的答案。

查索方志时，应尽可能涵盖不同时代的版本，且若知其人籍隶某县，除县志外，亦应翻查相关的府志或省志；如有乡镇志存在的话，更不应放过。笔者在研究王徵（见第四章）生平时，即曾使用了记其乡里事的道光《泾阳鲁桥镇志》；由于编者王介乃王徵的六世孙，此故，在该志中有关王氏家族的事迹就颇为详尽。

如能善用方志，往往可以对当事人家族或亲友的状况有一较具体的掌握，亦可透过交叉检索，较清楚地勾勒出其历官的情形。惟因方志编纂者普遍存在隐恶扬善的心态，我们对其中涉及人物评价的内容，还应做进一步的析究。

笔者在研究明末吴桥兵变的过程中，即发现奉旨督理山东军务的兵部侍郎刘宇烈因误国而遭革职，导致其籍隶的《绵竹县志》竟然缺其小传[①]。同样地，曾任大学士的李建泰，或因其仕大明、大顺和大清三朝的反覆生平，在其家乡曲沃的方志中，竟然也未替此一重要历史人物立传（见第六章）。再者，明末山西绛州的天主教徒韩霖因与地方官绅关系良好，此故，在清初的《绛州志》中，竟然有多达约四十处收录其诗文和相关记事，且对其降闯一事亦隐而不言；鸦片战争后，

---

① 黄一农，《崇祯朝"吴桥兵变"重要文献析探》。

当地反洋教的风潮大起，更有人将方志中涉及韩霖的记载均加以改删（见第八章）。

大量重印的地方志，已使此类文献成为一处爬梳史料的超大型跳蚤市场。培养在其中寻宝并明辨精粗的能力，应是新一代史学工作者的重大挑战。爱如生所制作《中国方志库》资料库的出现以及未来的陆续补全，想必将对中国史的研究产生重大助益。

285   【后记】

很有趣地，相类于《铎书》后印本中因政治理由而避名的行为，亦可见于近世，如北京辅仁大学末任校长陈垣（广东新会人），因于1949年后成为中共的文化界要员，导致其颇受欢迎的《史讳举例》一书，长期无法在台湾刊行流通，有书商后即改用"陈新会"之名重印贩售图利。台湾在1987年废除戒严法之前，出版界类似之改名或删名的情形不乏其例。

虽然前文所考订出的阙名序作者与陈垣相同，但两者论证的精疏却颇有差别。笔者先前在推定敦煌残历年代时，亦有类似的经验，如罗振玉依据错误的历法知识，推得"散0674"号具注历日为后晋高祖天福四年（939）之历，而笔者在仔细根据历理和选择术的铺注规则重加考证后，竟然亦得出相同的年份[1]！

历史是不是科学，一直在争论中。单就历史研究的本质与关怀而言，它或许大有别于科学。但一个有足够说服力的历史考证，正如同数学定理的证明，不应只要求答案的正确无误，更应尽力去追

---

[1] 黄一农，《敦煌本具注历日新探》。

求推理论辨过程的谨严无隙。如此，不仅可以丰富我们对历史细节的了解，且才有坚实的根基去探索更深层次的历史意义，并让史学研究的结果拥有悠远久长的生命力。

第八章　明清天主教在山西绛州的发展及其反弹[*]

明末天主教会透过韩霖家族雄厚财力和丰沛人脉的协助，促使绛州成为当时中国最成功的教区之一。虽然当地许多官绅对天主教十分友善，但当地知识界仍出现反教的声浪并接续传承。咸丰、同治之交，天主教会在西方列强坚船利炮的后盾之下，强行索还清初绛州教堂原址的东雍书院，从而激起地方官绅和民众的严重抗争，甚至有人将方志中涉及韩霖的约四十处记载均加以改删。本章即以绛州与韩霖为主轴，尝试勾勒两百多年来天主教在中国的发展及其所引发的反弹。

一、绪言

先前学术界有关明清天主教史的研究，除了少数例外，在人物方面，多集中在利玛窦、艾儒略、汤若望、南怀仁等较著名的耶稣会士，或徐光启、李之藻、杨廷筠、王徵等曾任高官的奉教士大夫；在时间方面，多局限于明末清初某一特定的小时段或康熙末年的"礼仪之争"；在空间方面，则较偏重于北京、南京等大城市，或闽、粤

---

[*] 本文初稿原发表于《"中央研究院"近代史研究所集刊》，第26期（1996），页 1–39。

等对外较开放的沿海地区[①]。

　　其实，明清之际天主教在中国的传教活动已相当全面，如崇祯间黄贞在其辟天主教的文章中有云："今南北两直隶、浙江、湖广武昌、山东、山西、陕西、广东、河南、福建福州、兴泉等处，皆有天主教会堂……而今日缙绅、大老、士君子，入其邪说，为刊刻天主教书义，为撰演天主教序文，目睹所见甚多。"康熙初年反教人士杨光先亦称当时除云、贵两省外，其他各省均有教堂分布[②]。在某些闭塞的内陆地区，教会的发展不仅颇早，甚至十分蓬勃，其与社会之间的互动也相当频繁，但有关的学术研究相对而言却甚少，山西绛州（今新绛县）即是一个值得深入探讨的例子。

288

　　泰昌元年（1620）年底，艾儒略就已应当地举人韩云之邀抵达绛州开教。此后，耶稣会持续派遣教士驻堂，其中高一志在当地的努力最具成效，他除在部分奉教乡绅（韩霖以及段衮等家族）的支持下，大力推动绛州的教务外，还至蒲州、平阳等地积极布教[③]。据耶稣会现存零星的统计资料所载，山西省在崇祯九年（1636）共有约8,000名教徒，至于大小教堂，在崇祯十三年即有102座。其中绛州不仅是山西全省最活跃的教区，天启七年（1627），还筹建了全中国第一座由教徒捐建的天主堂；崇祯四年前后，绛州一地已有各式教堂30座；清初，更拥有一处全国占地最广的天主堂；康熙三年（1664），当地教徒的总数即达3,300人[④]。

---

① 黄一农，《明末清初天主教传华史研究的回顾与展望》；伍昆明，《早期传教士进藏活动史》；Mungello, *The Forgotten Christians of Hangzhou*.

② 陈垣，《从教外典籍见明末清初之天主教》；汤开建，《顺治时期天主教在中国的传播与发展》。

③ Margiotti, *Il Cattolicismo Nello Shansi Dalle Origini al 1738*, pp. 83–84、88、106–110.

④ Margiotti, *Il Cattolicismo Nello Shansi Dalle Origini al 1738*, p. 107; Dehergne, *Répertoire des Jésuites de Chine de 1552 à 1800*, p. 356；王治心，《中国基督教史纲》，页131。

　　根据方志上的记载，绛州在万历年间（1573-1619），上报的人口总数为45,000，其中许多女子和十岁以下男孩，应均未列入户口登记。崇祯间，当地持续发生严重的饥荒和蝗灾，甚至出现"人相食"的惨况，加以流贼的屡次焚掠和鼎革之际的战乱，理论上应使得人口锐减。康熙六年，绛州的丁额尚不到19,000，此一清初重新编审丁口时所定下的数字，常是因袭明末登记的户数，对战乱较严重的地区，则酌情削减；亦即，该丁数指的是赋税单位，而并不代表真正的成年男子人口[①]。虽然我们现已无法根据这些统计资料，准确推估明末清初当地实际的总人口（数万人?），但从前述的教徒数，仍可略知当时绛州信奉天主教的人口比例应不算低，甚至有可能是中国各州县中最高者之一。

289　　笔者在下文中即尝试探讨明末入华的耶稣会士如何能在这个西北的内陆地区开教，并吸引许多地方官绅和民众的认同。而此一外来宗教于明清两代又在地方上引发何种程度的冲突与对立？明末清初当地官绅对西学、西教抱持何种正反态度？最后则阐述绛州持续存在的反教情绪，如何在十九世纪中叶的东雍书院还堂事件中受到进一步激化。并探究此一情绪如何令明末的韩霖成为众矢之的。

　　简言之，本章将以韩霖为调查主轴的起点，尝试勾勒此后两百多年来天主教在绛州的发展及其所引发的反弹；希望透过此一较详细的个案研究，能对天主教近代在中国传教的历史有一较具体的了解。

[①] 参见刘棨等修纂，康熙《平阳府志》，卷11页6、12及卷34页19-20；刘显第等修纂，康熙《绛州志》，卷1页39；何炳棣，《明初以降人口及其相关问题》，页3-41。

二、地方人士对韩霖以及天主教的反应

当天主教于晚明在绛州积极传布之际，当地知识界也兴起一股精研理学的风潮，其中尤以辛全（1588–1636）的影响最深远，其学在绛州的传承关系，可参见图表8.1。辛氏，字复元，师事曹于汴和冯从吾。虽然刘宗周尝批评辛全为"儒而伪者"，但高攀龙在覆曹于汴之信时，则称誉辛全为"圣质也，现在已是吴康斋（农按：指明初大儒吴与弼）先生等辈矣"，高氏颇爱其论道之书，以致在信尾甚至称："弟得见其《乐天集》，如饮沆瀣，不忍释手，故不能奉璧，更望翁台再见赐其《养心录》，千万！千万！"时人或称其为"辛夫子"，或誉之为"晋绛理学真儒"。辛全虽无科名，然其学行深获毕自严、南居益、吴甡、倪元璐、路振飞等当朝士大夫的推崇；崇祯八年，他以岁贡入京，大学士贺逢圣特疏闻于朝，诏以知府任用；翌年，请假归里时病卒[①]。

在辛全交游的师友当中，对西人、西学抱持友善态度者，不乏其人，如其师曹于汴即尝序庞迪我的《七克》和熊三拔的《泰西水法》，曹于汴的同年知己冯应京也几乎入教（见第三章）。此外，毕自严之师高捷与利玛窦和庞迪我均有往来，而倪元璐之师韩爌的家族中，更有入教者。在韩霖汇刻的《二老清风》中，也收录有辛全为陶琰和韩重两先贤所作的赞辞。至于与韩霖同教的远房从兄弟韩垍，更尝登堂向辛全执弟子礼，并为其《论语说》一书录梓，辛全

290

---

① 此段参见刘棨等修纂，康熙《平阳府志》，卷20页149–150及卷23下页60–61；张成德等修纂，乾隆《直隶绛州志》，卷8页1及页29、卷16页17–18；魏象枢，《寒松堂全集》，卷9页613–614；《黄宗羲全集》，第8册页778；辛全，《衡门芹》，党还醇前序；范鄗鼎，《理学备考》，续补卷12页14–24。笔者感谢朱鸿林教授提示刘宗周对辛全的评价。

临终时，还特别致意韩埑等人曰："天下事尚可为也！"①

此外，与辛全相交颇密的王臣直，也是韩霖的忘年之交。王氏，字圣邻，别号复丸，万历二十八年举人，初任泗州知州，以母丧归，遂萌归隐之心，韩霖知道后即投诗相劝，中有"每翻晋史怀王猛，未许明时卧谢安"句，遂又谒选为开州知州，后以不愿媚权贵而去职，与王曰善、辛全等人在乡讲明心性②。韩霖于《慎守要录》中，即曾多次引录王臣直的兵学思想，霖也与臣直之子大武同学多年，由于王大武在序《守圉全书》时，自称为"里社眷弟"，知两家或亦联姻。

然而，在辛全的门生及其朋侪之中，也有对天主教极为不满者，其中尤以李生光（1598-?）的态度最尖锐。李生光，字闇章，时人以其承接辛门的正传，如李翀霄在序辛全的《经世石画》时，即称该书是由辛全的高足"闇章李子"等人倡议捐刻的③。又，王复初于康熙十二年为辛全的《孟子说》作序时，亦指："同学李生光暨宗弟桓、党子成、高子晙诸君辈，传其学于汾、湄之间。"④ 生光在乡里中颇负清望，尝自谓："甲申之变，日月晦濛，草野无为，所欠一死，向来热肠，顿成灰冷。"遂"焚其青衿，北向大哭，屏足绛之三林里，群弟罗立，讲授程朱"，他并与党成（1615-1692）、黄希声、陶世征等同乡学者，互以文章、气节相砥砺，誓不出仕⑤，生光且于康熙四十七年由平阳知府刘棨入祀府学乡贤⑥。

---

① 此段参见刘棨等修纂，康熙《平阳府志》，卷23下页60；辛全，《四书说·论语说》，页1；辛全，《四书说·孟子说》，页63；范鄗鼎，《理学备考》，续补卷12页23。
② 刘棨等修纂，康熙《平阳府志》，卷23下页59-60及卷36页60-61。
③ 辛全，《四书说·孟子说》，王复初前序；辛全，《经世石画》，李翀霄前序。
④ 辛全，《四书说·孟子说·前序》。
⑤ 刘棨等修纂，康熙《平阳府志》，卷23页62、67；李生光，《西山阁笔》，书首作者自序。
⑥ 刘棨等修纂，康熙《平阳府志》，卷9页60-61。

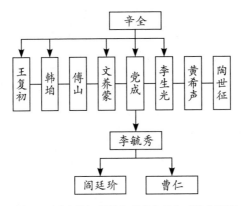

图表8.1：明末清初理学名家辛全门生（以本章所
提及之人为主）关系图。实线箭头代表师生关系，
无箭头之连线表示彼此为同学或友人。

　　李生光撰有《遒辞》和《圣谕通俗口演》各二册，其中分别有
一册为专供女子阅读的闺训①。《尚书·胤征》中有云："每岁孟春，
遒人以木铎徇于路。"因知"遒辞"或指的是负责宣令之遒人在乡里
宣讲的内容，而《圣谕通俗口演》则应为一本以俗语演绎六谕的书
籍。可以想见当孙顺在提倡宣讲圣谕之时，李生光可能也是其延请
的士绅之一，惟同样撰有《圣谕解》的辛全，则已在之前去世②。

　　李生光还尝著《崇正黜邪汇编》和《儒教辩正》各一册，前者
"力阐圣道，凡万余言"，后者"历叙帝王圣贤复性敬天之学，忠孝
伦常之大，先后约四十节。辟俗儒以天性诸说附会耶教惑世之谬"，
并"极力黜西洋天主之妄"③，两书似均已佚。然据阎廷玠于雍、乾间
为《儒教辩正》一书所撰之跋，我们尚可略知其内容，该文中有云：

───────

① 李生光，《西山阁笔》，页20。
② 张成德等修纂，乾隆《直隶绛州志》，卷19页25。
③ 刘棨等修纂，康熙《平阳府志》，卷23页62；李生光，《西山阁笔》，页20；常赞春，
　《山西献征》，卷5页2–3。

前明万历间，西洋邪教流入中国，谬称无夫童女生耶稣为
天主，名曰敬天，实以亵天。言之支离怪诞，即杨墨佛老之坏
人心术，不若是之酷且烈也。一时好异之徒，靡然向风，且掇
拾吾儒言天言性之绪余，润色其文，举而加诸先王之教之上，
292   以惑天下，此闇章先生所以不容……未尝不言天，但言之有
据，非彼所谓天也。先后约四十节，反覆辩驳，使西洋人无从
置喙。①

阎廷玠在此跋中盛赞李生光的"卫道之功"，认为可与孟子和韩愈鼎
足而三，并称当时的名儒辛全、桑拱阳以及山西巡抚蔡懋德，俱称许
其说，且欲将该书刊传，惟因闯变而未果②。康熙五十六年，广东碣石
镇总兵官陈昴疏请禁教获准③，李生光之孙（号甲先，其名不详）因忧
心"人心陷溺已久，易惑难晓"，遂将《儒教辩正》一书付梓流传。

阎廷玠，字子缜，号恒斋，雍正十年（1732）举人，师事党
成的门生李毓秀，平生以卫道为己任。雍正十三年正月，绛州知
州童绂延请阎廷玠掌东雍书院，而历官至大学士的陈世倌亦尝手
书"河汾正派"的匾额相赠，知其颇受时人尊重④。阎氏以儒学为正
统，他除了攻击天主教之外，对释、道两教也不假辞色。如乾隆九
年（1744），河南学政林枝春提议撤废当时盛行的三教堂（融合儒、
释、道三教⑤），奉旨依议饬行，绛州娄庄的三教堂因此改祀孔子，

---

① 李焕扬等修纂，光绪《直隶绛州志》，卷17页47—49。
② 此说明显不实，因辛全在《铎书》撰成之前即已去世，且若蔡懋德对韩霖的宗教
   理念极端排斥，应亦不可能会聘其至三立书院讲学。
③ 《圣祖仁皇帝实录》，卷272页5—6。
④ 徐昭俭等修纂，民国《新绛县志》，卷5《文儒传》页8—9；赵尔巽等撰，《清史稿》，
   卷303页10473—10474；《教务教案档》，第1辑页727—729。
⑤ 关于晚明"三一教主"林兆恩化儒学为宗教的讨论，参见 Berling, The Syncretic
   Religion of Lin Chao-en, pp. 62—89.

阎氏即在其所撰的《娄庄夫子庙记》中，大力批判三教合一之说的谬误①。

乾隆《直隶绛州志》中亦收录桑拱阳为《儒教辩正》所作之序；桑氏，字晖升，平阳府临汾县人，崇祯六年中举，以理学名世，尝三度与辛全一同讲学于郡，时人誉其为"凌霄峻品，觉世真儒"，李生光每过访桑氏以商订所学，桑拱阳对生光的学行评价颇高，认为"辛门统绪，端必赖之"②。桑氏之序中有言：

> 偶读其《儒教辩正》，洋洒数千言，历叙帝王圣贤复性敬天之学，忠孝伦常之大，反覆开陈，使知西学之不可入中国，事天之不可别穿凿，若缁素判然……钱塘葛屺瞻老师有云："尊事上帝，屡见六经，何待彼来阐发。且上帝最重忠孝及好生，彼谓祖宗不必祀，禽兽应杀食，敢于诬罔，是岂能知天道者哉！"葛师此言，可谓千古定论。大率吾儒道理中庸易简……心性是天，形骸是天，日用伦常是天，吉凶祸福、夭寿穷通是天。夫上帝既以冲漠为万灵主，而以为更有主天者，则荒谬悖理之极也。

293

其反对西教的态度与李生光如出一辙，尤其无法接受部分天主教徒对先秦典籍中"天"与"上帝"的解释。桑拱阳在序中还引葛寅亮（号屺瞻，万历二十九年进士，对佛道之学颇有兴趣③）之言，指出天主教禁人祀祖且不禁杀生的做法，严重违反了天道伦常，并抨击天主

---

① 李焕扬等修纂，光绪《直隶绛州志》，卷17页49-50。
② 吴甡，《柴庵疏集》，卷14页12；刘荣等修纂，康熙《平阳府志》，卷23中页4-5；桑拱阳，《〈儒教辩正〉序》，收入李焕扬等修纂，光绪《直隶绛州志》，卷17页46-47。
③ 葛寅亮，《金陵梵刹志》；白云霁，《道藏目录详注》，葛寅亮前序。

教所谓"天之上还有天主主之"的说法。

至于党成的二传弟子曹仁（康熙四十四年举人），也与前述桑拱阳、李生光、阎廷玠等人的态度相同，均从卫道的角度抨击西人、西教，如在其于雍正五年所撰的《东雍书院记》中有云：

> 前明万历间，西洋邪徒窜入中华，谬倡天主之教，精处则杨、墨、佛、老之唾余，而改头易面；卑处则怪诞支离，靡所不至。绛有好异喜新之辈，率相信奉，煽惑庸俗。[①]

其中所谓的"好异喜新之辈"，或即指韩霖等人。

崇祯十六年四月，山西巡抚蔡懋德礼聘魏权中、韩霖、桑拱阳和傅山等人一同讲学于太原的三立书院，分别讲论"战守"、"火攻"、"财用"和"河防"等事，其中韩霖应是主讲战守和火攻之事，蔡懋德当时也曾每月集会讲论明太祖所颁的《圣谕六条》[②]。韩霖和桑拱阳两人均与辛全有交情，至于好道术的傅山，也与辛门中人颇多往来，如李生光即曾为傅母赋诗祝寿。然而，傅、桑二人虽与韩霖共事，却均对天主教的义理不太认同。傅山曾在序其姻亲李中馥所刻的佛经时，称己"略与闻诸西方之言"，该序中提及绛州有韩生怂恿同邑的文生学西方事天之学，韩氏尝谓："无论十恶不善，朝皈依而夕登天堂也！"文氏遂驳曰：

> 若尔，则我且纵酒说色，以至于杀人放火，极人间不仁不义之事，恣欲浊之，乐而为之，而且老病矣，知不得朝夕延矣，然后合眼盟心曰："我今皈依天主矣！"登时死而上天堂，岂不生

---

① 《教务教案档》，第1辑页726–727。
② 《傅山全书》，第1册页344–345。

死大便哉！^①

此一"韩生"有可能即韩霖家族中人。

　　傅山与韩霖似乎亦不十分投契，如崇祯十五年傅山从河东府一
王孙处得到知名的《绛帖》一部，韩霖因有收藏癖，颇欲得此，但
傅山对曰："君家已藏半部真本，不必复须此矣！"遂转赠给友人毕拱
辰^②。又，傅山虽亦尝与韩垆在太原"日夕潦倒，如真好友"，但从傅
山在《因人私记》中所述其于崇祯十年与韩垆、韩庄兄弟往还之事，
知傅山已不再引垆为知交，当时傅氏甫因入京上疏欲救遭构陷的袁
继咸而候刑部审（袁氏先前曾修复三立书院，并以傅山为祭酒），但
韩垆却因担心影响自己的仕途，而有意撇开彼此关系^③。

　　又，傅山在为梁檀作传时，尝叙及梁氏曾为他讲解其所笃信的
伊斯兰教，曰："然大概讲之，严克微细，颇近西洋天学，而复详辨
之，非西洋学也，西洋似颇叛道矣！"^④由此一叙述，知傅山对天主
教应有一初步的认识，所以能就天主教与伊斯兰教间的异同有所辨
识，而其对天主教的了解，很可能是得自韩霖或韩垆。惟从傅山在
前引文中所评"西洋似颇叛道"一语，知他对天主教的教理并不太
认同。

　　再者，傅山年少时所受知的督学文翔凤，虽亦相当欣赏韩霖的
才气，却十分反教^⑤。文翔凤尝于万历四十八年为沈㴶所撰的《南宫
署牍》一书作序，沈㴶曾在其南京礼部右侍郎任内掀起所谓的"南
京教案"（见第三章），而此书即收有其处理此案的大量文件。文氏

295

①《傅山全书》，第1册页375–377。

②《傅山全书》，第1册页529。

③《傅山全书》，第1册页597–598、第7册页5235–5236。

④《傅山全书》，第1册页350–351。

⑤ 李培谦修，阎士骧纂，民国《阳曲县志》，卷15页22；Dudink, "Christianity in
　Late Ming China," pp. 52–56；王汎森，《明末清初儒学的宗教化》。

对天主教的态度与沈㴶相当一致，如他尝在序中称誉沈㴶最大的功
绩即在"逐二十年横议阴谋之西夷"，并抨击西人曰：

> 西洋人之来，迹益诡，说益巧，比于盗矣……解之者曰：
> "观化慕义以朝贡至。"信然？二十年而自广始达京师者，朝贡
> 耶？分布诸省，而盗吾儒事天之说以文其术者，朝贡耶？明以
> 胡人耶稣为上帝之化身，而实其生于汉哀帝时，此其罪，王制
> 所诛。[1]

文翔凤的说辞，反映出当时一些反教士大夫对西人的不信任。

蔡懋德礼聘前述诸人至三立书院的目的，在"讲战、讲守、讲
火攻、讲财用、讲防河"，当时每月集会三次，初集讲论明太祖的
《圣谕六条》，再集讲国家大政等经济之学，三集则讲论与科举相关
的内容[2]。由于蔡氏本身"好释氏，律身如苦行头陀"[3]，故他之所以起
用韩霖，或主要看重其对西洋兵学知识（即所谓的"火攻"）的掌握，
且因傅山（时任书院祭酒[4]）和桑拱阳的立场鲜明，故韩霖恐无机会
以天主教义理有系统地宣讲六谕。

虽然韩霖和李生光对天主教的态度明显对立，且各有各的人脉
网络，但当时大多数人对宗教的态度很可能并不十分严肃，其交游
也往往不太受宗教信仰的束缚。以韩爌为例，他对天主教虽然友善，
但却性喜学道，其手书的《道德经》还曾被刻于华山的老君洞口[5]。
至于葛寅亮，虽然不喜天主教的义理，但其交游之人对此事的看法

---

① 沈㴶，《南宫署牍》，前序。
② 戴廷栻，《半可集》，卷1页8–11。
③ 《明史》，卷263页6801。
④ 戴廷栻，《半可集》，卷1页56–58。
⑤ 陈继儒，《陈眉公先生全集》，卷17页6–8。

却并不必然相同，如尝为其撰《宪使屺瞻葛公颂德碑》的叶向高[①]，即与艾儒略等教会人士为友，而葛寅亮所序《鸿宝应本》一书的作者倪元璐，其师即是对天主教相当友善的韩爌[②]。再者，在葛家担任西席三十多年的张傅岩，少时曾听讲于杨廷筠，其子张星曜更在康熙十七年受洗，并积极为"中国礼仪之争"著书立说[③]。

此外，王臣直虽与信奉天主教的韩霖交结，然其学却是"精诣二氏，而惟以周、孔为宗"[④]。而在韩霖友人李盘的著述中，我们亦可见到大量与佛道相关的内容[⑤]。至于桑拱阳，虽大力抨击天主教，但其师曹于汴则对西学、西教相当友善[⑥]，当桑氏于崇祯十七年六月绝食而死后，韩霖送去一副楹联曰："山高水长，尸祝堪齐畏垒；风清月白，襟怀如对濂溪。"[⑦]指称对其的崇拜有如畏垒山一般高，并佩服他的身教与襟怀，认为堪与周敦颐相比拟。至于韩霖在《二老清风》中所表彰的乡贤陶琰，其六世孙世征即与李生光互以文章、气节相砥砺[⑧]。因知当时大多数人对宗教的态度很可能并不十分严肃，其交游也往往不太受宗教信仰的束缚。

明季以来，韩霖一家除与省、府、县各级地方官保持良好关系外，亦在乡里修学举赈并协助守城，贡献良多；职此之故，其在绛州当地的影响力颇大，韩家两代中竟有傑、云、霖三人同入祀乡贤。

---

① 叶向高，《苍霞草全集·苍霞余草》，卷1页15–17。
② 倪元璐，《鸿宝应本》，书首；倪元璐，《寿阁学蒲州先生韩象云师七十序》，收入《鸿宝应本》，卷6页3–6。
③ 李天纲，《中国礼仪之争》，页232–235。
④ 张成德等修纂，乾隆《直隶绛州志》，卷16页27–28。
⑤ 如见李长科，《广仁品》。
⑥ 和珅等，《大清一统志》，卷100页19。
⑦ 此据桑拱阳的《桑晖升先生遗集》，转引自师道刚，《明末韩霖史迹钩沉》。联中之畏垒为山名，是老聃弟子庚桑楚隐居之地；濂溪为宋儒周敦颐在庐山住处旁的小溪，周氏兴学善俗，民从其化，士宗其学，襟怀飘洒，雅有高趣，世称濂溪先生。
⑧ 李焕扬等修纂，光绪《直隶绛州志》，卷11页14。

入清之后，在康熙九年《绛州志》中所收录的个人诗文数目，也以韩霖独占鳌头，此或因参与修志的孙锡龄乃韩霖的好友所致，韩霖降闯一事即因此被掩饰不言（见第六章）。

　　降闯之事令韩霖在乡里中的名望遭受重大打击，而由李生光和桑拱阳等自持气节之士绅所肇始的反教思潮则不断发酵。顺治十六年（1659）至十八年间任湖南提学道的杨藻凤（平阳府乡宁县人，顺治四年进士），即尝著五千余言，拒斥"西洋邪教"①，此文或撰于其里居之时，且可能受康熙初年"历狱"一案氛围的影响②，因南怀仁虽于康熙八年成功为"历狱"翻案，但"立堂入教"则仍在严禁之列③。

　　康熙十二年，王复初在序《新刻孟子说》时有云：

　　　　会都门万函李公祖守宪河东，下车以来，振官方、扑邪教，爱民下士，世运民风，丕然一变。客秋过绛，询及辛子之学，慨然欲补修诸编，倡明正学，因捐俸发刻《孟子说》……夫孟子道性善、辟邪说，厥功不在禹下，而紫阳乃孟子之功臣，辛子又紫阳之功臣也。④

其中"万函（或作涵）李公祖"乃指康熙十一年起担任分守河东道的李元阳（顺天大兴人）⑤，而前引的"扑邪教"之举，被拿来与孟子的"辟邪说"之功相呼应，或亦与"历狱"所引发的反教和禁教风潮相关联。

———————————

① 张成德等修纂，乾隆《直隶绛州志》，卷12页17；迈柱等修纂，《湖广通志》，卷29页32；赵祖抃等纂修，民国《乡宁县志》，卷10页7。
② 有关"历狱"的讨论，请参见黄一农，《择日之争与康熙历狱》。
③ 《圣祖仁皇帝实录》，卷31页4-5。
④ 辛全，《四书说・孟子说》，王复初前序。
⑤ 王轩等撰，光绪《山西通志》，卷80页13；范鄗鼎，《理学备考》，书首之助刻姓氏。

由前文的讨论，我们可以发现明季在山西发展迅速的天主教，虽曾因其所蕴含的新颖宗教哲理以及所夹带的优越物质文明，吸引了不少官绅的兴趣，但中西文化许多根本的差异，在绛州也曾引发辛全的部分门人和其朋侪的反弹。由于这些士绅乃构成当地学术社群的主流，后来甚至成为具全国知名度的理学硕儒①，故此一反教心态即随着学术的传承而延续未绝。下节即探讨此一反教情绪如何在十九世纪帝国主义侵华时发酵并达到高潮。

三、东雍书院还堂事件始末

据十七世纪的教会文献所记，知韩霖兄弟在绛州所捐建的景教堂于入清后遭知州下令摧毁，此事引起通政使司的重视，遂要求地方官以原明王府抵偿，供做教堂；亦有文献称当时管钦天监事的汤若望，曾透过其所交游的满洲权贵向地方官施压，此一由王府改建而成的天主堂，乃成为当时中国境内占地最广的教堂②。

康熙四年，驻留绛州的金弥格和恩理格因受"历狱"时禁教令的影响，遭解送广州，此后有十余年的时间，绛州一带均不见传教士驻堂。"历狱"平反之后，恩理格因长于历算，又于康熙十年奉召入京，在内廷供奉；十五年，奉准告假住绛州天主堂；二十三年，卒于当地③。

康熙末年，在"礼仪之争"的波及和影响之下，天主教日益萎缩，教会已无法持续派遣教士至绛州照顾教务。雍正元年十二月，

---

① 如在范鄗鼎所编的《理学备考》中，即收有桑拱阳和辛全的传（续补卷12页12–24），而在范氏的《国朝理学备考》中，更收入党成的《党先生集》、李生光的《李先生集》以及辛全长子经世为李生光所写的传，惟笔者尚未得见后书。
② Margiotti, *Il Cattolicismo Nello Shansi Dalle Origini al 1738*, pp. 586–587.
③ 黄伯禄，《正教奉褒》，页85–86；徐宗泽，《明清间耶稣会士译著提要》，页394–395。

清廷更从浙闽总督觉罗满保所请，将各处的西洋人均遣送出境，不许行教，且将教堂改作书院、义学或祠堂[1]。绛州知州万国宣因此于翌年将在当地传教的耶稣会士何天章遣送澳门，并在地方士绅的请求之下，将天主堂改建为东雍书院，且于后殿的三贤祠祀辛全、党成和李生光三位乡里先儒[2]。

何天章为保护教产，曾于临行前呈称：

> 章所居本堂，入官公用，但有正平坊房院一所、窨院一所、窨顶地一块、安元坊房院一所，俱系现任钦天监治理历法戴进贤私业，文券俱存京师。向年着马保禄、陶齐贤、赵宋印收管房租，恐章去后，有无知愚棍，借端生事，为此恳祈大老爷准赐执照，庶保禄等照管有据矣！[3]

万国宣当时即依何天章所请，将属于钦天监治理历法戴进贤的私产发给执照以为凭据。

清廷对天主教的禁令，随着鸦片战争的战败，遭西方列强以武力强迫解除。在道光二十二年（1842）签订的《南京条约》中，即注明："耶稣、天主教原系为善之道，自后有传教者来至中国，须一体保护。"咸丰十年（1860），英法联军攻入北京，清廷全权大臣奕訢分别和两国签订了不平等条约，其中在《中法续增条约》第六款中，规定原先被没入的天主教财产，不论原属何国的传教会或传教士，均须先赔还法国的驻华公使，再由其转交"该处奉教之人"。由于教廷与葡国已于咸丰七年订约废除其在华的保教权，故法国即自此宣称其拥有在华的保教权，而清季在华的天主教势力也因此大多

---

① 吴伯娅，《关于雍正禁教的几个问题》。
② 《教务教案档》，第1辑，页726。
③ 《教务教案档》，第1辑，页735。

以法国马首是瞻[1]。

清廷原指示地方官吏必须查有确据，方准还堂，且若旧址已为有主之业，则裁示应另以空闲的官地抵给，避免失却民心。然而，在列强坚船利炮的威胁之下，加上太平天国的牵制，稍后即听任法国教士"任意指控"，并在应付求索或讹诈时，屡屡"许以一二"。此后的一二十年，各地即因此不断发生"给还旧址"的交涉与纷争[2]。

咸丰十一年六月，即有法国传教士梁多明（西名及生卒年待考）至山西抚院求见，声称绛州东雍书院的基址系由天主堂改建，要求中国政府归还[3]。梁多明索取东雍书院一事，引起地方上的议论纷纷，许多关心此事的绅民因此联名向知州上呈，称东雍书院原为明王府，系清初遭西洋人据为天主堂，故不属教会的私业，且举该书院的栋梁尚绘有五彩龙纹为例，证明书院确为王府旧址。

在该公呈中，也对教会所称戴进贤拥有私业的现况做了调查，这些绅民主张，为避免将来可能的纷争，教会应出示房地的原始权状，以为索回的凭据。知州李廷樟同意此一主张，于是向山西巡抚英桂呈称："卑职查该绅民等所呈，诚系确切不易之论。但事关大局，卑职未敢擅便，理合据情详请核示饬遵，实为公便。"其中"事关大局"一语，即充满百般无奈！

咸丰十一年九月，英桂呈请保留东雍书院，但另买地给还教会，总理衙门也指称此一办法"实为两便"。然而，法国则希望遵照条约将东雍书院等产业给还。十一月二十日，法国公使布尔布隆

300

---

[1] 陈方中、江国雄，《中梵外交关系史》，页89-93。
[2] 此段参见李刚己，《教务纪略》，卷3上页2-3；张力、刘鉴唐，《中国教案史》，页275-286及342-387。
[3] 下文中有关绛州还堂的详细处理过程和原始文件，均请参见《教务教案档》，第1辑页723-757。吕实强在其《中国官绅反教的原因（1860-1874）》一书中，亦曾对此一事件有概略的介绍（页66-71）。

(Alphonse de Bourboulon, 1809–?）送交总理衙门大臣恭亲王奕䜣一份照会，称：

> 传教士亦呈送本大臣（农按：指布尔布隆）所有上年教民完纳天主堂钱粮执照，其上载明所收钱粮系天主堂交纳。缘天主堂尚有当年泰西传教士（农按：指戴进贤）所置私业，雍正年间，曾由泰西人何天章呈明本州（农按：指万国宣），请给执照在案，现经州牧（农按：指李廷樟）将何天章原禀钞送传教士，并据州牧允许赔还私产，但不肯还天主堂，故该省署主教（农按：指时任山东代牧兼管山西的方济会士江类思①）请本大臣转烦贵亲王（农按：指奕䜣）力为裁处，饬即给还此堂地四十余亩，务望贵亲王悉心查阅，遵照律例条约，秉公妥速办理。

由前引文中所称绛州知州李廷樟将何天章原禀（前文已录）钞送传教士一事，知李氏对此案确实秉公处理，而未曾故意刁难。在传教士提出先前教民完纳天主堂钱粮的执照作为证据的情形下，李氏同意将此一原属戴进贤的私业归还，但对布尔布隆索求的四十余亩地，他则根据相关文献认定应属东雍书院的产业，而与原天主堂无关。

十一月二十二日，总理衙门照会法国公使，其文有云：

> 中国崇奉儒教，与贵国信奉天主教无异，势不能废其建立日久之书院，致该处士民有所不服。

强调为避免教民与一般士民对立，故山西巡抚已饬所属另择他处抵给绛州天主堂的产业。

---

① 赵庆源，《中国天主教教区划分及其首长接替年表》，页38。

十一月二十六日，法国公使照会总理衙门，指称《中法续增条约》第六款载有"将前谋害奉天主教者之时，所充之天主堂、学堂、茔坟、田土、房廊等件赔还"之语，且称在道光二十六年正月的上谕中，亦有"除已经改为庙宇外，其余皆须赔还"之说，并不曾将已改建的书院包含在内。照会甚至蛮横地称："书院本非天主堂及各项庙宇时应诵经祭献者可比，士子读书，随地皆可，何必拘定此处。"且称如江类思不愿收领抵给之地的话，即必须按条约归还原天主堂。其实，道光皇帝在前述的上谕中，乃指示对已改为庙宇或民居的天主堂，可"毋庸查办"，在此一精神下，作为教化重心的书院应属不须赔还之列。

十二月初六日，奕䜣在给法国的照会中强调："本爵前议择地抵给，乃系持平办法。"并称：

> 贵国传教士现来中土，与我国士民相接，彼此聚处之日甚长，总须化去畛域之见，相孚以信，相接以和，永无嫌隙，方可日久相安，共为保护，于传教士甚为有益。倘主教及传教士必欲固执己见，偏护习教之人，恐不习教者心怀不服，将来必致激成事端，殊非两全之道。

奕䜣的建议对两造均属有利，然而，教会当局的眼光却不及此，只看重当前的利益，而未顾及天主教将来在地方上发展所可能遭受的影响。

同治元年（1862）正月，法国公使馆派德尔位到总理衙门，并将该署预备发文至各省处理还堂事宜的文稿全带回查看。稍后，德尔位函称在将发送绛州等地的咨行内，文句不妥，要求更改删添数语，否则"不但于布钦差之心狠不舒服，而且耽延时日"，并称："请烦按布钦差公道之意作速办完，以便将贵国咨行内情形，即行知会本国水陆官兵。"语句中充满了蛮横的威胁。

德尔位在该函中亦对宣化府的处理方式提出异议，称：

302
> 查宣化府虽传教士未有确据，断不能疑惑前时没有天主堂
> 基，所给之处，居民甚少，半属旷野之地，与传教士不甚相宜，
> 宁可于该处三座空庙之内，拣取一座给还。

在无确据的情形下，法国竟然可以"断不能疑惑前时没有天主堂基"
为由，要求宣化府赔还，甚且挑剔所拨之地，那索还东雍书院更振
振有辞了。

正月二十七日，奕䜣在法国的压力之下，行文英桂速将东雍书
院和戴进贤的私业给还，对绛州绅民在公呈中所提出的忧虑（指教
会并无戴进贤私业的文券，恐将来另起争端），则引法国前在照会中
所称："法国所请中国交还之天主堂、坟茔、房廊等件，如他国有言，
法国自行办理，不涉中国之事。"认为不必过虑。至于在书院给还天
主教会之后，应如何奉祀先师各贤，并如何觅求士子肄业之处，则
要英桂自行斟酌，妥为安排。

英桂在接文后，随即委派候补知县章寿嵩于二月赶赴绛州，会
同知州李廷樟处理此事。当地的士绅和书院的生员在得知总理衙门
的决定后，群情汹汹，经多方开导劝谕之后，众人"始各屈从"。三
月二十五日，梁多明抵绛州，双方分别派人将书院和戴进贤的私产
按册点交。章寿嵩当时虽要求梁多明开立收据，但梁氏却称："俟一
切查明后，再行付给。"又曰："东雍书院碑记所载，尚有地三十余
亩，并戴进贤私产历年租钱，须一并给还。"章寿嵩告以碑记系雍正
十三年所立，事在何天章离绛之后，如日后查出此地亩确系天主堂
所置，必当归还。至于戴进贤私产历年的租金，早经充做士子膏火
之用，事远年湮，如必追索，章氏担心恐犯众怒。

正当两造在商办之际，又有一传教士张武良（Paulus Carnevali, ? –1875）抵绛，张氏声称乃奉新任法国公使哥士耆（Comte Kleczkowski, 1818–1886）之命前来催问结果，曰："今既收到东雍书院并戴进贤私产，至地亩查无确据，不给亦可，惟戴进贤私产，当年并未入官，所收历年之租，理应赔还。"经章寿嵩告以："事非一年，官非一任，无人赔还。"张武良应允在回覆哥士耆之后再作处理。梁多明和张武良于是令教会中人看守收到的房屋，随即先后动身返回所居的祁县。

章寿嵩在回省城请示后，又奉命回绛查办。他为理清此事，除传讯地户外，并调验当年的租约和乾隆初年的粮册，发现在梁多明所指的地亩当中，只有在三林里的一亩五分地，系天主堂所置，余均属东雍书院所置，遂又同意给还三林里之地。

六月二十五日，总理衙门致函哥士耆，说明给还房地的过程，并希望能传知天主教会，毋再向地方官索讨从前的租钱。二十六日，哥士耆回函感谢对绛州还堂一事的处理方式，并称已嘱江类思不得再索取从前租钱。哥士耆且因梁多明在处理此事时，"未能敏达"，而函请江类思考虑将其调离绛州。

此事原本应已告一段落，但九月时却又生变化，十五日，哥士耆致函总理衙门，称前一日来京的江类思主教对其曰："该处地方官于此事丝毫未曾办理，反将书院中石块、木植，拆毁数件，移去建造朝殿庙。"故请奕䜣设法查办。哥士耆在函中称此事既未办妥，不如在太原城内另择一地抵偿，并谓已在太原勘得日兴寺和晋阳宫两处，要总理衙门在京即指定其中一处，并行文要地方政府照办，"免得再有推诿"，且要奕䜣知照英桂，命其必须面见山西副主教副安当，亲自商定此事。

哥士耆改索省城更合适地产的新建议，不知是否受到江类思的怂恿，抑或江类思是受到梁多明和张武良的蒙蔽，待考。然其说辞显然多非实情，如其所称书院中的石块和木植被拆去建造朝殿庙一事，即遭绛州士绅李学钊等人加以驳斥，其言曰：

> 所有书院碑记、匾对，因字语文理均与天主教相悖，绅等移于朝殿庙存放属实，并无拆毁木石建造朝殿庙之事。伏思书院既已让给，岂有复行拆毁之理。果有拆毁，曷如当时勿让……况州属习天主教不乏其人……绅等若拆而毁之，伊教人有不拦阻乎……且木石所值几何，既将书院让给，而犹以区区木石，亦绅所不屑为也。

经英桂委派候补知县陶良骏亲往察查后，当地奉教的傅朝梁和负责看守书院的张长春，均指证书院在交清之后并无外人入内拆毁木石或砖瓦。又，前引文中亦透露当时绛州的吏员中不乏奉教之人。

李学钊等人乃是在归还书院之前，即将石碑五块、木匾七片和木对七副移至朝殿庙寄存。此举显然是为保留书院中的重要文物，尤其其上屡见抨击天主教的字句，如不预加迁移，恐难逃被毁坏的命运。李学钊当时在压力之下，乃称如天主教愿要这些碑屏匾对，亦不吝归还①。

十二月，哥士耆再施压力，函称如已还堂，为何不出示交清的字据，故他怀疑"其中仍有别故"。不知哥士耆当时是否已知章寿嵩在点交书院等房产时，并未能自梁多明处获得字据一事。

同治二年三月二十六日，新任法国公使柏尔德密（Jules François Gustave Berthemy, 1826–1903），在照会中严辞抨击处理绛州还堂事宜的李廷樟和章寿嵩，称：

---

① 今在新绛的天主堂内仅存雍正十三年知州童绂所撰之碑刻。

该州李牧及委员章令等，欲设法隐匿旧堂房地，暗获租赁之利，并拆毁物料等件，是以延宕至今，并未点交。

柏尔德密除要求按件估价赔偿所拆去之物外，还要奕诉即刻派员径赴绛州处理此事，并请奕诉将所给该委员的公文底稿，录寄一纸，"俾本大臣阅悉如何办理"。

英桂为谋求彻底解决，乃又命章寿嵩驰赴绛州，希望传教士能将前所点交的房地，开立收据，但梁多明等却避不见面，亦不知去处。英桂因此于六月二十九日咨呈总理衙门，希望法国饬令传教士速出面处理。七月初三日，总理衙门在给法国的照会中，也对梁多明的做法表达极度不满，称：

该教士因东雍书院一事，将来与该州绅民不能和协，以致绅民同生轻薄之心，系由该教士自取，不能归咎中国无优待之礼也。

法国自知理亏，乃于初五日的照会中提出解释，称梁多明早已调往他处，恐新教士尚未到达，故已移请山西主教特派教士一人赴绛收领房地。

九月二十九日，新任代理山西主教事务的副安当，委派张武良至绛处理此事，张氏随即会同章寿嵩以及新任绛州知州的章节文，一同点交房地，并开立收据，延宕两年多的绛州还堂事件终于结案。

十一月二十八日，法国在照会中对此次处理结果表示欣喜，并称："本大臣仍望各处会办此事，均能迅速完结，不日俱可告竣，并似此次一切悉臻妥善。"十二月初三日，奕诉覆曰：

本爵查山西绛州教堂一事，早经山西巡抚妥为经理，议定

将东雍书院给还，无如该教士延不收领，幸赖贵大臣洞悉情形，
函饬该教士接收，始克会办完结。可见各处还堂之事，非尽由
会办者未能妥速也……贵大臣亦应饬知各教士，于接收各教堂，
亦不得有意刁难，以期彼此两速，是所厚望。

其中对教士在还堂过程中的刁难，表达了相当程度的不满。

绛州绅民在西人索还东雍书院原址时，即以先前修建文庙的余
金四百余两，另购地基于城内贡院之东的卢家巷，乡绅任永兴、毛
郁文、卫如圭、高舒文和高舒锦等人均各捐巨款协助创建。当时所
捐之钱除购地建屋（讲堂和斋房凡七八十间）外，还余银2,600两发
交当商生息。同治元年，附贡生刘国铨也将在城外南关的房地捐给
书院，从此东雍书院即有城内和南关两处①。

法国政府和天主教会在处理还堂事件的蛮横霸道，令绛州的地
方官和绅民激起同仇敌忾之情，此一反教的情绪且持续不减。如同
治三年任绛州知州的裕彰，在其所撰的《重建东雍书院碑》中，虽
仅略称该书院"为异教攘夺"，但其不满西人、西教之情仍跃然纸
上②。至于光绪四年（1878）知绛州的李焕扬，则更公然抨击天主
教，在其为重建之书院所撰的碑记中，即称天主教所行乃"不经之
说"，且指责教会将原书院中供奉的圣贤木主均"摈弃于不洁之地"，
并谓：

306
彼不经之教何如乎？诱之以货财，蛊之以声色，炫之以奇
淫之技，痼之以鸩毒之媒。虽其地既得矣，仅聚奇邪之男女，
数日一礼拜焉，正人君子无一投足者。行且见其地之鞠为茂草，

---

① 此段中有关两东雍书院重建之事，参见李焕扬等修纂，光绪《直隶绛州志》，卷3
页35-36、卷11下页9、卷12《任恤》页2-3、卷17页59-60。
② 李焕扬等修纂，光绪《直隶绛州志》，卷6下页28及卷17页59-60。

而两书院人材蔚起，蒸蒸日上。①

其中"两书院"即指的是分处城内和南关的两东雍书院。

由绛人合捐数千金兴建书院的热烈反应，或可窥知绛州的还堂事件已激发并深化了当地的民教对立，而这一波的反教情绪很可能有部分即发泄在两百多年前的韩霖身上，笔者在下节将尝试就此详加申述。

四、乾隆《绛州志》挖改本与反教情绪

韩霖一家在绛州当地的影响力颇大，此从清代各《绛州志》中所收录的大量相关文字可略窥一二。查乾隆三十年所刊的《直隶绛州志》，乃据康熙本增修，其中仅涉及韩霖的部分即多达43处。然叶德禄发现此志现存一挖改本②，将有关韩霖的事迹删削或改系成韩云，仅余四处不动，至于韩家其他人的事迹则未加更易。如该志中原有的韩霖小传，即遭删去，并补以陶注之传，其文曰：

> 陶注，字惟道，号东篱，滋之元孙，天、崇间廪生……以闯乱潜居恭介公菊庄故园，不求进取，日与其弟陶世征讲明理学……成就后学，多为名士，其时若韩云辈，皆出其门……③

由于陶注在天启、崇祯间始为廪生，而韩云早于万历四十年即已中举，故文中所称韩云为陶注门生一事，不合情理，显然是有意篡改

① 李焕扬等修纂，光绪《直隶绛州志》，卷17页61–62。
② 叶德禄，《乾隆绛州志之韩霖》。此处所谓挖改本，乃指以原雕版重刷，仅部分字句遭改刻或少数板叶遭抽换。
③ 张成德等修纂，乾隆《直隶绛州志》（挖改本），卷11页14。

事实，以求提高陶注的名望。

　　虽然《直隶绛州志》挖改本出现的时间不详，但我们仍可从其
刻字的避讳情形试作推判[1]。查乾隆三十年的原刊本，仅依正式的讳
例避字，然而，挖改本新刻的文字中，则因与雍正皇帝御名胤禛的
第二字相近，而改"崇祯"为"崇正"，显见其对帝讳特别敬谨。经
查挖改本所增添的陶注传中，出现一"醇"字，此字虽亦非法令规
定应避之字，但在清末的许多刊本（如光绪五年的《直隶绛州志》）
中，往往因其与同治皇帝载淳下一字的偏旁相同，而改作"醰"。衡
诸挖改者对避讳的敬谨态度，我们或可推断此本出现的下限是在载
淳继统之前。再考量乾隆三十年至同治元年间，似乎只有绛州还堂
事件有条件激发此一挖改的举动，韩霖因是绛州自明季以来最出名
的天主教徒，就意外成为当地排外情绪的发泄焦点。

　　叶德禄怀疑该方志之所以遭挖改，是受到明清之际的文献中记
有韩霖投降李自成一事的影响。此说恐难成立，盖因清代在乾隆以
前所修的州志、府志或省志当中，均不曾提及韩霖降闯之事，此一
情形初或因"为亲者讳"，后则因而隐晦不明。挖改本的刊印者何以
会突然严苛挑剔一位死去已逾两世纪之人的气节，且费力去删改所
有与其相关的诗文，甚至连韩霖的小传也一并删去，委实令人难以
理解。

　　叶氏稍后在其所作的韩霖小传中[2]，另作解释，说可能是因为韩
霖所撰的《守圉全书》在乾隆时遭禁，刊印地方志者连带对韩霖其
人其事有所避忌。此说也颇值得商榷，因在乾隆末年的查办禁书运
动当中，著述被列为违碍的作者，多达数百人，但罕闻其事迹在相
关的方志中有因此遭挖改者，更何况韩霖也不是当时查禁的焦点人

---

[1] 有关清代书籍中的避讳情形，可参见李清志，《古书版本鉴定研究》，页210–230。
[2] Yap and Yang, "Han Lin."

307

物，其著作仅《守圉全书》在乾隆四十二年江苏巡抚杨魁奏缴的书单中出现过一次而已[1]！

亦即，挖改方志一事应出自咸丰末年当地反天主教人士的情绪反弹。查康熙九年所修的《绛州志》中，前有一段识语曰：

> 绛州躬承本朝文治，公同士绅，奉文修志。其前坏乱定本，私窃挽入者，已行惩治删削。已后板藏内库，时或印造，事完交藏。如有仍蹈前辙，本人与预事者，各究拟以背畔典章之罪。事苟可书，日后自有公论。

308

知私自篡改方志内容，往往会被地方官究以"背畔典章"之罪。然而，乾隆《直隶绛州志》挖改本刷印的数量似乎相当多，以致今天在各大图书馆仍屡屡可见到。且因该地方志为数量庞大的雕版，理应由官府收藏；亦即，挖改之举应是得到官府的认可或默许，而咸丰十年至同治三年间担任知州的李廷樟，因全程参预东雍书院还堂事件，故最有可能主导此事。

光绪五年成书的《直隶绛州志》，对两造的态度则较为平衡，除收入乾隆三十年原刊本中大量与韩霖相关的记述外（仅其小传的文字稍有更动），亦采录了挖改本中所增添的陶注传，仅删去其中所称韩云为陶注门生的错误叙述。惟因担任此志总篡修工作的绛州知州李焕扬，对西学、西教颇有意见，故书中亦将桑拱阳和阎廷玠为《儒教辩正》所撰的序跋全文收录。又因该志中在叙述韩霖的生平时，仍循旧称其："有志用世，惜未及一试，遽以避寇山堡遇难，君子惜焉!"知当时修志之人对韩霖曾降闯一事并不甚了然，否则应会在其小传中加以贬抑。

---

[1] 雷梦辰，《清代各省禁书汇考》，页156。

五、结语

前文以韩霖其人其事为主轴，对天主教明清两代在山西（尤其是绛州）的活动，做了一较全面的探讨。透过此一个案研究，我们可以发现明末所传入的西方物质文明，颇吸引士绅的注意，其中西洋的火器和兵学知识尤其成为关注的焦点，此显然与晋、陕一带民变频仍的特殊时代背景有密切关联。再者，在"天儒合一"的诉求策略下，西方的宗教哲理也以一股清新的面貌引发许多知识分子的兴趣。

韩霖等奉教人士透过师友、亲戚、同寅、同教、同年或同社等关系，在士大夫之间建立起相当广泛的交游网络，并透过此一网络促进明末西学、西教的传播。韩霖与其兄弟且因捐款赈灾等义举以及保乡御寇等行为，而在乡里中享有令誉，他们利用其家族雄厚的财力和丰沛的社会资源，协助天主教在山西各地迅速开展，绛州甚至因此成为当时耶稣会在中国最成功的传教区之一，并成为教会书籍一个相当重要的出版中心。

虽然明季在绛州有许多官绅对天主教十分友善，知州雷翀甚至还曾出告示公开褒扬西士和西教，但或因中西文化本质上的差异，加上彼此缺乏足够的了解，当地知识界仍出现反教的声浪，这些高举卫道旗帜以抨击天主教的人士，乃以理学名儒辛全的部分门生为主，由于他们位居当地学术社群的主流，此故，反教的思潮得以在知识界持续往下传承。

入清之初，韩霖家族虽已中落，但借由汤若望在朝中的影响力，绛州天主教会仍蓬勃发展，曾将一处明代王府改建成全国占地最广的天主堂，当地奉教人口比例甚至有可能是中国各传教区中最高者之一。此外，由于韩霖的门生故旧仍在当地扮演举足轻重的角色，故连其降闯一事亦在方志中被隐讳不言。

康熙初期，因"历狱"一案的影响，教会的活动在绛州有持续达十余年的中断；而康熙末年因"礼仪之争"所引致的禁教令，更迫使外国传教士完全退出此一地区。直到十九世纪中叶，天主教始在列强坚船利炮的后盾之下，重新进入中国。咸、同之交，教会当局根据《中法续增条约》的规定，强行索还绛州的东雍书院（清初教堂原址），此事曾激起地方官绅和民众的严重抗争。韩霖或因是天主教在当地发展史上的首要人物，更成为反教情绪的重要发泄对象；此故，当乾隆本《直隶绛州志》重刷时，即有人忿而将其中涉及韩霖的39处记载（均未言及天主教）加以改删。

在还堂事件之后，由于帝国主义与教会之间瓜蔓不清[1]，加上当时地方上也欠缺类似韩霖之流的有力宗教赞助者，终使重新进入中国的天主教无法在绛州重现明季的蓬勃气象。此后，又历经义和团之变以来的连番重击，当地的天主教活动更加衰微。

天主教近代在绛州的发展，初虽因有韩霖等奉教人士的大力推动以及"天儒合一"策略的合宜引导，而出现明季一段辉煌灿烂的时期，其后，却迭因文化摩擦或政治干预等影响，渐与一般社会产生隔阂，绛州教会甚至主要得依赖家族的传承来维系。造成此一状况的原因当然十分复杂，但教会当局或许也应承担一部分的责任，因他们在类似"礼仪之争"和"还堂事件"的处理过程中，立场常过分主观，且往往忽略在地中国人的感情（见第十一章），终令天主教直迄清末均仍停留于一外来宗教的形象，未能与中国社会真正融合。

310

---

[1] Cohen, *China and Christianity*, pp. 63–76、127–148；吕实强，《中国官绅反教的原因（1860–1874）》，页61–129。

【后记】

据笔者在1996年的实地调查①，新绛县城内民国时在旧址重建的天主堂依旧高耸，堂中所保留的部分梁柱，虽仍可窥见清初建筑的蛛丝马迹，但三百多年前信众云集的景况却已不再。明末绛州最大的奉教家族韩家，也早已不知所终。韩霖的家业在明清鼎革之际彻底败落，而韩霖父子因同在稷山遭难，或已绝嗣，故当笔者欲在新绛县访查其家园旧址时，连地方志办公室的工作人员，都毫无头绪。至于韩家其他后人，似乎少有人

图表8.2：山西新绛县段家庄外“高崖坟”上的天主教坟场。高一志即葬于此。

承继原有的天主教信仰；倒是段衮家族的后代，现还有人担任神职人员，在城外段家庄近千名的居民当中，约有两百位教徒，村中也仍有一座在明代旧址上重建的小教堂。

至于作为山西开教最大功臣的耶稣会士高一志，其坟则在无任何墓碑或标识的状况下，落寞地安厝在县郊段家庄外一处被称作“高崖坟”的小丘之上，仅有冢上几块破砖堆成的十字，稍稍流露出他所献身的宗教信仰，高氏的墓碑则被孤置在段家庄眼病专科医院的庭院中。

---

① 当时所拍的一些照片，可参见黄一农，《明末韩霖〈铎书〉阙名前序小考》。

第九章　南明重臣对天主教的态度[*]

二十世纪许多治天主教史的重要学者，或为教中人士，或与天主教关系密切，他们深受当时政治环境及其本身宗教热情的影响，即使在证据尚不十分确凿的情形下，亦往往径将瞿式耜、金声和焦琏等南明抗清烈士归成奉教人士的典范。笔者详考中外文献后，发现瞿氏或曾受洗，但未能坚守其信仰；焦琏似乎一直奉教；而金声虽曾有段时间对天主教颇有兴趣，甚至率子弟奉教，但他与瞿式耜两人稍后均转而佞佛。

一、前言

明清鼎革之际，耶稣会士把握机会活跃于几个分立的政权中。他们在永历朝的传教活动尤其成功，如在崇祯初年即已入教的庞天寿（教名亚基楼，Achilleus）[①]，于永历元年（1647）出任位高权重的司礼太监一职[②]；翌年八月，庞氏在其所提督的勇卫军中起用"西番书"为符识，并举荐其师瞿纱微（又名瞿安德）掌钦天监事，且协

---

[*] 本章初稿见于《扬教心态与天主教传华史研究：以南明重臣屡被错认为教徒为例》（1994），现已做了大幅的补充，并修订许多先前的看法。
[①] 方豪，《中国天主教史人物传》，上册页288–293。
[②] 钱澄之，《所知录》，卷中页11。

助瞿纱微替王太后、马太后、王皇后以及皇子慈炫等皇族领洗[1]；三年正月，瞿纱微更获准颁行以西法所编订的新历，短暂取代了明朝已行用约两百八十年的《大统历》[2]；四年十月，王太后还私遣卜弥格携带其致教皇和耶稣会总会长的函件出使罗马（见第十章）。

312　　而在十七世纪以来的许多中、西文著述中，更有指称永历朝兵部右侍郎兼都察院右佥都御史金声，武英殿大学士、吏部尚书丁魁楚，武英殿大学士、吏兵二部尚书、临桂伯瞿式耜，宣国公焦琏以及招讨大将军、延平郡王郑成功等文武重臣，均奉天主教（详见后）。如果其事属实，则天主教在南明的势力几已遍及内廷主要的皇族亲贵以及朝中重要的文武大臣。

下文即以瞿式耜、金声和焦琏为例，尝试梳理并会通中西文献，以详论他们是否奉教（此处指的不仅是其曾否受洗，且还须长期奉行天主教教义），并试探当时士大夫对西学和西教的态度。

二、瞿式耜家族与天主教

常熟世家瞿氏与耶稣会士颇有往来，如瞿汝夔自万历十七年（1589）前后起，即从利玛窦习天算，制造科学仪器，是利氏最亲近的中国友人之一，尝劝其弃僧装改着儒服。汝夔虽早有入教之念，惟因妻妾同堂，有违天主教"十诫"中的教规，而未能如愿，直到其妾因正室过世而扶正后，始于万历三十三年在罗儒望手中受洗，教名依纳爵（Ignatius）。他且于稍后特意为长子式谷取教名为玛窦，以纪念其与利玛窦间的情谊（见第二章）。

---

[1] 方豪，《中国天主教史人物传》，上册，页294–301。
[2] 同年十二月，此历即因给事中尹三聘劾瞿纱微"擅用夷历，燀乱祖宪"，而遭废行；王夫之，《永历实录》，页6–8。

式谷的堂兄式耜是明季瞿家最出名的人物①。式耜，字伯略，一字起田，别号稼轩，万历四十四年进士，曾任永丰、吉水县令。崇祯元年，授户科给事中，旋以会推阁臣时阴助其师钱谦益，而遭温体仁疏控贬谪；十年，常熟布衣张汉儒在温体仁的指使下，控钱谦益和瞿式耜居乡不法，更因此入狱；十一年，出狱返里；十七年十二月，福王起为应天府丞，旋擢右佥都御史，巡抚广西；隆武元年（1645）九月，擢为兵部侍郎；二年十月，瞿式耜与丁魁楚等奉桂王朱由榔监国于肇庆，式耜以东阁大学士兼吏部右侍郎摄尚书事；永历元年二月，升吏、兵两部尚书，赐剑便宜行事，留守桂林；三月，率焦琏力却李成栋所统率的清军，因功晋为临桂伯、武英殿大学士、少师兼太子太师；五月，再缔桂林大捷；四年十一月，桂林城破，为清将孔有德所执；闰十一月十七日，遇害殉国；五年八月，追赠为粤国公，谥"文忠"。

目前许多学界中人均以式耜尝在艾儒略的领洗下奉教（详见后），若此说确实，瞿式耜将是南明奉教人士中声望和官品最高的一位。但是瞿式耜入天主教一说，初仅见于西文的文献，而未见明清之际任一汉文资料提及。虽然德国汉学家颜复礼（Fritz Jäger）在其《瞿式耜之末日》（Die letzten Tage des Kü Schï-sï, 1933）一文中，颇疑瞿氏为何不曾在其诗文中显露出任何天主教信仰的痕迹②；冯承钧尝以式耜在被清军所执时有妾随侍一事，判断其绝非信徒③；瞿果行亦从式耜的诗文中屡见佛教信仰痕迹等事，否定其曾奉教之说④；惟因旧说流传久远，且此三文并未做深入或全面的讨论，以致学界迄

313

① 瞿式耜的生平可参见 J. C. Yang and T. Numata, "Ch'ü Shih-ssŭ," in Hummel, *Eminent Chinese of the Ch'ing Period (1644–1912)*, pp. 199–201；瞿果行，《瞿式耜年谱》；李鸿彬，《瞿式耜》；关汉华，《瞿式耜述论》；何平，《瞿式耜略论》。
② 笔者未见此文，乃转引自 Pelliot, "Michel Boym," p. 110.
③ 此见冯承钧为沙不列《明末奉使罗马教廷耶稣会士卜弥格传》一书所撰的译序。
④ 瞿果行，《瞿式耜"入教"和"借兵"的考辨》。

今仍多因循旧说或采两说并存的方式①。本节拟对瞿式耜家族的宗教信仰做一较详尽的析论。

　　瞿式耜奉教一说，早于十七世纪时即已出现。如耶稣会士卫匡国在其《鞑靼战纪》一书中，即曾提及广西巡抚 Khiu Thomas 为一天主教徒②，此书最后有一附件，乃卫匡国于1654年根据其新近接到的几封在华耶稣会士的信函，而对中国近况所做的一些补充，其中潘国光的来信曾提及瞿式耜之死，大意曰：

> 　　有位姓孔（Cang）的满清王爷攻占广西，被称作阁老（Colaus）的（南明）巡抚因此落入敌人之手。满人希望经由给予其封赏和尊严，软化这位气宇非凡之士大夫的心志，故在前三天均避免施用酷刑，但他为了尽忠，拒绝苟且偷生，终于遭到斩首。然而，此一大是大非之举，获得百姓们的敬佩，遂为他建了座大坟以为纪念……我对他的怀念，不仅因为彼此的深挚友谊，也因为他的高尚品德。我个人以及中国天主教会全体，在过去二十年都是他的仰慕者。他的名字以及他的国家将不会消失。他生于南直隶的常熟，被称作 Kiu Thomas，这是一个值得永远怀念的名字。③

文中的 Kiu（Khiu）Thomas 明显指的是以武英殿大学士（故曰"阁老"）身份留守桂林的瞿式耜。

　　卫匡国乃于1643年抵华，主要在浙江杭州一带传教，与清廷的关系良好，1650年奉派返欧，1657年再度来华。卫匡国初入华时，

---

① 如见南炳文，《南明史》，页375；《中国历史大辞典·清史卷（上）》，页586；Struve, *Voices from the Ming-Qing Cataclysm*, p. 236.

② Martini, *Bellum Tartaricum*, p. 144.

③ Martini, *Bellum Tartaricum*, pp. 234–235.

瞿式耜正免官在家，1644年，瞿氏应弘光帝之召为应天府丞，旋擢广西巡抚，此后流离于西南各省。亦即，卫、瞿两人恐无太多机会相交。

至于潘国光，则于1637年抵华，迄1665年均在上海一带传教，他与1638−1644年间家居常熟（与上海的直线距离不到90公里）的瞿氏，或如前引文中所称，乃相识多年，由于瞿氏稍长17岁，且学问和气节均高人一等，故潘氏自称为其"仰慕者"。衡诸潘氏在上海附近布教几近三十年的经历，他以 Thomas 来称呼瞿式耜一事，或可确定瞿氏曾受洗，教名为 Thomas[1]。

近人费赖之在其所撰的《艾儒略传》中，尝引录耶稣会士巴笃里的《中国耶稣会史》（1663）一书曰：

> 1623年，瞿太素子名玛窦者，召艾儒略赴常熟开教。玛窦从兄弟 Dr. Thomas 曾经儒略授洗，教务发达，颇赖其力，数星期中新入教者有二百二十余人，中有 Dr. Thomas 之诸父某护教尤力。Dr. Thomas 受洗后，曾以"僧道无缘"字条揭示门外，伪神、偶像悉皆易以耶稣圣名。[2]

巴笃里在同书中更直指 Thomas（中译应为多玛斯或多默）为式耜的教名。前引文中所提及的瞿太素，即式耜的二伯汝夔，而护教甚力的"诸父某"，则或指的是式耜的三伯汝益，此因在式耜的三位伯父当中，当时尚在世者似仅汝益一人，而汝夔的宗教信仰或对其异母

315

---

① 笔者先前以为瞿式耜并不曾受洗，惟因长期在江南传教的潘国光言之凿凿，故根据此一新获材料修改前说。

② 参见 Bartoli, *Dell'historia della Compagnia de Giesu*, pp. 772、1053; Pfister, *Notices Biographiques et Bibliographiques sur les Jésuites de L'Ancienne Mission de Chine 1552−1773*, pp. 127−128、266；费赖之，《在华耶稣会士列传及书目》，页134。

弟汝益产生影响（见第二章）。

十九、二十世纪之交，在教会学者所出版的教史中，除揭示式耜为教徒之外，更有指称其父汝说亦奉教者。如江南教区不隶会神父黄伯禄（1830–1909）初刊于光绪九年（1883）的《正教奉褒》一书中，尝称明季中国奉教者，以徐光启、杨廷筠、李之藻、叶益蕃、瞿汝说和瞿式耜等人最出名[1]。此书屡为近代治中国天主教史的学者引用，惜其内容多未注明出处。

此外，耶稣会士萧静山在其于光绪三十一年序刊的《圣教史略》一书中，更详载曰：

> 瞿式谷自幼领洗，在南京从神父读书，及长还家，屡次请神父至常熟开教。天启三年，又至杭州杨廷筠家，与神父商定此事，会艾儒略神父新自陕西回，愿如式谷所请，就随他到常熟。艾神父大德不凡，天主加佑，在常熟不久，就有多人奉教，其最著名的是瞿式耜（字起田）。式耜是式谷的伯叔兄弟，早年登第，在北京做官（给事中），因丁母忧回家。在家二、三年，时与艾神父谈论，渐知教理真正，决意奉教，艾神父鉴其诚切，与领圣水，圣名多默。[2]

其中除叙述瞿式耜奉教的经过外，也指出其教名。

同书中对式耜之父汝说亦有所着墨，称：

> 某年，（毕方济）赴瞿式耜之召，至常熟传教。初年，即授

---

[1] 黄伯禄，《正教奉褒》，页21。又，此一叙述中，误叶益蕃为大学士，其实益蕃之祖向高始曾为大学士。
[2] 萧静山（教名若瑟），《圣教史略》，卷11页46–47。此或参考自Colombel, *Histoire de la Mission du Kiang-nan*, pp. 251–252.

> 洗三百余人，多系缙绅大族，常熟下乡闻风归化者亦不少，多
> 改庙宇为主堂。瞿式耜之父汝说公，在南京做礼部尚书，亦倾
> 心奉教焉。①

指称毕方济是在瞿式耜入教后始应其邀请至常熟，遂令汝说亦奉教。 316

　　萧氏在《圣教史略》全书中均未注出典，其中叙事或用辞往往
过于偏重扬教，而不类一严整的史学论著②。此故，在前引的两段文
字中即数现讹误，如式耜在天启三年（1623）乃因父丧（非"丁母
忧"）而居家；之前，瞿氏仅担任过县令，直到崇祯元年始获授户
科给事中；至于汝说仅历官至布政使司参议，而从不曾升授南京礼
部尚书③。又，常熟于天启三年始由艾儒略开教，而汝说在是年九月
卒于家，式耜当年则一直在外奔波，直到其父逝世前几天才赶回常
熟④，似乎不应有闲情邀约毕方济来宣教。

　　萧静山在民国二十年（1931）据《圣教史略》增改的《天主教
传行中国考》一书中⑤，更将汝说奉教的时间具体系于崇祯八、九年，
并称汝说"时已致仕归里，亦倾心奉教"⑥；然而，此与史实显然不

① 萧静山，《圣教史略》，卷12页72。
② 萧静山在书首的自序中称："篇中所叙各事，皆散见于各史，信而有征。"然因萧氏
　本身非治天主教史的专家，且其撰此书的目的，乃在阐明"圣教会之传行，绝非
　人工，实天主全能妙用也"，而欲使读是书者，"于天主保护圣教会之微意，静验体
　察，神而明之，油然生信、望、爱之挚情"，故陈垣即曾指出《圣教史略》中的多
　处讹误；参见氏著《雍乾间奉天主教之宗室》。
③ 参见《显考江西布政使司右参议达观瞿府君行状》，收入《瞿式耜集》，页286–
　292。《明史》中也误以汝说官至正五品的湖广提学佥事（卷216页5697）。
④ 天启三年三月，原任江西吉安府永丰县令的式耜，因报闻行取而去职，遂还里省
　亲；四、五月间，式耜在父亲的严嘱下入京，惟其候选之事并不顺畅，汝说当时虽
　已病笃，但在家信中犹自称无恙；八月中旬，一夕，式耜忽心动，亟往正阳门，叩
　求关帝灵签，由于签文预示有事，乃星驰回里；九月初五日，抵家；初九日，父即
　卒。参见瞿玄锡，《稼轩瞿府君暨邵氏合葬行实》，页364。
⑤ 参见叶德禄，《〈圣教史略〉与〈天主教传行中国考〉》。
⑥ 萧静山，《天主教传行中国考》，页211。

符，因汝说当时早已过世十二三年！由于萧氏未说明出处，再加上其书中不乏讹误之处，如他即曾将友教的冯应京径自称作教徒（见第三章），故颇令人怀疑该说的正确性。

　　然因汝说于万历二十九年中进士，且于三十四年至三十八年间担任京官（见附录2.1），在此期间其兄汝夔的老师利玛窦恰亦在北京，且广受士大夫欢迎，故汝说很可能与利氏有所接触；在王应奎的《柳南随笔》中，即称汝说"顾好西儒利玛窦之学，熟精其书"①，但他应不曾在此段时期受洗，否则，《利玛窦中国札记》中不可能不提及，因他将会是中国最早入教的进士之一（见图表13.1）。

　　查瞿式耜为其双亲所撰的行状中②，尝称乃父汝说"性不喜佞佛，而信根夙具，建小阁于浣溪，奉大士其中"，并称其母施氏"心主慈悲，而未尝拈香佛前，膜拜祈福。师、尼、巫、觋纵横里中，独逡巡不敢闯吾门。年逾四十（农按：指万历三十一年之后），始庄严一大士像瞻礼焉"，因知式耜的父母均信奉"大士"。虽然大士通常乃指菩萨，但因汝说"不喜佞佛"，且施氏亦不曾"拈香佛前"，故疑该"大士"或指的是圣母玛利亚③。

　　亦即，汝说在晚年很可能十分亲近天主教，他之所以未能受洗，或因是其拥有妾媵所致。查汝说于万历三十一年至三十四年间家居服母丧，期满之后，旋即赴京谒选；其妻施氏念及自己父母的年岁已高，不忍远离，遂为汝说置侧室桑氏，但最后她仍决定携子式耜一同入京；汝说后来还纳另一妾陆氏（见图表9.1）。

　　至于式耜本人在受洗之后是否虔心信奉天主教，亦可从其对术数的态度、娶妾的情形以及其诗文中所见之言行等，略窥一二。式

---

① 王应奎，《柳南随笔》，卷5页10。
② 此段参见第二章以及《瞿式耜集》，页286–295。
③ 圣母玛利亚手抱耶稣之像，颇类佛教的子安观音，日本在禁教后即曾出现所谓"玛利亚观音"的图腾，以维系其天主教信仰，此见附录1.3。

耜在丁父忧之后，即与佛教接触密切，如其在守制期间，就日展佛典《楞严经》，并手注《方便演》一书，且"酷喜搜阅内典，几忘旦暮"①。他还在故里倡建聚奎塔，先后延无生、体微两上人住持，远近的佛教人士均倚他为长城。他并且长期敬事浙江天目山的松仙，此僧"每有事，托其徒杨君艺叩之，大而朝政军机，小而起居悔吝，无不预为明示"，而式耜在桂林殉国时，其尸身也是由杨艺乞葬殡殓②。

　　此外，在式耜的诗文中，更屡可见佛教的用语，如在其《顶山次前韵》一诗中，即有"斋心长向佛灯前，回首知非又一年"句③。隆武二年六月，式耜访友于端州七星岩时，也尝赋诗曰："末劫幸留兹净土，何当披发早皈空。"④永历二年十月，式耜在写给顾麟生的信中，亦有"佛家所云空诸所有，今本无有，何必空诸"句⑤。三年六月，式耜深苦于调停勋镇间的冲突，也曾在家信中慨然叹曰："挨到恢复全州，便图削发披缁，作云游和尚，不复问人间世事矣！"⑥而式耜在留守桂林遭俘后，清将孔有德尝命人劝其剃发或为僧，俱不从，答曰："为僧者，剃发之别名也。剃发则降矣！岂有降□（农按：应为"虏"）之留守乎？……我只做不动菩萨、欢喜地菩萨，□（农按：应为"虏"）其奈我何哉？"⑦式耜殉国后，其长孙昌文在痛

318

──────────

①　瞿玄锡，《稼轩瞿府君暨邵氏合葬行实》，页364及414。

②　瞿玄锡，《稼轩瞿府君暨邵氏合葬行实》，页414。有关松仙和杨艺的事迹，另见孙静庵，《明遗民录》，卷38页285–286及卷46页346；瞿果行，《瞿式耜年谱》，页178–180。

③　《瞿式耜集》，页180。

④　《瞿式耜集》，页207。

⑤　《瞿式耜集》，页276–277。

⑥　《瞿式耜集》，页271。

⑦　瞿玄锡，《庚寅十一月初五日始安事略》，页2。

念之际，乃使清凝上人造石幢①，由于石幢是佛教寺院中刻有经文的石柱，而祖孙情深的昌文，应不至于用异于其祖父信仰的宗教仪式以为追念！

再者，由瞿氏一家的婚姻状况（见图表9.1），亦可说明式耜及其直系子孙应均不曾奉持天主教诫规。如式耜尝娶至少顾、孙、李三位侧室，永历元年，当其逗留梧州时，黄宗羲即称其"妾媵众多"，而当他在桂林遭清军所执时，亦曾"欲入与妾诀"②。至于式耜的长子玄锡，也有王、孙两位侧室，长孙昌文亦尝娶妾周氏③。事实上，瞿家第四房从汝说、式耜、玄锡以至昌文，每一代均娶妾，因知他们均不太可能为虔诚之天主教徒。

瞿式耜或在天启三年之后不久决定受洗④，但此应属一时之冲动，因其未几即违反"十诫"纳妾。查天启三年至五年间，式耜因父丧在家守制；六年，花费相当多精力两度为双亲之灵柩卜葬；七年八月，崇祯帝登极，亲族知交均劝式耜出仕，式耜于是在九月先替独子玄锡娶妇，旋于崇祯元年正月束装北上，四月，考授户科给事中，五月，邵氏与玄锡入京依亲，侧室顾氏则于十月生次子玄镩⑤。知式耜应最可能在天启七年前后娶顾氏，一方面或期盼能广嗣，另一方面则或是希望离家在外时有人能照料生活起居；亦即，式耜此际对天主教的热情似已淡去。

319

————————

① 出自性因和尚（原名金堡）唱和瞿式耜诗的后记，转引自瞿果行，《瞿式耜年谱》，页189。
② 《黄宗羲全集》，第2册，页155–156。
③ 瞿昌文，《粤行纪事》，卷3页2。
④ 萧静山尝称："（瞿式耜）时与艾司铎谈论教理，深知真正，切求领洗，誓许终身坚守天主十诫，决不二色，艾铎鉴其诚，与领圣水，取圣名多默。"参见萧静山，《天主教传行中国考》，页175。
⑤ 瞿玄锡，《稼轩瞿府君暨邵氏合葬行实》，页359、364–365、367、415–416。

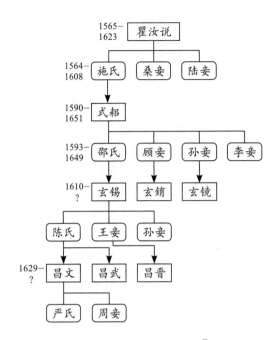

图表9.1：瞿式耜家族世系图[1]。

　　萧静山尝谓式耜在殉国时，有一子在常熟，教名为若望，其说
后亦为方豪所引用[2]。查式耜当时仅有三子，长子玄锡有妾，故应非
奉教之人，次子玄销人在粤西，幼子玄镜被清军所掳，年仅五岁[3]，
故若萧氏之言真确，则玄锡或曾于年轻时随父受洗，但他之后显然
亦同样未能维系天主教信仰。又由于汝夔、式谷父子均奉教，亦令
人怀疑教会资料中很可能将汝夔与汝说以及式谷与式耜两代人的生

---

① 参见瞿玄锡，《稼轩瞿府君暨邵氏合葬行实》，页415–416；《瞿式耜集》，页291–
　292、299–300；叶向高，《苍霞余草》，卷10页24–30。又，文献中屡见有将"玄锡"
　（后改名"嵩锡"）作作"元锡"，玄销作作"元销"，或将昌文的字"寿明"改作"寿
　名"者，此皆为避康熙帝讳或避时忌所致，惟今人对此常有误解。
② 方氏之说未记出处，参见其文《明末公教人士在西南之活跃》；萧静山，《天主教传
　行中国考》，页250。
③ 方以智，《浮山文集前编》，卷9页29–35。

320   平事迹相混淆了，以致辗转出现萧静山等附会的结果。

近代治天主教史的学者，对瞿汝说、式耜父子曾否奉教一事，
多在未加深究的情形下人云亦云。如陈垣在其于民国八年所撰的《重
刊〈灵言蠡勺〉序》①，即引萧静山的《圣教史略》称："方济传教
南京、松江、淮南、常熟诸郡，得人甚众，瞿式耜父汝说亦受洗于
其门。"其中"方济"即《灵言蠡勺》的撰译者毕方济。陈垣在稍后
也仍力持此说，曰："瞿式耜之奉教，教史言之凿凿，而吾人至今尚
无法在教外典籍证明之，颇疑其后人弥缝之密也……瞿式耜奉教之
迹，为其后人所削，亦或有之，然终无法证明也。"②

方豪在其《中国天主教史人物传》一书中③，亦曾多次提及式耜
入教之事，但前后却出现四种不一的说法。如其在《艾儒略传》中，
称："天启三年，儒略至常熟，瞿式耜即在彼手中受洗。"此应据的是
巴笃里的《中国耶稣会史》或萧静山的《天主教传行中国考》。而在
《毕方济传》中，则称："毕氏在常熟也曾付洗三百人，瞿式耜、汝说
即受洗其门。"至于在《瞿式耜传》中，方氏虽然亦称式耜受洗于艾
儒略，但对其受洗的时间，则有天启四年和六年两种矛盾的纪述④。

方豪或因过分执着于式耜为教友一说，以致还提出许多失之牵
强的旁证。如式耜曾于崇祯元年上《讲求火器疏》⑤，举荐天主教人士
礼部右侍郎徐光启、丁忧服阕的南京太仆寺少卿李之藻和兵部武选
司员外郎孙元化，疏中称徐光启曾于万历四十七年奉旨训练购求四
门西洋大炮，其一在天启六年的宁远大捷中尝奏奇功，毙敌一万七
千余人，而李之藻亦曾于天启元年建议从广东取到红夷火炮二十三

———————————

① 转引自徐宗泽，《明清间耶稣会士译著提要》，页202–204。
② 陈垣，《从教外典籍见明末清初之天主教》。
③ 方豪在其所撰《中国天主教史人物传》中各文，多未具体注明所征引的文献，惟
   由其自序可知他曾参考萧静山所撰的《天主教传行中国考》一书。
④ 方豪，《中国天主教史人物传》，上册页189、205、279、281。
⑤ 《瞿式耜集》，页32–34。

门，至于孙元化，则为"深明台铳事宜，赞画关门建台置铳者"。故方豪以为如式耜本身非教友，恐不会如此力荐，且不至于对这些奉教人士的事迹"如数家珍"①，方氏之说或源自陈受颐《明末清初耶稣会士的儒教观及其反应》一文。但式耜很可能纯粹就事论事，非必为同教始有此举。

又，式耜曾在为艾儒略《性学觕述》一书所撰的序中，叙及其听闻西士以生魂、觉魂和灵魂判别草木、禽兽和人类分界的说法，称：

> 庶上主所以生物之意，与生人能物物，不物于物之意，皆洞达无疑，殆如梦者一唤而使知觉乎？……读是编而不于官骸、知觉外，恍有所存焉，亦难语万物之灵矣！

方豪乃谓："式耜既经此一唤，必自梦中觉，必恍然知有所存，必自知为万物之灵，亦必肯奉教。"②此一结论，似乎过于主观，因式耜虽欣赏西士的说法，但却并不代表其必然愿严守相关诫律。

此外，式耜尝撰《愧林漫录》一书。知名天主教人士马良（1840–1939）于民国七、八年间为友人题识时，称："伯略文名颇早，奉教颇晚，故其伯父每以为忧，兹所辑盖少年之作也。其自序以万劫之苦而抵百世之债云云，似为奉教后悟道语。"③此说颇难自圆，因式耜在崇祯九年所撰的自序中，称此书之名盖取"内典中有惭愧林之义"，且书中所引格言千余条，基本上全属儒、释、道三家之言，丝毫未见天主教的痕迹；况且，如式耜当时确已因奉天主教

---

① 方豪，《中国天主教史人物传》，上册页278。
② 方豪，《中国天主教史人物传》，上册页280。
③ 方豪，《马相伯先生文集续编》，页61。

而悟道，则他更无任何理由刊刻此一释、道思想浓厚的书籍①。

此外，式耜尝受业于钱谦益，且师生间的情谊和关系异常深厚②，惟钱氏佞佛，尝称天主教是世间三大"妖孽"之一，并称如果不除此三者，则"斯世必有陆沉鱼烂之祸"③。由于钱氏对天主教如此痛嫉，似不应容忍其得意门生式耜奉持天主教；而如式耜确实坚持天主教信仰，则他也不应在崇祯十六年为钱氏序刊《初学集》时，还以相当篇幅亟称钱氏所崇信的《华严经》，且借用苏辙称颂苏轼"读释氏书，深悟实相，博辨无碍，浩然不见其涯也"之语，以盛赞钱氏④。

再者，永历四年十月十一日，王太后致书罗马教皇和耶稣会总会长，说明将遣卜弥格赴欧致意，由于此事还牵涉在华耶稣会以及澳门当局的态度，故肯定需要一定时间的酝酿期（瞿式耜于十一月五日在桂林为清将孔有德所执），以瞿式耜位极人臣的武英殿大学士身份，及其与朝廷之间的密切互动⑤，如他确为虔诚的天主教徒，想必应会珍惜此一机会，如同庞天寿一样上书教廷和耶稣会，但他在遣使一事中则是完全缺席。又，瞿纱微在致函菲律宾教会叙述南明朝中之事时（见附录9.1），乃以奉教人士的表现为主轴，故该信未提及式耜其人其事，亦间接说明式耜当时已不再奉教。

综合以上各方面的论据，知瞿汝说或因有妾而迟迟未能受洗。

---

① 瞿式耜，《愧林漫录》，前序；瞿果行，《瞿式耜"入教"和"借兵"的考辨》。
② 如钱氏尝为汝稷、式耜和式耒等瞿家之人撰有许多文字（见第二章），而式耜临难前，还赋有《自入囚中，频梦牧师（农按：指别号牧斋之钱谦益），周旋缱绻，倍于平时，诗以志感》一诗，声称："自分此生无见日，到头期不负门墙！"参见《瞿式耜集》，页243。
③ 此见钱谦益致黄宗羲之信，收入《黄宗羲全集》，第11册，页389。
④ 《瞿式耜集》，页304。
⑤ 瞿式耜之孙昌文曾于该年五月蒙永历帝召对并赐官，昌文于八月朔离开梧州返回桂林时，也还面见皇帝辞行；十月初十日，式耜又遣昌文亲赍表至梧州，并于十九日获帝接见。参见瞿昌文，《粤行纪事》，卷2页6—8。

至于式耜，则有可能在天启朝居家守丧期间或之后不久受洗，但随后则因宦游和广嗣（当时仅有玄锡一子）等缘故，而在天启七年前后违反教规娶妾，且之后更与释、道颇为亲近[1]。

三、金声与天主教

本节将再以明末殉国的名臣金声为例，探讨这位在天、释两教间徘徊的知识分子的抉择。金声，字正希，徽州休宁人，崇祯元年进士[2]。他年轻时对国势的日益衰颓深有所感。万历四十七年，明军在萨尔浒之役大败，金声闻讯后即"延武人讲武，相与握拳磨斗，粟中求粝，凡行间所应有，无不习焉"；崇祯二年十一月，后金入逼京师，举朝措手无策，金声乃举荐同年刘之纶和游僧申甫，刘氏因此升授兵部右侍郎，奉旨料理京营的守御事宜，申甫亦因善制战车、火器而被超擢为副总兵，奉旨召募新军，金声本人则以山东道御史的身份监军；同时，徐光启也负责京营的"指授训练"[3]，但申、刘两人未几先后败战殉国；三年九月，金声乞归获准[4]，后虽屡遭起用，均不赴；唐王时，纠集义民在安徽一带抗清，获授右都御史兼兵部右侍郎；隆武元年十月，被执死难。

---

[1] 李天纲指称瞿式耜在被清兵所执后，其绝笔诗中的"朝闻才是'了'，圣训已居先"、"正襟危坐待天光"等句，有"基督教神学的境界"，此说或有附会之嫌。事实上，前者的上两句即是"佛教言生死，无过一'了'缘"。又，式耜在狱中时恰逢亡妻的生忌，惟因在囚中不得焚纸，乃以饭一瓯、菜一碟、酒半杯，在狱中设位哭之，并作诗感谢友人杨艺代其礼忏山中。此种笃信术数和烧纸钱的态度，亦与天主教的教义格格不入，如教会中人在万历末年所撰的《醒迷篇》中，即分别有专章批判风水地理、命理和焚化纸钱等事。参见李天纲，《早期天主教与明清多元社会文化》；《瞿式耜集》，页232—245。

[2] 下文中有关金声的生平事迹，如未特别加注，均请参见熊开元，《金忠节公传》，收入氏著，《熊鱼山先生文集》，卷下页25—43；《明史》，卷277页7090—7092。

[3] 谈迁，《国榷》，卷90页5502—5504。

[4] 汪楫等，《崇祯长编》，卷38页9。

　　金声早年笃信佛教，天启元年，曾与同里好友兼儿女亲家的熊开元一同师事觉来大师[1]。稍后，金声曾对天主教产生浓厚兴趣，如其为同乡长辈叶鹏季所撰的《城南叶氏四续谱序》中有云：

> 　　余自总角时见翁，翁为余改窜文字；比壮，而翁之季子来问业。翁成其家谱以示余，谓余通家好，征序焉……而余适与泰西宿儒论学，颇相感触。其言万物最初一大父母，今四海之内皆为兄弟，回念而爱其大父母，遂相推心以及此兄弟，而相爱焉，此大旨也……亲亲有杀，古谓之天秩，天秩定而万物各得其所，夫是之谓大同，比而同之，是乱天下也。泰西不为是说，学尊性命而明物察伦，断断焉！井井焉！其必不可意假借而私游移，吾喜其与吾中土圣人大道往往符合也。[2]

其中就对天主教"明物察伦"的思想，深有感发，认为其说与中土的"圣人大道"相契合。

　　陈垣以为金氏前引序乃作于天启七年[3]，因其当年三十岁，与"比壮"一辞相合，又因金声于天启六、七年间，随其师罗喻义在南京读书[4]，故陈垣进一步指称金声所晤的西士乃为其时在南京布教的毕方济。然而，此说恐误。首先，毕方济在崇祯四年以前从不曾至南京传教[5]；再者，我们从原文仅可判断该序撰写的上限应在金声三十岁前后，而无法断定其必在天启七年。笔者怀疑此序或应撰于他在崇祯元年举进士之后，叶氏雅欲借其进士的名气以替己撰的家谱

----

① 熊开元，《鱼山剩稿》，卷8页1—4；李宗颐，《金正希先生年谱》，页174。
② 金声，《金正希先生文集辑略》，卷6页55—56。
③ 陈垣，《休宁金声传》。
④ 罗氏也尝锐意讲武事，并陈车战之利；《明史》，卷216页5717—5718。
⑤ Dehergne, *Répertoire des Jésuites de Chine de 1552 à 1800*, p. 238.

增光。又因金声称其在作序时，"适与泰西宿儒论学"，而他自崇祯三年十月告归后，多居乡，其时，徽州一带尚未见传教士的足迹[1]，故《城南叶氏四续谱序》一文，或应是崇祯元年至三年间撰于北京。

由于金声在崇祯元年致友人的数封信中，屡可见佛教用语和思想[2]，且好友谭元春在金声于是年考上翰林院庶吉士时，尚与其大谈佛法[3]，知金声或在崇祯二、三年间始对西学、西教产生兴趣。熊开元在《金忠节公传》中，对金声宗教信仰的转变颇多着墨，其文曰：

> 辛未，乃讲学于还古书院……已闻泰西氏之教，则又率子弟从事泰西。壬申，还嘉鱼，觉大师已示寂，公造其庐，用泰西教，不礼佛菩萨像，独拜师神主，哭不辍。鱼山曰："先师故事佛，子骏不然其所事，而哭之恸，独何与？"公曰："只觉先师遗训率由无斁，他非所知也！"坐定寒暄毕，鱼山力斥泰西学非是，至手口交作，气惊一座，公犹未即降，鱼山曰："子骏口虽不服，心未安也！"公曰："予若安，则圣人矣！"故一时学者咸诋公阑入异道，鱼山独信公求道急，暂行歧路，不久即当还……不数月，公果废然返。过庐山仍往见半偈老宿暨宗宝和尚，且迎宝至其家，限一关静究……是年十二月，执政徐元扈公光启主西洋历，谓精研理数无逾公者，特举公董事；治历非公志，徐公善泰西，不欲往，亦一端也。

由于觉来大师乃于崇祯五年壬申岁的正月圆寂，知金声率子弟在休宁的还古书院习西学和西教的时间，主要在崇祯四年；当替觉来大师治丧时，因金声行用天主教之礼仪，故曾与好友熊开元发生激烈

---

[1] Dehergne, *Répertoire des Jésuites de Chine de 1552 à 1800*, pp. 352–353.

[2] 金声，《金正希先生文集辑略》，卷3页3–7。

[3] 谭元春，《新刻谭友夏合集》，卷7页20–21。

争执；然据熊氏所言，金声在数月之后即再度改宗佛教，且迎宗宝和尚至家，并闭关静修；此故，当徐光启于五年年底荐举他赴京治历时，金声即因兴趣和信仰不合而婉拒。

在《还古书院志》中，对金声这段时期的行径亦有所叙述，称其：

> 嗜性命之学，乾竺、天主皆师事之；比后，又有禅宗冒易学而儒其名者，先生亦迎之入，夙夜无懈，不亚畴昔之师庐山老衲也。盖先生生而聪慧，务欲立正厥宗……家法凡以一其学，非杂也。①

指出金声因一意追求如何"安身立命"，故无所不学，亦无常师，他不仅修习佛典，亦曾师事天主教，期盼能融会诸家之长。

徐光启对金声的认识，可能主要起于崇祯二年，因十一月后金的军队围北京，当时两人曾一同参与京师的防御工作，想必因职务需要而有所接触。四年十月，徐光启奉旨向兵部开送八事，其中有云："调取澳商，终不得已，宜悉如上年旧事。其统领教士俱在登莱，宜听登抚斟酌，差官伴送前行。其特遣官则在告御史金声，忠猷夙著，亦习夷情，宜起补原职，遣官趣赴广省。"② 金声当时或因曾与耶稣会士往还，而以"亦习夷情"获徐光启举荐赴澳门召募能用炮、教炮和造炮的葡人来华助战，但金声并未出仕。

　　崇祯五年十月，徐光启再度疏请起用告病在籍的金声，建议应敕下都察院催取其前来参与修历，"使居讨论修饰之任"，并谓"其遣文析义，当复胜臣"③。金声在邸报上看到此事后，即函询其师罗喻

---

① 施璜，《还古书院志》，卷9页9。
② 《徐光启集》，卷6页316。
③ 《徐光启集》，卷8页418–419。

义（方因得罪温体仁而以礼部左侍郎衔遭革职）的意见，其中有云：

> 声自前岁归来，麋鹿之性，已将终身。已闻吾师去国，百
> 念益复灰冷。今忽有此意，怅怅殊不欲行，图所以辞之，而又
> 未得其说也。出处两念，至今蒙蒙，而不得就商决于吾师，惟
> 师幸有以教之。①

崇祯六年，金声即以病未痊愈为由而疏辞荐举②。

金声在致徐光启恳辞的信函中，有言：

> 声思路本粗莽疏阔，敬服西儒，嗜其实学，乃在理道及修行
> 法律，至于象数，全所未谙。即太老师所译《几何原本》一书，
> 几番解读，必欲终集，曾不竟卷，辄复迷闷……声近发薄愿，不
> 自揆度，欲倡明大法，尽区区笔舌，将次第译授西学，流布此
> 土，并为人广细宣说，此非十年不仕，优闲专精，未易卒办。③

因知徐光启之所以推荐金声参与修历，很可能主要着眼于他对西学、
西教的认识与友善的态度，而不是看中他天算方面的能力。而金声
讲武强兵的主张和行为，可能也是徐氏先前欲加以提携或交结的原
因之一④。崇祯六年十月，徐光启再度疏荐金声至历局任事，称其
"博综数理"，但仍不果⑤。

----

① 金声，《金正希先生文集辑略》，卷3页25。
② 金声，《金正希先生文集辑略》，卷2页20—21。
③ 金声，《金正希先生文集辑略》，卷3页26—27。
④ 崇祯三年，金声上疏建议亟遣使联络朝鲜，此举或亦深得徐光启之心，因徐氏早
　于万历四十七年即曾提出类似的主张。金声，《金正希先生文集辑略》，卷2页10—
　11；《徐光启集》，卷3页113—115。
⑤ 谈迁，《国榷》，卷92页5617。

由于金声在前述婉谢徐光启荐举的信函中，称己"以疏远膺宠
327　君相"，且担心有人讥其"为禄位乃以学术依附明公"，知两人间的
交情应属泛泛；无怪乎，金声乃是从邸报上始见到徐氏的举荐。金
声虽在同信中，称己愿以十年之劳译授西学，以广为流传，且他在
恳辞修历的奏疏中，也尝称："臣虽居田，亦当弃此身心，学道著述，
以助圣化。"[1] 但这些很可能均属客套或借口，因在笔者过眼的数百
种明清之际天主教相关著述中，尚不曾见有出自金声之手或由其撰
写序跋者。

清末民初，马良即据金声致徐光启信中的纪述，首倡金声为教
友一说[2]。由于在明清之际的中西文献中，从不曾叙及此事，且在金
声的遗文中，更屡可见浓厚的佛教思想，天主教人士英华因此于民
国四年撰就《与某公论金正希奉教事》一文，辩称：

在仆之意，以为金公既不幸早殉国难，其遗书又非手自编
定，当其生时，其交厚亦不以其信教为然，故于其传中多代洗
刷之语，然情实不能相掩，东鳞西爪，确凿之证甚多：如其上
徐相国书，真诚恳切，岂有饰词乎？而鱼山则谓其不就徐荐，
因徐善泰西故，一若此时翻然悔悟者。此语可欺愚人，难逃明
者之鉴也……后又嘱其家人不可自尽之言，是确守圣教之规也。
乃又一书云："贼至可自焚。"又云："临死不可忘作佛事。"以金
公之人，岂反复昏愦若是？况佛事者，皆为死后始作，若临死
作者，其为教中圣事无疑。诸如此类，谓非人之改窜者，吾不
信也。[3]

---

① 金声，《金正希先生文集辑略》，卷2页20–21。
② 此据方豪的《中国天主教史人物传》（上册，页241），出处不详。
③ 此文收入英华《安蹇斋丛残稿》一书，转引自方豪，《民初马相伯、英敛之、陈援
　庵三先生之交往》。

亦即，认为金声信教的事迹乃因遭后人改窜以致不彰。

　　陈垣也在扬教的心态之下，力持此说，并于民国六年将金声挚友熊开元所作的《金忠节公传》，删改成《休宁金声传》一文，论曰：

> 　　其学道之名，为死节及文名所掩……熊鱼山为君传，则极力援君入禅。然吾据君集《上徐玄扈书》及《叶氏世谱序》，知君所服膺者为耶稣。鱼山亦述君休妾，及率子弟从事泰西，不礼佛菩萨像，并谓一时学者咸诋君阑入异道，则君之信仰皎然矣！既谓君不数月废然返，又述君晚年与海门不合，与彻和尚不契，与悟和尚亦不契，则又何耶？君女道炤不嫁，从父清修，耶耶？释耶？丧葬用古礼，儒耶？耶耶？虽无明文，然古礼云云，其不徇俗延僧礼忏可知也。此皆鱼山所亲记，愈洗濯而愈显，愈掩饰而愈明……鱼山不应以后死之故，诬其死友。

　　其论说显然源自英华且更加增益。下文即对英、陈两人的说法试加辨证。

　　前述所谓熊开元诬友之说，其实并无充分的证据。因据熊开元在《金忠节公传》中的自述，两人虽曾因宗教信仰而有过龃龉，但彼此间的论争，仍"纯是和气"。况且，《金忠节公传》之作乃金声的子弟门人所丐求的，故与金声"托为兄弟"的熊氏[1]，应不至于在众目睽睽之下对其挚友的事迹有如此严重的捏造。

　　关于金声在信仰上的兴趣回归佛教一事，我们还可从其生平事

---

[1] 如在金声于崇祯十一年写给海门和尚的信中，即称其与熊开元"生死以之，誓不忍相弃置"，而熊氏亦对海门称己与金声"气谊之笃，甚于同胞"；又，当熊开元于崇祯十三年为金声之父撰寿序时，尝称金声"自吾而外，竟无友"，而金声也曾在寿熊母时，称："吾与鱼山托为兄弟……义尚未止于骨肉。"参见熊开元，《金忠节公传》；熊开元，《鱼山剩稿》，卷6页6；金声，《金正希先生文集辑略》，卷7页17。

迹、诗文内容或师友关系中见到明显痕迹。如其在崇祯八年曾为一
自经以殉未婚夫的邻村女子立表题墓①；在崇祯十年为名僧憨山德清
《大方广佛华严经纲要》一书作序时，尝自题为"海阳（休宁古名）
弟子"，并称己"学道既迟……知此大事才数年"②；而其崇祯十一年
的语录中，有云："我等幸得人身，切莫打混过日，宜循佛说急自思
量。"③ 崇祯十二年，金声更拜天如和尚为师，每日在学堂中随师拜
佛，而他在十三年致熊开元的两封信中，除屡用佛家术语外，还称
己将于稍后与友人"同诣师（农按：指天如）受一严戒"④；九月，他
在序《神鼎云外泽禅师语录》一书时，末题为"侍教法弟金声和南
撰"⑤，其中"和南"意指僧人合掌问礼，而"法弟"亦为佛教的称呼
语；是年，金声也与天然和尚"禅悦相契"⑥，而在其所撰的一寿文中，
亦尝有"祝大君子寿考，犹之请佛菩萨住世"语⑦；他于崇祯十五年
致地方官的信中，也可见"以菩萨愿悉众生心"等佛教语⑧；而他在
十六年致友人李氏的函中，还称："敝郡有大儒，为程子尚先生（农
按：指程智），精透禅宗，深悟易数，向在闾门，今迎来新安。何时
得与年兄晤对畅谈，而弟从旁静听，亦人生快事也！"⑨

　　此外，金声于崇祯十七年为一位"断肉茹素二十余年"、"笃信
三宝、永断三业"的族兄撰写祭文时，尝曰："薄奠在筵，惟兄之灵，
尚其飨之！"⑩ 此语亦不似出自一信奉天主教的人士。隆武元年，金

① 刘洪烈注，《金正希先生年谱》，页19。
② 《中华大藏经》，第2辑第27册，页21869—21872。
③ 金声，《金正希先生文集辑略》，卷9页32。
④ 金声，《金正希先生文集辑略》，卷4页1—3；熊开元，《熊鱼山文集》，卷下页25。
⑤ 《中华大藏经》，第2辑第65册，页55057—55058。
⑥ 汪宗衍，《明末天然和尚年谱》，页20。
⑦ 金声，《金正希先生文集辑略》，卷7页23—25。
⑧ 金声，《金正希先生文集辑略》，卷4页35。
⑨ 金声，《金正希先生文集辑略》，卷5页7。
⑩ 金声，《金正希先生文集辑略》，卷8页17。

声在致长男的绝笔信中有云："道炤等闻我信，必求自尽，可且止之，候我南中信归，再听行其意，未迟也！"① 金声父女不排除自杀的态度，也与天主教"十诫"的教规相背。

又，金声在殉国前不久写给长兄的家书中，有云："父母两柩未归土……可择吉日之最近者，及早葬之，此为要紧。闻女等前日积薪于屋，俟有急，即举火自焚，此真学道人，弟所至欣羡者也。望兄仍时以佛法提撕，一切皆佛法，乃为来生大留种子耳！"② 其中不仅勉励兄长奉持佛法，且其对自焚和择吉的态度，也与天主教教义不合。

至于陈垣在《休宁金声传》中所强调金声与海门等和尚的不契，其实并不必然说明他不是一佛教徒，而仅可用来显示双方在修行方式上的差异。因金声重修持，与海门等禅师所崇尚的机锋顿悟格格不入，尝称："禅子戒德未增，而遽责之悟道，是不能。"而海门亦尝向熊开元批评其友金声曰："此公是一个汉，为道为友之心，人所不及，惜乎修行习气重。"

除了诗文所显示金声晚年的佛教信仰之外，收录其崇祯年间语录的《金忠节公语录》一书中，佛教的用语和思想也几乎随处可见。而在同时代学者黄宗羲所撰的《明儒学案》一书中，亦称金声"精于佛学"，并评其乃以"儒家本领杂之佛学中"③。康熙《休宁县志》中，也直称其"参禅嗜佛"④。

此外，金声的婚姻生活或亦可用来印证他是否入天主教。查今存之三本《金正希先生年谱》⑤，知金声妻鲍氏卒于崇祯十一年五月左

330

① 金声，《金正希先生文集辑略》，卷5页51。
② 金声，《金正希先生文集辑略》，卷5页50。
③ 《黄宗羲全集》，第8册，页706。
④ 廖腾煃等修纂，康熙《休宁县志》，卷6页25。
⑤ 此三本均收入《北京图书馆藏珍本年谱丛刊》，内容大同小异，似均源自金声门人程锡类所撰之本。

331 右，但光绪二十三年刘洪烈所注（此本有陈垣之藏书印）和光绪十四年李宗煾所编的两本中，均称其次子敦滋（熊开元婿）生于十二年；虽然鲍氏过世后，金声因父母尚存，故无需服一年之丧，但通常不会如此急着续弦，因疑敦滋最可能是侧室所生[1]。

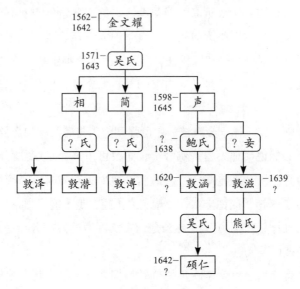

图表9.2：金声家族世系图[2]。

　　以上种种论据，均显示熊开元应未在其所撰的《金忠节公传》中，为"援君入禅"而歪曲事实。也无怪乎当金声兵败殉国后，出面替其募棺殓尸的，是僧惠元（或称慧源、海明），而文献中亦有称

---

[1] 惟在金兆蕃著于民国十七年所刻之年谱中，将敦滋之出生系于十一年。查金声的好友熊开元当时正在润州（在今江苏镇江）的焦山避寿，金声亟欲往晤，但因鲍氏患疾而稽延至五月始抵达润州，居数日就意外接到鲍氏的讣闻；依常理判断，健康状态欠佳的鲍氏若已入怀孕末期，金声实不应还出远门访友；且若鲍氏是在生子后过世，家谱中亦应会将敦滋之生与鲍氏之死关联在一块叙述；因知敦滋确非鲍氏所生，而金声则曾纳妾。

[2] 金声家族状况请参见各本《金正希先生年谱》；金声，《家墓志铭》，收入《金正希先生文集辑略》，卷8页26-27；熊开元，《鱼山剩稿》，卷6页5-7。

其阖家十余口均自缢者①。方豪在民国二十四年写给陈垣的信中，尝曰："金声曾终其身奉教与否，近亦颇疑之，则以《鄞县志》中发现其崇佛嫌疑也！"② 知其对金声入教之说显然有所保留；此故，他虽在《中国天主教史人物传》中，收入了金声的小传，却称："声是否领洗，不能确定。"英华和陈垣等人或因主观上无法接受金声在宗教信仰的反覆，以致有所误解。事实上，金声尝在为熊开元之母李氏所撰的寿序中，称己"生平反覆出入，或重为世人所惊疑者"③，即指出其在天、释两教间的徘徊。

至于，陈垣所提金声长女道炤曾奉天主教的说法，也未见确凿的证据。道炤原许配给湖广巡抚唐晖的次孙，唐晖乃金声之师罗喻义的房师④。是年，金声拜天如和尚为师，潜心佛法。明年，道炤年十七，当适唐家，但她却不欲嫁，要求从父清修，金声遂不再为其治嫁妆，熊开元尝受托相劝，然金声回曰："彼方欲为圣贤，吾忍牵其裾使下耶？"陈垣因认定金声为天主教徒，故误以道炤欲从父清修一事，乃其随父信奉天主教的表现。笔者近在嘉庆《休宁县志》中新发现一则资料，称道炤在矢志不嫁后，乃祝发为尼，法名慈航，熊开元且还曾题其礼佛之地为"二胜庵"⑤！文献中亦有称道炤尝参灵隐具德禅师，后并结庐夏华山，依蘗庵禅师而居⑥。

332

从前述的讨论，知金声的宗教信仰常"反覆出入"，以致屡屡令人"惊疑"：原本佞佛的他，于崇祯二、三年间在京接触到西学和

① 徐鼒，《小腆纪传》，卷46页22；瞿共美，《粤游见闻》，页364–365；江天一，《江止庵遗集》，卷8页14–30。
② 参见陈智超，《陈垣来往书信集》，页292–293。
③ 金声，《金正希先生文集辑略》，卷7页16–19。
④ 金声，《金正希先生文集辑略》，卷8页1–3。
⑤ 方崇鼎等修纂，嘉庆《休宁县志》，卷16页36。惟此一纪述中，称道炤是在金声尽节后，因痛不欲生，而矢志不嫁的，此与熊开元的说法有异。
⑥ 丁传靖，《甲乙之际宫闺录》，卷3上页21–22。

西教，或因深受感召而受洗，并于崇祯四、五年间率子弟虔诚奉教，但他在崇祯五年年底却又重回佛教的怀抱。

四、焦琏与天主教

陈纶绪（Albert Chan）神父曾于二十年前在马德里的西班牙国家图书馆发现一份珍贵文件（codex no. 2369），名为《中华帝国局势之总结》（*Suma del Estado del Imperio de la China…*，Madrid, 1651），该文件乃根据1638–1649年间在华耶稣会士寄至菲律宾的信件内容，而对明清鼎革时期发生的史事做一整理（见附录9.1）。虽然此文早经陈氏从西班牙文译成英文[1]，但笔者很惭愧迄今始寓目。其中所收录瞿纱微的信札中，屡次提及一位教名为Lucas的官员，许多学者疑其即永历朝中的重臣焦琏。

萧静山在1917年首揭路加（Lucas、Luc、Luke或Lukas）为焦琏的教名，然而他并未附上任何参考文献，亦无论证[2]。沙不列（Robert Chabrié）在其《卜弥格传》（1933）一书中，则仅提及 Lucas 之姓为 Tchenn（或作 Tchin、T'sin）；此故，冯承钧在译序中即认为："焦琏奉教事有可疑，盖西书仅言洗名路加者，并未实指其人为琏也！"[3]

---

[1] Chan, "A European Document on the Fall of the Ming Dynasty（1644–1649）."

[2] 萧静山（教名若瑟），《圣教史略》，卷12页91。

[3] 沙不列，《明末奉使罗马教廷耶稣会士卜弥格传》，页2、33。惟冯承钧在译文中并未明指Lucas其姓各译名的出处。

附录9.1

西班牙国家图书馆所藏的一封瞿纱微信函

陈纶绪神父所发现的《中华帝国局势之总结》，是一份内容翔实的原始材料，且罕见两岸学者引用，先前虽有部分内容见于沙不列的《明末奉使罗马教廷耶稣会士卜弥格传》[①]，但许多细微之处多遭删节，且未加考证，故现将瞿纱微该信摘译成中文，以为深入析探之依据。括号内的中文叙述，乃笔者据南明史料所加[②]，以方便读者了解具体的历史背景。其文曰：

> ……（永历元年正月，清将李成栋犯肇庆，）阁老（大学士丁魁楚）自携三百万两库银出走（岑溪，为清军所获，被杀），永历帝不知所措。奉教官员 Lucas 适时出现[③]，他属下拥有强大兵力以及从澳门来的葡萄牙枪炮手，我与这位圣教的保护者 Doctor Lucas 同行（，奉帝幸平乐）。另一位在永历朝掌兵权的天主教徒是庞天寿（Panaquileyo），鉴于兵力短缺，庞氏遂将堡垒的防御工作交付澳门来援的枪炮手（由 Nicolas Ferreyra 率领[④]），

---

① 沙不列，《明末奉使罗马教廷耶稣会士卜弥格传》，页40-42。
② 此参照陈纶绪文中之注解；柳亚子，《南明史纲·史料》，页30-38；计六奇，《明季南略》，页345-367；瞿玄锡，《稼轩瞿府君暨邵氏合葬行实》，页357-417。
③ 瞿玄锡在《稼轩瞿府君暨邵氏合葬行实》中指称"扈跸者惟府君（瞿式耜）一人"（页379）。
④ 陈纶绪在其文中，称他曾在埃武拉（Évora）图书馆所藏的一份葡萄牙文献 *Breve Relaçaõ das Revoltas e Successos da China, Desde o Principio seu Levantamtos e Guerra* 中，发现一段有关Nicolas Ferreyra的纪述，指出他当时年方逾25岁，是澳门出生的天主教徒，父母亲均为华人（页96-97）。

并不顾 Doctor Lucas 的反对，携我以及三千人至湖广募兵。当我们抵达桂林时，听说永历帝亦朝该地撤退，（正月二十五日，驾至桂林）……我利用永历帝和其朝臣所赐给的一大笔钱，在 Enquim（行在?）购屋并建立天主堂，许多朝中的上流人士常来造访，这是发生在1647年3月之事。

……（二月初十日，在清军的进迫之下，）朝议决定移跸湖广，庞天寿宣誓以死相从永历帝，Doctor Lucas 则自愿留守[①]……我亦伴同他……Doctor Lucas 以两千名的援军不仅守住此城，并（于元年三月和五月）大败清军……困居在湖广的朝廷，（以武冈为行在，改名奉天府，）遭总兵（刘承胤）挟帝以令诸侯。

……在永历帝的同意之下，庞天寿积极对太后、太后之母以及皇后等人传教，并获得她们的虔心认同，但因我远在桂林与 Doctor Lucas 一块，故一时无法应召去替她们领洗。

1647年9月（永历元年八月），清军趁防守不备，以迅雷之势攻陷行在（奉天府）。永历帝一家幸运逃出，惟有三岁的皇子失踪，生死未卜。（在柳江上游的古泥关，总兵侯性与司礼监庞天寿率舟师五千迎驾，天寿因此功旋奉旨掌司礼印，）皇帝和内廷抵达位于广西内地的柳州，为了保障他们的安全，王太后决定追随 Doctor Lucas

---

① 焦琏当时扈跸至全州即返；参见王夫之，《永历实录》，页81。在 *Breve Relaçaõ das Revoltas e Successos da China* 中，亦提及当时有一教名为Matheus的朝臣自愿舍身救国，陈纶绪指出Matheus乃瞿式谷的教名，此或与其堂兄瞿式耜的教名Thomas相混淆了。

至省会所在地（桂林），皇帝则率众官反向而行（，沿柳江而下东南方的象州，本欲入南宁以为久避之计，但为焦琏的乱兵所阻。十月初六日），在皇帝和太后尚未分手之时（，土司覃鸣珂与守道龙文明互攻，柳州因此遭兵燹，"矢及御舟"），乱兵在城中烧杀掳掠达三天三夜[1]，皇帝和其家属幸运脱离险境（。由于瞿式耜屡疏请移跸桂林，遂遣庞天寿等人改护三宫至南宁，十二月初五日，帝至桂林，而两宫太后和皇后则于初十日抵南宁[2]）。

1648 年 3 月（永历二年二月二十二日），（郝永忠的）部队再度哗变，他们洗劫了（桂林的）行宫和城区，烧杀奸淫，胡作非为。永历帝携家属不知往何处避难，在彷徨无助时，又误传清军即将攻到，王太后于是试图上吊自杀[3]，幸经庞天寿及时救下，并劝她要对天主有信心且入教，平复过来的太后因此希望能尽速受洗。

在虏寇交侵的情形下，帝命 Doctor Lucas 扈从太后与庞天寿至我们的所在地（南宁），随行的皇后原先亦是居住在省会（桂林）。据王太后称，先前某夜她在床前见到耶稣显灵，责其曰："汝为何不追随我？若不接受我的律法，则将死！"……遂在庞天寿的见证下，由我为她

---

[1] 陈纶绪之文误以皇帝当时乃决定从柳州至桂林，故将此事系于永历元年五月的桂林，当时刘承胤的部下曾因亲饷而哗变（页 99—100）。

[2] 此见瞿玄锡，《稼轩瞿府君暨邵氏合葬行实》，页 383；计六奇，《明季南略》，卷 10 页 352。

[3] 虽亦有文献称二年二月永历帝因乱离开桂林时，三宫仍在南宁，但因瞿纱微与内廷关系密切，故笔者以为其所叙述的三宫行止或较接近事实。查二年春，四川全省恢复，清将金声桓亦以南昌内附，故三宫很可能因局势渐趋稳定而返回行在桂林。参见计六奇，《明季南略》，卷 10 页 352、卷 11 页 362—363。

以及后宫诸人领洗，王太后的教名为烈纳（Helen），中文字意为"接受贞节"（reception of chastity），马太后为 Mary，王皇后为 Anne，王太后之母为 Julia，侍女为 Agatha。

……次日（永历二年三月初十日），永历帝抵达我们的所在地（南宁）。王太后命他在天主像前跪拜……。再一日，王太后写了封亲笔手谕给我，其文曰："皇太后谕瞿先生：予在世所作罪业，深如丘山，又虑虏寇交虹之际，人心涣散之时，危在燃眉之急，恐落于凶恶之手，以污秽了身体，惟望先生替予每日在天主、圣母圣前祈求，遣天神护持予身，全其名节，只愿善终，不枉进教，一尝生死，感诵胜德不朽也！"我回覆并向她保证，既然她的祈求不是生活诸事，而是寻求灵魂和身体的纯洁，故她不仅将遂其所愿，其国家也终会复兴。天主为了要替我的保证背书，在八天之内，即传来七省反正的奏疏[1]……这些事均发生于 1648 年 4 月 9 日之前。

5 月 1 日，我修书澳门告知这些消息。皇帝透过太监告诉我，他的一个女儿刚夭折，他担心天主并未如我所保证的庇佑他。我答覆他天主将不会帮助那些不合律法之事，由于此女并非皇后所生，而是出自（违反"十诫"一夫一妻制的）嫔妃，故她未能存活。天主欲借此给皇帝一个教训……我的回音是在皇后即将分娩时上呈的，

---

[1] 永历二年三月十七日，清广东提督李成栋以广东内附，旋即两广的清朝官员纷纷改奉永历正朔，时间与此相合。参见瞿玄锡，《稼轩瞿府君暨邵氏合葬行实》，页 387；钱澄之，《所知录》，卷中页 17-19。

我告诉皇后我每天都会为她举行弥撒，而天主会赐给她
一位可爱的皇子……当晚刚好在午夜时分皇后生下一位
儿子。皇帝满怀喜悦地将此一佳音通知我，并送来他亲
笔所写的皇子的生辰八字，要我为这位新生儿推算天宫
图①。我利用此一机会以我们正统的占星术推算出此子的
命运，我指出他在母亲子宫时就已受天主疼爱，此因天
主在皇后受洗时就给了他祝福，让他与天主之子在同一
时辰降生地球就是明证。

　　……两宫太后和皇后都坚持皇子应受洗，但我回答
如果没有获得皇帝的同意，我不会径自施行。我还答应
要替他找些师傅，教导他圣教诸事，且不允许他将来娶
嫔妃或做其他不合律法之事。

　　皇帝完全知道此一情形，但他怀有恶意的朝臣两度
介入此事，导致他与太后和皇后之间意见不合。在我们
从山区下到平地的途中②，皇子生重病且濒临死亡。我得
到上谕，要我在弥撒中替其向天主祈福，并问我对此事
的看法。我答称天主或因皇帝未做适当回应而不快，如
要此子存活，最好让他受洗成为天主之子。皇帝于是要
求我立刻替该皇子领洗，我就在他面前完成了洗礼。……
受洗之后，皇子的病情旋即好转。他的教名是当定
(Constantine)，中文字意是"(他) 将决定"，皇帝和朝
廷对此名都非常喜欢……

---

① 此见黄一农，《耶稣会士对中国传统星占术数的态度》。
② 永历二年四月初，皇后在南宁生皇子慈炫；六月，帝入浔州；七月，至梧州；八月，
移跸肇庆。慈炫受洗的时间，应在出生三个月之后的七月前后。瞿纱微当时一直
随驾，并在庞天寿的举荐之下，在肇庆朝中掌钦天监事（参见正文的讨论）。

337

> 皇帝对圣教相当了解，他因某些与国家和政治相关的原因而迟疑入教。诸后们则相当热情，尤其是王太后，她一丝不苟地遵循圣教的会规，甚至每逢天主教的一些节日时，她连茶都不喝，我必须劝她不必如此严肃。她几乎竟日祈祷，祈求天主能打开他儿子的心房，令他遵从圣教的律法。我满怀希望她会是另一位圣莫尼加（St. Monica），能令其皇帝儿子皈依①。

近代许多学者接受焦琏奉天主教之说，应多是受伯希和（1934）之文的影响②。伯希和在耶稣会士 Alexandre de Rhodes（1591–1660）的著述中发现一则资料，曰：

> 澳门教团日耳曼籍的神甫安德纱微（指瞿安德），在1644年派到中国……他尤为交趾邻省的一个长官名 Luc 的基督教徒所优礼。会有交趾国王的贡使还北京，安德纱微神甫乘其经过广西时，劝此长官厚为款待。

伯希和认为此一叙述有误，他径以 Luc 即焦琏，并称"交趾邻省长官"（gouverneur）则应指的是广西巡抚瞿式耜。查 Alexandre de Rhodes 虽自1624年起即断断续续在中南半岛传教，但他中间约有十年是在澳门教授神学；1645年7月，他在会安（Hoi An）被逮捕，旋遭永远驱逐出境③。亦即，他对明清鼎革之事的叙述或非第一手资料，

---

① 圣莫尼加（332–387）是已婚妇女的主保，她以一生的心力终于劝服其子改信天主教。

② 伯希和，《卜弥格传补正》，页478–548。

③ Phan, *Mission and Catechesis*, pp. 45–65.

譬如他就曾误指永历帝已要求受洗入教①。也就是说，如 Luc 真的是当时以副总兵衔协守桂林的焦琏②，则 Alexandre de Rhodes 有可能是将其官衔夸大成了一省之长。

　　陈纶绪同样直指 Doctor Lucas 即焦琏③，惟他与伯希和均未具体回应冯承钧所提出的疑惑。由于前引瞿纱微的信札中，总共提及 Lucas 之名八次，其事迹似乎只可与焦琏或瞿式耜大致相合，而当中记永历元年皇帝一家逃抵柳州之事，或可用作进一步的辨定。据信中所称，当时王太后本欲在 Lucas 的扈从之下至桂林，而永历帝则率众官至南宁，没料到皇帝在距柳州不远的象州却为焦琏的乱兵所阻，知焦琏那时人或在柳州附近，而在桂林的瞿式耜虽屡奉召入柳，却一直以留守任重而辞不赴④。再者，因瞿式耜的教名已知为 Thomas，故 Lucas 应最可能为焦琏。

　　焦琏与永历帝相识的渊源始于其未登基之前，朱由榔于崇祯十六年尝为张献忠军所执，焦琏即曾率兵劫狱，并在追兵四出的情形下，亲自将惊病无法行走的由榔背负救出；此故，永历帝即位后，旋以此功擢焦琏为参将⑤。永历二年二月，因讹传清军已逼近行在桂林，永历帝遂不顾瞿式耜的反对夜半离城，走平乐。当时在桂林的郝永忠（又名郝摇旗）部则乘势扰乱，连瞿式耜的府署亦遭劫掠，他因此避居城外，并急请在平乐的焦琏入援；二月二十七日，焦军星驰入桂林，并于三月二十二日大败来攻之清军⑥。皇帝或因与焦琏

338

---

① Rhodes, *Rhodes of Viet Nam*, p. 35.
② 王夫之，《永历实录》，页81。
③ "Doctor" 大多是被用来称呼获得进士头衔之人，但亦有拿来尊称一般之官员，如 "Dr. Ignatius" 即指的是举人出身的孙元化（历官至登莱巡抚）。参见 Semedo（曾德昭），*The History of That Great and Renowned Monarchy of China*, p. 224.
④ 瞿玄锡，《稼轩瞿府君暨邵氏合葬行实》，页382-383。
⑤ 徐鼒，《小腆纪传》，卷36页3。
⑥ 瞿玄锡，《稼轩瞿府君暨邵氏合葬行实》，页384-385；计六奇，《明季南略》，卷11页363。

有特殊渊源，遂将扈从太后后撤至南宁的重责托付焦琏，但因当时局势紧迫，焦琏不知有无可能亲自护送太后后再赶返桂林备战，还是由他指派亲信护送，则待考。

卫匡国在其著述中，称永历朝中的广西巡抚 Khiu Thomas（瞿式耜）与大将 Ching Lucas 两人均为天主教徒，他们联手恢复了被清朝占领的广东西部地区，且谓 Lucas 家族五代皆在朝中任职[1]。亦即，西方材料中对 Lucas 的姓已知有 Ching、Tchenn、Tchin、T'sin 等不同写法，惟因当时的拼音方式极其混乱，如据卜弥格或金尼阁之法[2]，并无以"ing"、"enn"、"Tch"、"T's"等字表示子母音者，而"焦"字则应作 Ciu 或 Ciao。疑卫匡国等人或因与焦琏不相熟[3]，且因传抄时"u"与"n"极易混淆，再加上拼法不一，遂出现前述几种音译。而在教史中，也有以丁魁楚的教名为路加者，此很可能亦是因形误和拼音系统不同所产生的附会[4]，尤其传说丁氏娶有四妾，举止亦不类一虔诚教徒[5]。

此外，E. Kajdański（1999）在其近著中，则指卜弥格于报告中所称永历元年陪同瞿纱微至桂林的 Doctor Lucas，乃为原张献忠的部将李定国[6]；此说恐误，因李定国当时方入云南，直到永历三年始内附南明朝廷[7]。

---

① Martini, *Bellum Tartaricum*, pp. 144–145.
② 卜弥格在译介景教碑文时所用的拼音系统，与金尼阁略异。参见金尼阁，《西儒耳目资》；Kircher, *China Illustrata*.
③ 卫匡国是在 1643 年抵华，主要在浙江杭州一带传教，1650 年奉派返欧。
④ 萧静山，《圣教史略》，卷 12 页 91；萧静山，《天主教传行中国考》，卷 5 页 234。据金尼阁之拼法，"丁"字应作 Tim。由于丁魁楚于永历元年降清后被杀，故亦不可能是瞿纱微信中所提及的 Doctor Lucas。
⑤ 方豪，《中国天主教史人物传》，上册页 287–288。
⑥ 卡伊丹斯基，《中国的使臣卜弥格》，页 91、95。
⑦ 顾诚，《南明史》，页 343–352、612–622。

焦琏深受瞿式耜拔举[1]，虽然他善用西方火器[2]，但在明清之际的中文文献中，尚未见有其奉教的蛛丝马迹。《广西通志》中记载其出身颇详，曰：

> 焦琏，山西人，父以财雄于京师。有武人杨国威者，赖其资得总兵西粤，因请琏与俱行。琏为人倜傥，意气自豪，好骑射。读书虽不习章句，心颇向往。其与国威来，见国威有《孙吴》一编，辄取读，通晓大略。国威署琏掌旗鼓事……（永历五年，）时陈邦傅已封庆国公，驻平乐，畏死，又心害其能，因置酒召琏，酒酣伏发，琏起，慨然曰："吾不得死疆场，乃死此，命也！"遂自刭。[3]

340

惟其他文献中所记其个人资料常不一，如有以其为河北宣府人，或陕西人、南京人；其字有作瑞亭、瑞庭或国器者[4]。焦琏的家世与卫匡国所称之五代出仕截然不同，倒是瞿式耜家族从其祖景淳至其孙昌文，恰有五代在明朝任官，因知卫匡国有可能是将两人混淆了。

综前所论，据西方文献，焦琏或应曾入教。然中国史料中多指其最后是在陈邦傅说降时不屈自杀[5]，此虽与天主教的教义有所违背，但却是当时一些中国奉教士人（如王徵、陈于阶等人）在绝命之际所共同选择的自处之道！

---

① 尹秀芝、王朝晖，《试论焦琏在抗清斗争中的作用》。

② 永历元年五月，清兵围攻桂林时，焦琏即曾使用西洋铳御敌。参见计六奇，《明季南略》，卷10页349。

③ 金鉷等修纂，《广西通志》，卷118页30—34。

④ 徐秉义，《明末忠烈纪实》，卷15页283；王夫之，《永历实录》，页81—87；徐鼒，《小腆纪传》，卷36页3—5；萧静山，《圣教史略》，卷12页91。

⑤ 如见舒赫德、于敏中等，《钦定胜朝殉节诸臣录》，卷4页24；徐鼒，《小腆纪传》，卷36页4—5。

五、明末士大夫与天主教的交结

晚明之世，与西士交游或已成为知识界的时尚之一（见图表3.1
及附录7.3），本节即以瞿式耜、金声和焦琏三人及其师友为主要对
象，析探他们与天主教人士间交游的情形，尝试了解当时士大夫对
西学、西教所持的态度。

如金声的挚友熊开元，尝于崇祯四年参观北京的天主堂，他在
堂中见到"测景、量天、汲深、瞭远、引重、穿坚诸种种器用"，极
欣赏其"力少而功多，理幽而事著"，认为是"生人所厚赖也"，于
是尽其可能一一加以收集，且若尺寸过大的话，还设法将之缩制成
模型携回[1]。崇祯五年六月，当祁彪佳携数友过访熊宅时，熊氏也曾
出示西人所制的汲水器具，众人咸赞其"机巧绝伦"[2]。

熊开元对西方的器用之学初虽十分佩服，但当他于稍后在内地
见到几种"周旋"（中国民间所发明用以穿坚的工具）之后，却认为
先前所见西方的类似器具应均源出于此，态度因此顿改，转而慨叹
"昔人之于今人，其利溥尤，爽然知吾人之于西人，其用更宏"[3]，熊
氏或为现今所知最早揭举"西学中源"思想的士大夫之一。

在瞿式耜早期与天主教人士的交往中，曾于督学御史任内拔其
为岁试第一的杨廷筠[4]，应曾扮演一重要的中介角色。如式耜在崇祯

341

---

① 此见熊开元，《沈留侯〈艺林汇考〉序》，收入氏著，《鱼山剩稿》，卷5页43-44。
   由于熊开元称其会晤耶稣会士乃在"谢吏事，入为近侍"之时，而熊氏自天启五年
   中进士之后，初授崇明知县；崇祯元年，改吴江知县；四年赴京考选，六月，授吏
   科给事中，十一月，因其吴江任内征赋未满额，降两级外调，但他却告假而未赴
   任；故他向西士习器用之学的时间，应系于崇祯四年。
② 《祁彪佳文稿·祁忠敏公日记》，《栖北冗言》，卷上页43。
③ 熊开元，《沈留侯〈艺林汇考〉序》。
④ 瞿玄锡，《稼轩瞿府君暨邵氏合葬行实》，页359。

元年举荐奉教的徐光启、李之藻和孙元化，以"讲求火器"，即或因
尝从其师杨廷筠处了解他们的能力与为人所致。瞿式耜登万历四十
三年应天乡试的主考官之一孙承宗，也与徐光启、孙元化等天主教
徒交往密切[①]。

瞿式谷的奉教也可能影响式耜对天主教的态度，因式耜与式谷
两堂兄弟间的关系相当亲近，如式耜于崇祯十年遭首辅温体仁构陷
时，式谷即相随在侧，而提督东厂太监的曹化淳在审讯此案时，更
曾将式耜与式谷"隔别研鞫"[②]，显见式谷必曾替其堂兄参赞机要。

天启四年春，丁忧在家的瞿式耜初晤应式谷之邀至常熟开教的
艾儒略[③]，两人相谈颇畅，式耜对艾氏的学问称许备至，尝谓："自存
养省察，以至明庭屋漏，昭之为仪象，幽之为鬼神，议之为德性，
制之为度数，靡不亹亹剧谈，洞其当然，彻其所以然，为极致。"[④]
由于艾儒略在赴常熟前乃寓居杨廷筠在杭州仁和的家中[⑤]，故杨氏很
可能曾替式耜和儒略两人引介。又因式耜曾于崇祯十七年十二月至
隆武二年二月间，为艾儒略的《性学粗述》一书作序[⑥]，知其即使
在南明初期奔离失序的情形下，仍与已转往福建传教的艾儒略保持
联络。

目前所知另一位与瞿式耜往来的传教士，则是毕方济。永历二

342

---

① 张朝瑞等，《南国贤书》，无页码；黄一农，《天主教徒孙元化与明末传华的西洋
　火炮》。
② 瞿玄锡，《稼轩瞿府君暨邵氏合葬行实》，页370。
③ 瞿果行在其《瞿式耜"入教"和"借兵"的考辨》一文中，称式耜乃克尽孝道之人，
　因此"说他在父丧期间，结识西洋教士并领洗入教，实在不可思议"，其论据显然
　过当。
④ 艾儒略，《性学粗述》，瞿式耜序。
⑤ 钟鸣旦，《杨廷筠》，页110–112。
⑥ 因式耜此序末尾钤有"大中丞章"印一方，"中丞"即巡抚的别称，而式耜仅曾于
　崇祯十七年十二月获授广西巡抚一职，翌年（隆武二年）二月，擢兵部右侍郎。瞿
　玄锡，《稼轩瞿府君暨邵氏合葬行实》，页373–376；瞿共美，《粤游见闻》，页359–
　364。

年六月，式耜曾辗转接到毕方济于前一年七月所寄出的一封信①，惟其内容不详。毕方济是入华耶稣会士中对火器较熟稔者②，由于毕氏在寄该信之前一两个月，式耜方与焦琏在桂林力挫清军，此役中西洋火炮立功厥伟，而这些火炮则是由司礼太监庞天寿所督造的③。不知毕氏此信是否涉及军旅之事？

在永历朝中还有一些地位颇高的天主教徒，如内官庞天寿即为瞿式耜的通家之好，并常在政事上相互呼应。隆武二年十二月，式耜曾疏劾庞氏的主要政敌王坤；永历四年二月，与式耜夙称莫逆的袁彭年、金堡、刘湘客、丁时魁、蒙正发等五人遭疏控，除袁氏因功免罪外，余四人均下锦衣狱，式耜虽连拜七疏力救，不得，内阁严起恒亦在无从救解之下，杜门不入直，朝中乃倡议会推枚卜，由于式耜以为"前日参把持朝政之人，即是今日举会推枚卜之人。而所推枚卜，无非即此参人之人"，故力持反对的态度，庞天寿当时也曾以司礼太监的身份从中阻止会推枚卜④。

永历四年冬，清兵连陷广州、桂林，在梧州的朝廷举朝震动，式耜长孙昌文乃入内阁欲探询消息，因遇庞天寿，天寿执其手告知式耜可能已在桂林失守时殉国，天寿当时"指甲入腕，哭失声"⑤，知其与式耜的交情应非泛泛。

此外，与瞿式耜一同受业于钱谦益的郑成功⑥，亦与天主教有些渊源。其父郑芝龙曾经受洗，只不过不太遵守教规，先后置三妾；

---

① 《瞿式耜集》，页267。
② 毕氏的生平事迹，可参见方豪，《中国天主教史人物传》，上册页198–207。
③ 《瞿式耜集》，页69。
④ 瞿玄锡，《稼轩瞿府君暨邵氏合葬行实》，页402–406。明季推选阁臣时，有将所荐姓名贮入金瓯后，焚香肃拜，依次探取，此谓之"枚卜"。
⑤ 瞿昌文，《粤行纪事》，卷2页8。
⑥ 崇祯十七年，成功游虞山，式耜即曾为师弟所赋的诗作评；永历四年，行人司行人陈璧在奉命赴浙、闽联络郑成功等军时，行前也还至桂林就商于瞿氏。参见朱育礼，《瞿式耜与郑成功之关系》。

芝龙有一女亦为教徒，并在日本禁教后被驱逐至澳门①。虽然学界有 343
认为郑成功亦曾受洗②，但多仅属揣测；成年后的郑成功不仅蓄有姬
妾③，也与佛教关系密切④。然而，郑成功本人对天主教应亦无恶感，
如其曾特许道明会士利畸在其官邸对面建立教堂，并尝遣利畸赴吕
宋招谕西班牙人⑤。

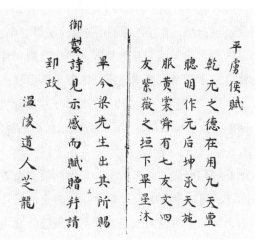

图表9.3：郑芝龙《平虏侯赋》首尾之书影。此为耶稣会
士毕方济向郑芝龙出示隆武帝御赐之诗后，郑氏"感而赋
赠"所作；现藏法国国家图书馆。

---

① Mendoza, *The History of the Conquest of China by the Tartars*, pp. 144–145；汤锦台，
《开启台湾第一人郑芝龙》，页196–197、240。
② 稻垣孙兵卫，《郑成功》，页112–113。
③ 今台南市南门外师爷冢前新坪的"藩府曾蔡二姬墓"，即为郑成功两妾之墓；康
熙二十三年，台湾入清版图，明郑重要人士的墓冢，多被迁葬内地故里，以使士
民淡忘对明朝的思念；此墓或因位置偏远，而未迁返。参见 https://www.wikiwand.
com/zh-tw/藩府曾蔡二姬墓。
④ 如在日本新发现的永历八年致隐元隆琦的信件中，郑氏即称："得侍法教，顿开悟
门……（日国之人）倘能诚心皈依我佛，自当驻驾数时，大阐三昧；不然，不必淹
留岁月，以负我中土檀那之愿。"参见陈智超，《郑成功致隐元信件的发现》。
⑤ Wills, "The Hazardous Missions of a Dominican: Victorio Riccio, O. P."；顾卫民，《明
郑四代与天主教会的关系》。

为瞿氏通家之好的叶向高，与杨廷筠和艾儒略等天主教人士接触颇多，其孙益蕃更入天主教（见第三章）。叶氏曾于万历二十五年的应天乡试中拔举汝说[1]，汝稷致仕后，叶氏还亟言于吏部，令其得以追加太仆寺少卿之衔，且稍后亦应汝说之请，为汝稷作墓志铭[2]。

瞿式耜与桐城方家的交往亦多，如其尝于崇祯元年力荐遭阉党削职的挚友方孔炤[3]。而早在万历四十七年，方孔炤即曾与同于福建任官的熊明遇畅论西学（见第三章），孔炤幼子以智则在一旁倾听，当式耜留寓肇庆时，亦与以智颇为相得，除相互唱和外，且共同参与拥立朱由榔（即永历帝）监国之事；以智热衷西学，曾于崇祯中向毕方济问学，并与汤若望"交最善"，其次子中通除尝与汤若望论历法之外，更曾受业于穆尼阁；然而，方氏三代均不曾信奉天主教，以智且于永历五年逃禅于梧州冰井寺[4]。

344   虽然南京礼部侍郎沈㴶曾于万历末年掀起反天主教的"南京教案"（见第三章），逮捕奉教国人并驱逐在华西士，但随着沈㴶在天启二年的落职，再加上奉教人士于崇祯朝中积极协助明廷讲求火器和治理历法，此一教禁已名存实亡。由前述所提及瞿式耜和其师友们对天主教的态度，可知在崇祯朝或南明的许多有识之士，往往不因本身宗教信仰的不同而排拒西学西士，且在实学思潮的影响之下，亦对欧洲文明表现出浓厚的兴趣[5]。

---

① 《瞿式耜集》，页286。

② 参见叶向高的《明长芦转运使加太仆寺少卿致仕瞿公墓志铭》以及钱谦益的《明长芦都转盐运使司都转运使加太仆寺少卿致仕元立瞿公传》二文，均收入瞿汝稷，《瞿冏卿集》，书末。

③ 《瞿式耜集》，页28。

④ Peterson, "From Interest to Indifference: Fang I-Chih and Western Learning"；张永堂，《明末方氏学派研究初编》，页109–138。

⑤ 方豪，《明末清初旅华西人与士大夫之晋接》。

六、结论

在前文所讨论的几位南明重臣当中，瞿式耜或曾受洗，但未能坚守其信仰，焦琏似乎一直奉教，而金声虽曾有段时间对天主教颇有兴趣，甚至率子弟奉教，但他与瞿式耜两人稍后均转而佞佛。从他们的人际网络，我们可发觉西学、西教在明末社会的穿透力，或超乎先前学界的认知。当时许多知识分子对西方物质或精神文明的兴趣，常能跨越彼此信仰的鸿沟[1]。此一相当开放的态度，大大扩展了耶稣会士宣教的空间。

由于早期治天主教史的学者，多为教中人士（如黄伯禄、萧静山、马良、方豪等），或与天主教关系密切（如陈垣），他们之所以在证据并不十分确凿的情形下，将许多南明抗清烈士均归成奉教人士，或深受当时政治环境及其本身宗教热情的影响。

此因辛亥革命及抗日战争之际，民族主义思潮风起云涌，明末一些忠臣义士的志节，因此备受推崇。如章太炎在光绪二十八年所撰的《中夏亡国二百四十二年纪念会书》中，即曾号召曰："愿吾滇人，勿忘李定国；愿吾闽人，勿忘郑成功；愿吾越人，勿忘张煌言；愿吾桂人，勿忘瞿式耜……"[2] 而戏曲家吴梅也曾于光绪三十一年谱就《风洞山传奇》二十四出，歌颂瞿式耜的生平事迹；抗战时，除柳亚子和郭沫若等文士曾赋诗纪念瞿氏之外[3]，马良甚至特意卜居于式耜初瘗下葬的桂林风洞山[4]，方豪也尝数度登临风洞山凭吊[5]。

---

① 另参见黄一农，《王铎书赠汤若望诗翰研究》。
② 《章太炎全集·太炎文录初编》，第4册页188−189。
③ 瞿果行，《瞿式耜年谱》，页212−213、245−246。
④ 张若谷，《马相伯先生年谱》，页230。
⑤ 方豪，《中国天主教史人物传》，上册页283。

在陈垣和方豪等学者扬教的心态之下，天主教史的研究出现浓厚的移情现象，瞿式耜、金声、焦琏、郑成功等忠君爱国的文臣武将，于是都被形容成教徒中的典范，而这些人物的生平事迹并因此激起热烈的研究。

在类似的心态之下，天主教徒韩霖和魏学濂投降李自成之事，亦被有意曲解或淡化（见第五和第六章）。而孙元化、王徵和陈于阶等奉教人士自刎未遂或自杀殉国的举动，也因违反"十诫"的教规，而不常被提及，甚或有质疑相关史料的可靠性者[1]。至于王徵晚年发表《祈请解罪启稿》一文，公开其私娶妾一事，则被置于"知过能改"的层次，而不曾去探讨其内心因融合中西文化所产生的激烈冲击（见第四章）。亦即，我们在治天主教史时，实有必要暂时撇开个人的宗教情怀，而回归较谨严的史学研究。

由于中国天主教史不仅涉及汉文的史料，且亦需处理多种语言
346　的西文文献[2]，中、西文史料的辨读、会通与解析，大大增加了此一学门在研究上的困难度。方豪尝对西文资料的运用表示其看法，称：

> 近年吾国学者论及明末清初国人信教者，必中西文均有史料可资证明，始肯采信。实则，中文史料，如属可信，不必借助于西文史料；西文史料，如确为当时人记当时事，则必可信，亦无庸求证于中文史料也。[3]

此一处理史料的态度或欠周延，因为遥远的中国对当时大多数的欧洲人而言，仍笼罩着神秘的面纱，且许多欧洲知识分子对中国

---

[1] 参见本书第四章及黄一农，《天主教徒孙元化与明末传华的西洋火炮》。
[2] Standaert, *Handbook of Christianity in China*, vol. 1, pp. 161−237.
[3] 方豪，《中国天主教史人物传》，上册，页286。

的高度文明亦充塞着各种幻想与憧憬[1]，以致当时所出版描写中国情事的西文书籍，常未能信而有征。即使是出自在华传教士的著述，也往往因认识不足甚或为宣传的目的，而有曲解或误解事实的情形。故我们实在很有必要对照相关的中文文献，以解析西文资料的可信度，而不应轻以当时西人所记的当时事，必为可信。中西史料的相互呼应，常能提供崭新的研究空间[2]！

【后记】

笔者先前因错误执着于信仰的单纯性，故根据瞿式耜和金声在文集中所显露的浓厚佛门言行，而判断他俩应均不曾入教；惟本章在仔细析究中西史料后，发现瞿、金二人应均曾受洗，但稍后即出教，并转而佞佛。此外，笔者亦在对照汉文南明史料以及西文耶稣会士著述之后，判断焦琏应亦进教。推翻前人之说，应是治史的一大乐趣；修订己说，则如同自我蜕变，或许能从破茧之痛中让学力向前超越。

---

[1] 如见 Mungello, *Curious Land.*
[2] 除本章的案例之外，如第三章中成启元和许乐善奉教事迹的考订，亦皆有赖于此。

第十章　南明永历朝廷遣使欧洲考*

> 1650年，永历朝廷的王太后和司礼太监庞天寿曾以天主教
> 徒的身份致书罗马教皇与耶稣会总会长等人，希望教会能
> 多派传教士来华，这应是早期中、欧交流史上最重要的文
> 献之一。本章因此尝试会通中、西文史料，以解读先前许
> 多辨识错误或隐晦难明的文句，希望能将南明天主教史的
> 研究提升到一较高的层次。

一、前言

　　明末入华的天主教传教士乃以耶稣会为主，为吸引当权者的注
意，他们刻意选派了一些较精通历算和兵学的会士来华，并将这两
种知识传授给部分奉教的士大夫，作为其在官场上发展的重要进身
之阶。崇祯二年（1629）九月，礼部左侍郎管部事徐光启奉旨开历
局，率李之藻以及耶稣会天文家在局制器测验并译书演算①。

　　随着流寇和后金侵扰的扩大，徐光启还积极投入兵事，且在李
之藻等天主教徒的协助之下，于天启、崇祯年间多次自葡萄牙人占
据的澳门募集大铳和炮师。徐氏的入室弟子孙元化于登莱巡抚任内，
更在葡萄牙籍军事顾问的协助之下，练成一支善用西方火器的精锐

　＊ 本文初稿见于《南明永历朝廷与天主教》（2003），现已根据新获见的西方材料加以
　　改订。

　① Hashimoto, *Hsu Kuang-ch'i and Astronomical Reform*.

部队，但这支部队却因故在吴桥发生兵变，且于稍后在孔有德和耿仲明的率领下投降满洲，令后金不仅获得大量精良的西洋火炮，而且得到由西人所直接传授的弹药制造技术以及瞄准的知识与仪具，促使明与后金的军事力量呈现明显消长[1]。

　　1644年，当崇祯皇帝的政权瓦解之后，不仅国内群豪并起，且引发满洲的觊觎。部分以历算和兵学闻世的耶稣会士和中国天主教徒，也和其他许多有政治理想或野心的人一样，把握机会活跃于几个分立的政权中，他们或许还更进一步希望能开创出宣教新局。

　　当时在新入主北京的清廷中，有汤若望和龙华民等耶稣会士，他们率奉教的历局天文家成功获得钦天监的掌控权。管钦天监监正事的汤若望，更利用个人在官僚体系中的崇高地位和人脉关系，多方护持天主教在清朝统治区内的传教事业[2]。为一统江山，清人也派出孔有德、耿仲明、尚可喜和吴三桂四位异姓王攻掠西南[3]，而他们均出自孙元化麾下。徐光启等明末奉教士大夫完全不曾预料他们借助西洋火器和葡籍军事顾问所装备和训练出的精锐部队，竟然转为敌人所用。

　　至于张献忠的大西政权中，则有获赐"天学国师"的耶稣会士利类思和安文思，他俩受命制作天文仪器和翻译历书，还曾替张献忠某一侧室娘家的三十二口人领洗，张氏且应允在政权巩固后，为其修盖大教堂一所[4]。在李自成的大顺政权中，亦有奉教士大夫担任重要职位，如曾接替徐光启督修历法的李天经，获授光禄寺少卿；擅长西洋火器的徐光启门生韩霖，则被拔擢为礼政府从事，他并荐同教好友魏学濂为户政府司务（见第五和第六章）。

---

① 黄一农，《天主教徒孙元化与明末传华的西洋火炮》。
② 黄一农，《汤若望与清初公历之正统化》；黄一农，《王铎书赠汤若望诗翰研究》。
③ 刘凤云，《清代三藩研究》，页100–115。
④ 古洛东，《圣教入川记》，页20–36；Väth, *Johann Adam Schall von Bell S. J.*, p. 151.

即使各南明的小朝廷，亦不乏耶稣会士的身影。如毕方济尝奉弘光帝之命赴广州"通南洋舶"（内情不详）[1]；毕方济也曾利用其与隆武帝的私交，而上呈《修齐治平颂》，劝皇帝无邪思、无二妇、勤仁政、敬上帝，并以"宣谕使"的身份受命赴澳门求援，隆武帝在御赐的赠诗中，还有"借旒安世后，太昊委来真"句，应允在借兵成就大业之后，将许西士在华自由传天主（太昊）之教[2]；有些西方资料中甚至称隆武帝当时欲授毕方济封疆王号，并命其为军事大员，愿与他共治国家，惟毕氏坚不受命，仅求隆武帝颁布保教敕书[3]。

天主教在永历朝中的积极表现（如令两宫、皇后、太子和许多朝廷重臣均入教；协助向澳门借兵抗清；参与遣使赴欧等），更是广为人知的"史实"。然而，部分相关的叙述或仍有待商榷，此因涉及南明的中文史料颇多阙漏讹误，且罕及天主教的内容，而近代许多治天主教史的学者，往往撷取西文材料的只言片语即遽下结论，再加上部分与教会关系密切之学者拥有扬教心态，中国天主教史的研究遂出现浓厚的移情现象（见第九章）。

本章因此将焦点置于永历朝，尝试重新检阅相关的原始文献，并加强中、西文史料的辨读、会通与解析，以探讨奉教人士如何在南明政权中善尽人事，期盼教会可以借中兴之功而在中国生根茁壮，甚至培植出第一位信奉天主教的皇帝。文中亦将以相当篇幅辨明并理清前人许多"人云亦云"或"稗官野史"式的说法。

---

① 谈迁，《国榷》，卷103页6169；《黄宗羲全集》，第2册，页71。
② 毕方济和隆武帝的诗均收入法国国家图书馆藏《皇帝御制诗》。
③ 沙不列，《卜弥格传》，页31—32。此段另参见康志杰，《西域之逸民、中国之高士：评欧洲奇人毕方济》。

二、永历内廷与西人西教的往来

天主教在永历朝中十分活跃，共有瞿纱微（又名瞿安德）和卜弥格两位耶稣会士经营其间，且负责该会中华副会省事务的曾德昭亦曾到访，传教士们除替王族们领洗之外，亦涉及向澳门请求军援与遣使赴欧等事，但相关的叙述一直众说纷纭，本节即综合中西文材料试加理清。

永历朝的太监庞天寿或是内廷中最早入教者之一，他是在天启间或崇祯初由龙华民领洗的[①]。崇祯殉国后，他投奔隆武帝；永历元年（1647）八月，担任位高权重的司礼监掌印太监一职，并在其师瞿纱微的协助之下，劝服内廷许多重要人物均入教[②]。

根据西人材料[③]，瞿纱微同时替两宫太后和皇后付洗，而施洗礼之时，庞天寿还充当代父，永历帝当时身在异地，两日后返回始知道此事，但并不反对，惟因其不能遵守一夫一妻之诫律，本身并不愿入教[④]。王太后在受洗后，曾祈请天主使满兵败退，越数日，果有数省反正。不久，皇后生子，瞿纱微要为其举行洗礼，皇帝或担心

350

① 此据 *Annuae Litterae Societatis Iesu, anni MDCL*（Dillingen, 1658），转引自 Chan, "A European Document on the Fall of the Ming Dynasty（1644-1649）."
② 方豪，《中国天主教史人物传》，上册页288-293；瞿玄锡，《稼轩瞿府君暨邵氏合葬行实》，页382；后文或撰于瞿式耜夫妇合葬之永历十一年。
③ 沙不列，《卜弥格传》，页40-45；卡伊丹斯基，《中国的使臣卜弥格》，页92-94；Pelliot, "Michel Boym." 冯承钧曾将末文译成《卜弥格传补正》，收入氏著《西域南海史地考证译丛三编》，页478-548（尤其页496-498）。
④ 1648年5月初，永历帝某妃所生之女死，知其虽在战乱当中，仍一直拥有嫔妃。有关传教士对中国人娶妾一事的态度，请见本书第四章。又，在十七世纪耶稣会士的著作中，尝提及永历内廷诸人受洗之事，但亦指出皇帝本人并未入教；参见 Martini, *Bellum Tartaricum*, p. 147; D'Orléans, *History of the Two Tartar Conquerors of China*, p. 24.

他将来不能娶嫔妃以广子嗣[1]，故坚不同意。但因此子在出生三个月时害重病，为求天主庇佑，乃允其入教，庞天寿仍充代父，旋即康复。永历帝遂派遣一使节团至澳门，于二年九月在耶稣会教堂的祭坛前行礼，表达对皇子病愈的感激，且借机请求军援。惟各文献中对相关纪事的系年和细节常有出入，今试从中文材料推判之。

经比对中西材料和永历初期的史事后（见图表10.1），知瞿纱微应最可能在永历二年三月说服两宫等人入教，因只有此前的四个月期间庞天寿不在帝旁，而是扈从两宫及怀孕的皇后居停在南宁，直至二年三月，永历帝始幸南宁，旋又出现与瞿纱微预言相合的李成栋反正事件。此一推论与伯希和（Paul Pelliot, 1878–1945）所称瞿纱微是在1648年3–4月间替两宫和皇后领洗的说法若合符契。又因王太后在四年十月致教皇和耶稣会总会长的信中，分别用"叁年于兹"和"阅叁年"来叙述己受洗的时间（详见后文），若首尾并计，从二年三月至四年十月，确已经历三个年头，亦合。至于皇子慈炫受洗的时间，则应在三个月之后的二年七月前后。

图表10.1：南明永历朝大事记[2]。

年份	大事记
隆武二年	十一月，朱由榔在肇庆即皇帝位，以明年为永历元年。
永历元年	正月，帝跸桂林；二月，跸全州；三月，瞿式耜和焦琏在桂林大败清军；四月，跸武冈；五月，桂林再捷；八月，武冈陷；九月，帝入柳州；十一月，梧州陷，帝至象州，决定北上跸桂林，但命庞天寿等扈两宫和皇后南下至南宁；十二月，跸桂林。

---

[1] 瞿纱微在其以意大利文所撰的皈依记事中，指称他以慈炫将来不得违反一夫一妻制，作为替他领洗的条件，转引自 Dunne, *Generation of Giants*, pp. 345、355.

[2] 《岭表纪年（外二种）》，页9–74；柳亚子，《南明史纲·史料》，页36–53。下文中有关永历朝之史事，如未加注，亦请参考此二书。

续表

年份	大事记
永历二年	正月，清将金声桓以江西反正；二月，明将郝永忠之兵入桂林大掠，帝出奔；三月，幸南宁；闰三月，李成栋亦举广东反正；四月初，皇后在南宁生皇子慈炫；六月，帝入浔州；七月，至梧州；八月，移跸肇庆，以安抚投诚之李成栋。
永历三年	正月，金声桓死于南昌；二月，李成栋死；三月，陈邦傅假朝命往封大西军孙可望为秦王。
永历四年	二月，跸梧州；五月，在广州大败清军；十一月，清兵连陷广州、桂林，帝疾奔广西南宁；闰十一月，瞿式耜被孔有德所杀。
永历五年	二月，跸田州；四月，王太后崩于田州；五月，帝返南宁，孙可望因帝不允封他为秦王，派兵入宫廷，杀反对他封王的吏部尚书严起恒等大臣，帝不得已，封可望为秦王；九月，陈邦傅叛，诱杀大将焦琏，并以浔州降清，帝遂发南宁；十月，次新宁；十二月，滨州、南宁陷，从田州弃舟登陆，沿诸蛮所在地区一路狼狈窜逃。
永历六年	二月，跸安隆所，改名安龙府。

　　虽然有文献指称两宫、皇后以及慈炫是同时受洗的，但我们从内廷诸人的教名亦可间接推判诸后受洗应在慈炫之前。此因瞿纱微替王太后所取的教名为烈纳（Helena），这原是罗马君士坦丁大帝（Constantine the Great；临死前受洗）其母之名，本意或希望其子永历帝能效法君士坦丁大帝于公元313年颁布信仰自由诏书的事迹，成为中国第一位允许天主教自由传教的君主[1]；然而，永历帝或因无法遵行"十诫"所要求的一夫一妻制等因素，而无意入教。瞿纱微遂将愿望置于慈炫身上，特意将其教名取作当定，此为 Constantine 音译之简称，且其字意对垂亡的明廷也深具意义。亦即，慈炫若和诸后同时受洗的话，Helena 理应被取作其母王皇后的教名，以对应到君士坦丁大帝母子的关系。

352

――――――

[1] 杨真，《基督教史纲》，上册页100—106。

　　永历二年八月朔，在几经流离之后，帝又移跸到其发祥正位时所在的肇庆，而天主教也已在内廷中蓬勃发展。随侍的司礼太监庞天寿当时奉命提督勇卫军，他在此军中起用"西番书"为符识，并举荐其师瞿纱微掌钦天监事，伴随当时各种附会的"祥瑞"，瞿纱微亦借机进献"图谶"，令帝大喜①。该图谶是一幅绘有圣母玛利亚怀抱新生耶稣的画，旁边站着洗者若翰（St. John the Baptist；他曾为耶稣施洗礼，并揭示其为救世主）②。对永历帝而言，玛利亚母子直接就对应于王皇后母子，慈炫或被看成将挽救明朝于沦亡的救世主，而洗者若翰当然就对应于瞿纱微。

　　二年九月，明廷派遣以庞天寿为首的使节团抵达距肇庆不远的澳门，除在教堂行礼表达对皇子病愈的感激外，并借机请求军援，瞿纱微亦于十一月至澳门代请，据说澳门因此赠送了永历帝一百支火铳作为回礼③。三年正月，负责耶稣会中华副会省的曾德昭，在瞿纱微的伴随下经广州抵达肇庆，在大约两个月的停留期间，曾德昭答应王太后和庞天寿将再增派一位传教士协助瞿纱微，曾德昭回返广州后，就指派卜弥格前往④。

353　　三年正月，瞿纱微获准颁行以西法所编订的新历，取代明朝已行用约两百八十年的大统历；惟在同年十二月，此历即因给事中尹三聘劾其"擅用夷历，燴乱祖宪"，而遭废行⑤，知耶稣会士当时虽在内廷的影响力日增，但尚未能获得朝中人士的全面支持。

　　至于永历朝向澳门借兵一事，亦众说纷纭。陈垣尝称："毕方济

① 永历二年八月朔，"瓯逻巴国人进图谶"，此一"瓯逻巴国人"或即瞿纱微。参见徐鼒，《小腆纪年附考》，卷15页26；王夫之，《永历实录》，页5—6及212—213。
② 卡伊丹斯基，《中国的使臣卜弥格》，页91。
③ 金国平、吴志良，《庞天寿率团访澳记》。
④ 沙不列，《卜弥格传》，页42—45；Malatesta, "The Tragedy of Michael Boym," p. 356.
⑤ 王夫之，《永历实录》，页6—8。

自永历元年以洋兵三百，拒清人于桂林后，阅二年即卒于广州。"①
出处未详。其说或得自萧静山，因其《圣教史略》中有云：

> 永历即位之初，遣庞天寿偕毕方济同至澳门，商议借兵
> 事……葡国遣兵三百名，带大炮数门来桂林助战，以瞿纱微为
> 随队神父。桂林府得三百洋兵助战，大有可恃。永历元年三
> 月，清兵大队来攻，一望如云。式耜即令焦琏拒战……杀敌人
> 无算。②

至于萧静山之说，则应源出西文纪述，其中不仅声称有葡兵三百
参与永历元年的桂林保卫战，更明指这些军士是由一名为 Nicolas
Fereyra（或作 Nicolo Ferreira、Nicolas Ferreyra）者所率领③。

　　大陆学者瞿果行主张在永历元年的桂林保卫战中，应不可能有
三百葡兵助战，但其论据颇难令人信服，因他声称明军主帅瞿式耜
乃为一坚持民族气节之人，故应不会借葡兵助战④；事实上，明廷早
在北京沦陷之前即已向澳门借兵抗清了⑤。

　　由于葡萄牙自1580年起即被西班牙合并，直至1640年始再独
立，而澳门则是在1642年才脱离西班牙的统治，但在当时签署效忠
葡萄牙王若望四世（John Ⅳ, r.1640–1656）的三百多位澳门公民名
单中⑥，并未见 Nicolas Fereyra 之名；且文献中除见此人之名外，对

---

① 陈垣，《从教外典籍见明末清初之天主教》。
② 萧静山，《圣教史略》，卷12页92–93。
③ Boxer, "Portuguese Military Expeditions in Aid of the Mings against the Manchus,
　1621–1647"; Malatesta, "The Tragedy of Michael Boym," p. 356.
④ 瞿果行，《瞿式耜"入教"和"借兵"的考辨》。
⑤ 黄一农，《天主教徒孙元化与明末传华的西洋火炮》。
⑥ Boxer, *Seventeenth Century Macau in Contemporary Documents and Illustrations*,
　pp. 185–195.

其前后事迹竟然罕见提及，故笔者先前颇疑此事的真实性^①。

然据1648年瞿纱微在其所写一封信函中的自述（见附录9.1），他于永历元年曾追随奉教将领 Lucas（焦琏）防守桂林，他并明指焦琏属下有澳门来援的枪炮手；此外，在葡萄牙埃武拉（Évora）图书馆所藏的一份文献中，亦发现一段有关 Nicolas Ferreyra 的纪述，称其当时年方逾25岁，是澳门出生的天主教徒，父母亲均为华人^②。这些材料的出现，益发令人相信桂林之役中应有葡兵参战。然而，包含瞿式耜报功疏在内的中文文献，却均不曾有片语只字提及这些葡兵，或许这是明人的优越感作祟，避免西人抢去光芒。

除了永历元年的桂林大捷之外，西文资料中还称澳门于翌年又另派遣了三百军士协助南明抗清，英国知名历史学家谟区查（Charles R. Boxer, 1904-2000）怀疑此或将 Nicolas Fereyra 先前之事混淆成二^③。且若此事属实，则他们应最可能隶属于庞天寿所统率的勇卫军，而王夫之（1619-1692）或也就不至于称这千余名勇卫军尽皆是"尪疲市民"了^④。

当时或因受永历内廷纷纷受洗一事的影响，许多欧人在激情之下往往有意无意地衍生出前述穿凿附会的说法。然而，大学士陈子壮于隆武二年十二月在端州起义时，"衣甲器械，无不精绝，部伍士卒，皆疍户、番鬼，其人敢勇，善发西洋铳，故杀敌不下数万计"^⑤，

---

① 黄一农，《南明永历朝廷与天主教》。

② Chan, "A European Document on the Fall of the Ming Dynasty（1644-1649）."

③ Boxer, "Portuguese Military Expeditions in Aid of the Mings against the Manchus, 1621-1647."

④ 王夫之乃于永历二年十月举义军于衡山，旋即败走肇庆，虽由兵部尚书堵胤锡荐为翰林院庶吉士，但以丁忧相辞，他应曾目睹勇卫军的军容。参见王夫之，《永历实录》，页213；刘春建，《王夫之学行系年》，页49-50。

⑤ 瞿共美，《粤游见闻》，页371。

此处善发西洋铳的"番鬼"①，是否与澳门有关，则待考。

卜弥格在其所撰《中国地图册》（*Magni Catay*）的海南岛图中，　355
曾有一段文字与永历朝中的天主教活动相关，该图的右下方绘有两
蟹，壳上可见明显的十字纹路（见图表10.2），图上所写的拉丁文说
明曰：

> 两广附近中国海中出蟹，蟹背有白十字架，两旁有二旗，
> 亦白色。蟹熟成红色，架与旗仍不变其色。1647年，此类海蟹
> 重见。缘是年永历皇帝即位，继承十二帝之帝业。同年，太后
> 烈纳、帝母玛利亚、帝后亚纳、皇太子当定，并在耶稣会神甫
> 前领圣洗（时永历皇帝尚为预备领洗人）。天主于此乱时故示灵
> 异，因皇室之领洗，遂致十字架旗之胜利也。②

此蟹应非杜撰，因台湾等地所产的锈斑蟳（*Charybdis feriatus*）即拥
有类似特征。此种蟹全身杂布红褐色及暗褐色斑纹，俗称花纹石蟹、
红虫市仔、火烧公、十字蟹或石蟳，成蟹在壳的中央有明显的淡色
十字花纹，两侧亦有类似旗帜的纹路；且锈斑蟳蒸熟后只较先前颜
色稍红一些，而不像红蟳会转呈鲜红色③。

至于前引文中所谓的"十字架旗之胜利"，应指的是永历初期
几件振奋人心之事，如元年的桂林大捷、二年的金声桓和李成栋反
正。而该"十字架旗"或即庞天寿在勇卫军中所起用的有"西番
书"符识的旗帜，此举很可能受到日本教会的启发，因在宽永十四

---

① 明末中国的官商或海盗即屡有雇用黑人兵士的记录。参见金国平、吴志良，《郑芝
龙与澳门》。

② 沙不列，《卜弥格传》，页115。

③ 卡伊丹斯基在其书中误系成毛蟹（*Eriocheir Chinensis*），参见《中国的使臣卜弥
格》，页235–236。

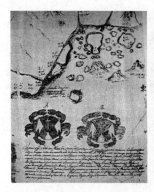

图表10.2：卜弥格《中国地图册》中的海南岛部分以及锈斑蟳照片。感谢"国立海洋生物博物馆"的何平合博士提供右图。

年（1637）爆发的岛原之变中，由天草四郎所领导的叛军多为天主教徒，其所用的军旗即绘有十字、圣杯和天使等图案，并书有原意为"荣耀归于圣品"（Lovvad Seiaosãctissim Sacramento）的拉丁文（西番书）[1]。

356　　　　然而，卜弥格在前引文中所称永历朝之两宫、皇后和皇子同在1647年受洗一事，则明显有误，因慈炫当时尚未出生！由于卜弥格是在永历六年（1652）完成《中国地图册》一书的，当时他人在波斯，笔者颇怀疑旅途倥偬的卜弥格或犯了系年的错误。事实上，同一段叙述中亦出现其他讹误，如朱由榔本是在隆武二年十一月十八日（合公历1646年12月24日）即帝位的，就与前引文所称之1647年略差。至于卜弥格宣称永历皇帝是一位"慕道者"（catéchumène；或称望教友，指受洗前接受教义启蒙的初学者）[2]，则有可能亦是过甚其词。

　　　　永历帝虽曾遣使请求澳门提供军事援助，但因东南沿海的海盗

---

[1] "'ポルトガルと南蛮文化'展—めざせ、東方の国々—"*Via Orientalis*, pp. 201–202.

[2] Boym, *Briefve Relation de la Chine*, p. 12. 此书名意译为"中国王室皈依略记"，收入伦敦大学所藏 Thevenot, *Relations de Divers Voyages Curieux*.

猖獗，且澳门当局期望能加强与清朝统治区的贸易关系，以致未能
获得适当回应。庞天寿等天主教徒遂思考直接向欧洲求助，此举可
能亦受到日本教会的激励，因天正年间（1573–1591）及庆长十八年
（1613），奉教或友教的大名即曾数次派人赴欧觐见罗马教皇[①]。

　　瞿纱微早在1650年11月写给耶稣会奥地利会省之会省长的信
中，就已提及筹组使团之事，但当时尚未确定谁将出使此一任务。最
后，澳门的耶稣会决定派遣卜弥格赴欧，庞天寿亦选派了一位教名为
Andreas（与瞿纱微同名）的十九岁游击相从，其姓在文献中的拼法
不一，分别作 Hien, Sin, Siu, Kin, Chin, Chen，伯希和疑其姓沈[②]。

　　由于此人曾随卜弥格至西安府考察新出土的"大秦景教流行中
国碑"（详见后文），两人并将石碑译文及逐字拼音交卜弥格在欧洲
的同会好友开意吉发表[③]，故我们或可在开意吉的著作中找到较正确
的答案。开意吉尝引录卜弥格之文而记此人之姓为 Chin 或 Sin[④]，查
景教碑文的拼音表，可发现"臣、真、振、镇、震"等字均作 Chin，
"慎、神、身、升、圣"等字作 Xim，而"成、城、称、正、政、证"
等字作 Chim，惟并无字音作 Sin，因知卜弥格应会将"沈"姓译作
Xim，将"成"或"程"姓译作 Chim，将"陈"姓译作 Chin[⑤]，故下

---

①　佐伯好郎，《明时代の支那基督教》，页351–361；大泉光一，《庆长遣欧使节の研
　　究》，页1–77。

②　参见伯希和，《卜弥格传补正》，页501–505。

③　Kircher曾在其 *Oedipus Aegyptiacus*（1652）一书中，收录一首赞美孔子的诗，末署
　　其中文名为"开意吉"。参见卡伊丹斯基，《中国的使臣卜弥格》，页122–123；伯
　　希和，《卜弥格传补正》，页533。

④　开意吉在论景教碑的文字中，曾两度提及此人姓Sin，一次称其姓Chin，而在开
　　意吉所收的赞美孔子的诗中，则称此乃卜弥格和Chin所写；参见Kircher, *China
　　Illustrata*, pp. 6、8；伯希和，《卜弥格传补正》，页502–503。又，卡伊丹斯基以卜
　　弥格记其姓为Cheng，不知其根据为何，参见《中国的使臣卜弥格》，页104。

⑤　卜弥格在译介景教碑文时所用的拼音系统，与耶稣会士金尼阁所撰的《西儒耳目
　　资》（台北"国家图书馆"藏天启六年刊本）略异，后者同将"陈"姓译作Chin，"成"
　　或"程"姓译作Chim，但将沈姓译作Xin。

文暂以陈安德称呼此人。

卜弥格当时携有几封由王太后和庞天寿写给罗马教皇、耶稣会总会长以及其他相关人士的信函，其中有些早已公布且广受重视，笔者在下节中将就其内容做一较深入的讨论，希望能稍补前人之不足。

三、永历内廷与天主教相关之文献

永历王太后和司礼太监庞天寿上教皇书现存于梵蒂冈密件档案处，编号为 A. A. 1790，教皇的拉丁文覆书亦藏在同处，编号为 Epist. I. 282，至于王太后和庞天寿致耶稣会总会长书的原件、太后致瞿纱微的手谕、总会长回明廷中人的六封拉丁文信稿[①]，则藏在耶稣会罗马档案馆。十九世纪末叶，箕作元八和坪井九马三在罗马见到前述的一些文献，此后，日本学者陆续发表了相关论文[②]。我国学界至宣统三年（1911）起始注意及此，张元济和顾保鹄等人先后在罗马得见这些原始文献[③]。虽然先前中日学者屡次移录这些中文文献，

358

---

① 此见罗马耶稣会档案馆藏Jap-Sin 77, ff. 140r–145r。

② 箕作元八、田中義成，《明の王太后より羅馬法王に贈りし諭文》；坪井九馬三，《坪井博士の来信附支那耶蘇教に關する文書の発見》；桑原騭藏，《明の庞天壽より羅馬法皇に送呈せし文書》；佐伯好郎，《明時代の支那基督教》，頁341–351；石原道博，《明末清初請援羅馬始末》。

③ 高勞，《永历太妃遣使于罗马教皇考》；张星烺，《中西交通史料汇编》，第2册页561–569；顾保鹄，《中国天主教史上的两个文件》；罗光，《卜弥格充明使出使教廷》；梁子涵，《南明的天主教文献》；顾保鹄，《卜弥格出使教廷新文件》；方豪，《中国天主教史人物传》，上册页288–301。高勞乃当时《东方杂志》主编杜亚泉（1873–1933）的笔名，其所公布的庞天寿奉罗马教皇书、皇太后肃罗马教皇笺之相片，应是张元济（1867–1959）于1910年赴欧考察时所摄并主动提供，此因《东方杂志》是商务印书馆所出版的畅销刊物，而张元济时任该馆编译所所长。

惜文句之间均仍有或多或少的讹误①。笔者因此根据顾保鹄神父借览的相片，重新辨读其上的文字，并尝试深入解读其意涵。

（一）王太后致谕罗马教皇因诺曾爵书

此函为卷轴式，黄绢金边，其文曰：

　　大明宁圣慈肃皇太后烈纳致谕于因诺曾爵——代天主耶稣在世总师、公教皇主圣父——座前：窃念烈纳本中国女子，忝处皇官，惟知闺中之礼，未谙域外之教；赖有耶稣会士瞿纱微在我皇朝敷扬圣教，传闻自外，予始知之；遂尔信心，敬领圣洗，使皇太后玛利亚、中官皇后亚纳及皇太子当定，并请入教领圣洗，叁年于兹矣！虽知沥血披诚，未获涓涘（农按：应作"埃"）答报，每思恭诣圣父座前，亲领圣诲；虑兹远国难臻，仰风徒切，伏乞圣父向天主前怜我等罪人，去世之时，赐罪罚全赦；更望圣父与圣而公一教之会，代求大主保佑我国中兴太平，俾我大明第拾捌代帝、太祖第拾贰世孙主臣等，悉知敬真主耶稣；更冀圣父多送耶稣会士来，广传圣教。如斯诸事，俱惟怜念；种种眷慕，非口所宣。今有耶稣会士卜弥格，知我中国事情，即令回国，致言我之差，圣父前复能详述鄙意也②！俟太平之时，即遣使官来到圣伯多禄、圣保禄台前，致仪行礼，伏望圣慈鉴兹愚悃，特谕！永历四年十月十一日。

359

末钤"宁圣慈肃皇太后宝"方印。耶稣会士开意吉曾将此文全译，

---

① 即使在新近出版的学术论著中，仍可发现此一情形，如见李宽淑，《中国基督教史略》，页61–64；孙尚扬、钟鸣旦，《一八四〇年前的中国基督教》，页315–317。
② 此处的句读及部分文字均与他书不同，其大意为：即令（耶稣会士卜弥格）回国，说明我所差遣之事，且他又能在教皇面前详述我的本意。

但将印文译作"最正直、聪明、仁慈、值得尊敬的皇帝之印"(The seal of the most upright, wise, merciful, and venerable emperor)，不知是否有意误导欧人将此一函件视作由皇帝认可的官方文书[1]？

至于文中的"圣而公一教之会"，拉丁原文应为"Sancta Catholica Ecclesia"，英译作"Holy Catholic Church"，其中"Catholica"一词意指"全部的"、"一般的"或"全世人的"，也就是所谓的"公"；亦即，以天主教是"唯一圣（指天主）而公之"的教会。

王太后在这封信中所用的"致"字，乃平行之用辞，而"谕"字通常指皇帝的诏令，但皇太后所书之文件亦可用此。至于文中所称"俟太平之时，即遣使官来到圣伯多禄、圣保禄台前"句，先前学者并不知其深意。查第四世纪的君士坦丁大帝在掌权之后，于罗马所盖的第一所天主堂即为拉特朗圣若望大殿 (Basilica di San Giovanni in Laterano)，传说君士坦丁大帝曾在此受洗。该处迄今仍为罗马的主教座堂，即教皇的正式驻地。大殿正中有一高祭坛 (High Altar)，唯教皇可以在此举行弥撒，相传堂内有圣伯多禄（或译彼得）和圣保禄（或译保罗）的头骨遗骸，此二人都是在罗马殉教的使徒[2]。耶稣会士取慈炫教名为君士坦丁，原就是期许他能效法君士坦丁大帝，故在"太平"之后，天主教理应在中国发扬光大，届时慈炫或其奉教之尊长若派人至罗马向教皇致意时，将没有比至君士坦丁大帝受洗之教堂，在"圣伯多禄、圣保禄台"前向教皇行礼更具意义的了。

查卜弥格离开明廷时（1650年年底），教皇为因诺曾爵十世 (Innocent Ⅹ)，他在位期间是1644年9月15日至1655年1月1日。亚历山大七世 (Alexander Ⅶ) 继任于1655年4月7日，并在该年的

---

① 参见 Kircher, *China Illustrata*, pp. 92—93.

② http://www.vaticannews.cn/zht/vatican-city/news/2024—05/robes-relics-peter-john-vatican-museums-restoration-jubilee.html.

12月18日分别覆书庞天寿和王太后，其文曾收录于开意吉之书，但纯属应酬文字，并无具体内容[1]。

（二）王太后敕谕耶稣会总会长书

顾保鹄神父曾于1963年在《卜弥格出使教廷新文件》一文中公开此书之照片，此函书于黄绢之上，绢之四边织有龙纹，末钤"宁圣慈肃皇太后宝"印，其文曰：

> 大明宁圣慈肃皇太后烈纳敕谕耶稣会大导总师神父：予处官中，远闻大主之教，倾心既久；幸遇尊会之士瞿纱微，遂领圣洗，使皇太后玛利亚、中宫皇后亚纳及皇太子当定，并入圣教，领圣水，阅叁年矣。今祈尊师神父并尊会之友，在天主前，祈保我国中兴、天下太平，俾我大明第拾捌帝、太祖拾贰世孙主臣等，悉知敬真主耶稣；更求尊会相通功劳之分，再多送老师来我国中行教。待太平之后，即着钦差官来到圣祖总师意纳爵座前致仪行礼。今有尊会士卜弥格，尽知我国事情，即使回国，代传其意，谅能备悉，可谕予怀。钦哉！特敕！永历四年十月十一日。

王太后在此信中所用的"敕谕"二字，乃上命下之辞，而"圣祖总师意纳爵"，则指的是耶稣会的创办人意纳爵·罗耀拉（今译依纳爵·罗耀拉）。

查卜弥格离开中国时，耶稣会的总会长为 Francesco Piccolomini，他殁于1651年6月，此后分别由 Luigi Gottifredi（1652年1月21日至3月12日）和 Goswin Nickel（1652年3月21日至1661年6月7日）

---

[1] Kircher, *China Illustrata*, pp. 93—94.

继任。Goswin Nickel 于 1655 年 12 月 25 日签写了答大明皇帝书，其拉丁文底稿的照片和译文曾由顾保鹄神父公布于《卜弥格出使教廷新文件》一文中。此一答书的内容泛泛，仅称将"瞿、卜及将臻中邦之老师"（农按：指耶稣会士）托庇于永历帝，并谓："恳祈天主庇佑大明中兴、天下太平，效昔唐代文、玄、高、建诸帝，俾大明主臣及中华全福也！"其中"效昔唐代文、玄、高、建诸帝"一句，典出"大秦景教流行中国碑"[①]。

景教（Nestorianism）是基督宗教的一个支派，曾于第五世纪被定为异端，其教徒遂往东方发展。景教碑立于唐德宗建中二年（781），乃于天启三年（1623）在西安府出土，一千七百余字的碑文随即被译成拉丁等多种西方语文，引发世人注目，耶稣会士更以之大力宣传天主教早期曾在中国盛行，而景教一时亦成为天主教的代称[②]。

由于耶稣会总会长的拉丁文答书，最可能由卜弥格拟稿，经查景教碑之拼音表，发现答书中的"Ven, Yuen, Kao, et Kien"，确系"文"、"玄"、"高"及"建"四字的译音，而此四字恰为碑文中所描述的几位与景教关系密切的唐代君王。查该碑首揭高僧阿罗本于唐太宗贞观九年（635）来华，帝遣宰臣房玄龄郊迎；十二年，更在长安为其建大秦寺一所；次及高宗时，尊阿罗本为"镇国大法主"，并于各地建景寺，以致出现"法流十道"和"寺满百城"的盛况；再及玄宗时，令宁国等五王"亲临福宇，建立坛场"，并敕赠御题之匾额；接着，又简述肃宗和代宗时对景教的正面态度；末则以逾三百字之文记德宗时景教僧伊斯的事迹；事实上，此碑原就是为了颂扬

---

① 此一答书未见中文本留存，笔者依顾保鹄神父的意译以及王太后或庞天寿原信的用辞，重拟答书之文字，又，"唐代文、玄、高、建诸帝"一句的出典，乃据方豪，《中国天主教史人物传》，上册页 298—299。
② 朱谦之，《中国景教》，页 15—28 及 97。

361

伊斯所立①。若以内容论之，主要乃记太宗、高宗、玄宗和德宗四朝之事，此或即"文"、"玄"、"高"及"建"所代表的四位皇帝。

查李世民卒谥文皇帝，庙号太宗，上元元年（674），改尊号为文武圣皇帝，天宝十三载（754），又改为文武大圣大广孝皇帝，检索新旧《唐书》，有二十几处出现使用"文皇帝"一词的记事，知后人颇习惯以"文皇帝"称呼唐太宗。李治谥曰天皇大帝，庙号高宗，天宝十三载，改谥天皇大弘孝皇帝。李隆基谥曰至道大圣大明孝皇帝，庙号玄宗。但或因字数较多，后人少用谥号称呼高宗和玄宗。至于立碑之时仍在位的李适，年号建中，尚无谥号（神武孝文皇帝）或庙号（德宗）②。此或可解释答书中之所以将谥号、庙号和年号缩写混用的原因。

362

（三）司礼太监庞天寿上罗马教皇因诺曾爵书

此函有绢套，套外书有"代天主耶稣在世总师公教真主圣父座前"等十七字，另一面则绘龙，套里书"代天主耶稣在世总师公教真主圣父座前因诺曾爵"二十一字，另一面亦绘龙，信札用红纸，首有一"肃"字，上钤"总督勇卫之印"③，其正文曰：

> 大明钦命总督粤闽、恢剿联络水陆军务、提调汉土官兵、兼理财催饷便宜行事、仍总督勇卫营、兼掌御马监印、司礼监掌印太监庞亚基楼——契利斯当，膝伏因诺曾爵——代天主耶稣在世总师、公教真主圣父——座前：切（农按：通"窃"）念亚基楼，职列禁近，谬司兵戎，寡昧失学，罪过多端；昔在北

① 江文汉，《中国古代基督教及开封犹太人》，页38–56。
② 《旧唐书》，卷3页62–63、卷5页112、卷9页235、卷13页400。
③ 沙不列，《卜弥格传》，页52；坪井九马三，《坪井博士の来信附支那耶蘇教に關する文書の発見》，頁136。

都，幸遇耶稣会士，开导愚懵，劝勉入教，恭领圣水，始知圣教之学，蕴妙洪深，夙夜潜修，信心崇奉，二十余年，罔敢少怠；获蒙天主庇佑，报答无斁，每思躬诣圣座，瞻礼圣容，讵意邦家多故，王事靡盬[①]，弗克遂所愿怀，深用悚仄[②]。但罪人一念之诚，为国难未靖，特烦耶稣会士卜弥格归航泰西，来代告教皇圣父，在于圣伯多禄、圣保禄座前，兼于普天下圣教公会，仰求天主慈照我大明，保佑国家，立跻升平；俾我圣天子乃大明第拾捌代帝、太祖第拾贰世孙主臣，钦崇天主耶稣，则我中华全福也。当今宁圣慈肃皇太后，圣名烈纳；昭圣皇太后，圣名玛利亚；中宫皇后，圣名亚纳；皇太子，圣名当定，虔心信奉圣教，并有谕言致圣座前，不以宣之矣。及愚罪人，恳祈圣父，念我去世之时，赐罪罚全赦；多令耶稣会士来我中国，教化一切世人悔悟，敬奉圣教，不致虚度尘劫。仰徼（农按：通"邀"）大造，实无穷矣。肃此，少布愚悃，伏维慈鉴，不宣。永历四年，岁次庚寅，阳月弦日书。慎余。

其中报答无斁之"斁"，乃避崇祯帝由检与永历帝由榔之名讳。而"慎余"为文书终尾之套语，表示其后空白无字。

方豪在评论庞天寿致教皇和耶稣会总会长之文件时尝称："有少数字晦涩不明"，"天寿读书不多，故词多费解，书法亦不甚佳"[③]；然而，庞天寿虽"粗识字，不习典故"[④]，但因类似文件本由他人代笔，此函之文字也还通顺简练，只因先前有多处辨读错误，才导致有"晦涩不明"的感觉；且其书法亦可，惟因拍摄照片时原件未摊平，故

---

① "王事靡盬"语出《诗经·唐风》，指国乱未能平息。
② "悚仄"亦作"悚侧"，惶恐不安之意。
③ 方豪，《中国天主教史人物传》，上册页290–292。
④ 王夫之，《永历实录》，页213。

让人有字体歪扭的错觉。

教皇亚历山大七世在覆书庞天寿时提及："天主曾将其慈悲垂怜至另一位在迦萨（Gaza）受洗的皇室太监，现在祂则对你召唤……"[1]此一典故应出自《新约圣经·宗徒大事录》（Acts of the Apostles），有位在埃塞俄比亚女王甘达刻（Candace）朝中担任重要职位的太监，因聆听斐理伯（Philip）宣讲福音而在迦萨受洗，公元第四世纪时，埃塞俄比亚更将基督信仰定为国教[2]。教皇或以此一圣经故事来期许庞天寿和其所关注的中国传教事业。

（四）司礼太监庞天寿书奉耶稣会总会长函

顾保鹄神父在《卜弥格出使教廷新文件》一文中曾公布五张有关此一信札原件的照片，其封袋的正面有"耶稣会大尊总师神父书"等字，反面在上下端分别书"谨"（农按：此字缺上半部，应是拆封所致）和"封"各一字，并钤有两印，印文同为"总督勇卫之印"。

内文有两部分，书于朱纸之上，分别以"正"和"肃"字起头，其中"正"的部分为拜帖，或称名刺、名帖、名片[3]，乃庞天寿转托卜弥格交"大宗相公若望路我"的名片，其文曰：

> 正：大明钦命总督粤闽、恢剿联络水陆军务、提调汉土官兵、兼理财催饷便宜行事、仍总督勇卫营、兼掌御马监印、司礼监掌印太监庞亚基楼——契利斯当，敬于罗玛圣厄格勒西之大宗相公若望路我，予老师卜弥格尔——耶稣会顿首拜。

364

---

[1] Kircher, *China Illustrata*, p. 93；杨森富曾翻译此信，但却略去此段内容，参见氏著《中国基督教史》，页149。

[2] https://www.ccel.org/bible/phillips/CPn05Acts08.htm.

[3] 赵翼，《陔余丛考》，页637—640。

顾保鹄神父认为：此一文件"文字欠佳，语意欠明"；"厄格勒西"应是拉丁文 Ecclesia（教会）的音译；而"若望路我"既非教皇，亦非被称为"大尊总师神父"的耶稣会总会长，其人待考[1]。

前引文中的"予"字，先前学者多释成形近的"于"，但因该字竖钩的上端向左弯曲，并不笔直，再加上"于"字的句意难解，故笔者疑其应是"予"字，意思是庞天寿将此函委请他自己的老师卜弥格（Boym 在许多文献上均自署为"卜弥格尔"，弥格尔乃其教名 Michael 之音译，中名则仅取用前两字）亲交。

至于"若望路我"，理应为耶稣会中地位相当高的人物，经查相关文献[2]，发现他应是 John de Lugo（1583–1660）的音译，此人为著名的神学家，于1621–1643年间在罗马学院（Roman College）任教，随后被任命为罗马圣教（"罗玛圣厄格勒西"）的枢机主教（"大宗相公"）[3]。若望路我作为教廷中地位最高的耶稣会士，卜弥格若是透过他来晋见耶稣会总会长，应颇合情理。

365　　此一信札的封皮正面及"肃"字下方均书有拉丁文说明，谓系致卜弥格书，盖档案管理者不谙中文而致误。其正文曰：

　　肃：大明钦命总督粤闽、恢剿联络水陆军务、提调汉土官兵、兼理财催饷便宜行事、仍总督勇卫营、兼掌御马监印、司礼监掌印太监庞亚基楼——契利斯当，书奉耶稣会大尊总师神父台前：切念亚基楼，职列禁近，谬司兵戎，寡昧失学，罪过多端。昔在北都，幸遇尊会士开导愚懵，恭领圣水，始知圣教

[1] 方豪疑"若望路我"为一卜弥格认识的波兰人 Rawecki；参见方豪，《中国天主教史人物传》，上册页292–293。

[2] 在耶稣会的档案中，即尝指出庞天寿曾致函枢机主教 de Lugo，参见 Malatesta, "The Tragedy of Michael Boym," p. 358.

[3] 参见 http://www.newadvent.org/cathen/09418b.htm.

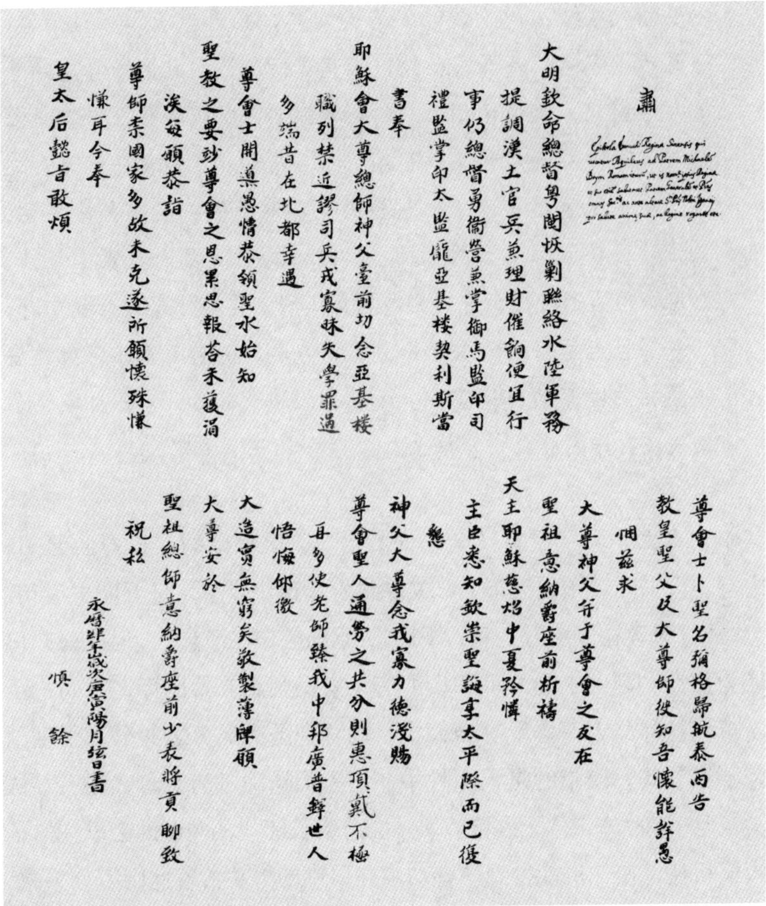

肅

Gabriele Samuel Regina Socci?? qui
nomen Regaleus? ad Rerum Michaelis?
Regni. Romam misit, ut a nontispiq? Regard.
a fui ad sederess Rerum Praesilii a Reg?
sung Gal?as noa ahora S?Reg? Rebu Reg??
qui talem sering Prid, in Regna regnat ut

大明欽命總督粵閩恢剿聯絡水陸軍務
提調漢土官兵焦理財催餉便宜行
事仍總督勇衛營焦掌御馬監印司
禮監掌印太監龐亞基樓契利斯當

書奉
耶穌會大尊總師神父臺前切念亞基樓
職列禁近諤司兵戎寰珠失學罪過
多端昔在北都幸遇
尊會士聞惪恩惰恭領聖水始知
聖教之要妙尊會之恩果恩報荅未遑涓
溪毎頋恭詣
尊師素國家多故未克遂所頋懷珠懷
懍耳今奉
皇太后懿音敢煩

尊會士卜聖名猜格歸航泰西告
教皇聖父及大尊師俾知吾懷能辭意
惆藐求
大尊神父于尊會之友在
聖祖意納舜座前析禱
天主耶穌慈焰中夏矜憐
主旦寒知欲業聖蹟事太平際而已復
慇
神父大尊念戎寰力德淺賜
尊會聖人通籌之共分則惠頂氣不極
每多使老師臻我中邦廣普鮮世人
悟懺卹微
大造寔無窮矣敎製蓬卽頋
大尊安於
聖祖總師惪納爵座前少表將貢聊致
祝私

永曆辛卯年歲次戊廣陽月絃日書
順　餘

图表10.3：庞天寿书奉耶稣会总会长函。由顾保鹄神父提供之相片修整重组。

之要妙（农按：同"妙"），尊会之恩，累思报答，未获涓涘；每愿恭诣尊师，奈国家多故，未克遂所愿怀，殊慊慊耳。今奉皇太后懿旨，敢烦尊会士卜，圣名弥格，归航泰西，告教皇圣父及大尊师，彼知吾怀，能详愚悃，兹求大尊神父并于尊会之友，在圣祖意纳爵座前，祈祷天主耶稣慈照中夏，矜怜主臣，悉知钦崇圣诲，享太平际而已。复恩神父大尊念我寡力德浅，赐尊会圣人通劳之共分，则惠顶戴不极。再多使老师臻我中邦，广普铎世人悟悔；仰徼大造，实无穷矣。敬制薄牌，愿大尊安于圣祖总师意纳爵座前，少表将贡，聊致祝私。永历肆年，岁次庚寅，阳月弦日书。慎余。

其中"享太平际"或自《全宋词》出典，因曹勋的《长寿仙促拍》中有"太平际天子，天下养，共瞻诚意。南山虔祝，亿万同岁"句；"顶戴"为敬礼、感激之意；"则惠"原或应作"泽惠"，但此处亦可能为用典，因《书经·皋陶谟》有"安民则惠，黎民怀之"句；至于"复恩神父大尊念我寡力德浅，赐尊会圣人通劳之共分，则惠顶戴不极"句，应指的是天主教中"诸圣相通功"的概念。庞天寿认为自己"寡力德浅"，故希望耶稣会总会长能代他向耶稣会以往的圣人们祈祷，使他也能得到"善功宝库"中的善功，若此则万分感激。接着，再祈请总会长派更多人来中国，给予中国的传教事业更多的帮助。

庞天寿当时还打造了一面银牌，上刻汉字和拉丁文，希望总会长能将其安于"圣祖总师意纳爵座前"，盖因他先前在龙华民手中领圣洗，故借以答谢耶稣会的大恩[1]。由于耶稣会当时在罗马的总部为耶稣教堂（The Church of Jesus），其内设有一圣意纳爵礼拜堂（St.

———————

[1] 沙不列，《卜弥格传》，页53。

Ignatius' Chapel)，以纪念该会的创办人，故此句应指该礼拜堂中的祭坛。

（五）司礼太监庞天寿致威尼斯共和国诸公拜帖

卜弥格于1652年11及12月之交抵达威尼斯共和国，12月16日觐见该国的元首 Francesco Molin（*r.*1646-1655），当时所用之红色拜帖乃长方形，法国巴黎国家图书馆藏有汉文钞本①，其文曰：

> 泰西物搦齐亚·光地公朝、皇、会帖子。大明钦命总督粤闽、恢剿联络水陆军务、提调汉土官兵、兼理财催饷便宜行事、仍总督勇卫营、兼掌御马监印、司礼监掌印太监庞亚基楼——契利斯当，敬于物搦（农按：漏一"齐"字）亚·光地皇、诸侯及公朝、总会，予老师卜弥格尔——耶稣会奉拜。②

笔者未见此一拜帖的照片，疑首句可能是书于封皮之上，余则为拜帖的正文。其中"物搦齐亚"为意大利文 Venezia 之音译，今作威尼斯；而光地为 Candia 的音译③，今名克里特岛（Crete，属希腊），是威尼斯共和国当时在地中海中的主要领地，1669年为土耳其人攻占。

伯希和及冯承钧认为此帖文字不似出于中国文人之手，"因为末一行卜弥格尔之名应列在耶稣会下，而反列在耶稣会上，文人不致如此颠倒"④，但其说颇待商榷，因庞天寿在上教皇或耶稣会总会长书时的自称，与此格式完全相同，均是先记头衔（"大明……司礼监掌印太监"和"老师"），次记姓氏（"庞"和"卜"），继记教名（"亚

---

① 沙不列，《卜弥格传》，页53-54及59-65。
② 伯希和，《卜弥格传补正》，页514。
③ 方豪，《中国天主教史人物传》，上册页293。
④ 伯希和，《卜弥格传补正》，页515；沙不列，《卜弥格传》，页54。

基楼"和"弥格尔"），末记其在教中身份（一为俗众之天主教徒"契利斯当"〔Christianus〕，一为耶稣会之教士）。

再者，前述致"大宗相公若望路我"的名刺，其笔迹与庞天寿书奉耶稣会总会长函显然出自同一人，疑其乃伴同卜弥格出使的陈安德所书，此一致威尼斯共和国诸公的拜帖或亦出自陈安德之手。庞天寿很可能事前已准备了一些钤好"总督勇卫之印"的名刺供卜弥格见机行事，需要时即由陈安德替代庞天寿临时写上对方的名衔。尤其，卜弥格本拟由印度卧亚（Goa）经海路返欧，但因葡萄牙官员不许他登舟，遂从陆路潜逃至地中海边的士麦那（Smyrne）城，又因所搭乘之船恰属威尼斯国，才在赴罗马途中顺道出使威尼斯①。亦即，卜弥格本不预期会路经威尼斯，故庞天寿应不致预先准备好此一名刺。

至于"皇诸侯及公朝总会"之含义，先前无人确切理解。查威尼斯共和国最大的权力组织是大议会（Maggior Consiglio〔Great Council〕），其成员都是贵族，规模往往多达一两千名，议事较不易，故又从中选出许多代议之人，成立执掌各异且相互牵制的机构，其中进入参议院（Consilium Rogatorum〔Senate；负责处理外交、商务和舰队调动等事〕）和十人会议（Council of Ten）两机构的代表，分别再选出六名部长（Savii Grandi〔Chief Ministers〕）和三名首席（Capi〔Chiefs of the Ten〕），此外，大议会还直选出六名议员（Ducal Councillors）与一名元首（Doge），形成总共十六人的权力核心。元首，又称作 Il Principe，字意为"王子"，此应即前引文中所称之"皇"，至于其他十五名的代议核心，或即所谓的"诸侯"，公朝似为参议院音译之简称，而总会则为大议会之意译，两者乃为共和国最

---

① 伯希和，《卜弥格传补正》，页 507–510。

大的政治机构[1]。亦即,"皇诸侯及公朝总会"之句应读作"皇、诸侯"(指人)及"公朝、总会"(指机构)。

(六) 王太后谕耶稣会士瞿纱微书

顾保鹄神父曾于五十年代在罗马耶稣会档案馆发现一件永历太后致瞿纱微的手谕,其文曰:

> 皇太后谕瞿先生:予在世所作罪业,深如丘山,又虑虏寇交虹(农按:通"讧",其意为"乱")之际,人心涣散之时,危在燃眉之急,恐落于凶恶之手,以污秽了身体,惟望先生替予每日在天主、圣母圣前祈求,遣天神护持予身,全其名节,只愿善终,不枉进教,一尝生死,感诵胜(农按:通"盛")德不朽也。[2]

其上的收藏说明指其为王太后 Helena 所书,然因在耶稣会档案馆所藏庞天寿的《耶稣会大尊总师神父书》上,曾被管理者以拉丁文误记作致卜弥格书[3],故我们仍应就此详细考证。

由文中"不枉进教"句,知此谕应书于永历二年三月两宫受洗之后,而其下限则应为瞿纱微的死讯被传开时。永历五年九月,陈邦傅叛,诱杀大将焦琏,并以浔州降清,帝遂沿诸蛮所在地区一路狼狈窜逃,至六年二月始驻跸安隆所,改名安龙府。在这长达五个月的流亡过程中,原出发时约三万人的队伍,因逃亡、病故等因素,仅不到三千人到达安龙[4]。据耶稣会的档案,瞿纱微当时乃随从永历

369

---

① Lane, *Venice, A Maritime Republic*, pp. 87–117、252–257、409–410、427–429.
② 顾保鹄,《中国天主教史上的两个文件》。
③ 参见顾保鹄,《卜弥格出使教廷新文件》。
④ 柳亚子,《南明史纲·史料》,页52–53;金钟,《皇明末造录》,页322。

帝西奔，因其所乘之舟较慢，而于1652年1月4日（合永历五年十一月二十三日）为清兵追及，当场被杀[1]。衡诸当时的混乱局面，其确切的死讯有可能在数月之后始为皇太后得知。

亦即，此谕应最可能撰于永历二至六年间，而文中的"虏寇交虹"句，就成为判断的重要关键。经查永历朝的史事（见图表10.1），知二年八月至四年正月间，帝在肇庆，局势尚称稳定；四年十一月，清兵连陷广州、桂林，帝出奔；五年四月，王太后崩于田州[2]；五月，帝返南宁，前张献忠大西军的余部孙可望杀反对他封王的严起恒等大臣，帝不得已，封可望为秦王；十二月，南宁陷；六年二月，在辗转跋涉之后，帝次孙可望势力范围内的安隆所。可望于是"假天子号令，行中外，调兵催饷，皆不上闻，生杀予夺，任意恣肆"，直到李定国在十年正月败孙可望之兵于田州，并奉帝西迁云南后，始暂时结束永历帝的厄运[3]。

370 考虑前述政军情势的变化，笔者原以为"虏寇交虹"应指的是清军以及原被明廷视作流寇的前大西军将领孙可望的双重侵扰，又因王太后崩于永历五年四月，而其时孙可望尚未直接威胁到永历朝廷，故疑此一手谕或非王太后所书，而是出自马太后[4]。

但新近得阅陈纶绪（Albert Chan）神父所翻译现藏马德里西班牙国家图书馆的一份珍贵文件后（见附录9.1），在此将前说做必要的修正。该文件乃整理1638–1649年间在华耶稣会士寄至菲律宾的

---

[1] Malatesta, "The Tragedy of Michael Boym," p. 366.

[2] 永历五年二月，帝因清军进逼，移跸田州（今田阳县）；四月，王太后崩于田州；五月，帝返南宁，遂将遗骸运至南宁郊区的三江口（宋村）安葬，称作兴陵；墓中原陪葬一些与天主教相关的圣牌和雕像等，可惜已被盗。2003年年底，南宁考古工作队在当地所进行的发掘工作已大致完成，考古报告则尚待发表。参见覃芝馨，《南宁市三江口皇家陵园》。

[3] 南炳文，《南明史》，页278–283。

[4] 见黄一农，《南明永历朝廷与天主教》。

信件而成，其中在瞿纱微的信中赫然可见此一手谕的译文：

> My father and master Andreas Xavier, my sins are as great as elevated mountains（予在世所作罪业，深如丘山）. I am afraid that if the Tartars or other soldiers or wondering robbers were to arrive（又虑虏寇交虹）they might attempt to violate my person and use force on me（落于凶恶之手，以污秽了身体）. I ask, for the love of God and his Virgin Mother, our Lady, that you recommend me to them（望先生替予每日在天主、圣母圣前祈求），that others may not say that it was in vain that I became a Christian（不枉进教），and I shall be grateful to you in life and death（一尝生死，感诵胜德不朽）.

瞿纱微并明白指称该手谕是王太后在永历帝抵达南宁的第二天交给他的；亦即，此应撰于二年三月。由于先前投降南明的大顺军将领郝永忠于二月纵兵入桂林大掠，永历帝因此被迫出奔，故王太后遂有"虏寇交虹"之慨。从此谕所书写的黄纸相当粗糙一事，亦知当时永历朝廷的物质环境十分窘迫。

四、永历皇太后之尊号与徽号

在前述这些由卜弥格带往欧洲的文件中，所用之皇太后徽号以及皇子当定的头衔均与许多南明文献上的记载有所出入，若我们无法厘清这些问题，将令人怀疑这些文件的真实性。下文因此将先细探有明一代上尊号、上徽号和立太子的制度，希望能合理还原当时使用这些名号的原委以及当事人致书时的心态。

371

依照明朝的典制，天子于登极时，上母后或母妃"皇太后"之尊号，天顺（1457–1464）之后，亦屡因表示尊崇或适逢某些"国之庆"，而再加二字或四字的徽号[1]。宪宗（r.1464–1487）即位时，因其嫡母与生母俱在，始出现纷争；中官夏时欲独尊帝之生母周贵妃为太后，称钱后久病，不当称太后，周贵妃甚至传旨曰："子为皇帝，母当为太后，岂有无子而称太后者？"但经李贤和彭时等人力争后，始议定两宫并尊，又为避免两宫同称则无别，即在钱太后之前加两字，以便称谓，于是上周贵妃之尊号为皇太后，钱氏为慈懿皇太后。成化四年（1468），慈懿太后崩，二十三年，因皇太子大婚又上周太后徽号曰："圣慈仁寿皇太后。"[2] 此后，在皇太后尊号之前所加徽号的字数长短即成为所受尊崇程度的表征。

神宗即位时，太监冯保欲媚皇帝的生母李贵妃，乃建议并尊，大学士张居正遂下廷臣议，于是上穆宗皇后陈氏之尊号为仁圣皇太后，贵妃李氏为慈圣皇太后，此后两宫尊号之字数始无分别。万历六年（1578），陈太后因帝大婚而加徽号"贞懿"，十年，以皇长子生加"康静"，二十四年，崩。李太后亦以相同原因于六年加"宣文"，十年，加"明肃"，二十九年，又以皇太子立加"贞寿端献"，三十四年，以皇长孙生加"恭熹"[3]。知当时会因特殊之庆典而以加二字或四字徽号的方式尊崇皇太后。

永历帝亦曾册尊嫡母王氏及生母马氏为皇太后，但史籍中对此事的记载颇不一致（见图表10.4），多数文献以皇帝在即位之初就上两宫尊号，惟名称有差，然亦有以马太妃直至五年十月始被册尊为皇太后者。至于加徽号一事，则出现元年四月和五年十月两个时间。清
372　　　人李慈铭在论两宫尊号的记载时，以"慈圣"已被用作神宗生母孝定

---

① 郭正域，《皇明典礼志》，卷4页1–8。
② 《明史》，卷13页165、卷113页3518、卷176页4684；《明宪宗实录》，卷287页2、卷288页7、卷289页6。
③ 《明史》，卷20页268、卷21页282及285、卷114页3534–3535。

李太后的尊号，故认为永历朝应不至相袭，而主张《永历实录》中的两宫尊号"慈圣"和"慈宁"或误，应作"宁圣"和"昭圣"①，但其说有待商榷，因"昭圣"亦曾被用作世宗时慈寿皇太后之尊号②！

图表10.4：永历皇太后上尊号和徽号的相关记述③。

文献名	相关记述
《烬火录》、《行朝录》	永历即位时，尊王氏为孝正皇太后、马氏为慈宁皇太后。
《永历实录》	永历即位时，尊王氏为慈圣皇太后、马氏为慈宁皇太后。
《行在阳秋》	永历即位时，尊王氏为皇太后，马氏为昭圣皇太后。
《小腆纪年附考》、《小腆纪传》	永历即位时，尊王氏为慈宁皇太后、马氏为皇太妃；五年四月，王太后卒，谥为孝正庄翼康圣皇太后；五年十月，马太妃被册尊为皇太后，上徽号为昭圣仁寿皇太后。
《南疆绎史》	永历即位时，尊王氏为皇太后、马氏为皇太妃；五年十月，上马氏徽号为昭圣仁寿皇太后。
《岭表纪年》	永历即位时，尊王氏和马氏为皇太后；元年四月，上宁圣、昭圣两太后徽号、册号。

虽然永历朝只是一落难的小朝廷，但其仪礼或仍遵例施行。由于皇长子出生和东宫册立依例常会加太后之徽号，故我们或有必要先了解永历皇子的相关纪事。然而，各家所记永历皇子出生以及册立东宫的时间依旧颇不一致（见图表10.5），有以出生时（主要有永历二年闰三月和四月两说④）即被册为太子，但亦有将册立系于五年

① 谢国桢，《增订晚明史籍考》，页529。李慈铭，《受礼庐日记》，中集，页76。
② 《明史》，卷17页217。
③ 详细出处，参见黄一农，《南明永历朝廷与天主教》。
④ 查清之时宪历，顺治五年（1648）四月为丙寅朔、闰四月为乙未朔；同一年明之大统历则得永历二年闰三月为丙寅朔、四月乙未朔。然而，因这些文献中所系月份和纪日干支并不全同，故或无法完全归因于当年明清历日置闰之差别。有关南明之历，可参见傅以礼（1826–1898），《残明大统历》。

十月。

依明代故事，从无皇子一出生即被立为太子之例；事实上，皇
子必须在出生三月之后，始行命名之仪，故不太可能在尚无名字的
373　情形下就被立为皇太子。如宣德二年（1427）十一月皇子生，众臣
上表请立太子，就是等到三年二月始行礼；嘉靖十八年（1539）册
立东宫时，太子也已满两岁，而在成年之后始册立太子的情形亦比
比皆是[①]。

图表10.5：永历皇子慈炫出生和册立相关之记述[②]。

文献名	相关记述
《行在阳秋》	二年闰月丙戌〔寅〕朔，皇子生，同日册为太子，颁万喜诏，大赦天下。
《明季南略》	二年四月初一日丙寅，世子生，王化澄请册为太子，赦天下，诏曰："万喜。"
《行朝录》	二年四月乙未，皇子生。
《所知录》、《劫灰录》	二年四月初一日，皇子生。
《永历实录》	二年四月，皇长子生。
《小腆纪传》、《南疆绎史》、《小腆纪年附考》	永历二年闰三月丙寅朔，元子慈烜生，大赦；五年十月辛亥，立为太子。
《存信编》	二年闰三月丙寅朔，王子生，册立为太子，大赦天下，诏曰："万喜。"一作四月初三日，三子慈烜生，王皇后出，遣官祭告，诏加恩，免南宁钱粮十分之二。
《岭表纪年》	戊子永历二年……夏四月初二日丙午，皇三子生。皇后出也。

––––––––––––––––––

[①] 傅维麟，《明书》，卷56页21；《明史》，卷54页1373。
[②] 详细出处，参见黄一农，《南明永历朝廷与天主教》；沈佳，《存信编》，页162；鲁
　　可藻，《岭表纪年》，页64。

又，图表10.5的文献中仅徐鼒的《小腆纪传》、《小腆纪年附考》、温睿临的《南疆绎史》和沈佳的《存信编》，提及永历帝之子名慈烜，此与《明史》、《崇祯实录》、《崇祯长编》和《国榷》中所记崇祯帝的次子同名[①]！崇祯帝朱由检与永历帝朱由榔同一祖父，其子均为慈字辈，且第二字之部首同为火部，依常理此两者必有一误[②]；况且，永历朝之廷臣或内臣颇多原为崇祯朝中人，亦不可能无人知晓此一命名重复之事。经查《明史》中有十九处出现炫字，其中多为人名，但均未改避，而《崇祯实录》和《崇祯长编》中仅有一例使用"炫"字[③]，亦未避讳或缺笔，知慈烜确系崇祯帝次子之名。

笔者颇疑永历帝之子或名慈炫，后之史家因避康熙帝玄烨的名讳，而将之改作音义均相近的慈烜。类似的混淆亦曾发生在清初之史事，如《清史稿》在叙述"历狱"时，提及有吴明烜和吴明炫两兄弟曾与天主教天文家发生激烈抗争，然经笔者细究之后发现两名其实为同一人，明炫乃于康熙帝玄烨即位时，因避讳而主动更名为明烜[④]。查原撰于康熙四十二年（1703）的《南疆绎史》中，因避玄烨之名讳而改侯峒曾之子玄演和玄洁为元演和元洁[⑤]，亦增加此一可能性。又，道光间始编纂的《小腆纪传》中，记明末御史麦而炫的

[①] 崇祯二年十二月，皇第二子慈烜生；三年二月，薨，追封为怀隐王。参见《明史》，卷120页3657–3658；《崇祯实录》，卷2页15–16；汪楫，《崇祯长编》，卷31页35；谈迁，《国榷》，卷90页5506、卷91页5520。

[②] 冯承钧已发现此一矛盾，但他并未尝试理清此事。参见沙不列，《卜弥格传》，页123。

[③] 汪楫，《崇祯长编》，卷17页12。此处运用了"汉籍全文资料库"进行搜索。

[④] 康熙帝名玄烨，故清代在康熙以后的各朝均避"玄"字，其中以缺末笔居多，间亦有改作"元"者，然未避者亦见。至于玄字偏旁的"炫"等字，在康熙朝并无明确规定，但臣民基于尊君之心，亦有私下回避者。参见黄一农，《吴明炫与吴明烜：清初与西法相抗争的一对回回天文家兄弟?》。

[⑤] 温睿临，《南疆绎史勘本》，卷25页2；黄一农，《天主教徒孙元化与明末传华的西洋火炮》。

事迹时，仅将炫字缺末笔[1]，而未改成烜字，知徐鼒并不曾改慈炫为慈烜，而是因其所参考的文献早已讳改成慈烜所致，否则他应会将麦氏之名改成"而烜"才对。

由于图表10.4和10.5中的史料众说纷纭，我们一时很难辨明孰对孰错。但笔者新近发现《岭表纪年》一书中（见附录10.1），有远较他书丰富且细致的叙述，或有机会厘清相关疑点。其文（小字乃原书在各条正文之后的补注）有云：

375　　　　　　（永历二年）夏四月初二日丙午（农按：应作丙申[2]），皇三子生。皇后出也。

（永历四年）夏四月，皇三子千秋，请受庆贺。诏皇三子尚未册立，且免行。先是，鲁可藻致书礼科，谓后生长子，册立应在试周前为，千秋日与诸王不同[3]，中外应进笺庆贺。可藻言为册立，非为庆贺，若未册立而称太子、行庆贺，即又失礼矣，是为得之。乃鸿胪二鼓复告示庆贺，皇亲属为之也。

（永历四年）□月（农按：应为五月[4]）庚午，皇四子生。后出也。

（永历四年十月，）公请立册东宫[5]。疏留中。先，郭之奇疏请。鲁可藻疏：后生长子，例于周前册立，便千秋进笺称贺，及今已迟。诏并下会议，故公请之[6]。

――――――――――

[1] 徐鼒，《小腆纪传》，卷29页2。
[2] 永历二年（1648）四月初二日为丙申，非丙午，是年亦无任一月的初二日为丙午。
[3] 所谓的试周，即俗称的"抓周"或"试儿"。又，浙江古籍出版社将句读误为："册立应在试周前为千秋日，与诸王不同。"
[4] 此则被置于五月和六月之间，因永历四年（1650）五月十八日庚午，而六月无庚午，故暂系于五月。
[5] 笔者先前误以"公"字乃指某年谱之传主。
[6] 《岭表纪年》，页64、119、122、141–142。

指出王皇后于永历二年四月生皇三子慈炫；四年五月，又生一子。据鲁可藻的说法，皇后所生的第一子理应于周岁之前册立为东宫①，以便生日时内廷和外官能向太子进笺庆贺，但因慈炫当时尚不曾被册立，不宜接受群臣庆贺，故当日原本已下诏免贺，惟在内廷的强力运作之下，掌朝会仪节等事的鸿胪寺官，仍于入夜二更时紧急又通知应庆贺。稍后，因新署礼部的郭之奇疏请册立东宫，鲁可藻亦称此事已迟，永历帝遂命大臣公议之，虽众议请立，但此事却仍遭留中而未获批覆。

附录10.1

《岭表纪年》作者小考

学界对《岭表纪年》的作者一直未见定论，全祖望称："是书不知出于何人之手，似有憾于稼轩（农按：指瞿式耜）与别山（农按：指张同敞）者。"但在温睿临（康熙四十四年举人）的《南疆绎史·凡例》和徐鼐（1810–1862）的《小腆纪年附考·自序》中，均称该书为鲁可藻所作。近代南明史专家谢国桢（1901–1982）和司徒琳（Lynn A. Struve）同采温氏之说。惟杨凤苞在道光十一年（1831）刊刻此书时所撰的跋文中，则认为："可藻与稼轩悉心协力，共守桂林……可藻断不毁稼轩，《纪年》之书必不出自可藻手也决矣！"其实，鲁、瞿两人的关系并不如杨氏所述融洽，如鲁氏在复肇庆时，尝自称总督，而遭式耜纠劾；且其居忧不守制，亦被式耜劾罢②。

---

① 此并非成例，如嘉靖十五年（1536）十一月皇长子生，十七年正月补试周，十八年二月始被册立为东宫。《明世宗实录》，卷193页7、卷208页1、卷221页1。
② 《岭表纪年》，页1–2；倪在田，《续明纪事本末》，卷14页349–351；Struve, *The Ming-Qing Conflict 1619–1683*, pp. 300–301。

　　鲁可藻，安徽和州人，以明经知湖广新宁县，有能声。永历元年二月，擢为御史，历任广西巡按、广西巡抚、兵部右侍郎兼右副都御史、南兵部尚书[1]。

　　《岭表纪年》的体例为编年体，在各条的正文之后常另有补充说明的小字。综观全书，发现鲁可藻是此书中出现次数最多的个人，约120次；但鲁氏并非永历朝中最重要的人物之一，地位和权力较他高者不乏其人，此故，《明史》即或因此未为其立传。惟在此书中，却出现涉及他个人的大篇幅纪事，如永历元年十一月条下之正文，共以66字记鲁可藻等四人之升迁，但小字则以294字记鲁可藻如何意外获授为广西巡抚，末记："初可藻自意军功可得抚军，然不欲西缺，尝托林铨致书当事，愿南韶、虔吉候缺，既闻丁艰，仍复得此，固自有定数矣！"此对记一朝大事的史籍而言，似非必要内容。然视其用字遣词，则又显非出自可藻。同样地，永历二年四月亦有一颇短之正文记曰："鲁可藻单舸携眷入梧城，梧大定。"小字却花了344字以记其细节！笔者因疑《岭表纪年》应杂糅了大量摘自鲁可藻年谱之资料。

　　此书书名所谓的岭表，乃指五岭以南地区，其地理位置大约相当于现在的广东、广西大部和越南北部地区。至于内容则起自永历帝在肇庆宣布监国以迄五年正月梧州遭清军攻陷。书中最末一条曰：

　　　　辛卯正月，马蛟麟至梧州。原任苍梧道朱由获原在乡未出，府县官俱出降。鲁可藻披剃为僧去。旧巡按朱

---

① 参见《岭表纪年》各卷；凌雪，《南天痕》，卷11页193–196。

由株入山。

当时永历帝因广州、桂林连陷而奔广西南宁，但直至十二月始撤离岭表，播迁至云贵一带，故编写者之所以在此条之后顿然停笔，或亦与鲁可藻攸关，因他恰在此时剃发为僧，其年谱在此前与朝政相关的内容就成为该书最主要的参考文献。

综合前说，《岭表纪年》的编者应非鲁可藻本人，但最可能是鲁氏的亲朋好友，并掌握了许多与鲁氏相关的原始材料。又因鲁氏参与朝政颇多，故此书中不乏第一手史料，其记永历朝大事的可信度也甚高。

由于鲁可藻为永历朝重臣，且我们在《岭表纪年》所记有关皇子和两宫的叙述中常可见其身涉其事[①]，并提供了许多未见于他书的细节，故笔者倾向视之为探讨相关问题的最重要一手文献。根据此书，王皇后于永历二年四月生皇三子慈炫，此与西人的说法亦相近[②]；四年五月，又生皇四子，其名不详。另据《小腆纪传》、《南疆绎史》、《小腆纪年附考》等书，慈炫于五年十月被册为东宫。

既然慈炫在皇子当中行三，其兄长的事迹亦值得我们关注。查《岭表纪年》记永历元年八月清军攻陷武冈时，"上奉两宫太后，率后及宫眷、百官踉跄出，惟皇子、保姆不及追，后传为刘承胤获而杀

[①] 除了前引各则外，《岭表纪年》在永历元年（1647）四月"上宁圣、昭圣两太后徽号、册号"条下亦注曰："当时以所议不应加嫡字为忤宁圣。可藻语所知曰：礼惟一帝一后，世宗后渐推所生，不称嫡，正尊而无偶之谓，岂反以为亵邪？"（页29）

[②] 卜弥格称此皇子生于1648年5月24日，合永历二年四月初三日丁酉，此较《岭表纪年》所系之初二日丙申晚一日。又，M. Jäger指此子生于5月22日，合永历二年四月初一日乙未朔，则比《岭表纪年》早一日。参见伯希和，《卜弥格传补正》，页497；Malatesta, "The Tragedy of Michael Boym," p. 357.

378

之"；《明季南略》记武冈城陷时，"除帝驾，三宫无不跣足奔者。皇子甫两匝月，竟委泥沙"；《南明野史》称："帝二子在襁褓，并乳母樊氏堕马，失之。"《明史》则称帝在仓皇奔逃时，命吴炳等人"扈"太子出走；《南疆绎史摭遗》的记述相近，但谓："傅"（农按：此为裹住之意）太子出走；又，《世祖章皇帝实录》在顺治四年（永历元年；1647）十二月丙戌日条下记："前后所获伪永历太子朱尔珠……等二十七人。"[1] 因知永历帝在王皇后生子之前确已有二子，均为婴幼儿，且于慈炫出生之前即已立皇长子为太子，但旋遭清兵所获，皇二子应亦被害。

由于先前各书中均未记明朱尔珠被册立为太子的时间，近人柳亚子于是揣摩史事，并将之暂系于永历帝即位之时[2]。但笔者新近发现一条新史料，或可用来间接推判永历帝初册太子的确切时间。

查王夫之在《永历实录》的严起恒传末有云："起恒相四年，随上播迁，上累欲加恩，固辞不受，唯以上两宫徽号进太子太傅。"由于严氏自永历元年三月起为礼部尚书兼东阁大学士，五年三月遭孙可望部将所杀，故上两宫徽号应发生在此二事之间[3]。又因《残明宰辅年表》记严氏乃于元年四月进太子太傅，此与《岭表纪年》所记"上宁圣、昭圣两太后徽号、册号"的时间若合符节[4]。衡诸当时并无其他特别的"国之庆"，故笔者怀疑册立太子应是永历帝于元年四月上两宫徽号的原因。由于严起恒所任的礼部尚书为正二品，通常加

---

① 《岭表纪年》，页41；计六奇，《明季南略》，卷10页352；南沙三余氏，《南明野史》，卷下页10；《明史》，卷279页7150；李瑶，《南疆绎史摭遗》，卷7页13–14；《世祖章皇帝实录》，卷35页9；李慈铭，《受礼庐日记》，上集页52–53。

② 柳亚子，《南明史纲·史料》，页27。

③ 王夫之，《永历实录》，页10及29；《岭表纪年》，页22。

④ 傅以礼，《残明宰辅年表》，页3；《岭表纪年》，页29。由于《岭表纪年》此则记事未见于他书，其与《永历实录》和《残明宰辅年表》两书的契合，益见该书的史料价值。

官应先晋太子太保，再晋太子太傅，但起恒却在一月之间连跳两级，知他或应是因册立太子和上两宫徽号两事而获此特恩①。

综前所论，永历帝在隆武二年十一月即位时应最可能上嫡母王氏之尊号为宁圣皇太后，生母马氏为昭圣皇太后，并册妃王氏为皇后。永历元年四月，因册立尔珠为太子，而上两宫之徽号为"宁圣慈肃皇太后"和"昭圣恭懿皇太后"。五年四月，王太后卒，谥曰"孝正庄翼康圣皇太后"。五年十月，因册立慈炫为太子，加马氏徽号为"昭圣恭懿仁寿皇太后"。现存各文献之所以避谈册立尔珠为太子之事，或因其担任太子的期间甚短，且慈炫母子终永历朝均在位，遂为尊者讳所致②。又，慈炫虽为王皇后所生之长子，但因他并非皇长子，故依例无法为庆祝其出生而上太后徽号。

379

经查瞿式耜之孙玄锡为其祖父母所撰的行实中，称"宁圣慈肃皇太后"及"昭圣恭懿皇太后"曾于永历三年六月派太监赐祭亡故之瞿妻各一坛③，即与前述的两宫徽号合。惟瞿式耜于同年十一月所上的《谢御奠疏》中，仅称两宫为"宁圣皇太后、昭圣皇太后"④，此或将徽号省略，而只用尊号作为简称，类似情形亦可见于先前之明代文献⑤。

然而，为何王太后在永历四年十月致罗马教皇及耶稣会总会长的文件中，均自称"宁圣慈肃皇太后"，却只称马太后为"皇太后"，而在庞天寿上罗马教皇的信函中，则称王太后为"宁圣慈肃皇

---

① 《明史》，卷72页1731及卷110页3384-3393。
② 类似情形亦可见于清初：如顺治帝的第四子荣亲王在出生数月后即亡故，因其母董鄂氏为帝之宠妃，故初均以嫡长子的身份视之，在内国史院的满文档案中即屡称其为"皇第一子"，但康熙以后所编的官方文献中，因"为尊者讳"，均改称荣亲王为"皇四子"。参见黄一农，《择日之争与康熙历狱》。
③ 瞿玄锡，《稼轩瞿府君暨邵氏合葬行实》，页395。
④ 《瞿式耜集》，页109-110。
⑤ 如嘉靖七年（1528）已尊章圣皇太后为章圣慈仁皇太后，但在《明史·世宗本纪》嘉靖十五年三月条下，仍仅用"章圣皇太后"之简称；《明史》，卷17页222及227。

太后"，马太后为"昭圣皇太后"？此或因王太后在永历朝中的地位
远高过马太后，故前述文件乃由其以全衔具名，而她之所以在内文
中仅以"皇太后"称呼马太后，或是有意借此一简称以彰显两宫地
位之高下。但身为人臣的庞天寿，则不敢仅使用"皇太后"的简称，
又得表达对王太后的相对尊重，遂不用"昭圣恭懿皇太后"之全衔，
而以"昭圣皇太后"之尊号来称呼马太后。

　　在厘清前述致罗马教皇及耶稣会总会长函件上的两宫称谓之后，
我们可发现这些系于永历四年的文献实不应称呼慈炫（教名当定）
为皇太子，因他直到五年十月始被册立为东宫。此次遣使赴欧应是
由内廷中奉教之人所主导的半官方行为[1]，王太后和庞天寿或期盼能
借其个人崇高之身份地位，以争取欧洲教会领导人的同情与支持，
故有意地在函中夸大慈炫的名分，虽然慈炫成为皇太子本就是众所
预期的。此外，即使身为司礼太监的庞天寿，亦被卜弥格抬举成内
阁中唯一的阁老，希望能使人相信遣使一事乃得到永历帝的同意[2]。

五、结论

　　天主教在永历朝中的发展，由于出现异族入侵、太子受洗以及
遣使赴欧等戏剧性的情节，一直吸引了中外古今许多人的浓厚兴趣，
更萌发奉教人士无限的想象与怅惘，因此成为几乎每一本综论中国
天主教史的著述均不能不提及的内容。过去一个多世纪以来，相关
的期刊论文更是汗牛充栋。然而，学界对庞杂的中外文献的梳理和
辨读，却一直无法有效突破。笔者在此文中首先整合前人的成果，
接着，在爬梳大量的南明史料并借助网络搜索的强大功能之后，尝

---

[1] 卫匡国在其书中指出派遣耶稣会士赴欧一事，乃永历帝应王太后之请所为；参见 Martini, *Bellum Tartaricum*, p. 147.
[2] 沙不列，《卜弥格传》，页83。

试透过严肃的逻辑思辨和历史考证，将中、西文史料加以会通，并对相关的史事进行深度解析，希望能将永历朝天主教史的研究提升到一个较高的层次。

文中首度理清两宫和皇后受洗的时间及其环境背景，根据前文的讨论，天主教的传教工作在永历二年春达到高峰，当时帝在桂林，正为朝廷的存续艰苦挣扎，而奉教的司礼太监庞天寿则受命扈从王、马两太后以及已怀孕的王皇后僻居在大后方的南宁，面对彷徨灰暗的未来，被许多人认为有能力或有途径引进西方先进火器的耶稣会士，很可能触发内廷的某些遐想。在这种特殊的背景环境之下，瞿纱微终于二年三月说服王、马两太后以及王皇后入教。

返回南宁后始得知此事的永历帝，并未反对两宫的宗教抉择，但他本身并不愿入教[①]。永历二年四月，皇后生皇三子慈炫（前人多误其为皇长子，且误以他是第一个被册立的太子，又，清人文献因避康熙帝名讳，而径改其名为慈烜）；七月，此子在王太后的主导以及皇帝的允许之下亦受洗。八月，还跸肇庆后，天主教在永历朝廷的发展达到高峰，因透过庞天寿的举荐，瞿纱微获掌钦天监事，而庞天寿在其所提督的勇卫军中，亦起用天主教的符识，永历帝当时也曾利用这些关系向信奉天主教的澳门当局请求军援。但因澳门当局颇为看重与清朝占领区之间的贸易往来，且对南明政权的存续欠缺信心，故并未积极进行军事介入。

当时两广和澳门均同属耶稣会的日本会省，在日本幕府残酷迫害奉教人士之后，该会省的注意力即放在永历朝廷之上。但另一方面，在清政权中已站稳脚跟的中华副会省，因担心会妨碍其发展，

381

---

① 日人稻垣孙兵卫在无具体证据的情形下，揣测郑成功之所以奉永历为正朔，乃因两人均为天主教徒。顾卫民在其新近发表的《明郑四代与天主教会的关系》一文中，仅铺陈各家说法，而未做进一步讨论。事实上，永历帝如曾奉教，教史中早就大书特书了！

遂坚决反对继续支持南明。耶稣会士汤若望当时不仅率奉教天文家
在清钦天监的权力斗争中取得绝对优势，更很快成为贰臣群体中的
重要分子，且与顺治帝和太后等皇族建立相当不错的个人关系，并
获赐宣武门内一块地建天主堂，穆尼阁还获准往内地各省"随意往
来传教"[1]。

随着局势的恶化，永历帝于四年正月撤离肇庆，暂迁至广西梧州。
眼看倾颓在即的王太后和庞天寿遂决定私遣耶稣会士卜弥格使欧，随
行的只有一位奉教的游击陈安德，在卜弥格所携去的信中均有意地将
尚未被册立为东宫的慈炫称作皇太子，期盼能获得教皇、耶稣会总会
长以及其他天主教国家的同情与帮忙。就在卜弥格离开澳门的一个多
月前，广州和桂林相继陷落，但他在欧洲时却从不曾提及此一窘况，
原因应为避免对其"出使"之事产生负面影响[2]。

虽然先前已有颇多学者论述卜弥格"出使"事件中双方往还的
函件，但对其内容却一直仍有许多辨识错误或隐晦难明之处。本章
因此重新检阅了相关的原始文献，并提出许多新的理解与诠释：如
对两宫的尊号和徽号做了远较前人细致的讨论；厘清王太后致教皇
书中所称"俟太平之时，即遣使官来到圣伯多禄、圣保禄台前"句
的深意；还原耶稣会总会长答王太后书中"效昔唐代文、玄、高、
建诸帝"句之所以混用谥号、庙号和年号的原因；完整解读出庞天
寿致"大宗相公若望路我"以及威尼斯共和国诸公拜帖上的文字；
论证在耶稣会档案馆所发现之王太后致瞿纱微手谕的时代背景……。

永历五年，信教最坚的王太后以及瞿纱微先后去世，而卜弥格
亦因葡属印度官员反对其任务，而不被允许搭船返欧。或因清政权
已然巩固，且中华副会省的教务工作日益蓬勃，耶稣会因此在瞿纱

382

---

[1] 黄一农，《王铎书赠汤若望诗翰研究》；黄伯禄，《正教奉褒》，页25—27。
[2] 伯希和，《卜弥格传补正》，页506。

微过世之后，就不再派人至南明。而庞天寿对永历朝的态度可能亦于稍后发生转变，如在孙可望于六年迎帝驻跸安龙之后，原为内廷亲信的庞天寿与权宦马吉翔同媚可望，甚至还共谋逼帝禅位；八年，大学士吴贞毓等因此欲潜招李定国率军入卫，事泄，有十八位廷臣被可望所杀，马吉翔与庞天寿等人当时亦曾想借此事废后，经王皇后在帝前哭诉始免[①]。

至于身负众望的慈炫，于永历五年十月正式被册立为东宫（先前文献对此一时间众说纷纭），其教名"当定"原就是取君士坦丁大帝之名的谐音，耶稣会士期许他将来能效法该罗马君王，大力支持天主教的发展，但他在成长过程中的表现，却颇令教会失望。如在东京（属安南）的耶稣会士 Onofrius Borges 于 1659 年致总会长的信中有云：

> 我还了解到，皇帝最重要的旨意是让他的儿子当定继承皇位。但直到今天，我们仍一点也不了解这位皇太子在基督信仰上的进展。太监亚基楼在五、六年前就被毒死了。他死了之后，可以肯定瞿安德神父所提出的和以最大努力开创的神圣事业，不仅没有继承下来，而且彻底崩溃了。

惟据其他的西方文献，庞天寿在 1657 年 6 月才卒于云南，相当于永历十一年四、五月间，此与中国方面的材料较合[②]。

1651 年冬，卜弥格与陈安德从陆路潜离印度，并在地中海边搭

---

① 江之春，《安龙纪事》，页 1–10。方豪认为后人将夏国祥之罪误归庞天寿，但即便如此，庞氏身为国祥的长官，应亦难逃其咎；参见方豪，《中国天主教史人物传》，上册，页 300。

② 此段参见 Malatesta, "The Tragedy of Michael Boym," pp. 365–366. 又，永历十一年九月李国泰获授为司礼监，此应是接替庞天寿的遗缺；戴笠，《行在阳秋》，卷下页 12。

船经威尼斯抵达罗马。但其任务曾否获明廷正式授权，却遭到严重质疑；尤其，当时耶稣会正因"中国礼仪之争"而与许多教会中人产生激烈争执[①]。即使是在耶稣会中，卜弥格亦未能获得足够支持，此因他屡次抗命以致得罪了总会长，且北京的会士也在清廷的支持下派遣卫匡国于1653年8月赶抵欧洲，表示反对支持南明。1655年12月，新上任的教皇亚历山大七世终于接见卜弥格，并交给他两封分别致王太后和庞天寿的回信，但其中尽是应酬式的内容[②]。

　　自称代表明廷"出使"的卜弥格，于1656年3月搭船离开里斯本，随身携带着两封教皇的覆书、六封耶稣会总会长致明廷中人的信、两封葡萄牙国王约翰四世致永历帝和庞天寿的信，而法国国王路易十四世据说当时亦曾致函皇太后，其中葡王或是唯一有具体回应的，他应允将提供明廷军援[③]。

　　但当卜弥格返回东方时，澳门当局表明不欢迎他借道，以避免危害其正与清廷建立的友好关系，卜弥格不得已转赴安南，在此，他得知了王太后和庞天寿的死讯。当时耶稣会的日本会省或中国副会省都不承认卜弥格为其成员，无助的卜弥格辗转进入中国，1659年8月22日（永历十三年七月五日）终因劳顿而死于边境，卒时只有陈安德陪伴在侧。康熙元年四月，永历帝与太子俱死于云南，至于马太后与王皇后的出处，有称同时被杀，有称自杀（如属实，则违反天主教诫律），亦有称被俘至北京，不知孰是[④]？

　　相对于许多陆续背离南明的汉人文臣武将，义无反顾为永历朝

---

① 参见罗光，《教廷与中国使节史》，页58–94。
② 下文中有关卜弥格返回中国的纪事，均请参见卡伊丹斯基，《中国的使臣卜弥格》，页102–169。
③ 卡伊丹斯基，《中国的使臣卜弥格》，页121；Malatesta, "The Tragedy of Michael Boym," p. 363.
④ 温睿临，《南疆绎史勘本》，卷5页12；方豪，《中国天主教史人物传》，上册页300；D'Orléans, *History of the Two Tartar Conquerors of China*, pp. 24–25.

廷奔波效死的波兰人卜弥格，似乎十分特出。他一方面希冀能为他
所崇奉的天主建立在中国的基业，另一方面，则勠力为其个人的终
生志业追求一个圆梦的可能。

　　在卜弥格去世后的次月，教廷在远东的传教组织出现重大变革，
原先在保教权规定之下，由葡萄牙（负责亚洲大陆的大部分）和西
班牙（负责菲律宾等地）负责的传教区，均转由直属教廷的传信部
管理①。1659—1660年间，教廷分别成立了东京（管云、黔、湖、桂、
川及今越南北部和寮国等地）、交趾（管闽、浙、赣、粤及今越南南
部等地）和南京（管苏、豫、晋、鲁、陕和东北、朝鲜等地）三宗
座代牧区，由教皇任命权责视同主教的宗座代牧（Vicar Apostolic），
以直接掌控所有的传教工作②。从此，葡萄牙（以支持耶稣会为主）、
法国（耶稣会、巴黎外方传教会）、西班牙（道明会、方济会、奥斯
定会）以及传信部所分别派遣的传教士混见于中国和中南半岛等地，
而各国间的利益冲突以及各会间的长期矛盾，亦不断对天主教的传
教事业产生严重的负面影响。

　　当时因许多亚非国家均对欧人所带来的贸易利润、物质文明或
先进火器感兴趣，故传教士即尝试利用此种需求来协助宣教的活动。
如暹罗国王那莱（Chao Narai）就曾在法籍耶稣会士的安排下，雇用
了一支数百人的法国部队驻扎在曼谷等要塞，其中二十四人甚至被
选任为皇家禁卫队，两国且数次遣使往还。传教士不仅被允许自由
传教，他们还曾以路易十四世的名义积极劝说国王入教，惟未如愿，
但部分耶稣会士却在法国制造出暹罗国王即将奉教的假象。那莱的
门户开放政策，终在他病卒之后，激起以信奉佛教为主的反对人士
的反弹，彻底将法国势力扫除③。类似永历朝"王子皈依记"式的故

① Song, *The Sacred Congregation for the Propagation of the Faith*, p. 27.
② 明大道，《康熙间我国公教圣统制度之建立》。
③ Turpin, *A History of the Kingdom of Siam up to 1770*, pp. 19–29、41–71.

事，也曾在不同时空下出现在刚果、埃塞俄比亚和安南等国（见第一章和附录1.4），但都无法成功建立起类似欧洲的天主教国家。

【后记】

笔者相当喜欢宋人张昇的《离亭燕》一词，其文曰：

> 一带江山如画，风物向秋潇洒。
>
> 水浸碧天何处断？霁色冷光相射。
>
> 蓼屿荻花洲，掩映竹篱茅舍。
>
> 385　　云际客帆高挂，烟外酒旗低亚。
>
> 多少六朝兴废事，尽入渔樵闲话。
>
> 怅望倚层楼，寒日无言西下。

此词写江山秋色兼抒怀古之情，其中"多少六朝兴废事，尽入渔樵闲话"句，尤极苍凉萧远之至。前述欧洲天主教与遥远国度之王室间的故事，长久以来都是脍炙人口的"渔樵闲话"。作为一位历史工作者，我们有责任努力去还原史事的真相，令这些众人感兴趣的"渔樵闲话"不致以讹传讹，或许我们也能有机会去更丰富其故事内容和历史意义。

康熙末年达到高峰的"中国礼仪之争",导致天主教遭禁,直到鸦片战争后始在西方列强的护持下重新公开活动。在这场旁涉深远的事件当中,罗马教廷所颁发的各次诏谕,主要均受传教士或神学家们态度的影响,至于遭"礼仪之争"冲击最大的中国奉教人士,他们的意见或反应大多不曾为当时教会当局所重视,本章即尝试勾勒出中国天主教徒对"礼仪问题"态度的轮廓。

一、前言

明末清初是中国历史上一个被称作"天崩地解"的时代,无论在政治、社会、思想各方面均出现极大变动,而西学和西教的东传,又正好发生在同一时空,并在教内和教外产生许多纠缠起伏的冲突,如万历末年有"南京教案"(见第三章)、崇祯年间有"福建教案"①、顺治初年有"历书之争"②、顺治末年有"水星伏见之争"、康熙初年有"历狱"等③。

而自明末以来传教士之间萌生的"礼仪之争",更为其中影响最

---

① 何俊,《西学与晚明思想的裂变》,页227–270;冈本さえ,《近世中国の比較思想》,页122–138。
② 黄一农,《从汤若望所编民历试析清初中欧文化的冲突与妥协》。
③ 黄一农,《择日之争与康熙历狱》。

深远的事件，当时天主教内对中国社会祭祖祀孔的行为以及部分教徒以"天"和"上帝"称呼天主的做法，意见非常分歧。而此一绵亘逾百年的事件，不仅牵涉到中西文化间的冲突，更由于教会内部的摩擦以及天主教各海权国家间的对抗等因素（见第一章），而使得此事的演变更形复杂。十七、十八世纪之交，甚至因此引发康熙皇帝和罗马教廷间的严重矛盾，终令天主教招致被禁的命运①。

388

有关"礼仪之争"的西文文献和论著多如汗毛，近年更有大量原始材料已出版或正在整理中②，但中文方面先前仅见陈垣所辑《康熙与罗马使节关系文书》（1932）以及罗光的《教廷与中国使节史》（1961），晚近始有李天纲的《中国礼仪之争：历史·文献和意义》（1998）、顾卫民的《中国与罗马教廷关系史略》（2000）以及张国刚的《从中西初识到礼仪之争：明清传教士与中西文化交流》（2003）等专书出现。下文中有关"礼仪之争"的过程及研究回顾，如未加注即请参阅这些论著。

在这场旁涉深远的事件当中，罗马教廷所颁发的各次诏谕，主要均受传教士或神学家们态度的影响；至于遭"礼仪之争"冲击最大的中国奉教人士，他们的意见或反应不仅未为当时教会当局所重视，也或因历史因素而长期深藏在教会各档案馆中，少见治

---

① 下文中有关"礼仪之争"的过程及研究回顾，如未加注即请参阅罗光，《教廷与中国使节史》，页83—186；Mungello, "An Introduction to the Chinese Rites Controversy"；李天纲，《中国礼仪之争》，页15—122；张国刚，《从中西初识到礼仪之争》，页390—502。

② 如见 Sure & Noll, *100 Roman Documents Concerning the Chinese Rites Controversy*；Saldanha, *De Kangxi para o Papa, pela Via de Portugal*（《经葡萄牙：从康熙至教皇》）。前者有中译本，见沈保义等译，《中国礼仪之争西文文献一百篇（1645—1941）》；下文中所涉及罗马教廷历次对此事件所发布的文件，均请参阅此书，不另加注。此外，纪理安达1466页的拉丁文巨著 *Acta Pekinensia*（《北京日志》），现正由鲁保禄（Paul Rule）翻译整理中，此书起自1705年12月4日，记多罗抵华后每日发生之事。

天主教史的学者提及。近十多年,始有林金水、钟鸣旦(Nicolas Standaert)、李天纲、韩琦、吴旻、张国刚等人陆续开启此一课题的初步研究。而在钟鸣旦和杜鼎克新编的12册《耶稣会罗马档案馆明清天主教文献》(2002)中,更首度收录三十几件相关的珍贵钞本,陈纶绪神父曾为这批文献撰写了提要[1],替学界提供深入析探的基本条件。

由于先前学者在推断这批文献的作者生平、撰述年代或内容叙事时,尚留有许多有待斟酌的空间[2],故笔者在接下来的两章中,即以这群奉教之"两头蛇族"所遗留的文件作为出发点,详加考订其撰述背景,并以"天"和"上帝"的用语之争为个案研究,尝试追索他们在面对天、儒冲突时的挣扎与彷徨,希望能帮助我们较清楚地勾勒出"中国礼仪之争"的轮廓,并稍窥其对中国教徒所产生的冲击程度。

在初入东土时,利玛窦对中国的文化传统乃采取较为宽容的调适策略,不仅以先秦古籍中的"天"和"上帝"等同于教中的至尊神"天主"(Deus)[3],亦将祀孔祭祖视为可接受的礼俗。虽然在利玛窦死后,有些耶稣会士对利氏的一些做法不太认同,在几经论争之后(见第十二章),耶稣会议决仍遵从利玛窦的规矩,并统一该会对外的立场[4]。

---

[1] Chan, *Chinese Books and Documents in the Jesuit Archives in Rome*.

[2] 笔者的论证有部分与陈纶绪、林金水、钟鸣旦、李天纲等人不同,为节省篇幅,下文将不再一一注引。

[3] "天主"之译名或沿袭自较早传入天主教的日本。在《大秦景教流行中国碑》中,尝将基督宗教的至尊神译作"阿罗诃",此乃叙利亚文 *Eloha* 的音译,但因此碑在1623–1625年间始出土,且景教被罗马天主教视为异端,故"阿罗诃"之名并未被再度起用。参见戚印平,《"*Deus*"的汉语译词以及相关问题的考察》;朱谦之,《中国景教》,页164–170。

[4] 此段参见张国刚,《从中西初识到礼仪之争》,页390–412。

　　但当道明会士和方济会士于1632–1633年进入中国之后，纷争再起。由于方济会士利安当初至福建时，尝向其相公（相当于今之秘书）王达陡（c.1606–？；1628年前后入教，由艾儒略在福州领洗）问及"祭"字的含义，王氏为使其较易了解，便说"祭"就如同天主教的弥撒，他于是怀疑祀孔祭祖均属迷信。1635、1636年之交，两会遂共同在福安附近的顶头自行安排法庭，审讯中国教徒有关祭祖的仪式，且由利安当将口供带去马尼拉，转请该地的大主教上呈罗马教皇（见附录11.1）。

390

附录11.1

郭邦雍——最早反对"中国礼仪"的奉教乡绅①

　　1635年11月，方济会在华的负责人玛方济（Francisco de la Madre de Dios）②、道明会的负责人黎玉范与耶稣会的负责人傅汎际在福州开会，讨论与"中国礼仪"相关的事宜，其中提及祭祖时可否献品、可否焚纸钱、吊丧礼节、奉教官员可否向城隍致敬、妇女临终之傅油礼可否省略等十三个问题，但无法达到共识。

　　在福建宣教的托钵修会于是决定自1635年12月起，在福安县的顶头自行安排法庭，详细审讯中国教徒有关祭祖的仪式，主导此事的玛方济指派黎玉范为判官，并安排利安当和道明会士苏芳积为证人，还请苏芳积为法庭之书记、利安当出任翻译。第一批受调查的中国教徒包括郭邦雍等十一

---

① 韩承良，《中国天主教传教历史》，页113–124；张铠，《利安当与"礼仪之争"》；Menegon, "Ancestors, Virgins, and Friars," pp. 87–112。
② 徐昌治，《圣朝破邪集》，卷2页30。

人，他们多为福安地区人士，且与托钵修士关系密切，如其中有两人是玛方济的传教员（catequista），另一人为其仆人（mozo）[1]，以致审判的结果呈现一边倒的情形。证人们均承认祭拜祖先牌位和坟墓的目的，在求物质和精神上的帮助。惟因黎玉范最后打了退堂鼓，删改了一些不利于耶稣会的记录，玛方济乃于1636年1月另行组织法庭调查，并将反对各种“中国礼仪”的结果分交道明会和方济会在马尼拉的会省长，再转呈教皇。

前述之郭邦雍（*c*.1582–1649）乃当地奉教华人的领袖，教名为若雅敬（Joaquin），福安县人，贡生。1627年，由艾儒略领洗；他曾担任首位入华传教之道明会士 Angelo Cocchi 的传教员；1633年，曾奉 Cocchi 之命至台湾，陪同利安当和黎玉范渡海到福建；1636年，他与一些教徒在福安设立“夷馆”，公开“集众从教”；1637年，“福建教案”起，玛方济等三名方济会士遭逮捕，奉教乡绅亦被惩处要“一年无犯”者，才“许令自新”，郭邦雍的贡生身份也因此遭剥夺；1638年，郭邦雍决定伴从遭驱逐出境的黎玉范和苏芳积至澳门；1640年，更 391
随同黎、徐二人抵马尼拉，并尝在那里协助苏芳积编写中国–西班牙的语法书和字典。郭氏为积极修道，还入道明第三会，严格遵守道明会宪所规定的斋戒和刻苦生活型态；1642年，郭氏返回福建；1648年，他与一些奉教人士在福安协助南明鲁监国大学士刘中藻练兵；1649年，清军攻陷福安，他在逃

① 有关传教员和会院仆人在明末清初中国教会中的权利和义务，参见崔维孝，《西班牙方济会在华传教方法研究》。

往福宁途中被俘殉国①。

　　郭邦雍原受洗于耶稣会士，因此初应接受祭祖拜孔与天主教信仰是可以相容的看法，但当他与道明会士接触之后，即改认为这些中国的传统礼俗均属异端迷信，主张"亲死不事哭泣之哀，亲葬不修追远之节"，并指"春秋祭祀俱属非礼"、"人间追远祭祀为虚文"②。郭氏的改变想必曾历经颇多内心的煎熬，但他或许是在"中国礼仪之争"中最早认同基本教义派主张的中国知识分子之一。

　　1643年，因久不见马尼拉当局处理此事，道明会于是指派黎玉范亲赴罗马游说；黎玉范提出十七个问题上书传信部，严重质疑耶稣会在华的传教方式；1645年，传信部公布"凡敬城隍、孔子和祖先的祭祀，都在禁止之列"，但此次判决并不曾涉及"天"和"上帝"等名词的使用③。从此，"中国礼仪之争"延伸到传教会之间，且不再只是东方传教区内部的问题④。

　　由于担心此事对在华传教事业产生负面影响，耶稣会于是在顺治七年（1650）派遣卫匡国回罗马陈情。1656年，圣职部（Congregation for the Clergy；掌教义审理）宣布：如祀孔祭祖真如卫

----

① 此段参见徐昌治，《圣朝破邪集》，卷2页34；Menegon, "Jesuits, Franciscans and Dominicans in Fujian," p. 198.
② 徐昌治，《圣朝破邪集》，卷2页30—35。
③ 参见Sure & Noll, *100 Roman Documents Concerning the Chinese Rites Controversy*, pp. 1—5。此书有中译本，见苏尔、诺尔编译，沈保义等中译，《中国礼仪之争西文文献一百篇（1645—1941）》，页1—8；下文中所涉及罗马教廷历次对此事件所发布的文件，如未加注，均请参阅此书。
④ 此段参见韩承良《中国天主教传教历史》，该书相当简要地描述了"中国礼仪之争"的来龙去脉，尤其对耶稣会以外之传教士的角色颇多着墨，惟行文中的人名常为音译，颇令读者不便。

匡国所说的是世俗性和政治性崇拜，则准许中国教徒举行。但因该部令并未取消传信部的前令，遂使得传教士无所适从。1659年，教皇曾训令新任命的东京、交趾和南京三代牧曰：

> 只要不是公开反对天主教和善良道德的，不必劝服中国人去改变他们原有的礼仪和风俗习惯。将法国、西班牙、意大利或任何欧洲国家输入中国，将是十分不智的。需要输入的，不是国家，而应是信仰。任何种族的礼仪与习俗，只要不是邪恶的，不仅不应排斥或摧毁，甚且需加以保存……切忌因中国人的行事不同于欧洲而鄙视，相反地，你（农按：指传教士们）必须尽可能地去习惯、调适。

此一尊重不同文化传统的精神，可惜并未能在稍后有关"中国礼仪"的论争中获得认同。

不满前述圣职部训令的道明会，于是再度派人至罗马提出异议，但还未及获得答覆，反教的杨光先就于康熙三年（1664）掀起"历狱"，给予在华天主教几乎致命的一击[1]。当时有为数多达23名的各会传教士（包含三位道明会士、一位方济会士、十九位耶稣会士）被软禁在广州，只有道明会的罗文藻神父因是中国人，而得以巡回各地协助处理教务。1667、1668年之交，传教士们召开了长达四十天的"广州会议"，讨论各项传教事宜，并对近百年的中国传教活动进行全面的总结，会中决议应遵守教廷于1656年所公布有关"中国礼仪问题"的训令，出席者中仅方济会士利安当不愿在决议文上背书[2]。

---

① 黄一农，《择日之争与康熙历狱》。
② 罗光，《教廷与中国使节史》，页95。

392

    "历狱"虽在1669年平反，但教禁并未因此而全面开放，谕旨曰："其天主教，除南怀仁等照常自行外，恐直隶各省复立堂入教，仍着严行晓谕禁止！"[①] 此后，南怀仁等耶稣会士努力在钦天监中治理历法，并协助清廷铸造大量火炮以平定三藩之乱，希望能以其劳绩争取天主教的发展空间。1687年，南怀仁请求弛禁教之令，康熙皇帝谕旨曰："天主教应行禁止，部议极当。但见地方官禁止条约内'将天主教同于白莲教谋叛'字样，此言太过，着删去。"惟教史中对此却常断章取义，仅称康熙帝颁旨删去邪教禁约中"将天主教同于白莲教谋叛"的字样，而不言当时仍禁止传教[②]。

    1688年，在朝中影响力颇大的南怀仁去世，未几，"礼仪问题"又令中华教会再度动荡不安。此因担任福建宗座代牧的巴黎外方传教士颜珰（亦有译作阎当、严档或颜当者[③]），突然于1693年严禁该区教众祭祖祀孔（见附录11.2），且要求教徒仅可使用"天主"一词称呼 *Deus*，并禁用"天"和"上帝"以称"天主"，至于各教堂内所悬挂书有"敬天"之类内容的匾额，因带有偶像崇拜的嫌疑，也要求必须在两个月内全部摘除[④]。颜珰还派遣教士赴罗马，上书教廷请求认可此一命令的内容，此事原本未受重视，直到颜珰于1696年升任主教后，教廷始组织委员会加以审查，终令"礼仪之争"一

---

① 《圣祖仁皇帝实录》，卷31页4–5。

② 此段参见 Malatesta & Guo, *Departed, Yet Present*, pp. 136–139；黄伯禄，《正教奉褒》，页90；中国第一历史档案馆，《康熙起居注》，页1617。

③ 由于包含康熙皇帝在内的一些人对颜珰在"礼仪之争"中的作为极为不满，故出现以"阎"或"档"等带有不雅意涵之字翻译其姓名，惟在福建侯官县怀德铺发给其所在天主堂的门牌执照上，明白称之为"天主堂教主颜珰"，而在其所撰《天主圣教要理》中，亦自题："闽圣教会颜珰述。"参见韩琦，《奉教天文学家与"礼仪之争"（1700–1702）》；Rosso, *Apostolic Legations to China of the Eighteenth Century*, pp. 131–133.

④ Collani, "Charles Maigrot's Role in the Chinese Rites Controversy."

发不可收拾①。

> ### 附录11.2
>
> #### 颜珰颁布"中国礼仪"禁令的时代背景
>
> 　　巴黎外方传教会士颜珰在亚洲的教史上举足轻重,他于1683年随同该会的创始人之一方济各(有近人译作陆方济)主教入华,1684年,获擢升为主管福建、湖广和浙江地区的代理代牧,是年10月,方济各在临终前指定他总管中国教区的事务。1687年,教皇正式任命其为福建宗座代牧。1693年,他在长乐发布与"中国礼仪"有关的七项指令,次年,更派人至罗马上呈该禁令。1696年,颜珰被晋升为主教,但直到1700年始获正式祝圣②。
>
> 　　颜珰的七项指令包括:1. 禁用"天"和"上帝"以替代"天主";2. 禁悬刻有"敬天"字样的牌匾(此为康熙皇帝御赐牌匾上所题之字);3. 不得以1656年教皇亚历山大七世(Alexander Ⅶ, r.1655–1667)的敕谕为借口祭祖祀孔,因当时所依据的材料有问题;4. 不得从事或参与祭祖祀孔之行为;5. 禁止在祖先牌位上书写"神主"、"神位"和"灵位"字样;6. 严禁传播那些能误导众人、促进迷信的言论,如称中国哲学原与天主教不相违背、"太极"即万物之原的真神、孔子敬鬼神之说的世俗性高于宗教性、《易经》乃集自然与道德教诲之大成的作品;7. 不受古书中无神论和迷信内容的影响③。

394

---

① 罗光,《教廷与中国使节史》,页96。
② Collani, "Charles Maigrot's Role in the Chinese Rites Controversy."
③ 张国刚,《从中西初识到礼仪之争》,页438–441。

　　颜珰此举除了宗教本身的理由之外，或亦与巴黎外方传教会亟欲扩展其在东方的势力范围攸关，法国所支持的该会与教廷传信部之间关系密切，两者都希望能取代或压制由西、葡两国保教权所支持的各传教会（见附录1.2）。传信部因此先后派遣三位巴黎外方传教会士以主教的头衔来亚洲担任宗座代牧，其中 Pierre Lambert de La Motte（1624—1659）是负责交趾以及浙江、福建、广东、江西和海南等地，他于1662年率领两名巴黎外方传教会士入居暹罗的首府大城府；方济各负责东京（Tonkin）以及中国南部的云南、贵州、湖广、广西和四川五省，他于1664年率领四名该会会士抵达大城；Ignatius Cotolendi（1630—1662）负责中国的南京、陕西、山西、山东、北京、辽东以及朝鲜等地，他于旅途中不幸死亡。为避免遭到葡萄牙的阻挠，传信部训令这些代牧尽量经由陆路，并在东来旅途中对其职衔和任务加以保密，甚至要求他们在与罗马通信时均应使用密码[1]。

　　由于当时巴黎外方传教会在暹罗的发展相当顺利，方济各于是带领颜珰来华另谋发展，该会欲在亚洲各国建立其势力范围的企图，或许也是爆发"中国礼仪之争"的重要背景因素之一。而颜珰之所以将战场延伸至罗马，或亦希望透过教廷的力量来压制受葡萄牙保教权支持的耶稣会，并确认他在整个中国教区的领导地位。

395　　　　虽然耶稣会旋即动员各地教徒就"礼仪问题"表态，甚至请包含康熙皇帝在内的教外人士表示意见，并抽派卫方济和庞嘉宾两人

---

① Phan, *Mission and Catechesis*, p. 68; Smithies & Bressan, *Siam and the Vatican in the Seventeenth Century*, pp. 26—28.

返欧陈情,但却无补于事。经过激烈的论争后,新就任的教皇克雷芒十一世(Clement XI, r.1700–1721),终于1704年11月定夺有关中国的"礼仪问题";基本上,颜珰的说法大获全胜,祭祖祀孔遭禁止,且为避免教外之人将物质之天与"天主"视同一体,传教士也被要求应完全禁用"天"和"上帝"等词①。

教皇且在正式颁布谕旨之前,即指派特使多罗宗主教(Patriarch)来华执行此事。为突破葡萄牙的保教权,多罗蓄意不从里斯本出发,且搭乘法国船。1703年11月,当他途经位于印度东南海岸的法属殖民地本地治里(Pondicherry)时,曾停留约八个月,并顺便处理与"中国礼仪问题"性质相类的"马拉巴礼仪之争"(见附录11.3)。多罗在离印赴华的前几日,公布了一纸命令,要求耶稣会士不得滥从当地的许多礼俗,此举也导致后续一连串的争论②。

附录11.3

印度的"马拉巴礼仪之争"③

"马拉巴礼仪之争"其实与印度西南沿海的马拉巴地区并无地缘关系,而是发生在南印度的马杜赖(Madura)、迈索尔(Mysore)及卡纳蒂克(Carnatic)等小王国,但因这些区域均属于耶稣会马拉巴会省的传教范围而得名。

在利玛窦于中国采行调适策略并获致显著的成效之后,耶稣会士 Robert de Nobili(1577–1658)也在印度的马杜赖地区参照施行,并成功地打入上层的婆罗门阶级,Nobili 允许其

---

① 苏尔、诺尔,《中国礼仪之争西文文献一百篇(1645–1941)》,页14–42。
② Malatesta, "A Fatal Clash of Wills."
③ 此一附录均请参见 New Catholic Encyclopedia, vol. 9, pp. 97–99.

教徒保存一些传统习俗：如仍可将头发扎成结（正统的婆罗门会剪去所有的头发，只留下某一特定部位的头发不剪，并将那部分的头发打结，称之为 *kudumi*，平常放在帽子内或裹在头巾里）；可佩戴圣丝（Sacred thread；指婆罗门通常戴在身上的一根绳子，或套在臂上，或套在脖子上，以却邪祛病）；可在眉宇之间点上由檀香等调配而成的红点（称之为 *tilak*，位置在离鼻梁约一寸的部位，据说可以消灾避邪）；可照常沐浴净身（婆罗门相信此举可洗涤罪恶）。

Nobili 的文化调适策略虽然获得耶稣会的全力支持，但却在教会内部引发一些激烈的反弹，此事直到1623年始在教皇格列高利十五世的认可之下暂告一段落。至1704年，Nobili 的传教策略已在马杜赖地区吸引了九万名教徒。

1687年，法国耶稣会士进入法属的本地治里传教，他们与在马杜赖的耶稣会士合作，将Nobili的文化调适策略推展至卡纳蒂克地区，此举遭到反对者控诉。1703年，教廷使节多罗抵达本地治里，他奉命至华处理"中国礼仪之争"，并顺路解决"马拉巴礼仪之争"。完全不谙葡语和印度语文的多罗，在本地治里停留约八个月，他于离印赴华之前公布了一纸命令，要求耶稣会士遵守，其中包括：禁止奉教者在婚礼中敲开椰子以预卜未来；南印度妇女在月经来临期间不得出门，信教者不得因该理由而不去告解；禁止在年轻女子第一次月经来时举行庆祝仪式；奉教之歌者和乐师不得参加在异教寺庙中举行之典礼；禁止传教士因欲成为婆罗门而沐浴净身；禁止因迷信之理由而在眉间涂点；禁读异教徒之寓言故事；等等。

自此，教中掀起一段既冗长且激烈的争论。1727年，本笃十三世（Benedict XIII, r.1724–1730）确认多罗的命令有效；克雷芒十二世（Clement XII, r.1730–1740）更在1734年重加确认。由于有些传教士仍多方设法回避，故本笃十四世（Benedict XIV, r.1740–1758）于1744年要求所有在马杜赖、迈索尔、卡纳蒂克工作的传教士，均必须宣誓无条件服从前述之十六点命令。

1939年，教皇庇护十二世（Pius XII, r.1939–1958）替"中国礼仪问题"重新定调，有条件地允许教徒祀孔和祭祖。在此一风潮之下，印度地区的传教士也于1940年获准不需再对十六点命令宣誓，但"仍有义务对该指令之内容加以注意"。

　　1704年，教皇根据圣职部的决议颁布禁止祀孔祭祖的敕谕，但多罗此时已抵达马尼拉；亦即，他动身来华之前并未携带任何正式的文件，只是口头获知教皇的看法而已。康熙皇帝起初相当优礼多罗，他对分属各国、各会传教士间的不合，亦略有所知，而对在华教会屡派人至罗马争论"礼仪问题"一事，则颇为不快，尝谕多罗曰："以后凡自西洋来者，再不回去的人，许他内地居住。若今年来、明年去的人，不可叫他许住。此等人譬如立于大门之前，论人屋内之事，众人何以服之……凡各国、各会皆以敬天主者，何得论比〔彼〕此，一概同居同住，则永无争竞〔竟〕矣！"①

　　由于多罗抵华之后迟迟不公开其真实使命，又命各修会传教士要服从其直属主教或宗座代牧的管理，遂和许多在华传教士（以耶稣会和方济会为主）甚至康熙皇帝发生严重冲突。在颜珰奉多罗之召入京，以向康熙帝陈述教廷有关"礼仪问题"的决议时，皇帝的

397

① 陈垣，《康熙与罗马使节关系文书》，页10。

不满达到顶点，因颜珰只通福建土话而不谙北京官话，故需透过翻译始能与皇帝对谈，且其在遭皇帝考问时，对御座后面所贴的四个汉字，亦不能全识；康熙帝于是严责其如何敢妄论中国的经书之道，随后即下令将颜珰拘禁。

1706年8月，多罗离京南下；12月，康熙帝下令将颜珰驱逐出境，并谕令所有的西洋人均须领"信票"[①]，唯有在保证永不复回西洋，且声明遵守"利玛窦规矩"（指其对"礼仪问题"和名词翻译的看法）后，始得留居中国。1707年2月，多罗在南京发表公函，宣布教皇已经禁止敬祖敬孔，并指示教士们该如何回答相关问题，且称如不照此行事，立将处以"绝罚"（excommunication）的重惩。介于康熙皇帝与多罗特使夹缝之间的入华教士们，因此发生严重分裂；有75位传教士（分属耶稣会和方济会）领"信票"，目的是留在传教的岗位上[②]，43位传教士被驱逐出境，另有5位耶稣会士和1位道明会士被限定在广州活动。

398　　由于多罗坚持不愿公布其教令所依据的敕谕（他尚未获见），且不曾出示自己的委任状，再加上康熙帝的态度强硬，遂导致他于1707年3月被遣送至澳门。多罗当时的景况十分艰困：一方面因未尊重葡国的保教权，且其举动又危及在华欧人的利益，以致遭澳门总督软禁，卧亚总督且禁止澳门官民承认多罗为教皇特使；另一方面以江西代牧白万乐和南京代牧林安言为首的教士们，亦以未见教皇的上谕为由，宣告不愿接受南京公函，并上诉教廷。1707年8月，教皇因慰勉其劳绩而册封他为枢机主教；1710年6月，饱受内外煎

①"信票"之上有千字文之编号，内容为满、汉文对照，如宇字字号之文字称："西洋意大理亚国人伊大任，年六十三岁，系方济各会人，来中国已经二十三年，曾赴京都陛见，永不复回西洋，为此给与信票，康熙四十六年正月十九日。"参见矢泽利彦，《中国とキリスト教》，书首附图、页146–149。
②汤开建，《明清之际方济各会在中国的传教》。

熬的多罗抑郁病逝,结束其失败的使命。

由于天主教中对"中国礼仪问题"的争论并未因多罗的出使而平息,教廷乃于1709年正式公布1704年议决案的内容,但在华的教士们惟恐引发严重后果,故仍将此事保密。1710年,由传信部直辖的德理格和马国贤等人入宫听差,成为第一批供职于朝廷的非耶稣会传教士。他们在初期颇受皇帝宠遇,但因德理格向教皇报称康熙帝对是否维持"利玛窦规矩"并无成见,且称康熙帝先前的反对,纯粹是受耶稣会士的挑拨所致,此一报告促使教皇于1715年正式颁布《自登基之日》(Ex Illa Die)诏谕,不仅重申1704年的禁令,并严责在华教士假借理由,不遵训示,称教士们今后应宣誓无条件服从,否则将遭到"绝罚"的重惩。

此一用辞严厉的诏书于1716年8月送抵广州,并由教廷驻广州的传信部办事处主任庞克修暗地分发各省教士。由于违反《自登基之日》禁约的处罚极重,故当时传教士们都宣誓服从,但耶稣会士则多"不与人作神工",亦即不再为教徒们行圣事[1]。1717年,广东碣石镇总兵官陈昂疏言:

> 天主一教,设自西洋,今各省设堂,招集匪类,此辈居心叵测。目下广州城,设立教堂,内外布满,加以同类洋船丛集,安知不交通生事,乞敕早为禁绝,毋使滋蔓。查康熙八年会议天主教一事,奉旨:"天主教除南怀仁等照常自行外,其直隶各省立堂入教,着严行晓谕禁止!"但年久法弛,应令八旗、直隶各省并奉天等处,再行严禁。

399

---

[1] 依照天主教的教义,神父是由主教手中接受圣秩而成为其助手与合作者,共同为宣扬福音、施行圣事(sacrament),以及培养天主子民而工作;其中圣事乃耶稣亲自建立的有形可见的宗教仪式,以把天主的圣宠,经由教会施予领受的人,包含圣洗、坚振、圣体、告解、圣秩、婚配及傅油等七件。

此一禁教的请求获准①，而天主教在华的传教事业，从此一蹶不振。

1720年10月，教皇所派遣的第二位特使嘉乐宗主教抵达广州，虽然这次是由里斯本搭乘葡萄牙船出发，并尽量尊重葡国的保教权，且特许了几项无关重要的敬祖敬孔礼节②：

1.中国教徒在家中被允许使用上面仅刻着亡者名字的牌位，在这个牌位旁边，必须附有天主教对死亡的看法和恰当说明。

2.只有非属迷信之礼敬亡者的民间礼仪可以获得允许。

3.对孔子的民间性礼拜是准许的，但牌位上必须没有迷信的字眼，且须伴随着天主教的信仰声明；在修订过的孔子牌位前准许燃烛、焚香和供设食品。

4.允许在葬礼中使用香烛，但须张贴必要的声明。

5.在修订过的牌位前准许叩拜棺木和亡者。

6.灵桌上可依风俗供设食物，在灵柩旁可放置修订过的牌位，但须声明没有迷信色彩，只是向亡者表示孝爱和尊敬。

7.准许在中国新年和其他节日向修订过的牌位叩头。

8.在修订过的牌位前可以燃烛和焚香，在墓前也可供设食品，只要采取前述之预防措施即可。

但已无力回天。12月，在京传教士共同汉译出《自登基之日》禁约以及嘉乐的八项准许，康熙帝阅后大怒，批曰："以后不必西洋人在中国行教，禁止可也，免得多事。"③ 1724年，更将各省传教士驱往

① 《圣祖仁皇帝实录》，卷272页5—6。有关陈昂的生平事迹，参见王重民，《冷庐文薮》，页212—215。
② 参见苏尔、诺尔，《中国礼仪之争西文文献一百篇（1645—1941）》，页105—106。
③ 陈垣，《康熙与罗马使节关系文书》，页96。

广东,只准少数在朝供职的西洋人留京①。 400

　　然而,传教士们竟然连对嘉乐的八项准许都还无法达成共识,持续出现争论;教皇本笃十四世于是在1742年颁布《自从上主圣意》(Ex Quo Singulari),重申《自登基之日》禁约,且明令废除嘉乐的八项准许。长达约一个世纪的"中国礼仪之争"终于画下休止符,但中国的传教事业也被迫遁入地下。十九世纪中叶,天主教始在帝国主义的护持下,再度公开进入中土。然而,教廷对"中国礼仪问题"的态度,则迟至1939年始发生改变,承认敬祖敬孔为社会礼仪,并收回两百多年前的禁令(见附录11.4)。

附录11.4

1939年"中国礼仪问题"的重新定调

　　1932年,日本耶稣会创办的上智大学,发生学生在参拜靖国神社时未依常规行礼的事件,因此举严重违反当时日本军国主义所强调的爱国精神,故引发军部省的严责。时任广岛主教的 Johannes Ross(1875–1969)为解决此一棘手问题,遂积极自教史中寻找有利的案例和证据,在上智大学前校长 Klaus Luhmer(1916–2011)的协助之下,竟然发现1258年时教廷曾颁发一件通谕,允许教徒可以参加非基督教的仪式,由于此谕的年代要较"中国礼仪之争"久远,对颇为重视传统的罗马教会而言,无疑具有某种程度的权威性。在几经讨论之后,教廷终于发布通告,允许日本教徒在神社中低头行礼,因为此举"除了表示他们对祖国的热爱,对天皇的忠诚外,别无他意"②。

① 吴伯娅,《关于雍正禁教的几个问题》。
② 李天纲,《中国礼仪之争》,页113–115。

该发生在日本神社的礼仪事件，稍后更成为解决"中国礼仪问题"的催化剂。1934年，溥仪在日本关东军的扶植下登基为"满洲国"的皇帝，为标榜王道立国的精神，遂将祀孔提升为强制的文化政策。梵蒂冈当时不顾南京国民政府的反对，承认此一日本的傀儡政权，东三省的天主教徒于是再度得面临两个多世纪以前的"礼仪问题"。由于"满洲国"政府在回应吉林主教高德惠（Auguste Ernest Désiré Marie Gaspais）之讯问时，答覆曰："尊孔仪式的唯一目的，就是彰显对孔子的崇敬之情，绝对不带宗教的特质。"再加上有先前日本神社事件的前例，教皇庇护十一世（Pius XI, r.1922–1939）因此于1935年发布命令，要求"满洲国"教区主教应谨慎确认祀孔无宗教特质，而神职人员在行过反对"中国礼仪"的宣誓之后，还应等待主教们的指导，以避免疑惑和争执①。

1939年，教皇庇护十二世更颁布《众所皆知》（Plane Compertum Est）之通谕：允许教徒参加祀孔仪式；可以在教会学校中放置孔子之肖像或牌位，并容许鞠躬致敬；教徒只要抱持消极的态度，即可出席带有迷信色彩的公共仪式；允许在死者或其遗像、牌位之前鞠躬。

但教廷并非承认先前相关的通谕有误，而是认为过去宗教性的祭祖、祀孔观念，历经数百年后已变成了世俗性活动，故可以被酌情允许。此一宣言对亚洲儒家文化圈内的天主教徒亦是一种解放，如越南也在1964年针对祭拜祖先、民族英雄和战争亡魂等事，获得教皇的特许②。

---

① 此段参见李天纲，《中国礼仪之争》，页113–120。

② Phan, "Culture and liturgy: Ancestor Veneration as a Test Case."

二、中国教徒与"礼仪问题"相关之文献

下文即大致以时代的先后为序,逐一介绍出自中国教徒的与"礼仪问题"相关之文献,希望能从此一较被忽略的角度,重新反省这场深远影响到天主教在华传教历史的事件。

(一)崇祯间邵辅忠之《天学说》

在耶稣会士所提倡"天儒合一"策略的鼓舞之下,中国奉教人士自明末以来即不断尝试糅合天主教和儒家两大思想体系,《天学说》即为早期一典型的案例。笔者所见钞本,收入《天主教东传文献续编》中,原藏罗马梵蒂冈图书馆(The Vatican Library),编号为Borgia Cinese 334.7,末题"明明子邵辅忠著梓",半叶八行,行二十字,凡八叶。

从此书的字里行间,可发现作者对天主教的评价甚高,故或应为一教徒。方豪在其《影印天学说序》一文中[1],提及浙江定海(今镇海)有一名为邵辅忠者,此人为万历二十三年(1595)进士,《明史》有传;天启五年(1625),因附魏忠贤而骤迁至兵部尚书;七年,加太子太保,旋以崇祯皇帝清除阉党而罢官[2]。方氏以为"明季天主教名士多与东林友善",故疑此人或非"明明子"。然而,古德曼(Goodman)和格拉夫顿(Grafton)则主张明明子即定海邵辅忠[3]。

查当时教会中人确可见有与阉党相往还者,如崇祯元年(1628)名列"逆案"的大学士张瑞图,即与利玛窦相往[4];而弘光朝因附

---

① 《天主教东传文献续编》,第1册,页1。
② 《明史》,卷306页7856。
③ Goodman & Grafton, "Ricci, the Chinese, and the Toolkits of Textualist."
④ 刘恒,《张瑞图其人其书》;《熙朝崇正集》,页1。

402

魏忠贤而升授兵部尚书的阮大铖，也尝于崇祯九年赋诗相赠耶稣会士毕方济①；至于曾赠传教士诗的周之夔，亦因与复社中人修怨而依附阮大铖②。然而，笔者在下文中将从各不同角度论证明明子确非阉党之一的邵辅忠。

经查民国《镇海县志》，记邵辅忠在鲁王监国时，"乃以原官尚书，主联络恢复事"，"无何，浙东继陷，事不可为，祝发避迹大雷山，不数月病，返于家卒"，因知他在隆武二年（1646）江上诸师兵溃后，削发为僧，且辅忠之子似雍亦和佛教颇为亲近，曾"往来萧寺，与浮屠氏相唱和"③。

又，辅忠尝撰有《招宝山禋祀龙神碑》一文，其中涉及东海龙神和城隍等民间信仰，他还笃信堪舆之术④，这些均被天主教会视作迷信而大加挞伐⑤。此外，如定海邵氏确为"明明子"，则以其曾任兵部尚书并加太子太保的身份，他应为明清两代官衔最高的天主教徒之一，但教史中竟然完全未提及其事迹，此一现象甚不合理。

再者，刑部尚书王纪于天启二年会议"红丸"一案时，尝抨击定海邵辅忠与大学士沈㴶为"要盟死友"⑥，而交结魏忠贤的沈㴶，曾于万历四十四年掀起"南京教案"，令许多奉教国人被捕，多名传教士也因此被解送出境，直到沈㴶于天启二年落职，再加上奉教人士积极协助引进西洋大炮，此一禁教令始渐松弛⑦。由于《天学说》一书的作者应不太可能与仇教的沈㴶相交如此之密，知明明子邵辅忠

① 阮大铖，《咏怀堂诗·丙子诗》，卷上页13；方豪，《中国天主教史人物传》，上册页203。
② 《熙朝崇正集》，页4；顾炎武，《圣安本纪》，卷4页16–17。
③ 洪锡范等修纂，民国《镇海县志》，卷24页32–33、卷44页8。
④ 洪锡范等修纂，民国《镇海县志》，卷38页20–21、卷44页8。
⑤ 如教会中人在万历末年所撰的《醒迷篇》中，即分别有专章批判城隍和风水地理等事。
⑥ 《明史》，卷241页6268–6269。
⑦ 参见黄一农，《天主教徒孙元化与明末传华的西洋火炮》。

与定海邵辅忠应为二人。

方豪在其所撰序中尝析探此书的成书年代,由于《天学说》的书首有云:

> 我明国从来不知有天主也,自神宗朝泰西利玛窦始倡天主之教,其所立言,以天文、历数著,一时士大夫争慕向之,遂明天学云。今上复授泰西学者官,俾定大统历,于是其教益行于各省郡邑间,然不免有迷者、疑者、谤者,无有发明天主之义喻之者。

故方氏认为:"明季修历,时作时辍,主要则在万历末与崇祯初,故所谓'今上'者,不外神宗与毅宗;但既言有疑者、谤者,似指万历四十四年沈潅等所引起之南京教难。"然而,由"自神宗朝……今上复授泰西学者官"的语意,知"今上"所指应非神宗,且"神宗"为朱翊钧死后所加之庙号,万历时人应无此称呼。又,因明代乃自崇祯二年起,始设历局,由徐光启率龙华民和邓玉函等会士,以西法制器测验并译书演算[1],因知所谓的"今上",应为崇祯帝(即毅宗)无疑,而非方氏所指的神宗;亦即,此书乃撰于崇祯二至十七年间。

此书的内容主要在将《易经》与天主教的教义相附会,如其中有云:

> 孔子自道:"下学而上达,知我者其天!"何下为学?何上为达?何天为知?窃想孔子一生所深知而得力者,莫若《易》;《易》,天书也,天学之祖也;观赞《易·乾卦》曰"大哉!乾元,万物资始乃统天","乾元"、"统天",天主之说也,异其名而同

404

---

[1] Hashimoto, *Hsü Kuang-ch'i and Astronomical Reform*, pp. 7–73.

其实也。(页5)

将孔子所称之"天"和《易经》所谓的"乾元"，均解释成"天主"，并将《易经》尊为解释天主教教理最根本的一本书。

书中还利用《易经》以理解天主教"三位一体"的教义：称圣母有坤之象，由于"坤者，母也"，故怀子，即所谓的天主；而天主有震之象，因"震者，乾之长男也"，故手握天以代乾行权。此一结合易理与天主教教义的说法，当时或难为教会所接受，以致作者始在无传教士参订的情形下自著自刻，因此鲜见流传。

(二) 福建漳州严谟的著述

1.《帝天考》

罗马梵蒂冈图书馆藏有《帝天考》一钞本，编号为 R. G. Oriente III 248 (10)。此本收入《天主教东传文献续编》，半叶八行，行二十四字，凡二十一叶，封面上的中文书名已残，仅余一"考"字，方豪将之定名为"天帝考"。然据钟鸣旦的调查，梵蒂冈图书馆另藏此书一本，编号为 Borgia Cinese 316.9，其书名则清楚记为"帝天考"[1]。此书末题"闽漳后学严保琭谟定猷氏著"，方豪在其《中国天主史人物传》中册有一严谟小传[2]，内容即一字不易地转录其在《天主教东传文献续编》书首所撰的《影印〈天帝考〉序》一文。

严谟在此书中首先摘录了六十五条出自《尚书》、《诗经》和《四书》中言及"上帝"或"天"的文句，每条之后且均加有自己的注释，最末，作者以近七叶篇幅的《愚论》，试图说明先秦典籍中所称的"天"或"上帝"，即泰西所称的天主[3]。

405

---

[1] Standaert, *The Fascinating God*, pp. 22-23.
[2] 方豪，《中国天主教史人物传》，中册页105-107。
[3] 详见 Standaert, *The Fascinating God*, pp. 23-78、131-145。

《帝天考》的书首有一段文字记严谟撰写此书的缘由，曰：

> 此书因近有疑敝邦古书中所称上帝者，故著兹，谨抄呈，
> 祈师鉴俯采过各省罗、万、南、鲁、毕、聂、李诸位师，并祈
> 将本与抄存之，以备参考，亦一刍议也。教下严保禄顿首拜，
> 上费大老师台天域。

方豪在重刊之序中称前引的罗、万、南、鲁、毕、聂、李等七位教士[1]，
可考者有三，分别是罗儒望、李玛诺及聂伯多。由于罗儒望在天启三
年时已卒，故若依方氏之说，《帝天考》应成书于天启三年之前，其
时在华的传教士仅有耶稣会士，且人数不多，然而经查当时的会士名
录[2]，并未见有以万、南、鲁、聂为姓者，因知方氏的说法显然有误[3]。

再者，由《帝天考》一书中所载，知严谟字定猷，教名保禄（或
作保琭，Paul），福建漳州人，经查阅相关方志，发现严氏籍隶漳州
龙溪，康熙四十八年岁贡生[4]，故若方豪之说真确，则严谟考上岁贡
时，年应已逾百，显然于理不合。

方豪在其序中又误称《口铎日抄》订正人之一的严赞化与严
谟乃为昆仲[5]。事实上，严赞化是严谟之父，字思参，教名盎博削

---

① 方豪误将毕姓教士书作罗姓。
② 如见 Dehergne, *Répertoire des Jésuites de Chine de 1552 à 1800.*
③ 李天纲在其新著《中国礼仪之争》中，依然以此书之名为"天帝考"，并将书中所
  提及的"罗、万、南、鲁、毕、聂、李诸位师"，误系成罗儒望、万密克、鲁日满、
  聂伯多和李玛诺等人（页221-224）。
④ 吴宜燮等修纂，光绪《龙溪县志》，卷14页28。
⑤ 《口铎日抄》中记该书乃由"温陵张赓明皋、清漳严赞化思参"订正，然而，方豪
  在其序中，却不慎将严赞化（字思参）误作严赞，并误其字为化思。方氏此误或因
  直接参考了徐宗泽在《明清间耶稣会士著译提要》一书中的文字所致，而徐氏在该
  书记《口铎日抄》条下，于"严赞化思"之后漏写了"参"字。参见艾儒略、卢
  安德，《口铎日抄》；徐宗泽《明清间耶稣会士译著提要》，页89。

(Ambrosius)，在梵蒂冈图书馆所藏的《李师条问》(编号 Borgia
Cinese 316.10)一书，前题"闽漳严保琭谟定猷氏集答，父严盎博削
赞化思参氏鉴定"，即明白指出此一关系[1]。

严氏家族自明末以来即一直与耶稣会保持密切关系，如严赞化
尝师事艾儒略[2]，即使在漳州已成为道明会的势力范围之后，严谟也
还不断与他处的耶稣会士们书信往还[3]。

严谟在《帝天考》书末所撰的《愚论》中，有云：

> 初来诸铎德与敝邦先辈，翻译经籍，非不知上帝即天主，但
> 以古书中惯称，人见之已成套语……故依太西之号，纽摄称为天
> 主，非疑古称上帝非天主……今愚忧新来铎德，有不究不察者，
> 视上帝之名如同异端……故备录经书所言，而略附愚论于后。

方豪以为此处所谓的"初来铎德"及"新来铎德"分指耶稣会士及
道明会士，因明季在福建传教的教士以此两会为主，且彼此尝对可
否允许祭祖祀孔以及可否使用"上帝"或"天"称呼天主等问题，
发生严重争议。但由前述的讨论，可知《帝天考》的成书应在十七
世纪末或十八世纪初，而非方豪所以为的明季。因此所谓的"新来
铎德"，除指道明会之外，亦可能指方济会、巴黎外方传教会，甚至
耶稣会之反对"利玛窦规矩"的教士[4]。

由于严谟在此书书首称罗、万等七位教士为"师"，但对其上

---

① 参见林金水，《明清之际士大夫与中西礼仪之争》；Standaert, *The Fascinating God*,
　　pp. 9–10、18。
② 如见艾儒略、卢安德，《口铎日抄》，卷3页1–5及卷4页1–11。
③ Standaert, *The Fascinating God*, pp. 15–20.
④ "利玛窦规矩"乃为康熙皇帝语，指利氏所用调和天、儒的传教方式，如允许教徒
　　敬祖敬孔，且以"天"和"上帝"称呼"天主"。参见陈垣，《康熙与罗马使节关系
　　文书》，页21。

书的费姓教士，则称之为"大老师"①，可知费氏在教中的地位应相当高。又因严谟请求"费大老师"将《帝天考》一书"鉴俯采过各省罗、万、南、鲁、毕、聂、李诸位师"，其中"采过"二字或不只是要求将此书副本送交各人而已，且有向其采问搜集对此说意见的含义，故罗、万等七人很可能均为曾积极投入"礼仪问题"争辩的传教士。　407

　　经查明末清初来华的传教士名录，发现耶稣会中以费为汉姓者，共有费奇规、费乐德、费藏裕、费类思、Cristoforo Fiori（1672—？，仅知姓费，其名不详）和费隐等人，但观其在会中的职务，则似均不太可能被称作"大老师"。倒是有一名为费理伯（Pedro de Alcalá，1640？-1705）的道明会士，曾于1682年5月至1688年5月间出任该会中华教区的代理会省长（Vicarius Provincialis），且之前不久他在漳州（严谟家乡）一带也相当活跃，颇具备"大老师"的资格②。

　　钟鸣旦认为一名为 Francesco Saverio Filippucci（1632-1692）的耶稣会士，也有可能即是此一"费大老师"，因其曾于1688-1691年间出任中国和日本的视察员③。虽然费赖之以 Filippucci 的中文姓名

---

① 如严谟曾撰《致穆大老师文二首、跋语一首》，其中"穆大老师"即指1687-1693年任福建宗座代牧的耶稣会士穆德我。参见 Standaert, *The Fascinating God*, p. 20.

② 此一人选乃为钟鸣旦首先提出，惟钟氏不确定其人是否即"费大老师"。又，文献中亦有称此人的汉姓为"许"，何者正确仍待考。此外，在两广总督杨琳和广东巡抚杨宗仁于康熙五十九年七月二十九日所上的奏折中，提及当时亦有一名为费理伯（Filippo Maria Cesati）者，携教皇致康熙皇帝的手书来华，此人之名亦作费理薄。参见 Standaert, *The Fascinating God*, pp. 27-28; González, *Historia de las Misiones Dominicanas de China, vol. 1 (1632-1700)*, p. 696；罗光，《教廷与中国使节史》，页157；朱金甫等，《康熙朝汉文朱批奏折汇编》，第8册页720；陈垣，《康熙与罗马使节关系文书》，页26。

③ 视察员乃总会长所派的全权代表，其任务在查考各教区所属教士和教会团体是否遵守教义，且考核教会财产的管理是否完善，必要时，并设法予以纠正。又，Filippucci 虽于1680-1683年间担任耶稣会日本会省的会省长（Provincial），惟因日本会省（1611年成立，含两广、海南岛和澳门）和中国副会省（1623年独立）彼此不相从属，故严谟应无理由在此期间上书给他。参见 Witek, *Controversial Ideas in China and in Europe*, pp. 19-20、54-55.

为方济各（此乃其教名 Francesco 的音译）①，但钟氏认为他也不无可能以费为汉姓②。由于 Filippucci 的事迹少见于中文文献，故其究竟以"方"或"费"为姓，似乎颇难确定。惟笔者在《熙朝定案》中见到一文件，记康熙皇帝于二十八年二月初九日临幸杭州天主堂之事，当地迎驾的耶稣会士殷铎泽在与皇帝对话时，曾提及在广东天主堂传教的方济各③，此一"方济各"应即 Filippucci。此外，夏大常曾书一信回"方老爷"，应其要求详查生祠的起源，亦是致函给 Filippucci 的，他还希望方氏请在朝的南怀仁上奏，以"殄除佛教，拯救灵魂"④。因知 Filippucci 在华确以"方"为其汉姓。

又，笔者先前亦曾怀疑一名为 Filippo Fieschi（1636–1697）的耶稣会士，也有可能为"大老师"。其人曾于 1697 年 8 至 10 月间担任中华副会省的视察员，虽然他并未留下任何汉文姓名，但以当时传教士取汉姓的习惯，知其颇有可能依据音译而取姓费。然而，不论严谟是在 Filippucci 或 Fieschi 担任视察员时完成《帝天考》的，我们均无法凑出一群以"罗、万、南、鲁、毕、聂、李"为汉姓的教士组合，且又能合理地解释严谟为何提出此份名单。

如果费理伯即为此一"费大老师"，则《帝天考》应成于 1682–1688 年间，而严谟此书之作颇合于当时在华天主教会的气氛。此因在"广州会议"之后获释离华的道明会士闵明我，于 1676 年在马德

---

① Pfister, *Notices Biographiques et Bibliographiques sur les Jésuites de L'Ancienne Mission de Chine*, p. 378. 当时以教名译音为汉姓者，并不罕见。

② Standaert, *The Fascinating God*, p. 26.

③ 南怀仁等，《熙朝定案》（笔者自辑百衲本），无页码。

④ 林金水，《明清之际士大夫与中西礼仪之争》；李天纲，《中国礼仪之争》，页 165–173；钟鸣旦、杜鼎克，《耶稣会罗马档案馆明清天主教文献》，第 10 册页 35–65。罗马耶稣会档案馆藏有夏大常所撰的《赣州堂夏相公圣名玛第亚回方老爷书》和《生祠缘由册》，后者系于康熙二十五年，似为前信的补充资料，此故，前者未提及该小册；亦即，前者应写于 1686 年之前，当时方济各还未出任耶稣会的视察员，否则，夏大常或应尊称其为"大老爷"或"大老师"。

里出版《中国历史、政治、伦理和宗教概观》(*Tratados Historicos, Politicos, Ethicos y Religiosos de la Monarchia de China*) 一书上册①，大肆抨击在华耶稣会士的传教方式；南怀仁遂于1680年综合北京地区会士的意见，撰写了一份长达六十余页的答辩②；而耶稣会士李西满也于1681年撰成《辩祭参评》一书，呈送负责耶稣会中华副会省的毕嘉参考③。

经查当时各传教士的背景及其对"礼仪问题"的态度，疑严谟请求费大老师"采过"的七名教士，或指道明会士罗文藻④、万济国⑤，以及耶稣会士南怀仁、鲁日孟、毕嘉、聂仲迁和李西满。

其中罗文藻曾于1674年1月被任命为南京宗座代牧⑥，但却谦辞；此故，教皇又在1679年重申此一决定；罗文藻在1681年12月终于同意接受此职，并可能开始在其教区内视事⑦；1683年，罗氏抵达马尼

409

---

① 张铠，《中国与西班牙关系史》，页252–253。

② Cummins, *The Travels and Controversies of Friar Domingo Navarrete 1618–1686*, vol. 1, pp. lxxxiv-c.

③ 李西满偶在旧物堆中发现道明会士万济国的《辩祭》一书，由于其内容强烈批判中国祭祖祀孔的仪式，且在闽传教的万氏还于1670–1680年间不断著书讨论"礼仪问题"，而道明会士闵明我更再度掀起争论的高潮，李西满于是在奉教人士李良爵的协助下撰成《辩祭参评》一书加以驳斥；Collani, "Charles Maigrot's Role in the Chinese Rites Controversy," p. 159.

④ 1688年前后在华的耶稣会士中，虽有数人以罗为汉姓，如当时在广东传教的罗斐理以及在澳门的罗天佑等，但衡量他们的身份和地位，均无足够的理由解释严谟会请求"费大老师"将其所撰之书"采过"给他们。

⑤ 中国籍的耶稣会士万其渊，是在1688年8月始由罗文藻祝圣为司铎，其在教中的地位似无太大理由被纳入此七位教士之一，且排名第二。

⑥ 所谓的宗座代牧（亦称代牧主教），乃教廷传信部从1658年起在各地直接指派的教务负责人，其权限与一般教区的主教大致相同，目的在摆脱葡萄牙、西班牙和法国对在非天主教地区传教工作的控制。参见 *New Catholic Encyclopedia*, vol. 14, pp. 638–639.

⑦ 由于当时在交通和通讯上的不便，许多宗座代牧往往在数年之后始获祝圣，如颜珰虽于1687年被任命为福建宗座代牧，并开始掌理教区事务，但他直到1700年始获祝圣。宗座代牧对其职权的行使，并不受曾否祝圣一事影响，但惟有在其本人获祝圣后，宗座代牧才有权为其他神父祝圣。此一论据乃由杜鼎克博士提供，特此志谢。

拉，准备接受祝圣（ordained），然因他对"礼仪问题"的看法，有
一部分较接近耶稣会[1]，且其运用拉丁文的能力以及对神学的修养均
稍有不足，以致引起其他道明会士的大力阻挠。1684年9月，罗文
藻满怀失望地返抵福建；直到1685年4月，他始在广州被祝圣为第
一位中国籍的主教[2]。

　　南怀仁曾于1676-1680年负责耶稣会中华副会省，卸职后仍为
北京耶稣会院的长上，并自1669年以后一直在钦天监负责治理历法，
为当时传教士在朝廷中的最高代言人。

　　鲁日孟于1678年抵厦门，后又到达江南、福州，1679-1680年
驻常熟。他是李西满在南怀仁的授意之下，向菲律宾的耶稣会所请
求支援的三位传教士之一[3]，惟因不愿向传信部指派的宗座代牧宣誓
服从，且深受"礼仪之争"的困扰，乃于1685年2月从福州至广州，
稍后并搭船返回菲律宾[4]。

　　毕嘉曾于1664年在漳州传教[5]，而在1667、1668年之交的"广
州会议"上，也曾与道明会士闵明我就"中国礼仪问题"反覆辩难，
1680-1683年和1689-1692年间，毕嘉负责耶稣会中华副会省，并
著有《中国宗教仪轨》（De Ritibus Ecclesiae Sinicae，1680）一书。夏
大常的《礼仪答问》、不知撰人的《礼仪问答》、何相公的《苕言》、
张象灿的《家礼合教录》等书，即均是应毕嘉的要求所撰[6]。

① 李伯铎译，《中国首任主教罗文藻论中国祭祖祭孔礼仪》。
② 昂沙肋，《罗文藻主教传》。
③ Dehergne（1973）称鲁日孟于1679-1680年间在Tch'angchou传教，钟鸣旦以此为
　漳州的译音，故称鲁日孟为清初最后一位在严谟家乡驻堂传教的耶稣会士。其实，
　根据现存的一些书信，知其当时乃在苏州、杭州、太仓等地传教，Tch'angchou
　或应为长洲（属苏州府）的音译。参见 Bibliotheca Asiatica, pt. II, pp. 124-128;
　Standaert, The Fascinating God, pp. 26、28.
④ Sebes, "Philippine Jesuits in the Middle Kingdom in the 17th Century."
⑤ Dehergne, "La Chine Centrale vers 1700."
⑥ 李天纲，《中国礼仪之争》，页144-147、229。

聂仲迁亦对"礼仪问题"参预颇多,他不仅尝大力抨击道明会士闵明我的前揭书①,并撰有《中国礼仪之报告》(*Relation sur les Rites Chinois*)一书②。聂氏亦屡欲参考严谟的相关著作,严谟虽曾寄送,但恐失落,故托福建宗座代牧穆德我请人再抄送一整套副本③。

由于费理伯乃于1682年5月出任在华道明会的代理会省长,而鲁日孟亦于1685年2月离开福州返回马尼拉,故严谟撰《帝天考》的时间,或介于两者之间。罗文藻当时应还未被祝圣为主教,否则,以其在教中的位阶,严谟不可能称费理伯为"大老师",却仅称罗文藻为"师"。同理,毕嘉曾于1680-1683年掌理耶稣会中华副会省,身份与费理伯等同,他在此期间也理应被称作"大老师",故《帝天考》的撰写时间或可确定在1683-1685年间。再者,罗文藻于1682年年底到了广州,准备经澳门去马尼拉,希望能在那里接受祝圣,由于他至1684年9月始回返福建④,故严谟应最可能在1684年冬至1685年春这段期间成书。

411

由于严谟撰书之时,福建地区已成为道明会的传教势力范围,而费理伯是所有在华道明会士的长上,且其个人对"礼仪问题"采取一较中立的态度⑤,故严谟乃于1684-1685年间将完稿的《帝天考》送呈给他,并建议他亦能将该书抄送其他七名教士,以征询其意见。

---

① Cummins, *The Travels and Controversies of Friar Domingo Navarrete 1618–1686*, vol. 1, p. xcix.

② Pfister, *Notices Biographiques et Bibliographiques sur les Jésuites de L'Ancienne Mission de Chine*, pp. 295–298.

③ 此见严谟所撰之《致穆大老师文二首、跋语一首》及《草稿(抄白)》。又,一般均以José Monteiro的中文名为穆若瑟,然在法国国家图书馆所收的一份康熙四十七年涉及西洋人领票规矩的文件中(Courant 7046–VI),提及其名为穆德我,且在康熙朝的朱批奏折中,亦屡以穆德我为其正式姓名。参见《耶稣会罗马档案馆明清天主教文献》,第11册页75、92;中国第一历史档案馆等,《明清时期澳门问题档案文献汇编》,第1册页86-88。

④ 郑天祥,《罗文藻史集》,页42-49。

⑤ Standaert, *The Fascinating God*, p. 28.

严谟或希望透过此举，能影响批判中国礼仪最力的道明会中人的态度。

至于严谟所列举的其他七名教士，其中罗文藻或因有宗座代牧之名衔（虽尚未祝圣），以致被严谟排在头一位，而万济国被纳入的缘故，则或因他是反对派的首要人物。又因费理伯是道明会士，为表示尊重，严谟乃将该会的罗、万两人均排在耶稣会士之前。

南怀仁、毕嘉和聂仲迁等人之所以被提及，则或因他们是耶稣会对"礼仪问题"的意见领袖所致。再者，由于当时入华耶稣会士多获葡萄牙支持，道明会士则多受西班牙支持，彼此在"礼仪问题"上的冲突，其实还多少与各传教士的国籍有着敏感的关涉，而鲁日孟因是首批受西班牙耶稣会派遣来华的会士之一，与大多数在华的道明会士国籍相同，此很可能成为他入选在此一名单的主要理由[1]。

至于李西满之所以列名最末，则可能是因他与严谟关系最密切所致。事实上，《帝天考》之撰写很可能即受到李西满的强烈影响，在耶稣会对"中国礼仪问题"的态度屡遭质疑的氛围之下，福州李九功的《礼俗明辨》、《证礼刍议》，以及漳州严谟的《考疑》、《辨祭》、《祭祖考》、《木主考》、《庙祠考》、《李师条问》等文献（见下节），或即是李西满于1682–1684年在福建传教时，当地亲耶稣会的奉教人士对其所掀起之辨疑运动的具体回应[2]。

2.《考疑》

严谟或是明清两代为"礼仪问题"做出最多论述的中国人（见

---

[1] 虽然何古修是此三人会士团体的长上（Superior），但因其已于1680年7月过世，故可合理解释为何其未列名严谟所建议的七位教士之中。参见 Sebes, "Philippine Jesuits in the Middle Kingdom in the 17th Century," p. 199.

[2] 参见林金水，《明清之际士大夫与中西礼仪之争》；Standaert, *The Fascinating God*, pp. 11–12；李天纲，《中国礼仪之争》，页140–141、148–149。

图表 11.1 [1]），他在《帝天考》撰成之后也仍一直积极与各会之传教士就此进行对话。如他在《考疑》一书的末尾，尝致书某教士称：

> 此书乃呈进于罗、欧二老师者，已蒙采取录寄万、夏二老师，谨将原稿呈览，以便采择。[2]

其中罗、欧二人应分指道明会士罗文藻和欧加略，欧加略于 1683 年入泉州重启教务[3]，严谟还曾为其《人类真安》一书作序[4]，知罗、欧二人对"礼仪问题"的态度可能较为友善或中立，故严谟始请他们转送万济国和夏老师。由于罗文藻于 1682 年年底已离开福建，准备赴菲律宾，且至 1684 年 9 月始从马尼拉回返福建，故严谟将此书呈送罗、欧二人应在罗文藻回国之后，且于欧加略 1686 年过世之前。

夏老师究竟何人，先前一直未能确认。笔者疑其或为巴黎外方传教会的 Nicolas Charmot（1655–1714），他于 1685、1686 年之交来华，旋于 1686 年年底返欧；1689 年，奉派返华担任巴黎外方传教会在华修院的长上，传教地区包含广东的广州、韶州以及福建的兴化、长乐、福州等处。更奉颜珰之命，于 1694 年 1 月自澳门出发回罗马递交训令，从而掀起"礼仪之争"的高潮[5]。综前所述，罗文藻和欧加略应于 1686 年将严谟新成书的《考疑》抄送同在福建地区传教的

₄₁₃

---

① Standaert, *The Fascinating God*, pp. 15–21; Chan, *Chinese Books and Documents in the Jesuit Archives in Rome*, pp. 45–46、51–53、61–67；《耶稣会罗马档案馆明清天主教文献》，第 11 册，页 1–233；李天纲，《中国礼仪之争》，页 140–149。

② 《耶稣会罗马档案馆明清天主教文献》，第 11 册，页 233。

③ González, *Historia de las Misiones Dominicanas de China, vol. 1 (1632–1700)*, pp. 498–499.

④ 陈垣，《陈垣学术论文集》，第 1 集，页 114。

⑤ 当时入华耶稣会士的名录中未见有夏姓者，笔者先前曾误以夏老师即夏大常，但以夏大常的身份，顶多只能被称作"相公"。Nicolas Charmot 与"礼仪之争"关系密切，其中文名为蒙尼阁。参见 https://irfa.paris/missionnaire/0091–charmot-nicolas/.

万济国和 Charmot。

3.《辨祭》

严谟在《辨祭》的书末曾致函某教士称：

> 谟则另有《考疑》一册……《考疑》一册之著，盖因万老师摘《礼记》、《诗经》十数条，以证祭祖有来享、有求福，愚为考辨其原义不干求福之事，非真来格之言。今其原稿散逸，一时无存，不得抄呈。但罗、李、京都处已有，其书倘可采，祈便中寄音往彼处抄之，若得抄到，敢烦为草抄一本寄还，尤感也。[①]

知其除将《考疑》寄给道明会的万济国、罗文藻、欧加略和夏老师外，也曾将该书送给先前曾在福建传教的李西满，以及在北京朝廷中服务的耶稣会士[②]。由于罗文藻在1691年3月卒于南京[③]，知《辨祭》的成书下限应在严谟得知罗氏死讯之前。又因《辨祭》撰于《考疑》之后，且若严谟撰写《辨祭》的附记时，罗文藻已祝圣为主教，则严谟应不至于仅以姓氏称呼罗文藻，却尊称万济国为"万老师"，故此书最可能撰于1685年4月之前。

4. 致穆德我信

耶稣会罗马档案馆藏有三封严谟致"穆大老师"之信，分别为414《草稿（抄白）》(Jap-Sin I, 41/1a)、《致穆大老师文二首、跋语一首》(Jap-Sin I, 41/3)、《草稿》(Jap-Sin I, 41/2a)。查耶稣会士穆德我于

---

① 《耶稣会罗马档案馆明清天主教文献》，第11册，页46。
② 钟鸣旦和陈纶绪均将"罗、李、京都处已有"一句，解释成："在京都的罗、李二人处已有"，故一直无法得出令人满意的答案。尤其，陈氏以二人即罗历山和李西满，但他们从不曾同时在京。参见 Standaert, *The Fascinating God*, p. 15; Chan, *Chinese Books and Documents in the Jesuit Archives in Rome*, p. 63.
③ 张奉箴，《罗公文藻晋牧三百周年纪念》，页54。

1687–1693年任福建宗座代牧，1695年前后，他还是耶稣会福建地区的长上，1698–1702年及1704–1707年负责中华副会省[1]，这些职衔均颇符合"大老师"的称谓。

严谟虽因"礼仪问题"而与在教中位阶颇高的穆德我互动频繁，但穆德我却不在严谟请求费大老师将《帝天考》"采过"的七位老师名单当中，此或因《帝天考》成书之时（1684–1685年间），穆德我或还不曾进入福建传教[2]，故两人当时还并无太多渊源。

在《草稿（抄白）》(Jap-Sin I, 41/1a) 所收录的信中，严谟请穆德我转送资料给聂仲迁，而聂氏卒于1696年，知此信的撰写下限应距此不久。严谟在函中还提及（是年）五月曾托妹夫蔡氏在赴京参加会试途中带去一信，信中的一些看法请穆德我指正，并希望穆氏能将道明会和巴黎外方传教会辩驳的内容、耶稣会的答辩以及颜珰回严谟之信（这些均用西方语文）的关键处略译告知。

严谟还指称因前年撰成之《李师条问》的内容多不属当时两造最主要的矛盾处[3]，故未曾呈览，今则先将论孔子与裸礼的两条内容以及《李师条问》的目录呈上，其中孔子与裸礼二条之内容另有一副本[4]，请穆德我转寄给李西满，并请穆氏派人抄送一份给北京的耶稣会士以及江西的聂仲迁。严谟还拜托穆德我转交李西满一信，其中提及先前曾托自己的妹夫带去一信，并指出漳州教徒已因"礼仪

---

① 费赖之，《在华耶稣会士列传及书目》，页394；荣振华，《在华耶稣会士列传及书目补编》，页443–444；Standaert, *The Fascinating God*, p. 16.

② 根据荣振华的《在华耶稣会士列传及书目补编》，穆德我于1683–1684年在江西南昌传教，1687–1693年任福建的宗座代牧（页443–444）。

③ 由于《辩祭参评》一书中有些内容与严谟的《李师条问》雷同，故陈纶绪以为应是参考后者。惟据笔者的考订，知《李师条问》成书于康熙三十年前后，故康熙二十年成书的《辩祭参评》才应是《李师条问》参考的对象。Chan, *Chinese Books and Documents in the Jesuit Archives in Rome*, pp. 50–51.

④ 古代祭礼中，常以"圭瓒"为杓，舀酒灌地，即所谓"裸礼"；参见周聪俊，《裸礼考辨》。

问题"而有一年不得行告解，此处应指福建宗座代牧颜珰于康熙三
十二年二月严禁该区教众祭祖祀孔一事①，亦即，《草稿（抄白）》所
收录的信函，应撰于此禁之后不久。

　　综前所述，并考虑会试必须逢辰、戌、丑、未年之限制，知严
谟先前托妹夫蔡氏带给穆德我的信，应最可能书于康熙三十二年，
蔡氏或于五月前后自漳州动身，准备参加三十三年二月在京举行的
会试，途中曾路经穆德我所在之福州，而《草稿（抄白）》所收录
之信，则可能为三十二年年底所续写，此故，内称漳州教徒已有一年
（此为约数）不得行告解。由于穆德我于1693年刚卸下福建宗座代
牧的职务，不知此是否严谟在此一文献中有时称穆德我为"穆大老
师"，但有时亦作"穆老师"的原因？根据前文的考订，我们也可推
知《李师条问》或成书于康熙三十年前后。

　　《致穆大老师文二首、跋语一首》（Jap-Sin I, 41/3）中包含一封严
谟致穆德我之信，信末附有宋代欧阳修和明代汤来贺二文，严谟并
在跋语中表达其对祭祖祀孔之礼的看法。由于严谟在信中称自己的
著作"远道无缘寄达"给聂仲迁，但在《草稿（抄白）》中则称"曾
托寄一二，但恐失落无到"，且两信同样希望穆氏能将其与"礼仪问
题"相关之论著抄寄一份给在江西的聂仲迁，故疑此信或书于《草
稿（抄白）》之前，亦即，早于康熙三十二年年底。而又因必须合乎
穆德我"大老师"之称谓，故亦得在其于二十六年任福建宗座代牧
之后。

　　至于《草稿》（Jap-Sin I, 41/2a），则为严谟等六名教徒致穆德我
之信，称康熙三十四年九月初众人接到穆德我来函，提及漳州近有
一教徒撰文反驳严谟之父赞化有关"祭祖合礼"的说法。严谟因此
在回函中指出此乃其侄默觉所为，默觉因生病欲行告解，但在漳州

_____

① 罗光，《教廷与中国使节史》，页96。

传教的道明会士马熹诺,以严谟先前犯了"逆主教之罪",而默觉曾参与严谟著书批驳颜珰之事,故命其得先要撰文补赎。严谟担心引发误会,遂于接到穆德我之信的当月即撰就《辩祭后志》,驳斥默觉,并附在此信之后寄出,严谟等人还恳请穆德我于翌年正月灯节后驾临漳州。《辩祭后志》的内文中曾提及"前万师有辨驳祭一册,予有分辨祭一册",此应分别指万济国《辩祭》以及严谟《辨祭》这两本书名同音且形近之著作。

图表11.1:严谟所撰与"礼仪问题"相关之文献。 416

文献名	附注
《帝天考》(R. G. Oriente III 248 [10], Borgia Cinese 316.9)	成书于康熙二十三年至二十四年间,内容试图说明先秦典籍中的"天"和"上帝"即天主教的最尊神。
《庙祠考》(Borgia Cinese 316.9[b])	首页作"宗庙祠堂考",无作者名,但与《帝天考》装订在一册。
《祭祖考》(Jap-Sin I, 41/1a)	探索祭之原意、三代之祭仪、宋儒之家礼、后代之祝文以及俗祭之邪。
《木主考》(Jap-Sin I, 41/ 1b, Jap-Sin I, 40/2)	内容在讨论祖先牌位。
《诗书辨错解》	此书之收藏单位不详,向达游欧时曾寓目;因《帝天考》中曾提及,故应撰于之前;其内容论及"天"和"上帝"之本义。
《存璞编》(Borgia Cinese 316.6a)	此本无作者名,惟侯外庐或根据另一版本,将作者归于严谟;其内容论及"天"之本义。
《原礼论》(Borgia Cinese 316.6b)	此本无作者名,但与《存璞编》装订在一册。
《祭祖原意》(Borgia Cinese 316.11)	此本无作者名,但与《李师条问》的编排方式相近。

续表

文献名	附注
《考疑》(Jap-Sin I, 40/6b)	考辨道明会士万济国以祭祖有来享、有求福之说，曾呈送道明会士罗文藻和欧加略，并蒙采取录寄万济国和夏老师；此外，严谟也曾寄送耶稣会士李西满以及在京的耶稣会士参考。此书应撰于康熙二十三、二十四年间。
《辨祭》(Jap-Sin I, 40/6a, Jap-Sin I, 41/1a)	内容乃在批判万济国的《辩祭》一书，此书或撰于康熙二十四年春，末尾提及已先前另撰有《考疑》。
《李师条问》(Jap-Sin I, 40/2, Borgia Cinese 316.10)	严谟于康熙三十年前后回答李西满各条问题之汇编，严谟之父赞化也审订此一书稿。
《致穆大老师文二首、跋语一首》(Jap-Sin I, 41/3)	严谟致大老师耶稣会士穆德我之信，表达其对祭祖祀孔之礼的看法。疑此信或书于康熙二十六年至三十二年年底间。
《草稿（抄白）》(Jap-Sin I, 41/1a)	严谟致大老师穆德我之信，最可能书于康熙三十二年年底。
《草稿》(Jap-Sin I, 41/2a)	此为严谟等六名教徒于康熙三十四年九月致大老师穆德我之信。
《辩祭后志》(Jap-Sin I, 41/2b)	康熙三十四年九月所撰，驳斥其侄默觉有关祭礼的议论；此书乃补充《辨祭》中的说法。

（三）江西建昌夏大常的《礼记祭礼泡制》

巴黎的法国国家图书馆（Bibliothèque Nationale, Paris）藏《礼记祭礼泡制》一钞本，编号为 Courant 7157，半叶十行，行二十八字，凡十四叶，其体例乃摘录《礼记》中有关祭祀的文句，凡二十三条，次引述以晚宋学者陈澔《礼记集说》为主的注疏，再将"罪人（指作者）观此经文"的感想申论于后，其内容明显欲融合天主教与儒家的理念[①]。

---

① 耶稣会罗马档案馆亦藏有此一文献，但题为《祭礼泡制》，且书首无识语和作者籍贯姓名等文字，收入《耶稣会罗马档案馆明清天主教文献》，第10册页79-104。

此书书首有一识语曰:"此祭礼泡制之书,原夏相公(圣名玛第亚)在虔州天主堂内辅佐耶稣会聂神父传教有年,亲笔手撰,于戊寅春已物故矣"①,正文内则题称"建武教下后学夏玛第亚大常撰",其中建武乃建昌府的别名,在今江西南城县,而大常为夏相公之名,玛第亚(亦作玛弟亚)则为其教名 Mathias 的音译②。由于在方志的"选举"部分,未见夏大常之名③,知其不曾中举④,他或一直随聂仲迁在江西虔州(即赣州之古名)一带传教⑤,后卒于康熙三十七年戊寅岁。

林金水在其《明清之际士大夫与中西礼仪之争》一文中,因以夏相公的原籍为建州(今福建建瓯),又或以"相公"必为有科名之人,故将建瓯县清初唯一中过科举的夏姓人士夏书浑系为夏相公⑥。其实,据明末清初学者顾炎武的说法,相公一辞当时乃对男子的尊称⑦,不必然指有科名之人。

夏大常在《礼记祭礼泡制》中有云:

---

① Courant在其所编法国国家图书馆中文书目的提要中,将此句读成"……亲笔手撰于戊寅春,已物故矣!"虽亦可自成一说,但笔者仍较倾向于正文中之标点,此因《礼记祭礼泡制》内文中并未记明该书完成的确切时间,而提要或撰写于夏氏去世后不久,故书写之人较有可能对夏相公"物故"的时间细述至年以下的单位(季节)。

② 笔者1995年在《清华学报》所发表《被忽略的声音》一文中,即已指出夏玛第亚即夏大常,李天纲在《中国礼仪之争》(1998)中,则又提及此乃其"新发现"(页139);而在陈纶绪的 *Chinese Books and Documents in the Jesuit Archives in Rome* (2002),亦以夏玛第亚的中文名仍待考(页39–43)。类此信息不通的情形,屡见于汉学界。

③ 李人镜等修纂,同治《南城县志》;孟焴等修纂,乾隆《建昌府志》。

④ 据杜鼎克博士告知,在Jap-Sin I (38/42) 40–10a上,有一段葡萄牙文的题识,即明白指称夏氏为Bacharel(生员或秀才)。

⑤ 宋高宗绍兴二十三年,改虔州为赣州;参见《宋史》,卷31页577。

⑥ 夏书浑列于清初的"贡途"名单中,年份不详,亦无传;詹宣猷等修纂,民国《建瓯县志》,卷10页48。

⑦ 梁章钜,《称谓录》,卷32页23。

> 求福之祭，当禁矣！追养继孝之祭，不当禁矣！土神之祭，当祭〔禁〕矣！事死如生之祭，不当禁也……若是圣教中人，执定中国祭礼都是祈福禳灾，中国人心，又执定中国祭礼都是追养继孝，是以一项道理，分作两种意见，中国必疑西洋人心与我本性不合，安望能通超性矣？（页1–2）

指出不应对中国的祭礼一概抹黑，譬如其中的"追养继孝"和"事死如生"之祭，即不应禁止。

书中并详辩祭祀父母之礼，称其形式虽与拜偶像相近，但实质却迥然不同，其言曰：

419

> 中国立祭之心，原相合于天主教人孝敬父母之诚矣！惟此一祭之名，特恐有碍于"钦崇一天主"之义，然亦只是此名相碍，并无伤碍之实。奉祭天主者，奉其为天地万物之大父母；奉祭祖先者，不过奉其为一家一身之小父母而已耳。又恐或与祭魔鬼之罪相同也，然亦只是此名相同，并无相同之实矣！（页7）

夏氏并指称天主无所不知，必能辨此名实之异，且必不会加以怪罪①。

夏大常在书中还强调必须先熟读中国的典籍，方可识透中国的

---

① 夏大常在《礼记祭礼泡制》中有云："若是为此祭祀之实，而恐得罪于天主也，天主无所不知，岂以追养继孝之实为罪耶？若是为此祭祀之名，而恐得罪于天主也，天主公义一些不差，必不妄以有名无实之罪加人矣！论超性，固当爱敬孝事天主矣；论本性，亦当爱敬孝事父母。爱敬孝事之名，天主、父母皆可同称，何为一祭之名，父母不可相同于天主耶？此乃超性、天性合一之理也……超性，故当反本报始于天主；本性，亦当反本报始于父母矣。反本报始，不忘所生，岂得证为得罪天主之罪耶？"（页7–8）

本性,如此,在华宣教才有可能成功,称:

> 若要免人妄证,须先明透中国本性之情;若要明透中国本性之情,须先博览中国之书籍。中国之书籍,即为中国之本性也,未有不读中国之书籍,而能识透中国之本性者;亦未有不能识透中国之本性,而能阐扬超性之理于中国者。(页9)

他且说明为何须利用中国书籍对中国的士大夫传教,曰:

> 若对中国读书之人讲道解经,开口便要博引中国古书为证。若是能引中国书籍,出自何经,载在何典,他便低首下心,无不心悦诚服,若不详引中国书籍,辨折他心,纵有千言万语,他心不服,纵谈超性妙理,他心亦不能知,他或纵然当面奉承,背地尚加毁谤矣!必须多读中国书籍,方能开引人心矣!(页9)

夏大常前述对传教策略的看法,或是针对以道明会和巴黎外方传教会为主的"新来铎德"。

对传教士看待非西方文化的优越心态,夏大常尝从神学的角度举例辩驳,称:

> 法利叟不能详读古圣之书,是以懵然不达天主降生奥旨;三王静读外教之书,反识吾主耶稣降生。百尔西亚国者,外教之地也;外教之人,亦蒙天主开启其心,预言新星之事,载入古书之中。天主无所不在,安知中国书籍宁无能合超性之理者?何以十字制怪之事,《周礼》预先能言耶?(页12)

420

表明中国虽属于外教之地,但并非无可能在《礼记》等古书中载有合乎天主教的"超性之理"。

夏大常除了《礼记祭礼泡制》之外，还针对"礼仪问题"撰有另外五种文献（见图表11.2），其中一些是应耶稣会士方济各之请所进行之研究或整理。夏大常、李九功与严谟等人应是当时参与"礼仪之争"最积极的中国教徒。

图表11.2：夏大常所撰与"礼仪问题"相关之文献[1]。

文献名	附注
《赣州堂夏相公圣名玛第亚回方老爷书》(Jap-Sin I, 39/1)	夏大常致耶稣会士方济各之函，略述生祠的源起，并希望方氏请在朝的南怀仁上奏，以"殄除佛教，拯救灵魂"。
《生祠缘由册》(Jap-Sin I, 39/2)	康熙二十五年夏大常应耶稣会士方济各之请所撰，详查生祠的来历，其成书应在前信之后。
《生祠故事》(Jap-Sin I, 39/3)	应是补充《生祠缘由册》。
《祭礼泡制》(Jap-Sin I, 39/4)	讨论《礼记》中之祭礼，亦名《礼记祭礼泡制》。
《礼记祭制撮言》(Jap-Sin I, 39/5)	康熙二十七年撰，与前书同样是讨论《礼记》中之祭礼。
《礼仪答问（?）》(Jap-Sin I, 40/10a)	原书无书名，乃讨论中国社会的一些俗礼，曾送呈负责耶稣会中华副会省的毕嘉（1680–1683年和1689–1692年间任此职）。

（四）浙江杭州洪意纳爵等的《祭祀问答》

421

耶稣会罗马档案馆藏有《祭祀问答》一钞本，编号为Jap-Sin I, 40/9a[2]，乃记杭州教徒洪意纳爵回答"泰西殷先生"之问讯，内容在说明"中国祭祀祖先之义"以及澄清"耶稣会士先后导人之言"，末

①Chan, *Chinese Books and Documents in the Jesuit Archives in Rome*, pp. 39–44、60–61；《耶稣会罗马档案馆明清天主教文献》，第10册页35–142；李天纲，《中国礼仪之争》，页139–140、147。
②《耶稣会罗马档案馆明清天主教文献》，第11册页235–255。

附洪意纳爵、朱西满和杨伯多禄写给"白老师"之信，文中称其已有数年未到杭州，并请他将《祭祀问答》转送"诸圣会先生确定可否"。据书首天头的拉丁文注记，"泰西殷先生"即耶稣会士殷铎泽。至于信末对"白老师大人"的称谓，明显与中国教徒在和传教士通信时所惯用的"老师"或"大老师"不同，疑其之所以被称作"大人"，乃因在朝任职之故。衡诸当时入华之传教士，似乎只有白晋较符合。

殷铎泽于1676–1684年任耶稣会的视察员，1686–1689年，掌理中华副会省，自1674年起，他一直以杭州作为主要活动据点，白晋于1687年进京途中曾道经杭州，即是由殷氏款待[①]。由于白晋在1693年奉康熙帝之命返回法国时，途中并未道经杭州，且因殷铎泽卒于1696年，而白晋直到1698年才又回到中国，故若"白老师"确为白晋，则洪意纳爵等与白晋应相识于1687年，而此信的撰写下限应为白晋自澳门动身的1694年1月[②]。

白晋等五名法籍耶稣会士最初来华一事，乃路易十四世直接派遣，希望能突破葡萄牙保教权的封锁，此故，传教虽是其最终关怀，但为避免教内外不必要的麻烦，他们是以"皇家数学家"的身份在京活动；他们原本奉命不接受教廷所指派宗座代牧的管辖，但稍后仍勉强宣誓服从[③]。由于白晋深受康熙皇帝器重，是极少数能直通天

422

① 方豪，《中国天主教史人物传》，中册页268–270。
② 陈纶绪以当时在华的两位白姓会士白乃心和白晋，均不曾在杭州传教，故疑"白老师"或为柏应理，以"柏"与"白"形近之故，但此说或嫌牵强。又，笔者初疑曾担任江西宗座代牧的奥思定会士白万乐，亦有可能因身份尊贵而被称作"白老师大人"，但因洪意纳爵等给"白老师"的信中两度提及殷铎泽，文句间并未指出其已故，而白万乐任代牧期间（1698–1709），殷铎泽已去世，似不合。参见 Chan, *Chinese Books and Documents in the Jesuit Archives in Rome*, p. 58; Collani, ed., *Joachim Bouvet, S.J. Journal des Voyages*, p. 337.
③ Standaert, *Handbook of Christianity in China*, vol. 1, pp. 313–316；张国刚等，《明清传教士与欧洲汉学》，页155–165；维吉尔·毕诺，《中国对法国哲学思想形成的影响》，页12–44。

听的传教士，此或可解释洪意纳爵等为何在恭答殷铎泽之后，复将相关内容抄送，此举表面上是请白晋转送其他会士参考，但背后或是企盼其意见能有机会上达朝廷，以回应颜珰主教在福建所掀起有关中国祭礼的轩然大波。

殷铎泽和白晋两人均撰有涉及"礼仪问题"的著述，殷氏曾于1668年著《中国礼仪证信》一书，并曾致函道明会士闵明我辩难，而白晋更是索隐派的大将（见附录12.1），他坚信中国古籍中隐含有天主的旨意，后并撰有《古今敬天鉴天学本义》（1701）以及遭教会禁止刊传的《中国语言中之天与上帝》（*Obervata de Vocibus Sinicis T'ien et Chang-ti*）等相关著作[1]。

（五）1700年福建教徒与颜珰的冲突

福建宗座代牧颜珰于1693年所颁布的七项与"中国礼仪"相关的指令，并未能获得福建地区传教士的一致遵守，此因当时各修会均不愿放弃保教权所赋予的特权，故多尽可能地抵制宗座代牧的权限。然而，在1700年颜珰获祝圣为主教之后，教士们只能无条件服从；否则，作为其长上的主教可以不认可他们施行圣事的权力。

该年的复活节前夕，在福州的耶稣会士鲁保禄和杨若望至颜珰居住的怀德堂拜望他，希望能获准施行圣事，但颜珰以必须执行七项指令为条件，亦即，必须禁止教徒祭祖祀孔，且禁悬康熙皇帝所御赐的"敬天"牌匾（见附录11.2），双方因此僵持不下。鲁保禄于是在复活节当天宣布，因未能获得颜珰主教的认可，故他和杨若望两人将不再能为教徒行告解，甚至亦不能主持弥撒。教徒们群情激愤，立即求见颜珰要求解释。次日，又有群众至颜珰的教堂抗议，

---

[1] Collani, "*Tianxue Benyi*: Joachim Bouvet's Forschungen zum Monotheismus in China"; Pfister, pp. 437–438.

甚至对他拳打脚踢（一方指称是欲拉颜珰向教众们所捧的耶稣像下跪），或拔刀相向（一方则称是有教徒拿起念珠掷向颜珰的脚下）；稍后，暂离福州的颜珰在一些朋友的劝说下决定让步，先认可耶稣会士行圣事的权力。

此事在教会内部引发极大纷扰，一些人强烈指责耶稣会士在背后怂恿，但耶稣会则极力撇清，声称此乃教徒自发性的举动。今耶稣会罗马档案馆中尚存一份中国教徒关于此一事件的证词（Jap-Sin 167），上有艾安德肋等63名教徒的签名花押，文中发下重誓，指称鲁保禄先前全不知情，并称："十分难忍耐这不公道的事，所以偶然得罪主教一次，后来都是求他。"教众们虽承认曾行为失当，但对颜珰的指令仍忿忿不平，商议是否要将其告上官府，他们并曾将此事原委分送中国教区内的各高层人士。

耶稣会罗马档案馆中亦有一封寄给耶稣会视察员都加禄的信件（Jap-Sin 165），末有25名教徒的签名，其中大半人名亦见于前述之证词中。此信相当生动地详述事件的经过，教众们的激动心情跃然纸上，据文中的描述，颜珰当时最主要的坚持是教堂中御赐的"敬天"牌匾，只要鲁保禄拿下，就准其替教徒告解，教众因此形容他们的处境曰："若遵主教，摘去其匾，皇法甚严，肉身该死；若不去匾，灵魂永死。其事两难，关系甚大。"并认为："颜主教既能摘去告解之权，何不自毁'敬天'匾额，又转命他人去之！此明系移祸于人，借言异端之说。"又称："想圣人会神父为拜祖宗牌者即不准告解，合而为一。如今又许拜祖先牌的人告解，反覆不定，令人甚是惊疑之极。"从某一角度来看，颜珰此举是在以其教权来挑战教徒心目中的皇权，但他当时似乎对拜祖先牌位者还曾暂时网开一面（见图表11.3）。

至于前引文中的圣人会，则或是托钵修会（包含道明会、方济会、奥斯定会；见附录1.2）的统称①，因其乃以多明我（Dominic of Guzman, 1170–1221）、方济各（Francis of Assisi, *c*.1181–1226）和奥斯定（Augustine of Hippo, 354–430）等圣人为名，且彼此理念相近、关系密切，又同样是透过西班牙的支持，而从菲律宾进入中国发展的，故当时托钵修会与葡萄牙支持的耶稣会之间常有一些摩擦②。

　　都加禄如何处理此一陈情信，尚未见具体材料。然而，耶稣会罗马档案馆中有一封由担任北京主教的方济会士伊大仁、山西宗座代牧的方济会士叶尊孝和江西宗座代牧的奥斯定会士白万乐合写给福州教徒的信（Jap-Sin 167），应亦是对类似陈情信的回应。该文中虽强调听命主教是教徒的本分，但亦称："至于颜主教或有不合之处，而判断是非全系天主与圣教皇，旅辈虽忝在同列，而无论其曲直之权。"明显不愿在教皇就此一敏感争论做出最后裁定之前就选边站③。

附录11.5

中国传统祭祀中的神主牌④

　　木制的神主牌俗称"木主"，填写在其上的文字有一定规矩，神主内需写明死者之生卒年月日时及世系，神主外则写上世代名讳及谥号；并以字数"兴旺衰微"四字为吉凶数，

---

① 韩琦以圣人会即圣而公会，并称今译作巴黎外方传教会；查巴黎外方传教会成立于1658年，然而，"圣而公会"早见于1650年永历王太后致谕罗马教皇之信，其拉丁原文或为"Sancta Catholica Ecclesia"，是天主教会之统称（见第十章），且巴黎外方传教会当时并无会士封圣，如称作"圣人会"，亦名实不符。参见韩琦，《奉教天文学家与"礼仪之争"（1700–1702）》，页387。

② 林金水，《福建对外文化交流史》，页215–221。

③ 此节参见吴旻、韩琦，《礼仪之争与中国天主教徒》。

④ 如见泉州的丧葬礼俗，http://www.qzhnet.com/qzh58.htm。

如总字数除以四后余数为一则为兴,余数为二则为旺,余数为三则为衰,余数为四则为微,以合于兴或旺才合宜,否则犯忌。

神主之抬头先写朝代,次写官爵、第几世、名讳及谥号。男称公府或府君;女有封赠,则按品级称夫人、淑人等,无爵者统称孺人。男寿五十以上称"考",女寿五十以上称"妣"。如字数不合兴旺两字,则考或妣之上可加一"显"字;四十九岁内不得加"显",而称"故"。

旧时,神主牌上只先写某某之"神王",主字上面一点空着,通常丧家会延请一位有功名的耆宿担任"点主",用新笔蘸墨在"神王"上点上一个瓜子点;古人相信借由此一动作,亡者的灵魂与牌位将合而为一;在"点主"之后,一般便可除孝;而点主后的木牌,大多是供奉在堂屋里的"神柜"或"神桌"之上。

由于中国社会普遍相信灵魂与牌位合一,且神主牌的设计与子孙的"兴旺衰微"相关联,无怪乎,颜珰等传教士会质疑传统的祭祖仪礼。图表11.3为耶稣会士所设计的祖先牌位样板,其内容明显呼应嘉乐的八项准许,但在1742年的《自从上主圣意》圣谕中同样遭禁。

台湾天主教会曾于1974年颁布《天主教祭祖暂行礼规》,其中对教徒家中之祭祖牌位有以下规定:1. 上书某姓列祖列宗牌位以及某氏后嗣某奉祀等字样;2. 祖先灵位牌顶端之十字架宜用红色,十字架两旁雕刻双龙漆金色。这是台湾天主教会针对"礼仪问题"中有关供奉祖先牌位一事的最新回应。

图表11.3：清初耶稣会士所建议之祖先牌位样板[1]。

（六）1702年鲍英齐等的《北京教中公同誓状》

　　笔者曾在法国国家图书馆中见到一无题的钞本，编号为Courant 1332，共仅五叶。耶稣会罗马档案馆亦藏有此一文献，编号为Jap-Sin 160，笔者未见，题曰"北京教中公同誓状"[2]。其内容乃为在京的奉教人士于1702年联名上书教皇，祈请教皇准许中国教徒祀孔祀祖，并以"天"及"上帝"两词称呼天主，其内容明显表达出中国教众对天主教在华宣教事业所可能遭受"礼仪之争"打击的极度忧虑。

　　由于此文较为罕见，且对了解当时中国教众的反应意义重大，故笔者在此乃将法国国家图书馆藏本之重要内容抄录于下，该文之

----

① 原藏法国国家图书馆，现将其上之文字重排出；参见 Dunne, *Generation of Giants*, p. 293.

② Chan, *Chinese Books and Documents in the Jesuit Archives in Rome*, p. 267.

首为一誓言,曰:

> 大清国某省某府某县教末某等,敢列名在天主堂前发誓:
> 一、孔子在中国不是佛、菩萨、邪神,实敬他是师传〔傅〕,
> 不过感谢教诲之恩,并无有冀望之处。二、奉祀祖先,孝道
> 所不可缺,上下通行,凡为子孙者,表爱亲报本之意,谢生
> 身养育之恩,又恐年代久远,子孙忘其名字、年岁,故设立
> 牌位,书记以便时行供祭,以尽孝思,并无有所求望。三、
> 中国称天、称上帝,自古经书所载,名称虽殊,与圣教之称天
> 主,意义吻合,毫无殊异,现在劝外教人论理证主,常引用
> 之,不得不报,人人皆知此称即是造物之主,断无有两样错
> 解之理。

强调祀孔祭祖并非偶像崇拜,而自古经书中称天、称上帝,均等同
于天主;而设立牌位的目的,只是为尽孝思。

紧接在此誓言之后,则为一以奏疏形式上呈给罗马教皇的文件,
其文曰:

> 大清国北京顺天府教末鲍味多、关若翰、焦保禄等,呈为
> 不谙中国经书正义,妄指礼典为邪道,谨呈誓伏恳祈代请教皇
> 电察,怜恤中邦灵魂事。窃多等自幼读书,长知辨理,后获睹
> 天教诸书与中国经书相合,是以心悦诚服,归向正教。近见北
> 京诸位神父详悉研究,称天、称上帝之义,敬孔子、祀祖先之
> 礼。又见康熙三十九年十月内奏为恭请睿鉴,以求训诲事,亦
> 系究查之事。又见台阁、部堂、大臣与博学弘才俱各作文印证,
> 亦是此事。多等不胜疑惑,续有外省教友云:"圣人会神父议论
> 敬天、敬孔子、供祖先牌位,与教规不合。"又福建人来云:"颜

427

主教禁止教中称天、称上帝，以为异端。"自禁止后，以致奉教
之众，五内如裂，悲痛号泣。外教者裹足不至，倍加讥讪，若
以此数条，倘或告至有司、或申详督抚、或咨部题参，则中国
之圣教何得复存？然究其来历，因福建一位神父问几个不名正
理之人，说敬孔子、供祖先牌位，亦不合正理，这位神父即将
此为凭，发往罗玛，呈与教皇及管圣教衙门，致令西国亦疑惑
中邦进教行邪。

其中所称最早向教会当局疏请禁止祭祖祀孔的福建神父，应即方济
会士利安当，他于崇祯年间与同在福建宣教的道明会士联合禁止此
类仪式，而颜主教乃指巴黎外方传教会的颜珰。

颜珰于1693年再度掀起"礼仪之争"之后，在华耶稣会士于是
起意请求康熙皇帝声明敬孔敬祖的意义；1700年，在钦天监任职的
闵明我（Claudio-Filippo Grimaldi, 1639–1712；他乃袭用已赴欧的道
明会士 Navarette 之名）等耶稣会士联名上疏，此应即前引《北京教
中公同誓状》中所提及"恭请睿鉴，以求训诲"的奏疏。耶稣会士
在得到康熙皇帝"这所写甚好，有合大道"的批示后，即循四条不
同的路线，分途赶送往罗玛；然而，此一批示并未达到预期的效果
（见第十二章）。

至于誓状中所称"又见台阁、部堂、大臣与博学弘才俱各作文
印证"一事，则发生在1701年，其时在京的耶稣会士接连访问了
某亲王、内大臣索额图和明珠、大学士伊桑阿、王熙和张英、礼部
尚书韩菼、国子监监正孙在丰等高官显贵，并与来京朝觐的孔子后
裔衍圣公孔毓圻会面，向他们探询对"中国礼仪问题"的看法，且
在内务府官员的协助之下，将这些意见整理编辑成拉丁文的《简短
的报告》（Brevis Relatio）一书，此为在华耶稣会阐明其观点的重要

宣言①。

北京的教友们紧接着再以立誓的方式强调其对"礼仪问题"的态度，称：

> ……（多等）立一发誓凭据，恳求各位神父代达至罗玛府，呈上教皇台前及圣教衙门，电察垂怜……多等敢列名在天主台前发誓：一、誓孔子在中国不是佛、菩萨、邪神之类。二、誓孔子实敬他是师傅。三、誓敬孔子之礼节规矩，俱是历代所定，不过感谢其教诲，推尊其仪表，即朝廷亦行跪拜之礼，凡读书之人无不沾其恩惠，并无有所求之、望之处，至于定例今人敬孔子为师，如各方所行之礼，稍与定例不符，多等断不敢发誓。又敢列名在天主台前发誓：一、誓中国供奉祖先之礼，上自天子、下及庶民，一体尊行，原是为子孙者表爱亲报本之意，感谢生身养育之恩，不过事死如事生，亦并无有所求望之处。二、誓设祖先牌位、书写名号，为父母已死，音容不见，见些牌位则动孝敬之清〔情〕，又恐年代久远，孝思泯灭，见此牌位，不致遗忘祖先、父母之恩。斯礼，中邦经书上载有真实凭据，即凡有亲丧行供祭之礼，亦是此意，所以多等敢誓。

最末，则说明禁止使用"天"和"上帝"等名词的严重后果，其文曰：

> ……古人忍〔认〕造物主即是教中所教之天主，但中国文字用法活动，或称万物之主、称天、称上帝、或称真宰、称造物者，总是称天地万物有一大主，若禁止此等字样不许用，则

---

① 罗丽达，《一篇有关康熙朝耶稣会士礼仪之争的满文文献》；韩琦，《奉教天文学家与"礼仪之争"(1700-1702)》。

译圣教诸书及语言称谓，俱有大不便处……今多等呈禀誓状，一画自己良心，求恩不宜禁止与圣教无碍之礼，免闭中国进教之门……多等更敢发誓，当吾主耶稣审判生死者之时，一定公同诉告不谙中国经书正义、妄指礼典为邪道者……圣教安危在此一举，以此不得不哀哀泣呈上奏。康熙四十一年七月十七日。

429　　在此文的末尾共有五十位奉教人士署名，经查台北"故宫博物院"所藏康熙四十一年前后《月、五星凌犯时宪历》末尾的监官职衔，知领衔的鲍昧多应即左监副鲍英齐，鲍氏乃当时钦天监中地位最高的汉人天文家。

　　紧接在鲍英齐之后署名的中官正席物罗应即席以恭，秋官正鲍巴尔多禄茂（巴尔多禄茂是 Bartholomeus 之音译）即鲍可成，春官正方弥额尔（Michel）即方亮，博士孙若瑟（Joseph）或即孙尔蕙，博士鲍历山（Alexandre）或即鲍选，而原任五官正的焦保禄（Paul）则有可能指知名画家焦秉贞[1]。至于其余署名的教徒，其中文原名则多已难考。经统计后发现，在此五十位署名的教徒中，现任或曾任天文官生者共有三十三人之多，其中官员有十一位，含现任十位，另有不入品级的监生五名、天文生八名和候补天文生十四名。

　　由于清政府自康熙四年起，即陆续在监中各阶层安置满人，并以满官掌握实权，故此时监中的奉教人士虽仍不少，但已不似汤若

------

[1] 此据韩琦之说，笔者先前疑为焦应旭。虽在台北"故宫博物院"所藏康熙十一、十二年的《月、五星凌犯时宪历》中，焦应旭的职衔均为"加俸一级主簿加一级又加一级"，而主簿通常在更上一层时，即可升授五官正，但我们在此后《凌犯历》的监官名单中，并不曾再出现应旭之名，而焦秉贞（约活动于1689–1726年间）则确定曾于康熙中任五官正。参见黄一农，《清初钦天监中各民族天文家的权力起伏》；韩琦，《奉教天文学家与"礼仪之争"（1700–1702）》，页393，赵尔巽等撰，《清史稿》，卷504页13911。

望在世之时，能占有几乎所有重要的职位①。然而，天文家世袭的制度，对于天主教在监中的流传和发展，显然相当有助益，如在前述的名单中，鲍姓之人即有左监副鲍英齐、秋官正鲍可成、博士鲍选、天文生鲍雅进多和鲍玛第亚等五人，他们很可能均为同一家族的成员，并因此同信奉天主教。至于乾隆年间在监中任职的鲍友管（尝任左监副）、鲍钦辉、鲍怀仁等人，或亦为此一家族的后裔②。

　　而从此一名单中，我们也可以知道当时奉教之人并不仅限于汉人，如拜塔拉布勒哈番高类思、步军校高儒略、骁骑校姜伯多禄、都察院笔帖式佟嘉禄、火器营随印笔帖式朝老楞佐、吏部笔帖式任方济各和正蓝旗随印笔帖式李若翰等，似为满人、蒙人或汉军。此因拜塔拉布勒哈番（又作拜他喇布勒哈番，正四品）乃为八旗世职官，而步军校（正五品）、骁骑校（正六品）和笔帖式（正六品以下）等三职，亦多是由满人、蒙人或汉军所担任③。

430

　　至于都察院笔帖式佟嘉禄和候补天文生佟雅各伯两人所属的佟姓，更为汉化满人中的大姓，此一家族自明末以来即与天主教会颇多来往，如曾任封疆大吏的佟国器就曾受洗，甚至康熙时的国舅佟国纲一家，亦颇多为教徒④。

　　由于当时北京地区为耶稣会的传教区，且此一文件很可能由耶稣会士所主导，故末署的名单或已涵盖了京师中社会地位较高的教徒，但其中天文官生以外的汉人士大夫并不多，仅有候补州同黄若

---

① 如在康熙"历狱"初起之前，监中的春、夏、中、秋、冬等五官正，均为奉教中国人；参见黄一农，《清初钦天监中各民族天文家的权力起伏》。
② 参见台北"国家图书馆"所藏乾隆十八和二十一年《时宪书》历尾的监官名册。
③ 鄂尔泰修纂，《钦定八旗通志初集》，卷34—35及卷39—43。
④ 此段参见牟润孙，《明末西洋大炮由明入后金考略》；冈本さえ，《佟国器と清初の江南》。

瑟等十人，且官职均不高①，此与明末奉教之人中常见高阶官员的情形，显然有差。造成此一现象的主因，或与当时入华西洋教士汉文程度的低落有关，如康熙帝即尝称教士中"并无一人通中国文理者，惟白晋一人稍知中国书义，亦尚未通"②，因而在对知识分子的宣教工作上，很可能开展不易，再加上教中屡因祀孔祭祖的"礼仪问题"而反覆争执，尤其是禁止祀孔，更对应举和做官的教徒产生严重困扰。

1702年那年，鲍英齐等除撰有《北京教中公同誓状》之外，还另撰有《北京教友公书》，强烈指出"禁行孝敬礼节，将必有不测之大险"，并希望在京的耶稣会士能将此一公书中的意见连同先前的誓状翻译上呈教皇。而为了和北京的教徒相呼应，前钦天监左监副刘蕴德和其他在江宁的教徒也写了誓状。大约同时，在福州的钦天监博士林弥额尔亦呈进个人的誓状。这些由各地教徒所撰写的文件之上，均有耶稣会士的签名证明③；此外，由北京寄去罗马以支持中国礼仪的文件，还包括钦天监十七名官员以及湖广教徒的誓状；惟因这些文据多有耶稣会的运作痕迹，以致未能获得足够重视。1704年11月20日，教皇批准了圣职部的决议，其主张甚至比颜珰还要严厉，但其内容并未正式公布④。

（七）1710年前后致耶稣会诸公信

韩琦和吴旻在罗马梵蒂冈图书馆发现一无题中文长信的手稿⑤，编号为 Borgia Cinese 316.7，内容严厉谴责部分传教士不从教规且背

---

① 其中身份最高者为候补州同黄若瑟和教谕王若瑟，州同即州知的简称，属从六品，但黄氏当时仍在吏部候选，而尚未补授实缺；至于教谕一职，则未入流。参见伊桑阿等修纂，《大清会典》，卷6页7及页14。
② 陈垣，《康熙与罗马使节关系文书》，页75。
③ 韩琦，《奉教天文学家与"礼仪之争"（1700–1702）》，页392–397。
④ 罗光，《教廷与中国使节史》，页99–103。
⑤ 后文如未加注，即请参阅韩琦、吴旻，《"礼仪之争"中教徒的不同声音》。

后作梗，导致教廷特使多罗得罪康熙皇帝，由于信中并未提及多罗于1710年6月病故之事，仅称其于1707年6月遭遭送澳门，且"久羁之不放"，知此信应撰于其去世前一、二年间。

此信作者的立场与"礼仪之争"现存的绝大多数中文文件迥异，颇值得我们深入探究。由于该信中曾多次引用圣经典故，且对多罗使华的形迹和遭遇十分清楚，故韩、吴二人以"作者如果不是西方传教士，就一定是和传教士来往十分密切的中国教徒"；惟因文中有"大主教之来敝国"句，从"敝国"一词的使用，可确定撰写者为中国教徒。

此信通篇大肆抨击被称作"诸公"的一群教会中人，称多罗初至广州时，虽赖"诸公"之奏请而受召入京觐见，且备受荣宠，但在得知多罗承教皇之命欲禁止教徒祭祖拜孔之后，其态度则完全改变。信中指责或因"诸公"的从中阻挠，以致多罗还未能对康熙皇帝"开陈教要"，即被迫离京南还。此外，多罗甫离京，担任其记室的中国教徒陈修（John Chin Hsiu；其名乃音译，为浙江衢州府西安县人，自十岁起即倚靠天主堂衣食长大，时年四十九）即被审讯并发配奉天[1]；多罗刚顺着运河抵达淮安，协助其翻译的遣使会士（Lazarist）毕天祥就遭拘捕[2]；抵南京未久，就突接"住广之旨"；才到安徽的池州[3]，却又奉旨发送澳门。

432

---

[1] Rosso, *Apostolic Legations to China of the Eighteenth Century*, p. 170；中国第一历史档案馆，《康熙朝满文朱批奏折全译》，页420。

[2] 此事乃于1706年11月23日发生在淮安，参见Malatesta, "A Fatal Clash of Wills," p. 216。惟据韩琦、吴旻《"礼仪之争"中教徒的不同声音》一文中所引之信，伴随多罗的毕天祥是在山阴遭拘捕，由于多罗当时是从南京循长江入安徽、江西、再转往广东，故应未行经绍兴府的山阴县，疑前信应误山阳（淮安府治）为山阴。

[3] 在韩琦、吴旻《"礼仪之争"中教徒的不同声音》一文所录引之信中，称其地为"沱城"，惟因查无此地名，故该文疑其应为广东龙川县治的"佗城"，该地临江西南部，可顺东江直下广州。但由于多罗当时是从江西南安经广东南雄，抵韶州，再顺北江航至广州，应未行经龙川佗城，故疑"沱城"乃为"池城"的形误；池城乃池州城之简称，是从南京沿长江入江西的必经之地。多罗入广的路径，参见罗光，《教廷与中国使节史》，页133。

　　此信作者的言辞丝毫不留情面，如他称："诸公会堂多有不合教规之端，言论之际，自以为是，局傲已形"、"诸公久不欲传教者之多，而且不欲别会之相杂于此国"，甚至直指"（诸公）欺罔于我皇上，困厄于尔大主教，背叛于教化皇，且仇视夫天主"，由于内有"又岂中国疆土，诸公传教于斯，即为波尔都瓦贵国之属邑耶？乃复假公令以行私意，教以利、颜（农按：指利玛窦和颜珰）二姓而分，是将连天主教耶稣会之名俱灭矣"句，知"诸公"或即指葡萄牙（波尔都瓦）籍的耶稣会士。

　　该信开头列举多罗入京沿途所受到的厚待，不仅督抚重臣"迎缭护送，时其安处，厚其廪饩"，康熙帝还赐予其"旷古且未有以待亲臣、勋臣"之殊恩，譬如"初至天津，走使慰劳。戴病京都，肩舆入内。赐坐赐宴，亲垂顾问。命医疗病，命官宿候。汤泉浴疾，伻频问慰（指其至昌平的汤泉疗养三个多星期一事）。畅春灯火，新阁款宾（指其应邀于上元节至畅春园观赏灯火一事）。赐乳酪而示分甘之爱，奏御乐以表同庆之欢。日常大官给俸，时或内厨颁馐"等等，可窥知康熙皇帝对教廷特使的重视。

　　信中接着将多罗所受到的种种挫折均归于葡萄牙耶稣会士的"阴谋"，并为颜珰翻案，指称虽然一般人认为"因颜主教不能承旨，故致此哉"，但其实颜珰之所以招惹康熙皇帝厌恶，乃因他对"礼仪问题"抱持"秉道不回"的精神，如其在福建禁止教徒祭祖祀孔的举动，即曾导致他"几毙于同教异端者之手"，而耶稣会士故意荐举他们素所嫉忌的多罗，目的是要其被皇帝见弃。信中并指耶稣会士"恃宠行谋，自残同类"的举动，亦使多罗在澳门备受屈辱[1]，虽然多罗贵为宗主教[2]，三巴寺（耶稣会圣保禄教堂的音译）中的教士却对

433

---

① 金国平、吴志良，《澳门与礼仪之争》，收入氏著，《过十字门》，页188—209。
② 在梵蒂冈图书馆所藏此一致耶稣会诸公的长信中，称多罗为"巴德勒阿噶"，据夏伯嘉教授的提示，此应即葡语patriarca（宗主教）之音译。

其"视如雠仇",澳门官员则因他不愿出示教皇的任命状和敕谕而以其为假冒。这些描述均清楚显示"礼仪之争"在中华教会所引发的冲突相当激烈。

由于此信作者掌握了多罗使华过程的许多细节,且对耶稣会士大力抨击,疑其或为遭驱逐之主要当事西洋教士的中国籍相公。其对"礼仪问题"的态度在已知的中国教徒当中属于另类,亦是先前绝少被正视的。

(八)1718年王伯多禄等的《同人公简》

教皇于1715年正式颁布《自登基之日》之诏谕,不仅重申1704年的禁令,更命教士们今后应宣誓无条件服从,否则将遭到"绝罚"的重惩。此一由教皇所颁的诏书引发中国教徒极大恐慌,笔者曾在法国国家图书馆见到一题为"同人公简"的教会内部文件,即清楚反映出当时教徒们惶惧不安的情形。

该刻本编号为Courant 1336,半叶八行,行二十四字,四周双边,凡二十八叶。耶稣会罗马档案馆亦藏有此一文献,题曰:"京都总会长王伯多禄等十八人致外省各堂会长书,告康熙五十五年九月诸人与山东临清堂代主教康神父谈礼仪问题事"[①],内文的纪事最迟系于五十六年十二月十五日。

由总会长王伯多禄(Petrus)、副会长钟德望(Stephanus)和黄若瑟(Joseph)、佟嘉禄(Carolus)等十八位中国教众所组成的意见领袖团体,因受"礼仪之争"的严重困扰,于是开列种种疑惑,向从山东来京宣布此一诏谕的北京主教区代理主教康和之求教,但却不得结果,最后甚至闹得不欢而别。于是他们将与康和之接触的过程撰成《同人公简》,并传送外省各中国籍的教会领袖,希望"四方

---

① 《耶稣会罗马档案馆明清天主教文献》,第10册页479-534。

同志之友，细阅前情，力图挽救，于各处主教、神父之前问明，即将我等所呈康神父三十余条，一一回答，或另生高见，共立神功"。

文中屡次提及的佟嘉禄，其名亦见于康熙四十一年的《北京教中公同誓状》（见上文），他当时还只是都察院的笔帖式，但在其于五十六年三月上呈伊大仁的文中，则使用"原任工部员外郎（从五品）兼佐领加三级"之衔，其亲友当中有四十多位男女教徒，包括教名为觉罗玛窦和觉罗保禄者，其中觉罗为满人之姓，亦即，这些人应均籍隶满洲或汉军。

其时，北京主教区的主教虽由方济会士伊大仁出任，但由于北京并无该会的会院，故他常驻山东临清①，且因其"未通中国文字，又年高多病"，因此早将主教之权命同会的康和之代管②。伊大仁于康熙五十五年（1716）九月十五日遣康和之赴京，向在京的教士公布诏书的内容，康氏于该月二十二日抵京，次日公布诏书，二十四日，即被下狱。而在《同人公简》中，则对康和之的遭遇提供了较详尽的记述，知康氏奉派来京传达教皇的禁约时，因在天主堂内适遇养心殿大人赵昌③，即据实以告；康熙帝对其欲暗地发布告示的做法相当不满，因而怀疑此一禁约的真实性，并认定该告示是颜珰的党羽所假传的，随即将康和之锁拿至刑部审问，并传旨严责德理格，称其"哄他教化王，又害众人，乃魔鬼之类"。至十月初二日，始将康氏释放，命其往广东等处收回告示。次年三月，康氏回京，但却一直未覆旨。

在《自登基之日》禁约的钳制之下，耶稣会士不再为教徒们行圣事，导致奉教之人多惶惧无措。其中原任工部员外郎兼佐领加三

---

① 方豪，《中国天主教史人物传》，下册页8–10。
② 此见于《同人公简》中。
③ 赵昌在"礼仪之争"中，一直以官方代表的身份，与教会中人保持密切的联系，赵氏在晚年甚至受洗，教名若瑟；参见罗光，《教廷与中国使节史》，页182。

级的教徒佟嘉禄，曾向马国贤、德理格以及康和之等三位神父请教
有关丧礼之事，但却获不同的回答：马氏认为在灵位的旁边或后边
行礼，是被允许的；德氏认为不可行旧礼；康氏则称："若献物不陈
亡者之正中，于两旁摆设，在旁边行礼，可以使得。"经与耶稣会士
谈及此事，则称教皇已一概禁止"中华陈献追祭之礼"，故"万不敢
说使得的话"。因无法获得一致的回答，佟嘉禄等人于是上书给伊大
仁主教，伊氏乃命康和之处理，康氏因不愿承认自己先前对此事的
答覆，故迟迟不予批示。

　　五十六年十月十三日，京都总会长王伯多禄乃率众向康和之具
呈，就"论天及上帝等字"、"论拜祖宗与拜孔子"以及"论拜牌位"
等事，开列共三十余条问题，希望能获得确切的答案。双方当场发
生激烈的讨论，王伯多禄等认为教皇是因获得不正确的讯息，始颁
下《自登基之日》的禁约；彼此的态度无法产生交集，众人只得告退。

　　不数日，康和之请佟嘉禄再去商谈此事，由于康氏坚称己无权
做主，故佟氏乃请求他代为转呈教皇。康和之推说在先前的呈折上，
并未提及转呈一事，故无法从命。王伯多禄和佟嘉禄等人，乃于十
月十七日另补送一呈，请康和之代呈教皇。康氏虽表同意，但却要
求他们将原折改写成一小折子，以便交寄；次日，教众们照式缮写
后，交康和之收讫；十九日，并将该呈折抄送北京各天主堂。

　　不料，康和之在十月二十九日会见诸人时，却又变卦，由于该
呈折中有"曾聆神父指训：若正对亡灵，拜不得；在旁边，拜得"句，
康和之否认为其所说，并要求将呈中此条删去，始同意转达。虽经
教众们苦苦哀求，康和之仍然十分坚持。于是，王伯多禄等乃又另
具一呈，批评康和之前后不一的情由，谓其乃犯"两舌之戒"，此呈
除交康氏本人外，更送交三堂的耶稣会神父，而耶稣会士们且同意
代为转呈教皇。由于此举颇伤康和之的颜面，双方的嫌隙因此扩大，
佟嘉禄虽又曾再度与康氏沟通，却只得"含泪独归"，而康和之亦于

435

十二月十五日起身回山东。在《同人公简》中，即详述了此一中国教徒向在华教会反映其对"礼仪问题"意见的事件始末，且这些教徒所撰的许多重要文件均全文照录，文献价值甚高。

三、结语

本章介绍了几份与"礼仪问题"相关的中文文献（原件均藏于欧洲），撰写时间从明末的崇祯年间跨越至清朝康熙末年，文中对这些中国士人的家世背景、成书时间和其与传教士间的互动，做了较深入的探究。

从这些文献的内容，我们不仅可就中国天主教徒对"礼仪问题"的看法有一较深入的了解，也可清楚体会当时许多奉教国人强烈的危机感，虽然他们曾积极呼吁并反映他们的意见，但这群直接遭受"中国礼仪之争"冲击的当事人，其声音却很不幸未能在此一事件当中受到应有的重视。

第十二章　明末清初"帝天说"所引发的论争*

明末入华的耶稣会士在翻译天主教经典时，新创"天主"一辞以为造物主Deus的译名，更为宣教的方便与效果，将中国先秦典籍中的"天"和"上帝"均释作天主，试图将天主教融入中国的文化传统中。类此将天主教儒家化的诉求策略，成为明清之际吸引许多士大夫奉教的主因；然而，此举却也在教内外引发激烈的争执。本章则尝试理清时人对"帝天说"的不同看法，及其在"礼仪之争"中所扮演的角色。

一、入华初期传教士对"帝天说"的争论

在中国原始的宗教信仰中，有"帝"和"上帝"的称号，指支配天星运行和风雨出现等自然现象，以及吉凶休咎和生老病死等社会现象的最高神祇。西周以后，又有以"皇天"、"昊天"、"昊天上帝"等名词来称呼此一赏善罚恶的至上神。经过春秋时期的发展，许多学者都摈弃了将"天"视为人格化至上神的思想，直到汉代董仲舒时，天论始又重新被神格化。宋明理学的兴起，令儒家的天论

---

* 本文初稿见于《明末清初天主教的"帝天说"及其所引发的论争》(1997)。此章已据新近公开的重要材料加以增补。

再现高潮，主宰之天、自然之天、本性之天、命运之天以及人所追
求的最高理想境界，均被融为一体，但在这一共同的趋势之下，则
又出现以"理"解"天"（二程和朱熹为代表）、以"心"解"天"（陆
九渊和王守仁为代表）、以"气"解"天"（王夫之为代表）等不同
的学说①。

438　　　　耶稣会士在入华之初，首须用汉文表达天主教所崇奉的尊神
Deus，以利传教，万历十二年（1584）所刊行的《（新编西竺国）天
主实录》一书，是入华传教士的第一本汉文著作，作者罗明坚在该
书中即将*Deus*通篇译成"天主"②。稍后，利玛窦也或为宣教的效用，
更进一步主张中国先秦典籍中所载的"天"和"上帝"，即泰西所称
的"天主"③。

　　万历三十一年，利玛窦刊行《天主实义》一书，其中有云：

> 吾国天主即华言上帝，与道家所塑玄帝玉皇之像不同，彼
> 不过一人修居于武当山，俱亦人类耳，人恶得为天帝皇耶！吾
> 天主乃古经书所称上帝也，《中庸》引孔子曰："郊社之礼，（所）
> 以事上帝也！"……《礼》云："五者备当，上帝其飨。"又云：
> "天子亲耕、粢盛、秬鬯，以事上帝。"《汤誓》曰："夏氏有罪，
> 予畏上帝，不敢不正……"历观古书，而知上帝与天主特异以
> 名也。④

利玛窦此一有关宗教术语翻译的看法（下文姑且称之为"帝天说"），

---

① 李杜，《中西哲学思想中的天道与上帝》，页1–72；向世陵、冯禹，《儒家的天论》，
　　页1–103及159–240。
② 罗明坚，《（新编西竺国）天主实录》（罗马耶稣会档案馆藏钞本）。
③ 参见谢和耐，《中国与基督教》，页175–226；张西平，《中国与欧洲早期宗教和哲学
　　交流史》，页48–60。
④ 利玛窦，《天主实义》，卷上页20。

引发一些耶稣会士研读中国儒家经典的热潮（见附录12.1），也颇获一些上层士大夫的认同（见下节）。利氏在此书中为了避免混淆，也尝试从中国学术发展的外在理论切入，引进对"理"全然不同的见解，以证明造物主才是万物之原[1]。

附录 12.1

明末清初耶稣会士对中国经典的诠释热[2]

为处理天主教术语的中译问题，且为争取上层士大夫的认同，自利玛窦起，许多耶稣会士开始接触中国儒家经典，而由"礼仪之争"所掀起的争论，更让一些会士投入相当多的精力来研读这些经典，甚至引发一股诠释热。从明末至清康熙间，即有十多名耶稣会士投入中国古代经典的研究或翻译工作，而在梵蒂冈图书馆的善本收藏中，单是与《易经》研究相关的中文和拉丁文手稿，就至少有十多种[3]，而其中除极少数人不认同"中国礼仪"外，大部分的耶稣会士认为这些经典与天主教义不仅不矛盾，有些还可互补，甚至有助于欧洲社会文化的进步。

耶稣会士为合理解释天、儒之间的某些不协调处，大都努力将先秦儒家与宋明理学加以区隔，并主张"先儒"是可与天主教信仰相合的，但汉代以后的儒家则受到污染，遂使"后儒"因失去原始意义的真传而堕落。利玛窦在其《天主实义》

439

---

[1] 徐光台，《明末中西士人在"理"问题上的遭遇》。
[2] 本附录之内容主要参见张西平，《儒学在欧洲的早期传播初探》；古伟瀛，《明末清初耶稣会士对中国经典的诠释及其演变》；张国刚，《从中西初识到礼仪之争》，页522–535。
[3] 张西平，《梵蒂冈图书馆藏白晋读〈易经〉文献初探》。

一书中，先引用《四书》、《五经》等经典以印证中国上古即已尊崇唯一真神，并指称书中的"上帝"就是"天主"（Deus）的同义字，他还进一步利用这些经典，试图证明先儒也有与天主教相通的灵魂不灭、赏善罚恶等观念。

　　其中一些积极在先秦古籍中找寻天主教痕迹的教内外学者，更被称为索隐派①。此一以入华耶稣会士为主的小群体，面对"礼仪之争"有可能令中国教会崩解的恶劣环境，遂试图从故纸堆中寻求解决之道，但却往往陷入牛角尖中：如白晋即相信《易经》的作者为伏羲，而伏羲就是亚当（Adam）之孙埃诺克（Enoch），并主张可用该书证明中国人与欧洲人同为上帝所创②；傅圣泽亦认为中国古籍中的"道"和"太极"就是基督信仰中所崇拜的真神，而《易经》即真神传给中国人的玄秘经典③；白晋和傅圣泽两人更相信所有天主的启示都可以在《易经》和《书经》等中国经典中找到，而传教士的首要任务在于唤醒中国人对基督宗教的古老记忆。

　　李光地及其弟子在康熙朝奉旨研究《易经》时，虽亦接触到索隐派的著述，但白晋等人最主要的影响，却是在清代学者当中促成"西学中源说"的传播④；索隐派不仅未能说服"中国礼仪"的反对者，甚至在耶稣会中亦因过于极端而不被支持，最后或被召返欧，或被禁止发言，或著作遭到禁毁。

440

---

① 吴莉苇，《当诺亚方舟遭遇伏羲神农》，页247–258。

② 韩琦，《再论白晋的〈易经〉研究》。

③ Witek, *Controversial Ideas in China and in Europe*, pp. 247–249.

④ 有关清代"西学中源"说的讨论，参见韩琦，《白晋的〈易经〉研究和康熙时代的"西学中源"说》；祝平一，《伏读圣裁：〈历学疑问补〉与〈三角形推算法论〉》。

> 1803年，教会在四川所举行的秘密会议中，更严禁奉教之人阅读《诗经》和《易经》[①]。

早期入华的耶稣会士，多接受利玛窦的"帝天说"，如庞迪我（又名庞迪峨）和熊三拔即尝著书加以辨析，其中有云：

> 天主者，造天地万物之主，西国所事之天主，即中国所奉之天，即中国所祀之昊天上帝也，特非道教所称玉皇大帝耳。然中国经典、祀典，亦何曾尊事玉皇大帝乎？所以必称天主者，为苍苍旋转之天，乃天主所造之物，恐人误认此苍苍者以为主宰，故特称无形主宰之昊天上帝为天主焉。中国称上帝为天，犹称帝王为朝廷，亦无不可。特因此中文字圆活，称旋转者曰天，称主宰者亦曰天，可以意会，西国行文务须分别，必称天主云耳。故天也、上帝也、天主也，一也。若云驾轶其上，则是谓天主为昊天上帝之主乎，人虽至愚，当知无物能驾轶于上帝之上者。迪峨等正为此一大事东来，欲论定其理与儒家相合，共向一尊耳。若此言者，平日所祷祀而求也。[②]

声言中国古代经典中所崇祀的天和昊天上帝，即西方所称的天主，此与道教之玉皇大帝不同，又为避免与自然界苍苍之天相混淆，故采用天主一辞来称呼造天地万物之主。

明末知名的奉教人士王徵曾向庞迪我问学，庞氏告称："陡斯者，大主之译，盖为生天、生地、生人、生物之一真正大主宰。"但由于庞氏又出示一本论"天主十诫"的书籍，王徵因此问其为何弃

441

----
① 燕鼐思，《中国教理讲授史》，页99。
② 《揭庞迪峨、熊三拔》，页4-6。此一钞本末题"万历肆拾肆年柒月□日"。

"陡斯"一辞不用，而以"天主"替代，庞氏对曰：

> 此中难明陡斯之义，不得不借天地人物之主，而从其大者约言之耳，其实吾西国原无是称。此中不尝曰"帝者，天之主宰"乎？但言天，非不可，但恐人错认此苍苍者之天，而不寻认其所以主宰。是天者，似涉于泛，故于"天"加一"主"字，以明示一尊，更无两大之意。

王徵又问其为何不易以"上帝"一辞，反而新创"天主"一辞以"骇人之听闻"，庞氏回称，他原见中国的庙宇中甚多尊奉所谓上帝者，虽"初意亦以上帝之号甚当"，但经仔细考量后，始发现其中所崇祀的玄天上帝之类均"率以人神而谬拟之"，故"卒不敢以亵吾陡斯之尊称"。庞氏总结称："要之，果真知其为生天、生地、生人、生物之主宰，而畏之、而爱之、而昭事之，则谓之天也可，天主也可，陡斯也可，上帝也亦可，而奚拘拘于名号之异同哉？"[1] 但他为避免混淆，仍主张将Deus译作"天主"最为适当。

　　然而，在利玛窦去世后不久，接续其掌理耶稣会在华教务的龙华民，却大力质疑利氏的"帝天说"，宣称在日本因有人用朱熹的思想，去理解《天主实义》中有关"天"和"上帝"的意义，以致引起部分在日耶稣会士的极力反对，龙华民于是要求在华的耶稣会士亦对此事加以研究[2]。

　　有关Deus的音译，早先在日本即出现许多波折（见附录12.2）。在龙华民的推波助澜之下，耶稣会连续几任的远东视察员亦对此事相当关切，并下令对利玛窦的阐释方式进行调查，终于引发了长期

---

① 王徵，《畏天爱人极论》，页7—8。
② 罗光，《教廷与中国使节史》，页88—89。

的反覆辩争①。1621年，视察员骆入禄在澳门召开会议，结果由赞成
利氏主张的一派获胜。然而，龙华民对此一决定并不服气，仍然坚
持应禁用"天"、"上帝"、"天神"和"灵魂"等中文名词，并建议一
律采用拉丁文译音。1623年，龙华民更撰写《讨论"上帝"之争的
简短回应》(*Responsio Brevis Super Controversias de Xam-ti*) 一文，透
过其与杨廷筠等奉教中国学者对谈的了解，重申他反对教会中使用
"天"和"上帝"等名词的立场，此文虽受到当时许多在华耶稣会士
的严辞批评，但却在稍后的"礼仪之争"中扮演了重要角色。

442

附录 12.2

日本教会对 *Deus* 的翻译及其影响②

　　1547年，沙勿略在马六甲认识的日本人池端弥次郎皈依
天主教，两人于是合作翻译教义，但因受文化传统与神学知
识的局限，弥次郎将 *Deus* 误译成佛教真言宗（为密宗之一支，
是空海于公元806年返日后所建立）的主神"大日"，此为梵
文摩诃毗卢遮那（*Mahavairocana*）之意译，"摩诃"指"大"，
"毗卢遮那"指"日"，故称"大日"。查佛有三身：毗卢遮那
代表绝对真理的法身佛；卢舍那代表圆满的报身佛；释迦牟
尼佛是随缘教化、度脱众生的应身佛。许多庙宇中即屡可见
到"三佛同殿"，弥次郎或因此将三身佛附会或误认成基督宗
教的"三位一体"。

　　沙勿略直到一年多之后，才发现弥次郎的误译导致许多

① 后文中有关此事的详细讨论，均请参见罗光，《教廷与中国使节史》，页87–102；钟
　鸣旦，《杨廷筠》，页228–240；Rule, *K'ung-tzu or Confucius? The Jesuit Interpretation
　of Confucianism*, pp. 70–149.
② 戚印平，《东亚近世耶稣会史论集》，页75–125。

人将天主教误为佛教的一支，沙勿略遂命修士在路口疾呼不要膜拜大日如来，甚且将大日描述成恶魔的创造者，从此与佛教僧侣势如水火。他并于1551年宣布使用音译的"提宇子"（Deus）替代"大日"，或因相同的理由，当时在日本出版的天主教著作中，也可见有以粗黑体的大写D字直接作为 Deus 的替代符号者①，而音译遂逐渐成为日本教会编译教理书的基本原则②。音译神学名词的做法显示传教士在尝试对异文化解释其概念时的困扰，同时也呈现出他们对自身文化传统与思维习惯的坚持。

443　　　惟因当时日本文字中大量使用汉字，传教士们也不得不寻找相应的汉文译词，如在十六世纪的70和80年代，就开始出现以"天道"或"天主"等词语来翻译 Deus，此一情形在耶稣会视察员范礼安于1580年抵日之后，更受到鼓励。

前述之"天道"乃中国典籍中常见的用词，耶稣会士在深受中华文化圈影响的日本知识界，或以借用中国儒学概念的方式来提升其形象。至于"天主"一词，则较少出现于中文；查正史中的用语，仅记秦始皇在东游海上时，曾行礼祠名山大川以及八神，其中八神之一即为天主③，但此神罕被后世提及，且先秦古籍中亦罕见其名。也许正因"天主"与其他中文语词间的距离，令其较其他译词占优势；罗明坚在华出版《天主实录》一书时（1584），就将 Deus 通篇译成"天主"；此一做法很可能受到日本教会的影响，尤其，耶稣会于

① Elison, *Deus Destroyed*, pp. 33–34 & 464.
② 戚印平，《日本早期耶稣会的若干教理书以及音译原则的提出与实践》。
③ 参见《史记·封禅书》，卷28页1367；《汉书·郊祀志》，卷25上页1202。

1581年成立日本副会省，中国教务当时亦归其管辖，且范礼安还曾亲自审查并批准《天主实录》的刊印。

然而，身处不同文化传统之人，在解读类似"天主"等宗教术语时，常会因原本存在之相近语词所产生的联想，以致出现程度不同的误解和偏见。利玛窦遂在1603年刊印《天主实义》时，尝试再加入"上帝"一词来指称Deus，稍后，更混用"上主"、"主"或"主耶稣"等词。此一使用不同中文语词来指称Deus的做法，无可避免地造成概念的混乱，再加上中文和日文无法区别单、复数间的差异（天主教为一神教），遂引发教内极大的批评声浪。

由于史惟贞等耶稣会士于1627年再度起而攻击利玛窦的说法，耶稣会远东视察员Andre Palmeiro（1569–1635）乃于1628年又在嘉定召开会议，参加者除了耶稣会士外，还包括数位著名的中国籍奉教士人，该次会议决定沿用利玛窦的看法，不以敬孔敬祖为迷信，但对于译名，则改采龙华民一派的意见；Palmeiro因此于1629年出禁令，不许耶稣会士使用"天"和"上帝"作为Deus的代名[1]。

然而，龙华民对此一决议尚不满意，一心要连"天主"的名称亦加以禁止，完全改采拉丁译音；而李玛诺等持相反意见的会士，也上书耶稣会总会长欲行翻案。1633年，在华的耶稣会士再行集会，决议仍依循利玛窦对译名的处理方式；1635年新任视察员的李玛诺，于是允许会士们自由使用"天"和"上帝"之名。而负责耶稣会中华副会省的傅汎际，唯恐类似的争论重又掀起，更在约十年之后，下令销毁所有龙华民的相关著述。

444

---

[1] 张国刚，《从中西初识到礼仪之争》，页394–396。

　　虽然耶稣会内部在历经二十余年的反覆讨论之后，对 *Deus* 等名词的翻译已获得一决议，但其他传教会入华，却令此事再起风波。1632年起，道明会士和方济会士相继进入中国，并将传教的重点由耶稣会所着重的士大夫改向平民百姓。他们先前在吕宋向华侨宣教时，就主张直接传布福音，而他们在翻译教中经典时，同样遭遇中文名词使用的问题，但其观点多与龙华民接近，并将重要的宗教术语均依闽南话音译，如西班牙文的天主 *Dios* 即被译作僚氏（或寮氏、寥氏；见附录12.3）[1]。

附录 12.3

最早期天主教"十诫"的汉译

　　1582年，耶稣会士罗明坚曾把天主教的"十诫"译为汉文，以为宣讲之用；翌年，并在肇庆出版《祖传天主十诫》，此或是第一篇在华刊传的天主教经言。1593年，道明会士高母羡也以汉字在马尼拉印行闽南语的《天主十诫》[2]。现将此两译本全文摘录如下：

I. 罗明坚的《祖传天主十诫》	II. 高母羡的《天主十诫》
一、要诚心奉敬一位天主，不可祭拜别等神像。	第一件：惜僚氏胜过各众物。
二、勿呼请天主名字而虚发誓愿。	第二件：不可乱咀誓。
	第三件：尊敬礼拜好日，不可作工夫。

445

---

① 方豪，《吕宋明刻〈格物穷理录便览〉之研究》。
② 参见 Ricci, *Fonti Ricciane*, vol. I, pp. 194–195；张奉箴，《福音流传中国史略》，卷二上编，页 609–611。惟笔者的句读有多处与张氏不同。

三、当礼拜之日，禁止工夫、谒寺诵经、礼拜天主。

四、当孝亲敬长。

五、莫乱法杀人。

六、莫行淫、邪、秽等事。

七、戒偷盗诸情。

八、戒谗谤是非。

九、戒恋慕他人妻子。

十、莫冒贪非义财物。

右诫十条，系古时天主亲书，降令普世遵守。顺者，则魂升天堂受福；逆者，则堕地狱加刑。

第四件：孝顺父母。

第五件：不可害死人。

第六件：不可奸淫等事。

第七件：不可偷提。

第八件：不可生事害人，亦不可说白贼。

第九件：不可思想别人妻。

第十件：不可贪图别人财物。

只十件律法，合上那有二件事：一件惜像氏胜过各众物；一件惜别人亲像惜你独自。哑民！西氏！

在高母羡的《天主十诫》中，所用的"咀誓"、"偷提"、"说白贼"、"惜别人亲像惜你独自"等词句，均为以汉字书写的闽南语，其意分别是"发誓"、"偷拿"、"说谎话"、"疼惜别人像疼惜自己"。至于"僚氏"、"哑民"和"西氏"，则分别是西班牙语Dios（天主）、Amen（阿门）和Jesus（耶稣）的音译。高母羡此一做法，想必令闽南族群居多的菲律宾华侨感觉较为亲切。

稍后，道明会士罗明敖黎尼妈在马尼拉出版的《新刊僚氏正教便览》（1606）中，改采官话之汉字翻译"十诫"："第一条，当专心尊敬止有一位僚氏；第二条，不可虚乱发誓；第三条，尊敬礼拜好日，不可造作工夫；第四条，孝顺父母；

第五条，不可乱法杀人；第六条，不可淫秽等事；第七条，不可偷盗诸情；第八条，不可生事是非；第九条，不可思忆别人妻子；第十条，不可贪图别人财物。"[1]但文句当中仍保留了"僚氏"之音译。

从前述耶稣会士和道明会士早期对"十诫"的翻译，亦可体会两修会传教模式的不同：耶稣会乃以上层社会为主要目标，故在中国知识分子的协助之下，使用较为典雅通顺的官话进行汉译，并借用"天主"一词以赋予Deus在中文世界的新意涵；而道明会则以一般社会大众为目标，遂有以闽南语汉译"十诫"之举，并为避免概念上的混淆，倾向采用音译的方式来处理关键性的宗教语词。

在1667、1668年之交所召开的"广州会议"中，方济会士利安当虽反对祀孔祭祖的礼仪，但他对利玛窦"帝天说"的看法，则与大多数的耶稣会士相近，如他在1664年所撰的《天儒印》一书中，即尝释《论语》中"获罪于天，无所祷也"一句曰：

> 此"天"非指形天，亦非注云："天者，理而已！"盖形天既为形器，而理又为天主所赋之规则，则所云"获罪于天"者，谓得罪于天主也，岂祷于奥灶所能免其罪哉？然孔子斯言，非绝人以祷之之辞，正欲人知专有所祷也。观他日弟子请祷，但曰："丘之祷久矣！"宁云："己德行无愧，而不必祷。"正谓朝夕祈求天主而赦我往愆也。[2]

---

[1] 罗明敖黎尼妈，《新刊僚氏正教便览》，卷上页36—46。
[2] 利安当诠义、尚祜卿参阅，《天儒印》，页14。

他不愿在"广州会议"上背书的原因，或受不同传教会间本位主义的影响。

　　然而，在"广州会议"之决议文上签了字的道明会士闵明我，则为"帝天说"的坚决反对者。稍早，当龙华民于1655年过世后，其同会教士汪儒望意外地在其住所发现一份他于1623年所撰《讨论"上帝"之争的简短回应》的副本，并将之交给好友利安当，稍后，闵明我亦获见此一文件。1676年，已返欧并到处演讲抨击"广州会议"决议的闵明我，为突显耶稣会中也有人怀疑利玛窦的译名政策一事，遂将此一原由龙华民以葡萄牙文书写的文件，改译成西班牙文，且收录在其所著《中国历史、政治、伦理和宗教概观》(*Tratados Historicos, Politicos, Ethicos y Religiosos de la Monarchia de China*) 一书的第五章。罗马的耶稣会总会于是紧急将该书寄至中国，并要求各地的会士传阅并提供驳斥的论据。龙华民的《讨论"上帝"之争的简短回应》一文，后更出现拉丁文、英文、法文等译本，在康熙中叶以后的"礼仪之争"中产生广泛影响①。

二、中国士大夫对"帝天说"的支持

　　利玛窦以"天"（或"上帝"）与"天主"名异而实同的看法，虽然在教会中曾引发严重争议，却颇获一些奉教和友教之人士的认同。本节即略加申论。

　　徐光启与利玛窦为师友，故其对"帝天说"亦抱持相近的态度，如徐氏尝替耶稣会士王一元（又名王丰肃，天启四年后改名高一志）校订《推源正道论》，书中即以"上帝"、"天主"与"天主上帝"混

---

① 此段参见Cummins, *The Travels and Controversies of Friar Domingo Navarrete 1618−1686*, vol. 1, pp. lxxxiv-c.

称 *Deus*，并指古籍中所提及的上帝确是"生人之正道"、"天地人物之主宰"，且总结称："此自东方华夏、西方诸国，其理暗合，若符节然。"（页3—4）

至于李之藻在序杨廷筠的《圣水纪言》一书时，亦称天主教专事天主，此即"吾儒知天、事天、事上帝之说"，并指教会中人之所以不称"帝"而曰"主"的原因，纯粹是翻译之故，且因朱熹以"帝者，天之主宰"，而"天主"一辞可指"生天、生地、生万物之主"，不限于生天之主，故"更切而极其义"①。

杨廷筠在其所撰的《代疑续编》一书中，也尝引《中庸》的"郊社之礼，所以事上帝也"、《易·系辞》的"帝出乎震"和朱子的"帝者，天之主宰"等章句，认为中国的大儒均知上天有一主，"岂西儒倡为之说哉"？并称："西学以万物本乎天，天惟一主，主惟一尊，此理至正至明，与古经典一一吻合。"②强调"天惟一主"的概念早见于古代经典，而非西人首倡。

杨廷筠以中国学者的身份提倡此一近似"西学中源"的说法，或可化解部分国人对"天"即"天主"一说的排斥。然而，类此揉合儒教与天主教的尝试，并无法获得所有传教士的认同，如道明会士闵明我即批评杨廷筠不应赞扬其他宗教，并希望与之和平共存，甚至谴责杨廷筠意图建立天、儒、释、道"四教合一"的宗教，并抨击曰："黎玉范和卫匡国神父以杨廷筠君为天主教会的栋梁，但假如栋梁不正、教理有亏，那整栋结构体又如何能立而不垮呢？"③近代治天主教史的学者，对闵明我之说的评价颇不一致，如谢和耐加以呼应，认为采取折中主义的杨廷筠只是一名表面的皈依者；但钟鸣

---

① 参见 Zürcher, "Jesuit Accommodation and the Chinese Cultural Imperative." 但该文中将李之藻之序误为杨廷筠所作。
② 杨廷筠，《代疑续编》，卷上页6及卷下页11。
③ Navarette, *An Account of the Empire of China*, pp. 222–224.

旦和柯毅霖 (Gianni Criveller) 则觉得此一批评或流于断章取义①。然而，不论杨廷筠真正的态度如何，均呈显出明末第一代奉教者内心的挣扎及其找寻出处的努力。

除了被尊为"明末天主教三大柱石"的徐光启、李之藻和杨廷筠之外，当时许多中国籍的奉教人士，对此一涉及根本教义的议题，也异常关切，如李九功在其《慎思录》中有云：

> 儒书有浑言天、隐言主者，亦如尊君者，不敢指斥大君，而特称朝廷，乃其语法然耳！试思孔云"获罪于天"，又云"仁人事天如事亲"，孟云"存心养性，所以事天"，又云"天未欲平治天下"，则必不以块然苍苍、有形有色之天为天，盖称天而主已寓矣！儒书上帝之称，固明指天主，然恐不善理会，尚疑高高在上、尊而不亲耳！（第1集页1–2）

此书为九功平日学道的心得笔记，由于当时利玛窦对"天"的看法仍被允许，故其内容还曾得到"远西何德川先生"的审订，此一"何先生"即晚年一直待在福州传教的耶稣会士何大化。当九功于1681年卒后，其子奕芬尝邀集闽粤和江南一带的十余位教徒重新汇稿校阅而付梓②，其中陆希言还在卷首题称："慨夫正学失传，因言天而未言主，人几忘上天之有主矣！"

449

---

① 谢和耐，《中国与基督教》，页17–20；钟鸣旦，《杨廷筠》，页228–255；柯毅霖，《晚明基督论》，页336–343。

② 李奕芬，字所良，教名为良爵 (Leontius)，福建福清人，其父九功和伯父九标均在明末受洗于艾儒略；参见 Chan, *Chinese Books and Documents in the Jesuit Archives in Rome*, pp. 31、50、221–222.

严谟在康熙末年所撰的《帝天考》一书中①，亦云：

> 初来诸铎德与敝邦先辈，翻译经籍，非不知上帝即天主，
> 但以古书中惯称，人见之已成套语。又，后代释、老之教，目
> 上帝以为人类。又，其号至鄙，其位至卑，俗人习闻其名不清，
> 故依太西之号，纽摄称为天主，非疑古称上帝非天主，而革去
> 不用也。今愚忧新来铎德，有不究、不察者，视上帝之名如同
> 异端，拘忌禁称，诬敝邦上古圣贤以不识天主，将德义纯全之
> 人，等于乱贼之辈、邪魔之徒，其谬患〔犯〕有难以详言者，
> 故备录经书所言，而略附愚论于后。

其中“依太西之号，纽摄称为天主”一句，乃指将原拉丁文之*Deus*
意译成“天主”。严谟并录出六十五条在《尚书》、《诗经》和《四书》
中言及“上帝”或“天”的文句，且于每条之后阐论这些使用“天”
或“上帝”的称呼均指天主。

张星曜（1633–?）刊于康熙五十四年的《天儒同异考》一书，
其文字虽不曾直接涉入“礼仪之争”，但其中《天教合儒》一章的表
达方式，则与《帝天考》如出一辙，此章首举经书中言“帝”、“天”
之文，凡两百余条，然后总结称：

> 读“有皇上帝”等文，则知天之必有主宰，而非徒苍苍之
> 天矣！读“尊无二上”等文，则知天上惟有一主宰，而非百神
> 之可并矣！

---

① 笔者所见的钞本收入《天主教东传文献续编》第一册中，原藏梵蒂冈图书馆，编
号R. G. Oriente III 248（10）。有关此书的考证，详见本书第十一章《“中国礼仪之
争”被忽略的声音》。

文中并不断以"上帝"之名称呼此一至尊的主宰，清楚地表达出他对"帝"、"天"等名词的看法。

　　天主教有关造物主的想法，亦对一些亲天主教的学者产生浓厚影响。如叶向高在为耶稣会士艾儒略《职方外纪》一书重梓所撰的序中，即尝称："泰西氏之始入中国也，其说谓天地万物皆有造之者，尊之曰：'天主。'其敬事在天之上，人甚异之……其言天主则与吾儒畏天之说相类，以故奉其教者颇多。"[①]

　　在熊明遇于崇祯年间所编纂的《格致草》一书中，也有《大造恒论》条，阐明"大造者，天与人之所受造"的道理；熊氏另有《大造畸说》一条，记"大造"以七日创世的经过；而在同书《洪荒辩信》条末，更摘录《中庸》、《诗经》、《老子》等书中有关天和上帝之章句，以为"真宰引据"。熊明遇因深受天主教学者的影响，故视汉、唐、宋诸子（尤其是朱熹、邵雍等理学家）"天即理"的说法均为"无稽之谈"，并完全接受天主即造物主（此段详见第三章）。

三、四教对"帝天说"的论辩

　　朱之俊尝在顺治二年赠汤若望的诗中称"三教今为四，端然一巨灵"[②]，视天主教为儒、释、道之外的第四大教。初入华耶稣会士所主张的"天帝说"，虽然获得不少教内和教外人士的认同，但也与其他三教发生激烈辩论，本节即概述之。

　　明末大儒黄宗羲在其晚年所著的《破邪论》中，有《上帝》一文[③]，论曰：

---

① 叶向高，《苍霞草全集·苍霞余草》，卷5页24—25。
② 朱之俊，《砚庐诗》，页71。
③ 此文收入《黄宗羲全集》，第1册，页194—195。

> 夫莫尊于天……其主宰是气者，即昊天上帝也。《周礼》因
> 祀之异时，遂称为五帝，已失之矣！而纬书创为五帝名号……
> 郑康成援之以入注疏，直若有五天矣！

黄氏秉持元气本体的思想，认为天地万物均是由气所演化、构成的，而此一作为宇宙间最高主宰的气，又名"昊天上帝"，他对《周礼》以及汉代经学大家郑玄（字康成）所提"五帝"和"五天"的说法，颇不以为然。

黄宗羲在《上帝》一文中，也抨击佛教和天主教对天的见解，曰：

> 释氏益肆其无忌惮，缘"天上地下，唯我独尊"之言，因创为诸天之说，佛坐其中，使诸天侍立于侧，以至尊者处之于至卑……为天主之教者，抑佛而崇天是已，乃立天主之像记其事，实则以人鬼当之，并上帝而抹杀之矣！

黄氏指责佛家妄将唯一之天分成"诸天"等不同层次，并将佛置于诸天之上。至于天主教，虽亦反对汉儒的"五天"和佛家的"诸天"等说法，惟其所宣扬的上帝创世、耶稣救世等事迹，遭黄氏讥为乃以"人鬼"之说抹杀"昊天上帝"！

黄宗羲因反对时儒"天即理"的说法，且主张天的存在是唯一的[1]，此故，他在批判了前述几种尊天的学说后，于《上帝》一文总结曰：

---

[1] 李弘祺在其"Christianity and Chinese Intellectuals"一文中，认为黄氏这些说法乃受天主教的影响。参见 Lee, *China and Europe*, pp. 6、22-23.

　　盖冥冥之中，实有以主之者，不然四时将颠倒错乱，人民、禽兽、草木亦浑淆而不可分擘矣！古者设为郊祀之礼，岂真徒为故事，而来格、来享听其不可知乎？是必有真实不虚者存乎其间，恶得以理之一字虚言之也。

认为此一"实有以主之者"，应即为由元气所构成的"昊天上帝"，而非天主教所谓的耶稣或上帝。

　　崇祯间，山西绛州的李生光也尝著《儒教辩正》以辟天主教，该书主要在抨击天主教所谓"天之上还有天主主之"的说法；桑拱阳在序中即尝批评曰："大率吾儒道理中庸易简……心性是天，形骸是天，日用伦常是天，吉凶祸福、夭寿穷通是天。夫上帝既以冲漠为万灵主，而以为更有主天者，则荒谬悖理之极也！"而阎廷玠亦在跋中严责天主教："掇拾吾儒言天言性之绪余，润色其文，举而加诸先王之教之上，以惑天下。"均采尊儒以抑天主教的态度（见第八章）。

　　"帝天说"在明末势如水火的天主教与佛教之间，也引起许多争论。如莲宗（即净土宗）九祖的蕅益智旭（际明禅师，俗名钟始声；1599-1655），即尝抨击利玛窦所持的"吾天主乃经所谓上帝"一说，曰：

　　甚矣！其不知儒理也。吾儒所谓天者有三焉：一者，望而苍苍之天，所谓昭昭之多及其无穷者是也。二者，统御世间，主善罚恶之天，即《诗》、《易》、《中庸》所称上帝是也，彼惟知此而已，此之天帝，但治世而非生世，譬如帝王，但治民而非生民也，乃谬计为生人、生物之主，则大缪〔谬〕矣！三者，本有灵明之性，无始无终，不生不灭，名之为天，此乃天地万物本原，名之为命。故《中庸》云："天命之谓性。"天非苍苍之天，亦非上帝之天也，命非谆谆之命，亦非赋畀之解也。[①]

很有趣地，身为佛教大师的智旭，在此乃以儒者的立场抨击天主教，他指出儒家所谓的天有三种：一为自然界苍苍之天；二为主善罚恶的治世之天，此即先秦载籍中所称的上帝、天帝；三是作为天地万物本原之天，又名曰命，并称天主教所知只到治世之天的层次。

智旭对天主教的态度，深受云栖祩宏（莲宗第八祖；1535–1615）的影响。祩宏尝在《竹窗三笔》一书中撰有《天说》等文攻击天主教，中称："彼虽崇事天主，而天之说，实所未谙。"因根据佛典中的说法，世间可分成欲界、色界和无色界等三界，其中欲界为地狱、饿鬼、畜生、修罗、人间以及六欲天（指四天王天、忉利天、夜摩天、兜率陀天、化乐天、他化自在天）的总称，祩宏谓天主教所尊崇的天主，即掌管其中忉利天（亦有据梵语音译作"三十三天"者）的忉利天王，由于佛典中以三界共包含"三千大千世界"，故祩宏讥天主教中人所知者，不过"万一天主中之一耳"，且"三千大千世界"均归大梵天王统领，而大梵天王又为佛之弟子，也就是说作为"天主"的忉利天王，其地位并非至尊。且因天主教以天主乃"无形、无色、无声"，故祩宏又质疑其如何能"御臣民、施政令、行赏罚"！

453   在利玛窦过世之后，教会中人尝假利氏之名撰文反驳祩宏的说法[②]，该文后收入《辩学遗牍》一书中，文曰："佛惟不认天主，欲僭其位而越居其上，故深罪之！"并称："佛者，天主所生之人，天主视

---

① 收入钟始声等，《辟邪集》，卷上页3。

② 孙尚扬疑撰文之人为徐光启，参见氏著《明末天主教与儒教的交流和冲突》，页 37–45。周駬方在编辑《明末清初天主教史文献丛编》时，亦在《辩学遗牍》点校 本的《前言》中，指出徐光启曾于万历四十三年撰成《拟复竹窗天说》，或即此文。

之，与蚁正等，令尊卑易位，大小倒置……此又何等妄诞。"① 反指
天主的地位远在佛之上。

该文对袾宏所提"三十三天"和"三千大千世界"的说法，则
辩称乃分别出自西国和邹衍，其文曰：

> 西国历法家量度天行度数，分七政为七重，其上又有列宿、
> 岁差、宗动、不动、五天，共十二重，即中历九重之义。七政
> 之中，又各自有同枢、不同枢、本轮等天，少者三重，多者五
> 重，总而计之，约三十余重……此三十三天之所自始也。……
> 至于三千大千之说，不知孰见之？孰数之？西国未闻，即西来
> 士人曾游五印度诸国者，其所劝化婆罗门种人，入教甚众，亦
> 不闻彼佛经中曾有是说，独中国佛藏中有之，不知所本？以意
> 度之，大都六代以来译文假托者，祖邹衍大瀛海之说而广肆言
> 之耳！②

在此，佛典中的"三十三天"被曲解成三十三重天，并牵强地将之
附会以当时西方天文学中的宇宙观。文中且谓西洋人在印度均未听
闻"三千大千世界"之说，其实在梵文的佛典（如《法华经》）中，
屡可见此说。

杨廷筠在其《代疑续编》和《天释明辨》二书中，更提出另一
说法，驳称佛教将耶稣在世生活三十三年，误解成三十三天，而因
"忉利天"亦名"三十三天"，以致将天主误作忉利天王，且称天主
为"三千大千世界之总主"③。杨氏并解释各教之神彼此间的隶属关

① 利玛窦等，《辩学遗牍》，页9–13。
② 利玛窦等，《辩学遗牍》，页10–11。
③ 参见杨廷筠，《代疑续编》，卷上页6–7；杨廷筠，《天释明辨》，页43–47；钟鸣旦，
　《杨廷筠》，页177。

系，曰：

454

> 若教各自主，不相统一，又岂如是之比伦乎？天主，西云
> 陡斯，译言天地万物之真主。盖开辟天地，先生无数天神，上
> 天下地，各有所司，其数不止人数之多，然皆以陡斯之意为意，
> 陡斯之能为能，则仍谓之统一陡斯可也……后人不识真主，不
> 分邪正，至奉同类之人，误称为神，各自立像而媚之，此不合
> 正道，并不合陡斯之意可知矣！①

称天主所生的无数天神②，均各有所司，如天地、日月、星辰、山
川、草木、禽兽都有天神统司，且每一人亦各有一天神护持，故"以
天神计之，数且无算，不止三千大千"，并称如将天主视为统领三
千大千世界之一的天王，"不啻周天子与千八百国舆僬仆隶等级相
悬也"③。

　　祩宏在此一宗教论争中，主张儒、佛不应互非，因"儒主治世，
佛主出世"，两者实"不相病而相资"，故"不必岐而二之，亦不必
强而合之"④。祩宏提倡儒、佛相合的策略，显然是为避免引发以儒学
为主体的中国知识界大举排佛，此故，他尝曰："今僧唯虑佛法不盛，
不知佛法太盛，非僧之福。稍制之、抑之，佛法之得久存于世者，
正在此也！"⑤并曾谓："有聪明人以禅宗与儒典和会，此不惟慧解圆
融，亦引进诸浅识者不复以儒谤释，其意固甚美矣……若按文析理，

---

① 杨廷筠，《代疑续编》，卷上页8-9。
② 天神，又名天人或天使（Angel），依照天主教的说法，他们是天主的差役、侍卫，
　并负责向人类传达和解释天主的命令和旨意，也是天主正义的执行者。
③ 杨廷筠，《天释明辨》，页46。
④ 释祩宏，《竹窗二笔》，页20-21及53。
⑤ 释祩宏，《竹窗二笔》，页21。

穷深极微,则翻成戏论。已入门者,又不可不知也!"① 亦即,袾宏认为许多融合儒释的说法,若详析辨微,往往就成了笑谈戏论。

袾宏尝分儒者为诚实之儒、偏僻之儒和超脱之儒三类,其中超脱之儒"识精而理明",他们对佛教的态度,"不惟不辟,而且深信;不惟深信,而且力行",袾宏认为惟有此类儒者始得谓之"真儒"②。在袾宏的心目中,佛学的层次明显被置于儒学之上,如其尝谓儒者欲治世,仅需做到《大学》中所称的"格致诚正、修齐治平",即已足够,因"过于高深,则纲常、伦理不成,安立"?至于主张出世的佛家,则"自应穷高极深,方成解脱,而于家国天下,不无稍疏,盖理势自然,无足怪者"③。

455

另一位龙池派的高僧费隐通容(1593-1661)也撰有《诬经证略》一文,抨击某一知名儒者所撰的《天学证符》一书,因该书依循利玛窦对经传的解释,称:"帝者,天主也。道者,天主之道也。学者,天主之学也。命者,天主之命也。至格天,即格此天主也。事天,亦即事此天主也。敬天、畏天,亦即敬畏此天主也。获罪于天,亦即获罪此天主也!"并主张"学儒者,不若学天主也",而前引文中的"格天"、"事天"、"敬天"、"畏天"和"获罪于天"等语,多出自《四书》、《五经》等儒家经典。通容在抨击时采取拉拢儒家的策略,故其文中有云:"非惟儒家当之而怒目切齿,即我释氏计之,亦为痛胆伤心者矣!"④

明末福建著名的反教人士黄贞,在其《圣贤知天、事天,夷不可混说》一文中,也曾大力抨击传教士所提出的"帝天说",其言曰:

---

① 释袾宏,《竹窗随笔》,页2。
② 释袾宏,《竹窗三笔》,页38-39。
③ 释袾宏,《竹窗二笔》,页53。
④ 钟始声等,《辟邪集》,卷下页39。

> 吾儒惟有存心养性，即事天也；惟有悔过迁善，即祷天也。苟舍是而别有所谓天之之说，别有所谓事之之法，非素王之旨矣！予读"'祷尔于上下神祇'，子曰：'丘之祷久矣！'"，未尝不了然大畅，悠然深省也……注云："上下谓天地，天曰神，地曰祇。"又是朱子大功德，使人知有天、有地、有天神、有地祇，在上、在下也……此圣贤经书之明旨。[①]

其中所引有关孔子对祷于鬼神的看法，乃出自《论语·述而篇》。黄贞在前引文中乃以朱熹"上下谓天地，天曰神，地曰祇"之注，说明孔子是将天神与地祇并称，因而讥传教士以天主为唯一尊神的说法为断章取义，黄贞并严辞曰："是故夷妖混儒之言天、言上帝，而绝不敢言地，不敢言'祷于地祇'……岂非以其害于天主、耶稣之说乎哉！而我华人以夷之天主、耶稣，为合吾儒之经书帝天者，何异以鸟空鼠即为合凤凰之音也与！"[②]

入华传教士对孔子有关帝天之说的解释，的确屡屡与朱熹不同，如利玛窦在《天主实义》中有云：

> 《中庸》引孔子曰："郊社之礼，(所)以事上帝也"，朱注曰："不言后土者，省文也！"窃意仲尼明一之以不可为二，何独省文乎？[③]

他就不同意朱熹将郊社分别释作"郊祭天，社祭地"的做法，并称孔子在前引文中之所以不言后土，乃大有用意，而非如朱子所称仅是"省文"而已。

---

① 徐昌治，《圣朝破邪集》，卷3页14—15。
② 徐昌治，《圣朝破邪集》，卷3页15。
③ 利玛窦，《天主实义》，卷上页20。

明末耶稣会士为开展天主教在华的传教事业，乃对释、道两家大肆抨击，笔者在法国国家图书馆的藏书中，即见到不少此类书籍①。为避免一般人将天主教所尊奉的"上帝"视为他教中同名众神之一，教中人士曾采取一些偏离传统教义的说辞，如称道教所尊崇的玉皇上帝是天主最初所造的三十六神之一，"以其知诣天主，故不次而擢居此职"；又，艾儒略亦称佛祖本名辂齐弗儿，为此三十六神中的第一巨神，因其自谓智与天主等，故遭天主怒贬入地狱，而成为俗谓的阎罗王②。

此处所称的三十六神，未见于天主教经典，应是当时教徒为辩驳而私创的。因道家将神仙所居的天界分成三十六重，谓之"三十六天"，每重都有一"得道"的天神统辖，如《魏书》中即云："二仪之间有三十六天，中有三十六宫，宫有一主，最高者无极至尊，次曰大至真尊，次……"③天主教徒为提升该教在民众心目中的地位，乃借用道教三十六天的说法，称三十六神均为天主所造，以刻意贬抑释、道两教的尊神。

至于以佛祖为辂齐弗儿的说法，亦为在华天主教中人所创，辂齐弗儿应即 Lucifer 的音译，据《旧约圣经》中所述，因其曾在心中起念："要直冲霄汉，高置我的御座在天主的星宿以上……要升越云表，与至高者相平衡。"而遭天主贬至地狱④。罗明坚早在其《天主实录》一书中，即尝曰：

> 天主当时方成天人之日，嘱之曰："尔等安分守己，则得同吾受福于天堂，若违法犯分，吾即重刑不恕。"间有一位总管天

---

① 如见题为徐光启译的《破迷》、朱宗元著的《破迷论》、郭纳爵著的《烛俗迷篇》、不著撰人的《醒迷篇》等书中，均以相当多的篇幅攻击民间所流行的释、道信仰。
② 参见许大受，《圣朝佐辟》，收入徐昌治，《圣朝破邪集》，卷4（尤其见页6及页13）。
③ 《魏书·释老志》，卷114页3052。
④ 《旧约圣经》，《依撒意亚》(Isaiah) 页1164。

人，名曰噜只咈啰，甚是聪明美貌，尤异于众天人，乃告管下
众天人曰："吾得掌握乾坤人物，而与天主同品。"间有天神应之
曰："然！"天主知这天人骄慢犯分，并与众天人逐出天庭之下，
而为魔鬼……常怀被逐之恨，故迷诳世人，为非作恶，及人死
后，即拘魂灵，进于地狱，以为伴侣。①

其中提及的魔鬼噜只咈啰，显然就是辂齐弗儿的另一音译（他书中
亦有译作路祭弗尔或露际拂尔者）。艾儒略等传教士在攻击佛教时，
或为增强说服力，乃将佛祖说成是天主教教典中遭天主逐出天堂的
路祭弗尔，并附会称其被贬入地狱，而成为俗谓的阎罗王。

　　在前文中被部分教会中人指称因谄媚天主而获拔擢的玉皇上帝，
乃为道教尊奉的"四御"之首，统辖天神、地祇及人鬼。在南朝陶
弘景编排道教神系时，其名即已出现，但地位尚不甚高。至隋、唐
以后，玉皇的信仰始流行，如唐代著名诗人白居易，在其《梦仙》
一诗中就有"仰谒玉皇帝，稽首前致诚"句。宋真宗时，尝上其圣
号为"太上开天执符御历含真体道玉皇大天帝"，徽宗更加其徽号
为"太上开天执符御历含真体道昊天玉皇上帝"。玉皇上帝在道教神
系中的地位，虽不及元始天尊、灵宝天尊和道德天尊等三清，但在
明清的民间信仰中，却往往将其视作最尊之神，如当时的民谚即有
"天上有玉帝，地下有皇帝"之谓，视其为天上的皇帝②。无怪乎，玉
皇亦成为天主教攻击的焦点，如在清初教会人士伪托徐光启之名所
作的《破迷》一书中③，即有《破迷后世忘本误认玉皇为天地之主宰》

---

① 罗明坚，《天主实录》，页15-16。
② 黄德海、李刚，《简明道教辞典》，页73-74。
③ 此钞本收入二十一篇短文，以抨击当时流行的民间信仰。虽卷末题曰"明季上洋徐文
　定公译"，但由"明季"两字的使用，知其应为入清以后所辑抄，又，此书在《破迷
　张天师……》一文中，出现"崇祯十四年，旱蝗凶荒……"句，由于徐光启早于崇
　祯六年过世，知此书之作显然为后人所假托，其中顶多仅一部分文字为徐氏的作品。

一篇，大力抨击此一信仰。

四、"礼仪之争"中的"帝天说"

1693年，担任福建代牧的法国巴黎外方传教会士颜珰，突然下令禁止教徒在其代牧区内祭祖祀孔，且要求教徒仅可使用"天主"一词称呼 Deus，并摘除各教堂内所悬挂书有"敬天"文字的匾额。颜珰还派遣教士赴罗马，上书教廷请求认可此一命令的内容，"礼仪之争"就此死灰复燃，且一发不可收拾（见第十一章）。

耶稣会在辗转得知颜珰的举动后，即起意请求康熙皇帝声明敬孔敬祖的意义；1700年，在钦天监任职的闵明我等耶稣会士联名上疏，称：

> 郊天之礼典，非祭苍苍有形之天，乃祭天地万物根原主宰，即孔子所云："郊社之礼所以事上帝也！"有时不称上帝，而称天者，犹如主上不曰主上，而曰陛下、曰朝廷之类，虽名称不同，其实一也。前蒙皇上所赐匾额，亲书"敬天"之字，正是此意。远臣等鄙见，以此答之，但缘关系中国风俗，不敢私寄，恭请睿鉴训诲。[1]

是日，即奉旨曰："这所写甚好，有合大道，敬天及事君亲、敬师长者，系天下通义，这就是无可改处。"耶稣会士在得到康熙皇帝的批示后，立循四条不同的路线，分途赶送往罗马[2]。

因康熙皇帝听闻其于1700年所作有关祭祖祀孔礼仪的御批，被

459

---

[1] 南怀仁等，《熙朝定案》（笔者自辑百衲本），无页码。
[2] 罗光，《教廷与中国使节史》，页96–97。

教廷怀疑为伪作，遂又于1706年派耶稣会士龙安国和薄贤士往罗马
做证；翌年，再度差同会的艾若瑟和陆若瑟赴欧；但前两人因遇暴
风，死于海上，后两人则卒于欧洲，而不曾回返中国。在久不见所
遣教士回报的情形下，康熙皇帝乃于1714年又命在京的教士去函教
廷，告知己对"礼仪问题"的态度。

　　康熙皇帝一直希望教廷方面对此事能稍作妥协，此故，他在
1715年删改德理格和马国贤上教皇的书稿中，尝重申：

　　　　至于敬天之字，亦不是以天即为天主，乃是举目见天，不
　　能见天主，天主所造之物甚多，其大而在上者莫如天，是以望
　　天存想，内怀其敬耳！①

由其对此事在意的程度，可以体会他颇希望双方能调和歧见。

　　1720年的除夕，教廷特使嘉乐抵京觐见②。当嘉乐奏称利玛窦准
供牌位和称天为上帝之举与教义不合时，康熙皇帝曾替利氏辩护曰：

　　　　供牌位原不起自孔子，此皆后人尊敬之意，并无异端之说。
　　呼天为上帝，即如称朕为万岁、称朕为皇上，称呼虽异，敬君
　　之心则一。如必以为自开辟以至如今，止七千六百余年，尚未
　　至万年，不呼朕为万岁，可乎？且此等事甚小，只合向该管衙
　　门地方官员议论，不合在朕前渎奏。

至于天主教会对在华教堂内所挂匾额的态度，康熙皇帝亦甚不高兴，
怒曰："天主堂内，因当日旧西洋人汤若望曾在先帝时效力，曾赐匾

---

① 陈垣，《康熙与罗马使节关系文书》，页20。
② 下文中有关此事的叙述，均请参见陈垣，《康熙与罗马使节关系文书》，页40-85。

额，朕亦赐有匾额。既是与尔教不合，尔亦当将匾额毁坏，方为办事。"并召嘉乐等西洋人至清溪书屋，面传谕旨曰：

> 尔西洋人自己流入异端之处，自己不知，反指中国道理为异端，及至辩论之际，一字又不能回答，且中国称上帝，人人皆知，无不敬畏，即朕躬膺大宝，凡事法天，罔敢或致，六十年来，朝乾夕惕，祗承帝命，中国敬天之道如此，岂尔西洋只知为造物主区区祈福求安者，所可比拟哉！况祈福求安与佛道之理何异尔！

由此一文字可知康熙帝对佛、道两教的评价并不高，而他对天主教在"礼仪问题"上的主观态度也益发不耐。

康熙皇帝也曾就"天主"等名称的使用一事，试图劝服嘉乐，其言曰：

> 尔不通中国文理，不知佛经、道藏之言，即如尔名嘉乐，乃阿杂里喇嘛之言，先来之多罗，系佛经《多罗摩诃萨》内之字，称天主为造万物之主，乃道藏内诸《真诰》内之语。朕无书不览，所以即能辨别。尔等西洋人，一字不识，一句不通，开口非佛经即道藏异端小教之言，如何倒指孔子道理为异端，殊属悖理……中国称天为上帝，大小之人皆一样称呼，并无别说。尔西洋呼天主为陡斯，乃意达理亚国之言，别国称呼又异。况陡斯亦与蒙古话相同，即此一端，敬天之事孰重孰轻？

由康熙皇帝累费口舌甚至力求附会之举，知他雅不愿双方决裂。

在康熙皇帝的坚持之下，传教士们于1721年将《自登基之日》诏谕中所规定的重要条文译呈御览，其中有一条涉及"天"和"上帝"

等译名的准用与否，文曰：

> 西洋地方称呼天地万物之主，用"斗斯"二字，此二字在中国用不成话，所以在中国之西洋人并入天主教之人，方用"天主"二字，已经日久。从今以后，总不许用"天"字，亦不许用"上帝"字眼，只称呼"天地万物之主"。如"敬天"二字之扁〔匾〕，若未悬挂，即不必悬挂，若已曾悬挂在天主堂内，即取下来，不许悬挂。①

461　　康熙帝在阅览此一禁约的译本后，甚为不快，批曰："览此告示，只可说得西洋人等小人，如何言得中国之大理，况西洋人等，无一人同〔通〕汉书者，说言议论，令人可笑者多，今见来臣告示，竟是和尚、道士异端小教相同，比〔彼〕此乱言者，莫过如此，以后不必西洋人在中国行教，禁止可也，免得多事。"②天主教终因在"礼仪问题"上无法获得中国政府与社会的共识而遭禁，为明季以来曾经相当蓬勃的传教事业画上失败的休止符。

五、结语

　　明末以来，因欧洲国家的海权扩张以及天主教会的传教活动，中、欧两文化出现近代头一次的大规模接触。罗明坚和利玛窦等早期入华的耶稣会士，在翻译天主教经典时，创造出"天主"一词以为尊神 *Deus* 的译名，更为宣教上的方便与功效，将儒家经典中的"天"和"上帝"均释作天主。类此融合天、儒的做法，吸引了许多

---

① 陈垣，《康熙与罗马使节关系文书》，页89–90。
② 陈垣，《康熙与罗马使节关系文书》，页96。

士大夫的兴趣与认同，一些知识分子更进而受洗入教。然而，此种翻译和演绎重要宗教术语的方式，引发许多传教士（尤其是非耶稣会士）的质疑，他们认为此举不仅有损于教徒们思想的精纯，且会混淆天主教在教外的形象，"帝天说"因此成为"礼仪之争"的焦点之一。惟先前学界相关的研究不多，本章则较详细地论述了两造以及中国人对此说的正反态度。

在两文化交流的过程中，许多名词的译介往往受限于原有的语词，而不易达到信、雅、达的程度，其中宗教术语的表达尤其敏感。当一翻译名词被对方吸收后，在不同文化背景下所重新诠释出的概念，常会或多或少偏离原有的意涵①。然而，对偏离程度的判断与容忍，并无绝对的标准。如在"帝天说"的案例中，我们可以发现大多数的耶稣会士和中国教众，不仅不认为此说有严重缺陷，且有更进一步引申发挥者，但对许多其他传教士和中国士人而言，此说却全然不可接受。

有关"帝天说"的争执，表面上是涉及对天主教最尊神的名词翻译，其实，本质上则攸关不同传教会在宣教策略上的异同，再加上不同传教会间的本位主义、各海上强权间的利益冲突以及传信部对保教权的制衡等因素，"帝天说"于是在"礼仪之争"中被发酵，并扮演重要角色。

在教廷最后议决禁用"天"和"上帝"等名词以称呼天主之后，许多传教书籍于重印时均得将相关的文字改刻，但教会中人显然一时难于适应，以致尝出现语意荒唐或相反的情形，如在利玛窦《天主实义》一书的后印本中，即有将"天之形圆"谬改成"天主形圆"者，又如"历观古书，而知上帝与天主特异以名也"句，则被改成

₄₆₂

---

① 类似的讨论，可参见 Standaert, "Heaven and Hell in the Seventeenth Century Exchange between China and the West."

"历观古书，而知上帝盖与天主特异以名也"，虽仅加了一"盖"字，却完全颠倒了利氏的本意[①]。

"礼仪之争"的结果，迫使奉教国人必须在传统文化和天主教信仰之间做一抉择；应举和做官之人，因不能进孔庙，多脱教而去；另有许多教友，则因执着于敬祖，而不再进教堂。天主教在华的传教事业，至此一蹶不振。而未脱教的教徒也未能全然遵守教廷的禁令，如在禁教之后成书的《祭祖答问简约》中，仍引先秦典籍中有关"上帝"和"天"的章句，以印证"天主"的存在[②]。然而，十九世纪入华的基督新教，为与天主教相区隔，乃以"上帝"或"神"翻译 *Deus*[③]。

天主教合儒和补儒的诉求，是吸引明清之际许多士大夫奉教的主因，而天主教的儒家化也一直是这些中国教徒无法忘情的理想；然而，"礼仪之争"却使得此一长逾百年的努力归于破灭。

[①] 方豪，《〈天主实义〉之改篡》，页 1593–1603；顾保鹄，《〈天主实义〉校勘记（代序）》，收入利玛窦著，刘顺德译注，《天主实义》，页 1–30。

[②] 此书题为"云阳文都辣徐慕义"所撰，笔者所见为近人钞本，原本应现藏于上海徐家汇图书馆。由于此书内文中提及冯秉正于雍正十一年（1733）初刊的《盛世刍荛》一书，因知必撰于教禁之后。参见方豪，《中国天主教史人物传》，中册，页 307–312。

[③] 李志刚，《基督教早期在华传教史》，页 163–165。

第十三章 "两头蛇族"的宿命

> 十七世纪大多数中国士绅在奉教之际，都得要在"天主"
> 与"妾"之间做一艰难的抉择；明清的鼎革世变，亦令有
> 些奉教者必须面对是否违反"十诫"以自杀殉国的矛盾；
> 而风云起伏的"礼仪之争"，更敏感地挑战中国传统的"五
> 常"核心价值……明末清初这群第一代奉教的"两头蛇
> 族"，其所遭逢之异文化间的冲突与糅合，应可提供我们
> 许多深刻的省思。

　　大航海时代开启了近代中、欧文明第一次较大规模的接触，而
在两文化生态体系的交会带上，即出现第一代奉天主教的"两头蛇
族"。这些士大夫或皇亲贵族，大多是受到耶稣会"文化调适"和
"知识传教"策略的吸引，而在当时社会动荡、价值混乱的大环境下，
选择了天主教作为精神寄托。他们大多深信利玛窦等对儒家学说所
提出的解释，认为天主教与原始儒学是一体同源的，甚至可以补儒
或超儒[1]。而耶稣会士所带来的西学（包含地理学、天文历算、筑城
制炮以及伦理哲学等），更是强化奉教士绅宗教信仰的重要凝结剂；
利玛窦等人借由对自然知识的"格物穷理"，尝试证明天主是世界的

---

[1] Rule, *K'ung-tzu or Confucius? The Jesuit Interpretation of Confucianism*, pp. 58—69.

主宰者和创造者①；以致明清之际几乎每位较著名的奉教人士，均在某些西学上有较深造诣，或亦希望能借以用世、治世。

耶稣会士所特意经营的士绅阶层，基本上是由科第所界定。明清之科第常能有效引发社会阶层间的上下流动②，当某人出仕之后，其家族的男性成员往往连带拥有许多新的发展空间，不仅有机会可以担任其僚幕或属吏③，也可透过其社会地位和人脉资源，让家族从"士商合流"的过程中获取经济利益④。

而该登第之人的婚姻状态，也多会发生改变。此因官员或须长年"羁宦都下"，有时又得转调为外官，且每数年即一改，中国的幅员又特别广袤，故他们常会买妾"以伴寂寥"⑤。尤其，受限于旅途不便及社会动荡，再加上老家的产业或亲长亦需人照料，导致官员的妻子并不一定能始终陪伴在侧，置妾遂变成士大夫阶层的普遍现象。这些较年轻的新进女性家族成员⑥，除了照顾男主人生活起居并兼顾家中庶务之外，还得担负添丁生子的重责，以满足作为一兴旺家族的最根本要件。

---

① 徐光台，《利玛窦〈天主实义〉中的格物穷理》；徐光台，《借"格物穷理"之名：明末清初西学的传入》；Elman, "Jesuit *Scientia* and Natural Studies in Late Imperial China, 1600–1800."
② 参见 Ho Ping-ti, *The Ladder of Success in Imperial China?*；何炳棣，《读史阅世六十年》，页23–29；钱茂伟，《国家、科举与社会》，页135–150。
③ 如孙元化在治兵时，其三子和鼎、和斗、和京即一直交替伴随；而当孙氏于天启年间在边外负责造铳筑台时，亦尝携外甥沈卜琦同往；此外，孙和鼎的表姊夫潘云柱和潘氏的内弟沈履素，也被元化授为都司，分护敕印和符验。同样地，王徵在监军登莱时亦多亲族随侍，如其侄永年即左右其间，而其从弟王桂，也担任登莱抚标都司，屡立战功。参见黄一农，《天主教徒孙元化与明末传华的西洋火炮》。
④ 余英时，《中国近世宗教伦理与商人精神》，页97–166；余英时，《士与中国文化》，页527–546。
⑤ 如见沈德符，《万历野获编》，卷23页597。
⑥ 依据一项对明清42,785个家庭所做的分析显示，总共纳有侧室1,373人，其中445人的年龄小于丈夫23岁以上。参见刘翠溶，《明清时期家族人口与社会经济变迁》，页52–53。

　　由于中国官绅娶妾的情形相当普遍，此一不容于天主教的婚姻状态，竟然成为十七世纪入华耶稣会士在上层社会传教所面临的最大障碍之一。图表13.1整理出明末十九名与天主教较亲近之士绅及其家族的婚姻状况；巧合的是，诸人大多艰于子嗣，其中除许乐善、徐光启、孙元化和魏学濂等人外，均曾纳妾；瞿汝夔、冯应京、冯琦、杨廷筠和王徵娶妾时均无子；杨廷筠、李之藻、张赓和韩霖选择出妾以入教；瞿汝夔则是将妾扶正后受洗。

　　至于曾受洗之王徵、张赓、瞿式耜和金声，均于入教之后纳妾，前两人且秘不告人，其置妾的主要理由或有二：一是希望能广嗣或延嗣，如瞿式耜和金声当时仅有一子，王徵绝嗣，张赓连殇两子；一是因离家宦游需人照顾。王徵稍后即后悔，并与其妾分居，十多年后且出妾；张赓仍积极参与宣教之事；瞿式耜与天主教渐行渐远，且先后置三妾；金声则转为佞佛。此外，瞿汝说虽因有妾而未曾受洗，晚年仍虔诚敬拜圣母玛利亚；许乐善则或在儿子俱卒之后，失去了对天主教的热情。

465

　　事实上，从明末的瞿汝夔、徐光启、李之藻、杨廷筠、韩霖，以迄清初的魏裔介、佟国器、许缵曾等人，大多数士绅在奉教之际，都得在"天主"与"妾"之间做一艰难的抉择。无怪乎，徐光启尝称："十诫无难守，独不娶妾一款为难！"由于天主教的洗礼是教会认同某人为教徒的门坎，但受洗只是在形式上或程序上完成作为一位教徒的敲门砖，并不表示其宗教内化的过程已经完成；此故，我们在瞿式耜、金声、许乐善和许缵曾身上即看到信仰的反覆与转变。

图表13.1：明末与天主教相关士绅及其家族的婚姻状况。

姓名 （生卒年份）	婚姻状况及其与天主教的关系
许乐善 (1548-1627)	24岁，登第；30岁，其妻吴氏生长子士伟；35岁，再育次子士偁；49岁，士伟卒；63岁（1611），受洗；66岁，士偁卒，士偁有妾。

姓名 （生卒年份）	婚姻状况及其与天主教的关系
瞿汝夔 (1549–1612)	43岁，其妾生长子式谷，后又生次子；57岁（1605），将妾扶正后受洗。
冯应京 (1555–1606)	38岁，登第；因其妻张氏无子，故过继兄子霆，后其妾李氏生一子霦；47–50岁，与利玛窦过从甚密，但终因有妾而未能受洗。
张问达 (1554–1625)	万历十一年进士；季子张緟芳或受洗。
冯琦 (1558–1603)	20岁，登第；三子士杰、士楷和士槊，皆由其妻姜氏所生，侧室仅生一女，未受洗。
叶向高 (1559–1627)	25岁，登第；56岁，其妻俞氏所生之长子成学病卒，余子先前均已夭折；向高尝娶妾，未受洗，但其长孙益蕃则奉教。
徐光启 (1562–1633)	20岁，娶妻吴氏；21岁，吴氏生独子骥；42岁（1603），受洗；43岁，登第；不曾纳妾。
杨廷筠 (1562–1627)	31岁，登第；因其妻吕氏得子均殇，遂在任安福县令期间纳妾贾氏；33岁，该妾生长子约之，贾氏后又生次子䑓之；50岁（1611），在"谕妾异处"后受洗；66岁时，约之卒，廷筠亦于数月后去世。
韩爌 (1565–1644)	其从兄弟烇、子堀、侄奎与垍可能均入教。
李之藻 (1565–1630)	34岁，登第；46岁（1610），病危时出妾受洗，稍后病愈，其独子亦于是年受洗。
瞿汝说 (1565–1623)	17岁，娶妻施氏；26岁，施氏生独子式耜；37岁，登第；42岁，纳妾桑氏，后又纳妾陆氏；晚年或虔诚敬拜天主和圣母玛利亚，但因有妾而未曾受洗。
张赓 (c.1569–?)	其子张识和张就先于天启元年受洗；同年，53岁的张赓或出妾以入教；55岁，两子俱卒；张赓于稍后娶妾以传嗣。
王徵 (1571–1644)	15岁，娶妻尚氏；46–51岁间，受洗入教；52岁，登第；53岁（1623），纳妾申氏；66岁，休妾。
熊明遇 (1579–1649)	18岁，娶妻朱氏；23岁，登第；26岁，独子人霖生；有妾余氏，未入教。
孙元化 (1581–1632)	娶妻沈氏，育有和鼎、和斗、和京三子；32岁，中举；38岁之前已入教；48岁，题授为兵部司务；不曾纳妾。

466

续表

姓名 (生卒年份)	婚姻状况及其与天主教的关系
瞿式耜 (1590-1651)	20岁，娶妻邵氏；21岁，生长子玄锡；27岁，登第；34岁，父汝说卒，或在丁忧期间受洗，但不久即出教；38岁，纳妾顾氏；39岁，顾氏生次子玄镐；后又纳妾孙氏和李氏，孙氏生三子玄镜。
金声 (1598-1645)	23岁，其妻鲍氏生长子敦涵；31岁，登第；此后有两三年间对西学、西教十分倾心，或因此受洗，但旋即佞佛；41岁，鲍氏卒；42岁，其妾生次子敦滋。
韩霖 (c.1598-c.1649)	23岁前后，在休妾后受洗；约24岁，中举；生无敦和无期二子。
魏学濂 (1608-?)	17岁，娶妻陈氏，先后生允枚、允札和允桓三子；35岁之前入教；36岁，登第；不曾纳妾。

清初著名学者吕留良（1629-1683）侄儿忠宣的故事[1]，颇能生动反映天主教婚姻观在一般人心目中的形象： 467

> 吕忠宣，字亮工……妻奇妒，宣每有所之，必以二人随之，刻期而还；稍后，则宣必受棰。尝与友一至杭，归稍逾期，宣恐，嘱其友之妻往解曰："兹行为谒天主教师，彼教首禁二色，夫人可勿虑。"妻诃曰："有我令在，何烦天主耶！"责之更厉。[2]

此处所称天主教"首禁二色"，应指的是"十诫"中的第六诫"毋行淫邪"和第九诫"毋愿他人妻"。尤其第六诫，常直接冲击到欲入教者已有的或未来的婚姻生活，故对其进教与否的抉择影响颇大。

晚明对天主教十分倾心的冯琦、叶向高、冯应京、韩爌、瞿汝说和熊明遇等士大夫，很可能均因早已纳有侧室，而无法考虑进教

---

[1] 吕留良和其许多友人均对西学颇有好感，参见徐海松，《清初士人与西学》，页172-173、337。
[2] 高宇泰，《雪交亭正气录》，卷2页36。

或获允受洗。但在郭子章、张问达、左光斗、韩爌、叶向高和魏大中等人的家族当中，则出现一些较年轻的奉教者，他们从一开始就遵从天主教所主张的一夫一妻制。当然，有更多的士绅只是选择性地认同一部分西学和西教的主张，尤其是其中涉及科技文明的部分，他们对天主教并无绝对的热情，故终究未能呼应耶稣会士的期许，断然放弃与天主教不合的生活或思维方式，而成为教徒。

在利玛窦过世之后，原先因天主教尊儒辟佛而受吸引入教的上层士大夫明显减少，此因部分传教士开始强调天主教的主体性和纯粹性，教中日益强烈的排他主义风潮[1]，导致儒家也无可避免地继释、道两家而成为被挑战的对象；补儒和超儒的呼声以及对孔圣和祖先崇拜的质疑，逐渐升高天主教与中国传统主流价值之间的紧张程度，遂使得许多士绅却步，甚至令一些原本受洗者淡化或转变其宗教信仰；而由外国人主导的教会组织，也或因愈来愈庞大和公开，直接触动了其他宗教以及当权者不安的敏感神经，终于在明末爆发出"南京教案"和"福建教案"之类的仇教运动。

明清鼎革之际，此一反教氛围在"天崩地解"的大变动中遭到稀释或冲散。耶稣会士和奉教士绅们以其火炮、城守或历算等西学专长，勠力服务于各个政权，希望御赐的碑铭或牌匾以及所获授的官衔，得以转化为传教的护身符[2]。但在遭逢城破国亡的悲剧时，有些奉教士大夫则得要面对另一冲突："十诫"中第五诫所规定的"毋杀人，也不许自杀"。虽然韩霖、李天经和魏学濂均选择投降李自成任官，但王徵、陈于阶和焦琏则自杀殉国，以坚守传统的大节；至于孙元化，先前也曾在登州城遭孔有德叛兵攻陷时试图自刎；此外，

---

[1] 这些传教士们认为世间只有一个启示或宗教是真实的，而天主并没有向其他信仰（包含儒家）显示祂自己；有关排他主义的讨论，可参见 Plantinga, "Pluralism: A Defense of Religious Exclusivism."

[2] 如见祝平一，《金石盟：〈御制天主堂碑记〉与清初的天主教》。

当李自成兵败之后，魏学濂的家人为避免物议，还必须对外宣称他已自缢殉明。但由于自杀守节并非入教者事前可预知的，故此一天、儒之间的矛盾，应不至于直接影响进教的抉择。

正当清朝在中原的统治日益稳固之际，汤若望也因管钦天监监正事的功绩，获封为清廷正一品的光禄大夫[①]；然而，康熙初年却爆发"历狱"，此案不仅令天主教在钦天监中的势力几遭瓦解，各省和各会传教士也被集中拘禁于广州的耶稣会院。康熙六、七年（1667–1668）之交，23名丧失行动自由的传教士，在会院中召开长达40天的"广州会议"，明末以来就已出现的"中国礼仪问题"，竟然仍是两造激烈争论的焦点[②]！也就是说，即使外有反教人士几乎灭教的迫害，教会内部的"礼仪之争"仍然缠讼不休。

虽然"中国礼仪之争"聚焦于祭祖祀孔是否为迷信，以及先秦古籍中的"天"和"上帝"是否等同于天主等问题，但却也敏感地挑战中国传统社会最重要的"天、地、君、亲、师"等伦常权威[③]。罗马教廷不仅欲将天主加诸五常之上，且禁止教徒敬天、祭祖、祀孔，甚至反对悬挂御赐的"敬天"牌匾，隐约使该教独立于国家，乃至凌驾于皇权；此一情形迥异于先前任一外来宗教，遂导致康熙皇帝要求传教士领"信票"并遵守"利玛窦规矩"，甚至将教廷特使多罗等人驱逐出境。

当罗马教廷最后在裁决"礼仪之争"时，不仅不曾尊重中国皇帝的意见，也不曾仔细倾听在地教徒们（当时全国共约20万人[④]）的痛苦呐喊。待教皇克雷芒十一世再度派遣嘉乐来华，康熙帝发现其目

---

① 黄一农，《耶稣会士汤若望在华恩荣考》。
② 李天纲，《中国礼仪之争》，页44–45；黄一农，《择日之争与康熙历狱》。
③ 如《荀子·礼论》中有云："礼有三本：天地者，生之本也；先祖者，类之本也；君师者，治之本也。无天地恶生？无先祖恶出？无君师恶治？三者偏亡焉，无安人。故礼，上事天，下事地，尊先祖，而隆君师，是礼之三本也。"
④ Standaert, *Handbook of Christianity in China*, vol. 1, p. 383.

的仍在管控"在中国传教之众西洋人"，且"着中国入教之人，俱依前岁教王发来条约内禁止之事"，完全不理会中国统治者和教众对"礼仪问题"的看法。欧洲宗教神权与中国封建皇权间的直接对立，导致康熙大帝决定"以后不必西洋人在中国行教，禁止可也，免得多事"。天主在世间的代言人与中华帝国的天子之间，从此不再对话。

"中国礼仪问题"的冲突焦点，其实就是环绕在"十诫"中的第一诫"钦崇一天主在万有之上"，两造对偶像崇拜或民俗迷信的认定，有显著的落差。1711年，由奥斯定会士白多玛所编印的《圣教切要》[1]，即反映出此一时代背景；该书在介绍第一诫时，乃以负面表列的方式，列出37条"犯诫罪端"（页10–16），其中包括：

　・拜苍苍有形像之天，或言之以为明鉴，或向之求福祈佑，有罪。
　・行过分之礼或邪妄之礼，以敬祖先及不论何等先人；或别人行此等之礼时节，我同在，听其所行之礼，有罪。
　・信祖先及不论先人有灵感，或向之求福祈佑，或信其能飨饮食之物，或请其来食，有罪。
　・信祖先及先人之灵魂在木牌之上，或设立有此意及各种异端字之牌，或创立无字之光牌，或向此等及各样邪妄之牌与碑啼哭，或真拜，或诈拜，有罪。

白多玛对"中国礼仪问题"的态度，显然遵循罗马教廷1704年所颁支持颜珰的训令[2]，其文多是平铺直叙地胪列能做和不能做之事，少

---
①Standaert, *Handbook of Christianity in China*, vol. 1, p. 610.
②苏尔、诺尔，《中国礼仪之争西文文献一百篇（1645–1941）》，页14–42。

见较深入的论道内容,此与明末耶稣会士们所撰写之典雅精妙的教理书大异其趣。

《圣教切要》在介绍"十诫"时,所列举的119条有罪之事(页10–31),可说是天主教自明末传华约一个世纪以来,对于"中国礼仪问题"的总结。耶稣会所推动的"文化适应"政策,遭到教会当局的严厉审视;传教士不再被容许对中国社会中的一些生活礼俗和宗教信仰,抱持妥协或模糊的态度;故如拜把、结盟、求签、算命、择日、看风水、爬龙船、烧纸钱、起屋拜梁、占梦吉凶、拜魁星以求功名、往看酬菩萨之戏等事,均遭明令禁止;家中原有的他教经书和偶像也不许送人或转卖,而必须加以销毁……

由于大多数耶稣会士对"中国礼仪问题"的态度明显与罗马教会中的主流不合,故当教廷颁布相关禁令时,其所牧养的教区开始迅速崩解;再加上该会的传教策略是以士大夫为主轴,并透过其社会地位和人脉网络向外扩展,而敬天和祀孔等仪礼,是该阶层公共领域中很难避免的一部分,故随着"礼仪之争"的尘埃落定,知识分子逐渐淡出教会,拥有科名或进入官僚体系的奉教人士日益减少;再加上娶妾问题一直对该阶层产生严重困扰,导致一些天主教士绅(如王徵等)的后代选择出教,回归到中国社会原本的生活型态和信仰模式。事实上,在明清之际较著名的奉教士大夫当中,除了徐光启之外[①],其后人大多不曾将天主教信仰延续至近代。

"礼仪之争"的结果对中国天主教会的发展是一大灾难,各修会的传教活动从此只能遁入地下[②]。但其过程也深化了欧洲人对中国社

---

① 即使至民国,徐家仍有为神父者。又,宋美龄的外祖母为徐光启第九世女孙,宋美龄的父母亦奉天主教,她尝称:"盖徐氏自公(农按:指光启)以来,数学乃为擅长之家学,教理则为世代不易之信仰。"参见方豪,《徐文定公裔孙世系记略》,收入氏著,《方豪六十自定稿》,下册页1905–1910;徐光启,《徐文定公家书墨迹》,蒋宋美龄序。

② 吴伯娅,《关于雍正禁教的几个问题》。

会与文化的了解，同时间接促成了西方汉学研究的萌芽，并为启蒙时代注入了东方的精神食粮①。而欧洲的中国观，也开始从耶稣会士所推动的"天儒合一"，转变成肯定东、西文化间存在基本分歧②，更进而促成欧洲"中国热"的退潮③。

471

虽然现今有许多学者和教内人士将在华天主教自十八世纪以后的中落，归咎于反对"中国礼仪"的一些传教士和传教会，也归咎于教皇不尊重对此问题"最有发言权"的耶稣会士的意见④；然而，耶稣会士虽较其他修会早入华，却并不必然对"礼仪问题"就更理解或更有发言权。如何在教规的纯洁度与布教的广阔度之间拿捏分寸，是历代教皇所必须做出的抉择，其中当然也深受欧洲各政教权力之间合纵折冲的影响（如西班牙与葡萄牙为维护各自保教权所引发的争执、教廷对西葡两国保教权的挑战、法国欲借该国传教士将其势力伸入亚洲的企图⑤、各传教会与其主要赞助国家之间的纠葛等）。故当我们在评估此一事件的处理方式时，或很难有绝对的对错可言；而不同的时代氛围，亦将影响我们对此事的判断⑥。

康熙皇帝虽然禁止传教士的宗教活动，但对拥有技艺的西士，仍是一如既往，抱持欢迎态度；此故，随同嘉乐来华的八名西方传教士即留在中国，而稍后又有"能刻铜板"、"能造炮位"以及"通晓天文"的数名传教士先后入京⑦。惟因当时有意愿来华发展的西人多为传教士，其主要的目的并非服务朝廷，终令西学东渐的渠道大幅萎缩；鸦片战争前中西文明的接触，于是只停留在沿海少数港口

---

① Ching & Oxtoby, *Discovering China: European Interpretations in the Enlightenment.*
② 夏伯嘉，《从天儒合一到东西分歧》。
③ 许明龙，《十八世纪欧洲"中国热"退潮原因初探》。
④ 如见李秋零，《清初"中国礼仪之争"的文化学再反思》。
⑤ 张国刚等，《明清传教士与欧洲汉学》，页144–167。
⑥ 黄瑞成，《"中国礼仪之争"与政治哲学问题》。
⑦ 白新良，《康熙朝奏折和来华西方传教士》。

的单纯商业行为。

清朝真正全面禁止天主教，应在嘉庆十六年（1811），该禁令且经由《大清律例》刊传；至于先前之禁教，则常是地方性的，且不持续①。然而，天主教从不曾自中土完全销声匿迹。1725年，在原由法国耶稣会士牧养的襄阳地区，有许多教徒追随传教员（catechists）举家移居至西北方数十公里外的磨盘山区，并利用地势的险绝，发展成一纯由天主教徒组成的"教友谷"；1779年，清朝军队始开进此一化外之地，虽不断对奉教人士进行迫害，致使有些教徒因此背教或迁居；再加上"教友谷"中严格且单调的宗教生活，亦令部分教徒选择迁离；但在遣使会和方济会的接力护持之下，此一天主教社区仍一直延续至当代，且教徒们大多严守教廷对"礼仪问题"的训令（见附录13.1）。

472

附录13.1

清朝教禁期间隐蔽在湖北磨盘山区的"教友谷"②

1724年，雍正皇帝禁教并驱逐传教士，翌年，襄阳的一些天主教徒于是转进偏远的磨盘山（又名木盘山或茶园沟，今属湖北谷城县西之紫金镇），且买下整片山谷开垦经营。住在北京的法国耶稣会会长巴多明得知此一情形后，遂萌生一个想法，欲将该地建成教会的避难所，并派去一位干练的秀才在附近买下面积更大的土地。由于地形的阻绝，一个方圆

---

① 庄吉发，《清代前期对天主教从容教政策到禁教政策的转变》；Ku Wei-ying, "On the Authenticity and Significance of the Pro-Catholic Memorial by Censor Huang Entong in 1848."
② 此附录参见康志杰，《湖北磨盘山基督徒移民研究》；康志杰，《16至18世纪湖北天主教的发展特点分析》。

约150平方公里且与世隔绝的纯天主教社区奇迹似的在中国出现。

巴多明的想法或深受天主教在南美发展历史的启发，因自1609年起，耶稣会士就在巴拉圭创设转化区（*reducción*），以协助印第安人对抗殖民主义者的压迫与剥削。各转化区中均设有印第安人的自治组织，但须接受耶稣会士的领导与监督（见第一章）。

1731–1732年，法国耶稣会士胥孟德成为第一位进入山区的欧洲传教士，他将当地规划成8个教友村，并起名为"教友谷"。1740年抵达的纽若翰则将8个教友村扩展成14个，教徒也从600人增加至6,000人。这些社区的经济生活与宗教生活均融为一体，而经过神父培训的中国传教员则成为传教士的得力助手。

1773年，耶稣会解散，磨盘山社区转由中国籍的会士管理。1779年，乾隆皇帝将军队开进已经营逾半世纪的磨盘山，因外国传教士难以避人耳目，故由原属耶稣会的中国籍神父郭类思暗地肩负起传播福音的工作。1783年，教廷命遣使会接替耶稣会在华的一切事业与财产。1784年，澳门主教秘密派遣三批传教士进入内地，其中四人到达襄阳，因恰逢西北回民起事，两者遂被怀疑相关联，而毗邻的磨盘山社区因此再遭波及。1790年前后，法籍的遣使会士陈神父（Raymond Aubin, 1759–1795；汉名不详）自澳门潜往磨盘山区，当时的教徒之数约三千人，他不久又转赴西安。1793年，同会的刘方济亦秘密抵达当地工作，此二人均先后遭逮捕而殉教。至于入华传教士中第一位被列入圣品的遣使会士董文学，也是在磨盘山被捕而上绞架的[1]。1870年，当地教务转由意大利方济会管辖，即使是在十九世纪上半叶的教禁艰困期，仍有两三千名教徒住居当地，直至今日，天主教徒亦还有三千人左右。

湖北大学的康志杰曾于2002、2003年之交至磨盘山的天主教社区进行考察，她发现教徒们的生活理念和风俗习惯明显带有天主教的倾向和成分，这与当地天主教绵延两个多世纪，并一度建立过封闭的神权社会有着深刻联系。而磨盘山天主教徒的敬祖仪式亦清楚显现"礼仪之争"的烙印：如他们不设任何供品，主要的仪式是放鞭炮（为求热闹，亦表恭敬天主）、念经、洒圣水、上土（不烧纸钱），以表示对亡者的怀念和哀悼；至于上坟的时间，一般选择在岁末而非清明，应亦是避免与中国传统的生活礼俗相混淆[2]。

同样地，由托钵修会所牧养的教区也有些挺过明清两朝教案或教禁的重击；他们透过在地乡绅的社会和经济资源将信仰扎根（见附录11.1）[3]，也把握住鼎革之际社会和宗族组织受战乱崩解的时机，在中下阶层以及女性之间积极发展，借由血缘的纽带传播深入家族，且以同教通婚的方式巩固其宗教社群（见附录4.4）。如以"礼仪之争"的爆发地福安为例，迄十八世纪为止，潜入地下的天主教徒由于几乎全族奉教，以致多能严守道明会的规矩，禁止祭祖祀孔等"迷信"　474

① 樊神父（Octave Ferreux），《遣使会在华传教史》，页117-126；"Martyrs in China," in *The Catholic Encyclopedia*.
② 康志杰，《湖北磨盘山基督徒现状的问卷调查》。
③ 明清时期的绅士主宰着广大人民的社会生活，并构成"全部封建统治的基础"。参见郝秉键，《日本史学界的明清"绅士论"》。

行为，且能在官府的压力下屹立于当地社会[1]，而在自明末以来存续迄今的几个奉教家族当中，教堂与祠堂的管理者更往往合而为一[2]。

此外，浙西的麻蓬地区也发展出一些由道明会和法国遣使会先后照顾的隐秘天主教村（见附录13.2）。惟前述湖北磨盘山、福建福安和浙江麻蓬等教区的存在，究竟十分罕见，甚至可说是奇迹。从这些案例，我们也可发现时间和努力仍有可能纾解"礼仪问题"所引发的矛盾。

附录13.2

清朝教禁期间隐蔽在浙江麻蓬的天主教村[3]

雍正末年，有天主教徒傅佑我、傅佑仁两兄弟先后自江西南丰迁入位于浙江西部衢县的麻蓬村，当时该地还是杳无人迹的荒野，但却在教禁期间逐渐发展成一处隐藏的教区。

嘉庆年间，麻蓬傅氏在衢县城内偶然发现有王姓人家亦奉教，王氏早在明末即由浙江义乌迁居至衢县，两家遂决定每隔一段时期派人到福建穆洋往迎道明会士来进行一些必要的宗教仪式，为避免神父的行踪现迹，其行祭领圣等事多选在夜间。在此之前，由于没有任何神职人员的指引，傅家仅靠一本教理问答的书（惟傅氏兄弟并不识字，故习念之经只靠口传），而王家则靠的是一幅圣像，以坚持其宗教生活。此后，傅、王两家亦开始通婚，而王氏的长房和三房也先后各

---

[1] Menegon, "Christian Loyalists, Spanish Friars, and Holy Virgins in Fujian during the Ming-Qing Transition."

[2] 当然，他们应不至于允许在祖先牌位上出现传统之"神主"、"神位"和"灵位"等字样。参见张先清，《明清宗族社会与天主教的传播》。

[3] 此一附录参见陈村富、吴宪，《浙江麻蓬天主教村270年变迁史》。

有一支迁往麻蓬[①]。

由于衢县地处福建和江西交界处，故其教务原先是划归福建的道明会管辖，直到道光十八年（1838）浙赣代牧区成立之后，始改归法国的遣使会。道光十年，因教禁已渐松弛，麻蓬村遂建立起第一座教堂，并通过联姻通婚与劝导感化，在浙西发展出一系列奉教的村落，而十九世纪下半叶所签订的不平等条约，更为其传布创造了有利条件，麻蓬因此成为衢州府天主教的中心基地，并持续选派优秀之虔敬教徒（仍以傅、王两家子弟居多）赴澳门、宁波、上海、杭州、嘉兴等地培训，且先后有多人晋铎。

在清朝百余年的禁教时期，天主教人口理应呈现下降的趋势，但在衢州这处位于闽、浙、赣三省交界的偏远地区，或因统治力的鞭长莫及，反而发展成一片教务兴盛的根据地。当地的天主教守贞女（beatas）也代不乏人，且均分有祖产，令其得以安生无虞，此与闽东的情形颇为类似（见附录4.4）。光绪二十六年（1900）义和团运动期间，衢州地区近千名的教徒亦受到波及，法籍神父即曾带领120名麻蓬修女分院的女生躲进山区避难。

据1953年的统计，全衢州市有教徒4,070名。但从1958年起的"大跃进"、"人民公社"、"四清"和"文化大革命"等运动，使宗教活动一时都销声匿迹，直到1974年才次第恢复。在麻蓬村现有的约1,100名村民当中，虽然天主教徒仍居大多数，但过去以教友和亲戚为纽带的社会网络，在日益

475

[①] 方豪于民国二十六年旅居衢县时即已注意此事，参见方豪，《家谱中之天主教史料》，收入氏著，《方豪六十自定稿》，下册，页1911–1939。

世俗化和开放性的环境之下已大受冲击，再加上不同年龄层日渐严重的文化代沟，以及教徒们因分属爱国会与地下教会所产生的纷歧，都使得这处已有270年历史的天主教村的未来，面临新的挑战。

相对于邻近的日本，中国的教禁要晚一个多世纪左右，其执行亦远不若日本严格（见附录1.3）。在"礼仪之争"尘埃落定后，一直都还有外籍传教士潜入内地；本土神职人员的培养，在教禁期间也日益受到重视：云南、四川和北京等地即出现一些地下修道院，也有中国教徒至暹罗、澳门和印度的修院攻读，甚至远赴意大利研习神学后，再潜返国内传教（见附录13.3）[1]。

476

附录13.3

马国贤与意大利的中华书院

1710年，由罗马传信部直接派遣的传教士马国贤等三人到达澳门，当时教廷特使多罗已因"礼仪问题"而被康熙皇帝遣送至澳门，并遭葡萄牙人软禁，多罗在从马国贤等人手中获册封为枢机主教之后不久即弃世。而马国贤旋即以其雕版和绘画方面的专才奉旨入宫，成为供职朝廷的第一批非耶稣会传教士，为时长达十多年[2]。

由于在华教会内部屡因"礼仪问题"而出现水火不容的

---

[1] 此段参见张泽，《清代禁教期的天主教》。
[2] 有关马国贤的生平，请见罗光，《教廷与中国使节史》，页133–140；Ripa, *Memoirs of Father Ripa*。后者有李天纲的中译本，书名为《清廷十三年：马国贤在华回忆录》。

情形①，再加上康熙皇帝和仁寿皇太后先后过世时，因丧礼包括燃烧冥纸、奠献酒牲等被天主教视为迷信的仪式，而身为臣子的马国贤无从逃避，遂令他备感压力，甚至达到憎厌至极的地步，他于是在雍正元年（1723）乞得皇帝的恩准，失意地带着五名中国教徒回欧②。1732年，马国贤在环山傍海的故乡那不勒斯（Naples），创建了欧洲第一个专门培养赴华神职人员的中华书院（又名圣家学院、中国书院或文华书院）。

　　1888年，清朝的游历使洪勋抵达那不勒斯③，他曾见到该书院的郭姓老师和六七名弱冠之中国人，发现入学者多来自湖北。该郭姓老师应即郭栋臣（1846-1923），湖北潜江县（隶属于紧邻襄阳府的承天府）人，1861年起进入书院学习十二年，后回国传教十三年，1886年，应传信部之召担任书院的学长④。

477

　　1891年，当薛福成出使意大利时，该国政府正欲将中华书院改名为"亚洲学馆"或"东方学馆"，并转型成教授东方语言且培养商贸人才的机构，郭栋臣于是请求薛氏代向义国

① 如雍正帝即位后旋即将勒什亨和赵昌下狱，此二人对西学、西教十分景仰，并先后在狱中受洗，他们或均因与卷入先前夺嗣事件之耶稣会士穆经远友善而遭定罪。马国贤对此二人的遭遇毫不同情，并指赵昌是"多罗枢机主教和所有天主教的公敌"，此或与传信部与耶稣会因"中国礼仪问题"交恶相关。尝与马国贤同居一处的Angelo神父，也因对可否替皇帝铸造寺庙用铜钟的意见不合，而与他绝交。参见马国贤，《清廷十三年》，页106-108、112-113；方豪，《中国天主教史人物传》，下册页55-60；阎宗临，《传教士与法国早期汉学》，页145-148。
② 由三十来岁的王雅敬（? -1738）照管四名青少年：谷文耀（1701-1763）、殷若望（1705-1735）、黄巴桐（1712- ?）和吴露爵（c.1712-1763）。参见张泽，《清代禁教期的天主教》，页58-60；方豪，《中国天主教史人物传》，下册页153-155。
③ 王晓秋，《晚清中国人走向世界的一次盛举》。
④ Masini, "I diplomatici Cinesi in Italia ed il Collegium Sinicum di Napoli."

外务大臣反映，以保持原来修院与书院合而为一的传统，但薛福成仅虚应故事。据薛氏的记载，该院依例可收留中国生徒22名，土耳其和希腊生徒共12名，每一华生由教廷岁给约200两，均由中国各省主教"招致资送"，郭栋臣并称当时中国有50万天主教徒，其中湖北约有23,000人[1]。

　　该书院成立超过一个半世纪以来，共培养中国学生百余人[2]，又以洪勋和郭栋臣两人的记述，知其中不乏湖北人。根据地缘关系，再加上时代亦吻合，笔者颇疑此与湖北磨盘山区"教友谷"的发展或大有关联（见附录13.1），该学院很可能曾陆续提供教禁期间该日益膨胀之天主教社区所亟需的本土神职人员，惟此说仍待详考。

　　图表13.2勾勒出鸦片战争前天主教在华的发展状况[3]，我们可以发现奉教人数在利玛窦等耶稣会士改采"合儒补儒"策略后急速攀升；入清之初，在汤若望个人声望的护持之下，仍维持成长趋势；然而，康熙初年"历狱"之后的教禁，令教会颇受打击；直到康熙中叶才渐次复苏，并于1700年前后达到约20万教徒的巅峰期；在此之前，入华耶稣会士的人数曲线大致与全国总教徒数的曲线相因相循。接着，"礼仪之争"的冲击几乎令教徒的数目腰斩；耶稣会士的数目也相应快速减少，并于1773年遭解散；但潜入地下的教会在乾隆初年开始缓慢成长，并于嘉庆朝又回升到超过20万教徒，非耶稣会的传教士以及本土的神职人员应是这段成长期的主要推手。

---

[1] 薛福成，《出使英法义比四国日记》，页322–324。

[2] 张泽，《清代禁教期的天主教》，页60。

[3] 此表之资料乃综合Alden, *The Making of an Enterprise*, pp. 674–676; Standaert, *Handbook of Christianity in China*, vol. 1, pp. 307–308, 382–383；张泽，《清代禁教期的天主教》，页231–240。

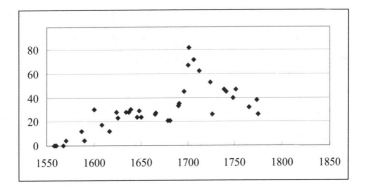

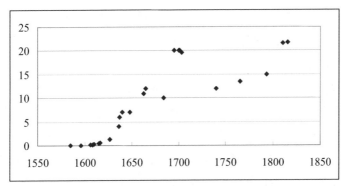

图表13.2：鸦片战争前天主教在华发展状况。上图纵轴为入华耶稣会士数，下图纵轴为全国奉教人口（以万为单位），横轴均为公元年份。

十九世纪中叶，基督宗教在不平等条约的后盾下，积极在中国等亚洲地区发展，但却被许多人视作西方帝国主义的延伸，遂使基督宗教迄今仍在大多数亚洲国家被视为"外来"宗教，而无法取得类似佛教内化成"本土"宗教的结果，其原因颇值得更进一步的探讨[1]。

罗马教会至二十世纪前半叶又在亚洲重启有关"礼仪问题"的讨论，并于1939年为已历经三百年的"中国礼仪问题"重新定调，

[1] 参见 Schwartz, *Implicit Understandings*.

酌情允许祭祖和祀孔的活动（见附录11.4）。稍早，在华的基督新教
出现"本色化运动"，而天主教会也有"中国化运动"；文化认同与
多元论述的风潮逐渐取代了早期罗马教会所采取的文化一元论，但
天、儒之间恐仍需更多的对话[1]。

1949年，中华人民共和国成立后，外籍传教士的活动遭到严格
禁止。即使是在罗马教会已持续经营逾三个多世纪的福安，四名仅
存的西班牙籍神父也于1952年被驱逐出境。在"自主自办教会"和
"自选自圣主教"的方针之下，1958年成立的中国天主教爱国会，对
传统风俗礼仪的容忍度明显加大，也逐渐发展出"佛耶共存"和"礼
仪共生"等中国式的解决方式[2]，惟不知今日的罗马天主教对此类行
为究竟存在多大的宽容度？

1996年，教皇若望保罗二世（John Paul II, r.1978–2005）在圣伯
多禄广场上举行的大礼弥撒中，册封了三位新圣人，其中之一是法
国籍的遣使会士董文学，他于1835年来到中国传教，1840年被清廷
处死。不少中国天主教徒，对此不免感到遗憾，认为中国的真福已
有一百多位[3]，为什么偏偏轮到一名法国传教士来做中国的第一位圣
人。因此，在董文学被列入圣品之后不久，一些华人的天主教团体
便发起"宣圣运动"，希望能积极推动以产生中国籍的圣人[4]。

2000年，因恰逢千禧年，教皇决定多册封一些圣人，其中最主
要的就是以赵荣（1746–1815）为首的120位中国殉道真福，这些真

---

① 古伟瀛，《谈"儒耶交流"的诠释》；李明辉，《转化抑或对话?》。
② 李向平，《"礼仪之争"的历史痕迹》。
③ 真福大致有精修和殉道两类，当时"中华教会"拥有和德理、梅慕雅、雅松大、
　福若瑟等4位精修真福，以及杜仲贤等122位殉道真福。其中杜仲贤因故未被纳入
　申请之列，以致未能在2000年封圣，至于福若瑟则于2003年被列入圣品。
④ 此见梵蒂冈电台之网页http://www.radiovaticana.va/cinesebig5/notiziario/notizie03/
　not03–16.html.

福有86位死于义和团事件中[①]，再加上从鸦片战争至1900年期间一些
教案中殉教的15位，以及自天主教传华以来至鸦片战争前的其他19
位[②]，均由若望保罗二世宣布为圣人，当中有87位是中国籍，但相对 480
于罗马教会总数逾万的圣品，此一比例仍甚低。

　　北京的中国天主教爱国会和中国天主教主教团在封圣大典之前
几天发表声明，指出这些即将封圣者当中有帝国主义、品德败坏以
及伤害中国的人士，又因册封日期10月1日恰逢中华人民共和国的
国庆，故认为此事件是对中国人的一大侮辱。《人民日报》也举意大
利传教士郭西德等数人为例加以发挥[③]，称郭氏在陕西宁强的燕子砭
地区传教时，曾霸占民房、欺压百姓，甚至奸污教民之女，他被民
众杀死应是咎由自取，而非殉道，中国政府随即关闭了与梵蒂冈之
间所有非正式的沟通管道[④]。由于中国天主教会在同年的1月和6月先
后自行任命了六位主教（目前中国天主教主教团中约有三分之二的
主教在升任之后向教皇申请认可并获得批准），此举亦曾引发教廷的
严重不满，这几件事不能不让人联想起三四个世纪前的保教权及其
所引发政教权力间的惨痛冲突。

　　2001年，教皇若望保罗二世在罗马举办的"纪念利玛窦抵北京
四百周年国际学术会议"上发表谈话，含蓄地为天主教先前在中国
所可能造成的伤害，祈求中国人民宽恕，他说：

---

① 自二十世纪中叶起，义和团事件中的殉教者陆续被列为真福：1946年，教皇将方
济会传教区的29位殉教者宣布为真福；1951年，将米兰外方传教会（Pontificium
Institutum Missionum Exterarum；缩写为P.I.M.E.）在陕西南部被杀的郭西德宣布为
真福；1955年，将耶稣会直隶东南代牧区（后来之献县教区）的56位殉教者宣布
为真福。
② 此一人数远低于日本殉教之人（见附录1.3），疑因中国人大多只将宗教视为精神
生活的一部分，对不同宗教的容忍度亦较高，此故，历代少见有将某一宗教定为
国教者，惟造成此一差异的确切原因仍待考。
③ 参见 https://www.govopendata.com/renminribao/2000/10/3/2/.
④ 陈方中、江国雄，《中梵外交关系史》，页582-614。

可惜，历史告诉我们，教会成员在中国的行为并非绝无过失。这是人的本性及其行为有限度的自然苦果，也是与复杂的历史事件，以及彼此冲突的政治利益纠缠，而难免造成的恶劣环境的影响。甚至尚有神学上的纷争，激怒人心，更为福传工作带来重大的麻烦。在近代历史的某些阶段曾出现一种依仗欧洲列强势力的"保教权"。虽然从一方面说来，这曾多少有助于教会的传教活动，但结果究竟限制了教会的行动自由，损害了教会在中国人民心目中的美好形象。因此，不期然地阻碍了教会在中国的进展，使教会不能为中国人民的好处，一心一意执行其创立者耶稣基督所赋予的使命。为了这些过去的过错和缺陷，我深感愧惜。我很遗憾，这些不幸的事情竟在一些人的心里造成了天主教对中国人民缺乏尊敬和重视的印象，使他们相信天主教对中国怀有敌意。因为这一切，我向所有自觉曾被天主教徒的这类行为所伤害的人们，请求宽恕和原谅……教会不应该怕惧历史的真理，虽然内心痛苦，也要为她的儿女们的过失担负责任，这也包括她对中国人民过去和近来的关系在内。①

希望对2000年的封圣事件间接表达歉意，并借此呈现与中国发展关系正常化的诚意。

随着近世社会的日趋多元化，罗马教廷对世俗政权的影响力已逐渐式微：如法兰西第三共和国于1905年制定了政教分离法，不再以天主教为国教；1992年签订的欧洲联盟条约，也以政教分离为其主要的公民价值观之一；而类似的法律，几乎已是目前世界上绝大多数国家的基本立国精神。再加上拉丁美洲、非洲和亚洲的奉教人口，已高达现今所有天主教徒的62%，历史上一向以较高姿态处理

---

① 单国玺，《承认错误、澄清误解》。单氏是华人世界目前两位枢机主教中最资深者。

与世俗政权之关系，且以欧洲文明为主流价值的罗马教廷（面积仅
0.44平方公里，国内人口不满千人，但却拥有十亿教徒，是世界上
最大的宗教团体）[1]，恐将面临更多的挑战与调适。

身为家族中甚至地方上最早的天主教徒之一，本书中所介绍的
这些"两头蛇族"入教时通常均已成年，甚至早就步入中年（如许
乐善63岁、瞿汝夔57岁、徐光启42岁、李之藻46岁、杨廷筠50
岁、王徵近50岁、张赓53岁……；见图表13.1），亦即，他们都长
期浸淫于中国的文化传统当中，故在遭逢异文明接触所产生的糅合
（hybridity）与冲突（conflict）时，其所受冲击的程度大多远超过下
一代的奉教者，而他们在面对"十诫"教规的一些处理方式，也可
能不易为今日的天主教所认同。

这批最早奉天主教的士大夫，因其身份地位较高，故应均属当
时中国教会的要角，他们对于布教和扬教的责任感和企图心，可能
都要强过下一代，因此常会利用各自的人际网络（如师生、同年、
同社、同乡和同寅等关系），积极传播西学与西教，甚至协助入华传
教士打开或建立宣教的渠道与环境。由于他们的社会阶层较高，故
此种自制高点所进行的扩散模式成效颇大，从本书中所呈现之许多
材料（见图表3.1和附录7.3），我们即可发现西学、西教在明末清初
的影响层面，不论是深度或广度，均应远超过先前学界的认知。

明清之际因近代第一次中、欧文明较大规模接触而突现的"两
头蛇族"，有的是两个头并列在同一端，威力得以相加相乘（如徐光
启等）；有的则是分居两端，矛盾冲突不断（如王徵等）。原先，"两

482

----

[1] 曾负责"中华方济会会省"的韩承良神父，自1992年起被该会总会长委任，负责
编纂方济会在华传教史的工作，他即曾对十九世纪以来与帝国主义关系密切的入
华天主教有所反省，并认为中国天主教爱国会的出现或许还是天主的旨意，一方
面有助于摆脱天主教是"外国洋教"的形象，另一方面也可使"中国的教会更加净
化和中国化"；参见韩承良，《中国天主教传教历史》，页147—148。

头蛇族"只需担心其体内所产生的异体排斥作用，但鼎革之变和"礼仪之争"则令其深受外在环境的冲击。

在历经几代的繁衍之后，蛇体内的两种基因开始出现明显的强弱分际，其中一支由中华文化传统所植入的基因形成显性，终令其又汇入中国社会的大洪流当中；而天主教基因成为显性的另一支，则在教禁期间孕育出一些地方性的天主教社群，他们大多位处于较闭塞的区域，且为了避免被主流社会攻击，往往选择自我封闭，以护持其不太被当权者认同的宗教信仰[1]。

至于今日的天主教徒，可能已很少像其三四百年前的先辈一样，必须身处于两文化板块挤压下所形成的"地震带"。亦即，原先的"两头蛇族"或早已退化成一个头；然而，"两头蛇族"所曾遭逢之异文化间的冲突与糅合[2]，应仍可提供我们许多深刻的省思，并替中西文明交流史开启一些新的研究路向。

2005年夏初稿完成，时恰值虚岁五十初度

2006年5月，简体字版修订完成

---

[1] 方豪在《家谱中之天主教史料》一文中，曾整理出四川江津骆氏、梁山张氏、安岳黄氏以及浙江衢县吴氏、徐氏、王氏、傅氏的家谱资料，可略见他们如何在教禁期间坚持其信仰。

[2] 参见Bitterli, *Cultures in Conflict*; Standaert, "Inculturation and Chinese-Christian Contacts in the Late Ming and Early Qing."

大事年表

1492年　哥伦布"发现"美洲新大陆。

1494年　西班牙和葡萄牙签署托德西里亚斯条约。

1498年　达伽马发现绕经非洲到达印度的航路。

1510年　葡萄牙占领印度西岸的卧亚。

1521年　麦哲伦成功航越太平洋。

1529年　西班牙和葡萄牙签署萨拉戈萨条约。

1534年　卧亚成为主教区。

1540年　罗耀拉正式成立耶稣会。

1542年　耶稣会士沙勿略到达印度卧亚。

1543年　西班牙探险家比利亚洛沃斯抵达菲律宾。

1546年　耶稣会的葡萄牙会省成立。

1547年　耶稣会的西班牙会省成立。

1549年　耶稣会的卧亚会省成立；沙勿略转往日本发展。

1552年　耶稣会士沙勿略病卒于广东外海的上川岛。

1553年　耶稣会的巴西会省成立。

1557年　卧亚升为大主教区。

1576年　澳门成为主教区。

1580年　西班牙国王菲力普二世兼领葡萄牙王位。

1581年　菲律宾成为主教区；耶稣会日本副会省成立。

1583年　耶稣会士罗明坚与利玛窦在广东肇庆建立教堂。

1584年　罗明坚所刊行的《(新编西竺国)天主实录》，是入华传教士的第一本汉文著作，书中将Deus通篇译成"天主"。

1585年　耶稣会与教皇订约，划中、日两国为其传教专属特区。

1587年　日本丰臣秀吉颁布禁教令。

　　1588年　日本成为主教区。

　　1589年　瞿汝夔从利玛窦习天算，制造科学仪器，后并劝其弃僧装改着儒服。

　　1595年　利玛窦首次在华戴儒冠、穿儒服。

　　1600年　英国东印度公司成立。

　　1601年　利玛窦抵达北京贡方物。

　　1602年　荷兰东印度公司成立；参军李应试受洗；李之藻协助利玛窦刊行《坤舆万国全图》。

　　1603年　利玛窦刊行《天主实义》；徐光启受洗；李应试在北京刻印《两仪玄览图》。

　　1604年　徐光启登进士，奉教之成启元亦登武进士。

　　1605年　瞿汝夔将妾扶正后受洗。

　　1609年　耶稣会士在巴拉圭创设转化区。

　　1610年　李之藻在利玛窦的劝勉下出妾受洗，利玛窦旋即病逝于北京。

　　1611年　耶稣会日本副会省升格为会省；南京通政使许乐善受洗；杨廷筠在“谕妾异处”后受洗。

　　1612年　奉教之孙元化在北京中举。

　　1614年　日本德川家康禁教。

　　1616年　沈㴶发动反天主教的“南京教案”。

　　1621年　张识受洗，包含其父张赓在内的家人均于稍后入教；奉教之韩云邀艾儒略至绛州，随即为其家人（包含其弟韩霖）付洗；在“澳门会议”中，龙华民坚持应禁用“天”、“上帝”、“天神”和“灵魂”等中文名词，并建议一律采用拉丁文译音，但耶稣会士们决议遵从“利玛窦规矩”。

　　1622年　教廷成立传信部，希冀能直接掌控所有的传教工作；奉教之王徵登进士。

　　1623年　耶稣会中国副会省成立；许乐善之孙远度娶徐光启之次孙女甘第大；王启元撰成《清署经谈》，倡言建立孔教，并严斥天主教；王徵私娶一妾申氏；瞿式耜或在此年或之后不久受洗，但未几即出教；龙华民撰写《讨论“上帝”之争的简短回应》一文，重申他反对使用“天”和“上帝”等名词的立场。

　　1624年　杨涟劾魏忠贤二十四罪，遭切责，珰祸从此大起；罢归之叶向高邀艾儒略入闽开教；致仕之沈㴶病卒。

　　1625年　金尼阁应丁忧在家的王徵之邀至陕西开教；魏大中被诬坐赃银而逮下诏狱。

1626年　阉党将"东林党人榜"颁示天下；东厂在逮捕魏大中姻亲周顺昌时激起民变。

1627年　崇祯帝即位，开始力黜阉党。

1628年　在"嘉定会议"中，耶稣会议决沿用利玛窦的看法，不以敬孔敬祖为迷信，但对于译名，则改采龙华民一派的意见。

485

1629年　耶稣会远东视察员 Andre Palmeiro 出禁令，不许使用"天"和"上帝"作为 Deus 的代名；公沙的西劳等三十余名澳门军士，携大铳十门来华效命；金声或在此年或之后不久受洗，但未几即出教；徐光启奉旨开历局，率李之藻以及耶稣会天文家在局制器测验并译书演算。

1632年　登莱巡抚孙元化之部将孔有德率兵在吴桥叛变，被叛军放还的孙元化与张焘遭弃市，王徵遭戍；徐光启入阁，稍后曾疏请辟释、道以尊天，崇祯帝遂有撤像之举；第一位道明会士抵华。

1633年　第一位方济会士抵华；奉教之李天经接替徐光启督修历法；徐光启旋病逝。

1635年　耶稣会远东视察员李玛诺下令允许自由使用"天"和"上帝"之名；道明会士和方济会士在福安附近的顶头安排法庭，审讯中国教徒有关祭祖的仪式，自此掀起"中国礼仪之争"的序幕。

1637年　日本爆发岛原之变，有35,000位天主教徒被杀；王徵视妾申氏"一如宾友"；福建巡海道施邦曜掀起"福建教案"。

1638年　陈子龙等编刻《皇明经世文编》，徐光启所占的篇幅独占鳌头；日本德川家光在全国各地大张告示，以优渥赏金鼓励密告捉拿传教士和教徒。

1639年　以复社为主的百余士人联名刊传《留都防乱公揭》，誓驱逐以阮大铖为首的"逆党"。

1640年　葡萄牙脱离西班牙独立；日本幕府设立宗门奉行，专司禁教与其他宗教事务。

1641年　韩霖撰成《铎书》。

1644年　王徵在陕西绝粒自杀；闯军攻进北京；奉教之韩霖、魏学濂和李天经先后降闯任官；魏学濂在李自成兵败之后，或因畏惧清议而佯称自杀，隐姓埋名。

1645年　汤若望正式掌清钦天监印信；奉隆武帝之命赴澳门求援的"宣谕使"毕方济，上呈《修齐治平颂》；传信部公布："凡敬城隍、孔子和祖先的祭祀，都在禁止之列。"

1646年　永历帝朱由榔在肇庆即位。

1648年　永历朝中奉教之司礼太监庞天寿，在其所提督的勇卫军中起用"西番书"为符识，并举荐其师瞿纱微掌钦天监事，且协助瞿纱微替王太后、马太后、王皇后以及皇子慈炫等皇族领洗。

1650年　永历王太后遣卜弥格携其致教皇和耶稣会总会长的函件使欧；汤若望获顺治帝赐地建天主堂。

1653年　汤若望获顺治帝赐号"通玄教师"，穆尼阁也获清廷之允许往内地各省"随意往来传教"。

1656年　圣职部宣布，如祀孔祭祖真是世俗性和政治性崇拜，则准许中国教徒举行。

1659年　教廷在亚洲广行代牧制，传信部所任命的两名法国籍宗座代牧（均为巴黎外方传教会士），开启了法国教会在亚洲发展的新纪元；卜弥格返回中国时，因劳顿而死于边境。

1662年　永历帝与奉教之太子慈炫俱死于云南，南明亡。

1664年　巴黎外方传教会获得教皇批准成立；反教的杨光先掀起"历狱"。

1667年　23名被集中软禁的各会传教士，召开长达四十天的"广州会议"，决议应遵守教廷于1656年所公布有关"中国礼仪问题"的训令。

1669年　"历狱"获得翻案，南怀仁获授钦天监副；除南怀仁等少数在京耶稣会士拥有少许传教自由之外，严禁各省立堂入教。

1676年　道明会士闵明我出版《中国历史、政治、伦理和宗教概观》一书上册，大肆抨击在华耶稣会士的传教方式，书中并收录龙华民的《讨论"上帝"之争的简短回应》。

1678年　王徵先前所娶之妾申氏绝食自杀。

1680年　第一位奥斯定会士抵华；被称作"中华教会之母"或"耶稣会之姊"的徐甘第大过世。

1684年　第一位巴黎外方传教会士抵华。

1685年　罗文藻在广州被祝圣为第一位中国籍的主教。

1687年　康熙皇帝颁旨删去邪教禁约中"将天主教同于白莲教谋叛"的字样，但仍禁止传教。

1688年　法国耶稣会士洪若翰等五人抵京，建立法国传教区，突破葡萄牙保教权的封锁。

1693年　福建宗座代牧颜珰，严禁该区教众祭祖祀孔，并禁用"天"和"上帝"以称"天主"，且须全面摘除各教堂内所悬挂书有"敬天"之类文字的匾额。

1700年　颜珰正式获祝圣为主教；耶稣会士闵明我等联名上疏请求康熙皇帝声明敬孔敬祖的意义，在得到"这所写甚好，有合大道"的御批后，即分途赶送往罗马。

1701年　在京的耶稣会士接连访问某亲王、内大臣索额图和明珠、大学士伊桑阿、王熙和张英、礼部尚书韩菼、国子监监正孙在丰、孔子后裔衍圣公孔毓圻等高官显贵，向他们探询对"中国礼仪问题"的看法，随后将这些意见整理编辑成拉丁文的《简短的报告》（*Brevis Relatio*）。

1702年　钦天监左监副鲍英齐等奉教人士联名上书教皇，祈请准许中国教徒祀孔祀祖，并以"天"及"上帝"两词称呼天主。

1703年　教皇指派特使多罗来华执行"中国礼仪问题"的训令；多罗途经印度时，也曾顺便处理"马拉巴礼仪之争"，禁止传教士滥从当地的许多礼俗。

1704年　教皇正式下旨禁止祭祖祀孔，且完全禁用"天"和"上帝"等词。

1706年　康熙帝派耶稣会士龙安国和薄贤士往罗马做证，但因遇暴风，死于海上；康熙帝下令将颜珰驱逐出境，并谕令所有的西洋人均须领"信票"，保证永不复回西洋，且声明遵守"利玛窦规矩"。

1707年　多罗在离京返国途中发表公函，宣布教皇已经禁止敬祖敬孔，并指示教士们该如何回答相关问题，他随后被遣送至澳门；康熙帝派耶稣会士艾若瑟和陆若瑟赴欧，但均卒于欧洲，而不曾回返中国。

1709年　教廷正式公布1704年议决案的内容，但在华的教士们唯恐引发严重后果，仍将此事保密。

1710年　多罗在被澳门总督软禁时病卒。

1715年　教皇颁布《自登基之日》（*Ex Illa Die*）诏谕，重申1704年的禁令，并严责不服从者将遭到"绝罚"的重惩。

1716年　《自登基之日》诏谕送抵广州，并由教廷驻广州的传信部人员暗地分发各省教士。

1717年　广东碣石镇总兵官陈昴疏请禁教获准。

1718年　王伯多禄等在北京的中国教会领袖，向来京宣布《自登基之日》诏谕的北京主教区代理主教康和之请教各种"礼仪问题"，结果闹得不欢而别。

1720年　教皇所派遣的第二位特使嘉乐抵达广州。

1721年　在康熙皇帝的坚持之下，传教士们汉译出《自登基之日》禁约，并公布嘉乐的八项准许；康熙帝谕旨："以后不必西洋人在中国行教，禁止可也，免得多事。"

1723年　各省传教士被驱往广东，只准少数在朝供职的西洋人留京。

1725年　天主教徒在湖北地势险绝的磨盘山区，开垦经营"教友谷"。

1732年　马国贤在意大利那不勒斯创建了欧洲第一个专门培养赴华神职人员的中华书院。

488

1742年　教皇重申《自登基之日》禁约，且明令废除嘉乐的八项准许。

1773年　教皇下令解散耶稣会。

1783年　教廷命遣使会接替耶稣会在华的事业与财产。

1803年　在天主教地下神职人员所举行的四川会议中，严格禁止奉教人士阅读《诗经》及《易经》。

1811年　清朝真正全面禁止天主教，该禁令且经由《大清律例》刊传。

1814年　教皇下令恢复耶稣会。

1842年　《南京条约》中注明："耶稣、天主教原系为善之道，自后有传教者来至中国，须一体保护。"

1857年　教廷废除葡萄牙在华的保教权。

1860年　《中法续增条约》中规定，原先被没入的天主教财产，不论原属何国的传教会或传教士，均须先赔还法国的驻华公使，再由其转交"该处奉教之人"。

1939年　教皇颁布《众所皆知》（*Plane Compertum Est*）之旨，承认敬祖敬孔的礼仪为社会礼仪，并收回两百多年前的禁令。

1958年　中国天主教爱国会在"自主自办教会"和"自选自圣主教"的方针之下成立。

1996年　教皇册封法国籍的遣使会士董文学为"中华教会"的第一位圣人。

2000年　教皇将赵荣等120位中国殉道真福封圣。

传教士姓名对照表

（SJ：耶稣会；OFM：方济会；OP：道明会；OSA：奥斯定会；CM：遣使会；MEP：巴黎外方传教会）

Alcalá, Pedro de（1640?−1705; OP）费理伯

Aleni, Giulio（1582−1649; SJ）艾儒略

Almeida, António de（1557−1591; SJ）麦安东

Almeida, José Estevão de（1612−1647; SJ）梅高

Appiani, Ludovico（1663−1732; CM）毕天祥

Arjó, José Ramón（1659−1711; SJ）陆若瑟

Aubin, Raymond（1759−1795; CM）陈神父

Barros, António de（1664−1708; SJ）龙安国

Bartoli, Daniello（1608−1685; SJ）巴笃里

Beauvollier, Antoinede（1657−1708; SJ）薄贤士

Béhaine, Pierre Pigneau de（1741−1799）百多禄

Benavente, Alvaro de（1646−1709; OSA）白万乐

Bouvet, Joachim（1656−1730; SJ）白晋

Boym, Michael-Pierre（1612−1659; SJ）卜弥格

Brancati, Francesco（1607−1671; SJ）潘国光

Buglio, Ludovicus（1606−1682; SJ）利类思

Caballero, Antonio de Santa María（1602−1669; OFM）利安当、栗安党

Carnevali, Paulus（?−1875; OFM）张武良

Carrocci, Filippo-Felice（1646−1695; SJ）罗斐理

Castner, Kaspar（1665−1709; SJ）庞嘉宾

Castorano, Carolus Orazi di（1673–1755; OFM）康和之

Cattaneo, Lazzaro（1560–1640; SJ）郭居静

Cerù, Ioseph（1674–1750）庞克修

490　　Ceru, Teodorico Pedrini（1670–1746）德理格

Chiesa, Bernardino della（1644–1721; OFM）伊大仁

Cicero, Alessandro（1639–1703; SJ）罗历山

Clet, François-Régis（1748–1820; CM）刘方济

Cobo, Juan（*c.*1546–1592; OP）高母羡

Comte, Louis Le（1655–1728; SJ）李明

Costa, Inácio da（1603–1666; SJ）郭纳爵

Couplet, Philippe（1624–1693; SJ）柏应理

Crescitelli, Albericus（1863–1900）郭西德

Dias, Manuel, Jr.（1574–1659; SJ）阳玛诺

Dias, Manuel, Sr.（1559–1639; SJ）李玛诺

Diaz, Franciscus（1606–1646; OP）苏芳积

Domenge, Jean（1666–1735; SJ）孟正气

Faber, Etienne（1597–1657; SJ）方德望

Fernandes, Sébastien（1562–1621; SJ）钟鸣仁

Ferreira, Francisco（1604–1652; SJ）费藏裕

Ferreira, Gaspar（1571–1649; SJ）费奇规

Figueiredo, Luís de（1622–1705; SJ）费类思

Figueiredo, Ruide（1594–1642; SJ）费乐德

Filippucci, Francesco Saverio（1632–1692; SJ）方济各

Fiori, Cristoforo（1672–?）姓费，其名不详

Foucquet, Jean-François（1665–1741; SJ）傅圣泽

Fridelli, Ehrenbert Xaver（1673–1743; SJ）费隐

Furtado, Francisco（1589–1653; SJ）傅汎际

Gabiani, Giandomenico（1623–1694; SJ）毕嘉

García, Juan（*c.*1605–1665; OP）施若翰

Gaspais, Auguste Ernest Désiré Marie 高德惠

Gemona, Basilio Brollo da（1648–1704; OFM）叶尊孝

Gouvea, António de（1592–1677; SJ）何大化

Gozani, Giampaolo（1657—1732; SJ）鲁保禄

Grelon, Adrien（1618—1696; SJ）聂仲迁

Grimaldi, Claudio-Filippo（1639—1712; SJ）闵明我

Herdtrich, Christian W. H.（1625—1684; SJ）恩理格　　　　　　491

Intorcetta, Prospero（1625—1696; SJ）殷铎泽

Irigoyen, Juan Miguel de（1646—1699; SJ）鲁日孟

Kircher, Athanasius（1602—1680; SJ）开意吉

Koegler, Ignatius（1680—1746; SJ）戴进贤

Koffler, Andreas Xavier（1603—1652; SJ）瞿纱微、瞿安德

Labbe, Joseph（1677—1745; SJ）胥孟德

Li, Antonius 李安当

Longobardo, Niccolò（1565—1655; SJ）龙华民

Lopez, Gregorio（1615—1691; OP）罗文藻

Loyola, Ignatius（1491—1556; SJ）罗耀拉

Madre de Dios, Francisco de la（OFM）玛方济

Magalhães, Gabriel de（1610—1677; SJ）安文思

Maigrot, Charles（1652—1730; MEP）颜珰、阎当、严裆、颜当

Mailla, Joseph M. A. de（1669—1748; SJ）冯秉正

Martini, Martino（1614—1661; SJ）卫匡国

Martins, Francisco（c.1570—1606; SJ）黄明沙

Mezzabarba, Carolus（1682—1741）嘉乐

Moccagatta, Luigi（1809—1891; OFM）江类思

Monte, Ignazio de（1612—1680; SJ）何古修

Monteiro, João（1602—1648; SJ）孟儒望

Monteiro, José（1646—1720; SJ）穆德我

Morales, Juan Bautista（c.1597—1664; OP）黎玉范

Motel, Claude（1618—1671; SJ）穆格我

Mourão, João（1681—1728; SJ）穆经远

Moye, John Martin（1730—1793）梅慕雅

Navarette, Domingo Fernandez（1618—1686; OP）闵明我

Neuvialle, Jean Sylvain de（1696—1764; SJ）纽若翰

Nieva, Domingo de（1563—1606; OP）罗明敖黎尼妈

Noël, François（1651-1729; SJ）卫方济

Ortiz, Thomás（1668-1742; OSA）白多玛

Pallotta, Maria Assunta（1878-1905）雅松大

492

Pallu, François（1626-1684; MEP）方济各（有近人译作陆方济）

Pantoja, Diego de（1571-1618; SJ）庞迪我、庞迪峨

Parrenin, Dominique（1665-1741; SJ）巴多明

Perboyre, John Gabriel（1802-1840; CM）董文学

Pinto, Francisco（1662-1731; SJ）何大经

Pinuela, Petrus（1655-1704; OFM）石铎琭

Pordenone, Odorico da（c.1286-1331）和德理

Posateri, Antonio（1640-1705; SJ）张安当

Provana, Antonio（1662-1720; SJ）艾若瑟

Rho, Giacomo（1592-1638; SJ）罗雅谷

Ricci, Matteo（1552-1610; SJ）利玛窦

Riccio, Victorio（1621-1685; OP）利畸

Ripa, Matteo（1682-1745）马国贤

Rocha, Diego da（1632-1694; SJ）罗天佑

Rocha, João da（1565-1623; SJ）罗儒望

Rodrigues, Jeronimo（1567-1628; SJ）骆入禄

Rodrigues, João（1561-1633; SJ）陆若汉

Rodrigues, Simão（1645-1704; SJ）李西满

Rosario, Arcadio del（1641-1686; OP）欧加略

Rosario, Francisco-Xavier de（1667-1736; SJ）何天章

Ruggieri, Michele（1543-1607; SJ）罗明坚

Sá, João de（1672-1731; SJ）杨若望

Sambiasi, Francesco（1582-1649; SJ）毕方济

Sande, Duarte de（1547-1599; SJ）孟三德

Schreck, Johann Terrenz（1576-1630; SJ）邓玉函

Semedo, Alvaro（1585-1658; SJ）谢务禄、曾德昭

Silva, Antonio de 林安言

Smogulecki, Johannes Nikolaus（1610-1656; SJ）穆尼阁

Spiere, Pierre Van（1584-1628; SJ）史惟贞

Thomas, Antoine（1644—1709; SJ）安多

Tornay, Maurice（1910—1949）杜仲贤

Tournon, Carlo Tommaso Maillard de（1668—1710）多罗 493

Trigault, Michel（1602—1667; SJ）金弥格

Trigault, Nicolas（1577—1628; SJ）金尼阁

Turcotti, Carlo Giovanni（1643—1706; SJ）都加禄

Vagnone, Alfonso（c.1568—1640; SJ）王一元、王丰肃、高一志

Valat, Jean（1614?—1696; SJ）汪儒望

Valignano, Alessandro（1539—1606; SJ）范礼安

Ventallol, Maginus（1647—1732; OP）马熙诺

Verbiest, Ferdinand（1623—1688; SJ）南怀仁

Wan, Paul Banhes（1631—1700; SJ）万其渊

Xavier, François（1506—1552; SJ）沙勿略

*如欲从汉名回查传教士之本名，可利用书末之名词索引。

参考文献

一、本书中较常引用之套书和丛书

《百部丛书集成》。台北：艺文印书馆，1964。

《北京大学图书馆藏善本丛书》。北京：北京大学出版社，1983−1993。

《北京图书馆藏珍本年谱丛刊》。北京：北京图书馆出版社，1998。

《北京图书馆藏中国历代石刻拓本汇编》。郑州：中州古籍出版社，1989。

《丛书集成续编》。上海：上海书店，1994。

《地方志人物传记资料丛刊》。北京：北京图书馆出版社，2001。

《二十四史》。北京：中华书局，1978年点校本。

《明代传记丛刊》。台北：明文书局，1991。

《明末清初天主教史文献丛编》。北京：北京图书馆出版社，2001。

《明清史料汇编》。台北：文海出版社，1967−1984。

《明实录》。京都：中文出版社，1984，景印黄彰健校勘傅斯年图书馆藏旧钞本。

《清代传记丛刊》。台北：明文书局，1995。

《清实录》。北京：中华书局，1985年景印北京故宫博物院图书馆藏小红绫本。

《日本藏中国罕见地方志丛刊》。北京：书目文献出版社，1990−2003。

《四库禁毁书丛刊》。北京：北京出版社，2000。

《四库全书存目丛书》。台南：庄严出版公司，1995。

《四库未收书辑刊》。北京：北京出版社，1997。

《天学初函》。台北：台湾学生书局，1965。

《天主教东传文献》、《续编》、《三编》。台北：台湾学生书局，1965−1972。

《文渊阁四库全书》。台北：台湾商务印书馆，1982−1983。

《稀见中国地方志汇刊》。北京：中国书店，1992。

《新修方志丛刊》。台北：台湾学生书局，1967。

《徐家汇藏书楼明清天主教文献》。台北：辅仁大学神学院，1996。

《续修四库全书》。上海：上海古籍出版社，1995－2002。

《耶稣会罗马档案馆明清天主教文献》。台北：利氏学社，2002。

《中国地方志集成》。上海：上海书店，1991。

《中国方志丛书》。台北：成文出版社，1966－1974。

《中国省志汇编》。台北：华文书局，1967－1969。

二、原始文献

【中文】

艾儒略、卢安德（Andrius Rudamina, 1596－1631），《口铎日抄》，《耶稣会罗马档案馆
　　明清天主教文献》本。

艾儒略（Giulio Aleni, 1582－1649），《大西西泰利先生行迹》，梵蒂冈图书馆藏，编号
　　Borgia Cinese 350。

——，《几何要法》，法国国家图书馆藏钞本，编号为 Courant 4869（以下凡该馆藏本，
　　仅记其编号）。

——，《三山论学纪》，闽中天主堂重刻本，Courant 7121。

——，《三山论学纪》，《天主教东传文献续编》本。

——，《西学凡》，Courant 3379。

——，《性学粗述》，《耶稣会罗马档案馆明清天主教文献》景印隆武二年刊本。

——，《职方外纪》，《天学初函》本。

艾儒略口授，丁志麟笔受，《杨淇园超性事迹》，《徐家汇藏书楼明清天主教文献》本。

——，《杨淇园先生事迹》，Courant 1016 Ⅳ。

艾儒略增译，杨廷筠汇记，《职方外纪》，《天学初函》本。

艾儒略著，向达校，《合校本大西西泰利先生行迹》。北平：上智编译馆，1947。

白多玛（Thomás Ortiz, 1668－1742），《圣教切要》。香港：纳匝肋静院，1889 年活字版，
　　原撰于 1711 年。

柏垫辑，《泾献（诗）文存》，傅斯年图书馆藏民国十四年刊本。

柏应理（Philippe Couplet, 1623－1693）著，徐允希译，《一位中国奉教太太：许母徐太
　　夫人甘第大传略》。台中：光启出版社，1965 年删改自 1938 年原译本。

柏应理，《徐光启行略》，收入张星曜，《通鉴纪事本末补·附编》。

柏应理著，许采白译，《许太夫人传略》，傅斯年图书馆藏光绪八年刊本。

鲍英齐等，《北京教中公同誓状》，Courant 1332。

《碑记赠言合刻》，维也纳奥地利国家图书馆藏顺治十八年刊本，编号为Sin. 58。

毕自严，《石隐斋藏稿》，台北"国家图书馆"藏崇祯间手稿本。

曹学佺，《曹学佺集》。南京：江苏古籍出版社，《福建丛书》景印明刊本。

曹于汴，《仰节堂集》，《文渊阁四库全书》本。

长泽规矩也编，《明清俗语辞书集成》。东京：汲古书院，1974。

陈鼎，《东林列传》。北京：中国书店，景印清初刊本。

陈宏谋编，《教女遗规》，傅斯年图书馆藏光绪十六年重刻乾隆七年初刊本。

陈瑚，《确庵文藁》，《四库禁毁书丛刊》景印康熙间刊本。

陈济生，《天启崇祯两朝遗诗小传》，《明代传记丛刊》本。

——，《再生记略》，《丛书集成续编》景印《昭代丛书》本。

陈继儒，《陈眉公先生全集》，台北"国家图书馆"藏崇祯间刊本。

陈龙正，《几亭全书》，《四库禁毁书丛刊》景印康熙间刊本。

陈盟，《崇祯阁臣行略》，《明代传记丛刊》景印《知服斋丛书》本。

陈其元等修，熊其英等纂，《青浦县志》，《中国方志丛书》景印光绪五年刊本。

陈确，《陈确集》。北京：中华书局，1979年点校本。

陈寿祺等撰，《福建通志》，《中国省志汇编》景印同治十年重刊本。

陈垣辑，《康熙与罗马使节关系文书》。台北：台湾学生书局，重印1932年景印本。

陈贞慧，《书事七则》，《中国野史集成》景印《昭代丛书》本。

陈子龙、李雯、宋征舆撰，陈立点校，《云间三子新诗合稿》。沈阳：辽宁教育出版社，
　　　2000，《新世纪万有文库》本。

陈子龙等辑，《皇明经世文编》，《四库禁毁书丛刊》景印崇祯间刊本。

陈子龙著，施蛰存、马祖熙点校，《陈子龙诗集》。上海：上海古籍出版社，1983。

成靖之，《云石堂集》，台北"国家图书馆"藏崇祯间刊本。

程锡类编，《金正希先生年谱》，《北京图书馆藏珍本年谱丛刊》景印民国十七年刊本。

《崇祯实录》，傅斯年图书馆藏嘉业堂旧藏钞本。

戴笠、吴乔，《流寇长编》。北京：书目文献出版社，1991年景印北京图书馆藏钞本，
　　　原撰于康熙间。

戴廷栻，《半可集》，傅斯年图书馆藏清初刊本。

戴有田，《弘光朝伪东宫、伪后及党祸纪略》，《明清史料汇编》景印《荆驼逸史》本。

丁传靖，《甲乙之际宫闺录》。北京：中国书店，景印民国二十三年刊本。

丁惟暄，《管涔集》，日本内阁文库藏万历二十五年序刊本。

东邨八十一老人，《明季甲乙汇编》，《四库禁毁书丛刊》景印旧钞本。

鄂尔泰等修，靖道谟等纂，《贵州通志》，《文渊阁四库全书》本。

鄂尔泰纂修，《钦定八旗通志初集》。台北：台湾学生书局，重印雍正五年据乾隆四年
　　刊本所修之本。

范鄗鼎，《国朝理学备考》，中国国家图书馆藏道光五年刊本。

——，《理学备考》，《四库全书存目丛书》景印康熙刊本。

范印心修，张奇勋等纂，《沃史》，日本东洋文库藏康熙五年刊本。

方崇鼎、何应松等纂修，《休宁县志》，《中国方志丛书》景印嘉庆二十年刊本。

方济各（Francesco Saverio Filippucci, 1632–1692），《临丧出殡仪式》，《耶稣会罗马档
　　案馆明清天主教文献》本。

方以智，《浮山此藏轩别集》，《续修四库全书》景印康熙间刊本。

——，《浮山文集前编》，《续修四库全书》景印康熙间刊本。

——，《通雅》，《文渊阁四库全书》本。

——，《物理小识》，《文渊阁四库全书》本。

冯秉正，《盛世刍荛》，《天主教东传文献续编》本。

冯复京，《明常熟先贤事略》，《明代传记丛刊》景印钞本，原撰于万历四十六年。

冯梦龙著，魏同贤编，《冯梦龙全集》。南京：江苏古籍出版社，1993年标点本。

——，《冯梦龙全集》。上海：上海古籍出版社，1993年景印明刊本。

冯琦，《北海集》。台北：文海出版社，《明人文集丛刊》景印万历末年刊本。

冯文昌，《十二位宗徒像赞》，Courant 6811。

傅山著，刘贯文等编，《傅山全书》。太原：山西人民出版社，1991年标点本。

傅维麟，《明书》。扬州：江苏广陵古籍刻印社，景印光绪五年刊本。

傅以礼，《残明大统历》。台北：台湾开明书店，《二十五史补编》本。

——，《残明宰辅年表》。台北：台湾开明书店，《二十五史补编》本，原撰于光绪
　　十四年。

傅应荃纂修，《韩城县志》，《中国方志丛书》景印乾隆四十九年刊本。

高举等，《明律集解附例》。台北：成文出版社，景印光绪二十四年据万历三十八年重
　　刊本。

高攀龙，《高子遗书》，《文渊阁四库全书》本，原刊于崇祯五年。

高珣等纂修，《葭州志》，《中国方志丛书》景印民国二十二年据嘉庆十四年本重刊之石
　　印本。

高宇泰，《雪交亭正气录》，《丛书集成续编》景印《四明丛书》本，原撰于弘光元年。

戈鸣岐等纂修，《续修嘉善县志》，《中国方志丛书》景印雍正十二年刊本。

葛晨纂修，《泾阳县志》，中国科学院图书馆藏乾隆四十三年刊本。

葛清等纂修，《乡宁县志》，《地方志人物传记资料丛刊》景印乾隆四十九年刊本。

葛寅亮，《金陵梵刹志》，《四库全书存目丛书》景印天启增修本。

葛之莫等修，陈哲等纂，《睢宁县旧志》，《中国方志丛书》景印民国十八年铅印本。

顾公燮，《丹午笔记》，南京：江苏古籍出版社，1999，《江苏地方文献丛书》据嘉庆
　　二十三年钞本校点，与《吴城日记》和《五石脂》同刊。

顾起元，《客座赘语》，《四库全书存目丛书》景印万历四十六年刊本。

顾炎武，《明季实录》，《丛书集成续编》景印《槐庐丛书》本。

——，《日知录》，《文渊阁四库全书》本。

——，《圣安本纪》，《明清史料汇编》景印《荆驼逸史》本。

顾炎武著，华忱之点校，《顾亭林诗文集》。北京：中华书局，1983年第2版。

顾炎武著，黄汝诚释，《日知录集释》，《续修四库全书》景印道光十四年刊本。

郭纳爵（Inácio da Costa, 1603–1666），《烛俗迷篇》，Courant 7147。

郭起元等纂修，《盱眙县志》，《中国方志丛书》景印乾隆十二年刊本。

郭汝诚修，冯奉初等纂，《顺德县志》，《中国方志丛书》景印咸丰三年刊本。

郭廷裳，《太平万年书》，康熙三十九年刊本，Courant 4935。

郭正域，《皇明典礼志》，《续修四库全书》景印万历四十一年刊本。

郭子章，《蠙衣生黔草》，《四库全书存目丛书》景印万历间刊本。

——，《青螺公遗书》，傅斯年图书馆藏光绪八年刊本。

《国变难臣钞》，《中国野史集成》景印铅字标点本，原书乃雍正十一年据顺治初年钞
　　本整理。

韩霖、张赓等，《圣教信证》，《天主教东传文献三编》本。

韩霖，《铎书》，《徐家汇藏书楼明清天主教文献》景印清初挖改本。

——，《铎书》，东京大学东洋文化研究所藏民国八年陈垣重刊活字本。

——，《二老清风》。台北：文海出版社，《明人文集丛刊》景印崇祯间刊本。

——，《守圉全书》，傅斯年图书馆藏明末刊本。

韩日缵，《韩文恪公文集》，台北"国家图书馆"藏崇祯间刊本。

何乔远，《镜山全集》，日本内阁文库藏崇祯十四年序刊本。

何世贞，《许嘉禄传》，Courant 1022。

和珅等奉敕撰，《大清一统志》，《文渊阁四库全书》本。

洪锡范等修，王荣商等纂，《镇海县志》，《中国方志丛书》景印民国二十年铅印本。

洪意纳爵等，《祭祀问答》，《耶稣会罗马档案馆明清天主教文献》本。

胡为和修，孙国钧纂，《丹阳县续志》，《中国地方志集成》景印民国十六年刊本。

胡延修纂，《绛县志》，《新修方志丛刊》景印光绪二十年刊本。

胡元焕修，蒋湘南纂，《泾阳县志》，陕西师范大学图书馆藏道光二十二年刊本。

《皇帝御制诗》，Courant 1323。

黄炳垕，《黄梨洲先生年谱》，《北京图书馆藏珍本年谱丛刊》景印同治十二年刊本。

黄伯禄，《正教奉褒》。上海：慈母堂，光绪三十年第三次排印本。

黄恩彤著，李兆霖等续纂，《滋阳县志》，《新修方志丛刊》景印光绪十四年重刊本。

黄景昉，《国史唯疑》，《续修四库全书》景印康熙三十年钞本。

——，《鹿鸠咏》，台北"国家图书馆"藏明末钞本。

——，《瓯安馆诗集》，日本浅草文库藏明末刊本。

黄廷鹄，《希声馆藏稿》，日本内阁文库藏崇祯十年序刊本。

黄虞稷，《千顷堂书目》，《文渊阁四库全书》本。

黄之隽等撰，《江南通志》，《中国省志汇编》景印乾隆二年重修本。

黄宗羲编，《明文海》，《文渊阁四库全书》本。

黄宗羲著，沈善洪编，《黄宗羲全集》。杭州：浙江古籍出版社，1985–1994。

黄尊素，《说略》。成都：巴蜀书社，《中国野史集成》景印古香书屋项氏钞本。

霍韬、霍与瑕，《石头录》，《北京图书馆藏珍本年谱丛刊》景印同治元年刊本。

嵇曾筠等修，沈翼机等纂，《浙江通志》，《文渊阁四库全书》乾隆元年重修本。

计六奇撰，任道斌、魏得良点校，《明季南略》。北京：中华书局，1984，康熙十年成书。

计六奇撰，魏得良、任道斌点校，《明季北略》。北京：中华书局，1984，康熙十年成书。

简绍芳，《杨文宪升庵先生年谱》，《北京图书馆藏珍本年谱丛刊》景印道光间刊本。

江峰青等修，顾福仁等纂，《嘉善县志》，《中国方志丛书》景印光绪十八年刊本。

江天一，《江止庵遗集》，《四库未收书辑刊》景印康熙间刊本。

江之春，《安龙纪事》，《明清史料汇编》本。

姜篯、郭景泰等纂修，《郏县志》，《中国方志丛书》景印民国二十一年石印本。

姜绍书，《无声诗史》，《四库全书存目丛书》景印康熙五十九年刊本。

焦竑，《焦太史编辑国朝献征录》，《四库全书存目丛书》景印万历四十四年刊本。

《教务教案档》。台北："中央研究院"近代史研究所，1974。

金鉷等监修，钱元昌等编纂，《广西通志》，《文渊阁四库全书》本。

金良骥等修，姚寿昌等纂，《清苑县志》，《中国方志丛书》景印民国二十三年铅印本。

金尼阁，《西儒耳目资》，《四库全书存目丛书》景印天启六年刊本。

——，《西儒耳目资》，台北"国家图书馆"藏天启六年刊本。

金声，《金正希先生文集辑略》，《四库禁毁书丛刊》景印明末刊本。

金钟，《皇明末造录》，《续修四库全书》景印清钞本。

晋江天主堂辑，《熙朝崇正集》，《天主教东传文献》景印钞本。

《旧约圣经》。台北：思高圣经学会，1967。

来复，《来阳伯集》，台北"国家图书馆"藏天启间刊本。

懒道人等，《李闯小史》。杭州：浙江古籍出版社，1985年据清刊本标点，收入《甲申核真略（外二种）》。

李安当，《丧葬仪式》，《耶稣会罗马档案馆明清天主教文献》本。

李长春，《明熹宗七年都察院实录》。台北："中央研究院"历史语言研究所，1984年景印傅斯年图书馆藏旧钞本。

李长科，《广仁品》，《四库全书存目丛书》景印崇祯六年刊本。

李长祥，《天问阁集》，《明代传记丛刊》本。

李春芳，《李文定公贻安堂集》，《四库全书存目丛书》景印万历十七年刊本。

李慈铭，《受礼庐日记》。北京：浙江公会，景印《越缦堂日记》清钞本。

李东阳等纂，申时行等重修，《大明会典》。台北：新文丰出版公司，景印万历十五年刊本。

李刚己，《教务纪略》。上海：上海书店，景印光绪三十一年刊本。

李焕扬修，张于铸纂，《直隶绛州志》，傅斯年图书馆藏光绪五年刊本。

李九功，《励修一鉴》，Courant 6878。

——，《慎思录》，Courant 7227。

——，《问答汇抄》，《耶稣会罗马档案馆明清天主教文献》本。

李盘，《李小有诗纪》，《四库未收书辑刊》景印清初刊本。

李盘等编撰，《金汤借箸十二筹》，《四库禁毁书丛刊》景印崇祯间刊本。

李培谦修，阎士骧纂，《阳曲县志》，《中国方志丛书》景印民国二十一年重印道光二十三年刊本。

李清，《甲申日记》，台北"国家图书馆"藏嘉庆间钞本，原撰于清初。

李清馥，《闽中理学渊源考》，《文渊阁四库全书》本。

李人镜等修，梅体萱等纂，《南城县志》，《中国方志丛书》景印同治十二年刊本。

李日华，《李太仆恬致堂集》，《四库禁毁书丛刊》景印崇祯间刊本。

——，《恬致堂诗话》，《四库全书存目丛书》景印道光十一年刊本。

李生光，《西山阁笔》，《四库未收书辑刊》景印顺治间刊本。

李嗣玄，《泰西思及艾先生行述》，Courant 1017-I。

李天根撰，仓修良、魏得良校点，《爝火录》。杭州：浙江古籍出版社，1986，乾隆十三年成书。

李雯，《蓼斋集　蓼斋后集》，《四库禁毁书丛刊》景印顺治十四年刊本。

李逊之，《三朝野纪》，《明清史料汇编》本，成书于康熙十年。

李瑶，《南疆绎史摭遗》，《明清史料汇编》景印道光十年序刊本。

李渔著，佐荣、陈庆惠点校，《李渔全集》。杭州：浙江古籍出版社，1990。

李之藻辑，《天学初函》。台北：台湾学生书局，景印明末刊本。

李贽著，张建业主编，《焚书　续焚书》。北京：社会科学文献出版社，2000，《李贽文集》标点本。

李周望，《国朝历科题名碑录初集》。北京：书目文献出版社，《北京图书馆古籍珍本丛刊》景印雍正间刊本。

李宗煝编，《金正希先生年谱》，《北京图书馆藏珍本年谱丛刊》景印清末钞本。

李祖白，《天学传概》，《天主教东传文献续编》景印康熙三年序刊本。

李遵唐纂修，《闻喜县志》，《中国方志丛书》景印乾隆三十年刊本。

利安当（Antonio de Santa María Caballero, 1602-1669）诠义，尚祜卿参阅，《天儒印》，《天主教东传文献续编》本。

利类思（Ludovicus Buglio, 1606-1682）译，《圣事礼典》，《耶稣会罗马档案馆明清天主教文献》景印康熙十四年刊本。

利玛窦、金尼阁（Nicolas Trigault, 1577-1628）著，何高济等译，《利玛窦中国札记》。北京：中华书局，1983。

利玛窦（Matteo Ricci, 1552-1610），《畸人十篇》，《天学初函》本。

——，《天主实义》，《天学初函》本。

——，《西国记法》，《天主教东传文献》本。

利玛窦等，《辩学遗牍》，《天学初函》本。

利玛窦口授，徐光启笔译，《几何原本》，《天学初函》本。

利玛窦著，刘俊余、王玉川译，《利玛窦全集》。台北：光启出版社及辅仁大学出版社，1986。

利玛窦著，刘顺德译注，《天主实义》。台中：光启出版社，1966。

梁蒲贵、吴康寿修，朱延射、潘履祥纂，《宝山县志》，《中国地方志集成》景印光绪八年刊本。

梁章钜，《称谓录》。上海：上海古籍出版社，《明清俗语辞书集成》景印光绪十年刊本。

廖腾煃修，汪晋征纂，《休宁县志》，《中国方志丛书》景印康熙三十二年刊本。

廖元发修，白乃贞等纂，《清涧县志》，《地方志人物传记资料丛刊》景印顺治十八年
　　刊本。

林时对，《留补堂文集选》，《丛书集成续编》景印《四明丛书》本。

林应翔等修，叶秉敬等纂，《衢州府志》，《中国方志丛书》景印天启二年钞本。

林有麟，《法教佩珠》，《四库全书存目丛书》景印万历四十二年刊本。

凌雪，《南天痕》，《明代传记丛刊》景印标点本。

《岭表纪年（外二种）》。杭州：浙江古籍出版社，1985 年标点本。

刘洪烈注，《金正希先生年谱》，《北京图书馆藏珍本年谱丛刊》景印光绪二十三年木活
　　字本。

刘懋官修，周斯忆纂，《泾阳县志》，《中国方志丛书》景印宣统三年铅字本。

刘凝，《尔斋文集》，傅斯年图书馆藏道光十七年刊本。

——，《觉斯录》，Courant 7172。

刘凝编，《天学集解》，圣彼得堡俄国公共图书馆藏钞本。

刘棨修，孔尚任等纂，《平阳府志》，《稀见中国地方志汇刊》景印康熙四十七年刊本。

刘镕等修，施景舜纂，《项城县志》，《中国方志丛书》景印宣统三年石印本。

刘若愚，《酌中志》，《四库禁毁书丛刊》本。

刘尚友，《定思小纪》，《甲申核真略（外二种）》标点本，原撰于南明间。

刘肃之修，卞爆、曹尔坊纂，《启祯条款》，台北“故宫博物院”藏顺治七年刊本。

刘惟谦等撰，《大明律》，《四库全书存目丛书》景印嘉靖刻本。

刘显第修，陶用曙纂，《绛州志》，中国科学院图书馆藏钞本，原刊于康熙九年。

刘沂春修，徐守刚纂，《乌程县志》。北京：书目文献出版社，《日本藏中国罕见地方志
　　丛刊》景印崇祯十年刊本。

刘于义等监修，沈青崖等编纂，《陕西通志》，《文渊阁四库全书》本。

刘中藻，《葛衣集》，福建师范大学图书馆藏民国间钞本。

刘宗周著，戴琏璋、吴光编，《刘宗周全集》。台北：“中央研究院”文哲所，1997。

聋道人（徐应芬），《燕都识余》（又名《遇变纪略》或《燕都志变》），《丛书集成续编》
　　景印《昭代丛书》本。

娄坚，《吴歈小草》，《四库禁毁书丛刊》景印康熙三十三年修补本，原刊于崇祯三年。

卢汉等修，由云龙等纂，《姚安县志》。兰州：兰州大学出版社，《中国西南文献丛
　　书·西南稀见方志文献》景印民国三十六年铅印本。

吕坤,《吕公实政录》,《四库全书存目丛书》景印万历二十六年刊本。

吕维祺,《音韵日月灯》,《续修四库全书》景印崇祯六年刊本。

陆宝,《陆敬身集》,台北"国家图书馆"藏明末启祯间递刊本。

陆应旸,《樵史通俗演义》。北京:中国书店,景印民国二十六年重刊本,顺治间成书。

罗明敖黎尼妈(Domingo de Nieva, 1563—1606),《新刊僚氏正教便览》。马尼拉,1606。

罗明坚(Michele Ruggieri, 1543—1607),《天主圣教实录》,《天主教东传文献续编》本。

——,《天主实录》,Jap-Sin Ⅰ, 189, 189a, 190。

——,《天主实录》,Jap-Sin Ⅱ, 159。

罗渔译,《利玛窦书信集》。台北:光启出版社及辅仁大学出版社,1986。

马国贤(Matteo Ripa, 1682—1745)著,李天纲译,《清廷十三年:马国贤在华回忆录》。
　　上海:上海古籍出版社,2004。

迈柱等监修,夏力恕等编纂,《湖广通志》,《文渊阁四库全书》本。

茅丕熙、杨汉章修,程象濂、韩秉钧纂,《河津县志》,《地方志人物传记资料丛刊》景
　　印光绪六年刊本。

冒襄,《同人集》,傅斯年图书馆藏光绪八年重刊本。

孟乔芳,《孟忠毅公奏议》,《四库未收书辑刊》景印清初刊本。

孟儒望(João Monteiro, 1602—1648),《天学略义》,《天主教东传文献续编》本。

孟炤等修,黄祐等纂,《建昌府志》,《中国方志丛书》景印乾隆二十四年刊本。

《密本档》,中国第一历史档案馆藏满文钞本。

南怀仁(Ferdinand Verbiest, 1623—1688),《天主教丧礼问答》,《耶稣会罗马档案馆明
　　清天主教文献》本。

——,《熙朝定案》,《天主教东传文献》景印梵蒂冈图书馆藏本,编号R. G. Oriente Ⅲ
　　231。

——,《熙朝定案》,笔者据欧洲各图书馆藏本辑出之百衲本,页码不连贯。

南沙三余氏,《南明野史》,《明清史料汇编》景印乾隆四年序刊本。

倪元璐,《鸿宝应本》。台北:台湾学生书局,景印崇祯十五年原刊本。

倪在田,《续明纪事本末》。台北:大通书局,《台湾文献史料丛刊》本。

潘国光(Francesco Brancati, 1607—1671),《天主圣教十诫劝论圣迹》,Courant 7220。

潘叔直,《国史遗编》。香港:中文大学新亚研究所,1965,原成书于1851—1852年。

庞迪峨(Diego de Pantoja, 1571—1618)、熊三拔(Sebatino de Ursis, 1575—1620),《揭
　　庞迪峨、熊三拔》,Courant 1321。

庞迪我(同庞迪峨),《七克》,《天学初函》本。

庞元英，《文昌杂录》，《文渊阁四库全书》本，原撰于元丰八年。

彭孙贻著，陈协琴、刘益安点校，《平寇志》。上海：上海古籍出版社，1984。

彭孙贻著，谢伏琛、方福仁标点，《流寇志》。杭州：浙江人民出版社，1983，原撰于
　　康熙间。

彭希涑，《净土圣贤录》，《续修四库全书》景印清代刊本。

祁彪佳，《祁彪佳文稿》。北京：书目文献出版社，景印北京图书馆藏钞本。

钱秉镫，《藏山阁集》，《续修四库全书》景印光绪三十四年铅印本。

钱澄之，《所知录》，《明清史料汇编》景印《荆驼逸史》本。

钱谦益著，钱曾笺注，钱仲联标校，《钱牧斋全集·初学集》。上海：上海古籍出版社，
　　2003。

钱士升，《赐余堂集》，《四库禁毁书丛刊》景印乾隆四年刊本。

钱文荐，《丽瞩楼集》，日本内阁文库藏明刊本。

钱希言，《狯园》，《四库全书存目丛书》景印清钞本，万历四十一年成书。

——，《松枢十九山》，日本内阁文库藏万历二十八年刊本。

钱以垲纂修，《隰州志》，《地方志人物传记资料丛刊》景印康熙四十九年刊本。

《钦定传教约述》，《徐家汇藏书楼明清天主教文献》景印钞本。

秦瀛，《己未词科录》，《清代传记丛刊》景印嘉庆十二年序刊本。

清国史馆编，《逆臣传》，《清代传记丛刊》景印清刊本。

屈大均著，欧初、王贵忱编，《屈大均全集》。北京：人民文学出版社，1996。

瞿昌文，《粤行纪事》，《百部丛书集成·知不足斋丛书》本。

瞿共美，《粤游见闻》。北平：商务印书馆，1936，《明季稗史初编》本。

瞿汝稷，《瞿冏卿集》，《四库全书存目丛书》景印万历三十九年刊本。

——，《指月录》，《四库未收书辑刊》景印乾隆八年刊本，成书于万历三十年。

瞿施溥，《五渠瞿氏家谱》，北京国家图书馆藏清钞本，康熙十年前后成书。

瞿式耜，《愧林漫录》，傅斯年图书馆藏清代刊本。

瞿式耜著，余行迈等点校，《瞿式耜集》。上海：上海古籍出版社，1981。

瞿玄锡，《庚寅十一月初五日始安事略》，《笔记小说大观》本。

瞿玄锡著，余行迈等点校，《稼轩瞿府君暨邵氏合葬行实》，收入《明史研究论丛》，
　　第5辑。南京：江苏古籍出版社，1991，页357—417。

全祖望，《鲒埼亭集外编》，《明清史料汇编》景印道光十一年刊本。

——，《鲒埼亭诗集》，《明清史料汇编》景印清代钞本。

任耀先修，张桂书纂，《浮山县志》，《中国方志丛书》景印民国十八年铅印本。

阮大铖,《咏怀堂诗》,傅斯年图书馆藏民国十七年盍山精舍本。

桑拱阳,《桑晖升先生遗集》,民国十五年铅印本。

邵辅忠,《天学说》,《天主教东传文献续编》本。

邵经邦,《弘艺录》,《四库全书存目丛书》景印康熙二十四年重刊本。

申时行,《赐闲堂集》,《四库全书存目丛书》景印万历间刊本。

沈德符,《万历野获编》。北京:中华书局,1959年标点本,初刊于万历三十四年。

沈凤翔纂修,《稷山县志》,《中国方志丛书》景印同治四年石印本。

沈佳,《存信编》。北京:线装书局,《稀见明史史籍辑存》钞本。

沈家本修,徐宗亮纂,《天津府志》,《新修方志丛刊》景印光绪二十五年刊本。

沈淮,《南宫署牍》,日本尊经阁文库藏明末刊本。

沈善洪编,《黄宗羲全集》。杭州:浙江古籍出版社,1985–1994。

沈演,《止止斋集》,日本尊经阁文库藏崇祯六年刊本。

沈一贯,《喙鸣文集》,《续修四库全书》景印明刊本。

沈征仝,《江东志》。上海:上海书店,《中国地方志集成》景印清代钞本。

施璜编,《还古书院志》。南京:江苏教育出版社,1995,《中国历代书院志》景印道光
    二十三年刊本。

史可法,《史忠正公集》,《续修四库全书》景印乾隆四十九年刊本。

释德清,《憨山老人梦游集》,《续修四库全书》景印顺治十七年刊本。

释镇澄,《清凉山志》。台北:文海出版社,《中国名山胜迹志丛刊》铅印本,原撰于万
    历二十四年。

释智旭(俗名钟始声)等撰,养鹈彻定编,《辟邪集》。京都:中文出版社,景印文久
    元年(1861)刊本。

释袾宏,《云栖法汇》。台北:"中华佛教文化馆",《莲池大师全集》景印光绪二十三年
    刊本。

——,《竹窗随笔》、《二笔》、《三笔》。京都:中文出版社,《和刻影印近世汉籍丛
    刊·思想四编》景印1653年和刻本。

舒赫德、于敏中等奉敕撰,《钦定胜朝殉节诸臣录》,《文渊阁四库全书》本。

舒曰敬,《舒碣石先生只立轩稿》,台北"故宫博物院"藏万历三十九年刊本。

宋如林修,孙星衍、莫晋纂,《松江府志》,《中国地方志集成》景印嘉庆二十二年
    刊本。

苏尔(Donald F. St. Sure)英译,诺尔(Ray R. Noll)编,沈保义等中译,《中国礼仪
    之争西文文献一百篇(1645–1941)》。上海:上海古籍出版社,2001。

苏濂，《惕斋见闻录》，《丛书集成续编》景印《丁丑丛书》铅字本。

孙承泽，《春明梦余录》。香港：龙门书店，景印光绪九年刊本。

——，《思陵典礼记》，《明清史料汇编》本。

孙承泽著，裴剑平点校，《山书》。杭州：浙江古籍出版社，1989，《明末清初史料选刊》本。

孙岱，《归震川先生年谱》，《北京图书馆藏珍本年谱丛刊》景印光绪六年刊本。

孙静庵著，赵一生标点，《明遗民录》。杭州：浙江古籍出版社，1985。

孙默，《十五家词》，《文渊阁四库全书》本。

孙奇逢，《孙夏峰先生笔记》。台北：文海出版社，《近代中国史料丛刊续编》本。

孙奇逢著，张显清编，《孙奇逢集》。郑州：中州古籍出版社，2003。

孙致弥，《枌左堂集》，《四库全书存目丛书》景印乾隆间刊本。

谈迁著，汪北平校点，《北游录》。北京：中华书局，1960，原撰于顺治间。

谈迁著，张宗祥标点，《国榷》。北京：古籍出版社，1958，初刊于顺治十年。

谭元春，《新刻谭友夏合集》，《续修四库全书》景印崇祯六年刊本。

汤斌，《清孙夏峰先生奇逢年谱》。台北：台湾商务印书馆，《新编中国名人年谱集成》景印《畿辅丛书》本。

汤若望（Johann Adam Schall von Bell, 1592–1666）译述，王徵笔记，《崇一堂日记随笔》，《天主教东传文献三编》本。

唐文献，《唐文恪公文集》，《四库全书存目丛书》本。

唐执玉等修，田易等纂，《畿辅通志》，《文渊阁四库全书》本，原撰于雍正十三年。

《天主审判明证》，Courant 688。

佟国器，《建福建天主堂碑记》，《天主教东传文献续编》景印顺治十二年刊本。

汪灏修，钟研斋纂，《续耀州志》，《中国方志丛书》景印乾隆二十七年刊本。

汪楫等，《崇祯长编》，傅斯年图书馆藏清钞本。

汪有典，《史外》，《明代传记丛刊》本，初刊于乾隆十三年。

汪宗衍，《明末天然和尚年谱》。台北：台湾商务印书馆，1986。

王伯多禄等，《同人公简》，Courant 1336。

王崇简，《青箱堂文集》，《四库全书存目丛书》景印康熙二十八年刊本。

王锡元修纂，《盱眙县志稿》，《中国方志丛书》景印光绪二十九年重校本。

王铎，《拟山园选集》。北京：书目文献出版社，《北京图书馆古籍珍本丛刊》景印顺治十年八十一卷刊本。

王夫之撰，欧建鸿等校注，《永历实录》。长沙：岳麓书社，1982年点校本，原撰于康熙十二至十七年间。

王衡，《缑山先生集》，《四库全书存目丛书》景印万历间刊本。

王弘撰，《山志》。京都：朋友书店，1975年景印乾隆五十三年重刊本，原撰于康熙
　　二十一年。

王介，《宝田堂王氏家乘》，李之勤藏清代钞本。

——，《泾阳鲁桥镇志》，《中国地方志集成》景印道光元年刊本。

王秬，《泾阳县盈村里尖担堡王氏族内一支记世系并记坟墓册》，李之勤藏钞本，原撰
　　于乾隆五十一年。

王启元，《清署经谈》，傅斯年图书馆藏天启三年刊本。

王世德，《逆贼奸臣录》，《四库禁毁书丛刊》景印旧钞本。

王世贞，《弇州山人四部稿》。台北：伟文出版公司，《明代论著丛刊》景印万历间刊本。

——，《弇州山人续稿》。台北：文海出版社，《明人文集丛刊》景印崇祯间刊本。

王轩等撰，《山西通志》，《中国省志汇编》景印光绪十八年刊本。

王一元（又名王丰肃、高一志；Alfonso Vagnone, c.1568–1640），《达道纪言》，《天主
　　教东传文献三编》本。

——，《寰宇始末》，Courant 6859。

——，《教要解略》，《耶稣会罗马档案馆明清天主教文献》景印明刊本，原成书于万历
　　四十三年。

——，《空际格致》，《天主教东传文献三编》本。

——，《励学古言》，R. G. Oriente III 248 (10)。

——，《譬学》，《天主教东传文献三编》景印崇祯六年序刊本。

——，《天主圣教四末论》，Courant 6857。

——，《推源正道论》，Courant 7100。

——，《修身西学》，《徐家汇藏书楼明清天主教文献》本。

——，《则圣十篇》，Courant 7191。

王应奎，《柳南随笔》，《百部丛书集成·借月山房汇钞》本，成书于乾隆五年。

王应遴，《墨华通考》，傅斯年图书馆藏明钞本。

王誉昌，《崇祯宫词》。台北：新文丰出版公司，《丛书集成续编》本。

王赠芳等修，成瓘等纂，《济南府志》，《新修方志丛刊》景印道光二十年刊本。

王徵，《畏天爱人极论》，Courant 6868。

王徵著，李之勤辑，《王徵遗著》。西安：陕西人民出版社，1987。

魏大中，《藏密斋集》，《续修四库全书》景印崇祯间刊本。

魏峻修，裘琏等纂，《钱塘县志》，《中国地方志集成》景印康熙五十七年刊本。

魏象枢著，崔凡芝校点，《寒松堂全集》。太原：山西人民出版社，1992年据嘉庆
　　三十六年刊本点校。

魏学濂等，《忠孝实纪》，收入日本内阁文库藏魏学洢《茅檐集》清初刊本。

魏学洢，《茅檐集》，日本东京内阁文库藏清初刊本。

——，《茅檐集》，台北"国家图书馆"藏崇祯间刊本。

——，《魏子敬遗集》，台北"国家图书馆"藏崇祯元年刊本。

温睿临，《南疆绎史》，《明代传记丛刊》景印标点本。

文秉，《烈皇小识》，《明清史料汇编》本。

文庆等，《钦定国子监志》。北京：学苑出版社，《太学文献大成》景印道光十四年刊本。

闻在上修，许自俊等纂，《嘉定县续志》，《中国地方志集成》景印康熙二十三年刊本。

吴大镛等纂修，《元城县志》，《中国方志丛书》景印同治十一年刊本。

吴甲豆著，张继光校点，《皇越龙兴志》。台北：台湾学生书局，《越南汉文小说丛刊》
　　标点本，原成书于1904年。

吴葵之修，裴国苞纂，《吉州全志》，《地方志人物传记资料丛刊》景印光绪五年铅
　　印本。

吴历，《墨井集》。上海：土山湾印书馆，1909。

吴山嘉，《复社姓氏传略》，《明清史料汇编》景印道光十一年刊本。

吴尚志、吴梅，《吴疏山先生年谱》，《北京图书馆藏珍本年谱丛刊》景印清刊本。

吴甡，《柴庵疏集》，《四库禁毁书丛刊》景印清初刊本。

吴惟贞，《吴太宰公年谱》，《北京图书馆藏珍本年谱丛刊》景印万历间刊本。

吴伟业撰，李学颖点校，《绥寇纪略》。上海：上海古籍出版社，1992，原撰于顺治
　　十年。

吴秀之等修，曹允源等纂，《吴县志》，《中国方志丛书》景印民国二十二年铅字本。

吴宜燮修，黄惠、李畴算，《龙溪县志》，《中国方志丛书》景印光绪五年补刊本。

吴应箕，《楼山堂集》。台北：艺文印书馆，《四部分类丛书集成续编·贵池先哲遗
　　书》本。

吴之鲸，《武林梵志》，《文渊阁四库全书》本。

席奉乾修，孙景烈纂，《邠阳县全志》，《中国方志丛书》景印乾隆三十四年刊本。

夏大常，《赣州堂夏相公圣名玛第亚回方老爷书》，《耶稣会罗马档案馆明清天主教文
　　献》本。

——，《祭礼泡制》，《耶稣会罗马档案馆明清天主教文献》本。

——，《礼记祭礼泡制》，Courant 7157。

——，《礼记祭制撮言》，《耶稣会罗马档案馆明清天主教文献》本。

——，《礼仪答问》，《耶稣会罗马档案馆明清天主教文献》本。

——，《生祠故事》，《耶稣会罗马档案馆明清天主教文献》本。

——，《生祠缘由册》，耶稣会罗马档案馆藏，编号为 Jap-Sin Ⅰ, 39/2。

夏完淳著，白坚笺校，《夏完淳集笺校》。上海：上海古籍出版社，1991。

夏允彝，《幸存录》，《明清史料汇编》本，原撰于弘光元年。

谢庭薰修，陆锡熊纂，《娄县志》，《中国方志丛书》景印乾隆五十三年刊本。

辛全，《衡门芹》，《四库全书存目丛书》景印明末刊本。

——，《经世石画》，《四库全书存目丛书》景印明末刊本。

——，《四书说》，《四库未收书辑刊》景印清汇印本。

《醒迷篇》，《耶稣会罗马档案馆明清天主教文献》本。

熊开元，《熊鱼山文集》，民国十三年重印光绪十年本。

——，《熊鱼山先生文集》，傅斯年图书馆藏光绪二十一年刊本。

——，《鱼山剩稿》。上海：上海古籍出版社，1986年景印康熙间刊本。

熊明遇，《格致草》，美国国会图书馆藏顺治间刻本。

——，《绿雪楼集》，《四库禁毁书丛刊》景印天启间刊本。

熊人霖，《南荣诗文选》，傅斯年图书馆藏崇祯十六年刊本。

——，《熊山文选》，日本内阁文库藏明末刊本。

熊士旂，《张弥格尔遗迹》，Courant 1016−Ⅵ。

徐秉义，《明末忠烈纪实》。杭州：浙江古籍出版社，1987年标点本，康熙三十三年成书。

徐昌治辑，《圣朝破邪集》。京都：中文出版社，景印1856年和刻本，初刊于崇祯十三年。

徐光启，《新法算书》，《文渊阁四库全书》本。

徐光启等，《破迷》，Courant 7110。

徐光启撰，顾保鹄编，《徐文定公家书墨迹》。台中：光启出版社，1962。

徐光启撰，王重民辑校，《徐光启集》。上海：上海古籍出版社，1984。

徐光启纂辑，陈子龙编，《农政全书》。台北：新文丰出版公司，景印傅斯年图书馆藏崇祯十二年刊本。

徐开任，《明名臣言行录》，《明代传记丛刊》景印康熙二十年序刊本。

徐品山修，陆元鏸纂，《介休县志》，《中国方志丛书》景印嘉庆二十四年刊本。

徐石麒，《可经堂集》，《四库禁毁书丛刊》景印顺治间刊本。

徐堂，《龙峰先生年谱》，《北京图书馆藏珍本年谱丛刊》景印民国间钞本。

徐昭俭修，杨兆泰纂，《新绛县志》，《中国方志丛书》景印民国十八年铅印本。

徐鼒，《小腆纪传》。北京：中华书局，1958年标点本。

——，《小腆纪年附考》，《明清史料汇编》景印光绪间刊本，原撰于咸丰十一年。

许乐善，《适志斋稿》，日本内阁文库藏天启五年跋刊本。

许胥臣，《盖载图宪》，《四库全书存目丛书》景印旧钞本。

——，《夏书禹贡广览》，《四库全书存目丛书》景印崇祯六年序刊本。

许瑶光等修，吴仰贤等纂，《嘉兴府志》，《中国方志丛书》景印光绪五年刊本。

薛福成，《出使英法义比四国日记》。长沙：岳麓书社，1985。

薛冈，《天爵堂文集》，台北"故宫博物院"藏崇祯间刊本。

严谟，《辨祭》，《耶稣会罗马档案馆明清天主教文献》本。

——，《辩祭后志》，《耶稣会罗马档案馆明清天主教文献》本。

——，《草稿》，《耶稣会罗马档案馆明清天主教文献》本。

——，《草稿（抄白）》，《耶稣会罗马档案馆明清天主教文献》本。

——，《存璞编》，Borgia Cinese 316.6a。

——，《帝天考》，《天主教东传文献续编》本。

——，《祭祖考》，《耶稣会罗马档案馆明清天主教文献》本。

——，《祭祖原意》，Borgia Cinese 316.11。

——，《考疑》，《耶稣会罗马档案馆明清天主教文献》本。

——，《李师条问》，《耶稣会罗马档案馆明清天主教文献》本。

——，《庙祠考》，Borgia Cinese 316.9 [b]。

——，《木主考》，《耶稣会罗马档案馆明清天主教文献》本。

——，《原礼论》，Borgia Cinese 316.6b。

——，《致穆大老师文二首、跋语一首》，《耶稣会罗马档案馆明清天主教文献》本。

严讷，《严文靖公集》，《四库全书存目丛书》景印万历十五年刊本。

言如泗修，韩夔典纂，《平陆县志》，《中国方志丛书》景印民国二十一年石印本，原书
　　成于乾隆二十九年。

言如泗修，莫溥等纂，《芮城县志》，《地方志人物传记资料丛刊》景印乾隆二十九年
　　刊本。

严如熤修，郑炳然等纂，《汉中续修府志》，《新修方志丛刊》景印嘉庆十九年刊本。

阎兴邦、鲁麟纂修，《罗山县志》，《日本藏中国罕见地方志丛刊》景印康熙三十年

刊本。

杨光先,《不得已》,《天主教东传文献续编》本。

杨开第修,姚光发等纂,《华亭县志》,《中国方志丛书》景印光绪四年刊本。

杨坤等辑,缪敬持补辑,《东林同难录》,《四库未收书辑刊》景印雍正六年刊本。

杨廉修,郁之章等纂,《嘉善县志》,台北"故宫博物院"藏康熙十六年刊本。

杨受廷等修,马汝舟等纂,《如皋县志》,《中国方志丛书》景印嘉庆十三年刊本。

杨廷筠,《代疑篇》,《天主教东传文献》本。

——,《代疑续编》,Courant 7111。

——,《圣水纪言》,《耶稣会罗马档案馆明清天主教文献》景印明末刊本。

——,《天释明辨》,《天主教东传文献续编》本。

杨振藻修,钱陆灿纂,《常熟县志》,《中国地方志集成》景印康熙二十六年刊本。

姚思仁注,《大明律附例注解》,《北京大学图书馆藏善本丛书》景印明刊本。

姚希孟,《姚孟长全集》,《四库禁毁书丛刊》景印崇祯间刊本。

叶向高,《苍霞草全集》。扬州:江苏广陵古籍刻印社,1994,景印福建师范大学图书馆藏本。

——,《蘧编》,台北"国家图书馆"藏明末刊本。

伊桑阿等纂修,《大清会典》。台北:文海出版社,《近代中国史料丛刊》景印康熙二十九年序刊本。

应劭,《风俗通义》,《文渊阁四库全书》本。

游智开修,史梦兰纂,《永平府志》,《新修方志丛刊》景印光绪五年刊本。

于成龙等修,杜果等纂,《江西通志》,《中国方志丛书》景印康熙二十二年刊本。

于奕正撰,孙国敉校补,翁方纲校跋,《天下金石志》,《续修四库全书》景印崇祯刊本。

余继登,《皇明典故纪闻》,《续修四库全书》景印万历间刊本。

俞汝楫,《礼部志稿》,《文渊阁四库全书》本。

俞惟几等译,《圣方济各沙勿略传》。上海:慈母堂,光绪二十二年刊本。

袁宏道著,钱伯城笺校,《袁宏道集笺校》。上海:上海古籍出版社,1981。

袁通纂修,方履篯编辑,《河内县志》,《中国方志丛书》景印道光五年刊本。

袁中道,《珂雪斋近集》,《续修四库全书》景印明刊本。

袁中道著,钱伯城点校,《珂雪斋集》。上海:上海古籍出版社,1989。

查继佐,《罪惟录》。杭州:浙江古籍出版社,1986年标点本。

詹宣猷等修,蔡振坚等纂,《建瓯县志》,《中国方志丛书》景印民国十八年铅印本。

湛若水，《湛甘泉先生文集》，《四库全书存目丛书》景印康熙二十年刊本。

张朝瑞等编，《南国贤书》，台北"国家图书馆"藏旧钞本。

张成德修，李友洙、张我观纂，《直隶绛州志》，北京大学图书馆藏据乾隆三十年板挖
　　　改之本。

——，《直隶绛州志》，傅斯年图书馆藏乾隆三十年刊本。

张岱，《石匮书后集》，《明代传记丛刊》景印标点本。

——，《陶庵梦忆》，《百部丛书集成》景印《粤雅堂丛书》本。

张岱撰，黄典权点校，《石匮书后集》。台北：大通书局，《台湾文献史料丛刊》本。

张登桂等撰，《大南实录》。东京：庆应义塾大学，1961–1981年景印本。

张孚敬，《太师张文忠公集》，《四库全书存目丛书》景印万历四十三年增修本。

张赓，《悌尼削世纪》，Courant 1016–Ⅸ。

——，《天学解惑》，Courant 6879。

张弘道、张凝道辑，《皇明三元考》，《四库全书存目丛书》景印明刊本。

张家玉，《张文烈遗集》，《丛书集成续编》景印《沧海丛书》本。

张维枢，《大西利西泰子传》，《耶稣会罗马档案馆明清天主教文献》景印旧钞本。

张伟仁编，《明清档案》。台北：联经出版公司，1986–。

张星曜，《天儒同异考》，Courant 7171。

——，《通鉴纪事本末补·附编》，Courant 1023。

张应辰修，王堮纂，《稷山县志》，《地方志人物传记资料丛刊》景印嘉庆二十年刊本。

张豫章等，《御选宋金元明四朝诗》，《文渊阁四库全书》本。

张仲炘、杨承禧等撰，《湖北通志》，《中国省志汇编》景印民国十年重刊本。

章潢，《图书编》，《文渊阁四库全书》本。

章太炎，《章太炎全集》。上海：上海人民出版社，1985。

章廷珪修，范安治等纂，《平阳府志》，《地方志人物传记资料丛刊》景印乾隆元年
　　　刊本。

赵尔巽等撰，《清史稿》。北京：中华书局，1976年点校本。

赵吉士纂，卢宜汇辑，《续表忠记》，《明代传记丛刊》景印康熙三十七年刊本。

赵士弘修，陈所性等纂，《绛县志》，《稀见中国地方志汇刊》景印顺治刻增修本。

赵翼，《陔余丛考》。京都：中文出版社，1979年景印标点本，原刊于乾隆五十五年。

赵用贤，《松石斋集》，《四库禁毁书丛刊》景印万历间刊本。

赵祖抃修，吴庚、赵意空纂，《乡宁县志》，《中国方志丛书》景印民国六年刊本。

郑鄤，《峚阳草堂诗集》，《四库禁毁书丛刊》景印民国二十一年活字本。

——,《垕阳草堂文集》，傅斯年图书馆藏民国二十一年刊本。

郑玄注，《礼记》。北京：中华书局，《古逸丛书》本。

郑以伟，《灵山藏》，《四库禁毁书丛刊》景印崇祯间刊本。

郑之玄，《克薪堂诗文集》，日本尊经阁文库藏崇祯间刊本。

郑钟祥等修，庞鸿文等纂，《重修常昭合志》，《中国方志丛书》景印光绪三十年刊本。

中国第一历史档案馆编，《康熙朝满文朱批奏折全译》。北京：中国社会科学出版社，1996。

——，《康熙起居注》。北京：中华书局，1984。

中国第一历史档案馆等编，《明清时期澳门问题档案文献汇编》。北京：人民出版社，1999。

《中华大藏经》。台北：修订中华大藏经会，1968。

周景桂修纂，《蒲州府志》，《新修方志丛刊》景印乾隆二十年刊本。

周顺昌，《忠介烬余集》，《文渊阁四库全书》本。

朱长春，《朱太复文集》，《四库禁毁书丛刊》景印万历间刊本。

朱金甫等编，《康熙朝汉文朱批奏折汇编》。北京：档案出版社，1984。

朱维铮编，《利玛窦中文著译集》。香港：香港城市大学出版社，2001。

朱忻等修，刘庠等纂，《徐州府志》，《中国方志丛书》景印同治十三年刊本。

朱彝尊，《曝书亭集》，《文渊阁四库全书》本。

朱彝尊编，《明诗综》，《文渊阁四库全书》本。

朱之俊，《砚庐诗》，《四库未收书辑刊》本。

——，《峪园近草》，《四库未收书辑刊》本。

祝渊，《月隐先生遗集》，《丛书集成续编》景印《适园丛书》本。

邹漪，《明季遗闻》，《四库禁毁书丛刊》景印顺治间刊本。

——，《启祯野乘》，《明清史料汇编》景印民国二十五年重刊本，原撰于崇祯十七年。

邹元标，《愿学集》，《文渊阁四库全书》本。

——，《邹子存真集》，日本内阁文库藏天启二年序刊本。

左懋第，《萝石山房文钞》，《四库未收书辑刊》景印乾隆四十六年刊本。

【外文】

Bartoli, Daniello. *Dell'historia della Compagnia de Giesu. La Cina*. Roma, 1663.

Bibliotheca Asiatica, pt.II. London: Maggs Bros., 1924.

Boxer, C. R. *Seventeenth Century Macau in Contemporary Documents and Illustrations*. Hong Kong: Heinemann, 1984.

Boym, Michel. *Briefve Relation de la Chine, et de la Notable Conversion des Personnes Royales de cet Estat.* Paris, 1654.

Cobo, Juan. *Pien Cheng-Chiao Chen-Ch'uan Shih-Lu (Manila, 1593).* Edited by Fidel Villarroel. Manila: University of Santo Tomas Press, 1986.

D'Orléans, Père Pierre Joseph. *History of the Two Tartar Conquerors of China.* New York: Burt Franklin, 1971.

Hay, John. *De Rebus Iaponicis, Indicis, et Peruanis Epistolœ Recentiores. A. Ioanne Hayo ... in Librum Vnum Coaceruatœ.* Antuerpiæ: Martini Nutij, 1605.

Kircher, Athanasius. *China Illustrata.* Translated by Charles D. Van Tuyl. Muskogee, Oklahoma: Indian University Press, 1987, originally published in 1667.

Le Comte, Louis. *Memoirs and Observations Made in a Late Journey through the Empire of China.* London: Bejamin Tooke, 1699.

Martini, Martino. *Bellum Tartaricum, or the Conquest of the Great and Most Renowned Empire of China.* London: John Crook, 1654.

Mendoza, Juan de Palafox y. *The History of the Conquest of China by the Tartars.* London: W. Godbid, 1671.

Navarette, Dominick Fernandez, *An Account of the Empire of China: Historical, Political, Moral and Religious.* London, 1744.

Ricci, Matteo. *China in the Sixteenth Century: The Journals of Matthew Ricci: 1583—1610.* Edited by Nicolas Trigault. Translated by Louis J. Gallagher. New York: Random House, 1953.

———. *Fonti Ricciane.* Edited by Pasquale M. d'Elia. Roma: La Libreria dello Stato, 1942— 1949.

Ripa, Matteo. *Memoirs of Father Ripa, during Thirteen Years' Residence at the Court of Peking in the Service of the Emperor of China.* Translated by Fortunato Prandi. London: John Murray, 1961.

Semedo, Alvaro. *The History of That Great and Renowned Monarchy of China.* London: John Crook, 1655.

Stumpf, Kilian. *Acta Pekinensia*, Jap-Sin 138.

Sure, Donald F. St., and Ray R. Noll, trans. and eds. *100 Roman Documents Concerning the Chinese Rites Controversy (1645—1941).* San Francisco: The Ricci Institute for Chinese-Western Cultural History, University of San Francisco, 1992.

Thevenot, Melchisedec. *Relations de Divers Voyages Curieux*. Paris: Thomas Moette, 1696.

三、近人研究
【中文】

昂沙肋（Jose Maria Gonzalez）著，孙纯彦译，《罗文藻主教传》，收入郑天祥编，《罗文藻史集》，页11-57。

白谦慎，《傅山的友人韩霖事迹补遗》，《山西大学学报》，1995年第2期，页38-43。

——，《傅山研究札记》，《山西大学师范学院学报》，1998年第2期，页71-76。

白新良，《康熙朝奏折和来华西方传教士》，《南开学报》，2003年第1期，页11-17。

白云霁，《道藏目录详注》，傅斯年图书馆藏天启六年序刊本。

卞利，《明清时期徽州的乡约简论》，《安徽大学学报》，2002年第6期，页34-40。

伯希和（Paul Pelliot）著，冯承钧译，《卜弥格传补正》，收入冯承钧，《西域南海史地考证译丛》。兰州：古籍书店，《中国西北文献丛书》重印本，三编，页478-548。

蔡美彪，《大清国建号前的国号、族名与纪年》，《历史研究》，1987年第3期，页133-146。

曹国庆，《论黄宗羲的天文历学成就》，《福州师专学报》，2000年第2期，页66-70、89。

常建华，《论〈圣谕广训〉与清代孝治》，《南开史学》，1988年第1期，页147-170。

——，《明代徽州的宗族乡约化》，《中国史研究》，2003年第3期，页135-152。

——，《乡约的推行与明朝对基层社会的治理》，收入《明清论丛》，第4辑。北京：紫禁城出版社，2003，页1-36。

常赞春辑，《山西献征》。太原：山西省文献委员会，1936。

晁中辰，《崇祯帝与佛教、道教、天主教》，《历史月刊》，2000年第2期，页123-128。

车锡伦，《泰山"九莲菩萨"和"智上菩萨"考》，《泰安教育学院学报（岱宗学刊）》，1999年第2期，页4-6。

陈村富、吴宪，《浙江麻蓬天主教村270年变迁史》，收入陈村富编，《宗教与文化》，页352-378。

陈村富编，《宗教与文化：早期基督教与教父哲学研究》。北京：东方出版社，2001。

陈登，《明末王门后学与天主教的传播》，《湖南大学学报》，2003年第2期，页56-60。

陈方中、江国雄，《中梵外交关系史》。台北：台湾商务印书馆，2003。

陈鼓应、辛冠洁、葛荣晋编，《明清实学思潮史》。济南：齐鲁书社，1989。

陈广忠，《汉代道家的宇宙论》，《中国文化研究》，第13期（1996），页39-43。

陈良佐，《从生态学的交会带（ecotone）、边缘效应（edge effect）试论史前中原核心文明的形成》，收入臧振华编，《中国考古学与历史学之整合研究》。台北："中央研究院"历史语言研究所，1997，页131-159。

陈受颐，《明末清初耶稣会士的儒教观及其反应》，《国学季刊》，第5卷第2号（1935），页147-210。

——，《三百年前的建立孔教论：跋王启元的〈清署经谈〉》，收入氏著，《中欧文化交流史事论丛》。台北：台湾商务印书馆，1970，页57-94。

陈台民，《中菲关系与菲律宾华侨》。香港：朝阳出版社，1985。

陈卫平，《第一页与胚胎：明清之际的中西文化比较》。上海：上海人民出版社，1992。

——，《明清之际西方传教士的天主教儒学化》，《文史哲》，1992年第2期，页3-10。

陈文源，《明清时期澳门耶稣会士在安南的传教活动》，《澳门历史研究》，第1期（2002），页34-43。

陈义海，《从利玛窦易僧袍为儒服看跨文化交流中的非语言传播》，《上海师范大学学报》，第33卷第1期（2004），页42-45。

陈垣，《陈垣学术论文集》。北京：中华书局，1980。

——，《从教外典籍见明末清初之天主教》，《国立北平图书馆馆刊》，第8卷第2号（1934），页1-31。

——，《华亭许缵曾传》，收入叶德禄辑，《民元以来天主教史论集》，页91-95；原文发表于《真光杂志》，第5卷第6期（1927）。

——，《泾阳王徵传》，《国立北平图书馆馆刊》，第8卷第6号（1934），页13-15。

——，《明末殉国者陈于阶传》，《辅仁学志》，第10卷第1-2期（1941），页45-49。

——，《休宁金声传》，收入叶德禄辑，《民元以来天主教史论集》，页79-84；原稿发表于《青年进步》，第99期（1927）。

——，《雍乾间奉天主教之宗室》，《辅仁学志》，第3卷第2期（1932），页1-36。

陈智超，《郑成功致隐元信件的发现：介绍一批南明抗清斗争新史料》，《中国史研究动态》，1993年第8期，页1-5。

陈智超编，《陈垣来往书信集》。上海：上海古籍出版社，1990。

陈祖武编，《明清浙东学术文化研究》。北京：中国社会科学出版社，2004。

崔维孝，《1579年进入中国的方济各会传教士》，《暨南史学》，第2辑（2003），页426-439。

——,《西班牙方济会在华传教方法研究》,《澳门历史研究》，第3期（2004），页21–32。
存叟,《读明末泾阳王徵所著〈额辣济亚牖造诸器图说〉自记手稿录后》,《真理杂志》，第1卷第2期（1944），页229–232。
达少华,《勋名雅重顾司马》,《江苏地方志》，2000年第4期，页38–40。
戴裔煊,《〈明史·佛郎机传〉笺正》。北京：中国社会科学出版社，1984。
单国玺,《承认错误、澄清误解》,《鼎》，第24卷第3期（2004），页4–11。
稻垣孙兵卫,《郑成功》。台北：台湾经世新报社，1929。
邓之诚,《清诗纪事初编》。香港：中华书局，1976。
丁原基,《冯琦及其〈经济类编〉》,《应用语文学报》，第5期（2003），页27–55。
樊神父（Octave Ferreux）著，吴宗文译,《遣使会在华传教史》。台北：华明书局，1977，页117–126。
范佳玲,《紫柏大师生平及思想研究》。台北：法鼓文化公司，2001。
方豪,《方豪六十自定稿》，1969年自印本。
——,《李之藻研究》。台北：台湾商务印书馆，1966。
——,《吕宋明刻〈格物穷理录便览〉之研究：又一本吕宋明刻汉籍之发现》，收入《"中央研究院"成立五十周年纪念论文集》，第2册。台北："中央研究院"，1978，页205–230。
——,《马相伯先生文集续编》。北平：上智编译馆，1948。
——,《民初马相伯、英敛之、陈援庵三先生之交往》,《东方杂志》，复刊第6卷第8期（1973），页18–25。
——,《明末公教人士在西南之活跃》,《益世报》，1938年12月18日。
——,《明末清初旅华西人与士大夫之晋接》,《东方杂志》，第39卷第5号（1943），页49–57。
——,《明末清初天主教比附儒家学说之研究》,《文史哲学报》，第11期（1962），页147–202。
——,《王徵之事迹及其输入西洋学术之贡献》,《文史哲学报》，第13期（1964），页31–96。
——,《中国天主教史人物传》，上册。香港：公教真理学会；台中：光启出版社，1967。
——,《中国天主教史人物传》，下册。香港：公教真理学会，1973。
费赖之（Louis Pfister）著，冯承钧译,《在华耶稣会士列传及书目》。北京：中华书局，

1995。

费丝言，《由典范到规范：从明代贞节烈女的辨识与流传看贞节观念的严格化》。台北：台湾大学出版中心，1998。

冯锦荣，《明末西方日晷的制作及其相关典籍在中国的流播：以丁先生（Christopher Clavius, 1538–1612）〈晷表图说〉（Gnomonices, 1581）为中心》，收入荣新江、李孝聪编，《中外关系史：新史料与新问题》，页 337–365。

——，《明末熊明遇〈格致草〉内容探析》，《自然科学史研究》，第 16 卷第 4 期（1997），页 304–328。

——，《明末熊明遇父子与西学》，收入罗炳绵、刘健明编，《明末清初华南地区历史人物功业研讨会论文集》，页 117–135。

——，《熊明遇（1579–1649）的西学观：以熊氏早期的西学著作〈则草〉为中心》，《明清史集刊》，第 5 期（2001），页 323–344。

高劳，《永历太妃遣使于罗马教皇考》，《东方杂志》，第 8 卷第 5 期（1911），页 16–18 及 122–124。

葛兆光，《七世纪至十九世纪中国的知识、思想与信仰：中国思想史（第二卷）》。上海：复旦大学出版社，2000。

古洛东（François Marie Joseph Gourdon），《圣教入川记》。成都：四川人民出版社，1981 年重印 1918 年本。

古伟瀛，《明末清初耶稣会士对中国经典的诠释及其演变》，《台大历史学报》，第 25 期（2000），页 85–117。

——，《谈"儒耶交流"的诠释》，《台湾东亚文明研究学刊》，第 1 卷第 2 期（2004），页 289–304。

顾保鹄，《卜弥格出使教廷新文件》，《恒毅》，第 13 卷第 4 期（1963），页 23–28。

——，《中国天主教史上的两个文件》，《恒毅》，第 3 卷第 11 期（1954），页 10–11。

顾诚，《明末农民战争史》。北京：中国社会科学出版社，1984。

——，《南明史》。北京：中国青年出版社，1997。

顾卫民，《明郑四代与天主教会的关系》，《文化杂志》，第 50 期（2004），页 69–80。

——，《中国天主教编年史》。上海：上海书店出版社，2003。

——，《中国与罗马教廷关系史略》。北京：东方出版社，2000。

关汉华，《瞿式耜述论》，《湖南师范大学社会科学学报》，1991 年第 1 期，页 77–82 及 68。

关文发、颜广文，《明代政治制度研究》。北京：中国社会科学出版社，1996。

郭松义，《清代的纳妾制度》，《近代中国妇女史研究》，第4期（1996），页35–62。

郭熹微，《论徐光启"补儒易佛"思想：兼论明末士大夫皈依天主教的原因和意义》，《哲学与文化》，1993年第5期，页485–493。

郭振铎、张笑梅，《越南通史》。北京：中国人民大学出版社，2001。

"国立中央图书馆"编，《明人传记资料索引》。台北："国立中央图书馆"，1978年再版。

韩承良，《中国天主教传教历史：根据方济会传教历史事件》。台北：思高圣经学会出版社，1994。

韩琦、吴旻，《"礼仪之争"中教徒的不同声音》，《暨南史学》，第2辑（2003），页455–463。

韩琦，《白晋的〈易经〉研究和康熙时代的"西学中源"说》，《汉学研究》，第16卷第1期（1998），页185–201。

——，《奉教天文学家与"礼仪之争"(1700–1702)》，收入卓新平主编，《相遇与对话》，页381–399。

——，《再论白晋的〈易经〉研究：从梵蒂冈教廷图书馆所藏手稿分析其研究背景、目的及反响》，收入荣新江、李孝聪编，《中外关系史：新史料与新问题》，页315–324。

郝秉键，《日本史学界的明清"绅士论"》，《清史研究》，2004年第4期，页94–111。

何炳棣，《读史阅世六十年》。台北：允晨文化公司，2004。

何炳棣著，葛剑雄译，《明初以降人口及其相关问题（1368–1953）》。北京：生活·读书·新知三联书店，2000。

何冠彪，《明清之际生死难易说探讨》，《新史学》，第4卷第2期（1993），页61–93。

——，《明清之际士大夫对应否殉国之论说》，《故宫学术季刊》，第10卷第4期（1993），页53–92。

——，《明遗民子弟出试问题平议》，《故宫学术季刊》，第7卷第1期（1989），页41–68。

何俊，《西学与晚明思想的裂变》。上海：上海人民出版社，1998。

何平，《瞿式耜略论》，《广东社会科学》，1991年第2期，页52–56。

何平合，《食用蟹的大家族：梭子蟹（三）》，《渔业推广月刊》，第148期（1999），页9–12。

洪健荣，《明清之际中国知识分子对西方地理学的反应：以熊人霖〈地纬〉为中心所作的分析》。新竹：清华大学历史研究所硕士论文，1987。

洪煨莲，《考利玛窦的世界地图》，《禹贡半月刊》，第5卷第3–4期（1936），页1–50。

侯明，《明朝士大夫与利玛窦的〈畸人十篇〉》，《国际汉学》，第11辑（2004），页
　　145–151。

胡金望，《人生喜剧与喜剧人生：阮大铖的政客生涯及其人格透视》，《漳州师范学院学
　　报》，2002年第3期，页44–50。

扈耕田，《侯方域反阉党阮大铖事迹考实》，《学术论坛》，2000年第2期，页110–113。

黄德海、李刚编，《简明道教辞典》。成都：四川大学出版社，1991。

黄节，《王徵传》，《国粹学报·史篇》，第6期（1905），页7–10。

黄启臣，《澳门历史》。澳门：澳门历史学会，1995。

黄瑞成，《"中国礼仪之争"与政治哲学问题》，《国际汉学集刊》，第1辑（2004），页
　　1–11。

黄时鉴、龚缨晏，《利玛窦世界地图研究》。上海：上海古籍出版社，2004。

黄嗣艾，《南雷学案》，《清代传记丛刊》景印民国间刊本。

黄一农、张志诚，《中国传统候气说的演进与衰颓》，《清华学报》，新23卷第2期
　　（1993），页125–147。

黄一农，《被忽略的声音：介绍中国天主教徒对"礼仪问题"态度的文献》，《清华学
　　报》，新25卷第2期（1995），页137–160。

——，《崇祯朝"吴桥兵变"重要文献析探》，《汉学研究》，第22卷第2期，页361–
　　385。

——，《从韩霖〈铎书〉试探明末天主教在山西的发展》，《清华学报》，新34卷第1期
　　（2004），页67–102。

——，《从汤若望所编民历试析清初中欧文化的冲突与妥协》，《清华学报》，新26卷第
　　2期（1996），页189–220。

——，《敦煌本具注历日新探》，《新史学》，第3卷第4期（1992），页1–56。

——，《红夷大炮与皇太极创立的八旗汉军》，《历史研究》，2004年第4期，页74–
　　105。

——，《红夷大炮与明清战争：以火炮测准技术之演变为例》，《清华学报》，新26卷第
　　1期（1996），页31–70。

——，《康熙朝汉人士大夫对"历狱"的态度及其所衍生的传说》，《汉学研究》，第11
　　卷第2期（1993），页137–161。

——，《明末韩霖〈铎书〉阙名前序小考：兼论历史考据与人际网络》，《文化杂志》，
　　第40–41期（2000），页115–126。

——，《明末清初天主教传华史研究的回顾与展望》，《新史学》，第7卷第1期（1996），

页 137–169。

——,《明末清初天主教的"帝天说"及其所引发的论争》,《故宫学术季刊》,第14卷第2期（1997），页43–75。

——,《明末至澳门募葡兵的姜云龙小考：兼答熊熊先生对"e考据"的批评》,《"中央研究院"近代史研究所集刊》,第62期（2008），页141–166。

——,《明末中西文化冲突之析探：以天主教徒王徵娶妾和殉国为例》,收入《第一届"全国"历史学学术讨论会论文集：世变、群体与个人》。台北：台湾大学历史学系，1996，页211–234。

——,《明清天主教在山西绛州的发展及其反弹》,《"中央研究院"近代史研究所集刊》,第26期（1996），页1–39。

——,《南明永历朝廷与天主教》,收入《中梵外交关系史国际学术研讨会论文集》。台北：辅仁大学历史学系，2003，页79–118。

——,《欧洲沉船与明末传华的西洋大炮》,《"中央研究院"历史语言研究所集刊》,第75本第3分（2004），页573–634。

——,《秦汉之际（前220～前202年）朔闰考》,《文物》,2001年第5期，页59–64。

——,《清初钦天监中各民族天文家的权力起伏》,《新史学》,第2卷第2期（1991），页75–108。

——,《瞿汝夔（太素）家世与生平考》,《大陆杂志》,第89卷第5期（1994），页8–10。

——,《邵辅忠〈天学说〉小考》,《"国立中央图书馆"馆刊》,新27卷第2期（1994），页163–166。

——,《社会天文学史十讲》。上海：复旦大学出版社，2004。

——,《汤若望与清初公历之正统化》,收入吴嘉丽、叶鸿洒编,《新编中国科技史》,下册。台北：银禾文化事业公司，1990，页465–490。

——,《天主教徒韩霖投降李自成考辨》,《大陆杂志》,第93卷第3期（1996），页37–42。

——,《天主教徒孙元化与明末传华的西洋火炮》,《"中央研究院"历史语言研究所集刊》,第67本第4分（1996），页911–966。

——,《王铎书赠汤若望诗翰研究：兼论清初贰臣与耶稣会士的交往》,《故宫学术季刊》,第12卷第1期（1994），页1–30。

——,《吴明炫与吴明烜：清初与西法相抗争的一对回回天文家兄弟?》,《大陆杂志》,第84卷第4期（1992），页1–5。

——，《新发现的杨光先〈不得已〉一书康熙间刻本》，《书目季刊》，第27卷第2期（1993），页3–13。

——，《扬教心态与天主教传华史研究：以南明重臣屡被错认为教徒为例》，《清华学报》，新24卷第3期（1994），页269–295。

——，《耶稣会士对中国传统星占术数的态度》，《九州学刊》，第4卷第3期（1991），页5–23。

——，《耶稣会士汤若望在华恩荣考》，收入《历史与宗教：纪念汤若望四百周年诞辰暨天主教传华史学国际研讨会论文集》。台北：辅仁大学出版社，1992，页42–60。

——，《择日之争与康熙历狱》，《清华学报》，新21卷第2期（1991），页247–280。

——，《张宸生平及其与杨光先间的冲突》，《九州学刊》，第6卷第1期（1993），页71–93。

——，《忠孝牌坊与十字架：明末天主教徒魏学濂其人其事探微》，《新史学》，第8卷第3期（1997），页43–94。

惠泽霖（H．Vernaeren）著，景明译，《王徵与所译奇器图说》，《上智编译馆馆刊》，第2卷第1期（1947），页26–33。

计翔翔，《关于利玛窦衣儒服的研究》，《世界宗教研究》，2001年第3期，页74–83。

——，《十七世纪中期汉学著作研究：以曾德昭〈大中国志〉和安文思〈中国新志〉为中心》。上海：上海古籍出版社，2002。

江文汉，《中国古代基督教及开封犹太人》。上海：知识出版社，1982。

金恩辉、胡述兆编，《中国地方志总目提要》。台北：汉美图书公司，1996。

金国平、吴志良，《过十字门》。澳门：澳门成人教育学会，2004。

——，《庞天寿率团访澳记》，《中西文化研究》，第1期（2004），页62–66。

——，《郑芝龙与澳门：兼谈郑氏家族的澳门黑人》，《海交史研究》，2002年第2期，页48–59。

金国平，《西力东渐：中葡早期接触追昔》。澳门：澳门基金会，2000。

——，《耶稣会对华传教政策演变基因初探：兼论葡、西征服中国计划》，收入氏著，《西力东渐：中葡早期接触追昔》，页120–157。

金熏镐，《〈西儒耳目资〉的成书及其体制》，《河北学刊》，1994年第4期，页76–82。

卡伊丹斯基（E．Kajdański）著，张振辉译，《中国的使臣卜弥格》。郑州：大象出版社，2001。

康志杰，《16至18世纪湖北天主教的发展特点分析：基督教与区域文化的相遇与对话》，收入卓新平主编，《相遇与对话》，页96–120。

——，《湖北磨盘山基督徒现状的问卷调查》，《鼎》，第24卷第4期（2004），页14–30。

——，《湖北磨盘山基督徒移民研究》，《暨南史学》，第2辑（2003），页440–454。

——，《论明清之际来华耶稣会士对中国纳妾婚俗的批评》，《世界宗教研究》，1998年第2期，页136–143。

——，《西域之逸民、中国之高士：评欧洲奇人毕方济》，收入中国中外关系史学会编，《中西初识》。郑州：大象出版社，1999，页71–79。

柯毅霖（Gianni Criveller）著，王志成等译，《晚明基督论》。成都：四川人民出版社，1999。

科尔特桑（J. Cortesao）著，王庆祝等译，《葡萄牙的发现》。北京：中国对外翻译出版社，1997。

雷梦辰，《清代各省禁书汇考》。北京：书目文献出版社，1989。

李伯铎译，《中国首任主教罗文藻论中国祭祖祭孔礼仪》，收入张奉箴，《罗公文藻晋牧三百周年纪念》。台北：闻道出版社，1992，页118–140。

李杜，《中西哲学思想中的天道与上帝》。台北：联经出版公司，1978。

李鸿彬，《瞿式耜》，收入王思治编，《清代人物传稿》，上编第三卷。北京：中华书局，1986，页296–304。

李鉴堂，《俗语考原》，民国二十六年铅印本。

李宽淑，《中国基督教史略》。北京：社会科学文献出版社，1998。

李明辉，《转化抑或对话？：李春生所理解的中国经典》，《人文学报》，第20–21期（1999–2000），页133–174。

李清志，《古书版本鉴定研究》。台北：文史哲出版社，1986。

李秋零，《清初"中国礼仪之争"的文化学再反思：兼与安希孟先生商榷》，《中国人民大学学报》，2003年第4期，页113–118。

李天纲，《"补儒易佛"：徐光启的比较宗教观》，《上海社会科学院学术季刊》，1990年第3期，页128–133。

——，《徐家汇藏书楼与明清天主教史研究》，收入卓新平主编，《相遇与对话》，页510–533。

——，《早期天主教与明清多元社会文化》，《史林》，1999年第4期，页43–60。

——，《中国礼仪之争：历史·文献和意义》。上海：上海古籍出版社，1998。

李文治，《晚明流寇》。台北：食货出版社，1983。

李向平，《"礼仪之争"的历史痕迹：闽东地区顶头村的宗教生活》，《东岳论丛》，
　　2003年第5期，页29-34。

李棪，《东林党籍考》。北京：人民出版社，1957。

李志刚，《基督教早期在华传教史》。台北：台湾商务印书馆，1985。

梁方仲，《中国历代户口、田地、田赋统计》。上海：上海人民出版社，1980。

梁家勉，《徐光启年谱》。上海：上海古籍出版社，1981。

梁其姿，《明清预防天花措施之演变》，收入杨联陞等编，《国史释论》。台北：食货出
　　版社，1987，页239-253。

梁元生，《求索东西天地间：李之藻由儒入耶的道路》，《九州学刊》，第3卷第1期
　　（1988），页1-14。

梁子涵，《南明的天主教文献》，《新铎声》，第28期（1960），页74-78。

林东阳，《明末西方宗教文化初传中国的一位重要人物：冯应京》，收入《明清之际中
　　国文化的转变与延续学术研讨会论文集》。台北：文史哲出版社，1991，页211-
　　257。

林鹤宜，《阮大铖石巢四种》，《大陆杂志》，第73卷第5期（1986），页221-227。

林金水，《曹学佺赠利玛窦诗》，《文史》，第33辑（1990），页396。

——，《福建对外文化交流史》。福州：福建教育出版社，1997。

——，《利玛窦与中国》。北京：中国社会科学出版社，1996。

——，《明清之际士大夫与中西礼仪之争》，《历史研究》，1993年第2期，页20-37。

林治平，《台湾基督教史：史料与研究的回顾国际学术研讨会论文集》。台北：宇宙
　　光出版社，1998。

林中泽，《晚明中西性伦理的相遇：以利玛窦〈天主实义〉和庞迪我〈七克〉为中心》。
　　广州：广东教育出版社，2003。

凌纯声，《中国古代海洋文化与亚洲地中海》，《海外杂志》，第3卷第10期（1954），
　　页7-10。

刘春建，《王夫之学行系年》。郑州：中州古籍出版社，1989。

刘翠溶，《明清时期家族人口与社会经济变迁》。台北："中央研究院"经济研究所，
　　1992。

刘凤云，《清代三藩研究》。北京：中国人民大学出版社，1994。

刘恒，《张瑞图其人其书》，收入刘正成编，《中国书法全集·张瑞图卷》。北京：荣宝
　　斋，1992，页1-19。

刘旭，《中国古代火炮射程初探》，《大自然探索》，1986年第3期，页181-185。

刘月莲，《李卓吾与利西泰》，《文化杂志》，第43期（2002），页153—168。

柳亚子，《南明史纲·史料》。上海：上海人民出版社，1994。

柳义南，《李自成纪年附考》。北京：中华书局，1983。

吕实强，《中国官绅反教的原因（1860—1874）》。台北："中央研究院"近代史研究所，
　　1985年第三版。

罗炳绵、刘健明编，《明末清初华南地区历史人物功业研讨会论文集》。香港：香港中
　　文大学历史学系，1993。

罗昶、瑞溪，《中国村落习惯法内容初探》，《法商研究》，1997年第1期，页80—87。

罗光，《卜弥格充明使出使教廷》，《新铎声》，第28期（1960），页64—73。

——，《教廷与中国使节史》。台中：光启出版社，1961。

——，《徐光启传》。台北：传记文学出版社，1982。

罗丽达，《一篇有关康熙朝耶稣会士礼仪之争的满文文献：兼及耶稣会士的宣言书
　　Brevis Relatio》，《历史档案》，1994年第1期，页94—97。

洛瑞罗（Rui Manuel Loureiro）著，黄辉现译，《史学家之谜：贾梅士在澳门》，《文化
　　杂志》，第52期（2004），页121—138。

马建石、杨育棠编，《大清律例通考校注》。北京：中国政法大学出版社，1992。

孟森，《明烈皇殉国后纪》，收入氏著，《明清史论著集刊》。北京：中华书局，1959，
　　页28—77。

明大道（Georges Mensaert）著，施森道译，《康熙间我国公教圣统制度之建立》，《新
　　铎声》，1956年第6期，页28—40。

莫小也，《17—18世纪传教士与西画东渐》。杭州：中国美术学院出版社，2002。

牟润孙，《崇祯帝之撤像及信仰》，《辅仁学志》，第8卷第1期（1939），页61—70。

——，《明末西洋大炮由明入后金考略》，收入氏著，《注史斋丛稿》。北京：中华书局，
　　1987，页415—444。

南炳文，《南明史》。天津：南开大学出版社，1992。

南京大学中国语言文学系全清词编纂研究室编，《全清词》。北京：中华书局，2002。

潘凤娟，《西来孔子艾儒略：更新变化的宗教会遇》。台北：圣经资源中心，2002。

裴德生（Willard J. Peterson）、朱鸿林，《徐光启、李之藻、杨廷筠成为天主教徒试
　　释》，收入《明史研究论丛》，第5辑。南京：江苏古籍出版社，1991，页477—
　　497。

裴化行（Henri Bernard）著，王昌社译，《利玛窦司铎和中国当代社会》。上海：土山
　　湾印书馆，1943。

裴化行著，管震湖译，《利玛窦评传》(*Le Père Matthieu Ricci et la société chinoise de son temps, 1552−1610*)。北京：商务印书馆，1993年译自1937年河北献县版。

裴化行著，沈毓元摘译，《明代闭关政策与西班牙天主教传教士》，收入《中外关系史译丛》，第4辑。上海：上海译文出版社，1988，页259−273。

彭国翔，《王龙溪的〈中鉴录〉及其思想史意义：有关明代儒学思想基调的转换》，《汉学研究》，第19卷第2期（2001），页59−81。

平川祐弘著，刘岸伟、徐一平译，《利玛窦传》。北京：光明日报出版社，1999。

戚印平，《"*Deus*"的汉语译词以及相关问题的考察》，《世界宗教研究》，2003年第2期，页88−97。

——，《东亚近世耶稣会史论集》。台北：台湾大学出版中心，2004。

——，《日本早期耶稣会的若干教理书以及音译原则的提出与实践》，收入陈村富编，《宗教与文化》，页324−351。

——，《日本早期耶稣会史研究》。北京：商务印书馆，2003。

——，《远东耶稣会士关于易服问题的争议及其文化意义》，《浙江学刊》，2003年第3期，页49−54。

齐如山，《中国的科名》。台北："中国新闻出版公司"，1956。

钱茂伟，《国家、科举与社会：以明代为中心的考察》。北京：北京图书馆出版社，2004。

丘光明等，《中国科学技术史：度量衡卷》。北京：科学出版社，2001。

瞿果行，《瞿汝夔行实发微》，《齐鲁学刊》，1994年第1期，页99−101。

——，《瞿式耜"入教"和"借兵"的考辨》，《清史研究通讯》，1990年第4期，页3−7。

——，《瞿式耜年谱》。济南：齐鲁书社，1987。

荣新江、李孝聪编，《中外关系史：新史料与新问题》。北京：科学出版社，2004。

荣振华（Joseph Dehergne）著，耿昇译，《在华耶稣会士列传及书目补编》。北京：中华书局，1995。

沙不列（Robert Chabrié）撰，冯承钧译，《明末奉使罗马教廷耶稣会士卜弥格传》(*Michel Boym, Jésuite polonais et al fin des Ming en Chine, 1646−1662*)。长沙：商务印书馆，1941。

沈定平，《明清之际中西文化交流史——明代：调适与会通》。北京：商务印书馆，2001。

师道刚，《明末韩霖史迹钩沉》，《山西大学学报》，1990年第1期，页28−34。

苏丰文等，《汉语诗的本体知识与语意检索》，收入罗凤珠编，《语言、文学与资讯》。

新竹：清华大学出版社，2004，页193-218。

孙官生，《姚安知府李贽思想研究》。昆明：云南大学出版社，1991。

孙锦标，《通俗常言疏证》，民国十四年石印本。

孙尚扬、钟鸣旦，《一八四〇年前的中国基督教》。北京：学苑出版社，2004。

孙尚扬，《明末天主教与儒学的交流和冲突》。台北：文津出版社，1992。

——，《王徵圣爱观中的儒耶融合》，《道风：基督教文化评论》，第19期（2003），页191-210。

覃芝馨，《南宁市三江口皇家陵园：皇姑坟初考》，《广西地方志》，2001年第6期，页38-41。

谭天星，《明代内阁政治》。北京：中国社会科学出版社，1996。

汤锦台，《开启台湾第一人郑芝龙》。台北：果实出版，2002。

汤开建，《明清之际方济各会在中国的传教》，收入卓新平主编，《相遇与对话》，页216-258。

——，《顺治时期天主教在中国的传播与发展》，《清史论丛》，2001年号，页123-142。

——，《委黎多〈报效始末疏〉笺正》。广州：广东人民出版社，2004。

汤一介，《论利玛窦汇合东西文化的尝试》，《文化杂志》，第21期（1994），页90-96。

特谢拉（Victor Gomes Teixeira）著，尚春雁译，《16-17世纪从菲律宾前往东南亚占领地的传教团》，《文化杂志》，第52期（2004），页25-35。

万明，《晚明南京教案新探》，收入王春瑜编，《明史论丛》。北京：中国社会科学出版社，1997，页141-155。

王重民，《冷庐文薮》。上海：上海古籍出版社，1992。

王春瑜，《明初二高僧、清初二遗民史迹考析》，《史林》，1988年第3期，页23-29。

王德毅编，《明人别名字号索引》。台北：新文丰出版公司，2000。

王汎森，《明末清初儒学的宗教化：以许三礼的告天之学为例》，《新史学》，第9卷第2期（1998），页89-123。

王建，《中国古代避讳史》。贵阳：贵州人民出版社，2002。

王慕民，《明清之际浙东学人与耶稣会士》，收入陈祖武编，《明清浙东学术文化研究》。北京：中国社会科学出版社，2004，页128-143。

王晓秋，《晚清中国人走向世界的一次盛举：1887年海外游历使初探》，《北京大学学报》，2001年第3期，页78-86。

王扬宗，《"西学中源"说在明清之际的由来及其演变》，《大陆杂志》，第90卷第6期（1995），页39-45。

王煜，《明末净土宗莲池大师云栖祩宏之佛化儒道及其逼近耆那教与反驳天主教》，收
　　入氏著，《明清思想家论集》。台北：联经出版公司，1984，页111-164。

王治心，《中国基督教史纲》。香港：基督教文艺出版社，1979年第三版。

维吉尔·毕诺（Virgile Pinot）著，耿昇译，《中国对法国哲学思想形成的影响》。北京：
　　商务印书馆，2000。

魏斐德（Frederic Wakeman, Jr.）著，陈苏镇等译，《洪业：清朝开国史》（*The Great
　　Enterprise*）。南京：江苏人民出版社，1992。

魏特（Alfons Väth）著，杨丙辰译，《汤若望传》。台北：台湾商务印书馆，1960年台
　　一版。

吴伯娅，《关于雍正禁教的几个问题：耶稣会士书简与清代档案的比读》，《清史论丛》，
　　2003-2004年号，页160-182。

吴光，《黄宗羲著作汇考》。台北：台湾学生书局，1990。

吴莉苇，《当诺亚方舟遭遇伏羲神农：启蒙时代欧洲的中国上古史论争》。北京：中国
　　人民大学出版社，2005。

吴旻、韩琦，《礼仪之争与中国天主教徒：以福建教徒和颜珰的冲突为例》，《历史研
　　究》，2004年第6期，页83-91。

吴仁安，《明清庶吉士制度述论》，《史林》，1997年第4期，页33-39。

吴廷燮，《明督抚年表》。北京：中华书局，1982。

伍昆明，《早期传教士进藏活动史》。北京：中国藏学出版社，1992。

夏伯嘉，《从天儒合一到东西分歧：欧洲中国观的演变》，《新史学》，第12卷第3期
　　（2001），页1-18。

——，《宗教信仰与梦文化：明清之际天主教与佛教的比较探索》，《"中央研究院"历
　　史语言研究所集刊》，第76本第2分（2005），页209-248。

向世陵、冯禹，《儒家的天论》。济南：齐鲁书社，1991。

肖清和，《明末士大夫郭子章与天主教关系新证》，《澳门理工学报》，2015年第3期，
　　页69-78。

萧静山（萧若瑟），《圣教史略》。河北献县：张家庄胜世堂，1917年第二版。

——，《天主教传行中国考》。河北献县：献县天主堂，1931。

萧启庆，《宋元之际的遗民与贰臣》，《历史月刊》，1996年4月号，页56-64。

谢承仁，《李自成新传》。台北：桂冠图书公司，1993。

谢扶雅，《陈援庵受洗入教问题：五四时代自由气氛中的一个插曲》，《传记文学》，第
　　22卷第5期（1973），页20-36。

——，《记"岭南人"钟荣光》，《中外杂志》，第25卷第1期（1979），页71–74。

谢国桢，《明清之际党社运动考》。北京：中华书局，1982。

——，《增订晚明史籍考》。上海：上海古籍出版社，1981。

谢和耐（Jacques Gernet）著，耿昇译，《入华耶稣会士与中国明末的政治和文化形势》，收入《明清间入华耶稣会士和中西文化交流》。成都：巴蜀书社，1993，页91–122。

——，《中国与基督教：中西文化的首次撞击》（*Chine et Christianisme, Action et Réaction*）。上海：上海古籍出版社，2003；原撰于1982年。

谢正光编，《明遗民传记索引》。上海：上海古籍出版社，1992。

熊世琮等修，《后方熊氏宗谱》。南昌：自印本，1996。

徐光台，《借"格物穷理"之名：明末清初西学的传入》，收入哈佛燕京学社编，《理性主义及其限度》。北京：生活·读书·新知三联书店，2003，页165–212。

——，《利玛窦〈天主实义〉中的格物穷理》，《清华学报》，新28卷第1期（1998），页47–73。

——，《明末清初西方"格致学"的冲击与反应：以熊明遇〈格致草〉为例》，收入《第一届"全国"历史学学术讨论会论文集：世变、群体与个人》。台北：台湾大学历史学系，1996，页235–258。

——，《明末中西士人在"理"问题上的遭遇：以利玛窦为先驱》，《九州学林》，第2卷第2期（2004），页2–42。

徐海松，《清初士人与西学》。北京：东方出版社，2000。

徐泓，《明代的婚姻制度》，《大陆杂志》，第78卷第1期（1989），页26–37。

徐世昌，《大清畿辅先哲传》，《清代传记丛刊》景印民国六年刊本。

徐晓旭、朱丹彤，《论傅斯年的"史学便是史料学"》，《人文杂志》，2003年第2期，页131–135。

徐振保，《孙元化研究》，《上海教育学院学报》，1988年第1期，页40–47。

徐宗泽，《明清间耶稣会士译著提要》。上海：中华书局，1949。

许敏，《西方传教士对明清之际中国婚姻的论述》，《中国史研究》，1994年第3期，页62–72。

许明龙，《十八世纪欧洲"中国热"退潮原因初探》，《中国社会科学季刊》，第7期（1994），页158–168。

许苏民，《李贽的真与奇》。南京：南京出版社，1998。

许倬云，《中国历史在世界史中的地位》，收入氏著，《刹那与永恒》。台北：时报文化出版公司，1988，页277–287。

鄢烈山、朱健国，《中国第一思想犯：李贽传》。北京：中国工人出版社，1993。

阎宗临，《传教士与法国早期汉学》。郑州：大象出版社，2003。

燕鼐思（Joseph Jennes）著，田永正译，《中国教理讲授史》（*Het Godsdienstonderricht in China*）。台北：华明书局，1976；原撰于1942年。

杨森富，《中国基督教史》。台北：台湾商务印书馆，1968。

杨树藩，《中国文官制度史》。台北：黎明文化事业公司，1982。

杨廷福、杨同甫编，《清人室名别称字号索引》。上海：上海古籍出版社，1988。

杨真，《基督教史纲》。北京：生活·读书·新知三联书店，1979。

叶德禄，《〈圣教史略〉与〈天主教传行中国考〉》，《益世报》，天津，1937年3月26日。

——，《乾隆绛州志之韩霖》，收入氏辑，《民元以来天主教史论集》，页199–207；原文发表于《新北辰》，第3卷第8期（1937）。

叶德禄编，《民元以来天主教史论集》。台北：辅仁大学出版社，1985；此书于1943年由辅仁大学图书馆在北平初刊，原书名为："天主教史论丛"。

尹秀芝、王朝晖，《试论焦琏在抗清斗争中的作用》，《北方论丛》，1995年第1期，页35–39。

余英时，《方以智晚节考》。台北：允晨文化公司，1986。

——，《士与中国文化》。上海：上海人民出版社，2003。

——，《中国近世宗教伦理与商人精神》。台北：联经出版公司，1987。

袁良义，《明末农民战争》。北京：中华书局，1987。

岳玉玺等，《傅斯年：大气磅礴的一代学人》。天津：天津人民出版社，1994。

张柏春，《王徵〈新制诸器图说〉辨析》，《中国科技史料》，第17卷第1期（1996），页88–91。

——，《王徵与邓玉函〈远西奇器图说录最〉新探》，《自然辩证法通讯》，1996年第1期，页45–51。

张奉箴，《福音流传中国史略》。台北：辅仁大学出版社，1971。

——，《罗公文藻晋牧三百周年纪念》。台北：闻道出版社，1992。

张国刚，《从中西初识到礼仪之争：明清传教士与中西文化交流》。北京：人民出版社，2003。

张国刚等，《明清传教士与欧洲汉学》。北京：中国社会科学出版社，2001。

张铠，《利安当与"礼仪之争"》，《中西文化研究》，第2期（2002），页117–137。

——，《庞迪我与中国》。北京：北京图书馆出版社，1997。

——,《中国与西班牙关系史》。郑州：大象出版社，2003。

张力、刘鉴唐，《中国教案史》。成都：四川省社会科学院出版社，1987。

张培瑜，《三千五百年历日天象》。郑州：河南教育出版社，1990。

张若谷，《马相伯先生年谱》。北平：商务印书馆，1939。

张维华，《南京教案始末》，《齐大月刊》，第1卷第2期（1930），页93-106及第1卷第
    3期（1930），页191-208。

张西平，《梵蒂冈图书馆藏白晋读〈易经〉文献初探》，收入荣新江、李孝聪编，《中外
    关系史：新史料与新问题》，页305-314。

——,《论明清间天学的合儒与补儒》，《传统文化与现代化》，1998年第5期，页
    80-86。

——,《儒学在欧洲的早期传播初探》，收入中国中外关系史学会编，《中西初识》。郑
    州：大象出版社，1999，页155-166。

——,《中国与欧洲早期宗教和哲学交流史》。北京：东方出版社，2001。

张先清，《明清宗族社会与天主教的传播：一项立足于东南城乡的考察》，收入卓新平
    主编，《相遇与对话》，页151-185。

张星烺，《中西交通史料汇编》。北平：辅仁大学图书馆，1930。

张秀民，《中国印刷史》。上海：上海人民出版社，1989。

张永堂，《明末方氏学派研究初编：明末理学与科学关系试论》。台北：文镜文化公司，
    1987。

——,《明末清初理学与科学关系再论》。台北：台湾学生书局，1994。

张泽，《清代禁教期的天主教》。台北：光启出版社，1992。

赵令扬，《论南明弘光朝之党祸》，《联合书院学报》，第4期（1965），页1-15。

赵庆源，《中国天主教教区划分及其首长接替年表》。台南：闻道出版社，1980。

赵世瑜，《试论陈确的忠节观》，《史学月刊》，1998年第3期，页76-81。

赵园，《明清之际士大夫研究》。北京：北京大学出版社，1999。

郑培凯，《晚明士大夫对妇女意识的注意》，《九州学刊》，第6卷第2期（1994），页
    27-43。

郑天祥编，《罗文藻史集》。高雄：高雄教区主教公署，1973。

中国科学院北京天文台编，《中国地方志联合目录》。北京：中华书局，1985。

中国历史大辞典清史卷编纂委员会编，《中国历史大辞典·清史卷》。上海：上海辞书
    出版社，1992。

钟鸣旦（Nicolas Standaert）著，香港圣神研究中心译，《杨廷筠：明末天主教儒者》。

北京：社会科学文献出版社，2002。

周骏富编，《明代传记丛刊索引》。台北：明文书局，1991。

——，《清代传记丛刊索引》。台北：明文书局，1986。

周振鹤，《谁是黄嘉略?》，《文汇读书周报》，2004年3月19日第9版。

朱鸿林，《二十世纪的明清乡约研究》，《历史人类学学刊》，第2卷第1期（2004），页
　　175–196。

——，《明代嘉靖年间的增城沙堤乡约》，《燕京学报》，新8期（2000），页107–159。

——，《明代中期地方社区治安重建理想之展现：山西河南地区所行乡约之例》，《中国
　　学报》，第32辑（1992），页87–100。

——，《明太祖的孔子崇拜》，《"中央研究院"历史语言研究所集刊》，第70本第2分
　　（1999），页483–529。

朱谦之，《中国景教》。北京：人民出版社，1993。

朱幼文，《冯应京未经入洗考》，《华东师范大学学报》，2000年第2期，页124–126。

朱育礼，《瞿式耜与郑成功之关系》，《清史研究通讯》，1990年第4期，页8–10。

祝平一，《伏读圣裁:〈历学疑问补〉与〈三角形推算法论〉》，《新史学》，第16卷第1
　　期（2005），页51–84。

——，《金石盟:〈御制天主堂碑记〉与清初的天主教》，《"中央研究院"历史语言研究
　　所集刊》，第75本第2分（2004），页389–421。

庄吉发，《清代前期对天主教从容教政策到禁教政策的转变》，收入《历史与宗教：纪
　　念汤若望四百周年诞辰暨天主教传华史学国际研讨会论文集》。台北：辅仁大学
　　出版社，1992，页308–331。

卓新平主编，《相遇与对话：明末清初中西文化交流国际学术研讨会文集》。北京：宗
　　教文化出版社，2003。

邹长清，《明代庶吉士制度探微》，《广西师范大学学报》，第34卷第2期（1998），页
　　68–74。

邹振环，《利玛窦〈交友论〉的译刊与传播》，《复旦学报》，2001年第3期，页49–55。

【日文】

"'ポルトガルと南蛮文化'展—めざせ、東方の国々—"*Via Orientalis*. Edited by
　　Simonetta Luz Afonso, etc. (Tokyo: NHK Promotion, 1993）.

岸本美緒，《崇禎十七年の"従逆"問題と江南社會》，《學人》，第5輯（1994），頁
　　499–534。

——，《明清交替と江南社會：17世紀中國の秩序問題》。東京：東京大學出版會，

1999。

大村興道,《明末清初の宣講図式について》,《東京學藝大學紀要》,第2部門第30集
　　(1979),頁193-203。

大泉光一,《慶長遣歐使節の研究》。東京: 文真堂,1994。

岡本さえ,《近世中国の比較思想: 異文化との邂逅》。東京: 東京大學出版會,
　　2000。

——,《佟国器と清初の江南》,《東洋文化研究所紀要》,第106冊(1988),頁95-
　　162。

葛谷登,《容教士人馮琦》,《一橋論叢》,第98巻第4號(1987),頁117-134。

後藤基巳,《馮琦小論: 明末容教士人のめりかた》,收入《宇野哲人先生白壽祝記
　　念東洋學論叢》。東京: 東方學會,1974,頁459-475。

箕作元八、田中義成,《明の王太后より羅馬法王に贈りし論文》,《史學雜誌》,第3
　　編第37號(1892),頁45-53。

井上進,《復社姓氏校録附復社紀略》,《東方學報》,第65冊(1993),頁537-668。

井手勝美,《ハビアンと〈妙貞問答〉》,《日本思想史》,第6號(1978),頁51-74。

木村英一,《ジシテと朱子の學》,《東方學報》,第22冊(1953),頁28-58。

坪井九馬三,《坪井博士の来信附支那耶蘇教に關する文書の発見》,《史學雜誌》,第
　　11編第2號(1900),頁134-137。

桑原騭藏,《明の龐天壽より羅馬法皇に送呈せし文書》,《史學雜誌》,第11編第3號
　　及第5號(1900),頁60-71及69-82。

山下智彦,《馮応京と天主教》,收入秋月觀,《道教と宗教文化》。東京: 平河出版社,
　　1987,頁554-570。

石原道博,《明末清初日本乞師の研究》。東京: 富山房,1945。

矢沢利彦,《西洋人の見た十六～十八世紀の中国女性》。東京: 東方書店,1990。

——,《中国とキリスト教》。東京: 近藤出版社,1972。

松田毅一、東光博英,《日本の南蛮文化》。京都: 淡交社,1993。

西田長男,《天理図書館所藏吉田文庫本〈妙貞問答〉》,《天理図書館報》,第57號
　　(1974),頁13-84。

佐伯好郎,《明時代の支那基督教》。東京: 名著普及會,1943。

【西文】

Alden, Dauril. *The Making of an Enterprise: The Society of Jesus in Portugal, Its Empire,
　　and Beyond, 1540–1750*. Stanford, CA: Stanford University Press, 1996.

Atiya, Aziz Suryal. *History of Eastern Christianity*. Notre Dame, Indiana: University of Notre Dame Press, 1968.

Bangert, William V. *A History of the Society of Jesus*. St. Louis: Institute of Jesuit Sources, 1986.

Berling, Judith A. *The Syncretic Religion of Lin Chao-en*. New York: Columbia University Press, 1980.

Bireley, Robert. *The Refashioning of Catholicism, 1450–1700*. Washington, D.C.: Catholic University of America Press, 1999.

Bitterli, Urs. *Cultures in Conflict, Encounters between European and Non-European Cultures, 1492–1800*. Translated by Ritchie Robertson. Cambridge, U. K.: Polity Press, 1989.

Blair, E. H., and J. A. Robertson, eds. *The Philippine Islands, 1493–1898*. Cleveland: Artur H. Clark Co., 1903–1909.

Borao, Jose Eugenio. "The Catholic Dominican Missionaries in Taiwan, 1626–1642," 收入林治平编,《台湾基督教史》, 页33–76。

Boxer, C. R. "Portuguese Military Expeditions in Aid of the Mings against the Manchus, 1621–1647," *T'ien Hsia Monthly*, vol. 7, no. 1（1938）, pp. 24–36.

——. "The Portuguese *Padroado* in East Asia and the Problem of the Chinese Rites, 1576–1773," *Boletimdo Instit Portugues de Hong Kong*, no.1（1948）, pp. 199–226.

——. *The Christian Century in Japan, 1549–1650*. Berkeley: University of California Press; London: Cambridge University Press, 1951.

Busch, Heinrich. "The Tung-Lin Academy and Its Political and Philosophical Significance," *Monumenta Serica*, no. 14（1949–55）, pp. 1–163.

Caraman, Phillip. *The Lost Paradise: The Jesuit Republic in South America*. New York: Dorset Press, 1975.

Chabrié, Robert. *Michel Boym, Jésuite polonais et al fin des Ming en Chine (1646–1662)*. Paris: Pierre Bossuet, 1933.

Chan, Albert（陈纶绪）. "A European Document on the Fall of the Ming Dynasty（1644–1649）," *Monumenta Serica*, no. 35（1981–83）, pp. 75–109.

——.*Chinese Books and Documents in the Jesuit Archives in Rome: A Descriptive Catalogue, Japonica-Sinica I-IV*. Armonk, NY: M. E. Sharpe, 2002.

——. "Michele Ruggieri, S.J.（1543–1607）and His Chinese Poems," *Monumenta Serica*,

41 (1993), pp. 126–176.

Chaudhuri, K. N. *Trade and Civilisation in the Indian Ocean: An Economic History from the Rise of Islam to 1750.* Cambridge: Cambridge University Press, 1985.

Chen, Min-sun（陈明生）. "Johann Adam Schall, Hsü Kuang-ch'i, and Li T'ien-ching," in *Western Learning and Christianity in China: The Contribution and Impact of Jahann Adam Schall von Bell, S. J. (1592–1666).* Edited by Roman Malek. Nettetal: Steyler Verlag, 1998, pp. 303–310.

Ching, Julia（秦家懿）, and Willard G. Oxtoby, eds. *Discovering China: European Interpretations in the Enlightenment.* Rochester: University of Rochester Press, 1992.

Chu, Hung-lam（朱鸿林）. "The Community Compact in Late Imperial China: Notes on Its Nature, Effectiveness, and Modern Relevance," *The Woodrow Wilson Center Asia Program Occasional Paper,* no. 52 (1993), pp. 1–11.

Cohen, Paul A. *China and Christianity, the Missionary Movement and the Growth of Chinese Anti-foreignism 1860–1870.* Cambridge: Harvard University Press, 1963.

Collani, Claudia von. "Charles Maigrot's Role in the Chinese Rites Controversy," in *The Chinese Rites Controversy: Its History and Meaning.* Edited by D. E. Mungello. Nettetal: Steyler Verlag, 1994, pp. 149–184.

——. "*Tianxue Benyi*: Joachim Bouvet's Forschungen zum Monotheismus in China," *China Mission Studies (1550–1800) Bulletin,* no. 10 (1988), pp. 9–33.

Collani, Claudia von, ed., *Joachim Bouvet, S.J. Journal des Voyages.* Taipei: Taipei Ricci Institute, 2005.

Colombel, Auguste. *Histoire de la Mission du Kiang-nan.* Shanghai, 1895–1905.

Correia-Afonso, John. *The Jesuits in India 1542–1773.* Gujarat, India: Gujarat Sahitya Prakash, 1997.

Courant, Maurice. *Catalogue des Livres Chinois, Corérns, Japonais, etc.* Paris: Ernest Leroux, 1900–1912.

Crawford, Robert B. "The Biography of Juan Ta-ch'eng," *Chinese Culture,* vol. 6, no. 2 (1965), pp. 28–105.

Criveller, Gianni. *Preaching Christ in Late Ming China, the Jesuits' Presentation of Christ from Matteo Ricci to Giulio Aleni.* Taipei: Ricci Institute, 1997.

Cummins, J. S. *The Travels and Controversies of Friar Domingo Navarrete 1618–1686.* Cambridge: Cambridge University Press, 1962.

Cushner, Nicholas P. *Spain in the Philippines: From Conquest to Revolution.* Quezon City: Institute of Philippine Culture, 1971.

de la Costa, H. *The Jesuits in the Philippines 1581–1768.* Cambridge: Harvard University Press, 1967.

Dehergne, Joseph. "La Chine Centrale vers 1700: II Les Vicariats Apostoliques de la Côte （Etude de Géographie Missionnaire）," *Archivum Historicum Societatis Iesu,* no. 30 （1961）, pp. 307–366.

——. *Répertoire des Jésuites de Chine de 1552 à 1800.* Roma: Institutum Historium S. I.; Paris: Letouzey & Ane, 1973.

Dudink, Adrian. "Christianity in Late Ming China, Five Studies." PhD diss., Leiden University, 1995.

——. "Giulio Aleni and Li Jiubiao," in *Scholar from the West: Giulio Aleni S. J. (1582–1649) and the Dialogue between Christianity and China.* Edited by Tiziana Lippiello and Roman Malek. Nettetal, Germany: Steyler Verlag, 1997, pp. 129–200.

——. "*Nangong shudu* （1620）, *Poxie ji* （1640）and Western Reports on the Nanking Persecution （1616/1617）," *Monumenta Serica,* no. 48 （2000）, pp. 133–265.

——. "The Japonica-Sinica Collections I–IV in the Roman Archives of the Society of Jesus: An Overview," *Monumenta Serica,* no. 50 （2002）, pp. 481–536.

——. "The Rediscovery of a Seventeenth-century Collection of Chinese Christian Texts: The Manuscript *Tianxue Jijie,*" *Sino-Western Cultural Relations Journal,* no. 15 （1993）, pp. 1–26.

——. "The *Sheng-Ch'ao Tso-P'i* （1623）of Hsu Ta-Shou," in *Conflict and Accommodation in Early Modern East Asia, Essays in Honour of Erik Zürcher.* Edited by Leonard Blusse and Harriet T. Zurndorfer. Leiden: E. J. Brill, 1993, pp. 94–140.

Dunne, George H. "Alfonso Vagnoni," in *Dictionary of Ming Biography 1368–1644.* Edited by L. Carrington Goodrich. New York: Columbia University Press, 1976, pp. 1332–1334.

——. *Generation of Giants: The Story of the Jesuits in China in the Last Decades of the Ming Dynasty.* Notre Dame, Indiana: University of Notre Dame Press, 1962.

Ecke, Gustav. "Two Ashlar Pagodas at Fu-Ch'ing in Southern Fu-Chien with Some Additional Notes on Prime-Minister Yeh Hsiang-Kao," *Bulletin of the Catholic University of Peking,* no. 8 （1931）, pp. 49–65.

Elison, George. *Deus Destroyed, the Image of Christianity in Early Modern Japan.* Cambridge: Harvard University Press, 1991.

Elman, Benjamin A. "Jesuit *Scientia* and Natural Studies in Late Imperial China, 1600—1800," *Journal of Early Modern History*, vol. 6, no.3（2002）, pp. 209—232.

Encyclopaedia Britannica Ultimate Reference Suite 2004 DVD. Chicago: Encyclopædia Britannica, Inc., 2004.

Gernet, Jacques. *China and the Christian Impact.* Translated by Janet Lloyd. Cambridge: Cambridge University Press, 1985.

——. *Chine et Christianisme.* Paris: Editions Gallimard, 1982.

González, José Maria. *Historia de Las Misiones Dominicanas de China, vol. 1 (1632—1700).* Madrid: Juan Bravo, 1962.

Goodman, Howard L., and Anthony Grafton. "Ricci, the Chinese, and the Toolkits of Textualist," *Asia Major*, 3rd series, vol. 6, pt.1（1993）, pp. 95—148.

Goodrich, L. Carrington, and Fang Chaoying（房兆楹）, eds. *Dictionary of Ming Biography, 1368—1644.* New York: Columbia University Press, 1976.

Guilmartin, John Francis. *Gunpowder and Galleys: Changing Technology and Mediterranean Warfare at Sea in the Sixteenth Century.* Cambridge: Cambridge University Press, 1974.

Hashimoto, Keizo（桥本敬造）. *Hsu Kuang-ch'i and Astronomical Reform.* Osaka: Kansai University Press, 1988.

Hastings, Adrian. *The Church in Africa: 1450—1950.* Oxford: Clarendon Press, 1994.

Hemming, John. *Red Gold: The Conquest of the Brazilian Indians.* Cambridge: Harvard University Press, 1978.

Herbermann, Charles G. et al., eds. *The Catholic Encyclopedia.* New York: The Encyclopedia Press, 1914; http://www.newadvent.org/cathen/.

Ho, Ping-ti（何炳棣）. *The Ladder of Success in Imperial China: Aspects of Social Mobility, 1368—1911.* New York: Columbia University Press, 1962.

Hsia, Ronnie Po-Chia（夏伯嘉）. "Conversion and Conversation: A Dialogical History of the Catholic Missions in China from the Sixteenth to the Eighteenth Century," in *Frontiers of Faith: Religious Exchange and the Constitution of Religious Identities 1400—1750.* Edited by Eszter Andor and István György Tóth. Budapest: Central European University, 2001, pp. 37—54.

Hsieh, Bao-hua（Sheieh Bau Hwa；谢葆华）. "Concubines in Chinese Society from the Fourteenth to the Seventeenth Centuries." PhD diss., University of Illinois, 1992.

——. "Female Hierarchy in Customary Practice: The Status of Concubines in Seventeenth-Century China," *Research on Women in Modern Chinese History*, no. 5（1997）, pp. 55–114.

——. "The Acquisition of Concubines in China, 14–17th Centuries," *Research on Women in Modern Chinese History*, no. 1（1993）, pp. 125–200.

Hsiung, Ping-Chen（熊秉真）. "Constructed Emotions: Bond between Mothers and Sons in Late Imperial China," *Late Imperial China*, vol.15, no. 1（1994）, pp. 87–117.

——. "Sons and Mothers: Demographic Realities and the Chinese Culture of Hsiao," in *Women in the New Taiwan: Gender Roles and Gender Consciousness in a Changing Society*. Edited by Catherine Farris et al. New York: M. E. Sharpe, 2004, pp. 14–40.

Hummel, Arthur W., ed. *Eminent Chinese of the Ch'ing Period (1644–1912)*. Washington: United States Government Printing Office, 1943.

Kajdański, E. *Michał Boym. Ambasador Państwa Środka*. Warszawa: Książka i Wiedza, 1999.

Kamen, Henry. *Empire: How Spain Became a World Power 1492–1763*. New York: HarperCollins Publishers, 2003.

King, Gail. "Candida Xu and the Growth of Christianity in China in the Seventeenth Century," *Monumenta Serica*, no. 46（1998）, pp. 49–66.

Ku, Wei-ying（古伟瀛）. "On the Authenticity and Significance of the Pro-Catholic Memorial by Censor Huang Entong in 1848," presented at the 8th International Symposium of the Ferdinand Verbiest Foundation, Leuven University, Belgium, September, 2004.

Lach, Donald F. *Asia in the Making of Europe, Volume I: The Century of Discovery*. Chicago: The University of Chicago Press, 1965.

Lamb, Alastair. *The Mandarin Road to Old Hué: Narratives of Anglo-Vietnamese Diplomacy from the 17th Century to the Eve of the French Conquest*. London: Chatto & Windus, 1970.

Lane, Frederic C. *Venice, A Maritime Republic*. Baltimore: The John Hopkins University Press, 1973.

Lee, Thomas H. C.（李弘祺）, ed. *China and Europe, Images and Influences in Sixteenth to Eighteenth Centuries.* Hong Kong: The Chinese University Press, 1991.

Maclagan, R. E. "On Early Asiatic Fire Weapons," *Journal of the Asiatic Society of Bengal,* vol. 45, no. 1 (1876) , pp. 30−71.

Mair, Victor H. "Language and Ideology in the Written Popularizations of the Sacred Edict," in *Popular Culture in Late Imperial China.* Edited by David Johnson, Andrew J. Nathan, Evelyn S. Rawski. Berkeley: University of California Press, 1985, pp. 325−359.

Malatesta, Edward J. "A Fatal Clash of Wills: The Condemnation of the Chinese Rites by the Papal Legate Carlo Tommaso Maillard de Tournon," in *The Chinese Rites Controversy.* Edited by D. E. Mungello. Nettetal, Germany: Steyler Verlag, 1994, pp. 211−246.

——. "Alessandro Valignano, Fan Li-An (1539−1606) , Strategist of the Jesuit Mission in China," *Review of Culture* (2nd Series) , no. 21 (1994) , pp. 35−54.

——. "The Tragedy of Michael Boym," in *Actes du VIe Colloque International de Sinologie de Chantilly.* San Francisco: Ricci Institute for Chinese-Western Cultural History, 1995, pp. 353−370.

Malatesta, Edward J., and Guo Zhiyu (高智瑜) , eds. *Departed, Yet Present: Zhalan, The Oldest Christian Cemetery in Beijing.* Macao: Instituto Cultural de Macau; San Francisco: Ricci Institute, University of San Francisco, 1995.

Margiotti, Fortunato. *Il Cattolicismo Nello Shansi Dalle Origini al 1738.* Roma: Edizioni "Sinica Franciscana" , 1958.

Masini, Federico. "I diplomatici Cinesi in Italia ed il Collegium Sinicum di Napoli," in *La Missione Cattolica in Cina tra i secoli XVIII-XIX, Matteo Ripa e il Collegio dei Cinesi.* Edited by Michele Fatica and Francesco D'Arelli. Napoli, Italy: Istituto Universitario Orientale, 1999, pp. 285−304.

McNaspy, C. J. *Lost Cities of Paraguay: Art and Architecture of the Jesuit Reductions 1607−1767.* Chicago: Loyola University Press, 1982.

Means, Philip Ainsworth. *Fall of the Inca Empire and the Spanish Rule in Peru: 1530−1780.* New York: Charles Scribner's Sons, 1932.

Medina, Juan Ruizde. *The Catholic Church in Korea, Its Origins 1566−1784.* Translated by Hohn Bridges. Roma: Istituto Storico S. I., 1991.

Melis, Giorgio, ed. *Martino Martini, Geografo, Cartografo, Storico, Teologo: Atti del Convegno Internazionale.* Edited by G. Melis. Trent: Museo Tridentino di Scienze

Naturali, 1983.

Menegon, Eugenio. "Ancestors, Virgins, and Friars: The Localization of Christianity in Late Imperial Mindong (Fujian, China), 1632–1863." PhD diss., University of California at Berkeley, 2002.

——. "Child Bodies, Blessed Bodies: The Contest between Christian Virginity and Confucian Chastity," *Nan Nü*, vol. 6, no. 2 (2004), pp. 177–240.

——. "Christian Loyalists, Spanish Friars, and Holy Virgins in Fujian during the Ming-Qing Transition," *Monumenta Serica*, no. 51 (2003), pp. 335–365.

——. "Jesuits, Franciscans and Dominicans in Fujian: The Anti-Christian Incidents of 1637–1638," in *"Scholar from the West": Giulio Aleni S.J. (1582–1649) and the Dialogue between Christianity and China*. Edited by Tiziana Lippiello and Roman Malek. Brescia: Fondazione Civilta Bresciana; Sankt Augustin: Institut Monumenta Serica, 1997, pp. 219–262.

Minamiki, George. *The Chinese Rites Controversy from Its Beginning to Modern Times*. Chicago: Loyola University Press, 1985.

Moore, James T. *Indian and Jesuit: A Seventeenth Century Encounter*. Chicago: Loyola University Press, 1982.

Moraes, G. M. "St. Francis Xavier, Apostolic Nuncio, 1542–1552," *Journal of the Bombay Branch of the Royal Asiatic Society*, New Series, no. 27 (1950), pp. 279–313.

Mungello, D. E. *Curious Land, Jesuit Accommodation and the Origins of Sinology*. Honolulu: University of Hawaii Press, 1989.

——. *The Forgotten Christians of Hangzhou*. Honolulu: University of Hawaii Press, 1994.

——, ed. *The Chinese Rites Controversy: Its History and Meaning*. Nettetal: Steyler Verlag, 1994.

Needham, Joseph. *Science and Civilisation in China*, vol. 4, pt.2. Cambridge: Cambridge University Press, 1965.

New Catholic Encyclopedia. Washington, D.C.: The Catholic University of America, 1967.

O'Brien, Patrick K. *Atlas of World History*. New York: Oxford University Press, 1999.

Pelliot, Paul. "Michel Boym," *T'oung Pao*, no. 31 (1935), pp. 95–151.

Peterson, Willard J. "From Interest to Indifference: Fang I-Chih and Western Learning," *Ch'ing-shih Wen-t'i*, vol. 3, no. 5 (1976), pp. 72–85.

Pfister, Louis. *Notices Biographiques et Bibliographiques sur les Jésuites de L'Ancienne*

Mission de Chine 1552—1773. Chang-hai: Imperimerie de la Mission Catholique, 1932—1934.

Phan, Peter C. "Culture and liturgy: Ancestor Veneration as a Test Case," *Worship*, vol. 76, no. 5 (2002), pp. 403—430.

——. *Mission and Catechesis: Alexandre de Rhodes and Inculturation in Seventeenth-Century Vietnam*. New York: Orbis Books, 1998.

Pinot, Virgile. *La Chine et la Formation de L'esprit Philosophique en France, 1640—1740*. Paris: Geuthner, 1932.

Plantinga, Alvin. "Pluralism: A Defense of Religious Exclusivism," in *The Rationality of Belief and the Plurality of Faith: Essays in Honor of William P. Alston*. Edited by Thomas D. Senor. Ithaca: Cornell University Press, 1995, pp. 191—215.

Rhodes, Alexander de. *Rhodes of Viet Nam: The Travels and Missions of Father Alexander de Rhodes in China and Other Kingdoms of the Orient*. Translated by Solange Hertz. Westminster, MD: The Newman Press, 1966.

Ronan, Charles E., and B. C. Oh. Bonnie, eds. *East Meets West: The Jesuits in China, 1582—1773*. Chicago: Loyola University Press, 1988.

Rosso, Antonio Sisto. *Apostolic Legations to China of the Eighteenth Century*. South Pasadena: P. D. and Ione Perkins, 1948.

Rule, Paul. *K'ung-tzu or Confucius? The Jesuit Interpretation of Confucianism*. North Sydney, Australia: Allen & Unwin, 1986.

Saldanha, António Vasconcelos de, ed. *De Kangxi para o Papa, pela Via de Portugal*. Macau: Instituto Português do Oriente, 2002.

Schurhammer, Georg. *Francis Xavier, His Life, His Times*. 4 vols. Translated by M. Joseph Costelloe. Rome: The Jesuit Historical Institute, 1982.

Schwartz, Stuart B. *Implicit Understandings. Observing, Reporting and Reflecting on the Encounters between Europeans and Other Peoples in the Early Modern Era*. New York: Cambridge University Press, 1994.

Sebes, Joseph. "Philippine Jesuits in the Middle Kingdom in the 17th Century," *Philippine Studies*, no. 26 (1978), pp. 192—208.

——. "The Precursors of Ricci," in *East Meets West: The Jesuits in China, 1582—1773*. Edited by Charles E. Ronan and Bonnie B. C. Oh. Chicago: Loyola University Press, 1988, pp. 19—61.

Sitsayamkan, Luang. *The Greek Favourite of the King of Siam*. Singapore: Donald Moore Press, 1967.

Smithies, Michael, and Luigi Bressan. *Siam and the Vatican in the Seventeenth Century*. Bangkok: River Books, 2001.

Song, Minho. "Apologetics of Matteo Ricci: Lessons from the Past," *Journal of Asian Mission*, vol. 4, no. 1 (2002) , pp. 79–95.

Song, Raphael H. *The Sacred Congregation for the Propagation of the Faith*. Washington, DC: The Catholic University of America Press, 1961.

Standaert, Nicolas. "Chinese Christian Visits to the Underworld," in *Conflict and Accommodation in Early Modern East Asia: Essays in Honour of Erik Zürcher*. Edited by Leonard Blussé and Harriet T. Zurndorfer. Leiden: E. J. Brill, 1993, pp. 54–70.

——. "Heaven and Hell in the Seventeenth Century Exchange between China and the West," *Review of Culture* (2nd Series) , no. 21 (1994) , pp. 83–94.

——. "Inculturation and Chinese-Christian Contacts in the Late Ming and Early Qing," *Ching Feng*, vol. 34, no. 4 (1991) , pp. 1–16.

——. *The Fascinating God: A Challenge to Modern Chinese Theology Presented by a Text on the Name of God Written by a 17th Century Chinese Student of Theology*. Roma: Editrice Pontificia Universita Gregoriana, 1995.

——. *Yang Tingyun, Confucian and Christian in Late Ming China*. Leiden: E. J. Brill, 1988.

Standaert, Nicolas, ed. *Handbook of Christianity in China, vol. 1: 635–1800*. Leiden: E. J. Brill, 2001.

Struve, Lynn A. *The Ming-Qing Conflict 1619–1683*. Ann Arbor, Michigan: Association for Asian Studies, 1998.

——. *The Southern Ming, 1644–1662*. New Haven: Yale University Press, 1984.

——. *Voices from the Ming-Qing Cataclysm*. New Haven: Yale University Press, 1993.

Teixeira, Manuel. *The Portuguese Missions in Malacca and Singapore (1511–1958), Volume I: Malacca*. Macau: Instituto Cultural de Macau, 1987.

Turnbull, Stephen. *Kakure Kirishitan of Japan: A Study of Their Development, Beliefs and Rituals to the Present Day*. Surrey, UK: Japan Library, 1998.

Turpin, F. H. *A History of the Kingdom of Siam up to 1770*. Bangkok: White Lotus Press, 1997. Originally published in 1908.

Väth, Alfons. *Johann Adam Schall von Bell S. J., Missionar in China, Kaiserlicher Astronom und Ratgeber am Hofe von Peking, 1592–1666.* Cologne: J. P. Bachem, 1933.

Wakeman, Frederic, Jr. *The Great Enterprise: The Manchu Reconstruction of Imperial Order in Seventeenth-Century China.* Berkeley: University of California Press, 1985.

Walravens, Hartmut. *Preliminary Checklist of Christian and Western Material in Chinese in Three Major Collections.* Hamburg: C. Bell Verlag, 1982.

Wills, John E., Jr. "From Manila to Fuan: Asian Contexts of Dominican Mission Policy," in *The Chinese Rites Controversy: Its History and Meaning.* Edited by D. E. Mungello. Nettetal: Steyler Verlag, 1994, pp. 111–127.

——. "The Hazardous Missions of a Dominican: Victorio Riccio, O. P., in Amoy, Taiwan, and Manila," in *Actes du Iie Colloque International de Sinologie: Les Rapports entre la Chine et L'Europe au Temps des Lumières.* Paris: Centre de Recherche Interdisciplinaire de Chantilly, 1980, pp. 243–267.

Witek, John. *Controversial Ideas in China and in Europe: A Biography of Jean-François Foucquet, S. J. (1665–1741).* Roma: Institutum Historicum S. I., 1982.

Young, John D. (杨意龙). *Confucianism and Christianity: The First Encounter.* Hong Kong: Hong Kong University Press, 1983.

Yule, Henry. *Hobson-Jobson: A Glossary of Colloquial Anglo-Indian Words and Phrases, and of Kindred Terms, Etymological, Historical, Geographical and Discursive.* London: J. Murray, 1903.

Zürcher, Eric. "A Complement to Confucianism: Christianity and Orthodoxy in Late Imperial China," in *Norms and the State in China.* Edited by Chun-Chieh Huang and Erik Zürcher. Leiden amd New York: E. J. Brill, 1993, pp. 71–92.

——. "Jesuit Accommodation and the Chinese Cultural Imperative," in *The Chinese Rites Controversy: Its History and Meaning.* Edited by D. E. Mungello. Nettetal: Steyler Verlag, 1994, pp. 31–64.

——. "The First Anti-Christian Movement in China (Nanking 1616–1621)," in *Acta Orientalia Neerlandica.* Edited by P. W. Pestman. Leiden: Leiden University, 1971, pp. 188–198.

——. "The Jesuit Mission in Fujian in Late Ming Times: Levels of Response," in *Development and Decline of Fukien Province in the 17th and 18th Centuries.* Edited by E. B. Vermeer. Leiden: E. J. Brill, 1990, pp. 417–457.

——. "Un 'Contrat Communal' Chrétien de la fin des Ming: Le livre d'admonition de

Han Lin（1641），" in *L'Europe en Chine, Interactions Scientifiques, Religieuses et Culturelles aux XVIIe et XVIIIe Siecles*. Edited by Catherine Jami and Hubert Delahaye. Paris: Collège de France, 1993, pp. 3–22.

名词索引

（SJ：耶稣会；OFM：方济会；OP：道明会；OSA：奥斯定会；CM：遣使会；
MEP：巴黎外方传教会）

韩垍,132,152,277—279,339—341,345

韩傑,267—269,285,293—294,311,314,347

韩爌,76,83,91,128,131—133,145,150,
153,277,291—292,316—317,325—
326,329,339,346—347,546—547,548

韩奎,132—133,326,546

韩琳,279

韩霖,V,VII,72,90,114,122,132,146,152,
156,166,177,199,206,218—219,222,
250,258,260,267—297,301—305,307—
311,313—316,318—320,322—334,336—
340,342,344—349,359—364,406,409,
545,547—548,568—569

韩琦,455,460,496,501—502,504—505,514

韩霞,270—271

韩原善,284—285,290—291

韩云,90,120—123,132,178—179,199,267—
270,272—273,275,277—281,290,293—
294,307,314,328—329,337,359,361,
568

韩昭宣,292—293

韩埴,132—133,326,546

韩重,267,314,339

韩庄,345

郝永忠,393,397,413,435

合儒补儒,147,330,560

何炳棣,338,544

何大化,525,574

何大经,189,576

何刚,152,278—279,287

何古修,482,575

何冠彪,212,226

何九云,146

何俊,151,260,453

何平合,418

何乔远,VII,84,127,278,308,326

何世贞,104,106

何天章,350,352,354,576

和德理,562,576

洪意纳爵,492—494

侯峒曾,150,156,212,439

侯拱辰,78

侯岐曾,150,152

侯震旸,144,150,269

後藤基巳,118

胡世安,86,155

《寰宇始末》,122,283

《皇帝御制诗》,170,410

《皇明经世文编》,152,569

黄巴桐,559

黄伯禄,349,370,405,448,460

黄淳耀,150,152,212

黄道周,145—146,219,275

黄嘉略,VIII

黄节,157

黄景昉,86,127,146,166,270,272,278,280,
307—309,314,329

黄鸣乔,317

黄明沙,41—42,575

黄瑞成,552

黄若瑟,504,507

黄时鉴,40,79,88,129

黄一农,IV,VI,XI,104,109—110,115,139,
145—146,150,152,155,167,190,200,